国家重大出版工程项目
“十二五”国家重点图书

中国古建筑丛书

山东古建筑

◎刘甦 高宜生 等编著

中国建筑工业出版社

审图号：GS（2015）2780号

图书在版编目（CIP）数据

山东古建筑／刘甦等编著．—北京：中国建筑工业出版社，2015.12
（中国古建筑丛书）
ISBN 978-7-112-18898-7

Ⅰ．①山…　Ⅱ．①刘…　Ⅲ．①古建筑－介绍－山东省　Ⅳ．①K928.71

中国版本图书馆CIP数据核字（2015）第302519号

责任编辑：唐　旭　李东禧　杨　晓　吴　绫
书籍设计：康　羽
责任校对：李欣慰　党　蕾

中国古建筑丛书
山东古建筑
刘甦　高宜生　等编著
*
中国建筑工业出版社出版、发行（北京西郊百万庄）
各地新华书店、建筑书店经销
北京嘉泰利德有限公司制版
北京顺诚彩色印刷有限公司印刷
*
开本：880×1230毫米　1/16　印张：29　字数：766千字
2015年12月第一版　2015年12月第一次印刷
定价：398.00元
ISBN 978-7-112-18898-7
（25816）

《中国古建筑丛书》总编委会

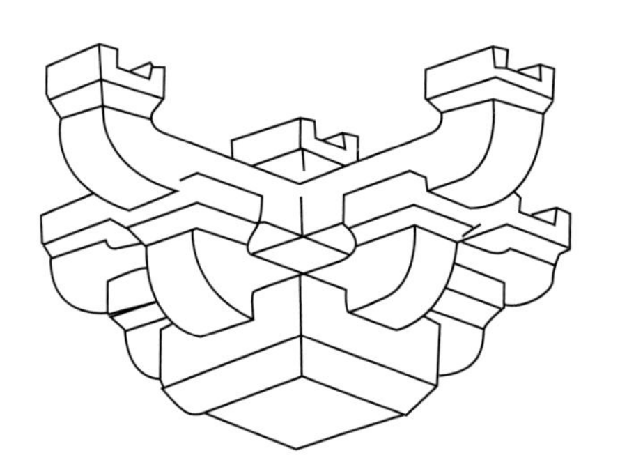

《山东古建筑》

刘　甦　高宜生　等编著

顾　　　问：王崇杰　李　力　谢治秀　张润武　周今立

编委会主任：谢治秀

编委会副主任：刘　甦　由少平

编委会委员：（按姓氏笔画排序）

于　英　王　攀　王月涛　王永波　王守功　邓庆坦
仝　晖　兰玉富　吕京庆　吕学昌　吕俊杰　李　涛
宋　风　岳　勇　赵继龙　郝曙光　荆聿安　姜　波
倪国圣　高宜生　陶　斌　黄春华　禚柏红

主要执笔人：刘　甦　高宜生　邓庆坦　陶　斌　王　攀　吕京庆
于　英　王月涛　宋　风　吕俊杰　郝曙光

主要撰写单位：山东建筑大学　山东省文物局　烟台大学　山东科技大学

审稿人：由少平

总　序

中国历史悠久，地大物博，人口众多，是一个多民族的国家，文化遗产极为丰富。中国古建筑是世界建筑史上的四大体系之一，五千年来，光辉灿烂，独特发展，一脉相传，自成体系。在建筑历史发展过程中，从来都没有中断过，因而，积累了大量的极为丰富的优秀建筑文化遗产。中国古代建筑的实践经验、创作理论、工艺技术和艺术精华值得总结、传承和发扬。

中国古代建筑具有强大的生命力，首先是独特的地理环境。中国位于亚洲东方，北部有长白山、乌苏里江高山河流阻挡，西有天山、喀喇昆仑山脉和沙漠横贯，西南有喜马拉雅山脉，东南则沿海，形成封闭与外界隔绝的地域，加上地处热带、温带和寒带，宽阔的地理和悬殊的气候，促进建筑与环境的巧妙和谐结合。

其次，独特的民族性格。中国是以汉族为主的多民族所组成。以中原文化为主的汉族人民团结、凝聚着居住和生活在各地的少数民族。由于各民族的历史、文化、宗教信仰、生活习俗与审美爱好的不同，以及他们所处地区的自然条件和地理环境的差异，长期的劳动实践，形成了各民族独特的性格和绚丽灿烂的建筑风貌。

其三，文化的独特体系。中国文化是以黄河流域中原文化为中心，周围有燕赵文化、晋文化、齐鲁文化、吴越文化、楚文化、秦文化和巴蜀文化所烘托，具有历史渊源长久、人类智慧集中、思想资源丰富的特点。中国传统文化思想的集中表现是以儒学、道学为代表，其后，佛教的传入与中国传统文化的结合，形成以儒学为主的儒、道、释三者合一的中国传统文化思想。归纳起来，就是天人合一的宇宙观念，以人为本、和为贵的人文思想，整体直觉的思维方式，真善美相结合的美学观念。

封闭而独特的地理环境，团结凝聚而又富于创造的民族性格，以儒学为主的文化独特体系，创造了中华民族的雄伟壮丽的建筑工程。长期的经验积累，独树一帜，虽经战争的炮火，民族之间的斗争与融合，外来文化之传入及本土化，但中华民族建筑始终一脉相传，傲然生存下来，顽强发展，独树一帜而不倒，在世界建筑史发展中是罕见的、独有的。

中国古代建筑发展经历了原始社会、奴隶社会和封建社会三个历史阶段。

旧石器时代，原始人群利用天然崖洞作为居住场所。南方湿热多雨，虫害兽多，出现巢居。1973年，在浙江余姚河姆渡村发现大约建于6000～7000多年前的、长约23米、进深约8米的木构架建筑遗址，推测是一座长方形、体量相当大的干阑式建筑，这是我国最早采用榫卯技术构筑房屋的一个实例。

原始社会晚期，黄河流域有广阔而丰厚的黄土层，土质均匀，含有石灰质。黄河中游的氏族部落，在利用黄土层作为壁体的土穴上，用木架和草泥建造简单的穴居，逐步发展到浅穴居，再到地面上的房屋，形成聚落。

奴隶社会，夯土技术逐步成熟，宫室建于高大的夯土台上，木构建筑逐步成为中国古代建筑的主要结构方式。等级制度出现。工程管理有了专职的"司空"，以后各朝代沿袭发展成为中国特有的工官制度。

封建社会初期，高台建筑盛行，修建了长城、驰道和水利工程。东汉时代，建筑中已大量使用成组的斗栱，木构楼阁增多，城市和建筑类型扩充，中国古代独特的木构建筑体系基本形成。

两晋南北朝是我国历史上充满着民族斗争和民族融合的时期，佛教的传入，宗教建筑大量兴建，高大的寺庙、壮丽的塔幢，石窟中精美的雕塑和壁画，这是我国古建筑吸收外来文化使之本土化的创造时期。

隋、唐统一全国，开凿贯通南北的大运河，促进了我国南北物资和文化的交流和发展。唐代的长安、洛阳成为世界上最大的城市。木构建筑的宫殿、楼阁和石窟、塔、桥，无论布局或造型都具有较高艺术和技术水平，唐代建筑已发展到成熟的阶段。

宋、辽、金时期，南方在经济和文化方面居于先进地位。由于手工业分工更加细致，国内商业和国际贸易活跃，城市逐渐开放，改变了汉以来历代都城采用的封闭式里坊制度，形成沿街设店的方式。建筑的设计和施工达到一定程度的规格化、制度化，公元12世纪初在总结经验的基础上编写了《营造法式》这一部重要文献。

元代大都建立，喇嘛教和伊斯兰教建筑影响到各地。明、清时期官式建筑已经达到完全程式化、定型化阶段。明代后期出现资本主义萌芽，清代在城市规划上、建筑群体布局和建筑艺术形象上有所发展，例如北京城、故宫、天坛等。民居、园林和民族建筑遍布各地，呈现一片繁荣景象。

中国古建筑有明显的特征。在城市规划上，严谨规整、对称宏伟，表现出庄重威武的中华民族性格。单体建筑中，雄伟的飞檐屋宇、大红的排列柱廊、高大的汉白玉台基，呈现出崇高壮丽又稳定的形象。黄河流域盛产的木材资源，形成了中国古建筑木构架体系的特色。室外装饰的富丽堂皇、金碧辉煌，室内陈设装修的华丽多样、细腻雕饰，体现了中国古建筑绚丽多彩的民族风格。

聚居建筑方面，包含民居、祠堂、家庙、书院等遍布全国各地，它们与人民生活息息相关。各地各族人民根据自己的生活习俗、生产需要、经济能力、民族爱好和审美观念，结合本地的自然条件和材料，因地制宜、因材致用地进行设计与营造。他们既是设计者，又是营建者、使用者，可以说设计、施工、使用三位一体，因而，这种建造方式所形成的民宅民间建筑，既实用简朴，又经久美观，并富有民族风格和地方特色。

中国古园林的特征。以自然山水即中国山水画为蓝本，并以景区、景物和建筑、山水、花木为构件，由景生情，产生意境联想，达到艺术感受。皇家园林因其规模大、范围广，其园林布局自秦、汉时期的一池三岛，到唐、宋以山水画为蓝本，明、清仍沿袭池中置岛古制，但采用人工造山置水的方法。

明、清私家园林因属民间，士大夫文人常在宅后设园休闲宴客，吟诗享乐，其特点是以最小的场所造成无限的景色为目的。因其规模小，常以叠石或池水为主，峰峦洞壑、峭壁危径或曲径通幽取胜。在情景中则采用巧于因借、精在体宜的手法。

我国是一个人口众多的多民族国家。相传秦汉以前，中华大地上主要生存着华夏、东夷、苗蛮三大文化集团，经过连年不断的战争，最终华夏集团取得了胜利，上古三大文化集团基本融为一体，历史上称为华夏族。春秋、战国时期，东南地区古老的部族称为“越”，逐渐为华夏族所兼并而融入华夏族之中。秦统一各国后，到汉代都用汉人、汉民这个称呼，直到隋、唐，汉族这个名称才固定下来。

由于各民族的历史文化、宗教信仰、生活生产、习俗性格的不同，又由于各族人民所处地区的自然条件和环境的不同，导致他们各自产生了富有特色的建筑和民宅，如宏伟壮丽的藏族布达拉宫，遍布各族聚居地的寺院庙宇、寨堡围村、楼阁宅居，反映了绮丽多彩的民族风貌。

中国传统文化渗透了中国古建筑，中国古建筑深刻地体现了中国文化。

新中国成立后，作为全国性有领导有组织地编写中国古代建筑史，第一次是1959年，由原建筑科学研究院组织“编写三史”开始。当时集中了全国高等院校、科研部门分工编写，1962年由中国工业出版社出版《中国建筑简史》第一册（古代部分）。随后，又组织有关院校、文化、历史、考古等单位对古代建筑史有研究的人员，经多次修改，由刘敦桢教授执笔主编的《中国古代建筑史》，于1966年完成。由于“文化大革命”，未能出版，1980年才由中国建筑工业出版社正式出版。作为高等院校的中国建筑史教材则由全国高校教师编写，参考了上述专著，由中国建筑工业出版社1982年出版。

作为系统的、全面的、编写中国古建筑丛书是从1984年开始，当时作为《中国美术全集》中的一个门类——建筑艺术，称为《中国美术全集·建筑艺术编》，共6辑，包含宫殿、坛庙、陵墓、宗教建筑、民居、园林，1988年完成出版。

第二次编写从1992年开始，编写的原因是《中国美术全集·建筑艺术编》6辑出版后，各界反映良好，但感到篇幅不够，它与我国极为丰富的建筑文化遗产大国不相适应。于是，再次组织编写《中国建筑艺术全集》丛书30辑，其中古建筑24辑，近现代建筑6辑。古建筑部分仍按类型编写。该丛书中的24辑于1999年5月出版。

由于这两次丛书都是全国性编写，按类型写，又着重在艺术，因此，一些地方特色和民族特色的、中型的优秀古建筑就难于入选。为了弘扬和传承优秀传统建筑文化体系，总结经验和规律，保护我国优秀传统建筑文化遗产，因此，全面地、系统地、按省（区）来编写古建筑丛书是非常必要的、合时宜的。

本丛书编写的主要特点是：其一，强调本省（区）古建筑的民族特色和地方特色；其二，编写不限于建筑艺术，而是对本省（区）古建筑的全面叙述，着重在成就、价值、特色、技术和经验、规律等各个方面，这是我国民族和地区的资料比较全面和丰富的传统建筑文化丛书。

陆元鼎

2015年1月10日

前　言

山东省地处华东沿海、黄河下游，东部山东半岛伸入黄海，北隔渤海海峡与辽东半岛相对，东隔黄海与朝鲜半岛相望，内陆部分自北向南分别与河北、河南、安徽、江苏四省接壤。“山东”一词最早出现于春秋战国时代，泛指崤山、函谷关以东地区，古属《尚书·禹贡》所载“九州”中的“青、徐、兖、豫”四州之域。进入封建社会以来，随着历史的发展和朝代的更迭，山东地区的范围和归属变幻无常、分合交织。时至清朝，才形成较为稳定的“山东省”，其地理范围比今山东省稍大。本书中山东古建筑主要是指当今山东省域内留存的古建筑。

山东地区自古以来气候温和、资源丰富、环境类型丰富、宜居，史前就有原始人类在此繁衍生息。进入文明社会以来，山东地区更是华夏先人的主要聚集地和各民族交汇、融合之地。便利的水陆交通，接近华夏文明发源地——中原地区的优越地理位置，使山东地区的先民在接触、碰撞和融合异族及其文化的同时，直接参与创造、融入并维系了中华民族的主流文化，形成了多元一体的文化体系。像孔子代表的儒家文化，庄子代表的道家文化，管仲代表的法家和重商文化，孙子代表的军事文化及汉末传入山东地区的佛家文化等中华民族的主流文化，无不发端或持续流传于山东地区，成为多元一体的文化主流。

建筑是人类活动的载体及历史文化的结晶。多元一体的文化因素及丰富多彩自然环境影响下，历经漫长历史岁月，至今在齐鲁大地上形成了数量众多、风格多元、特色鲜明的山东古建筑，其特点可以用“多”、“全”、“续”、“正”、“变”来概括。

“多”主要是指山东省遗留下来的古建筑数量众多，据不完全统计现存各类型古建筑遗产约有千余处。“全”是指山东古建筑类型丰富，从传统城镇、军事卫所、古村落到衙署、坛庙、陵墓，佛寺、道观，从名胜园林、古民居到桥涵、牌坊、水口，类型几乎囊括了古代政治、经济、宗教、教育、军事等所有领域。“续”是指山东古代历史文化发展演变的持续性、传统建筑技术发展传承的连续性。山东古代建筑在融合外来文化的同时，表现出统一性和连续性，传统建筑体系的影响一直延续到清末乃至现代时期，表现出强大的生命力，曲阜孔庙、泰山古建筑群的营建延续千余年。“正”是指山东地区在中国传统的主流文化影响下，形成和遗留下了数量和类型众多的官式建筑，如中国古代建筑组群中历史延续最悠久的曲阜孔庙、采用帝王宫城规制的泰山岱庙，这些建筑是中国正统和主流的建筑文化的典型代表。“变”是指与主流和正统的建筑文化相对比，在地域性历史文脉和地理环境的作用下，山东古代建筑形成了鲜明的地域特点，既包含因形就势、因势利导、因地取材形成的乡土建筑，也形成了德州苏禄王墓等异域特色鲜明的建筑，反映了山东古代建筑因环境制宜的地域建筑技术、文化的丰富性，见证了与外来文化冲突融合中，山东古代建筑文化的多元性与包容性。

山东地区遗留的古建筑类型广泛、文化内涵丰富、历史背景浩繁，爬梳整理之功，远非一人之力所能及。因此，本书编者组织山东省古代建筑领域众多资深专家和研究者，2013 年确立写作提纲，经过两年多实地调研和文字编撰，终于在 2015 年岁末陆续定稿。本书共分三个部分，第一部分主要是对山东古代建筑发展的自然、人文环境和历史演变脉络的梳理；第二部分侧重于各个古建类型中代表性建筑的介绍和分析；第三部分则对山东古代建筑的装饰营造技艺特征的归纳分析。

改革开放以来，我国城乡建设发展迅猛，面貌日新月异，古代建筑遗产的保护也日益引起社会各界的关注。希望通过本书的出版能使更多的读者更好的了解山东古代建筑历史，不仅了解其丰富多彩的形式和艺术，更了解其深厚的历史文化内涵和价值特色，一方面裨益于山东优秀传统建筑文化的保护和传承，同时对今天的建筑设计与创作有所启迪，这就是我们奉献此书的主要目的。

刘甦　高宜生

2015 年 8 月 16 日

目　录

第六章　住宅建筑

第七章　园林建筑

第八章　陵墓建筑

第九章　其他建筑

山东古建筑

第一章 绪论

第一节　山东的地理环境和自然资源

山东省地处华北平原东部，黄河下游，东部临海，省域大致分为半岛和内陆两大部分。其中山东半岛突出于黄海、渤海之间，隔渤海海峡与辽东半岛相望；内陆与河北、河南、安徽、江苏四省接壤。山东省域南北最长处约420千米，东西最宽处约700千米，陆地总面积约15万平方千米，海岸线全长约3000千米，现辖17市139县（市、区），人口约9079万。民族以汉族为主，回族次之，兼有满族、朝鲜族、蒙古族等少数民族。

一、地理气候

山东地貌呈中部隆起、西南和西北低洼平坦、东部缓丘起伏状态，总体上形成了以山地丘陵为骨架、平原盆地交错环列其间的地形大势。境内地貌复杂，大体可分为中山、低山、丘陵、台地、盆地、山前平原、黄河冲积扇、黄河平原、黄河三角洲等9个基本地貌类型。山地约占全省总面积的15.5%，丘陵占13.2%，平原占55%，河流湖泊占1.1%。

（一）地形地貌

鲁西南—鲁西北平原由黄河泛滥冲积而成，是山东省地势较低的华北平原的重要组成部分，位于运河湖带以西，胶济铁路以北，内（东）与胶莱平原相接，外自北向南分别与河北、河南、江苏、安徽四省接壤，包括菏泽、聊城、德州、滨州四市全部，济宁大部分，泰安一部分，呈半圆形环抱着鲁中南山地丘陵。此平原面积约52100平方公里，占全省总面积的34%，海拔大多在50米以下，自西南向东北微倾，土壤肥沃，是山东省主要的粮食和农作物产地。由于黄河历次决口、改道和沉积，平原地表形成一系列高差不大的河道高地和河间洼地，彼此重叠，纵横交错。介于鲁中山丘区与胶东丘陵区之间的胶莱平原为山东省面积较大的第二平原，主要包括潍坊市大部与青岛市北部，系潍河、大沽河、胶莱河冲积而成，海拔多在50米左右，土层深厚，农耕发达。现代黄河三角洲呈扇形状，以宁海为顶端，东南至小清河口，西北到徒骇河入海处，前缘部分突出伸入渤海湾与莱州湾之中，面积5000多平方公里，三角洲资源丰富，也有很大的农耕潜力。泰沂山脉横亘于山东省中部，其中泰山主峰位于泰安城北，海拔1545米，是“五岳”之首和省内第一高峰，鲁山、沂山、蒙山的主峰也均在海拔千米以上。泰沂山脉构成了山东省中部脊梁。脊部两侧，海拔500～600米，属古生代和中生代地层构成的丘陵。丘陵外缘是山麓堆积平原，主要分布在胶济铁路沿线和微山湖东一带，海拔40～70米，地表倾斜平坦，土层深厚，蕴水丰富，历来为优良的农耕区。该区河流均源于山丘岭表，呈辐射状向四周分流，形成众多宽窄不等的河谷地带。区内石灰岩分布广泛，喀斯特地貌发育，地下裂隙溶洞水受阻后一部分涌现地表，形成诸多泉群，著名的有：济南趵突泉群、黑虎泉群、珍珠泉群、五龙潭泉群、章丘明水泉群、莱芜郭娘泉群、新泰楼德泉群、蒙阴柳沟泉群、泗水泉林泉群、滕州蚂蚁泉群等。胶东丘陵区，主要包括烟台市、威海市、青岛市所辖地区，为山东半岛的主体部分。该区山丘基本由火成岩组成，除少数山峰海拔在700米以上，大部分为海拔200～300米的波状丘陵。坡缓谷宽，土层较厚，加之三面环海，气候温和湿润，自然条件优越。丘陵之间为地堑断陷平原带，主要有莱阳盆地、桃村盆地等。丘陵外缘，散布着沿海平原，宽度自数公里至10余公里不等，其中以蓬莱、龙口、莱州滨海平原面积最大，为胶东重要农作区之一。在半岛中北部，自西向东分布着大泽山、艾山、牙山、昆嵛山、伟德山等较大高山，它们成为半岛南北水系的分水岭，河流多由此发源，向南北分流。

（二）水文水系

山东地域内水系发达，自然河流的平均密度每平方公里在0.7公里以上。干流长10公里以上的河流有1500多条，其中在山东入海的有300多条。这些河流分属于淮河流域、黄河流域、海河流域、小清河流域和胶东水系。黄河自东明县入境，斜贯鲁西北平原，在垦利县注入渤海，境内长度617公里。徒骇河、马颊河均属海河流域，两河平行，均自莘

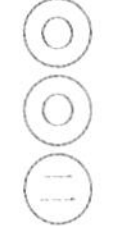

县入境向东北经德州市，分别于沾化县、无棣县注入渤海。沂河为省内第二大自然河，发源于鲁山南麓，向南流经沂源、沂水、沂南、兰山、河东、苍山、郯城等县区，进入江苏境内。沭河发源于沂山南麓，向南经沂水、莒县、莒南、河东、临沭、郯城，入江苏境。沂、沭两河位于夏季暴雨中心，支流众多，洪水量大，下游河道宽且浅，常发生洪涝灾害。小清河源于玉符河和济南诸泉，向东北独流入海，全长233公里，是省内重要的排洪和航运河道。京杭大运河纵贯鲁西平原，长630多公里，是沟通南北交通的要道。湖泊集中分布在鲁中南山丘区与鲁西南平原之间的鲁西湖带。以济宁为中心，分为两大湖群，以南为南四湖，以北为北五湖。南四湖包括昭阳湖、独山湖、南阳湖、微山湖，四湖相连，面积约1375平方公里，为全国十大淡水湖之一。南四湖容纳鲁、苏、豫、皖四省八地区的汇水，入湖河流40多条，流域面积3.17万平方公里，加之京杭大运河穿湖而过，兼有航运、灌溉、防洪、排涝、养殖之利。北五湖自北而南依次为东平湖、马踏湖、南旺湖、蜀山湖、马场湖，其中以东平湖最大，盛水期湖面约153平方公里，枯水期湖面在100平方公里左右。水深一般为1～2米，最深处3.5米。北五湖中的其余四湖，大都淤积成低浅洼地，仅夏季积水，蓄水很少。此外，山东半岛三面环海，大陆海岸线北自无棣县的大口河河口，南至日照市的绣针河口，全长3121公里，占全国大陆海岸线的六分之一，仅次于广东省。沿海滩涂面积约3000平方公里，15米等深线以内水域面积约13300平方公里，两项共16300平方公里，为全省陆地面积的10.6%。海岸类型自大口河河口至莱州湾东岸虎头崖一带为泥沙平原岸，滩面缓平，潮间带6～10公里，滩涂面积约200多万亩（约为1333平方公里），为山东沿海泥质滩涂的集中分布地。海岸沿岸有众多的天然港湾，自北而南主要港湾有：龙口湾、芝罘湾、威海湾、荣成湾、桑沟湾、石岛湾、张家埠湾、五垒岛湾、乳山湾、丁字湾、崂山湾、胶州湾等。自棋子湾至绣针河口，属低缓夷平岸。岸线平直，但也有少数港湾。全省近海海域17万平方公里，占渤海和黄海总面积的37%。近海海域中，散布着299个岛屿，总面积147平方公里。其中最大的是庙岛群岛中的南长山岛，面积12平方公里。众多的港湾和海岛，提供了优良的渔猎环境和货运码头。

（三）气候环境

山东地区东接太平洋，西连亚欧大陆，受大陆和海洋的影响，尚未有人类前，山东地区基本上属于亚热带和暖温带湿热季风气候区，境内林木繁茂、草原宽广、水网密布、食物丰富，为远古人类活动提供了较为优异的环境、气候及食物资源。远古时代以来，人类的猿人祖先就在这里繁衍生息，至今不曾间断。进入原始社会以来至今，随着气温下降和水分的蒸发，山东境内地貌和气候逐渐稳定，在海洋和陆地的交互影响下形成了典型的温带季风性气候，气候温和、四季分明、降水集中、雨热同季、春秋短暂、冬夏较长。由于各地区地理位的不同，年平均气温11～14℃，由东北沿海向西南内陆递增，胶东半岛、黄河三角洲年均在12℃以下，鲁西南在14℃以上。全年无霜期也由东北沿海向西南递增，鲁北和胶东一般为180天，鲁西南地区可达220天。年平均降水量一般在550～950毫米之间，由东南向西北递减。鲁南鲁东，一般在800～900毫米以上；鲁西北和黄河三角洲则在600毫米以下。降水季节分布很不均衡，全年降水量有60%～70%集中于6、7、8三个月，易形成涝灾。9～11月份降水一般为100～200毫米，12～2月降水仅15～50毫米，3～5月也在100毫米以下。冬、春及晚秋易发生旱象。此外，山东省内地形差别较大，也形成了各地域略有不同的丰富亚气候类型。总体来说，山东的气候较为温和湿润，适宜人类的耕作居住。

二、自然资源

山东省内具有丰富的土壤、矿物、水和动植物资源，为原始人类的繁衍生息及人类社会的持续发展提供了优越的自然资源基础。自远古以来，人类就在这片土地上进行着采集、渔猎、农耕、制陶和

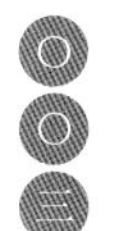

建造等生产和生活活动，奠定了传统生产和生活方式的基础，进入人类社会以来，此地域也一度是华夏文明的发展中心和科技发展水平较高的地区。依托地理和自然资源优势，山东省的文化发展为中华民族传统文化的发展做出了重要贡献，是其最重要和基础的组成部分之一。

山东省内的土壤有棕壤、褐土、潮土、砂姜黑土及水稻土等类型，适宜各种农作物生长，为人类的发展提供了重要的食物基础，是历史上重要的农耕区。

棕壤，面积约有170多万公顷，占全省土地总面积的14.09%，主要分布在胶东半岛和沭河以东丘陵地区，是林、牧用地，适宜种植花生、地瓜等农作物。

褐土，主要分布于鲁中南低山丘陵、山麓平原、山间盆地和河谷平原，面积约177.51万公顷，占全省土地总面积14.66%。这类土壤生产性能最好，适应性宽，是全省最好的一种土壤类型，也是旱涝保收的高产区，历来为粮食、棉花、烤烟、蔬菜等作物的重要产地。

潮土，集中分布在鲁西北黄泛平原区，在山丘地区的河谷平原、滨湖洼地也有零星分布，面积466.58万公顷，约占全省土地总面积的38.53%，生产性能良好，适宜性强，也是各种作物和粮食产地。

砂姜黑土，约有53.66万公顷，占土地总面积的4.4%。主要分布在胶莱平原、滨湖和鲁南低洼地带，是洼地长期积水干涸后形成的土壤，表层有机质含量丰富，适宜种植小麦、大豆、高粱等作物。

盐碱土，约47.60万公顷，占土地总面积的3.1%，主要分布在鲁西北平原低洼地带和滨海平原。土壤含盐量多在0.4%以上，最高可达1.5%，严重影响作物生长发育。但内陆黄泛平原的盐碱地，只是表层含盐量较高，经过治理，可以改造为良田。

水稻土，面积很小，仅占全省土地总面积的1.1%，约17.27万公顷。主要分布在南四湖洼地、临郯苍湖沼平原和沿黄涝洼地带。多为新中国成立后改种水稻而形成的新水稻土。山东省的矿产资源丰富，某些矿产资源开发的历史也很悠久，原始社会至春秋战国时期，在淄博、寿光地域就发现了制陶、冶铁和制盐等利用矿物资源的遗址。当代山东各地发现矿产多达97种，占全国已发现矿产（150种）的64%。其中：黑色金属矿产4种，有色金属及贵重金属矿产14种，稀有金属及特种非金属矿产19种，燃料矿产4种，冶金辅助原料非金属矿产10种，化工原料非金属矿产12种，建筑材料及其他非金属矿产32种，地下水和地下热水2种。探明并保有储量的矿产65种，产地545处，占全国探明储量矿产的48%。在探明储量的矿产中，多种重要的矿产资源均居国家前列。

远古以来，山东地域内就水系密布、水资源储量丰富，经历长时间的自然蒸发和人工改造，形成了当今的水资源布局。山东境内的淡水资源主要来源于大气降水，全省多年平均地表径流量为275.4亿立方米，地下淡水总补给量168.3亿立方米，全省平均天然水资源总量为379.5亿立方米。黄河是山东主要供水来源，多年平均入境径流量为436.7亿立方米。从全省人均占有量来看，尽管山东省总体水资源比较丰富，但由于人口基数较大，人均占有量较为贫乏，仅520立方米／人，为全国人均占有量2770立方米的18.8%，为全世界人均占有10795立方米的3.6%。适宜的气候和优良的土壤条件孕育了山东省丰富的动植物资源，原始社会以前的山东境域曾是草原、森林、灌木丛间杂丛生的热带景象，山林地域也有松柏和高大乔木出现。优越的生存环境孕育和吸引了种类繁多的动物在此繁衍生息。远古时代山东地区就是各种陆地哺乳动物、海洋鱼类和贝类、各种鸟类繁衍和栖息之地，丰富的动物资源为人类提供了重要的食物来源。

优越的地理位置、丰富的地貌、适宜的气候孕育了丰富的土地、矿产、水及动植物资源，也吸引和孕育了远古人类来此繁衍生息，并为原始社会以来人类在此定居和发展提供了优良的自然基础。由于地理位置、地形环境、气候条件的差异，自然资源的分布地区不同，山东地域内不同地区的人们在利用现有资源改造环境进行生产和生活的历史中形

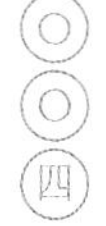

成了具有各地区特色的生活方式、文化传统及建筑风格。

第二节 山东东夷文化

远古时的山东，东临大海、西接内陆，气候炎热、雨量充足、水源丰富、河流纵横、土地肥沃，山高林密，为人类采集、渔猎和农耕生活提供了极其便利的生产和交通条件。因此，山东地区在距今四五十万年前就有沂源猿人在这里生存繁衍，并随着时间的推移逐渐成为了极具地域特色的远古发达的东夷文化，并在与中原其他地域的文化交流与碰撞中，成为主流融入了华夏文明，成为华夏文明的重要发源地之一。

一、东夷文化的发展脉络

东夷文化是中华文化的重要源头之一，所谓夷，是夏商周三代中原地区的居民对以海岱地区为主体的东方居民的称谓。《礼记·王制》就有“东方曰夷”的称谓，夏称之为“九夷”，商称之为“夷”或“夷方”，到了周以后开始称为“东夷”，这里的民族被称为东夷族，所创造的史前山东文化也称为东夷文化。考古发掘证实，山东史前文化主要发源地在鲁中泰沂山区，迄今所见沂源猿人化石及其后继者的旧石器遗址，几乎全都集中在泰沂山脉中段。此后在长达几十万年的漫长进化过程中，山东地区古人类一代又一代地繁衍生殖，逐渐由地势较高的山岭地带移民至浅山、丘陵、谷地与沿河平原。已出土的细石器遗址成群分布在沂、沭河两岸的平原和低山丘陵谷地上，一直延伸至江苏北部。旧石器时代晚期，粗大的打制石器日趋小型化，类型特征日见鲜明，制作和修理技术也趋向成熟，这些都显示出旧石器文化的进步。经过漫长的旧石器时代以后，山东进入了以磨制石器和陶器为主要标志的新石器时代，开始了稳定的农业定居生活的新阶段。山东各地区出土的大量新石器时代的遗址中的陶器、聚落和建筑说明了早在新石器时代山东地区的东夷文化就很发达并且生产、建筑技术已经达到了相当高的水平。并且，此地区的史前文化是沿着后李文化（距今约8500 ~ 7500年）—北辛文化（约距今7500 ~ 6200年）—大汶口文化（约距今6200 ~ 4600年）—龙山文化（约距今4600 ~ 4000年）—岳石文化（约距今4000 ~ 3500年）的序列自成系统发展的，其中尤以北辛文化、大汶口文化、龙山文化最有代表性。

后李文化是山东大地迄今发现的最早的新石器文化，因淄博市临淄区齐陵镇后李官庄遗址而得名。从发现的大量陶器、石器等生产、生活用具，宽大住址和集中墓地看，后李文化已进入原始的农耕定居生活时代，系母系氏族社会的繁盛时期。建筑多为圆角或接近方形的半地穴式建筑，木骨泥墙结构，有一定的功能分区。

北辛文化脱胎于后李文化，生成于地处平原与丘陵交接地带，地势平坦，土地肥沃的古滕州，为古代氏族部落的聚居地遗址。这是我国在黄淮地区发现最早的新石器时代遗址，被称为“北辛文化”。其主要分布于泰沂山系南、北两侧一带。考古表明，北辛文化由于农耕生活的发展，男子社会地位逐步提高，社会形态处于由母系社会向父系社会的过渡阶段。北辛文化时期，制陶和建筑工艺有了进一步的发展，建筑多为圆形和椭圆形的半地穴式，形成了完整的聚落形态，聚落外多有壕沟。

大汶口文化源于北辛文化，因首先发现于泰山南麓的大汶口地区而得名，主要分布在山东泰山周围地区，北濒渤海、南抵苏皖、西进河南。大汶口文化是新石器时代中晚期重要遗存之一，以特点鲜明的陶器和陶器文字的出现为主要特征。大汶口文化是史前山东文化的大发展时期，社会进步明显，尤其是中、晚期社会已完成了由母系氏族社会向父系氏族社会的过渡，为从野蛮时代向文明时代飞跃的大转型提供了充足条件。原有的原始氏族公有制开始瓦解，以私有制为基础的新的阶级社会即将开始。大汶口时期，制陶技术逐渐普及并出现了彩绘陶，聚落规模较大且分区明确，并有典型的陶鼎、陶鬶等代表北辛文化的典型器物。龙山文化泛指黄河中下游地区新石器时代晚期的一类文化遗存，是在大汶口

文化与其他文化交流中形成和发展起来的，因首次发现于山东章丘龙山镇而得名。在山东的寿光、章丘、邹平、临淄、阳谷、五莲、日照等地也都有城址发现。龙山文化不仅有发达的农业，而且手工业都达到了时代的顶峰。龙山文化遗址发现多且密集，出土文物内涵之丰富多彩、价值之高，非常罕见。

龙山文化时期已是阶级和国家形成的文明时代了。龙山文化时期的建筑有圆形、方形、长方形、联排等多种类型，房屋的有半地穴、地面和台基三种形式，结构为土坯、木骨泥墙和草伴泥墙结构，并出现了夯土城墙。大小聚落和建筑已有一定的规划和设计。龙山时期经济、社会和各行业的发展水平已经达到了一定的程度，是史前“城邦时代”和进入中央集权国家的初期。新石器时期东夷文化一方面通过与中原地区各民族文化的交流融入了中原文化，构成华夏民族文化的起源，一方面也为山东地域的岳石文化文化所传承。

岳石文化大约相当于夏朝与商初，因发现于山东平度东岳石村遗址而得名，是山东新石器文化的余波，是与夏、商文化并存而又具有独立体系的东夷文化。集中分布于胶东半岛地区及汶泗流域、沂沭河流域，同时也散射到江苏北部、河南东部、河北东部及辽东半岛。岳石文化遗存的重要文化特征一是出现了青铜器物；二是出现了新型石制工具；三是陶器自成系统；四是发现了卜骨和卜甲。

二、东夷文化的扩散与特色

从外部环境看来，山东境内的东夷人最初只是分布在鲁中南山地丘陵区和东部半岛丘陵区，大约从新石器时代晚期开始，华夏族和东夷族开始有了交流。东夷人在蚩尤的领导下来到了坦荡的鲁西北平原，与东进的炎黄部落开始接触，由此拉开了夷夏大融合过程。

东夷文化在产生、形成、发展的历史过程中，同周围地区的古文化有着相互影响和交流的关系。它在自己的长期演进过程中，尤其在新石器时代中后期，始终和周边其他地区文化保持着频繁的接触和交流，并对各地文化产生着极其生动、具体、广泛而深刻的渗透和影响。通过对东夷墓葬风俗和典型器物考察，可知东夷文化曾伴随部族迁徙而大规模地侵入和散漫到广大中原地区，并由中原进一步西向波及渭水流域、南向波及汉水流域。东南沿海地区，东夷文化对百越文化的交流也几乎从未间断过，并以淮夷为中介，使东夷文化的许多先进因素沿长江流域西上和南下，又越过鄱阳湖地区及湘赣边境山地而进入岭南。东夷文化向东北方向的传播，则使燕山南北及辽东半岛的古文化显示出诸多与海岱文化极其亲和而相似的特征。有史料表明，东夷文化的延展区和辐射带，北可达库页岛、阿留申群岛地区，西可至燕赵和黄河中游，东远及日本海沿岸，南直通台湾海峡和某些南太平洋岛域。山东大地是重要的古文化中心，东夷民族曾在华夏民族共同体的形成史上发挥了举足轻重的作用。这也说明，齐鲁文化的发展早在史前时期就奠基在一个高度发达的文明发源地之上。

在原始严酷的环境里，人的生存首先依赖于自然，寻求人与自然和谐相处，这是原始东夷人梦寐以求的生存愿望。在洪荒年代，对解释不了的现象自然敬如神灵。由于太阳能给人以光明与温暖，东夷人首先产生了对太阳的崇拜。位于山东中部的泰山，山体雄伟博大，气势拔地通天，位于最早看到日出的东方，在原始人的心目中，逐步形成了稳如泰山的形象。东夷人由太阳崇拜、东方崇拜，逐步演化为泰山崇拜。据《史记 · 五帝纪》所记的传说，古代帝王有七十二君都到泰山封禅，泰山封禅告祭天地。因为“中华原始民族起源于东方，东方尤以泰岱一带为其故土，木本水源，血统所出，泰山巍然，同族仰镜，故凡得天下者，易姓而后，必告泰宗，示不忘本，尤其祭告宗庙之意。”

在古代传说中，许多有名的古代帝王或部落首领都曾在山东一带，特别是曲阜活动或建都。伏羲，又名太皞（昊），是传说中东夷族最早的领袖，活动区域在主要在豫东、鲁南一带，沿着古济水由西向东发展，在曲阜居住和活动。他的最大贡献是画八

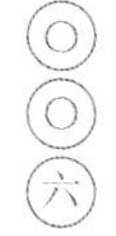

卦，造书契，结束了古人类结绳记事和不辨东西南北、不分春夏秋冬的历史，指引人们从蛮荒走向了文明。少昊又作少皞，是古东夷族的另一位领袖人物，亦被视为继太昊族之后兴起的东夷族的又一分支部族，其主要活动区域在鲁南一带，故都或封地在曲阜，故曲阜又被称为“少皞之虚”。蚩尤是东夷族的又一个重要的部落，曾一度是一个以武力强盛称雄天下的部落集团，曾沿黄河西进，先后与炎黄族在中原地区发生了剧烈冲突，虽一度得势，最后却被击败。但由于他们骁勇善战，死后被奉为战神。传说蚩尤曾经被封于曲阜，并统领着周边的少数民族，其陵墓在东平郡和山阳郡，即今山东离曲阜不远的鲁西南地区。曲阜大成殿中华文明的开拓者伏羲、炎帝、黄帝三位先哲，分别被后人尊为天神、地神、人神。他们的活动和贡献，多在山东。有关伏羲的遗迹遍布中原大地。山东单县、邹县、兖州、泗水、滕县、微山等地都有伏羲陵、伏羲庙（人祖庙）或画卦石（山）。现存的山东嘉祥县武氏祠汉画像石，就有伏羲女娲的人首蛇身画像。史书记载，炎帝、黄帝也是山东人，生于寿丘，寿丘在鲁故城东门北，今曲阜东北八里（一说黄帝生于河南新郑）。炎帝、黄帝战争和活动的中心地区在齐鲁，并都曾在齐鲁建都，也都封禅过泰山。后来，炎帝后裔建立了齐国，黄帝后裔建立了鲁国。另外，还有后羿、皋陶等著名人物都有文献记载的古代传说证明其在曲阜及其周边地区活动过。这些有关泰山及曲阜的这些记载或传说表明，泰山及以南地区以及当今的鲁西南一带，在中华文明发祥的早期也是一个人类文化活动的中心。这也从另一个方面进一步说明，以山东地区活动为主的东夷族确是中华文明渊源之一，东夷先民同其他地区文明的先民一同开拓出了整个华夏文明的雏形，也为后来齐鲁文化的形成奠定了基础。

山东地区的新石器文化，是迄今中国所发现的年代最早、跨时最长、范围较广，而遗址较密集、出土文物较丰富、反映的社会情况较为先进的新石器文化。史前山东文化与黄河中游文化、长江下游文化一起成为中华文明的最早源泉地。大量的考古发现和史料记载表明，在文字记载、城市发展、冶炼金属、制造工具等诸多判断文明水平的要素方面，东夷文化都走在了前列。进入新石器时代之前，山东地区已有发达的农业，先进的陶器、青铜器酿酒及弓箭等器物制造业。山东省出土的龙山时期的陶片上已经具有了成熟的文字，完备的“礼乐文化”，大汶口—龙山文化出土的遗址已有表现原始礼制的宫室制度迹象和大量的礼、乐器，这是中国礼乐文化形成的初期。城市的出现和社会走向阶级分化是人类文明发展的一个重要标志，这些在龙山文化时期也出现了。考古资料也显示，龙山文化之后的东夷岳石文化也一直持续到商初，随着商周王朝的东进而逐渐消失，逐渐融入了周王朝与之形成了一致。

第三节　山东历史沿革及其文化传承演变

山东属《尚书·禹贡》所载“九州”中的青、徐、兖、豫四州之域。西周、春秋时，属齐、鲁、曹、滕、薛、郯、莒、魏、宋等诸侯封国地。战国后期大部分并于齐，南部属楚，西部一部分归赵。秦统一六国后，在山东境内置齐、薛、琅琊、东海四郡。汉代郡国并行，西汉时期设置十一郡六国。汉武帝元封五年（公元前 106 年），初置十三部州，山东分属青、兖、徐三州。东汉时期山东属青、徐、兖、豫四州，西晋初，山东分属青、徐、兖、豫、冀五州。晋怀帝永嘉以后，山东先后为后越、前燕、前秦、南燕所据。东晋安帝义熙五年（公元 409 年），刘裕平南燕复置青、徐、兖三州。其后，山东地区为北魏所有。北魏亡，属北齐，后又为北周所并。南北朝时期，州郡数量大增，辖区相对变小。隋统一后，山东分属青、徐、兖、豫四州。唐贞观初，山东属河南、河北两道。北宋改道为路，山东分属京东东路、京东西路。“金大定八年（1168 年）置山东东西路军统司，山东”一名始作为正式的地方行政区划。元朝分置山东东西道肃政廉访司及山东东西道宣慰司，直隶中书省。明洪武元年（1368 年），置山东行中书省，后改为山东承宣布政使司。清初，分全国为 18 行省，后增至 23 省，山东省至此成为地

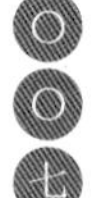

区与政区相统一的专用名词。

一、商周至秦汉时期

西周建立以前，山东地区存在着夏商封国或原始方国穷、丰、薄、奄、纪等，经夏、商的征讨及与中原文化的碰撞与融合。这些东夷地区的方国及其文化也融入了传统的华夏文明传统中，只有胶东沿海较小范围内的土著方国还保持着原始的东夷文化特色。武王灭纣后就将山东曲阜封给其弟周公旦，其子伯禽就在此地建立鲁国，号鲁公，将山东临淄地区封给师父姜子牙，并继承此地原存方国的称号齐国。周公让召公封给太公的土地是“东至海，西至河，南至穆陵，北至无棣。”同时还具有专征专伐的特权，“五侯九伯，实得征之。”营丘附近还有许多小国，太公就封时，东夷族莱人就和他争地。齐国先后灭掉这些小国，而成为东方大国。东征以后，周人再也不是西方的“小邦周”，而成为东至海，南至淮河流域，北至辽东的泱泱大国了。此时，山东境域也全在西周的控制之下。西周伊始的齐、鲁两国成为了山东地区影响最大的国家，此地区被称为齐鲁地区，它们的文化传统与东部沿海地域的文化传统相结合也被称为“海岱文化”。

（一）发端于鲁的儒学礼制传统

因周发端于原始方国，为了分封诸侯、平息纷争及在文武兼备地维护奴隶主集团的利益，颁布了体系严密、等级分明、以礼治国的制度。相传《周礼》就是周公旦所创制的，用以规范人伦之秩序，维护奴隶主的统治制度，鲁国因与周朝的关系密切，成为西周礼制治国的典范。据载，“三监”叛臣之一蔡叔的儿子胡“率德驯善”就被周公提拔作为鲁国卿士，因胡把鲁国治理得很好，又把胡封到新蔡。另据历史考证，《周礼》涉及了西周之后及具有治国和改革方略构想内容，并未与西周初年的政治状况吻合，也有学者认为《周礼》并非周公旦所作，而是周厉王所作，或由其后战国或汉代的学者伪作。但因周公推行礼制治国，这并不影响其作为儒家元圣及礼制创始者的地位。

鲁国作为与西周统治集团最为密切的国家，也形成了遵守礼乐的文化传统，浓厚的礼乐文化传统也直接影响到了春秋末期出生于鲁国的孔子。孔子，名丘，字仲尼，少家不幸，自小发奋为学，博学多能。青年时做过小官，不得志，后办私学，开中国私学之始。弟子三千，贤七十二。五十一岁时，出任过鲁国的高官，鲁国大治，后三家乱政。孔子有感于春秋时期礼崩乐坏、周王室日益衰落及天下战乱的局面，一向崇拜周公和熟悉周朝礼制的孔子在三家乱政之后，开始周游列国宣传自己的政治主张，但终不见用。后归鲁国，晚年修编文化典籍，如《诗》、《书》、《礼》、《易》，专门编修鲁国的史书《春秋》，致力于教育。其思想观点，集中见著于其弟子编撰的《论语》中。孔子的思想涉及社会的各个方面，体系的核心是礼制治国和道德教化。孔子的“礼”是指按纲常名教化的政治、社会秩序，“礼”是与“德政”相结合的。在《为政》中说：“道之以政，齐之以刑，民免而无耻；道之以德，齐之以礼，有耻且格。”即主张礼治德化与政令刑罚相辅而行。仁：如《论语》中的“克己复礼为仁”、“仁者爱人”。“仁”既是孔子修己治人的根本原理，又是孔子实践道德的最高原理。“仁”作为一种精神品质，包含了多方面的伦理道德原则。除了是一种使人们自觉、主动地遵循礼的道德素养之外，还是一种处理人际关系的道德伦理准则。“人与天地合一”，可简称为“人和天地”的思想。人性天赋，人伦与天道的合一，“人伦者，天理也”。天人感应。阐述人与自然的关系，强调人与自然的和谐。他还阐述和弘扬了人不仅要“仁民”，也要“爱物”的道理。孔子坚决主张国家要实行“富之教之”的德政，使社会与文化得到发展。孔子认为文明的最高成就在于造就理想人格以创立理想社会，通过潜志躬行“内圣外王之道”，以达到“天下为公”、“大同世界”之境界。人与自然，人际关系，国之道要走不极端的尚中、贵和的“中庸之道”。孔子在世时其主要的思想，虽然经过孔子及其门人的传播，在列国间有一定的影响，但其并未成为影响全国的主要思想。这从孔子之后不到100年时间内孟子的遭遇

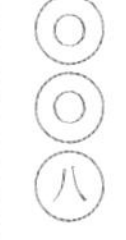

可以看出。孟子十五六岁时，从山东邹城到达鲁国后拜入孔子之孙子思的门下，学习儒学，继承并发扬了孔子的思想，成为仅次于孔子的一代儒家宗师，有“亚圣”之称，与孔子合称为“孔孟”。学成以后，孟子效仿孔子曾以士的身份游说诸侯，企图推行自己的政治主张，到过梁（魏）国、齐国、宋国、滕国、鲁国。当时几个大国都致力于富国强兵，争取通过暴力的手段实现统一。孟子的仁政学说被认为是“迂远而阔于事情”，没有得到实行的机会。最后退居讲学，和他的学生一起，孟子“序《诗》、《书》，述仲尼之意，作《孟子》七篇”。甚至，在秦统一六国后，为了排除不同的政治思想和见解，维护统一的集权政治，还发生过“焚书坑儒”，但并未收到预期的效果。

及至西汉初，孔子所创立的儒家学说受到董仲舒的推崇和汉武帝的重视，成为治国化民的主导思想，儒家学说才成为正统和主导，影响了此后两千多年中国封建社会的发展。自孔子死后，第二年就有门徒和家人在孔子墓前设祠种树祭祀，到了汉初，汉高祖“过鲁，以太牢祠孔子。”开创了以国家最高礼仪祭祀孔子的先例，而学校祀孔，自明帝始。《后汉书·礼仪志》：“永平二年……养三老五更于辟雍；郡、县、道行乡饮酒礼于学校，皆祀圣师周公、孔子。”《文献通考》：“贞观二年，停祭周公，升孔子为先圣”。自汉以来，举国崇奉孔子之教，而立庙奉祀，近于宗教性质者，延续至今。在这样的环境下，儒学已经成为全国性的主导学说，孔子已经成为了历代帝王的老师，在其家乡曲阜和山东地区孔子及其门人更是得到了重视，形成了稳定的儒学和尊孔的文化传统。

（二）发端于齐的重工商和武的文化传统

西周之前，齐国就是一个存在于夏商时期的古国，外部为东夷部落的封国和地方方国环绕。姜子牙及其后人到达齐国后，尊重当地居民的习俗，内用周礼予以同化，“通商工之业，便渔盐之利”发展经济，外则通过对东夷的一系列战争进行征服。这使齐国由地薄民寡的一个小国一跃而成为经济富庶、人口众多的泱泱大国。姜氏在齐国的统治及其与鲁国及一系列东夷方国的战争，形成了齐国重视工商、实用及尚武的文化传统。这也一直延续到战国末期，通过秦汉的统一融入了中国文化的大传统。西周时期，齐桓公姜小白在名相管仲的辅佐下，打着“尊王攘夷”的旗号，“九合诸侯，一匡天下”，成为春秋时代的第一个霸王。齐威王称霸战国时，也是齐国最强的时期，有名将名相的辅佐，而齐威王求贤若渴。齐威王针对卿大夫专权、国力不强之弊，用邹忌为相，田忌为将，孙膑为军师，进行政治改革，修明法制，选贤任能，赏罚分明，国力日强。又礼贤重士，在国都临淄（今山东淄博市东北）稷门外建稷下学宫，广招天下贤士议政讲学，成为当时的学术文化中心。到齐威王末年，齐国成为诸侯国中最强盛的国家。这些重视工商、实用及尚武的文化传统，虽然未像儒学一样成为文化正统和传统农业社会太平盛世的治世法典，但也融入了世俗的文化传统中，并为历代的政治、经济、军事家及一般人接受，成为重要的中国及齐地的文化传统。

《管子》、《孙子兵法》、《孙膑兵法》等便是反映齐地这种重工商、实用和尚武文化传统的经典。英国学者李约瑟能捧着《管子》而步入中国古代科技殿堂，将其称为先秦唯一“科技全书”和“中国古代科技文化之宗”是不过分的，它也充分显示了齐地重视工商、实用和尚武的传统。《孙子兵法》十三篇，为后世兵法家所推崇，被誉为“兵学圣典”。《孙膑兵法》继承、发展和丰富了《孙子兵法》的内容，体现了齐文化讲求实用和尚武的传统。

西周以后，齐国在结合原有的东夷文化基础上，在山东地域上发展起来重视工商、讲求实用和尚武的特点的齐文化。这种文化在经济上表现为农工商一体化的复合式经济，在政治思想领域内表现为忠君爱民相统一、礼法结合、义利并重为特色的互补式政治。从文化发展的视野看，齐文化与其他先秦地域的文化相比，显示出明显的变革性、开放性、多元性、务实性和智慧性的特点。齐文化虽然没有像鲁文化那样成为后来封建王朝进行统治的主导和显性的文化。但正是这些独具特色的文化特点，使其在一定程度上补充了鲁文化过于重视礼制的不足。在秦统一六国后，博大精深的齐文化，也逐步通过潜移默化的方式融入了中华传统文化，成为中国传统文化的重要精神。

（三）其他文化传统

山东地域汉末以前，除融合东夷传统文化和中原文化发展起来的重礼制和重工商、实用及尚武的齐文化外，结合远古流传下来的巫术文化，也在齐地发展起来了道家文化。巫术在本质上是由于对大自然力量的恐惧、崇拜和无知，处于混沌状态的原始先民出于趋利避害和寻求庇佑的心理，设想用超自然的神力和手段来对其进行控制的信仰，它是道教文化的源头。道教文化是在吸收原始的巫术文化的基础上，通过方士和道士的系统改造形成的学说。山东是中国传统文化的重要发祥地之一，由于其地域内存在着泰山、昆嵛山、崂山等名山和东临渤海和黄海，考古资料和远古文献均显示东周之前山东地区就存在着对山川和人类祖先的崇拜，泰山封禅，山东远古贵族墓葬中用赤铁、红土及朱砂等红色物和龟甲器（象征灵龟）辟邪等都说明巫文化的“繁荣昌盛”。至春秋战国，随着人类理性思潮的发展，巫文化逐渐丧失了其统治地位，演变为方士之术下移到民间，这便促进了山东道教的前身——方仙道在燕、齐沿海地区的兴起。先秦时期山东巫文化正是道教产生渊源。

人类历史的初始时期，山东的土著东夷就进行着巫文化活动，《国语·楚语下》描述为：“及少皞之衰也，民神杂糅，不可方物。夫人作享，家为巫史。”《左传·定公四年》记载：“少皞之虚，曲阜也，在鲁城内。”可见，少皞时期，巫文化呈现出“夫人作享，家为巫史”的盛况，并未成为统治工具。夏颛顼时“命南正重司天以属神，命火正黎司地以属民，使复旧常，无相侵渎，是谓绝地天。”设置了专门从事巫术活动的人员。殷商时代，山东是巫术盛行和神权强盛的时代，山东泗水尹家城遗址、济南大辛庄遗址，特别是济南大辛庄已累计获千余片的龟甲，大量反映了当时巫术求雨活动的内容。西周至春秋战国之际，山东地区的巫文化不如殷商时期那么昌盛。周初统治者在对夏、商灭亡经验进行分析的基础上，把祭祀天地的活动纳入了礼制的范畴，“周人尊礼尚施，事鬼敬神而远之”（《礼记·表记》）。周人虽也用“天”和“神”来庇护王权，但“天”和“神”的位置是弱化的，这在重视礼的山东鲁地要强一些，在其他齐国统治和影响的临淄和东部沿海地区要弱一些。此时，随着人性的觉醒，鲁国和齐国的巫师逐渐退出了商以来的统治地位，转而融入下层民间，成为方士和术士。战国中后期，巫术的衰落，山东齐地的东夷文化传统仍然被继承下来，经过方士的推演成为了山东地区“方仙道”的文化渊源。

二、魏晋至清末时期

及至东汉末年，发端于山东本地域的重视礼制的鲁国儒文化，重视工商、实用及尚武和崇信仙道传统的山东齐文化，都已成为山东地区的稳定的文化传统，并通过与中原地区的交流融入了中国传统的文化中。汉末以来，山东地区的文化发展主要表现为随着山东地区与其他中、外民族文化的接触和碰撞，吸收融合其他外来文化的时期。魏晋南北朝时期主要表现为佛教文化的传入及山东传统与少数民族文化的首次融合。隋唐五代以后，山东地区的文化发展除儒、道、释及齐国的工商文化在此地域进一步发展外，主要表现为随少数民族政权对中原的入侵所引发的中华民族内部的文化融合，京杭运河的修建、国家间的邦交、抗击倭寇事件等所引发的独特的文化发展。清末时期，随着德、日等国对山东的侵略及美国教会文化在山东的传播，山东地域也出现异国的建筑及文化（图 1–3–1 ~ 图 1–3–3）。

（一）山东地域佛教文化的发展传入及与民族文化的首次融合

魏晋时期，山东地域初在魏晋王朝政权的统治之下，由于西晋末年战乱而疏于边境防守和统治者为弥补劳动力不足而招引少数民族入境，使匈奴、羯、鲜卑、羌及氐（史称“五胡”）入境，中国北方形成

图 1-3-1　山东省历史图之唐代(图片来源：中国文物地理图集·山东卷)

图 1-3-2　山东省历史图之明代(图片来源：中国文物地理图集·山东卷)

图 1-3-3　山东省历史图之清代(图片来源：中国文物地理图集·山东卷)

了汉族与少数民族杂居的局面。这些少数民族利用西晋豪强内部纷争的机会，也纷纷在北方建立割据政权，史称“五胡十六国”。山东地区历来是兵家必争之地，百余年内就发生了20多次惨烈战争，15次易主，先后归前赵、后赵、前燕、前秦、后燕、南燕、北魏、北齐、北周等政权管辖，偏安于江南的东晋和南朝刘宋政权也数次占领山东。魏晋南北朝时期，山东的文化发展主要表现为佛教文化在山东地域的发展和随南北居民迁移而出现的南北各民族文化的融合。

三国时期，徐州运槽官笮融曾：“断三郡委输以自入。乃大起浮图祠，以铜为人，黄金涂身，衣以锦采，垂铜浆九重，下为楼阁道，可容三千余人。悉读佛经，令界内及旁郡人有好佛者听受道，复其他役，以招致之，由此远近前后至者五千余人户。每浴佛，多设酒饭，布席于路，经数十里。民人来观及就食且万人，费以巨亿计”（《三国志·刘繇传》）。这是佛教在中原传播的最早记载，笮融任职的当时徐州包括了今天山东枣庄、临沂等东南部地区，也可以认为是山东地区接触了佛教。西晋时期，山东地域也只有山东南部的琅琊（临沂）地区的少数人皈依佛教，成为信徒，山东地区这时的佛教传播为由南向北，由西向东的初始时期。东晋五胡十六国时期，由于连年的战乱，各族统治者心中产生了追求安定的心理，长期的战乱更是导致广大人民群众流徙死亡，使其陷于极度痛苦之中，这些都使佛教所宣扬的来世安定繁荣的极乐世界有了很大的吸引力，使佛教传播有了肥沃的土壤。佛教在这一时期在山东得到显著的发展和广泛的传播。在山东地域，佛教传播以泰山地域为中心，主要集中在西北部的清河（临清）、东阿（阳谷）、泰山、济南、临淄、青州，南部的任城（微山）、金乡（嘉样）、高平（邹县）、东莞（沂水）及东部的牢山（崂山）等地区。这一时期，除从长安等地来传佛教的高僧外，山东本地域的僧徒显著增多，大多是佛教大师佛图澄、鸿摩罗什的弟子。由于连年战乱，也有一部分山东僧徒南渡，成为江南名僧；另一部分则坚持在齐鲁传法，使佛教在山东地区进一步扩大。山东本地建寺传法的高僧，影响最大的是竺僧朗，亦称朗公。朗公，京兆人，“少事佛图澄，硕学渊通，尤明气纬”。前秦皇始元年于泰山地域，建灵岩寺传法，此地称朗公谷，寺亦名朗公寺。这是史载山东地区最早的一所寺院，在当时和后世曾产生过重要的影响，曾被唐人称为“域内四绝”。这一时期，还有东阿静、惠始、义熙、竺法汰、释慧观等名僧和安令首、竺道馨、明感和僧基等名尼。这些人或在山东本地传播佛教，或因战乱迁居江南建康、洛阳和辽东、高丽传播佛教，对这些地区的佛教文化发展影响甚大。经历魏晋和“五胡十六国”时期的发展，南北朝时期佛教在山东发展达到鼎盛。南北朝统治者大多提倡和崇奉佛教。山东地区在太武帝灭佛时，尚属南朝宋统治区，并未受到影响，北方其他一些地区佛教发展有有利条件。这一时期，从鲁西北、鲁西南、鲁中、鲁南到胶东半岛，无处不有佛教活动。此时，佛教中心泰山，除朗公寺外，又新建丹岭寺和衔草寺，灵岩寺此时更加兴盛。除泰山外，青州成为山东地区的又一个佛教中心，这里也建有众多寺院。南北朝时，造像、刻经等活动大大增多。迄今，山东境内发现的佛教造像和石刻佛经，南北朝时期的作品占据了很大比例，在山东博兴地区此时还发现了罕见的瓷佛像。信徒们崇佛，广建寺塔、雕刻佛像、佛经的活动，耗费了巨大的人、财和物力，加重了人民的负担。但也为后世留下了研究山东佛教发展和当时山东雕塑、书法、艺术和文化的宝贵资源。可见，在魏晋南北朝末期，佛教已经成为山东地域重要的文化传统，后来在本地区得到持续发展。

魏晋南北朝时期，山东地区的另一文化发展表现为随着南北地域的人民的迁移，中国各民族文化的融合。“永嘉之乱”后，大量山东士族随琅琊王司马睿南迁建立东晋政权。这些士族集团南迁后，积极参与政治，发展儒学，兼容释、道，对江南地区的文化面貌产生了重大影响。同时，最为重要的是此时：山东地区先后被后赵（羯）、前燕（鲜卑）、前秦（氐）、后燕（鲜卑）和南燕（鲜卑）等少数民族政权占据，东晋也一度占据山东东南部，继刘宋之后，北魏、东魏、北齐、北周也先后占据山东，少数民族政权在山东的统治及此时由于战乱，大量辽东和河北一带的少数民族流入，其与山东滞留士族的交融，使山东文化呈现出了多元融汇的景象。经过长期的发展，这些少数民族的人民和文化，也逐渐融入了当地传统，很难再区分清楚。

（二）山东地域抗倭与运河文化发展

京杭大运河的开凿促进了南北的交流和文化交流，尽管对山东影响在元朝对运河改造之前还不很明显，但为山东地区运河沿线的商业文化的发展和民族文化交流形成运河文化埋下了伏笔。唐朝继承了隋代传统，隋唐时期山东地区的儒、道、释文化传统得到了持续稳定的发展，出现了山东籍儒士位居高位、山东地域佛寺林立、道观遍布山野的现象，历城柳埠的神通寺、长青灵岩寺、青州龙兴寺及博兴龙华寺都是唐代的名寺，泰山、崂山、蓬莱等也是当时的道教圣地，山上道观林立。值得注意的是，隋唐时期，日本也多次派“遣隋使”和“遣唐使”来中国进行佛教和文化交流，“遣隋使”、“遣唐使”在山东东部沿海的活动也曾对该地域的文化造成了一定的影响。唐末五代十国时期，山东主要地域属后梁、后唐、后晋、后汉、后周五个次第更迭中原的政权管辖，虽有少数民族政权侵入该地域，除延续原来的文化传统外，并未有新的文化发展。北宋与辽对峙时期，山东地域传统属于宋朝东部护卫京畿的屏障被称为“东畿”；南宋与金对峙时期，山东作为捍卫京师的咽喉之地，被称为“腹里”。山东地区是五代末至宋初战乱环境中传统文化保持最好的地区，北宋以后儒、道、释文化在山东地区又有新发展：儒学在北宋发展成最为完备精致的宋学体系，北宋诗词延续了山东地区的诗经传统同时也有所创新和发展；北宋年间也大力支持和鼓励佛道教的发展，此时昆嵛山由于流传着麻姑修炼升仙的传说和此后全真教在此诞生而广建道观成为山东地域又一道教中心。南宋与金对持时期，山东地域大量文人的南迁，特别是马伸、林宪、陆游、辛弃疾、李清照等，不但发展了南方的儒学文化，也开创了爱国诗词写作的新气象。这时，北方在金朝的统治下，金朝统治者的“汉法政治”，主动学习汉文化使迁入的“孟安谋克”人汉化过程中，也使山东地区已有的各种文化传统得以保留。

元朝统一中原地区后，山东地区属于由元朝中央中书省直接管理的“腹里”地区。元朝统治时间很短，灭亡后遗留下来的后代也基本被汉族文化同化。元朝统治时期，山东地域的文化发展主要表现为：由于京杭运河的重修和手工业、商业的发展，而出现于运河沿岸的商业文化的昌盛；由于海运和商业的发展，东部沿海地域传入的妈祖和商业文化的兴盛。元朝重修和改造了宋、金、元以来长期堵塞的京杭大运河，使大运河可以从杭州直经山东地域到达北京，不必再绕经洛阳。经过整修取直的大运河使南北交通更加便利，也直接促进了山东运河沿岸地域的商业文化和聚落的形成发展，出现了一批具有商业运河文化特征的繁荣城市聚落，延续至清朝后期。最终随着清朝后期漕运的废止和运河的淤塞而衰落。如临清地处会通河咽喉，随着运河通航，元时商业就发展迅速。史载：“每到漕运时期，帆樯如林，百货山积……当其盛时，北至塔湾，南至头闸，亘数千里，市肆栉比”。会通河开通后，位居南北水陆要冲的济宁一跃成为南北货运的集散地，济宁当时也是：“高堰北行舟，市杂荆吴客……人烟多似簇，聒耳厌喧啾。”元代以后至清朝后期，运河沿岸所发展起来的商业文化和聚落，也包括山东沿运河两岸的枣庄、济宁、聊城、德州、平阴等四十多个县市。山东运河商业的发展也吸引了中外很多民族地区的人来此经商居住，域外人以信仰伊斯兰教为多，这是运河沿岸多有清真寺的缘故。元朝时期，也非常重视同其他国家的海上贸易往来，这时高丽和日本同元朝的贸易密切，这一传统也一直延续至清朝后期。此时，随着海上贸易的发展，元、明、清时期，发端于北宋时期福建地域的海神文化和妈祖崇拜也逐渐随着福建商人来山东经商，在山东东部沿海地区兴盛。明、清延续并发展了元朝运河和海洋贸易的文化传统，使山东地域的手工业和商业文化有所发展。明朝初期和中期，由于元末的战争和争夺王权的战争造成了山东人口的减少，为补充人口的不足，山东曾大规

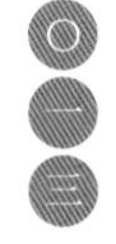

模地从山西和河北等地移民填充，这在一定程度上促进了山东与别的地区间文化的交融和发展。明永乐年间，菲律宾苏禄王访华病死于归途中，朱棣敕建的德州苏禄王墓，也丰富了山东地域的多元文化。

明朝时期，山东东部沿海地区也是倭寇侵扰的主要地区，明朝朝廷曾派出生于山东登州地区的抗倭名将戚继光在山东沿海率军民修筑海防、抗击倭寇，发展成为山东东部沿海地区的抗倭文化。沿海城防工事的修筑和抗倭名将祭祀建筑和崇拜文化也持续发展至清末。

唐宋至清末，山东地域的文化发展基本上是在继承传统儒、道、释文化的基础上，融合了少数民族和异域文化从而形成的多元一体文化格局。特别是元代以后，随着运河、海洋贸易的发展，山东地区出现了手工业和商业发达的局面，一些世俗文化和异域文化开始浮现，并有逐渐发展的趋势。此外，由于明朝中期倭寇侵扰，山东地区因形就势发展起抗倭的文化传统。清后期，随着国运日下、漕运逐渐废置和外国侵略者的入侵，山东地区的运河商业文化的发展渐趋停滞，其政治、经济、文化地位迅速跌落。可以说，山东运河区域是中国封建社会晚期黄河流域农耕社会向近代工商业社会转型的一个典型。

（三）外国殖民文化的传播

明末清初时，由于东部沿海地区便利的交通，就有西学传入山东，天主教会曾为山东展示过不少文化内容。外国文化通过洋货带入、传教灌输、租借地展示和大众传播等方式传入中国，使中国传统文化氛围浓厚的齐鲁大地出现了本土和异域文化多元并存的格局。

洋货是西方现代文化的载体。鸦片战争后，外国传教士也以不平等条约为掩护，纷纷涌入山东建立教堂进行传教活动。因此，近代山东教堂大多有慈善机构、医院和学校的性质，是山东省这些近代建筑类型的前身。到 19 世纪末，山东共有大小教堂 1300 余所，遍布各州县。19 世纪末年以后，随着各帝国主义国家先后完成工业化且国力发展水平的不平衡，以不平等条约和外国传教士被杀等为借口，或直接以武力侵略的方式对中国领土进行再划分和争夺。此时，德国强占了胶州湾，英国强租威海卫。德国占领胶州湾时期，为了把它建设成为远东殖民争夺的根据地和商贸桥头堡，对租借地进行了不遗余力的规划和建设，不仅大力从事青岛湾的城市规划和建设，甚至还修建了胶济铁路，将其势力扩展到山东内陆地区。英国占领威海卫期间，也修筑了大量的体育和文艺建筑和设施。1914 年，日本占领青岛后，城市建设在德国原规划基础上进一步发展，为青岛城市增添了东洋风格的建筑。租借地的发展和建设，也使这些地区成为展示西方和日本近代工业文明，传播其文化的窗口。此外，山东地区的人民也通过国外游历、出使、留学和考察的方式及西方殖民者也通过报纸、期刊的方式宣传外国文化。

在各帝国主义列强的殖民侵略和统治的过程中，山东的文化呈现出多元杂陈的局面。山东地域既有发端于本地域的传统文化的持续存在和发展，也有各殖民国家的多元文化传入，文化总体上呈现出多元杂陈和相互交融的状态。随着历史的发展，这些传入的殖民文化，也逐渐演变为山东地域历史文化传统的一部分。各殖民国家的文化虽遍布了山东省的整个地域，但从总体分布上看，它们对山东东部沿海城市影响较强，内陆地区影响较弱，德、日、美、英国家文化对山东地域影响较深，其他国家影响较弱。

第四节　山东古建筑的特点

建筑是人类在一定的自然和文化环境中，利用一定的技术和材料对自然环境进行适应和改造以满足自身的物质和精神需要所产生的结果，建筑本身就是自然环境、人类文化的载体及技术发展水平最直接的表现。上文对山东地理环境、自然资源和历史文化沿革的论述，为深刻理解山东古建筑提供了较为全面的背景知识，具体建筑科学技术成就将结合典型的古建筑来论述。由于古以来人类在山东地

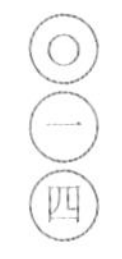

域的持续活动，在山东省遗留下了数量庞大的古建筑（遗址）。

一、数量众多，类型齐全

山东地域是华夏文明和中国传统文化的发源地，自远古时代以来人类就在此繁衍生息。进入人类社会以后，从原始社会至封建社会末期，人类在这里所进行的各种生活、生产、交通、礼制、教育、战争、宗教等活动也从未间断。有史以来人类在山东地域的持续活动为山东省遗留下了数量众多、类型齐全的古建筑。

目前为止，山东省省级优秀古建筑类文物370余处，省级历史文化名城12座，国家级历史文化名城8座，世界级古建筑类文化遗产4处，据不完全统计古建筑类遗产约有1040余处。这些数量众多的古建筑反映了人类在此地所进行的政治、经济、科技、宗教、教育、战争等各种文化活动的所有方面，具有类型齐全的特点。按功能分，这些古建筑就可分为：城市聚落（如曲阜古城、临淄古城等），宫廷府第（如曲阜孔府、邹城孟府），防御建筑（如齐长城、烟台蓬莱水城等），纪念性建筑及小品（潍坊青州衡王府石坊、淄博淄川蒲松龄故居等），陵墓建筑（如武氏墓群石刻、济南长清孝堂山郭氏墓石祠等），园囿建筑（如潍坊十笏园、青州偶园等），祭祀性建筑（如济宁曲阜孔庙、蓬莱戚继光祠等），桥梁及水利建筑（如泗水卞桥、聊城临清鳌头矶等），民居建筑（如烟台栖霞牟氏庄园、烟台龙口丁氏故宅、滨州惠民县魏氏庄园等），文娱建筑（如潍坊万印楼、济宁曲阜洙泗书院、济宁曲阜尼山书院等），宗教建筑（如济南历城四门塔、济南历城龙虎塔、东营广饶关帝庙大殿等），商业建筑（如聊城临清运河钞关、烟台芝果福建会馆、聊城山陕会馆等），生产性建筑等（如寿光盐业遗址、淄博渭一窑址等）十余类。这些古建筑几乎满足了人类生产、生活的所有方面，包含所有功能类型。其中，某些建筑甚至也包含多种功能。按材料分，这些古建筑往往包含了夯土（如曲阜鲁国故城、临淄齐国故城等），石质（如济南历城四门塔、济南长清孝堂山郭氏墓石祠等），砖质（如济宁汉上砖塔、济南历城九顶塔、聊城高唐兴国寺塔等），木质（如聊城光岳楼）等。但山东古建筑中的大多数类型也往往是砖木、石木、砖木石等几种建筑材料复合应用而建造的，很难明确地将其分为某种单一材料类型。按时间分类，山东古建筑（遗址）往往涉及到从远古时代到清朝末年的所有时代，而且许多古建筑从很早就开始建造，由后世逐渐补充、屡次修缮完成，很难说其属于某一时代。如曲阜孔庙、泰山古建筑群，从孔子去世第二年起和遥远的古代就开始建设，后经历代扩建和修缮完成，组成建筑群的环境中也包含了历代痕迹，很难从总体上将其归属于某个特定的具体时代。从分布空间来看，山东古建筑广布于山东各地域，如城市、郊区、农村和田野和平原、山地、丘陵、港湾和河畔等不同类型的自然和人工环境中，由于地形间复杂的混合关系，也很难用某些具体的区域和环境来全面概括其类型。

总体上看，由于远古以来人类就在山东这片土地上繁衍生息和进行各种生存、生活、生产、战争等活动，人类的活动范围几乎遍布了山东全省并且从远古时期至今未曾间断，因此山东地域上遗留下来了数量众多、类型齐全的古建筑。这些古建筑几乎满足了人类所有活动要求，涵盖几乎了所有功能类型；使用了中国古建筑所能使用的几乎所有材料，囊括了几乎全部的材料类型；分布于远古至今的所有时代和山东省的各种地理、人工环境中，包含了几乎所有的时代和地理环境类型。因此，数量众多、类型齐全，可以说是山东古建筑的一个突出的特点。

二、文脉持续，风格多元

建筑是文化的载体，文脉的持续是山东地区文化的显著特点之一。山东地域接近中国古代文明的发展中心，甚至部分区域就直接处于古代文明发展的中心位置。从远古史前时期起人类就在此地域繁衍生息创造了辉煌的东夷文化。这些文化在与中原文化接触与融合过程中，也逐步融入中国文化传统，山东也是中国文化及文明的发源地之一。进入人类

社会以来，随着历史文化的发展，山东地域继承原有东夷传统、融合中原文化的基础上，于春秋战国时期形成：具有地域特色的鲁国儒家礼制文化，齐国重工商、实用、尚武的文化传统，初始的仙道文化也在齐地兴盛。这些文化传统在此后与中原文化和其他中原文化、少数民族和异国文化的接触与融合过程中，也都作为显著的统治文化，或隐性的民间文化在山东地域和广阔的中国国土上传承扩散，并且隐性的传统文化遇到适合的土壤和环境也会再次复苏成为显性的统治文化。如儒家文化自汉成为占统治地位的文化以来，随着中国历史的发展，虽然经历了无数次的王朝更迭和屡次的战乱间歇，但其作为中国和山东地区的统治文化的发展和持续从来未曾停止过，直接延续至清末。再者，像重工商、实用、尚武和仙道传统的齐文化传统，虽然未像儒家文化那样成为影响中国的占统治地位的文化传统，但其也一直在民间传承延续，遇到适合的土壤也会发展成为主导文化。随京杭开通而发展起来的元明清时期具有工商特色的山东运河地域文化，山东各地注重因地制宜、因材致用的民居文化，各时期发生于山东的农民战争及发端于明中期的抗倭文化，宋金时期山东昆嵛山区全真教的创立和道教的兴盛都可视为这种重工商、实用、尚武和仙道文化的传承、持续和勃兴的表现。此外，外来的民族文化和异国文化一经在适时的条件下传入，并依据中原文化包容性的特点做出适当的调整，也能在山东地域持续发展和传承。如起源于西域的佛教文化及起源于中国东南沿海福建地域的海神崇拜文化等异国和中国异域文化，便分别于东晋和元代传入山东地域，并适合传入地区作出了适当的调整，这两种文化在山东地域也持续传承至今。特别是佛教文化，也已成为了该地域重要的文化传统。这些持续和多元的文脉，也决定了山东古建筑持续和多元的风格特点。

建筑风格是文脉的外显，是人类在特定的文化、自然环境条件下，利用特定的技术和材料改造自然所取得的总体结果。由于各时代的技术水平、各地域的自然环境和材料资源的不同，即使在持续、相似的文脉影响下也会形成不同的风格特点。山东地区多样的地理自然环境、繁杂交错的历史文脉、参差不齐的各代建筑技术发展水平，孕育了山东地区风格多元的古建筑。如即使在儒家“家国同构”的文脉影响下，山东普遍采取了四合院的形式，由于要适合各地域特定自然地理环境、采用地域自然材料和技术的原因，山东民居还是表现出了差异很大的风格特点。胶东沿海地区浑厚朴实、憨态可掬的海草房，中部山区高低错落、粗犷原始的石板房，西南部平原地区泥墙青瓦、形式规整的土坯房，运河沿岸错落有致、青砖黛瓦的临河住宅都是山东各地域多元建筑风格的典型体现。即使在相似的地理和文化环境中由于建造的年代不同，从总体上看相似的建筑在风格上也是多元而不同的。山东地域的山区中遗留下了大量的石窟、佛塔和寺庙，这些石窟、佛塔和寺庙建造年代的不同，虽然文脉和地理环境相似，但还是表现出了魏晋南北朝的孤傲、隋唐的大度和华贵、宋金的素雅和精致、元代的质朴和率真等时代的风格特点。此外，影响山东古建筑的文脉，以山东地域的儒、道、释及重工商、实用、尚武的齐文化为主体的同时，山东文化也多次受到异族、异域和异国文化传统的影响，这也会使不同文脉影响下所建造的古建筑呈现出多元的风格。如古建筑中既有伊斯兰文化传统影响下建造的清真寺，也有美、英、德文化影响下建造的教堂及其他建筑，还有菲律宾文化传统影响下所建造的苏禄王墓。此外，值得一提的是，由于文脉的持续，山东古建筑中，即使是同一组（座）建筑也一般是经过各代的增建和屡次修缮完成的，不同年代的构件和小品也体现出其形成年代的风格特点。因而，风格多元的特点，也存在于某组和某座建筑中。

虽然影响山东古建筑建造的文脉具有持续传承的特点。但由于发源于山东地域的文脉传统本身就具有多元性和包容性的特点，在文脉持续发展的历史中也融合进了许多异族、异地和异国的文脉传统，因而影响从文脉本身上看就具有多元交织的特点，其影响下的建筑风格也是多元的。再者，由于山东省

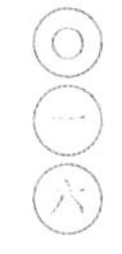

地理环境的多样，各处古建筑的建造年代和使用的技术的发展水平不一，这些也是古建筑呈现出多元风格的原因。由此，文脉持续、风格多元，也就构成了山东古建筑从整体上看的一个显著特点。

三、因就材势，特色鲜明

早在春秋战国时期，《管子》和一般认为记述齐国百官营造器物的《考工记》一书中总结古代城市建设和百工生产的经验时就明确提出了，“就地取材、因材至用、因势导利”地进行城市、建筑和产品建设和生产的思想。如《管子 · 乘马》中曰：“凡立国都非于大山之下，必于广川之上，高毋近旱而水用足，下毋近水而沟防省，因天材，就地利，故城郭不必中规矩，道路下必中准绳。”《周礼 · 考工记》则曰：“国有六职，百工与居一焉……审曲面势，以饬五材，以辨民器，谓之百工。”郑玄注释说：“百工，司空事官之属……司空掌营城郭、建都邑、立社稷宗庙、造宫室车服器械。”可见，进入历史朝代不久，就地取材、因材致用、因地制宜和因势导利地营建城郭、建筑的因就材势进行建筑活动的思想就已经成为山东地域优秀的文化传统。

这一传统尤其在礼制文化影响较弱、功能性较强的城防、运河、民居及景观建筑中表现最为明显和典型，并且这些类型建筑也因材就势，获得了鲜明的地域性特点。如齐长城、山东运河沿岸的聚落、胶东海草房、山东省蓬莱市的蓬莱水城都是这方面的典范。齐长城始建于春秋时期，完成于战国时期，是中国历史上较早修筑的长城。齐长城多依山势而筑于峰顶处，故有“长城岭”之称。长城之地也多有平坦地势，所以齐长城的整体城墙结构设计各地有异。随山势而筑地段城墙用自然石块砌筑，平原低谷地段多夯土而筑。城墙的建筑材料多就近取材，山岭多用自然石材；平坦地带，因无石便取土筑。齐长城建筑充分利用山险代替长城的作用又能节省人财物，城墙是长城的主体；烽火台多设在山岭的高巅之处，是军事设防传递信号的设施；而关寒和防门多设在平原低谷地段，是出入国境的必经之地，也是长城的要冲地带。齐长城因其就地取材、因材致用、因地制宜和因势导利的建造，也使其形成了古拙原始与周围环境融为一体的鲜明地域特色。山东运河沿岸的众多元明清时期的古村落，多采用地方建筑材料顺应运河而建，尽管各地依据具体情况，略有不同。但在通过就地取材、因材致用、因地制宜和因势导利地顺应地形、适应气候、利用地域材料等，使建筑获得地域特色方面却是一致的。山东枣庄运河沿岸的囤顶住宅就多用当地的石块筑基，夯土为墙，短木当梁，苇箔、秸秆、稻草和泥作顶，顺运河流淌之势布局的方式，使其具有朴实原始的地域特色，融入了周围环境。胶东海草房，则以当地沿海的山石为墙，山上树木为梁，海草层铺作顶，顺应山坡或其他地势布局的等方式，取得鲜明特色，与枣庄囤顶住宅聚落有异曲同工之妙。蓬莱水城是明朝戚继光的戚家军在宋代刀鱼寨的基础上修筑的水城，南宽北窄，呈不规则长方形，负山控海，形势险峻，设有水门、防浪堤、平浪台、码头、灯塔、城墙、敌台、炮台、护城河等海港建筑和防御性建筑。水城由水中城墙多依山势修筑，利用天然山势的险固作防御，在出入海上的地方，建有一座水门，设闸蓄水。平时，闸门高悬，船只随意进出；一旦发现敌情，闸门放下，海上交通便被切断。水门两侧又各设炮台一座，驻兵守卫，形成了一个进可攻、退可守的防御体系。此外，水城建设所用的石、土、木、砖、铁等材料也多取自于当地和附近地域。蓬莱水城是一处独具特色的海防要塞，也是中国目前保存最完整和具有鲜明地域特色的古代水军基地。此外，通过因材就势，使建筑取得鲜明特色的案例也或多或少是其他山东古建筑的特点，不再赘述。

总体上看，就地取材、因材致用、因地制宜和因势利导地进行城市和建筑工程建设的思想历来就是山东省重要的文化传统。这一传统一般在远离礼制统治、功能性和娱乐性要求较突出的建筑类型中体现得最为典型和明显，也或多或少地体现于所有古建筑类型中。因此，通过因材就势，使古建筑取得鲜明的地域特色，也是山东古建筑的一个明显特点。

山东古建筑

第二章　城镇与村落

山东古城、名镇、村落分布图

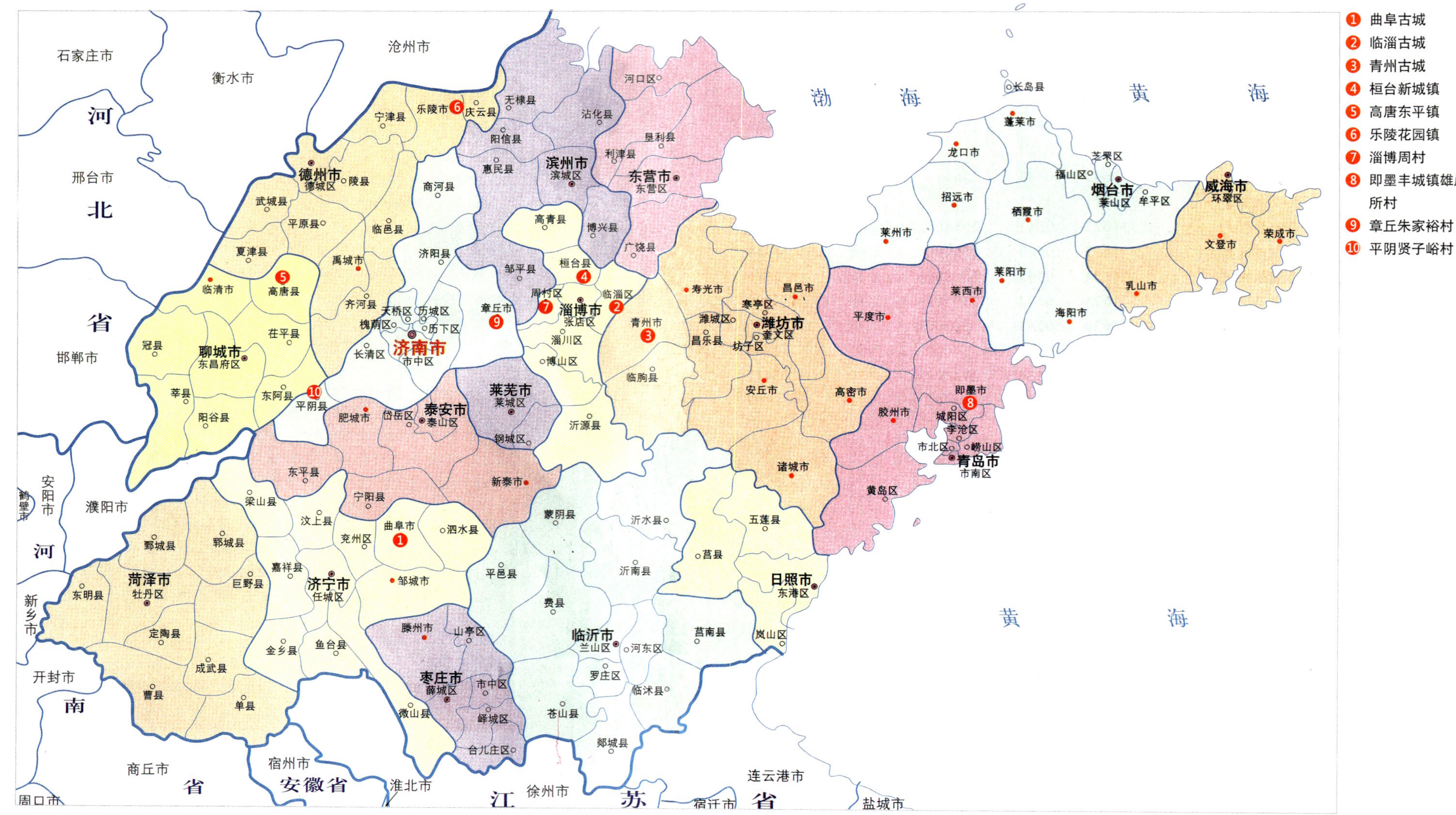

（地图引自：中华人民共和国民政部编．中华人民共和国行政区划简册 2014. 北京：中国地图出版社，2014.）

山东地处黄河下游，城镇与村落的发展起源较早，春秋战国时期在鲁中南地区相继产生了一批商业中心以及与政权相联系的政治军事中心，如齐国故都临淄、鲁国故都。究其发展原因主要为：农业生产发达、工商业繁荣、地理位置适中，交通方便、自然条件优越。在漫长的封建社会里，受封建集权政治的影响，各级政权所在地逐步形成了规模不一的政治、军事、文化、经济中心，等级秩序严格，使山东城镇向多层次方向发展，如济南、曹州（菏泽）、泰安、青州、莱州、登州（蓬莱）等综合性城市。大运河的开通使山东各城镇形成了一个以大运河为轴心的山东西部城市群。鸦片战争之后城市类型大致可分为两类：一类为沿海港口城市群，包括青岛、烟台和威海；另一类为铁路沿线旧城市的发展，胶济、津浦铁路的修建与发展，促进了济南、潍坊、淄博、德州等老城市的发展。

第一节　古城

早在春秋战国时期，山东境内诸国林立，城市群起，其中最有代表性的是鲁都曲阜、齐都临淄等，其规划蕴含着丰富的哲学思想和深刻的文化内涵，代表了中国古代城市建设与发展的最高水平。在漫长的城市发展过程中，古代都城逐步形成了两种代表类型：一种遵从《周礼·考工记》中以“礼制”为特征的规划原则来营建中国传统都城，代表城市为“以礼治国”的鲁国故都曲阜。它代表了中国古代的封建等级制度和宗法典制，奠定了中国古代城市规划的基本轮廓，对后世的城市规划和城市建设布局影响极为深远。另一种是以《管子》书中对于城市选址的基本原则——顺应自然、利用自然的城市营建制度为特征的城市规划，以齐国故都临淄为代表。它体现了城市规划与自然环境有机协调发展的思想，城市规划从选址到总体布局再到单体建筑均需因地制宜、灵活布置。

山东古城的布局方式因地制宜地按照严格的方格网形式进行规划。吴庆洲先生将我国古城选址的规律性及科学思想归结为九点：地理位置适中、立足于农业发达之地、地势利于军事防御、置于水陆交通便利之地、充足的水源及良好的水质、居高临下避免洪水灾害、土质坚实宜于建设、较好的气候条件、借鉴前人的经验。山东其余的古城也均参照这些原则选址，济南北濒黄河，南依泰山，饶有明泉湖山之胜；历史悠久的青州古城地处海岱之间，收鱼盐之利，地域辽阔，物产丰富，古时为屯兵拒敌之要塞。

一、曲阜古城

（一）历史沿革

曲阜古城位于山东省中南部的洙水和泗水之间，西南依靠泰沂山脉，西面和北面围绕着沭水河，南临小沂河，因城中有曲阜山而得其名。曲阜古城，指周代和西汉的鲁故城遗址，位于曲阜城区和东、北核心。“曲阜”称号的由来始见于《礼记·尔雅》，据汉书记载“鲁城东有阜，委曲长七、八里，故名曲阜”。从建城初始至今，城址经历过多次变迁，仍然坐落在鲁国故城内。城市的规划发展自殷商开始至明清共有五座城池在曲阜建设，分别为殷商原始城廓（奄国）、西周鲁国都城、汉代鲁城、宋代仙源县城和明清曲阜县城。其中鲁国都城最大，建城时间最长，历时833年，除殷商原始城廓未有详细发掘论证外，其余四城虽然历经几千年的朝代更替，城池基本在同一地点上。

曲阜现存四座古城址：周代鲁国都城址，沿用至西汉中期；其二为西汉晚期所建的城址，沿用至北宋初期，位于鲁故城的西南部；其三为宋真宗大中祥符年间所建的城址，沿用至明初，位于鲁故城之东；其四为明嘉靖年间所建的城址，沿用至今，位于鲁故城和西汉晚期所建城址的西南部。

（二）城市布局

曲阜鲁故城是一座著名的西周时期的城市，它基本上按照《周礼·考工记》所载的规划形制进行规划建设，是中国早期都城规划布局基本形制的典型代表。其布局特点是宫城位于郭城之中，形成小城与大城内外环套的格局。小城为宫城，大城可看作郭城。鲁故城占地约 10 平方公里。都城平面呈不规则的长方形，东西最宽处 3.7 公里，南北最长处 2.7 公里左右。四面城垣，鲁故城垣 11771 米，城垣四周都有城壕或利用洙水为城壕。城门十一座（古书记载有 12 座），其中东、西、北三面各 3 座，南面 2 座。城门宽 8 ~ 19 米。多与城内大道相通。中贯轴线“左祖右社，面朝后市”，结构严谨，遵循了周礼的有关建筑布局和规划形制。经过长期的发展，至春秋时期城市建设已经具有相当的规模。其方七里余，旁三门，大都有交通干道相连（图 2-1-1）。

城市以宫城为中心，筑其制高点，并以 20 米宽的大道贯穿南北，连接“两观”基址，至三里外舞雩台，构成了宫殿—城门—两观—祭坛为主的明显的南北中轴线，城内纵横各 5 条干道与城门相通，并设有东西排水渠道。城内分布着作坊区、墓葬区、居住区级宫殿建筑群。墓葬区和作坊区避开了城市主导风向，设在城市西北部，南部则为一片开阔地带。居住区分布在宫殿周围，殷民居西，周人居东。用地功能十分明确，科学的规划布局与城市建设在当时堪称典范。

目前的明故城位于鲁故城、汉故城的西南方。于 1512 年移城卫庙而建。其城市布局形成了以孔庙孔府为中心，九进院落的宏伟宫殿建筑群贯穿孔庙南北 1300 米的中轴线的格局。这种布局模式构成了高低起伏、错落的城市轮廓线和空间序列，但是将整个曲阜古城的格局约定在轴线中则基本上隔断了城市中东西部的交通联系，使城内四门不能直通。孔府的主要建筑大约占去整个城内面积百分之六十以上，民居则坐落在故城的四城角处。为了保卫孔庙孔府而修筑的明城墙，可以视为孔氏家族的第二道围墙。孔子墓地则位于城北三里处，规模占地 2 平方公里，这种排布形成了前庙后林，对位严格的城市布局，体现了当时严谨的礼制。曲阜以氏族家庭为中心的城市布局，其本身体现出阶级的局限性和其城市布局的特殊性。曲阜独特的城市格局是显著的个性特征所在，也是构成城市特色的基本因素。

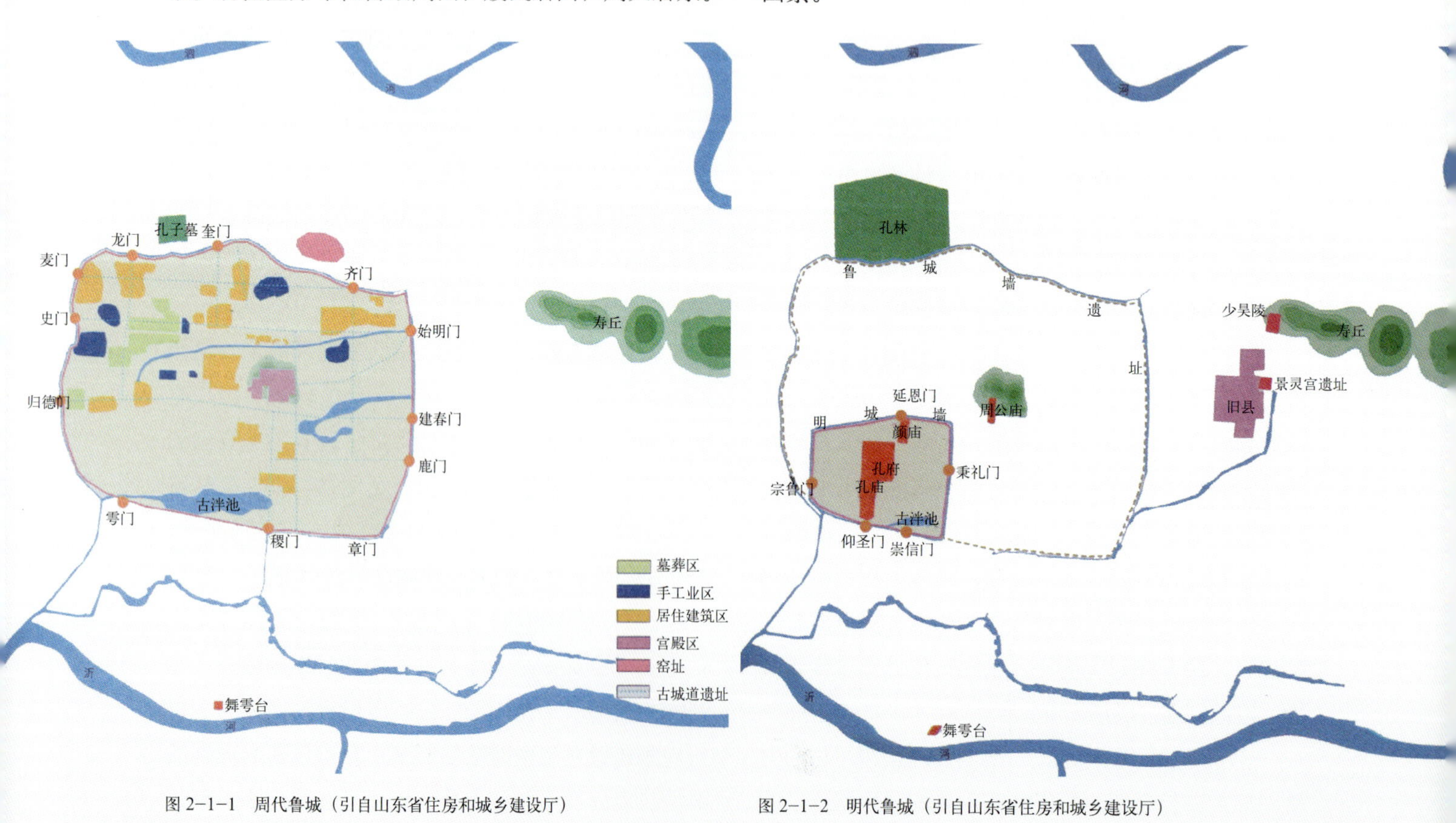

图 2-1-1　周代鲁城（引自山东省住房和城乡建设厅）

图 2-1-2　明代鲁城（引自山东省住房和城乡建设厅）

二、临淄古城

（一）历史沿革

齐都城遗址位于临淄区辛店镇北 7.5 公里处，东依淄河，西临系水，为周代齐国的都城，西汉时又为齐王国都城，历时千余年。据大量资料和考古资料表明临淄在东汉以前，是我国乃至亚洲东方最大的城市之一，它的繁荣与发达，为整个中国东部，特别是山东的开发、发展做过巨大贡献。1961 年被国务院公布为全国第一批重点文物保护单位。据《史记 · 齐太公世家》记载，临淄从公元前 9 世纪中叶齐献公由薄姑迁都临淄，经过春秋战国时期，直到公元前 221 年秦始皇灭齐，临淄作为齐国的国都共达 630 多年。临淄自此作为齐国的都城再也没有被迁移。之后西汉前期及东汉齐王也建都于此，魏晋以后均为县衙署所在地。

齐临淄故城在其城市发展史上有两次高潮。一次是春秋时期，齐国成为春秋“五霸”之首，拓展了临淄作为都城的规模。第二次在战国时代中期，齐威王成雄使临淄出现了空前的繁荣。秦汉时期，齐为郡国，仍以临淄为首府，并以其商业交通要道的经济功能而成为全国有名的大城市。临淄齐国故都历经沧桑，虽然很多建筑都被毁坏，但仍是保存较好的古代中国的一座重要城市。

（二）城市布局

1. 选址

齐国临淄都城地势高低相差较大，大体上南高北低，东高西低。所处地理位置重要，交通便利，因此城市在规划中尽可能保持因地制宜。这种选址在《管子》中有详细的论述：按照一种自然地形布局的都市规划理论，即国都地址的选择和布局要考虑用水等自然环境，并且对都城地形、用水等有较高的要求。临淄都城东墙沿淄水，西墙沿系水的河岸蜿蜒曲折，城内地势高平，既有天固，又有人筑，易于防守。靠近淄水，水源充足，既可供饮用、灌田，又可作沟防设施。城市以北为平原，南有牛山、稷山，为鲁山余脉。其地东至海，西至中原各国，南经莒至吴越，北经燕至辽东，东北至莱，东南至即墨，西南至鲁，条条大路畅通无阻。

东周齐献公迁都临淄并利用淄河设防。战国时期以临淄作为都城，不但借用了城市原有的基础建设，还由于它近于齐国的中心的优越地理位置，这样更便于统治全国。因此临淄都城的选址、布局和建设对于中国古代城市的分布位置具有较为典型的历史地理含义。

2. 都城分区与布局

春秋以来临淄城经过几次大的拓展，城市功能有所改变。首先西周初年定都营丘（即当今韩信岭一带），到春秋末年经过扩建达到现存大城规模，在战国时期增筑小城，变为其宫城。临淄都城的规划摒弃了宫城、郭城内外相套的布局模式，演变为小城、大城互相衔接咬合并列的形制，将宫城独立出来，放到与大城毗邻的西南角，这与《周礼 · 考工记》的王城规划模式相比是一大进步，说明城市的经济功能得到加强，人们的思想得到了很大的解放。这种顺应自然、因地制宜、讲求功能至上的城市规划思想与格局，对后来的历代王朝首都和地方统治中心的布局产生了重大影响，而且还波及相邻的东亚各国，同时也对现代城市规划和建设具有极大的借鉴和启发作用。

（1）功能分区

齐都临淄的城郭呈“两城”形态，小城的增筑使大小城之间产生明确的功能分区，城市功能配置更为周密和完善，并对城市的扩建留有一定的发展空间。据考证资料，西周时期先建大城，战国时期后建的小城偏在原有大城的西南隅，两城并存。小城的北、东部分城墙和大城共享，两城在地理位置上互相衔接、在功能上相辅相成。两城的东西两侧紧靠淄河和系水（泥河），不临河的南北两面则挖有壕沟，作为城市的防御设施。大城的东、北两墙和小城的西墙因随河岸走向而建有多处转折，其余几面城垣则比较平直，地面大部有残迹可寻。

大小二城的功能定位明显不同。小城是齐国的宫殿区，略呈南北长方形，周长 7275 米，位于城市

的制高点，城市以南北长 84 米、高 14 米的椭圆形“桓公台”为主体，其周围分布有大片建筑基址，推测为当时的宫殿遗址，这些基址面积几乎占了小城面积的一半。大城主要是官吏、平民及商人的居住区，略呈南北长方形，周长 14158 米，又名郭城。城内遍布大量的手工作坊，是当时齐国最主要的手工业区。市场没有设置在宫城内，而位于大城东北部，这种布局形式打破了传统的“前朝后市”的建筑模式，大城内还遗存着多处当年齐王建筑的离宫别墅区的建筑台基以及高级贵族的墓葬群等建筑遗迹。

（2）道路交通

道路交通是构成城市布局的重要骨架。齐临淄都城的交通布局比较规整合理，交通发达。城内道路交错纵横，联系较紧密，并且大多与城门相通。城内发现交通干道 10 条。小城内分布 3 条，其中两条南北路比较窄，宽度都不足 10 米，与主要的城门相通。大城道路 7 条，多宽 10 余米至 20 米。全城最长的道路位于大城内的中部南北大道，连接南北两个城门，路基宽达 20 米，全长 4400 余米，中部东西干道，路基 17 米，长 2000 余米，均为齐

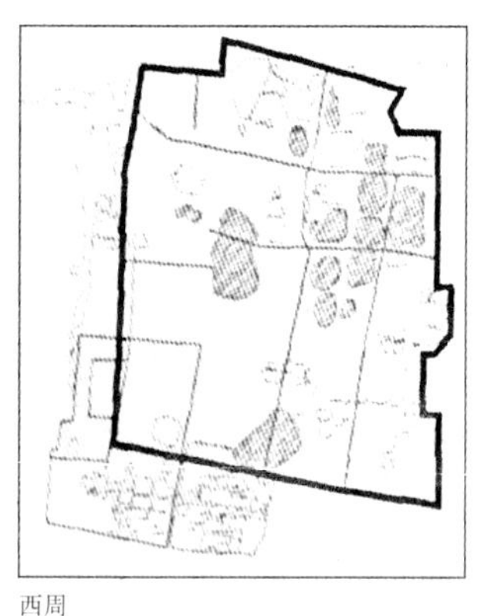
西周

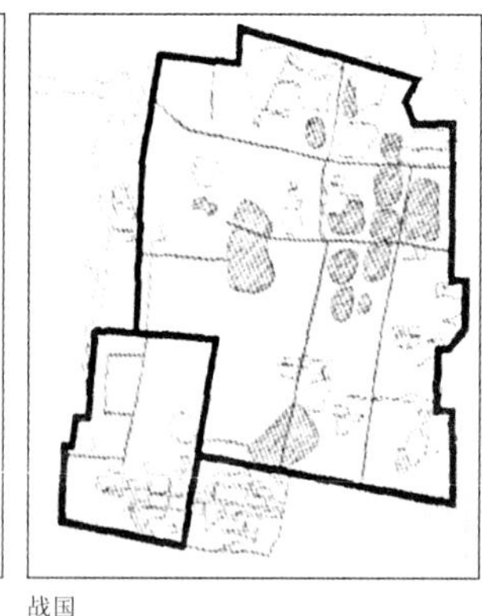
战国

隋唐

元至近代

图 2−1−3　历代齐临淄城的变迁图
（资料来源：李海霞的硕士学位论文：齐国都邑营建考略：P29）

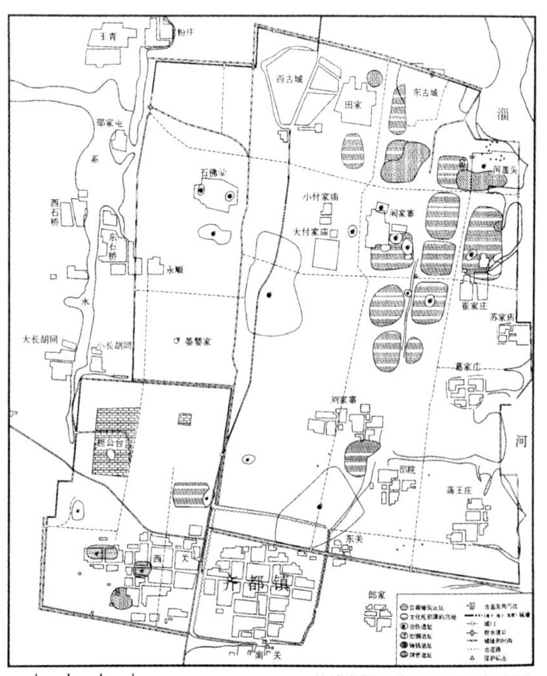

图 2−1−4　临淄故城平面图
（来源：《文物》1972 年第 5 期附图）

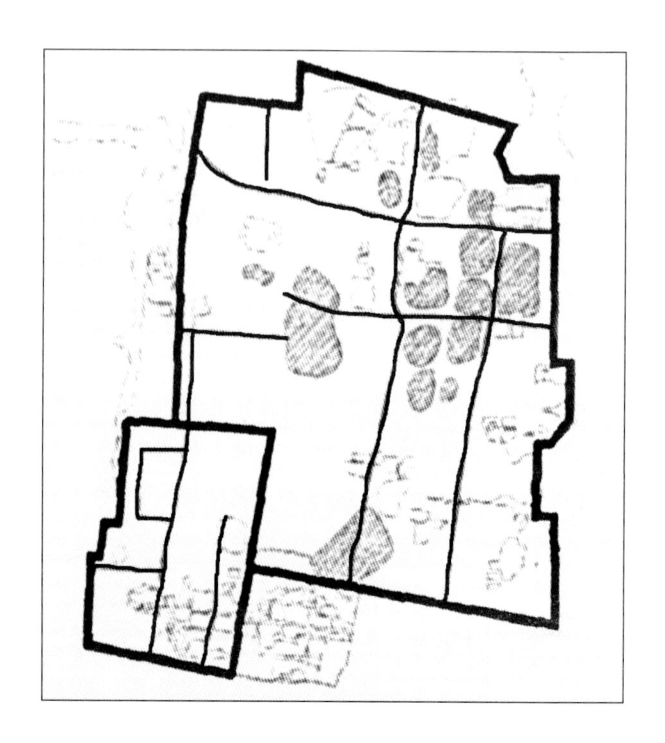

图 2−1−5　临淄故城道路系统
（来源：据齐国都邑营建考略改画）

故城的主要交通要道。城中的两条南北大道与两条东西大道在东北部相交叉，形成“井”字形，应是都城中最繁华的市井中心。其他道路有宽有窄，有长有短。正对城门的濠沟宽度普遍较窄，有利于架桥。临淄的道路体系设置并没有完全按照《周礼·考工记》所强调的“国中九经九纬，路途九轨”的规则，反而符合《管子》中的“道路不必中准绳”的要求。

（3）给排水体系

科学完善的排水系统，是齐国故城建筑上的一大杰作。齐国在兴建国都时，对城市的给排水系统进行了周密的考虑，精心的设计。故城利用淄河、系水作为东西两面的天然护城河，又在两城的南、北城墙外开挖了很深的护城壕，与淄河和系水东西相沟通，使其水系相连，四面环绕。在城墙的墙基中建造了精巧的集排水与御敌一体的排水道口，将城内外河流与城壕联为一体，构成一个完整有效的排水网。齐都临淄城有3条完整齐备的排水系统和4处设计合理的排水道口，最长的1条排水系统位于大城西部，纵贯全城，与小城东北墙相连，顺地势北流，直通大城北墙西部排水道口，流入城外护城河，全长2800多米，宽30米，深3米。这种按《管子》建都理论设计的既能供水、排水，又可防卫御敌的给排水系统，以淄河、系水作为排水的凭借。既避免大规模的“沟防”之建，又能收到良好的效果。在2000多年前的城市规划工程中是十分罕见的，在世界古建给排水系统建筑史上也属创举。

图2–1–6 临淄故城排水系统
（来源：齐国都邑营建考略）

三、青州古城

青州作为中国古九州之一，历史文化资源底蕴深厚。青州古称益都，是世界公认的千年古都。自夏商至明清，四千年来青州一直是山东东部的政治、经济、文化中心区域，有“海岱惟青州”之说，是九州文化的代表地。

（一）历史沿革

青州历史悠久，其地理概念可追溯到上古时代。青州（广县城）自汉代起就成为青州刺史部治所在地，西晋时青州城（广固城）成为山东东部最重要的州府城市，此后历经隋、唐、宋、金、元等朝代，建制仍在，青州均为州、府、郡、道、路的治所。历经1000余年的时间均为山东境内的政治文化中心。明清时期青州曾辖有15州县和10州县以及安东卫，是山东最大的州府。

青州历史上先后出现过广县、广固、东阳、南阳、旗城五座古城。西汉时期建立广县城，东汉至西晋一直沿用。西晋之后改作广固城，从建城之初到公元410年长达百余年的时段中，广固城先后归属后赵、前燕、前秦、后燕、东晋、南燕等政权，一直以地方一级政区治所的城市等级而存在，并作为南燕国的都城存在了15年，是继临淄之后崛起于山东半岛的又一中心城市。之后自公元410年筑东阳城直至目前，东、南两阳城在地域上依旧为今天青州城区的主要组成部分。清朝时，在青州府城之北2.5公里处兴建青州驻防城，俗称满城，即现在青州城区北城社区一带。今天的青州城即历史时期诸古城的自然发展演变过程的产物。

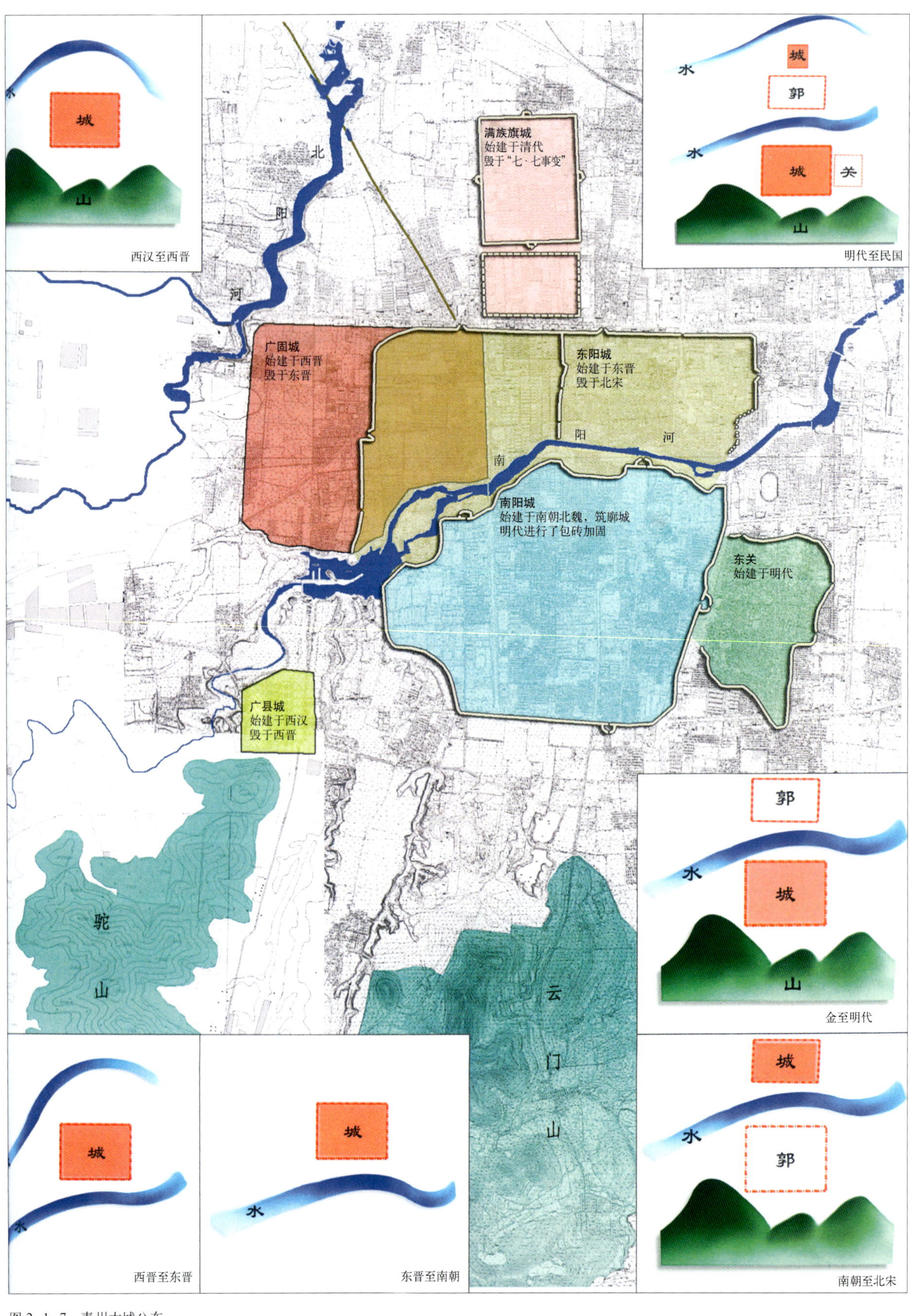

图 2-1-7　青州古城分布
（来源：山东省住房和城乡建设厅）

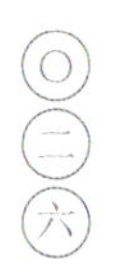

（二）城市布局

1. 广县城

广县城是有史料记载的青州地区最早的城池，自公元前203年建城到公元311年灭亡，前后相继存世500余年。该城位于青州府城西南1.5公里处瀑水涧的西侧，是西汉青州刺史部所在地，也是青州地区汉代所设立的第一座城池。该城东西宽约600米，南北长约900米，依托地形变化大约呈长方形。所选择的位置，为三面环涧，一面背山的山脚高地上。其地势险要，进可以攻，退可以守，且是易守难攻的要地。在冷兵器时代，乃兵家克敌制胜的天然屏障。

2. 广固城

广固城位于尧王山西南三里许，今窑头村以南，杜家庄以北，大、小郁村以东，数条东西向河流贯穿城内，占地约30万平方米。广固城的选址主要借助于北阳河与尧王山的天然屏障作为天然的防御工事来抵御战争的侵袭。南燕时期广固城的布局形态改变了之前的单城模式而变为重城结构，城内的布置也更为复杂。广固城大城包围小城，两城之间为郭。小城之内为宫殿和官署所在地。南燕慕容德攻陷广固城之后，凭借此城建立南燕国，并称帝于此。这里也是南北朝时期的一国之都。

3. 东阳城

东阳城池设车绪门、镇青门。当时的东阳城东西长而南北狭，公元556年，北齐政权调整区划，扩大县的规模，益都县的县治从今寿光城南迁入东阳城。

东阳城作为东晋至唐宋政治文化中心，西靠北阳水，南面和东南部都以东阳水为护城河，沿河岸筑城墙，坚不可摧。当时的东阳城东西长南北窄，面积大约有2～3平方公里，比广固城内城要大许多。不仅有各级官衙、兵营，也居住市民百姓。东阳城继广固城后仍为青州、齐郡、临淄县的治所。城市开有五座城门，即东门"晓东"、西门"泰山"、南门"南天"、西北门为马驿门、东北门为车辕门，明代初年各城门特别是马驿门进行了包砖加固，其他城墙仍为土城。至明代初年，东阳城内已大片荒废，城中增建一条南北向土围子，设关口供城内东西之间交通。东阳城多次经过战火洗礼后，于北齐时期（公元560年），开始在东阳城南面，南阳河南岸修建城池，即后来的南阳城。

4. 南阳城

南阳城始筑于北魏孝明帝熙平二年（公元517年），有1400多年的历史。该城经隋唐以后，至宋元明清，历朝历代都在使用中并不断的修缮加固。南阳城原为土城，并与东阳城隔南阳河相望。明洪武三年（1370年），南阳城进行了包砖加固，并增加高度，使得南阳城城墙高三丈五尺，城下护城河宽三丈五尺，深五尺，整个南阳城城墙有马面30处，城墙周长十三里，即从现在的云门山路以西，南阳河以南、以东，凤凰山路以北的地区，比济南府城墙长（十二里四十八丈）高（三丈二尺）均有所超出，确实称得上山东第一府城。明清时期该城为青州府和益都县治所所在地。20世纪50年代后南阳城池逐渐被毁，至70年代，城池基本上已经不存在（图2-1-8）。

南阳城正中明代设衡阳府宫城，为古城核心。南阳城共有四城门及一排水水门，城墙四角曾设角楼四座，除东南角楼一奎星楼存至民国时期，其余均已被毁。古城东护城河水源来自东南黑虎泉、柳泉，并与南护城河相连，南门外护城河上桥梁较多，河边松柳间杂，风光优美。

由于明代时的南阳古城以齐王府和衡王府宫城为核心，四座城门并不相对，西门位于古城西北角，通向西门的东西大街位于齐王府北城址以北，从北门向南的古城南北大街位于衡王府东城墙一侧，两条大街交汇的县十字口为古城重要的核心节点，周围遍布公共衙署。南北大街近南门时向西拐使南门大街北端正对衡王府宫墙，通向东门的东门街西端亦为衡王府宫墙。古城另一条南北向主要街共为北营街—南营街，与东门街一起构成了古城东部主要城区的十字街巷轴线，其节点处为石桥—弘济桥，

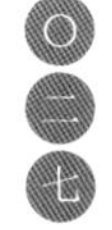

估衣市南北大街与南营街—北营街之间有县前街、夥巷、卫街、前司街、仓巷、万寿宫街等东西联通，除夥巷外均分布有衙署仓庙等公共机构。衡王府北侧多南北向街巷，是传统居住街区，街巷北端为庙宇书院等公共机构，王府西北部为王府兵营形成的网格状居住街区；西南部为松林书院街、心寺街一带的庙宇、园亭、衙署等公共空间。衡王府清初夷为平地，清末估衣市街中段西部的衡王府用地成为基督教和天主教的教会建设用地，至民国期间，衡王府中心建设起广德医院和培真书院等教会医院和学校。

城内路网纵横，在南阳城、东关、东阳城北关一带，主要街巷尽头都有对景建筑的建设，多为各类庙宇。从北门至南门的南北大街上牌楼林立，一些街口形成了“三牌楼”、“四牌楼”的景观意象。沿东城墙一线南北分别有射圃汀、县学洼子两处水面、沿南营街、北营街有明沟或阴沟等将两处水面连通起来，向北注入南阳河。

古城内明清时期各类行政、军事衙署及各类坛庙等公共机构十分丰富，充分体现了青州作为山东重要府城的历史地位。古城内公共机构大多位于城北部，金元宣圣庙（孔庙）、元益都路总管府等金

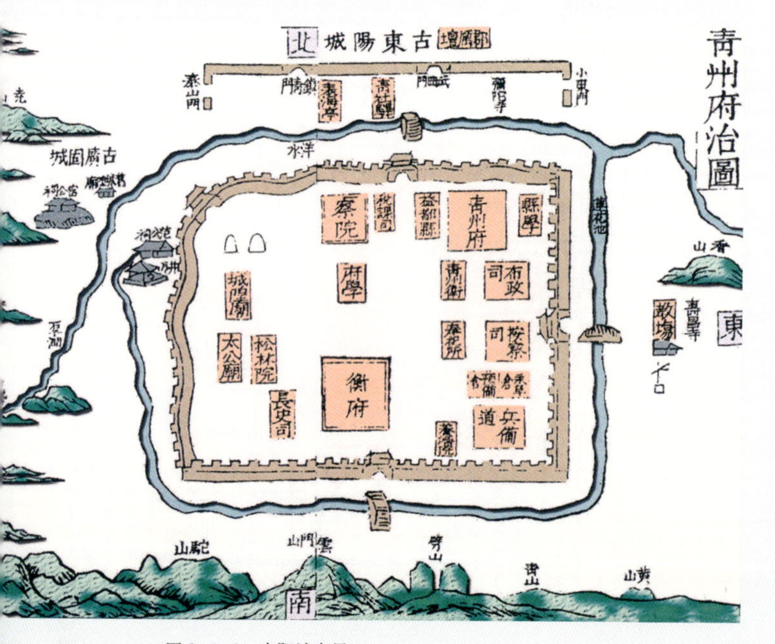

图 2-1-8　南阳城布局
（来源：山东省住房和城乡建设厅）

元时期的公共机构原在西北部，由于兴建齐王府，均移建城东北隅。

5. 青州旗城

青州旗城又称为“北城”，该城位于南阳城西北隅，当今青州城东北部。始建于清雍正八年（1730年），毁于 1947 年，共存在 217 年。该城平面为方形，南北长约 900 米，东西宽 750 米，夯土成墙，高 5 米，底宽 4 米。旗城设城门四座，皆由雍正皇帝钦定：南曰“宁齐”、北曰“拱辰”、东曰“海晏”、西曰“泰安”。各城门皆有月城。城外有护城河与马道绕护。城内十字大街将城分为方整的四部分，沿街为市。城内建筑按正黄、镶黄、正白、镶白、正蓝、镶蓝、正红、镶红八旗布局，设公务衙门一所，庙宇众多，其将军府尤为壮观宏伟。现在旗城仅还保留部分的官衙房和兵民住房为其遗迹。

第二节　名镇

历史古城镇的选址、布局及建筑的空间、材料上都体现出了尊重自然、爱护自然、顺应自然的可持续发展思想。在地理、气候、社会、经济、文化等特定的自然地理条件以及人文历史发展诸多因素综合作用影响的前提下，形成了诸多中国古城镇。

一、城镇聚落形态

古城镇是人类对居民集中聚居地的选择，同时也是自然环境与人类需要千百年来相互交融、共同发展的结晶，是人与自然和谐发展的硕果。

中国传统聚落在总体布局、聚落组团、街巷空间三个层面保留有农耕时代的既有特征。在传统聚落中，以适应当地自然条件和满足村民生产与生活需要为主要原则，形成了因地制宜、独具特色的规划思想。总结和研究五夫古镇传统聚落的规划经验，不仅对现实的规划设计工作具有重要的意义，还可作为对单体民居建筑研究的补充，以深入地认识单体民居建筑与建筑群体和自然环境之间的内在联系。

二、桓台新城镇

桓台新城镇位于桓台县西部。新城镇是桓台县古县城所在地，有着722年的县治所历史。春秋时期，新城一带是齐国的苑囿。1214年，此处掘土筑城，名“新城”。1228年，建新城县。新城镇现存有四世宫保坊、忠勤祠、王渔洋故居、耿家大院等反映明清时代风格的典型建筑和齐桓公戏马台、北极庙、钟楼、文庙、常平仓、米脂祠堂等历史遗迹。四世宫保坊是为祭明王象乾及其父、祖父、曾祖父所立，为国家级重点文物保护单位。王象乾官至太子太保、兵部尚书，保卫明王朝有功，并追封三代为“光禄大夫柱国太子太保兵部尚书”。忠勤祠为纪念王渔洋的高祖王重光而建，为省级文物保护单位，1983年重修时拓为王渔洋纪念馆。耿家大院是明朝父子进士耿鸣世、耿庭柏故居。在明清两朝，耿氏家族为新城名门望族，出进士7名。王氏有“四世宫保”牌坊，耿家有“三世宫保”牌坊。

三、乐陵花园镇

花园为历史文化名镇，战国末期，燕将乐毅在此筑城，后殁于此并建陵墓；魏国信陵君后裔在国破后迁至此城；孙武、曹操、曹丕曾在此驻足盘桓；汉末及曹魏时期乐陵国治所设在此城，史称魏王城。历经两千多年，魏王城遗迹仍能见到；王母殿、三女冢、公主坟、城子后等古色古香的村名、地名仍在沿用。

四、淄博周村王村镇

淄博周村王村镇位于周村城区西南，处于济南、滨州、淄博三市交界处，素有“淄博西大门”之称。殷商时期为逢国所在地。春秋至南北朝为“逢陵”邑治所。1330年，因王姓立村，地处山谷，故名王村峪。明代中期称王村店，清代简称王村。

1930年设建制镇。王村为山东地区齐文化的发祥地之一，历史名人有明代户部尚书毕自严、清初江南通州知州毕自肃、清末礼部尚书毕道远、近代画家毕柳村等。王村镇境内文物古迹有蒲松龄书馆、万家古建筑、毕道远纪念馆、逢陵故城遗址、西汉土鼓县城遗址和清代武亚元古建筑群等。其中蒲松龄书馆、万家古建筑、毕道远纪念馆为市级重点文物保护单位。王村镇历来商贸发达，地方名特产王村黄酒、王村醋已有500余年的酿造历史，是山东省传统名特产品。

第三节　村落

村落是聚落的一种基本类型，中国传统聚落选址特别强调防御与安全，并寻求与自然环境的契合。因此，许多村落选址于山水之间，营建应用因山就势，顺应水脉，就地取材，保护自然格局与活力。常借岗、阜、谷、脊、坎、坡壁等坡地条件，巧用地势地貌特征，灵活布局，组织自由开放的环境空间。在古村落的空间布局规划中，常利用地形、地貌条件建立防灾、防卫体系；依“尊、亲”的宗法观念，建造宗祠、宗教庙宇、戏台、井台、石碾等祭祖礼拜的聚落公共活动空间；选取多种功能有机组合的合院式院落民居建筑形式构建天伦之乐的情感空间；顺应地形和功能的需求设置街坊、巷道，建立家家户户联系的纽带编织聚落空间的结构骨架；依托自然景观，将风水树荫、村中水井、凉亭、石碾等纳入自然化的聚落景观体系，构建邻里交往的公共空间；以浓郁的传统乡土文化构建聚落空间的文化品质，塑造人与人心灵情感相通的精神家园。形成了以自然环境和自然地貌包括山水、气候、光照、绿化及土地等自然生态因素为源，以古人的行为、心理、社会活动及农村生产的需求等环境心理和行为心理为目标，遵行顺应自然，因地制宜，节约用地，节约能源，就地取材等原则，按聚落规划构思和章法营建以住宅、广场、街巷道路及公共活动等多功能、多元化、多层次的活动空间。

中国现存的古村落，除个别地区仍存有少量宋元时期古村落外，多数为明清以来遗留下来的。古村落的整体环境、古建筑、历史文脉、传统氛围等

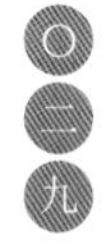

均保存较完整，传统村镇风貌和乡土文化变化不大，它是传统聚落中的精华。

一、村落类型与布局

据不完全统计，我省现有古村落23处，主要分布在济宁、泰安、济南、聊城等市，全省古村落总建筑面积达13万平方米，古建筑400多个。按照村落的选址特征及山东省的自然地理特征，山东古村落可以分为山地村落，平原村落，沿海村落等。布局形式、框架、街巷方向和水系流向等形成了古村落的基本传统格局，体现了村落布局与周边自然环境逐渐融合的思想。

二、即墨丰城镇雄崖所村

（一）历史沿革

雄崖所村位于山东省即墨市东北约45公里的丰城镇境内，这里东临大海，西扼群峰，所谓“雄崖”指的是村庄东北白马岛上的一块赭色的雄伟断崖。1402年，为抵御倭寇的入侵，明朝时在即墨丰城镇设立了雄崖守御千户所，后来简称为雄崖所。它是明代我国沿海防御体系中的重要一环。雄崖所古城是我国东、南沿海仅存的有城门且城廓清晰可辨的明代军事所城。清乾隆年间，作为军事机构的“巡检”交移福山县海口，雄崖所遂成为一个自然村落，后因人口增加分为南所、北所两个村落。南门外西山上保存着一座玉皇庙，成为村民祭天拜祖和举行典仪的重要场所。

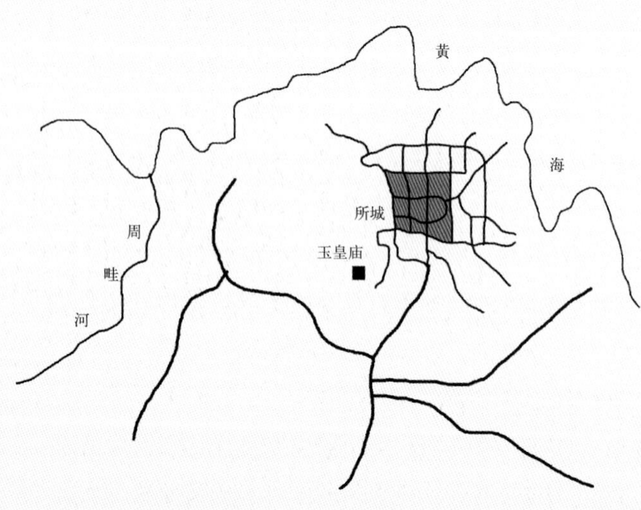

图2-3-1　雄崖所格局图
（来源：据山东省住房和城乡建设厅资料调整）

（二）村落布局形态

1. 村落选址

（1）防御性选址

雄崖所作为隶属鳌山卫的重要海防建筑，其选址遵从位居高处，巧妙而充分利用自然地形，在防御方面占据自然优势；卫所选址位于丁字湾南岸，依山面海，易守难攻，且出航便利，胶州的陆路也很方便，体现了战略交通的通达性和便捷性。

（2）按古代风水学选址

雄崖所村落地形成正方形分布，坐北朝南，村落空气清新，生态环境优美。其地处黄海海岸西侧，地势较为平坦但有一定坡度，西高东低，枕玉皇山，柘条山与烟台山左右环抱。符合中国古代良好选址的要求。地理位置处于丰城镇海滨丁子湾内部，有效避开了风对所城的冲击，使进入丁子湾内部的风力减弱，成为天然的屏障；倚靠黄海建城，面对丁子湾，西临周疃河，具备充沛的水源系统（图2-3-1）。因雄崖所城与丁子湾之间仍存在一定距离，但具备视线上的交集，因而面海一侧的所城防御成为重点。

所城制高点位于城外西山之上的玉皇庙，其功能兼备瞭望之用，成为观测海上动态的首要基地（图2-3-2）。制高的瞭望点设置在城外，并退于城市之后，一方面有助于实现观测与驻扎军队的独立联动，另一方面增加了观测点的隐蔽性。同时，制高点选于山顶之上，契合城市地形特点，形成利于发挥海防优势的基本格局。

雄崖所村现仅存南门城楼、西门城楼基台各一座、北墙一段，村内各个时期的民居建筑交杂分布，很难考究每座民居的建造年代。

2. 空间布局

（1）功能布局

雄崖所的所城原本为正方形，城墙周长2公里，占地375亩（25公顷），地势由南向北依次升高，呈阶梯分布。城墙由土夯筑，内外两侧外包青砖、石块，高 5 米，顶宽 3 米，十分坚固，墙上用青砖砌成垛口。城东西南北建有“奉恩”、“迎薰”、“镇威”等城门，门上均筑城楼。城墙外围掘有壕沟，壕沟深约 3 米，城墙现已全部颓塌，仅于城东南尚存一段城墙残基。

雄崖所城呈方形，坐北面南，偏东南向。其地势东低西高、南低北高。所城东西长 337 米，其中东门至十字街中心 176 米，十字街中心至西门 161 米；南北长 389 米，其中南门至十字街中心 194 米，十字街中心至北门 195 米。城墙周长 1452 米，合 2.9 里（1450 米）。城墙由土夯筑，内外两侧外包青砖、石块，高 5 米，顶宽 3 米，十分坚固，墙上用青砖砌成垛口。城东西南北建有“奉恩”、“迎薰”、“镇威”等城门，门上均筑城楼。城墙的四个角除东南角若小于 90° 外，其余均为 90° 。城设四门，南门、西门至今完好无损，并且西门为明代建筑，是整座所城的制高点（图 2–3–3）。城门为拱券形，长 12.5 米，外口高 2.5 米，内口高 3.5 米，底宽 2.5 米，城门外题为“镇威”，内题额遗失。东门、北门已毁，但北门外照壁犹在。城墙外四周有护城河，上宽约 5 米，下宽约 1.5 米，深约 4 米。1951 年拆城墙后填平，部分遗迹清晰可辨。城内外有城隍庙、关帝庙、菩萨庙、玉皇庙、九神庙、天齐庙、先农坛等建筑。现在村中的东西、南北两条大街即为当年所城的主要街道。

雄崖所城墙基本损毁，只留下北面城墙残垣，其余各面城墙均被村舍代替，因此所城骨架主要依靠外缘村舍和道路系统构成。雄崖所村民居现状分布规整，刻画了明确的轴线关系。与城外道路的走向保持一致的联系南北门的轴线，与东西门连线形成的轴线将所城分划为几近规整的四部分。主轴贯穿所城南北、东西，形态笔直，这与所城地形和选址有关。轴线的发展基本延续所城主干道路方向，垂直交错使所城结构清晰，轴线突出。

（2）道路空间形态

雄崖所城规模较小，每一面城墙中央只开一个门，东西南北四门相对，与两条主要道路相接形成十字大街，贯通全城中心，形成雄崖所的主干路。另外城内还分布着多条与之平行的小路，道路网以棋盘式布局进行组织，搭配着“T”形、“L”形和“Y”形等及其他形态的纵横交错的曲线路，道路网规则明确。“李、王、陈、韩、陆”等姓氏的居民是当时主要的军户，至今，雄崖所村还保存着陈家街、孙家街、陆家胡同、黄家胡同等主要街巷，反映了原有军户的居住格局。主路采用石块零散铺设，小路多为土路，中心突出，层次分明。街道用石条铺地，较为平整，街道两

图 2–3–2　玉皇庙

图 2–3–3　雄崖所功能布局
（来源：据山东省住房和城乡建设厅资料调整）

侧商号林立，市井繁荣。外部向村落四角辐射多条曲折道路，活跃村落道路组织，形成曲直相容的道路体系。城墙四面有护城河围绕，形成天然的屏障，城墙内为环形路。十字大街、环状路、长街窄巷等共同构成了雄崖卫所的道路网结构体系。

三、章丘朱家裕村

朱家峪村位于山东章丘市东南10千米处，地属鲁中山地丘陵区的西北，是儒、释、道诸家并起的明清北方传统山地古村落，有着独特的传统聚落形态和乡土文化。

（一）历史沿革

朱家峪原名城角峪，数千年的发展积聚了丰厚的文化底蕴。村内出土的陶器残片和斑鹿角化石证明在距今约3800年前的夏朝这里已形成村落。被称为青铜时代的春秋战国以至于秦，朱家峪地处齐国，当时已有非常成熟的村落发展。朱家峪原名“城角峪”，后改名“富山峪”，朱姓居民大约在明代初年迁徙至此，易名“朱家峪”，延续至今。新中国成立后，朱家峪村隶属于章丘市胡山人民公社管辖，1985年隶属于官庄乡政府管辖，2006年年隶属于官庄镇政府管辖至今。自明代以来的600余年间，居住在此的朱家峪人依照山势地形建成了这个独具特色的山村，兴建了民宅、祠堂、庙宇、学校；修筑了桥、道、井、泉。清朝末年为防盗贼而在村口构建起了寨墙，逐渐形成了今天的村落面貌。由于交通运输的进步和现代文明的输入，周围村落均受到了不可逃避的冲击，村落形态、规模甚至建筑形式都产生了巨大变化。受山形限制朱家峪村民只能将生活空间向村外拓展，在村北建立新村。这样就使古村的风貌得以保存，较完整地保留了原来的建筑布局，原来的古桥，古道，古祠，古庙、古宅、古校、古泉、古哨等古建筑也得以保存下来，中国传统村落的文化也得以传承下来。2002年6月，章丘市人民政府将朱家峪评定为“历史文化名村”。次年11月，该村又被山东省住房和城乡建设厅评定为“省历史文化名村”（图2–3–4）。

（二）村落布局形态

1. 村落选址

朱家峪整座古村东、南、西三面环山，选址于山地与平原交接的过渡地带，东依东岭，南靠文峰山，西端止于笔架山脚，北向开口进入山北的平原地带。其基址的选择十分接近中国古代人居聚落理想的格局，藏风聚气、耕地充裕、交通便利。村落因地势而发展成南北长、东西窄的狭长聚落形态。这在中国现存古村落中是极为罕见的。

朱家峪古村落整体聚落格局在东、西、南三面以山体为依托，将山体围合的区域作为聚落的所在，整个村落就像坐在一把巨大的太师椅里。文峰山山峰与北侧双峰山山凹连线，形成贯穿老村的主轴线。此轴线与青龙山、白虎山山峰连线交点，为原中哨门遗址处，由此向南为明、清的村落聚集区。村前有池塘或河流婉转经过，为生产生活提供用水。在这种枕山、环水、面屏的环境条件下建造村落，使人能有一个冬暖夏凉、朝向良好、避风防洪、利于防御、环境优美的居住环境，体现了古村落选址的朴素生态观的选址理念。

朱家裕是典型的北方山地古村落，它的选址讲究因借自然，使村落的布局形态与自然山水相契合，自然山水成为村落的重要组成部分（图2–3–5）。

2. 空间布局

（1）功能布局

朱家峪古村为梯形居落，总面积约3平方公里。古村北自寨墙牙门南至文峰山脚长约2125米，东西山麓间最宽处约775米，占地约28公顷。村落最北端以礼门及城墙限定村落范围，南北向道路控制聚落空间的延伸方向，街巷沟渠构建聚落内部空间的框架，形成自然山水环绕的布局形态。村落内部的公共空间和居住空间的区域，以不同的建筑风格加以区分。内部布局注重主从关系，中央为主要建筑群，建筑群沿巷道和轴线关系纵向延伸，形成线性布局。

村落三面环山，坐南朝北，整体形态与山体紧密依存，村庄平面被山体所限制，由山体围合而成。村落布局并非按照平原城市方格网布局，而是与地势密切结合，依山势形成阶梯形聚落，上下盘道，民宅高低错落，空间环境变化丰富，景观风貌特色明晰。

古村利用重要公共建筑（如文昌阁、朱氏家祠、古戏台等）形成若干控制节点，点缀以古桥、古泉、古井、古树等，用道路、冲沟串起，组织成极为有机的村落格局网络。

村中建筑随山形自然分布，上下盘道，高低参差，错落有致，体现出鲜明的山地村落聚落特点。村中冲沟纵贯南北，既作为排泄山洪的孔道，也是居民生活废水的排放处。同时，流水的存在不但丰富了村落的景观体系，还能调节村子里的微气候。村中散布着许多公共井泉，这是居民用水的主要来源。

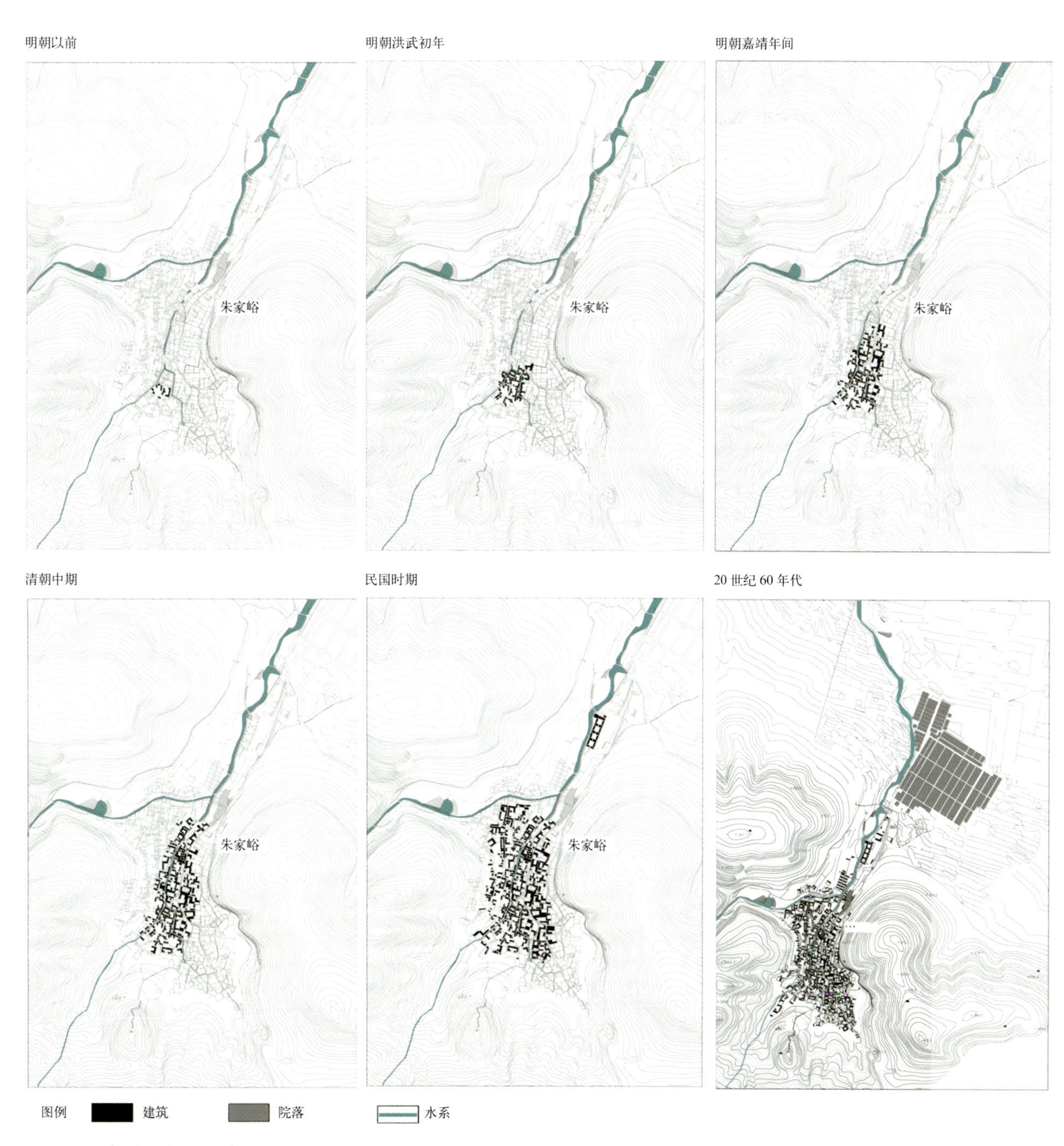

图 2-3-4　朱家裕村的历史沿革
（来源：据山东省住房和城乡建设厅资料）

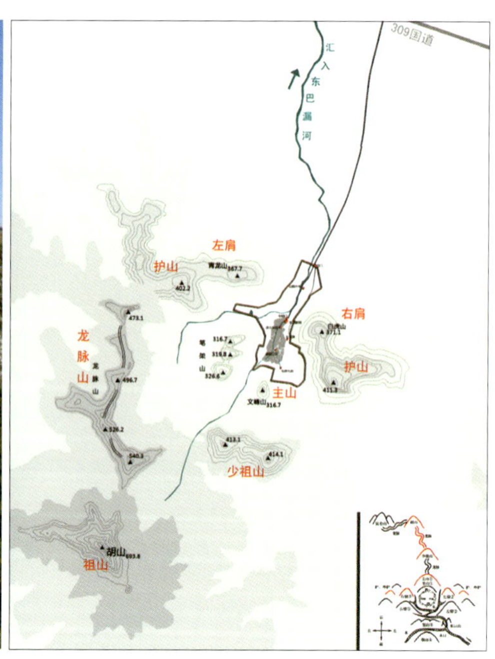

图 2-3-5　朱家峪的选址及村落形态
（来源：据山东省住房和城乡建设厅资料调整）

图 2-3-6　朱家峪布局形态
（来源：据山东省住房和城乡建设厅资料调整）

（2）道路空间形态

朱家峪依山而建，地势高低起伏，在交通方面既要方便百姓日常交通的快捷性，还要能够满足车辆通行，以及生活物资的运送。胡山山顶海拔693.8米，为章丘第一高峰。胡山山顶与中哨门形成的轴线确定了主街部分走向，在此轴线两侧，文峰山与白虎山呈对称分布。村内的道路系统沿冲沟布置，曲折盘回，村口处铺设南北向的石板干道串起整个村子，成为村子的南北中轴线。干道至村中岔分为四条主路，其间以曲径小巷道相连抵达每家每户，道路连通上下交通的石阶纵横交错。朱家峪的道路系统分为两级：主要车行道路和人行步道系统。车行道为村庄的主要通车道路，以入村的双轨古道为主脉，沿着村落的线布局南北延伸。沿等高线布置的车行路为辅助，二者之间巧妙利用高差或以爬山街，之字路连接，或以原始的立交桥相互跨越，共同形成网络状的交通体系，构建了整个村庄的道路骨架体系；另一级交通就是山地村庄便捷的步行交通便道。这些道路更多的作用是交通的快捷、邻里交流的方便，所以其最大的特点就是灵活：有

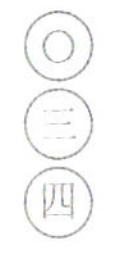

的是利用小桥跨越壕沟，有的利用建筑之间的错落曲径通幽，有的凭借错台高低呼应，错落有致，串联了宅院、祠堂、农田，随民居高低，随山势蜿蜒，组成了连接各户院落，大小道路四通八达的道路网，充分体现出人工与自然的完美组合，巧夺天工（图 2–3–7）。

朱家峪古村落中的古道、小巷不拘一格，长短不一，内部道路的排布要通而不畅，标识性不强，这些特征都满足传统村落的防御性要求。朱家峪古道受当时、当地生产力及生产方式的限制，只修建了贯穿南北的“单轨”和“双轨”两种道路，一条由朱氏家祠斜上东南，一条由关帝庙斜上西。古道全由青石板铺成，主要是生产路，单轨古道中心以青石相连，双轨古道是双向石道，为了防滑中间辅以砂面岩。双轨古道始建于明代，清朝时进行重修。巷道空间通常都小于 3 米，街道尺度决定了户与户之间的近邻关系，增强了邻里交往的可达性。村中道路随坡度自然弯曲变化，既满足了因山而建、因地制宜的环境特征，同时又构成了生动多变的村落道路空间。

山东古城镇和古村落以其悠久的历史文化、众多的历史文物古迹，独特的城市格局和古朴的城市风貌而闻名。改革开放后对众多城镇及村落的保护实践中，既取得了显著的成就，积累了宝贵的经验，也留下了不少的遗憾，积攒了沉痛的教训。当前城镇与村落的保护发展趋势逐步从宏观走向微观、单一走向多元、理论走向实践。

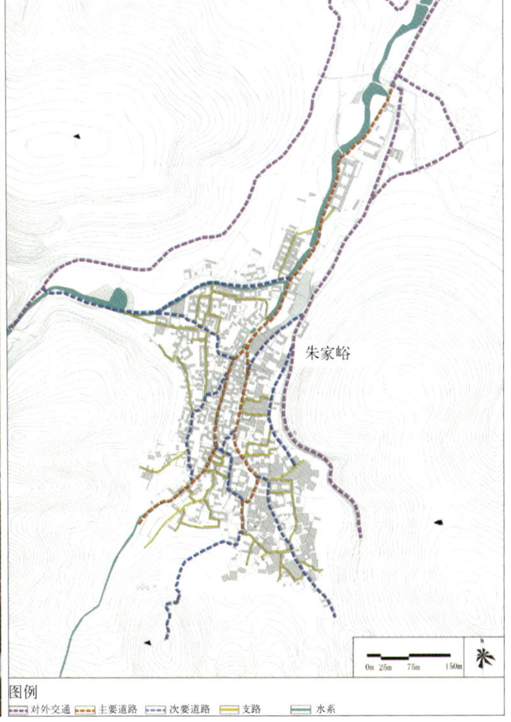

图 2–3–7 朱家峪的道路及村落形态
（来源：据山东省住房和城乡建设厅资料调整）

山东古建筑

第三章 宗教建筑

山东佛教寺庙分布图

① 历城神通寺
② 长清灵岩寺
③ 汶上宝相寺
④ 济南兴国禅寺
⑤ 济南兴福寺
⑥ 章丘兴国寺
⑦ 崂山法海寺
⑧ 泰山普照寺
⑨ 莒县定林寺

山东佛塔分布图

① 历城神通寺四门塔
② 历城龙虎塔
③ 历城九顶塔
④ 历城皇姑庵塔及墓塔林
⑤ 长清灵岩寺辟支塔及墓塔林
⑥ 汶上太子灵踪塔
⑦ 邹城重兴塔
⑧ 滕州龙泉塔
⑨ 兖州兴隆塔
⑩ 巨野梵塔
⑪ 临清舍利塔

山东道教宫观、伊斯兰教建筑分布图

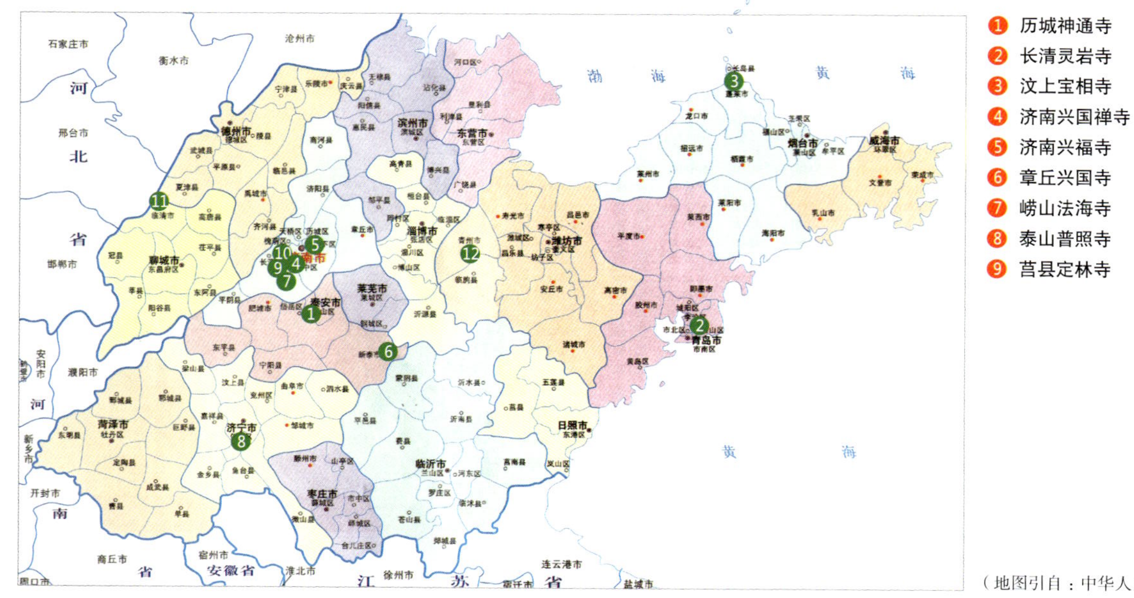

① 泰山道教建筑
② 崂山道教建筑
③ 蓬莱阁道教建筑
④ 济南长春观
⑤ 济南华阳宫
⑥ 新泰青云山三官庙
⑦ 济南长清五峰山道教建筑群
⑧ 济宁顺河东大寺
⑨ 济南清真南大寺
⑩ 济南清真北大寺
⑪ 临清南、北清真寺
⑫ 青州清真寺

（地图引自：中华人民共和国民政部编．中华人民共和国行政区划简册 2014. 北京：中国地图出版社，2014.）

山东现存寺观大多为明清重建和修葺。佛教寺庙主要有历城神通寺、长清灵岩寺、汶上宝相寺、济南兴国禅寺、济南兴福寺、章丘兴国寺、崂山法海寺、泰山普照寺、莒县定林寺，其中灵岩寺为唐宋时期佛教“四大丛林”之一。山东地域现存佛塔形式十分丰富，在我国佛教建筑中占有一席之地，历城神通寺四门塔建于隋大业七年（公元611年），是我国现存最早的石塔，山东其他著名的佛塔有历城龙虎塔、历城九顶塔、历城皇皇姑庵塔及墓塔林、长清灵岩寺辟支塔及墓塔林、汶上太子灵踪塔、邹城重兴塔、滕州龙泉塔、兖州兴隆塔、巨野梵塔、临清舍利塔。山东道教建筑主要集中于泰山和崂山两地。山东现存主要道观有泰山道教建筑、崂山道教建筑、蓬莱阁道教建筑、济南长春观、济南华阳宫、新泰青云山三官庙、济南长清五峰山道教建筑群。伊斯兰教建筑和基督教建筑、佛教、道教建筑有所不同，它们都紧密同回教教民的信仰和日常生活结合在一起，所要解决的共同问题是频繁的布教活动与单体空间规模的矛盾，山东有五大回民聚集地，其中运河沿线有临清、济宁和青州，此外尚有济南、惠民等地，山东地域大清真寺共有5处，济宁顺河东大寺、济南清真南大寺、济南清真北大寺、临清清真寺、青州清真寺。

第一节　佛教寺庙

考山东地域佛教发展，约肇于晋，南北朝时迅猛发展，隋唐时达到全盛阶段。

三国时期，徐州运槽官笮融曾：“断三郡委输以自入。乃大起浮图祠，以铜为人，黄金涂身，衣以锦采，垂铜槃九重，下为楼阁道，可容三千余人。悉读佛经，令界内及旁郡人有好佛者听受道，复其他役，以招致之，由此远近前后至者五千余人户。每浴佛，多设酒饭，布席于路，经数十里。民人来观及就食且万人，费以巨亿计”（《三国志 · 刘繇传》）。这是佛教在中原传播的最早记载，笮融任职的当时徐州包括了今天山东枣庄、临沂等东南部地区，也可以认为是山东地区接触了佛教。史料有较为明确的记载是在西晋时期，山东地域南部的琅琊（临沂）地区有少数人皈依佛教，成为信徒，山东地区这时的佛教传播呈由南向北，由西向东的初始时期。东晋五胡十六国佛教在山东得到显著的发展和广泛的传播。在山东地域，佛教传播以泰山地域为中心，主要集中在西北部的清河（临清）、东阿（阳谷）、泰山、济南、临淄、青州，南部的任城（微山）、金乡（嘉样）、高平（邹县）、东莞（沂水）及东部的牢山（崂山）等地区。这一时期，除从长安等地来传佛教的高僧外，山东本地域的僧徒显著增多，大多是佛教大师佛图澄、鸿摩罗什的弟子。山东本地建寺传法的高僧，影响最大的是竺僧朗，亦称朗公。朗公，京兆人，“少事佛图澄，硕学渊通，尤明气纬”。前秦皇始元年于泰山地域，建灵岩寺传法，此地称朗公谷，寺亦名朗公寺。这是史载山东地区最早的一所寺院，在当时和后世曾产生过重要的影响，曾被唐人称为“域内四绝”。

经历魏晋和“五胡十六国”时期的发展，南北朝时期佛教在山东发展迅猛。这一时期，从鲁西北、鲁西南、鲁中、鲁南到胶东半岛，无处不有佛教活动。此时，佛教中心泰山，除朗公寺外，又新建丹岭寺和衔草寺，灵岩寺此时更加兴盛。除泰山外，青州成为山东地区的又一个佛教中心，这也建有众多寺院。南北朝时，造像、刻经等活动大大增多。迄今，山东境内发现的佛教造像和石刻佛经，南北朝时期的作品占据了很大比例，在山东博兴地区此时还发现了罕见的瓷佛像。信徒们崇佛，广建寺塔，雕刻佛像、佛经的活动，耗费了巨大的人力、财力和物力，加重了人民的负担，但也为后世留下了研究山东佛教发展和当时山东雕塑、书法、艺术和文化的宝贵资源。

一、历城神通寺

（一）规模格局

历城神通寺（图3-1-1）位于山东省济南历城县柳埠青龙山麓，始建于东晋初，前秦皇始元年（公元351年），开山祖师为僧朗，故神通寺也称朗公寺，

图 3-1-1　历城神通寺

图 3-1-2　神通寺四门塔

图 3-1-3　神通寺龙虎塔

是山东佛教的早期发祥地。神通寺创建后，几经毁坏和重建，至清末逐渐衰败，成为废墟。现留存有四门塔（图 3–1–2）、龙虎塔（图 3–1–3）、唐代台基（图 3–1–4）、皇姑庵塔（图 3–1–5）及墓塔林（图 3–1–6）等重要建筑遗址。对建筑遗存已采取开辟为景观名胜的方式进行了适当保护，并在遗址前修建仿唐博物馆，展示神通寺历史沿革、文物介绍、发展变化、历次维修等图片资料和新中国成立以来神通寺出土的文物精品。

僧朗公禅师始建于前秦时期的寺庙至北魏、北周时尽毁，隋唐重加修建，隋文帝于开皇三年（公元 583 年）改名为神通寺。金末时，该寺已荒废不堪，元代由道兴禅师主持重建，后遭兵火被毁，明代重修。到了清朝，寺院逐渐衰败，成为废墟。神通寺四面环山，幽静深邃，平面布局特殊，沿金舆谷东西两侧的坡地而筑，主要殿堂都布置在谷之西侧。据清道光《泰山道里记》载：“其制门隔两重，北为大雄宝殿，东曰伽蓝殿，西曰达摩殿……北为千佛殿……北为方丈，东为禅堂，又北为法堂，两翼斋廊……寺西地敞豁，旧有藏经堂，转轮藏，钟鼓楼。圮。南一台有四门塔，极崇丽，皆石为之，塔前古柏一株，九顶苍秀，传云汉植。其东有宋三坛寺萃堵坡，用石凿成，绍圣间（109 ~ 1097 年）潘卡为撰铭。”可见，原寺以门楼、大雄宝殿、千佛殿、方丈禅堂、法堂为中轴线，左右以伽蓝、达摩配殿及斋廊为翼。寺院布局是根据山势地理条件结合中国传统的中轴对称而构成的。

（二）历史沿革

历城神通寺始建于公元 351 年，因其创始人为僧朗，故始称朗公寺。僧朗，俗姓李，京兆人（今西安），前秦皇始元年（公元 351 年）僧朗来到泰山一带，从事佛教的传播活动。据北魏郦道元《水经注》载：“济水又东此，右玉水，水导源泰山朗公谷，用名琨瑞溪，有沙门竺僧朗，少事佛图澄，硕学渊通，尤明气纬，隐于此谷。因谓之朗公谷。”南朝梁慧皎《高僧传》云：“竺僧朗，京兆人，少而游方，问道长安，还关中，专当讲说……朗乃于金舆谷琨瑞山中，别立精舍……内外屋宇数十余区。”“燕主慕容德，钦朗名行，给以二县租税，其为时人所敬如此。”又据《续高僧传》云：“齐州泰山神通寺，即燕主慕容德为朗禅师之所立也。燕主以三县民调用于朗，并教营寺，上下诸院十有余所，长廊延袤千有余间……古号为朗公寺。”朗公寺建立后，慕名前来修学的有百余人，前秦、后秦、东晋、后燕、北魏、诸朝皇帝和高丽、昆仑等 7 国国王纷纷派人慰问致敬，赠送礼品。

图 3-1-4　神通寺唐代台基

图 3-1-5　神通寺皇姑庵塔

图 3-1-6　神通寺墓塔林

图 3-1-7　神通寺千佛崖

朗公以后，寺院由朗公高足僧意主持。北周保定（公元 561 年）以后，在周武帝大规模灭佛运动中，朗公寺同其他寺院一样，遭到洗劫而一度荒废。隋时，文帝杨坚生于冯诩（陕西大荔）般若尼寺，并受到尼姑智仙的抚养，母亲吕氏又是济南人，早年离散，因此杨坚称帝后，感母神通，找到了舅父等亲戚，并于隋开皇三年（公元 583 年）改朗公寺为“神通寺”，以为纪念。仁寿元年，文帝送舍利予 30 处寺院，命建灵塔，敕命高僧法攒送舍利予齐州神通寺，并为该寺住持。四门塔便建于此时。盛唐时期，神通寺发展至鼎盛阶段，此时皇亲、贵族、官吏、平民、僧人等在白虎山中部开凿千佛崖，以下建造了龙虎塔，还有众多今天未被发现的其他佛教建筑和历史文物。元代中期，佛教兴盛，神通寺又得以恢复和发展。清朝乾隆年间，寺院败落。新中国成立前夕，只有个别院落无人管理。神通寺虽然建筑遗留极少，但建于隋代的四门塔，唐代的龙虎塔、千佛崖摩崖造像（图 3-1-7），九顶塔，代表盛唐时期思想文化及精湛技艺的台基伎乐人物雕刻等，仍然是研究佛教文化、建筑、美术、雕刻艺术的实物宝库。

（三）唐代台基

位于神通寺遗址祖师林的北端。1963年在清理墓塔时，发现了这一残存的殿基，并在周围出土了一些莲花纹瓦当，根据台基的建筑形式、出土遗物以及台基上的伎乐图像，认为该台基建于唐代。从台基出土迹象看，其上原规划有建筑物，由于突然的变故而未能完成，台基束腰处的伎乐雕刻有些只是粗打，也是证明。台基略呈方形，须弥座形式，平面东西长12.54米，南北长10.55米，高0.96米，青石构筑。其束腰壸门处刻有生动的伎乐人形象，皆高浮雕。伎乐人物主要为乐舞题材，所演奏的乐器有阮弦、琵琶、排箫、腰鼓、笙、角、箜篌、排板等。另外还有共命鸟和手托朱雀的壮士及舞伎等。伎乐人物雕工精细，神态各异。

（四）价值评述

神通寺年代久远，屡经破坏和修缮，建筑遗留极少。但寺院的寺院遗址本身反映着寺院格局的变化，现遗留较为完好的建于隋代的四门塔、唐代的龙虎塔、唐代台基、皇姑庵塔、墓塔林、千佛崖摩崖造像、九顶塔及代表盛唐时期思想文化及精湛技艺的台基伎乐人物雕刻等，仍然是研究早期佛教建筑、美术、雕刻艺术、文化及其历史发展的实物宝库。

二、长清灵岩寺

（一）规模格局

灵岩寺（图3-1-8）位于泰山北麓长清县万德镇灵岩峪方山之阳。自晋代开始即有佛事活动，传说僧朗曾在此建寺。北魏太武帝太平真君七年（公元466年）灭法，佛事遂废，至孝明帝正光年间（公元520～525年）再兴。据唐天宝元年（公元742年）《灵岩寺碑颂并序》载，正光元年（公元520年）法定禅师来此游方山，爱其泉石，重建寺院。此后唐、宋、元、明各代均有发展，最盛时有僧侣500余人，殿宇50余座，规模十分宏大，直至清乾隆十四年（1749年），仍有殿宇36座，亭阁18座。唐代李吉甫编撰的《十道图》中，把灵岩寺与浙江的国清寺、

图3-1-8　长清灵岩寺（选自《灵岩寺》）

南京的栖霞寺、湖北的玉泉寺并誉为“域内四绝”。明代王士贞则说：“灵岩是泰山背最幽胜处，游泰山而不至灵岩不成游也”。清乾隆帝在灵岩寺建有行宫，他巡视江南时曾 8 次驻跸灵岩。

现存寺区由殿阁、佛塔、墓塔林和方山之上的证盟功德龛等组成。建筑布局（图 3−1−9）为坐北朝南，依山而建，沿山门内中轴线，依次为山门、天王殿、钟鼓楼、大雄宝殿（殿西有隋代的寺院山门遗址）、五花殿、千佛殿（其西北角是辟支塔）、般舟殿遗址、御书阁等。寺院西部为墓塔林。另外有各种碑刻题记，散存于山上窟龛和殿宇院壁，计有 420 余宗。内有唐李邕撰书《灵岩寺碑颂并序》及浮雕造像、经文，北宋蔡卞《圆通经》碑及金、元、明、清各朝代的铭记题刻等。现存建筑布局顺应山势，为典型的宋代以后成型的伽蓝七堂式。

（二）历史沿革

相传，东晋时期僧朗曾在此建寺。北魏太平真君七年（公元 446 年），太武帝第一次掀起中国历史上的“灭佛”运动。北魏正光年间（公元 520 ~ 525 年），梵僧法定西来至此，分别于方山之阴建神宝寺，于方山之阳复兴灵岩寺，灵岩寺正式建立。北周武帝建德三年（公元 574 年）下诏禁佛道二教之前的 50 多年里，灵岩寺得以稳定发展，闻名一时。随着周武帝禁佛诏书的颁布，灵岩寺遭受第二次打击，短暂衰落。在宣帝废诏后，灵岩寺得以复兴。隋唐时期，佛教日益兴盛，泰山地区寺院林立，名僧辈出。灵岩寺坐落于此，名噪一时。隋开皇十五年（公元 595 年），隋文帝巡幸灵岩寺。唐贞观年间（公元 627 ~ 649 年）慧崇法师到灵岩寺任主持，他在今寺址主持修建了千佛殿和御书阁，将太宗皇帝御赐的手敕供奉于御书阁中。不久又募资，于近方山顶处开龛造像，即现在著名的积翠证盟龛佛像。在慧崇法师之前有一位法名慧（原文为阜 + 责）的法师曾在此住持长达 50 年余年。麟德二年（公元 665 年）十二月，唐高宗李治与皇后武则天封禅泰山，曾率众数千驻跸灵岩寺 10

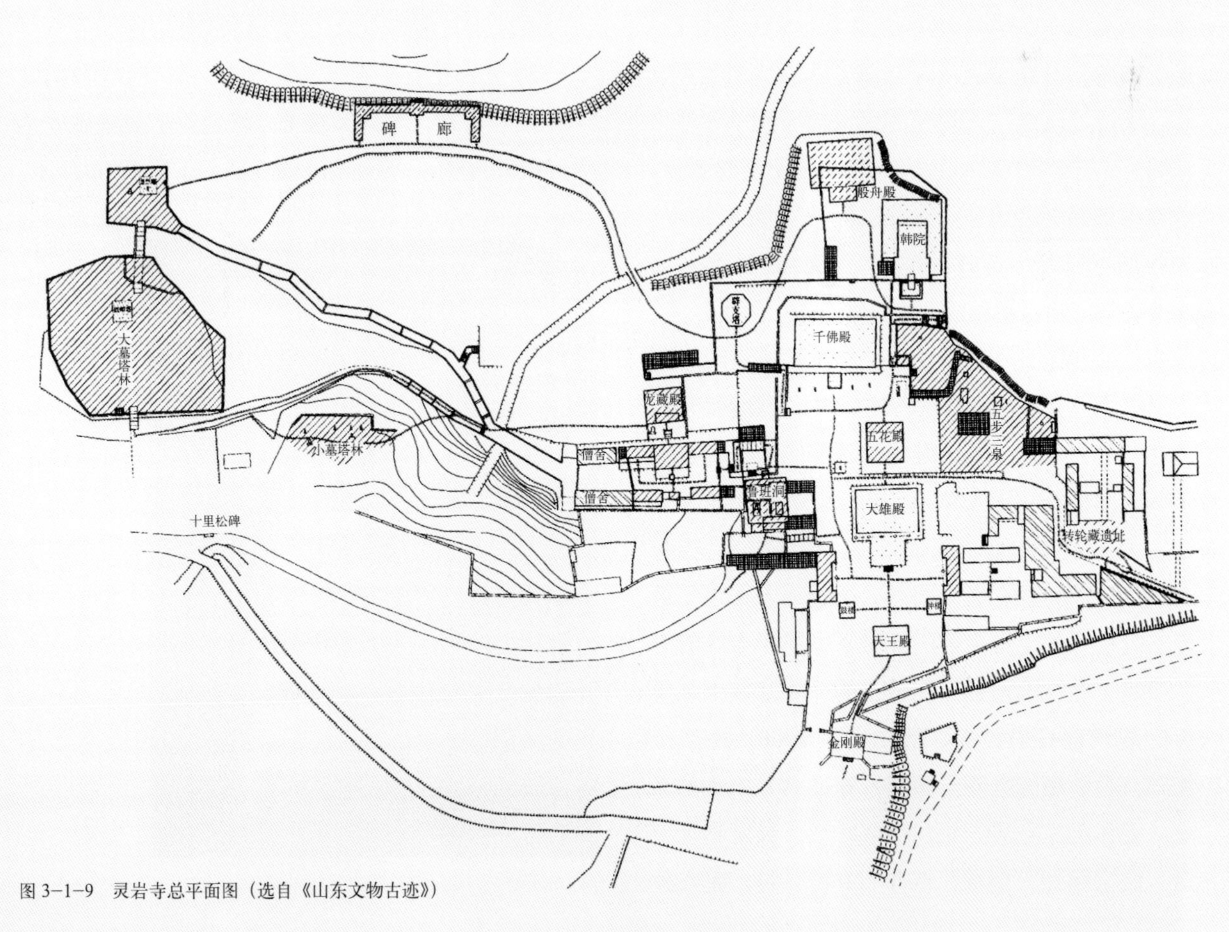

图 3−1−9　灵岩寺总平面图（选自《山东文物古迹》）

天，寺因此名声大振。唐元和年间，灵岩寺获得“四绝”之一的称号。不越乎高倚青山，俯临寒泉，茂林修竹，厌瘾户墉，奇花异石，罗列庭楹的地望景观之绝；黄金涂像，碧瓦凌空，回廊大殿，莹然尘外，层楼峻塔，倬彼霄际的庄严之绝；千里辐辏，群类子来，珍货希宝，口向喜舍，香顶艾臂，男女日至的供施之绝；貌渐心顿，相本生灭，表动内寂，洞彻正觉，笃行愿果如是的精进之绝，这都是当时灵岩寺的特点。唐会昌五年（公元 845 年），灵岩寺再遭劫难，仅存方山证盟龛造像。这一年唐武宗灭法，日僧圆仁在其《入唐求法巡礼记》中记载其后果：“天下僧尼还俗已尽，天下毁折佛堂兰若寺舍已尽”。虽有夸大嫌疑，也恰当反映了武宗灭法给包括灵岩寺在内的天下寺院所带来的损害。唐大中五年（公元 851 年），灵岩寺住持上书朝廷，获准重修。宋朝时期，灵岩寺发展达到鼎盛。景德年间，真宗赐名于灵岩寺“景德灵岩禅寺”。从神宗开始，寺院住持须经皇帝钦定指派。宋景祐至嘉祐年间（1034 ~ 1063 年），琼环法师到灵岩寺任住持，重建千佛殿，营建了五花阁与辟支塔，运来毗卢遮那佛，塑造罗汉像。大规模的兴修，导致了寺院兴盛。宋熙宁三年（1070 年），因寺院管理制度的更改，灵岩寺得御赐更名为“十方灵岩禅寺”。北宋大观、政和年间（1107 ~ 1117 年），寺院住持仁钦和尚营建崇兴桥，装銮功德顶，修建御书阁，创建献殿、孔雀明王殿和绝景亭。继任住持妙空法师输运木质贴金罗汉 500 尊于寺，创建转轮藏殿，营建钟鼓楼，建造海会塔。奠定了其“四绝之首”的地位。金明昌年间（1190 ~ 1195 年），金人入侵，寺僧部分南迁，但灵岩寺的地位并未下降。寺院范围宽阔，东西 20 里，南北 10 里。同时，金统治者延续了唐宋帝王敕赐寺院免税免摇的政策，保护了寺院的财产，明确了寺院的地位。在帝王的保护基础上，灵岩寺的规模也日趋扩大，僧众多达 2000，庄产园林复归，殿堂廊阁复新。同时，许多名人志士如辛弃疾、党怀英等隐居于此。明朝时期，灵岩寺受到英宗、武宗赐经。明成化四年（1468 年），宪宗敕赐更名“崇善禅寺”，同时重申灵岩寺界址，肯定其寺院财产，不许诸人侵占骚扰等，寺院从而得以保护，许多殿宇又经过修葺，明嘉靖时再次更名为“灵岩寺”。现今寺内的许多殿宇建筑还保留着明代风格。明崇祯十三年（1640 年），孙化亭占寺为穴，聚众抢夺寺院财物，盗取树木，给灵岩寺造成一定程度的损害，“佛寺倾圮，僧众散亡”。清朝康乾时期，灵岩寺得以修整。清乾隆二十一年（1755 年），建爱山楼行宫，多次驻跸于此。清朝晚期，内忧外患，朝廷无暇自顾，寺院修整多靠民间募资，难以维持。许多殿宇如般舟殿、五花殿、孔雀明王殿、转轮藏等建筑皆因此而坊塌，寺院残留一定规模。

（三）主体建筑规制及特色

从东晋到明清时期，历代对灵岩寺均有创建或者修缮，因此灵岩寺现存较多东晋至明清历代的石构建筑遗存和明清时代的建筑，灵岩胜境坊、崇兴桥、金刚殿、天王殿、大雄宝殿、千佛殿、御书阁、般舟殿遗址、辟支塔（图 3-1-10）、祖师林及隋唐山门遗址等就是其中最具代表性的建筑遗存。

1. 灵岩胜境坊

位于灵岩寺西的大道上。修建于清乾隆二十六年（1761 年）。坊为石筑，四柱三间。通高 6.10 米，

图 3-1-10　灵岩寺辟支塔

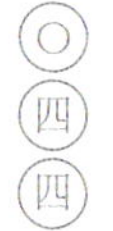

宽 8.64 米。额刻“灵岩胜境”四字，为乾隆所题。方柱下施滚礅石，石下各施长方形石基台，柱上顶端立“望天吼”兽。

2. 崇兴桥

崇兴桥又名通灵桥，俗称大石桥，位于灵岩胜境坊之东，为宋代灵岩寺净照禅师所建。据宋大观二年（1108 年）《崇兴桥记》载，灵岩禅寺自宋熙宁年间（1068 ~ 1077 年）始正名为“十方”，净照大师仁钦受诏住持灵岩寺，仅三四年，香火大盛，声闻四方，只是通往禅寺的大道常被山溪所阻，每逢暴雨便苦于水患。此桥于宋大观元年（1107 年）十月始建，次年遂成，“桥长六十二尺，阔二十五尺，自溪底出溪上高三十五尺，上施屋五楹，旁辟栏盾”，以“崇兴”为名。后被洪水所毁，仅存遗址。明嘉靖十七年（1538 年）临清姚刚氏等人重修，“桥长一十有三丈，阔二丈有五尺，深五丈，旁有栏，栏皆凿兽形”。桥东西向，为单孔石拱桥，长 38.50 米，宽 6.23 米，通高 13.20 米，拱高 10.40 米，跨度 6.17 米，桥面两侧设石栏，现大致保存了明代的形式。

3. 金刚殿

金刚殿为寺院的大门，也称山门，面阔三间，进深一间，前后廊式建筑。单檐硬山顶上施青瓦，柱础为鼓式，其上立木柱，柱上房架由三架梁、蜀柱、五架梁、爪柱、七架梁等组成。构造风格属清代建筑。门内东西两侧塑有护法金刚，俗称“哼哈二将”。

4. 天王殿

天王殿又称二山门，系明末建筑。面阔三间，进深四间，单檐歇山顶，柱础为宝装覆莲式，是明代重建时沿用宋代的遗物。三架梁、五架梁、抱头梁用料都很大，柱头上坐斗硕大，为一斗三升斗栱，因殿内塑有“护法四大天王”而得名。

5. 钟楼、鼓楼

在天王殿北，东为钟楼（图 3–1–11），西为鼓楼。平面呈方形，单檐歇山顶，上施小瓦，其每面的普柏枋上都有一斗三升带蚂蚱头斗栱，系清代建筑。铜钟重 2500 公斤，为明正统六年（1441 年）铸造。

6. 大雄宝殿

在天王殿北，为宋代献殿。北宋崇宁、大观年间主持僧仁钦创建，是寺僧诵经礼佛的地方。明正德年间（1506 ~ 1521 年）皇族德藩捐塑三大士像于其后，更名大雄宝殿。现建筑为清代重修遗构，面阔五间，进深六间，硬山顶，上复青瓦，前出卷棚式外廊。清乾隆二十二年（1757 年），乾隆皇帝（爱新觉罗·弘历）为殿题写“卓锡名蓝”匾及“奇松尔日犹回向，诡石何心忽点头”楹联。

7. 千佛殿

千佛殿（图 3–1–12）为寺院的主要殿堂。始建于唐贞观年间，宋代拓修，现主要为明代形制。殿内梁间有“大明万历十五年岁次丁亥九月初八日德府重修”的墨书题记。建筑坐北朝南，面阔七间，通阔 27.83 米，进深四间，通深 15.42 米，建筑面积 478 平方米，占地面积 667.2 平方米，从自然地面起通高 15.42 米。殿内柱网布局为金箱斗底槽式，

图 3–1–11　灵岩寺钟楼

图 3–1–12　灵岩寺千佛殿

大木举架，彻上露明造。斗栱为六铺作重栱三下昂，里转六铺作重栱出三抄并计心造。单檐庑殿顶，兴折平缓，上覆灰瓦和绿琉璃瓦。前檐8根石柱，柱础极为古朴，推测为唐宋时期遗物。殿正中石砌长方形须弥座，上置三尊大佛，中为毗卢遮那佛，藤胎髹漆，造于宋治平年间（1064～1067年）；东为药师佛，铜铸，铸于明成化十三年（1477年）；西为阿弥陀佛，铸于明嘉靖二十二年（1543年），铜铸。四周墙壁曾有数以千计的铜制和木制、高约30厘米的小佛，故名千佛殿。小佛仅存293尊，失存的现已补齐。殿之东、西、北三侧靠墙砌须弥座，上列40座高约150厘米的彩色泥塑罗汉坐像，多数塑于宋代，少数为明塑，是我国泥塑遗存中的艺术瑰宝。

8．御书阁

位于千佛殿东北方向的方丈院前。唐代主持僧为存放皇帝赐书而建。曾存有唐太宗李世民，宋太宗赵光义、真宗赵恒、仁宗赵祯等御书。金贞祐年间阁遭兵燹，御书尽毁，唯阁幸存。明万历年间，寺僧塑大菩萨像于内，崇祯年间改塑玉皇像。阁额为宋释仁钦篆书，明代重刊。现存御书阁为明末清初建筑，建于石券洞台基之上，面阔三间，进深两间，单檐硬山顶，上施绿琉璃瓦。阁前石基券洞门楣墙壁缝间，长出古青檀，老枝纵横，盘根错节，状若云朵、游龙，为寺内一大景观。阁内外嵌有历代书法家石刻多方，尤以北宋蔡卞书写的《圆通经碑》

图3－1－13　灵岩寺般舟殿遗址

最佳。该碑立于宋元符二年（1099年），共计碑石4块，草书1400余字。明代学士方豪见此碑感叹道：“灵岩名笔固多，惜多为石工所败，惟此字独佳”。

9．般舟殿遗址

般舟殿遗址（图3－1－13）位于千佛殿之后。遗址包含有初唐至清的建筑遗存，1995年发掘出土。殿基规模宏大，按叠压情况可以分为三个建筑时期：一期建筑遗存为唐代石砌须弥座台基，南面磨光，其余三面为糙面；二期为元代建筑遗存，叠压在一期台基之上，台基四周用青砖垒砌；三期为明清建筑遗存，叠压在二期之上。从现存柱网的布局看，该殿面阔五间，进深三间，元代以后增建了殿前月台。台基上保留有四周残墙，殿内两侧及北侧砌有罗汉台，殿中置3尊佛像的佛台，地面布以硕大柱础，其中明间两方柱础细雕龙凤花纹，雕刻精湛，纹饰精美，保存完好。殿墙东、西、北三面埋有八棱石柱12根。在殿址前出土1座唐开元二十三年（公元735年）建造的密檐式龙虎纹饰石塔和2座雕饰极为精美的唐代石质八棱经幢，造型优美，比例适度，是佛教石刻艺术的精品。

10．隋唐山门遗址（鲁班洞）

据清乾隆三十五年（1770年）刊印《灵岩志》载：历史上有两种说法，一为鲁班洞，一为开山祖师朗公墓。1995年对这一遗址进行了科学地发掘，确认该遗址是隋唐时期寺院的山门，后被泥土淤埋于地下。为石砌建筑，底层为石砌的洞券结构，石板铺地，门洞往南可以看出当年进寺的坡道。券洞后部是一个面积不大的方室，方室地面高出券洞地面，实际是由券洞通向上层的台阶转折处。由券洞通过石砌台阶而进入方室。方室顶为盝顶结构，正中刻莲花藻井。方室北为假门（龛室），门楣正中雕一人面像，胡须舒展至楣角呈卷云纹状，是北朝至唐时期常用的一种装饰手法。门西侧现存一蹲狮，形象生动、雕工精美，是现存隋唐时代少有的石刻艺术精品。东、西两面为方形门洞，对称设置台阶向南转90°角登临至顶。顶部为一平台，现仍存有8个硕大的宝装覆莲柱础，造型雄浑古朴，具有北朝的时代风格。从柱网的布局看为阔三间、深两间的殿堂建筑。建筑北门向北有一巨大石块制成的拱桥，桥面正中纵向刻有四朵莲花。桥后为石剪边长方形台地而结束。从建筑风格、石刻品特征及历代题刻等判断，该建筑遗迹的建造时代不晚于隋代，是我国目前现存地面建筑中时代最早的拱券式门洞建筑。另外在底层券洞两侧石壁上，刻有唐初至宋明时代的题记很多。其中在西壁上有后人加修时镶嵌了一方唐代书法家李邕于天宝元年（公元 742 年）撰书的《灵岩寺碑颂并序》残碑，是少见的书法艺术珍品。

（四）价值综述

从东晋至清末，灵岩寺的屡次毁坏和兴修的过程中，留下了丰富的石构建筑、构件及明清建筑，为了深入研究中国古代佛教文化及中国古代建筑、绘画、雕刻等所取得技术和艺术成就提供了大量实物佐证，特别是塔林中历代佛塔林立，对深化研究中国古代佛塔的发展和演变过程具有十分重要的意义。

三、汶上宝相寺

（一）历史沿革与格局

汶上宝相寺，坐落于山东省汶上县城西北隅。据推测宝相寺始建于北魏，唐时名为昭空寺。据《汶上县志》记载："宝相寺在县治之东，始号昭空寺，宋咸平五年改今名。"北魏时期，宝相寺占地规模较大，约 25 亩（约 1.67 公顷）。唐太和年间，曾铸一大钟。大中祥符元年（1008 年），宋真宗禅封泰山，归途经曲阜、过中都时，御敕昭空寺为宝相寺，并驻跸宝相寺。寺内的太子灵踪塔建于宋熙宁六年至政和二年（1073 ~ 1112 年），是由京师赐紫僧知柔和主管佛教的副功德僧云太亲自监造、仿照京师开宝寺灵感塔（今开封铁塔）建造的一座典型的皇家佛牙塔。1938 年，日本侵略者炮轰宝相寺，千年古刹几乎被夷为平地，塔刹相轮遭劫。1947 年，内战时期太子灵踪塔塔身受到炮弹重创。1958 年，寺院内太和三年（公元 479 年）年建造的大钟被用来造万斤精铁，砸烂炼钢。"文化大革命"初期，塔基台栏楯被盗挖破坏。因此，现存宝相寺，只有太子灵踪塔保存较好，而且于其地宫中发掘出了金棺、银椁、佛牙、舍利、跪拜式捧真身菩萨等 141 件佛教圣物，使其在佛教界具有举足轻重的地位。

现存山东汶上宝相寺（图 3–1–14）建筑多为 1995 年后建设的新建筑。自 1995 年起，宝相寺开始恢复建设，现已建成供奉殿、中都博物馆（佛教圣物展示馆）、碑廊、地宫、僧院、浮雕牌坊，依照中都佛苑景区规划作为中轴核心的宝相寺，自南而北依次为大门（图 3–1–15）、照壁、苦海普渡、天王殿、大雄宝殿（图 3–1–16）、僧舍、地宫、碑亭、太子灵踪塔（图 3–1–17）、世界广场、琉璃涅槃透彻佛、十二大弟子像等，现今世界广场开始施工，其他景点项目已在运筹之中。山东汶上宝相寺宝相寺景区占地 1240 亩，主要景观有：苦海、菩提树、

图 3–1–14　汶上宝相寺鸟瞰图

图 3–1–15　宝相寺大门

图 3-1-16　宝相寺大雄宝殿

图 3-1-17　宝相寺太子灵踪塔

图 3-1-18　济南兴国禅寺鸟瞰图

须弥山、宝相寺、地宫、太子灵踪塔、琉璃境界透彻卧佛、蓝毗尼园、菩提伽耶、鹿耶苑、南海、观音院、东海、东瀛佛教、东方三圣、佛教文化博物馆、塔林、西方三圣、舍卫城、阿育王柱、南传佛教文化、藏传佛教，在景区内东北、西北、西南、东南4个方向有佛祖四大护法天王，即持国天王、多闻天王、广目天王、增长天王。汶上宝相寺的古建筑大部分已毁于抗日战争时期，内战和“文化大革命”时期对遗留的石构建筑及构件又有破坏。因此，宝相寺遗留的古建筑不多，主要是太子灵踪塔。

（二）文殊般若碑

宝相寺碑廊之中另有国家一级文物“文殊般若碑”被存放在新建的百米碑廊中。同著名的清凉寺、二佛洞相伴在汶上县城西北白石乡水牛山上。碑高2米，宽0.7米，厚0.15米，碑文为《文殊师利所说摩诃般若波罗蜜经》一段经文，字体由隶变楷，楷意浓重，浑厚端庄。碑上罩顶石一块，碑额中置佛龛；龛中雕刻菩萨一尊，菩萨盘膝而坐，神态端庄安然，两旁雕刻侍者各2人，线条优美；下配两狮子作朝供状，栩栩如生。龛之两侧阴刻“文殊般若”四字，字高15厘米，宽约20厘米，书体隶楷相间，浑厚勃发。碑首下阴刻《文殊般若经》经文10行，每行30字，计297字，书体同匾额，字径5厘米。此碑立于南北朝北齐年间，是佛教传入中国后最早关于文殊道场记载和汉字由隶书向楷书演变的重要实物佐证。它与汶上汉代衡方碑齐名，是继衡方碑之后的碑中骄子，珍贵国宝。

（三）价值综述

经过历史上的破坏，宝相寺所遗留的古建筑不多，多数建筑为新中国成立后重建，尤其是20世纪90年代后所建。灵踪太子塔及文殊般若碑保存较为完整，建筑本身对研究齐魏及宋代佛教建筑、雕刻、书法及文化具有十分重要的意义。再者，灵踪太子塔地宫出土的大量佛家遗物及文殊般若碑所反映的书法演变过程，真实反映了早期佛教及书法演变的历史，具有独一无二的历史价值。

四、济南兴国禅寺

（一）规模格局

兴国禅寺（图3–1–18）位于济南千佛山山腰处，故又名“千佛寺”或“千佛山寺”。隋唐时期，山东佛教昌盛，隋文帝杨坚为纪念其母（山东历城人）于隋开皇七年（公元587年）在悬崖峭壁上雕凿了众多佛像，故山名为“千佛山”，并建寺名为“千佛寺”。唐贞观年间（公元627～649年）重修“千佛寺”后，更名为“兴国禅寺”，至今已有1400年历史。建寺至今，其间屡有毁坏、扩建和修葺。其中唐贞观年间（公元627～649年）建造的兴国禅寺规模最大，被称为千佛山首刹。宋代时，兴国寺又加扩建。宋末至明初，寺院因连年战火而荒芜，砖瓦无存。明成化四年（1468年），苏贤捐资重建，大雄宝殿、天王殿及僧寮、库房等全部予以重修，殿内塑释迦牟尼、地藏王菩萨、十八罗汉、四大天王等像。清朝嘉庆至咸丰年间（1796～1860年）又加以修葺，并增建观音殿等建筑。

现存寺庙主要是明清时格局和规模。兴国禅寺依山而建，共有7座殿堂，分4个院落，禅院深邃幽静，殿宇雄伟壮观，殿堂分布错落有致。整座寺庙迤逦山腰，古朴庄严。千佛山兴国禅寺这4个禅院习称“东庙”和“西寺”。东庙原是一个佛、道、儒各家混杂的院落，现为兴国禅寺的禅院。院内有大舜庙、文昌阁、鲁班祠和碑廊等，反映出我国古代的传统文化和佛教文化相互交融的特色。西寺是兴国禅寺的主要部分。从西盘路拾级而上，经过古木掩荫的唐槐亭、齐烟九点坊，穿过“云径禅关”坊（图3–1–19），迎面就是兴国禅寺的山门。山门朝西，门楼上黑色大理石上雕刻着中国佛教协会主席、当代书法家赵朴初先生题写的“兴国禅寺”四个苍劲端庄的金色大字。大门两侧石刻有一副对联：“暮鼓晨钟，惊醒世间名利客；经声佛号，唤回苦海梦迷人”，为清末秀才杨兆庆书丹。进门两侧，钟鼓（图3–1–20）二楼矗立。迎门天王殿，弥勒佛笑迎天下客。二进院落，大雄宝殿（图3–1–21）

在寺内东侧，坐东朝西，雄伟壮观。殿内正中莲花宝座上，供奉着佛祖释迦牟尼塑像，两侧菩萨、罗汉侍立，南北侧分别塑普贤、文殊菩萨和阿难、迦叶等十大弟子。释迦牟尼塑像背后，南无观世音菩萨塑像面东站立，左右侍童子。玉佛殿在大雄宝殿北侧，坐北朝南，殿中央佛龛内供释迦如来坐像，

图 3-1-19　兴国禅寺“云径禅关”坊

图 3-1-20　兴国禅寺钟楼

图 3-1-21　兴国禅寺大雄宝殿

白玉石质。玉佛西侧佛龛内供奉地藏王菩萨。菩萨殿在大雄宝殿南侧，坐南朝北，中央佛龛内供观世音菩萨，东西两侧分别为地藏菩萨、千手观音菩萨。寺院中央有一座大殿，殿内弥勒佛塑像迎山门趺坐，其背后，韦驮菩萨面东站立。殿后北侧架长廊，壁嵌中国共产党创始人之一董必武、诗人郭沫若、书法家赵朴初游千佛山诗刻题记。与长廊相对，南侧千佛崖危立，崖上镌刻隋代佛像多尊。山崖由西向东，依次有龙泉洞、极乐洞、黔娄洞、洞天福地坊、对华亭等古迹。

（二）历史沿革

千佛山风景优美，重峦叠嶂，苍秀深幽，是济南市著名的游览胜地。它古称历山，相传舜虞曾躬耕于此，故有舜耕山之称。隋唐时期，山东佛教昌盛，这里的悬崖峭壁上雕凿了众多佛像，又建千佛寺，故称名“千佛山”。其中唐贞观年间（公元627 ~ 649 年）建造的兴国禅寺规模最大，被称为千佛山首刹。宋代时，兴国禅寺又加扩建。宋末明初，因连年战乱，寺院“殿堂蓁芜，无存一砖一瓦”。据明成化七年（1471 年）石志记载，该寺曾，遭兵火破坏，成化四年（1468 年）8 月 3 日，德王府内官苏贤游览千佛山，看到当时情景，不胜慨叹，于是捐资建佛殿、僧房、厨房、粮仓等，并于殿内塑释迦牟尼、大悲观音、地藏王菩萨、十八罗汉、四大天王。明朝刘敕的《咏兴国寺》一诗生动地描绘了山色古寺的优美：“数里城南寺，松深曲径幽。片湖明落日，孤蜂插清流。云绕山僧室，苔侵石佛头。洞中多法水，为客洗烦愁。”清朝嘉庆至咸丰年间(1796 ~ 1860 年)又加以修葺，并增建观音殿等建筑。现存寺庙主要是明清时格局和规模。1987 年开始修复钟、鼓楼及大雄宝殿，现已全部竣工，殿内佛像也得到修整，恢复原貌。自元代始，“三月三”、“九九”重阳节均举办庙会。明代寺院扩建，遂成香火胜地。整个寺院殿宇亭廊错落有致，苍松翠柏储绿泄润，钟声盈耳，香烟缭绕，大有深山古刹之妙趣。顺应山势进行布局，寺和石窟融为一体，以佛家为主融入儒道文化是兴国禅寺的显著特点。

（三）主要建筑规制与特色

济南千佛山兴国禅寺的建筑和格局主要延续了明清时期的风格和格局，经历代维修而保留至今，尚存的古代建筑主要是一些石构建筑。其中较为著名的有千佛崖极乐洞、龙泉洞、黔娄洞、“洞天福地”石坊及对华亭等石构建筑及构筑物遗存。

1. 千佛崖极乐洞

千佛崖极乐洞（图 3-1-22）位于兴国禅寺院内南侧。崖上有隋开皇七年至开皇十五年（公元 587 ~ 595 年）所镌刻的佛像，共 9 窟 130 余尊，是济南地区雕凿历史较早的石窟造像群。极乐洞是其中的主窟，有大小佛像 87 尊。中间一尊为阿弥陀佛，盘膝禅坐，高 3 米，身后饰佛光，法相端庄。左右为大势至与观世音菩萨，侍立，高近 3 米。其他各窟，皆散落在洞外石壁上。有的高居壁顶，有的举手可及，有的一二尊成窟，有的三五尊成区，参差错落。这些佛像，雕刻精致，刀法纯熟，线条流畅，体态丰腴，栩栩如生。有的身着锦衣，有的手拈莲花，有的凝神蹙眉，有的结跏趺坐，有的合掌禅定，神态各异，惟妙惟肖。洞内曾嵌清代著名诗人施闰章的碑记。在“文化大革命”中，佛像遭到人为破坏。1979 年 3 月，济南市政府拨专款，对其进行了复原修复，基本恢复其旧貌。

2. 龙泉洞

龙泉洞位于兴国禅寺西门内南侧，在高耸的石壁下。壁上翠柏挺拔如盖，老榆枝柯交葛，山风吹来，呼啸作响，故得名“龙泉洞”。洞口上方石壁篆书“龙泉洞”三字，为济南当代已故书法家任晓麓题书，笔势遒劲，潇洒俊秀。洞内东侧与极乐洞相通。南侧石壁凿有多尊佛像，其中一尊弥勒像，为刘景茂于隋开皇七年（公元 587 年）正月造，是千佛山中年代最早的造像。佛像下面有一小门，门内是一深潭，称“龙泉”，水清见底。洞内穹窿石壁早先悬有钟乳，后经开掘，形成现在这种半人工、半天然的长方形式。

3. 黔娄洞

黔娄洞在兴国禅寺极乐洞的东侧岩壁上。相传周代黔娄子曾居住于此，故得名。岩壁上端，松柏垂荫，山花烂漫。雨后，洞周壁上，苔衣墨绿，蜗牛布阵，蝉蜕点点，犹如一幅淡雅的水墨画。洞深 10 余米，三折之后呈长方形，为人工开凿，类似居室，高 2 米，面积 20 平方米。洞内温湿，水珠下滴，击石有声，使洞穴愈发显得清幽。清嘉庆年间，洞内尚有黔娄子的坐像，白须方巾，文士打扮，后毁。洞口上端，有石刻一方，大字为“黔娄洞”，小字记载了黔娄子的身世。黔娄子，为周代齐国人，修身清节，不事王侯，隐居在这里，凿石为洞，终身不下山，著书 4 篇，名《黔娄子》（已失传）。鲁恭公听说他是位有才能的人，便派使节聘请其出仕，却被他拒绝了。1980 年对洞穴进行了整修，在洞内迎门石壁上镶嵌石碑一块，记载了黔娄子的一段故事。

4.“洞天福地”石坊

“洞天福地”石坊（图 3-1-23）在黔娄洞的东侧，横跨于对华亭西门石级上。坊上匾额书写“洞天福地”四字。该坊建于清乾隆五十七年（1792 年），字为护理山东巡抚江兰所书。石坊虽不算大，但雕刻却很有特点，具有较高的艺术价值。石坊通体用青石仿木结构雕砌而成，形成二柱一楼式，飞檐起脊。石脊两侧，饰有花纹，刀法纯熟，线条流畅，颇有韵致。两端雕有正吻。檐的四角下，原有风铃各一枚，清风稍吹，铃声远扬。檐上雕有瓦垅，檐下云头斗栱承托，栱下额枋分别刻有流云饰纹和二龙戏珠、狮子滚绣球等浮雕。两柱

图 3-1-22　兴国禅寺千佛崖极乐洞

下石鼓浑厚。整体结构匀称协调，构思奇巧，古朴典雅。坊的南侧为悬崖峭壁，葱郁的树丛中，隐有石佛一窟。坊北侧有古椿树垂荫，将石坊衬托得更富情趣。

5. 对华亭

对华亭（图 3-1-24）在兴国禅寺东南隅小独院内。该院坐落于峭壁之下 10 余米高的平台上，院门悬木刻匾额，上书“对华亭”三字，集于赵孟书帖。亭始建于明代，位于院落北侧，因遥对“华不注”山而得名。昔日为僧人面壁诵经、修身养性之处。几经兴废，1995 年被改建为藏经楼，两层，朱红柱，橙黄瓦，双檐起脊，雕梁画栋，蔚为大观。该亭位置奇绝，视野开阔，凭栏远眺，一览无余，可将泉城画图尽收眼底。每当阴雨季节，浮云穿堂而过，缥缥缈缈，朦朦胧胧，堪称仙境。院内南侧悬崖下卧一石洞，洞上嵌“吕祖洞”石刻匾额。洞内原有吕洞宾石像。洞外石壁间，有记载吕祖的道教传说、重修千佛山庙记等清朝石刻四方。洞穴上端，柏树、榆树长势奇特，其根暴露在外面如龙爪，匍匐于地上似蛇形，其干挺拔多姿。这里景色尤以秋日最美丽，山菊开着黄花，藤蔓丹叶如霞。因境界清幽，被明朝人称作“石洞绝尘”，为古时历下十六景之一。整个院落，被绿荫覆盖，显得郁森清凉，历代为避暑胜地。因院落幽静，再加素日常闭，很少有人来此游览，故亭曾悬匾额“飞尘不到”。

（四）价值综述

经过历次破坏和修缮，千佛山兴国禅寺所遗留的古建筑多为经当代修葺保留了明清风格特点的建筑，所遗留的古建筑多为石建（构）筑。这些明清风格的建筑和历代石建（构）筑为研究佛教艺术、雕刻和建筑环境设计提供了丰富的资料。

五、济南兴福寺

（一）规模格局

兴福寺位于槐荫区段店镇演马村西南。1979 年被公布为济南市重点文物保护单位。2006 年 12 月升级为山东省文物保护单位。寺院始建于宋代，毁于元代，重建于明朝弘治八年。明万历七年（1579 年）、清康熙五十年（1711 年）、清乾隆二十二年（1757 年）都进行过重修。清光绪十四年（1888 年）立“兴福寺”石匾一方，现已不知下落。据《槐荫区志》记载：寺院原有四进院落，寺内建有山门、正殿、后殿、寝殿，东西配房，总面积达 1900 平方米。兴福寺坐北朝南，现有两进院落，仅存大殿、东西厢房、后殿和 4 棵古树，已批为兴福寺公园。

（二）历史沿革

兴福寺的创建与灵岩寺和佛教禅宗的传播有关。灵岩寺历史悠久，自唐代即为名刹，北宋时进行扩建。景德年间宋真宗曾敕赐此寺“景德灵岩禅寺”。佛教禅宗是自唐以来逐渐兴盛的一大宗派，灵岩寺自北宋中期，就是禅宗派寺院。得皇帝支持，

图 3-1-23　兴国禅寺“洞天福地”坊

图 3-1-24　兴国禅寺对华亭

而禅宗又当鼎盛时期，其规模与建筑在宋代皆属一流。小饮马村距灵岩寺仅数十公里，又是老城济南西北之门户。处于鼎盛的灵岩禅宗，越腊山，过峨嵋，在此建寺传经当属必然。加之当时腊山之东北为水乡泽园，小饮马村一带为连接东西的古之驿道，在此建寺还有镇水降魔、为民“兴福”之功效。兴福寺虽规模不大，但布局完整、建筑规格较高和彩绘具有很高的艺术价值是其最为重要的特点。兴福寺是个小型庙宇，但是建筑格局依然十分完整，整座寺院是按照中国传统的古建筑格局而建。以中轴线为主，左右对称，且各个建筑都建在高台之上，逐次抬高，后殿最高，整个建筑群气势恢宏。不仅如此，该组建筑规格非常高，大殿和后殿都是庑殿顶，这种建筑形式在济南小型庙宇中是独一无二的。

（三）主要建筑规制与特色

寺内现存的主要古建筑有大殿、后殿和东西厢房，都历经修缮，但保存了原来的特点。

1. 大殿

大殿（图 3-1-25）是寺院内最主要的古建筑，为明清时期的建筑风格。大殿建在高约 0.95 米的台基之上，前面有月台并有 7 级台阶，台阶位于大殿中轴线上，宽度于两侧各突出当心间跨度的 1/3。大殿面阔五开间，两侧端部的两间用青砖墙砌筑，进深三进间，柱上额枋与檐檩之间有精美斗栱。庑殿顶正脊和戗殿都是带有浮雕图案的绿琉璃砖作剪边处理。屋顶前侧正中央有黄色琉璃瓦铺面，构成菱形图案。正脊雕有二龙戏珠，两端为大型吻兽，张口衔脊，其头上又附加一条黄色龙饰，附着在吻身之上。殿内的彩绘保存完好，色彩鲜艳夺目。彩画主要图案是团龙，每架梁上都绘有团龙图案。龙全部贴金，画技很高，殿内浮雕荷花也全部贴金。大殿的彩绘不论色彩搭配还是画技水平，在济南地区明清古建筑彩绘中都是一流水平。大殿前后搭乳栿，是月梁式结构，东西梁架作“推山”结构，是非常规范的官式作法，很能体现明代的时代特征。大殿的整体比例适度，造型轮廓优美，线条非常流畅，在当地殿宇中很难见到。

图 3-1-25　济南兴福寺大殿

2. 后殿

寺院的后殿建在高约 0.8 米的台基之上，面阔三间，进深三间，五架梁，后檐当心间出一小抱厦，柱头上额枋和檐檩之间有斗栱。单檐庑殿顶，殿顶全部是灰瓦装饰，正脊为二龙戏珠高浮雕。殿内梁架形制比较规整，整体梁架及槫檩都有随枋，明间脊槫的随槫枋两端，各有一单栱托散斗，包砌随槫枋，体现出该建筑明代前的梁架结构风范，这在济南地区可谓独一无二。在槫枋下面有“大清光绪十四年戊子冬月重修”的题记。明间檐柱和殿内柱础，有四种不同风格，应为唐、宋初、金末元初及元代四个时期。其中，唐础造型宝相莲花，础高莲腴，造型气势，形体浑厚，刀法苍劲，表现出唐代风韵。宋柱础亦为宝相莲花础，莲瓣小且圆韵，刀法娴熟，其风趋于成熟柔和，又承袭唐代的遗风。金末元初的柱础则为一般的复莲础，莲瓣宽大且不显匀称和饱满，刀法不讲技法。元代柱础为素复盆式，素面无饰，上面只刻出础唇，是元代盛行的柱础做法。在一个小殿宇中，就集中了四个时代的柱础，为研究历代柱础和兴福寺的起源与发展，提供了很好的例证。斗栱上的昂头为如意形，这种斗栱是济南地区唯一的一处。梁上的彩绘，色彩鲜艳如初，图案为行龙、花卉，龙身为贴金。在金柱的额枋上有“清光绪十四年（1888 年）戊子冬月重修”的题记，据记载，当时寺庙的主持为法通和尚，监院为其侄孙惠普。

3. 东、西配殿

现存建筑中的东、西配殿也立于7层台基之上，面阔三间，进深三间，有檐廊。檐廊前排柱子间有优美的雀替。虽为硬山顶灰瓦屋面，但正脊有高浮砖雕，中部为二龙戏珠，两侧各有鹿、行龙、凤凰和类似马羊的神兽雕刻。像东、西厢房正脊如此精美的浮雕图案，在济南的寺庙建筑中也是很少见的。在前殿东侧，有2块高约85厘米，宽约70厘米，厚约28厘米的蟠龙碑首。一碑有篆书残字为“兴福寺……功铭……”，另一碑篆书残字为“重修兴福寺记”。

（四）价值综述

济南兴福寺院虽然规模较小，但建筑的规格较高，经历代修缮，留下了宋以后各代建筑的遗留构件。这为研究明清时代典型的官式建筑的做法和风格提供了实物，也为研究宋以后建筑构件的发展演变提供了实例，具有地域特点的装饰彩画为研究济南地域明清时代的佛教文化艺术提供了重要物证。

六、章丘兴国寺

（一）规模格局

兴国寺位于章丘市境内，西部距曹范乡叶亭山村东30米处。其初始建设年代已不可考，通过寺内隋唐佛像，其建寺年代最早可以追溯至隋代。此外，也有专家依据遗留建筑构件比例关系，推测其建寺年代为宋代。根据现存石碑和章丘县志的确切记载，兴国寺最早建寺年代可追溯至元代，后经明清数次维修而保留至今。现村建筑呈院落式布局，南北长45.6米，东西宽35.9米，总面积为1637.04平方米。寺院坐北朝南，有山门、大殿、东、南、西配房各一座。

（二）历史沿革

兴国寺内现存最早的遗物为大殿内石造像，根据专家考证，为隋代造像。根据章丘县志记载，兴国寺始建于元代。现存东配殿关王殿前墙上镶嵌的清顺治六年石碑记载：“……此寺建于元……”。依常规营造程序，必须先立石造像，而后才能立柱架梁。由此，兴国寺始建年代可追溯到隋代，但证据并不确凿。大殿内槽当心间南面东西石柱上有“□□济南府……”的题记，前两字被后人损坏，但分析其残损形状，所指应为北宋济南府。大殿面阔进深之比约为1.4：1，进深高度之比约为1.3：1，斗栱立面高度与柱高之比约为30%，尺寸比例关系带有明显的宋早期建筑特色。另有石柱柱身为十二棱，有收分、卷杀和侧脚，柱底石鼓下为宋式莲花柱础，外槽柱顶、平槫和屋脊均有升起，栱眼壁为编竹造，山面博风设悬鱼，虎头纹饰勾头，大殿阶基有剔地突起的角兽石，屋面举架平缓等，这一切都充分体现了宋代建筑的法式特征。因此，也有专家称建寺时间为宋代。正门天王殿南券门上方有石匾额一块，上书“兴国寺”三字，左侧刻有“天启七年（1627年）重修天王殿”字样。在西配殿灶王殿北侧，为重修天王殿记述碑，有“……其寺创建以来，至今有数百年……，大明正德十四年九月（1519年）吉旦立石”的记载。在东旁门前原照壁的下花碱石上，为清乾隆元年（1736年）“重修兴国寺碑记”。上述三处碑记说明兴国寺在明清时期曾有过数次较大规模的修缮。依此可以断定，此寺建造于元代，并于明正德、天启，清嘉庆年间，均重修过，其中规模较大的一次是明正德年间。琉璃瓦，檐伸3米多，上有风铃随风而鸣。整个建筑雕梁画栋，飞檐斗栱，金碧辉煌，气势磅礴。殿内供奉释迦牟尼、药王如来佛、阿弥陀佛和十八罗汉。西院为盘泉寺的偏殿，主要是和尚起居的地方，西院又分南、北两院。北院有老君殿、鱼池。相传老君为铁匠始祖，章丘又是铁匠之乡，过去外出打铁谋生者众多。为保平安，故外出前多来此敬香。鱼池在院内西南角，4米见方，有石砌护栏。因底小上大呈盘状，又名“盘泉”，泉水清冽甘甜，四季不涸。南院是禅房。盘泉寺南是章丘城关通往南部山区的官道，车水马龙，行人不断，路旁有“棒子井”、“遏云楼”、戏楼。在盘泉寺兴旺时，不仅常有挂单和尚、善男信女香火不断。而且每年的正月十五还要唱大戏。观者如云，十分热闹。可惜章丘三大名寺之一的盘泉寺毁于战

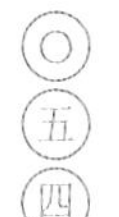

火，已不存在。兴国寺的建筑布局体现中国传统寺院院落布局特色，建筑本生由于历代的修缮集合了宋、元、明、清等各时代建筑的风格特点，佛像和绘画具有较高的艺术水平和地域色彩。

（三）主要建筑规制与特色

1. 大雄宝殿

大殿大雄宝殿（图 3-1-26、图 3-1-27）起于台基之上，台四角各有石雕卧狮 1 只，形态生动。大殿面阔五间，进深四间，通面阔 17.75 米，通进深 12.37 米，通高 9.24 米，总高 10.45 米。外墙体东西广 19.07 米、南北深 13.72 米，建筑面积 261.6 平方米。平面布局为金箱斗底槽，前有月台，大木构架（图 3-1-28）为十架椽屋前后乳栿用四柱，彻上露明造，屋面举架约为 6 举。大雄宝殿内有 12 根 7 米高的顶柱，其中 4 根是 12 棱的砂石柱，粗直径半米。前后石柱有阴刻题记：一曰“济南府章丘县礼泉乡嘉庆十六年岁次辛未三月吉旦立柱”，一曰“济南府章丘县礼泉乡神泉里张玮……”等字。斗栱为五铺作双下昂里转双抄计心造，当心间补间铺作 2 朵，其他补间铺作 1 朵，斗口 115 毫米 ×170 毫米，相当于宋《营造法式》中的 6 等材。歇山灰瓦顶，筒瓦 340 毫米 ×155 毫米 ×70 毫米，板瓦 320 毫米 ×（250 毫米～ 220 毫米）×65 毫米。正脊为龙脊，高 380 毫米，垂脊戗脊为通长等高的花脊，高 230 毫米，没有戗兽和走兽。该建筑墙体外皮为明代常用的 330 毫米 ×160 毫米 ×75 毫米大青砖墙，下部墙壁地面以上用砂岩砌筑，再下为青石，应为两个时期营造。阶基用 5 层料石砌筑，下部 4 层为青石，上部一层阶条为砂岩，同样为两个时期营造。西面一块青石阶基为功德碑，题记年号已难以辨明。在建筑阶基上刻字记事的做法盛行于宋元以前。上述情况可以说明，青石为始建或重

图 3-1-26　章丘兴国寺大殿维修前

图 3-1-27　章丘兴国寺大殿维修后

图 3-1-28　兴国寺大殿内部结构

建时期的遗物，砂岩系明代遗物。通过地面的局部发掘，发现了两个时期的地面，上层为20世纪50年代用河沙铺墁的450毫米×300毫米×60毫米土坯地面，下层为350毫米×350毫米×73毫米青方砖地面。石造像的基座仍埋在青砖地面以下。造像为单体释迦牟尼佛石造像，地面以上高5.3米，按隋唐代营造尺计算，约为1丈七尺七寸。释迦牟尼佛像，结跏趺坐，面部丰腴，头饰螺髻，作说法印，为隋唐造像。室内前槽柱础为莲花柱础，与青方砖地面标高相同。其他柱础为石板，石板之上为石鼓，这些石鼓顶面与青方砖地面为同一标高。由青方砖地面和砂岩阶基的标高关系可以明确推断，两者均为同时期遗物。

大殿内四面墙上皆绘有壁画，这在其他寺庙中比较少见。北面墙上的壁画上部已经损坏，但仍能看出是一幅龙虎图。翟伯成推测，已毁坏的部分应该还绘有罗汉高僧，即降龙伏虎罗汉图。两边还分别画有“和靖咏梅”、“渊明采菊”、“茂叔赏莲”、“子猷种竹”。而北墙的下部正中有一块土坯，应该是原先供奉主神的地方，那就是大圣孙悟空了。只是现在神像早已不知去向，我们也只能通过蛛丝马迹来推测它的存在了。东西两面墙上的壁画相对保存完整，山水、花鸟、人物皆有，笔法流畅、绚丽精美，让人看得眼花缭乱。南面墙上的壁画更是让人惊叹，上面的壁画内容就是《西游记》里大圣孙悟空跟随唐僧西天取经的故事。整幅画面皆用黑色单线条描绘，神仙衣袂飘飘、鸟兽栩栩如生、草木生机盎然，组成了一幅或明快活泼或庄严肃穆的画面。南墙的下部还绘有四大门神，从西到东依次为秦琼、程咬金、罗成、单雄信，且各个姿态英武、表情肃穆。而且，在壁画里还出现了寺名：一个孩童提着一个灯笼，上面写着“大圣寺”三个字，颇为有趣。

图3-1-29　兴国寺山门天王殿

2. 山门天王殿

天王殿（图3-1-29）面阔五间，进深一间，通面阔8.6米，通进深4.26米，通高6.3米，总高7.25米。外墙体东西广9.65米、南北深5.1米，建筑面积49.22平方米。前后墙内设檐柱施五架梁。硬山黑瓦顶，南坡筒瓦240毫米×125毫米×60毫米、北坡340毫米×145毫米×70毫米，板瓦155毫米×150毫米×40毫米。明间前后各有一个券门，南券门宽1.37米、高3.4米，北券门宽1.18米、高3.28米，券脸均有雕饰。当心间砌砖拱门洞的门额镌“兴国寺”，款署“天启元年重修”。墙体外皮为清水墙，用320毫米×155毫米×65毫米青砖砌筑，下部花碱用岩砌筑，高0.83米。室内为混水墙，下花碱南北墙为两层砂岩砌筑高0.81米，东西墙为乱石砌筑，原有神像台座。下花碱之上砌有3层线砖。室内木构件遍施彩绘，样式丰富，地方色彩浓郁。据特征分析，该建筑为明代遗物。

正门两侧各有东、西旁门一座。旁门的形式基本相同，面阔进深各一间，通高4.45米，总高4.8米。五檩山墙承重，卷棚硬山黑瓦顶，筒瓦260毫米×120毫米×60毫米，板瓦155毫米×150毫米×40毫米。外墙体东西广3.03米、南北深2.8米，建筑面积8.5平方米。墙体外皮为青砖墙，用340毫米×160毫米×75毫米青砖砌筑，下碱用砂岩砌筑。内墙面原为清水墙，现用灰泥抹面。该建筑为明代遗物。东边门立有清代石碑一通。

3. 东、西配殿

关王殿和灶王殿分别为大殿前面的东、西配殿，其台基大小、构架特征、装修装饰和建筑体量等，均按统一样式营造。其共同特征为：面阔三间，进深一间，通面阔 7.8 米，通进深 4.17 米，廊深 0.73 米，通高 5.66 米，总高 6.47 米。外墙体南北广 8.9 米、东西深 5.2 米，建筑面积 46.3 平方米。前后檐柱施五架梁，前面悬挑出檐廊，硬山黑瓦顶，筒瓦 260 毫米 ×120 毫米 ×60 毫米，板瓦 155 毫米 ×150 毫米 ×40 毫米。前檐柱头设悬臂梁，内伸入五架梁下，外承挑檐檩，檩上承檐椽，构造轻盈独特。墙体外皮为青砖墙，用 280 毫米 ×155 毫米 ×70 毫米青砖砌筑，下碱周圈用砂岩砌筑，高 0.465 米。内墙下碱为青砖墙，高 0.67 米，上身为混水墙。台明陡板用砂岩砌筑，高 0.6 米。室内梁架、檩枋施彩绘，地仗为单皮灰，式样单一。该建筑为明代遗物。西配殿北侧有残碑一块，上书："《重修天上殿记》，叙……其寺创建以来有数百年，大明正德十四年九月吉旦立石。"东配殿墙上镶一清顺治年间重修石碑记载："此寺建于先朝。"

（四）价值综述

兴国寺保存至今已历经 1000 多年的时间，它承载了非常丰富的历史信息，对研究济南古代行政区域的发展和变迁，济南地区的佛教发展和历史的演变等方面具有重要的史料价值。寺院以隋代石造像为中心，其平面布局基本保持始建原貌，特别是现存大殿的营造方式充分体现了宋代木构建筑的特征。它不仅是济南市现存最早的木结构建筑，同时也是山东省现存木构建筑年代较早、体量最大的一组佛教建筑，对于研究宋代早期的建筑风格和特点具有十分重要的科学价值。

七、崂山法海寺

（一）规模格局

崂山法海寺（图 3-1-30）位于崂山县夏庄镇源头村东侧，背依少山，南濒源头河。是青岛地区最古老的一处佛教寺院，为纪念创建该寺的第一代方丈法海大师而得名。据寺内元泰定三年（1326 年）立《重修法海寺碑》记载："法海寺为魏武皇帝创造，宋嘉祐二年（1057 年）寺僧重修。"元延祐二年（1315 年）重修碑载："本寺住持至此，请淮涉寺寿公住持法海，于是重修。师本县人也，出家淮涉寺，训名宝寿……至大三年赐佛曰圆通之号。"从这些碑记来看，法海寺自建庙后，宋元皆曾重修。清康熙五十二年（1713 年）亦有碑记载着重修的经过。最后一次重修是 1934 年，但元碑记载。青岛市人民政府曾于 1956 年拨款维修。现法海寺，为 1934 年重修后的规模。寺院占地约 12 亩，呈前后两院状布局，寺院西侧为僧众墓地。

（二）历史沿革

法海寺创建时的祀神，殿堂规模已无考证，只知延祐二年重修规模大体是："首创法海堂五间，前后六楹七柱，既塑神迦五士，兼饰观音一堂，金碧灿然，功勋备矣。然后创建去堂耳室、僧寮、皆砌门窗。……四十间……为当代宏观。"据寺僧说，清康熙五十二年（1713 年）重修后，建有八蜡殿祀三皇五帝。娘娘殿祀三肖女，后殿祀释迦牟尼。1934 年重修时，拆八蜡殿、娘娘殿，建大雄宝殿。现在的法海寺遗址，是 1934 年重修后的规模，占地面积约 12 亩（约 8000 平方米）。分前后两院，前院建大雄宝殿五间，殿前两侧各有高大银杏一株。相传：先有法海寺的白果树，后有即墨城。现在的即墨城始建于隋代开皇十六年（公元 592 年），法海寺始建于曹魏，白果树与法海寺同龄，这个传

图 3-1-30　崂山法海寺

说也不无道理。还有 2 座碑亭分东西并列，东为清康熙五十二年（1713 年）重修碑记，西为元泰定三年（1326 年）“重修法海寺碑”。两碑均高 3 米，宽 1.3 米，都记载着法海寺重修经过。大雄宝殿（图 3-1-31）建于 1 米多高的夯土台上，系木砖结构，琉璃瓦，单檐无斗栱歇山式建筑，内释迦牟尼、阿弥陀佛、大药师佛。后殿 5 间，是“硬山式”建筑，中祀如来，东为菩萨，西为地藏菩萨，墙上绘有释迦牟尼苦修经历的壁画，非常生动。殿堂外檐下有“清”、“规”2 字的大石碑并列左右。殿门东墙上镶有一块莱州汉白玉的庙规碑，庙规共有 6 条，记有僧众戒烟、戒酒等清规戒律。后院内植柏杈树 4 棵，其中一棵的叶子有针、扁、圆、长等 4 种形状，十分奇特，名“四样柏”。僧寮共 20 间，分别建在前院 16 间、后院 4 间。山门外南院墙的东面，建有殿堂 3 间，内祀龙王；西面建殿堂 3 间，内祀关帝。这两处殿堂属地方庙，委托法海寺代管。整个寺院围墙周长 293 米，显得格外壮观。每年正月十五、十六和四月初八，是法海寺庙会，香火极盛。寺西侧是寺僧墓地，凡修建法海寺有功的和尚，死后筑塔葬之，名寿塔，以为纪念。这里原有 3 座塔墓鼎立，1 座是元泰定年间的圆通寿塔，另外 2 座是明永乐年间的广进寿塔和玉柱寿塔，现在，寿塔和塔铭已被破坏得荡然无存。法海寺属佛教“临济派”，寺庙“坐禅”挂单收徒，是传戒受戒的“丛林”庙。寺僧早晚诵经，有木鱼、磬、小钹、碰钟、

图 3-1-31　法海寺大雄宝殿

吊钟伴通。农历初一、十五祈祷，诵“香钻”。乡民的红白喜事，只要送来香火钱，寺僧不去民家，只在庙内替乡民诵经祈祷，逢天旱或久雨不晴时，乡民多来庙内祈雨祈晴。

（三）主要建筑规制与特色

法海寺建筑大多是经过历代修缮，特别是 1934 年重修后的建筑，特别重要的古建筑物为崂山源头粮站前出土的石雕像遗址。

1980 年 7 月，崂山县源头粮站在修筑门前小桥时，于 1.5 米深处发现一批残缺不全的石造修，计有石像头、肢体、石像底座等 100 余件。石造像身大者残高 2 米，身小者仅 20 厘米、由于破坏得比较严重，虽经对接整理却无一完整。造像的面孔有方颐的，也有丰圆的，其表情也各不相同，有的庄重肃穆，有的面带笑容，也有的闭目深思。发型更是别致多样，有高肉髻、螺髻之分，也有头戴花冠，宝缯束发之别。佛像有身穿通肩式袈裟，也有着方领褒衣博带式大衣，有的下着裙，裙带作小结。有端坐于莲瓣方座上的，也有双足跣立在束腰圆形莲座上的，均作“施无畏与愿印”。菩萨像上批帛巾，从双肩搭下，内着百褶长裙。有颈饰和璎珞，均双足跣立于圆形莲花座上。随同这批石造像出土的还有一件残佛像端坐的长方形底座，座前题铭“大齐武平”是南北朝齐君主高纬的年号，武平二年即公元 571 年。

这批石造像的出土地点离法海寺只有 20 米，而法海寺又始建于曹魏，那么，这批石造像可能原来是供奉在法海寺内，大约在唐武宗“会昌灭法”时，将石像破坏又埋入地下的。出土的石造像在地下排列得比较整齐，可以看出，当时是有埋下，待机再取出修复的。从出土的数量之多，也可以看出法海寺在当时规模之宏大。

（四）价值综述

崂山法海寺建筑布局和建筑形式为研究中国传统寺庙建筑提供了丰富的资料，出土的佛像遗址对研究中国早期佛教的发展、文化和艺术提供了重要物证。

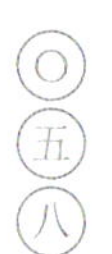

八、泰山普照寺

（一）规模格局

普照寺（图 3-1-32）位于泰山南麓，北靠凌汉峰，南临环山路，东为藤萝沟，寺东 200 米为革命烈士祠，西北 300 米为投书涧。普照寺环境整体，秀峰环抱，翠柏掩映，亭殿楼阁，气象峥嵘。相传为六朝时建，唐宋时已为名刹，后经历代修拓，呈现在规模。全寺南北长 82 米、东西宽 82 米。依山势而建，层层起台，一层一院，遍植松柏，巍峨壮观。以一山门、二山门、大雄宝殿、摩松楼为中轴线，形成三进式院落，左右配以楼亭庑殿及僧房、禅堂、花园等。

（二）历史沿革

相传普照寺初建于六朝，至唐、宋时已成名刹，后焚于战火。金大定年间重建，世宗完颜雍赐额“普照禅林”。金大定年间重建，世宗完颜雍赐额“普照禅林”。后又经过明代高丽（今朝鲜）僧满空禅师和清代诗僧元玉大师两次大规模的扩建。相传据《泰山道里记》记载：“普照寺为唐宋时古刹，金大定间奉敕重建，额曰普照禅林（有敕牒石刻勒殿壁），清康熙初，崇川诗僧元玉，别构石堂……”。由此可知，普照寺创建于唐，当时规模较小，宋元明重修扩建，从现在碑刻得知，清代康熙年间建石堂，道光年间盖佛阁（即今摩松楼）。寺院门前石狮峥嵘，寺内香烟缭绕。整座寺院随山而升，层层起台叠立。后又经过明代高丽（今朝鲜）僧满空禅师和清代诗僧元玉大师两次大规模的扩建，始成今日规模。寺呈三进庭院。大山门内为一进院，钟鼓二楼对峙左右。东西两墙嵌立碑碣。浏览其间，可见明正德十六年（1521 年）的《重开山记碑》，此碑记载了永乐年间朝鲜僧人满空禅师重兴普照寺的事迹，这是 500 余年前中朝两国文化交往的见证。还有一通清朝光绪六年（1880 年）的《重修普照寺碑记》更为详尽地叙述了普照寺在清代的兴衰。清康熙年间的诗僧元玉大师，在寺内构筑了东禅院中的石堂，并在寺东不远的溪峪荷花荡中，选景命名

图 3-1-32　泰山普照寺

题刻了“石堂十二景”，且留诗百首。其中有“积水半潭涵瘦影，疏香一圃宕寒烟”吟景佳句，为这座青山古寺平添了一丝文化意韵。岁月流逝，风雨侵蚀，寺院再一次废为颓垣败壁，其间又有一位高僧瑞庵禅师，带领徒弟盛光诸人，经营不辍，再兴土木。终于在清光绪初年又使寺院重现光彩，焕然一新。寺中草木繁荣，竹森于后，梅馥于前，四时之卉不凋，六朝之松犹在，遂使名山生色。1959 年重修，1984 年又经整理，将后院辟为“冯玉祥在泰山”陈列室。冯玉祥 1932 年至 1934 年间曾两次来泰山隐居，住在普照寺。现在菊林院正房、摩松楼上下层及石堂院正房展出了冯玉祥当年的图片 150 余幅，照片 138 张，诗配画拓片 18 张及刻石 24 块。随山势起伏和环境的多变，起伏中不失严谨，规整中不乏灵活是普照寺的重要特点。

（三）主要建筑

寺院现存的主要建筑有一山门、钟鼓楼、二山门、正殿、东西配殿、摩松楼、筛月亭、石堂院、菊林院及东禅院等。

1. 一山门

一山门面阔三间，7.7 米；进深二柱五檩五架梁，3.85 米，通高 5.8 米。一山门为门楼式建筑，五脊筒瓦硬山顶。正间开门，装棋盘式大门，门上悬贴金“普照寺”木匾。门前有带须弥座的石雕狮子 1 对。

2. 钟鼓楼

钟鼓楼（图 3-1-33、图 3-1-34）分列一山门两侧，砖结构，方形，四角攒尖顶，通高 7.7

米。分上下层，下层为砖石砌基，上层砖砌四干墙，各开一六角形窗。钟楼内遗有石柱钟架及清嘉庆二十二年（1817年）所铸的莲瓣口形钟。

3. 二山门

二山门一间，二柱五檩五架梁，筒瓦卷棚顶。面阔3.6米、进深3.9米、通高4.75米。四根角柱在墙内半显，中装棋盘式大门，两山墙各券一拱形砖门。

4. 正殿

正殿建在高0.66米的台基上，面阔三间，10.3米，进深四柱五架梁七檩，8.2米，通高7.6米。建筑为前廊式，五脊硬山顶。正间开门，次间开窗，装隔扇窗。正间的神台上供释迦牟尼金铜像1尊。下金檩上有“大清光绪六年第三十世本寺主监院毓梅重修”题字。

正殿东西两侧设垂花门通后院。垂花门面阔2.16米、进深1.4米、通高3.5米，两柱三檩三架梁筒瓦卷棚悬山顶。有双弧形栱承托梁架。长方木瓜形垂珠，其间饰方形花牙子。装两扇红漆大门

5. 东、西配殿

东、西配殿面阔各三间，10.35米；进深五檩五架梁，4.8米；通高5.2米。东、西配殿为前廊式建筑，硬山卷棚顶。金柱下正间开门装六抹四隔扇门，次间开窗装抹隔扇窗。

6. 摩松楼

摩松楼在寺的最后边，上下两层五开间。通面阔19.4米、通进深9.87米，上下层用通柱。上层四柱五架梁九檩前后廊式，后廊投入殿中设楼梯，前廊柱外设木栏杆。筒瓦五脊硬山顶，下脊两端施鸱尾，正中有一兽驮宝瓶，檐檩垫板阑额等均施彩绘。

7. 筛月亭

筛月亭（图3-1-35）位于摩松楼前，四柱方形石材建造，开间5.7米、通高6米，四角攒尖顶。其旁有“六朝松”，树干粗大，树冠茂密覆院，因取古松筛月之意。

8. 石堂院

石堂院在摩松楼东，有正房三间，五檩五架梁，仰瓦单脊硬山顶。面阔10.2米、进深5米、通高5.6米，一门两窗。东耳房两间，坐北朝南，面阔6.7米、进深5米、通高5.6米。单脊仰瓦硬山顶。耳房将正房和东厢房连接一起，东厢房三间，五檩五架梁，仰瓦单脊硬山顶，面阔7.35米、进深5米，通高5.4米，前面开一门两窗。

9. 菊林院

菊林院在摩松楼西，有正房五间，面阔16.8米、进深7.3米、通高6.1米。七檩五架梁，前廊式带耳房，卷棚硬山顶，正间开门，次间开窗，梢间有门与廊相通。

10. 东禅院

东禅院分为前后两院。前院有正房、东厢房、角门等。正房二间，面阔5米，进深3.6米、通高

图3-1-33　普照寺钟楼

图3-1-34　普照寺鼓楼

图3-1-35　普照寺筛月亭

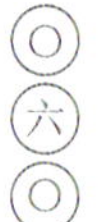

4.5米。五檩五架梁，单脊仰瓦硬山式，筒瓦压梢。东厢房五间，面阔13.3米，进深5.1米，通高5米。五檩五架梁，单脊仰瓦硬山式。隔为三间和二间，开二门三窗。角门在东厢房南，面阔2.43米，进深2.4米，通高3.65米。青砖柱承托横梁，砖柱上部有篸弧形托梁栱，卷棚筒瓦悬山顶。门高1.95米、宽1.15米，装棋盘式大门。

东禅后院有大门、正房、耳房、东厢房、南厢房、南房等，现为冯玉祥纪念馆。大门面阔3.7米，进深5米，通高5.6米。二柱五檩五架梁，单脊仰瓦硬山顶。双步梁出刹，方形石柱，装棋盘式大门。正房三间面阔10米，进深4.9米，通高5.6米。二柱五檩五架梁，单脊仰瓦硬山顶。正间前后开门，两次间各开一窗，正间后门通石堂院。耳房二间，面阔6.7米，进深4.9米，通高4.65米。二柱五檩五架梁，单脊仰瓦硬山顶。东厢房六间，北三间，开一门两窗。二柱五檩五架梁，单脊仰瓦硬山顶，面阔9.3米，进深4.3米，通高4.65米。南三间，一门两窗，五檩五架梁，仰瓦卷棚硬山顶。面阔10.8米，进深4.5米，通高4.35米。南房三间，二柱五檩五架梁，重梁起架，单脊仰瓦顶。面阔9.5米，进深5米，通高4.35米。五檩五架梁，单脊仰瓦顶。面阔4.65米，进深4.35米，通高4.65米。从此穿过也可到石堂院。后院全院遍植松柏，“六朝松”、“一品大夫松”是有名的松树。旁有清乾隆、道光年间题六朝松碑及郭沫若六朝松题诗碑。院西南角栽有竹林一片，幽雅别致。

（四）价值综述

泰山普照寺经历代修缮和扩建而成现在的规模，建筑布局和风格为明清寺院之典型，为研究中国传统佛寺建筑的形式风格和景观设计提供了典型的借鉴。

九、莒县定林寺

（一）规模格局

定林寺（图3-1-36）位于莒县城西浮来山，距县城九公里。始建于南北朝时期，后经历代维修至现在规模。全寺南北长95米，宽52米，总面积4900平方米。整个建筑分前、中、后三进院落，以山门、大雄宝殿、校经楼、三教堂为中轴，大雄宝殿为主体向前后左右展开。整个建筑皆为砖木结构，青瓦硬山顶，灰瓦朱柱，飞檐螭首，画栋雕梁，轩敞典雅，朴素大方。

图3-1-36　莒县定林寺保护标识碑

（二）历史沿革

据史料记载，莒县浮来山定林寺始建于晋，开山祖僧是竺法汰和僧远。据传，过去在浮来山的东山口曾有一座过路牌坊，前后两面的楹联就是对这一历史掌故的记载与诠释。牌坊正面的楹联是：“浮丘公驾鹤来山曰浮来乡人尽信，竺法汰传禅定寺名定林远客鲜知。”其背面的对联是：“鲁公莒子会盟处，法汰僧远坐禅山。”由此可见，竺法汰和另一位叫僧远的禅师就是定林寺的最早住持。据《重修莒志》卷四十六，坛庙下篇记载：从竺法汰和僧远再往后数，能见之经传并有所建树的还有随代仁寿中岁奉敕自长安送舍利于莒州定林寺的“昙观”长老；南朝萧梁时从南定林寺回祖籍莒地浮来山隐居校经的“慧地”刘勰；宋代靖康年间修造三门石柱的僧道“英建”；明嘉靖年间铸造十九尊铁佛、新建毗庐阁的名僧“了礽”；清康熙年间募修天王殿重修泰山行宫为碧霞元君再塑金身的“宏恪”；重修地藏王祠的“继荣”；还有清同治年间的定林寺住持“隆济”等。莒地僧侣，皆为禅宗临济派别支。隆济是佛成的师傅，他为清同治年间修复定林寺作

出过重要贡献。据传，清同治初年，定林寺遭到严重破坏，急待修复而又缺少钱款。清同治二年，一位在兰山、沂州剿杀幅、捻的干员长庚（旗人）兼任莒州正堂（《重修莒志》卷四十八长庚亲笔写的碑记中有“余于同治甲子五月间，暑兰山令蒹摄莒篆”的记载）。1864年5月，长庚到定林寺参禅拜佛，隆济住持就不失时机地向他提出了拨款修庙的要求。长庚借故推辞。可是当这位渴望升官的长庚听说定林寺香火特别灵验后，就当着众僧之面向神佛起誓许愿：“如果佛祖显灵，能叫我升为省官，我长某保证大修定林寺。”结果事有凑巧，不足一年，长庚果然被提升为山东省按察使，然而他却没能及时还愿。隆济就坐在省布政司门前敲木鱼化缘，力促长庚“还”。长庚惧怕神威，只好实践了诺言，拨银五千两，命当任知州陈兆庆负责监管，于清同治十三年重新修复了定林寺。寺院大部分建筑为前清遗物，定林寺是山东省后期维修最少的一座寺院。

（三）主要建筑规制与特点

定林寺的重要建筑和景观有山门、古银杏院、大雄宝殿、东西配殿、菩萨殿、“三教堂”等。

1. 山门

门前有许多石台级，十分壮观。山门（图3-1-37）通高7.1米，进深4.8米，面阔三间，哼哈二将东西对峙。

2. 银杏院

银杏院进入山门就是定林寺的大雄宝殿。殿前有一庭院，浮来山的镇山之宝，最能说明定林寺的历史悠久的天下银杏第一树就生长在这里（图3-1-38）。入院后，首先映入眼帘的就是这颗千年银杏树，树高26.7米，周粗15.7米。据《左传》：“（鲁）隐公八年（前715年）九月辛卯，公及莒人盟于浮来。”树当植于此时。有诗描述它的生平经历：“蓦看银杏树参天，阅尽沧桑不计年。汉柏秦松皆后辈，根蟠古佛未生前。”清朝顺治甲午（1654年）莒守陈全国立的一通石碑上镌七律一首，诗云“大树龙盘会鲁侯，烟云如盖笼浮邱。形分瓣瓣莲花座，质比层层螺髻头。史载皇王已廿代，人经仙释几多流。看来今古皆成幻，独子长生伴客游”。

3. 大雄宝殿

大雄宝殿（图3-1-39）通高9.2米，进深3米，面阔三间。青瓦硬山顶，前出廊。殿内塑像众多，中为释迦牟尼，左右分侍文殊菩萨、普贤菩萨，后有四大天王。东侧为药师佛，日光菩萨、月光菩萨，分侍左右；西侧有阿弥陀佛、左侍观世音菩萨、右侍大势至菩萨等。

4. 东、西配殿

亘古一人殿为大雄宝殿之东配殿。通高6.55米，进深二间，面阔三间，殿内迎面为关公、关平、周仓

图3-1-37　定林寺山门殿

图3-1-38　定林寺银杏树王

塑像，东西两侧有王甫、赵累等塑像。泰山行宫殿为大雄宝殿之西配殿。通高6.8米，进深两间，面阔三间。殿内中为泰山娘娘，报事灵童，挑水哥哥各侍左右；东侧有送子娘娘，西侧有眼光娘娘等塑像。

5. 菩萨殿

菩萨殿（图3-1-40）通高5.1米，进深3.5米，面阔3.9米。殿正面塑多手观音，红孩、龙女分侍左右。三爷殿通高3.6米，进深三间。殿内正面中塑华佗，左为咳嗽爷爷、右为疙瘩爷爷塑像。

6. 刘勰校经楼

从银杏树下，进月洞门，大雄宝殿后面有一幢二层小楼，这便是定林寺的中院。门额上镌刻“校经楼”3字，为郭沫若1962年题。据《南史》载：“定林寺经藏，勰所定也。”此楼乃为当年刘勰校经藏书之处。校经楼（图3-1-41）现辟为“刘勰生平陈列馆”。刘勰（公元465～532），字彦和，东莞莒人，系我国古代著名的文学评论家，《文心雕龙》的作者。校经楼西侧为禅堂，东侧有十王殿。十王殿，通高7.1米，进深两间，面阔三间。殿内正中塑有地藏王，十殿阎君依次分侍左右。

7. 三教堂

出校经楼院落，沿台阶北上，便来到第三进院落，即“三教堂”。三教者，儒、道、佛也。“三教堂”正殿通高7.9米，进深2米，面阔三间，殿内正面塑释迦牟尼，东侧塑老子、西侧塑孔子。院内有银杏树4株，大逾三围，传系唐朝栽植。

（四）价值综述

莒县定林寺经历代修缮和重建至前清时期定型后，后世很少维修，这对研究清早期的建筑具有重要意义。此外，此寺院体现出浓厚的儒、道、释合一的文化思想和地域特色，对研究中国传统文化和地方文化也具有十分重要的意义。

十、济宁崇觉寺（释迦寺）

（一）沿革与格局

位于济宁市铁塔寺街，又名释迦寺。据《济宁直隶州志·古迹》记载，崇觉寺始建于北齐皇建元

图3-1-39　定林寺大雄宝殿

图3-1-40　定林寺菩萨殿

图3-1-41　定林寺校经楼

年（公元560年），北宋徐门常氏为夫还愿在崇觉寺内建七级浮屠即铁塔，自此开始习称铁塔寺。后经宋、元、明三代逐步扩建形成了规模庞大、宏伟壮观的建筑群。该建筑群包括山门、天王殿、韦驮殿、大雄殿、关帝殿、地藏殿、藏经楼、过厅、厢房等五进院落。大门两侧，左钟楼、右鼓楼、东西对称，韦驮殿前建铁塔一座。崇觉寺坐北朝南，总体平面

呈长方形，占地约17亩，由左、中、右三路建筑组成，各类建筑80多栋。现存建筑著名古建筑有铁塔、大雄宝殿、声远楼等。

（二）主要建筑规制与特色

铁塔、大雄宝殿和声远楼为崇觉寺现存的最重要的古建筑。

1. 大雄宝殿

大雄宝殿（图3-1-42）坐落在崇觉寺的中央，是崇觉寺的主体建筑。据《济宁直隶州志》记载：崇觉寺始建于北齐皇建元年（公元560年）。大雄宝殿建成后，屡经后代维修，现存建筑整个框架结构为明、清时期。该殿坐北朝南，单檐歇山式，五楹，面阔19米，进深12.5米，高13米，砖木结构。青砖砌墙，黄琉璃瓦覆面，空心琉璃瓦压脊，上饰龙、蕃莲纹，两端各饰螭吻。中间饰一黄色琉璃瓦质麒麟，头东，尾西，西南，作咆哮状，背驮一宝瓶。东西两侧为护法二力士。八条垂脊皆用琉璃瓦垒成，檐下以斗栱承托，斗栱是五踩单昂上饰彩绘。殿内通天柱8根，重梁五架。前面檐下有八棱石柱4根，正面均镌刻联语，中二联为："异气度迷川霜染祥林百八钟声和碧落，浮图开觉路月明净土三千塔影持青霜"。两侧为："倚渔山又面漕河将此看大千世界细回，号释迦条称崇觉问那是不二法门猛抬"，书体皆为草书，字体流畅，刚劲有力。在第二根石柱的中间部位另刻有"嘉靖二十年，买石柱"楷书小字，柱下为石鼓状柱础。1984年国家文物局拨款对其进行大修。

2. 声远楼

声远楼（图3-1-43）原为崇觉寺钟楼，内悬挂一口巨型铁钟，用铁索吊的大木棰撞击，响彻全城，声传十里，故名声远楼。据《济宁直隶州志》记载："钟楼乃宋胜国所遗。"即始建于北宋中叶鼎盛时期。元至正十三年（1353年）进行一次修缮。明代钟楼全部倒塌，只剩铁钟，明天顺四年（1460

图3-1-42　崇觉寺大雄宝殿

图3-1-43　崇觉寺声远楼

图3-1-44　崇觉寺铁塔

年）重修。后经清代乾隆、道光年间不断进行修缮，1978 年又进行大修延存至今。楼建在高 4.6 米，宽 15 米，阔 18 米的台基上。基土夯实，处砌青砖花墙，上立清代石碑两块。楼方形，两层，通高 17.5 米。底层柱网内外双槽，八角石雕檐柱 12 根，面阔进深各三间。上层面阔进深各一间，内有四根通天木柱自下而上支撑着二层顶端的梁檩，上、下两层的四檐和周围补间均以斗栱承托。十字歇山顶，十字脊的中央置一麒麟兽，头东面昂首努目，作咆哮状，上驮宝瓶。四个高约 1.5 米的灰色大吻耸立在十字歇山顶的四角。十六条垂脊皆心条瓦垒成，上饰鸱吻，飞禽走兽等。顶面覆灰瓦。楼内悬挂的铁钟，高 2.2 米，厚 0.2 米，唇部直径 1.43 米，重约七吨，由 4 根独立通柱承荷，钟形古朴浑厚。据清道光年间进士许鸿磐重建铁塔寺钟记载："达洪音于粲谷蒲牢，晨吼声激眯之霜、狮子宵吟响破黄昏之月。"当年建此钟楼，是以钟声代替号令，心控制济宁城四方城门的开关时间，为人们早起晚归之用，也可为火灾、水灾、敌扰等作报警之用。南面二楼檐下有明万历年间济宁道台龚勉所题"声远楼"匾额。

（三）价值综述

济宁崇觉寺遗留的铁塔（图 3-1-44）、大雄宝殿和声远楼等建筑，为研究中国宋代的铁器铸造技术和工艺，明清时代传统建筑技术及唐宋以来佛教文化的发展提供了重要的物证。

十一、青岛湛山寺

（一）沿革与格局

湛山寺（图 3-1-45）位于青岛市太平山东麓，三面倚山，青松掩映，绿树放华，花木葱茏，清新幽雅。南眺大海，银波万顷，空蒙浩渺。因此有"湛山清梵"之美称。湛山寺建成较晚，占地两万平方米，是我国近代兴建的最后一批佛教名刹之一。

湛山寺坐北朝南，五进院落。第一进为山门，山门前有一对石狮子，雕凿精细，造型美观，为明代遗物。明代时，明宪宗之子朱祐樘被封衡王，于益都就藩，并建衡王府，府前有一对精工雕琢的石狮子。明亡后，衡王府荒芜颓圮。清吏部尚书、文华殿大学士冯溥（益都人）于益都建一"偶园"（亦称冯家花园），将衡王府前之石狮子移至偶园。德人修建胶济铁路时，顺路将石狮子掠至青岛，后辗转移至湛山寺，置于山门前。山门上额有一横匾书"湛山寺"三字，门旁为"常往三宝"四字，均为倓虚法师所书。第二进为天王殿，供奉弥勒菩萨地，左右为四大天王。第三进为大雄宝殿（图 3-1-46），正中供奉佛教创始人释迦牟尼，左奉文殊菩萨，右祀普贤菩萨。第四进为三圣殿，门上额为纪念明末高僧憨山大师的"海印遗风"（憨山，名德清，万历十三年建海印寺于太清宫前，被诬戍雷州）匾额。殿内正中供阿弥陀佛，左奉观世音菩萨，右祀大势至菩萨。第五进为藏经楼（图 3-1-47），

图 3-1-45　青岛湛山寺

图 3-1-46　湛山寺大雄宝殿

图 3-1-47　湛山寺藏经楼

所藏经卷，卷帙浩繁。寺内佛像，皆为浙江杭州陆启明塑造，多姿多态，栩栩如生。

（二）特点和价值综述

湛山寺为十方选贤丛林制，属天台宗，以讲学、念佛为主，方丈和尚为全寺主持，下设监院（总务）、知客（外交）、纠察（松果清规戒律）。另外，1935年创办一“湛山寺佛教学校”（后改为佛教学院），为当时国内著名佛教学府，学校设监学。设有预、正、专三科，1944年又设研究所，受教门徒遍于国内外。湛山寺为演讲佛教经义，还在鱼山之巅建有二层建筑的“湛山精舍”，供讲经及外地居士信徒客居之用。楼东有石坊2座，前书“湛山精舍”，为叶恭绰手书；后书“回头是岸”，是吴郁生所题。当时每逢星期日下午，由倓虚法师或其他高僧在此讲授佛教经义。1937年，在叶恭绰倡议下，倓虚法师邀请杭州虎跑寺弘一大师到湛山寺讲经。他在湛山寺讲经期间，慕名来访者络绎不绝。当时的青岛市长沈鸿烈有一天晚上去湛山寺访见弘一大师，弘一托辞已入睡，避而不见。后来，沈鸿烈又专设素斋宴请弘一，弘一又拒不赴宴。湛山寺及其周围风光秀丽，绿荫匝地，海风习习，特别是在秋季，红叶如染，更是青岛赏秋佳地。著名作家郁达夫曾赞道：“湛山一角夏如秋”。

湛山寺虽为近代建筑，但其建筑继承明清时期的工艺和传统，为研究古建筑和佛教文化于近代的传承和延续提供了典型的实物例证，具有十分重要的文脉传承意义。

十二、崂山华严寺

（一）规模格局

崂山华严寺，位于青岛崂山区王哥庄镇返岭后村西那罗延山上，属于佛教临济宗，为崂山中现存唯一佛寺。在明崇祯时（1628 ~ 1644年）即墨人明代御史黄宗昌捐造，名华严庵，亦称“华严禅院”，在寺的西边山上，后毁于兵火。清初黄坦助慈沾禅师重建于今址，1931年改今名。清初重建后，整体建筑宏伟典雅，为崂山古代建筑艺术之最，原为四进院落，有殿堂、僧寮、客房130余间，建筑面积2500余平方米，占地面积4000余平方米。第一代住持慈沾是临济宗传人。华严寺位于共经二十代，20世纪20年代是鼎盛时期，寺僧达80多余人。1931年改称华严寺，现存殿宇均系明清以来翻修改建的建筑。寺庙共四进。第一进原有僧舍12间。第二进为藏经阁，阁中藏有清顺治九年（1652年）刊本《大藏经》一部，明人手抄《册府元龟》一部和明版经典142册，计1000卷。该经等藏品经郭沫若鉴定，认为是国内珍宝，嘱于保护。第三进为正殿。第四进为后殿即大悲殿。

（二）历史沿革

华严寺前有那罗延窟，是华严寺的开山祖洞。《华严经》载：“东海有处，名那罗延窟”。窟由螺旋上升的石纹构成，高15米，宽7 ~ 8米。窟项圆孔可透天光，素有“神窟仙宅”之称。明万历年间，高僧憨山来此居窟修禅，后徙太清宫建海印寺，引起僧道争讼，被诬流放，殁于雷州曹溪。明崇祯十年（1637年）即墨进士黄宗晶辞官还乡，在此隐居，就窟旁修建华严庙，因兵火未果。其子黄坦，继承父志，资助慈沾和尚重建华严阁于现址。寺极盛时，共有殿宇一百三十余间，僧众八十余人。寺坐北面南，由石砌盘道迂回引入。顺入山势，逐级叠起，高下起伏三进院落。山门外临崖处，附建僧舍12间，自成狭长小院。其寺庵布局严谨，结构精巧，殿宇崇宏，双层歇山，四角飞檐，古朴清雅。

（三）主要建筑规制

华严寺现存主要的古建筑有寺前盘道、山门、正殿、后院、塔院等。

1. 寺前盘道

寺前盘道，松林茂密，巨石横布，其间题刻其多。人山路端有圆丘形“砥柱石”，上镌“山海奇观”正楷大字，每字高逾2米。

2. 山门

山门（图3-1-48）偏居寺前右侧，全石构筑，方台拱券，券洞装朱红木门。门台上层建“藏经阁”，面阔三间，进深两间，外檐石柱24根，环成外廊，青砖灰瓦，重檐歇山。阁内原藏明清佛经书画及手抄本《册府元龟》。其《大藏经》7200余册，移交湛山寺收藏，其他描金佛画及憨山大师手书墨迹等，均入藏青岛市博物馆。阁左侧顺列禅堂楼一栋，上下二层各10间，上层系砖木结构，下层为石砌墙体。

3. 正殿

正殿三圣殿（图3-1-49）即大雄宝殿，与禅堂楼相对，高起崖上。殿阔五间，深三间，前出廊，圆木檐柱，饰斗栱雀替，上承额枋檐椽，外阶金柱，装一式木棂隔扇，内槽金柱环成柱网，大木举架，砌上明造，灰瓦硬山。殿内原供奉那蜀延佛塑像，今已不存。两侧配殿各三间。

4. 后院

后院正中原为大悲殿，供奉观世音，旁为祖师堂，奉祀慈沾法师，余为禅房，现改建成一式12间明柱外廊接待用房。前廊西端保留古泉一眼，俗称“檐下井”，清泉甘洌，久旱不涸。后院之前，另有东西跨院，供讲经接待斋宿服务之用。

5. 塔院

塔院（图3-1-50）在寺前盘道以西，是该寺历代住持的墓地。居中砖砌慈沾大师墓塔，塔为等边八角形，高七级，底座周长11.2米。旁侧小型石塔，是后继住持善和的墓葬，相传善和即农民抗清英雄于七，清康熙元年（1662年）抗清惨遭镇压，于七突围后，经即墨望族黄氏掩护，以佛水毁面，匿藏寺中，拜慈沾为师，皈依佛门，法号慧地。

（四）价值综述

清初重建后，华严寺建筑整体宏伟典雅，为崂山地区古代佛教建筑艺术之最，华严寺自然景观优美，为研究明清时期佛教建筑和景观设计提供了优秀的实物。

十三、五莲光明寺

（一）规模格局

五莲山光明寺（图3-1-51）位于日照市五莲县五莲山大悲峰下，始建于明万历三十年（1602年），是山东四大禅寺之一（其他三座为：长清灵岩寺、

图3-1-48 青岛华严寺山门

图3-1-49 华严寺正殿

图 3-1-50　华严寺塔院

图 3-1-51　五莲光明寺鸟瞰图

益都法庆寺、诸城侔云寺）。它是一座由皇帝敕赐寺名，内库拨款，太监亲临监工的御建寺院。光明寺始建于明万历三十年（1602 年），敕赐“金千两”，并派太监张思忠督工，兴建“护国万寿光明寺”，明万历三十五年（1607 年）落成。明崇祯及清顺治、康熙年间又多次复修和扩建。其中尤以康熙二十二年（1683 年）修建的规模大，并新建了伽蓝楼，使光明寺更加富丽堂皇，名噪大江南北，在清代，成为山东四大佛教寺院之一。1947 年毁。1982 年开始对光明寺逐步进行原貌修复，形成了建筑规模大、气势巍峨的古寺院建筑群。寺院建筑依山就势，层叠递进，坐北朝南，气势雄伟。寺院有三进山门；四殿——韦陀殿、光明殿、弥勒殿、千佛殿；四堂——东、西禅堂、五观堂、斋堂；四楼——伽蓝楼、藏经楼、御幡楼、御书楼；二阁——御史阁、分贝阁，还有“雨花深处”、“蓬莱书院”两处学屋以及其他房舍等。

（二）历史沿革

明万历三十年，成都高僧心空法师遍游天下名山大川后至此，见“苍壁插空，云岚出没天竺峰出泉犹如龙湫，大悲峰引松俨然凤鸣。”喜曰：“缘在是矣。”遂在大悲峰下筑舍定居，便有意在此兴建道场。随之心空法师便进京迎请《大藏经》，但无缘见到皇上，遇到一太监对他说：“当今皇上的母亲双眼失明，你是四川来的和尚，想必多少会些医术，如果你能将皇太后的眼睛医治好，皇上会重赏的。”法师听后便揭了皇榜，用自己的医术和大悲水将其眼睛医治好了，得到皇上赏赐《大藏经》一部，黄金五千两及紫金袈裟一件。

明万历之后，五莲山光明寺历经兴废。清代顺治、康熙年间曾多次进行修复与扩建，其中尤以康熙二十二年（1638 年）扩建规模最大，原寺内的 38 层台阶和伽蓝楼均属此时扩建。清乾隆年间光明寺大殿正中又高悬起皇帝手书“宝箱庄严”四字金匾，藏经楼内挂起御影丹青一幅。清末，德国一传教士欲割五莲山光明寺属地建天主教堂，西太后慈禧得知后懿旨：“外域不得擅扰”，使寺院得以保护。民国初年，驻诸城军阀顾震部借维护地方治安，登记寺内古物之名，将寺内金钟、玉磬、明代瓷器、名画等劫掠一空。民国年间，也曾有人试图毁寺，当时的光明寺住持绪让赶奔南京，拜见蒋介石谕准才得以保护。新中国成立后，特别是进入 20 世纪 80 年代以来，随着国家宗教信仰政策的逐步落实，1986 年 11 月五莲山光明寺被中共山东省委统战部批准为佛教寺院开放，1997 年 10 月山东省人民政府宗教事务局又批准五莲山光明寺按宗教活动场所条件整改规范依法登记后，改为宗教活动场所。1997 年 9 月，觉照自带资金 20 万元，恢复修建光明寺古建筑群，先后恢复修建了大雄宝殿、山门殿、念佛堂、斋堂、上客堂等，铸置 1.5 吨青铜大钟一尊。觉照住持在修复光明寺时，发现寺院藏经楼后、大悲峰西侧有一巨石雄奇高大，酷似一座石佛身影，经请能工巧匠雕琢佛首，即成一高 28 米、宽 16 米，妙相庄严的本师释迦牟尼坐像，并由茗山大师定名“五莲大佛”。

（三）主要建筑规制

寺院的主要建筑有山门、光明殿、藏经楼等建筑组群。

1. 山门建筑组群

光明寺有三座山门，一山门向东、二门、三门向南。步入三重山门之后，便是东西厢房。寺院一山门（图 3-1-52）是牌楼式建筑，为东路咽喉，巍峨高耸，石柱刻联为“乘教”、“沙门”四字。山门为水泥柱梁悬山砖木结构。饰明代旋子彩画，上方悬有赵朴初题写的“光明寺”鎏金横匾。前行不远就是二门，面向东方，门联为:“欲望法界需初步，直到莲台是上乘”。向西数步即是三门，面南，联为“名山自是无双地，妙法自然不二门”，门内建有东西厢房。

2. 光明殿建筑组群

由东西厢房向北登上 38 层台阶，有一广阔场地，在此南望，重峦叠嶂的群峰，横亘于寺前，犹如一道天然屏风，非常壮丽。大悲、天竺、莲花、挂月、望海五峰犹如五朵莲花竞相开放，绚丽多姿，如诗如画。宋代文豪苏东坡知密州时曾盛赞此山“奇秀不减天台、雁荡”。

再北便是伽蓝楼，二层六间，建筑面积为 81 平方米，系硬山式砖木结构，重梁挂柱，飞檐琉瓦，木质楼板，楼内塑有关圣帝君像。楼门联为：“好护名山新气象，得开初地大规模”。楼前墙壁下部镶嵌石碑 4 块，有开山和尚明开撰书的《敕建五莲山护国光明寺碑记》，明万历四十年（1612 年）“重修大护国万寿光明寺碑记”和同碑的崇祯二年（1629 年）“重修五莲山寺记”，东西两侧有“追刻五莲山诗序”和清代名人赞咏五莲山的诗刻。楼前院东侧，有清康熙二十二年（1683 年）重修光明寺碑 1 座。往东，院墙上镶有“五莲山碑记”。楼东侧的东厅为接待上宾之处，楼西侧的西厅为道人（侍候老和尚的人）住所。西厅前建有挂单僧人住的云水堂。穿伽蓝楼而过登上 21 层台阶，过长廊到院中，东侧为五观堂（大寮），西侧为僧人应供、过斋的斋堂，院中为韦陀殿，内奉韦陀菩萨木雕像。门联为“持宝杵三州感应，披金甲四处游巡”。殿后院筑东、西禅堂各 1 座，为僧人参禅习经之所。正北是光明殿（即大雄宝殿）（图 3-1-53），仿北京故宫金銮殿式建筑，占地约 300 平方米。光明殿共三间，126 平方米，为前廊硬山式砖木结构，雕梁画栋，金碧辉煌，气势雄伟。前廊及两侧用高及殿檐的 20 根直径为 50 厘米的石柱支撑，殿顶前部覆以绿色玻璃瓦，中正为龙脊宝顶，大殿内部全部用大漆彩饰，并塑有 21 尊佛像。正中是释迦牟尼佛像，左有阿难，右有迦叶，左角有千手佛，右角为阿修罗，16 尊罗汉分立东西两侧。殿内两侧依墙二十四圆通

图 3-1-52　光明寺一山门

图 3-1-53　光明寺大雄宝殿

相对排列，正中高悬乾隆御笔“宝相庄严”大字金匾。大殿东侧筑御书楼，为藏书之所；西侧御幡楼，乃珍藏御赐物品之所。

3. 藏经楼建筑组群

中轴线最后一座建筑是藏经楼，共二层 9 间，建筑面积为 126 平方米，为前廊硬山式砖木结构，琉璃瓦镶边，荷花脊宝顶，具有典型的明代建筑风格。藏有万历御赐宋版大藏经共6780卷，御仗、御幡、玉磬、紫衣等；此外还珍藏 7 片贝叶经，为明天启年间西域僧来五莲参方所留，乃经中之宝。楼下正中 3 间为重大节日悬挂乾隆御影及开山和尚画像处。据传清乾隆皇帝孩提时经常生病，其母为其许愿，长大后到五莲山出家当和尚，在乾隆登基之后，为了还愿，便请五莲开山和尚八世孙作替僧，后又赐赠御影丹青 1 帧。画面是头戴平顶僧帽，身着僧袍，披百衲袈裟，双手扶膝，盘腿坐于龙墩之上，案下僧鞋呈“八”字形摆列。每逢过年，悬挂 3 天，大小和尚顶礼膜拜。藏经楼东端建有分贝阁，西端有接待御史的御史阁。

4. 寺周围建筑组群

寺院东侧有两处书屋，一名“雨花深处”，门上楹联为“迎旭东方春又至，飘香上界客初来”。一名“莲峰书院”，门上楹联为：“岂因果报方行善，不为功名亦读书”。此外还建有弥勒殿、望海楼、钟楼、寥天阁等。人们多来弥勒殿烧香求子，其门联诙谐有趣，雅俗共赏。道是：“吉祥尽是常欢喜，受用无如大肚皮”。在天竺峰仙人掌下建有千佛殿，内奉 2 米多高的千佛铜像，身边护法神韦陀铜像，千佛左右分立着阿弥陀佛和地藏菩萨大型木雕像。望海楼在光明寺东之望海楼峰上，因峰而得名。始建年代不详，清康熙《五连山志》称望海峰上“昔有塔，毁于雷，尚余半级，似小名”，此即指望海楼遗址。清代重修，塔高九层，后遭雷击，“仅存三层”。1976 年 10 月进行了修复，八面三层，高 8 米，底层周长 10.08 米，二、三层东西南北各有一圆窗，晴日登临，可望东海日出奇观。寥天阁建于五莲山大悲峰西侧的栗花台上，东面为陡壁，南北三面临深渊，地势十分险要。为清代康熙初年光明寺第五代主持海彻所建，后废圮。1982 年进行了修复，建筑为硬山顶式砖木结构，顶部覆黄色琉璃瓦，建筑面积为 27 平方米。在此处可远眺九仙山，仰望天竺峰，俯视流云峡，鸟瞰系马峰。钟楼位于光明寺东南侧的弘勒顶。始建年代不详，据佛教寺院晨钟暮鼓的习俗推断，当在建筑光明寺时即建钟楼。据 20 世纪 30 年代曾游过五莲山光明寺的学者回忆文章记载，钟楼内有一青铜古钟，每天凌晨三时左右鸣钟，钟声悠扬，可远传公里以外。1986 年在原址复建钟楼，为砖木结构的角亭式建筑，面积 9 平方米。

（四）价值综述

五莲山光明寺始由明代皇帝敕建而成，屡经皇家重视和维修，体现了明清时代典型的官式寺院建筑的典型布局和风格，为研究明清建筑风格、做法提供了优秀实例。

第二节　佛塔

山东现存各类古塔近 300 座，大多分布在鲁中南地区，时间从北魏到明代，长清灵岩寺祖师塔，建于北魏晚期，为我国现存最早的大型砖石塔，历城四门塔，建于隋大业七年（公元 611 年），为我国现存最早的石塔，此外唐塔还有历城灵鹫山九顶塔、巨野永丰塔、长清灵岩寺慧崇塔、阳谷关庄塔、历城皇姑庵塔和汶上杨庄塔等。宋代寺塔保存较多，均为八角形楼阁式塔，造型典雅秀丽，结构有实心和空心之分。除济宁崇觉寺塔、聊城隆兴塔、岱庙铁塔外，均为砖塔。山东明清塔数最多，大部分为墓塔，临清舍利塔为明万历三十九年（1610年）创建，塔顶为八脊盝形，造型奇特，国内罕见。

一、历城神通寺四门塔

在神通寺遗址的东南，青龙山南麓的一平台地上，现存一座建于隋大业七年（公元611年）的方形单层塔（图3-2-1），为我国现存年代最早的石塔。塔通高15.04米，边宽7.4米，全部用当地出产的大块青石砌成。因塔体四面各辟一半圆形拱门，自宋以来，此塔俗称为“四门塔”。塔檐下出挑迭涩五层，其挑出之石层略有增大，使塔檐呈现内凹的弧线，在以后不少唐塔中，还保留了这一做法。檐上叠筑23层，逐层收缩至顶部，构成四角攒尖式塔顶（图3-2-2）。顶置石刻塔刹，塔刹下为须弥座（又称露盘），须弥座四角置山花焦叶形的石座，正中安放五重相轮，相轮上置珠宝以构成整个塔刹。塔墙厚0.8米，墙壁有简洁几何花纹。塔心正中筑有硕大的石砌空心方形柱，四周形成回廊，柱上擎16根三角石梁，接于塔心柱与外墙之上，石梁上置石拱板，构成塔室并支撑上层的屋顶。整个形体雄伟浑厚，线条简洁古朴，是单层塔的早期范例。

塔室内附于塔心柱的四面平台上，现存4尊东魏武定二年（公元544年）圆雕佛像。均为整块青石刻成，螺髻，面门盘膝而坐。南面谓保生佛（图3-2-3），北面谓微妙佛，东面为阿弥陀佛，西面为无量寿佛。有的双手迭置腹前，作禅空姿态；有的一手抚于膝上，一手扬起，似在娓娓说法。衣纹则用平直刀法刻出规则的褶皱。南北二像，衣裙垂于台下，作羊肠状纹。刻工精细，保存完好。据《济南金石志》记载，塔内旧有的造像记两则：一记东魏武定二年（公元544年）杨显叔造石像四驱；另一则记载唐景龙二年（公元708年）尼姑无谓、妙法等造弥陀佛、观世音、大势至、二圣僧等五像。但两块题记刻石，在新中国成立前全部丢失，其中杨显叔造像记刻石，清末为大官僚端方所窃失，下落不明。现在北面佛座上的杨显叔造像记，是根据原题记拓片摹刻的。

关于四门塔的建造年代，过去一般认为不会晚于东魏武定二年，其根据是塔内的东魏武定二年造像题记。1972年对此塔进行大修时，在塔内顶的石拱板反面，发现刻有“大业七年造”的题字（图3-2-4）。

二、历城龙虎塔

位于神通寺遗址金舆谷西北的白虎山坡下，墓塔林的南面，因塔身雕有龙、虎而得名（图3-2-5）。

塔通高12.2米，平面为正方形，砖石混合结构，即塔基和塔身为石建，塔顶为砖砌。塔的基座为平面四面性，形体硕大，有三层须弥座，每层均作束腰，也都有平石的大檐突出。基座下两层每面有两个长方形凹陷的槽，内雕伎乐人物，基座上层，

图3-2-1　四门塔

图3-2-2　塔顶

图3-2-3　塔心柱南侧造像

颇似一个完整的须弥座，下部作枋，枋上为一周覆莲，其束腰部分中央有兽形浮雕，左右有飞天，四角有力士像，上部仰莲托外檐，形成平座。基座之上是塔身，方形，由四块石板围城。每面长 3.24 米，各有一四方形小石室（图 3-2-6），室内有方形石柱，四角各雕盘龙，中雕佛像一躯，上雕飞天，形成小佛龛，四面龛中的佛像均是突胸，细腰，脸型瘦长。塔身外面四周各有一尖拱状火焰形券门。南北两门两侧雕有四大天王，一手持剑戟，一手持舍利宝塔，脚下踏三夜叉，保护天国安宁（图 3-2-7）。东西两门两侧雕有释迦二大弟子迦叶和阿难，塔身还雕有佛、菩萨、飞天、龙、虎、云等。所有雕刻精美，布局适当、宾主分明。塔顶用砖筑成重檐形，檐下各出挑砖华栱，檐头为砖刻椽子。塔檐顶上由砖砌斗八形式组成平座，平座上置塔刹。塔刹由覆钵、项轮、宝顶组成。

该塔无明确的年代记载，根据其建筑风格和雕刻技法推断，基座和塔身应建于盛唐。砖砌塔顶部分，风格应属北宋时期；可能因为战乱或财力不足等问题，未能一次建完，至北宋时又补建完成。

三、历城九顶塔（九塔观音寺）

位于济南市历城区柳埠东南 2 公里秦家村灵鹫山半腰处九塔观音寺内，因寺内有九顶塔而得名（图 3-2-8）。这里四面环山，柏树成林，自然景观十分幽静。明代嘉靖四十一年（1562 年）许帮才所撰《重

图 3-2-4　四门塔全貌和“大业七年造”拓本

图 3-2-5　龙虎塔全貌

图 3-2-6　石室

图 3-2-7　龙虎塔塔身南面浮雕

图 3-2-8　九顶塔全景

修九塔观音寺》说:“寺建于此，莫知其始，历考寺碑，为得唐天宝大历之文为古，然曰重修，则犹非其始也。意必建于隋、梁间而无稽……”。说明九塔寺建筑始年应早于唐代，而至唐天宝年间进入兴盛。院内现遗存建筑有：九顶塔、三间正殿、三间配房及碑碣四通。

九顶塔位于九塔寺院内偏西处。塔为砖筑八角形单层亭阁式塔，顶部筑有九座小塔，因此得名(图 3-2-9)。塔单层，通高 13.3 米，八条边底长均 1.9 米，呈内弧形。塔身部分高约 3.15 米，其正中处以略凸出的二层砖檐分隔为上下两部分。下部用灰砖粗砌，缝宽约 1 厘米，可能当时下半部分有木构塔檐式建筑物。上半部分全为水磨对缝细筑。南面距地面高约 3.16 米处，辟有一拱门，高 2.11 米，宽 1.34 米，门内为一塔室，现供有石雕佛像一尊，佛高 1.2 米，结跏趺坐。塔室内顶为方迭涩结构，四壁有残存壁画，尚可认出的有天王、佛等，多采用黑、绿颜色。檐部迭涩向外挑出 17 层，塔檐上又迭涩收进 16 层。形成八角形檐顶，也作内弧形，呈柔和的凹形曲线。顶部结构处理极为巧妙，在塔檐上端各隅角处，筑有方形三层密檐式小塔八座，高均为 2.84 米，向外辟有券形门，门孔高约 0.48 米，宽约 0.25 米。八座小塔中心筑一高 5.33 米的小塔，向南开一拱形门，门孔高 0.71 米，宽 0.51 米。九塔均建在莲基座上，其顶部均置受花相轮组成塔刹。整个塔构思奇诡、造型优美，为国内古建筑中所罕见，日本人所编《世界美术全集》称该塔:“匠意纵横，构筑奇异，其他无能及。”

关于塔的建造年代，从塔身和塔檐的内弧，塔平顶上 9 座小塔的莲座及造型以及塔身墙上宋开宝九年（公元 976 年）、宋大观四年（1110 年）、宋建炎元年（1127 年）3 则题记推断，应是盛唐遗物。再旁证以灵鹫山天宝年间造像题记，其建筑年代可能为唐天宝时期。九顶塔在新中国成立前因年久失修，塔基下半部被淤土所埋，门及刹部大都残破，塔顶之众小塔或倒塌或残缺不全，保存较好的小塔只有 4 个。1962 年，政府拨出专款并在著名古建筑学家梁思成先生的指导下对塔进行了维修。塔左立有石碑两块，一为明代正德八年（1513 年）马雄撰《重修观音寺记》，一为明嘉靖四十一年（1562 年）许邦才撰、李攀龙手书的《重修九顶观音寺记》。

四、历城皇姑庵塔及墓塔林

历城皇姑庵塔（图 3-2-10）位于神通寺遗址金舆谷东北小崖上，与西部祖师林隔谷相对，是由附近的突泉村皇姑庵遗址迁来。因塔身上雕刻龙虎之形，又比龙虎塔小，故又称小龙虎塔，也成小唐塔。

塔身隅角各雕盘龙柱，其南面中央辟一尖拱门楣，内为塔心室，雕一佛二菩萨二弟子。门两侧各雕天王一尊，平托舍利宝塔，脚踏夜叉，门上中央雕兽头，上两侧雕龙各一条，两龙中央雕佛造像一躯，组成华丽的浮雕塔身。塔身东面题记一则：“开元五年（公元 717 年）岁次丁巳三月辛丑朔八日戊申大浮图主棓贯王兄李生弟成弟天剑尊上为国王帝主下及师僧父母普为法界苍生咸同斯福。”塔檐用整块石凿成“挑四、收三”的迭涩做法，各层檐间壁体四面均刻小佛龛，龛内一佛，结跏趺坐，坐禅定像。龛侧刻有题记，已漫漶不清。

此塔玲珑华丽，雕刻精细，是一件珍贵的艺术品。它对大龙虎塔的年代判断是有力的旁证材料。

历城神通寺墓塔林（图 3-2-11）位于神通寺遗址金舆谷西北，白虎山麓东坡下，龙虎塔的北面，是金、元、明、清时期神通寺上层僧人墓地，故又称祖师林。现存墓塔 43 座，墓碑 15 通。墓塔形成有密檐式、阙式、幢式和亭阁式 4 种。

密檐式塔共有 4 座。均为砖筑，形制又有六角形和方形两种。六角形砖塔 2 座，以金代神通寺主持清公之塔年代较早；塔六角五层，底层檐中刻“清

图 3-2-9　塔顶

图 3-2-10　皇姑庵塔

公山主之塔”之铭。方形密檐塔较比之下则形制比较简单。阙形塔2座。外观像双阙立于其中，形式少见。建于元泰定二年（1325年）的“敬公寿塔”为石制，其基座呈须弥座式，座上置长方形塔身，塔身刻有墓主之铭，塔身之上为石刻的三层屋檐，屋顶为庑殿式，屋檐和屋顶刻出瓦垅、垂脊、斜脊、博脊等，完全是阙顶形式。幢式塔在墓塔林中占数量较大，全部为石筑，时代集中在元、明两代。塔座为八角形须弥座，上枋及下枋刻成莲花或牡丹，菊花等花卉图案，束腰呈八角，也有的为鼓形，其中有的刻出狮头、力士，形象逼真，雕工精细；有的则为素面。在须弥座上一般都放置宝珠一重，其上再置仰莲座，仰莲座上为塔身，塔身有八角形、锤形和鼓球形三种，塔身上刻有墓主之名及修建年号。塔身上面一般是放一层仰莲座或放石刻坡顶，在其上放置宝珠一层或两层，宝珠上再放一层仰莲座或放山花焦叶式的宝顶，用相轮和各种大小不同形式的宝瓶收顶。亭阁式塔只有两座，其中“贵公之塔”是塔林中最高大的石塔。平面呈方形，高7.03米，共三层。塔基座较低，为石心方形。一层塔身较高，四隅收分较大，其东面辟一拱形券门，门内为塔心室，塔心室内墙呈斜形，内顶为平顶，其上浅刻莲花图案。塔一层檐迭涩出挑三层，然后迭涩出挑收进五层为檐顶。二层塔身的东面有龛，龛内刻一佛像结跏趺坐，其出檐为迭涩出挑二层，再迭涩收进二层。三层塔身均为光面，出檐也是迭涩出挑二层，在迭涩收进三层。其上为塔刹，由二重宝珠、一重莲花、宝瓶及宝顶组成。

此塔无纪年，但从其形制看，年代不会晚于宋代。

五、长清灵岩寺辟支塔及墓塔林

辟支塔（图3-2-12）位于千佛殿两侧，始建于北宋淳化五年（公元994年），嘉祐二年（1057年）竣工。

辟支塔为八角九层楼阁式砖塔。塔基为石砌八角束腰须弥座形式，南面有平台及三级台阶，每面束腰部分均有束柱及壸门，计有束柱31个，其上刻有精美的佛、菩萨、龙、凤、武士、花卉图案及功德题记；壸门40个，刻有浮雕人物故事，以连环画的形式记述：转轮圣王阿育王从不信佛的暴君，到学佛以后的法王的心路历程（图3-2-13）。八个角各刻一托扛金刚。塔身为磨砖细砌，底层每边长4.29米，逐层递减，至第九层收为1.56米。一至四层东、南、西、北四面辟门，二层以上各面均做盲窗，饰有直棂纹、簇四球纹、蜂房纹及几何形等格眼，纹饰多变。塔心柱砌至四层，内设登梯；五至九层实砌塔体，向上攀登须从塔体出来沿塔檐平座绕经90°至另一窗口。2～4层设有腰檐平座，上六层为单檐，檐下皆出华栱两挑，为五铺作双抄重栱偷心造，个别亦有出单抄的情况。塔顶座迭涩

图3-2-11　历城神通寺墓塔林

图3-2-12　辟支塔

外出五层小檐，置砖砌覆钵，上承露盘铁刹，刹有相轮、宝盖、圆光、仰月、宝珠组成，宝盖系有八根铁链，下垂至顶层塔檐，由檐角八个铁质金刚承接，与塔基八个角的托扛金刚上下遥相呼应。塔体挺秀，雄伟壮丽。

在寺的西侧山崖坡上，因众塔如林，故称“塔林”、“墓塔林”（图 3-2-14）。该寺历代有名的住持和高僧圆寂后均埋于此，并在其上建塔或置碑以纪念，遂成现状。现存墓塔 168 座（包括一座方形须弥座），其中墓塔带志铭石碑的有 127 座。按时代划分，有北魏 1 座、唐代 1 座、北宋 4 座、金代 6 座、元代 37 座、明代 118 座、清代 1 座。另外还有在墓上不建塔、只立志铭石碑的 79 座。像这样完好的塔林在全国只有两处：一处是河南登封县（今登封市）嵩山的少林寺，皆为砖塔；再就是灵岩寺（图 3-2-15），多系石塔。塔由基座、塔身、塔刹三部分组成。

根据现存墓塔的形制基本可以划分为：单层亭阁式塔、覆钟式塔、方碑式塔、大鼓式塔、喇嘛式塔、经幢式塔，六种形式类型。

单层亭阁式塔在塔林中有三座，即祖师塔、慧崇塔（图 3-2-16）、海会塔。三塔的地位均极为重要。祖师塔位丁塔林的中心，是一座平面呈方形的单层

图 3-2-13　辟支塔塔基浮雕

图 3-2-14　墓塔林

图 3-2-15　灵岩寺墓塔林

图 3-2-16　慧崇塔

重檐砖塔，从形制推测为五代时期，是塔林中唯一的砖塔。塔筑在高2.1米的方形石台上，塔下设低矮的石座，座每面开8个壶门。塔身单层，南面辟一拱券形门洞，其他三面为素面。塔身上面为迭涩出檐十五层，出檐呈曲线形。其整个檐为三重，即第一层方形，第二层也是方形，第三层是尖角向前的六边形，筑法特异。塔上顶为半球形状。从塔的形制看，该塔建造手法是将印度半球形萃堵婆生硬地加在中国砖塔上，这反映了印度塔传入中国后的原始风貌，是佛教文化和汉文化融合初期的一种现象。据宋宣和碑及金皇统碑题记，此塔主应为法定禅师。慧崇塔位于塔林北端最高处，是唐代高僧慧崇禅师的墓塔。建于唐天宝年间（公元742～756年），是现存较古老的一座墓塔。此塔为石砌单层重檐亭阁式塔，高5.3米。塔座为束腰须弥座，座上砌方形塔身，南面辟券门，东西两侧作假门。两侧假门均雕作为一妇人半身露于门外，东为进入状，西为外出状，形象极为生动逼真。门楣均作壶门状，雕有狮头、伎乐、飞天、武士等浮雕图像。塔室内顶作复斗状，原置有慧崇造像，今已不存。塔顶出檐三层，以石板迭涩出挑又逐层迭涩内收，每层塔檐之间均有素面方形塔身，顶上置露盘、仰莲、宝珠组成塔刹。塔的整体造型稳重而秀丽，尤其塔门上的火焰形尖拱及雕刻极为雄劲有力的武士造像，为典型的盛唐时期艺术风格。海会塔位于祖师塔的东侧，为宋代僧众的集体墓塔。塔平面呈方形，皆石构，北宋宣和五年（1123年）建造。塔基座由四层方形大石板迭筑而成，正面和东、西面开半圆形小拱洞，下为圹穴，塔身背面嵌铭石，详细记载了建塔的过程。塔檐是用一块大石板直接挑出，再迭涩收进三层石，其上置八角形石板，作为塔刹的基台，基台上置覆莲、宝珠、仰莲及刻有卷纹的宝瓶，以构成塔刹。整个塔造型简洁、庄重。覆钟式塔在塔林中有52座，其中以慧崇塔西侧的北宋咸平二年（公元999年）建造的禅师塔最古。此塔通高2.42米，塔墓为八角形须弥座，塔身呈覆钟式，塔顶为八角攒尖顶，上置简单的直颈圆嘴式收顶。虽不显高大，但雕工精湛，造型浑厚饱满，给人以华丽之感。另一座金大定十四年（1174年）宝公禅师之塔总高4.77米，塔身覆钟巨大，钟径90厘米。整座塔高大雄壮，且雕刻精致，比例均称，保存完好无损，是难得的精品。其余覆钟式塔，元代有22座，明代28座。元塔普遍高大宏伟，雕工深刻，明塔则大多规模较小，雕工趋向简洁。方碑式塔在塔林中有84座，其中元代13座，明代71座。根据塔身形式，可以分为扁方碑式、长方碑式和高方碑式三种。该式塔塔座一般由地栿石、圭脚、覆莲、束腰和仰莲组成。塔身表面较光洁平整，一般是两面刻字，正面刻：某某首座禅师之塔，北面则刻修缮人、石匠及建塔的时间。塔顶一般是四边形的四阿式屋顶，其上置一层仰莲座和一层宝珠，上设山花焦叶式的宝顶，最后用各种形式的宝瓶收顶。这类形式的墓塔是国内各寺院普遍采用的形式。大鼓式塔，又称球形式塔，该类型的墓塔计23座。位于祖师塔右侧的定光禅师塔、左侧中部的寂照塔，分别建于金皇统二年（1142年）和金皇统九年（1149年），皆雕刻精美，保存基本完好，为此墓塔中年代最久、最具代表性的精品。另外，此种形式塔元代有2座，明代有17座。喇嘛式塔类型的墓塔在塔林中共有5座。塔身为下狭上宽的喇嘛式外，并且还有喇嘛教特有的九重天和十三重天。在祖师塔前主甬道左右耸立的古奇塔和悦公塔，高大雄伟，雕刻丰富。此类塔均为明代建造。经幢式塔类型式的墓塔，塔林中只有3座，其中两座是宋塔，一座是明塔。塔基座为八角形的须弥座，上下枋刻宝相莲花，束腰壶门刻出狮子4头，八角塔身刻《佛顶尊胜陀尼经》和“某某公大禅师寿塔”题记。塔规模都不大，构造都比较简洁，但雕工很精细。

六、汶上宝相寺塔（太子灵踪塔）

位于汶上县城内西北隅。因塔前原有宝相寺故名。此塔建于宋朝熙宁六年至政和二年(1073～1112年)，是由京师赐紫僧知柔和主管佛教的副功德僧云太亲自监造、仿照京师开宝寺灵感塔（今开封铁

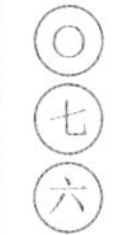

塔）建造的一座典型的皇家佛牙塔（宋真宗尝迎“道宣佛牙”至开宝寺灵感塔供奉），宝塔整体雄伟壮观，巍峨挺拔，结构坚固。

宝相寺塔（图 3-2-17）为砖砌八角形十三层楼阁式建筑。高 45 米，底层东、西、南三面各砌一券门佛龛，北面设门洞通往塔内。外檐每面中间有四垛斗栱。上刻薄片方升，檐下施砖磨半圆椽，方檐齐边，八角各外伸挑角，角下外伸四垛；二层檐下每面八垛斗栱，雕刻古朴；三层四面各砌一圆洞式门；四层塔檐（图 3-2-18）八面雕莲花座；五层类同底层，并砌有与三层相似的四个塔门。塔刹由黄色琉璃烧制而成，金光耀灼格外辉煌，当地有黄金塔之俗称。由底层北门可登，循塔内螺旋台阶拾级而上，可至顶层远眺，全城风光尽收眼底。

1994 年 3 月 15 日在葺修宝相寺塔施工中，发现了塔宫甬道，长 3.93 米，宽 0.97 米，高 1.65 米，宫室为长方形，南北长 1.47 米，东西宽 1.43 米，高 4.20 米，底正中有一圆井，此井即为塔的中心点，井口盖一方石，变长 0.85 米，方石正中有一圆孔与井口相吻，直径为 0.32 米，井口周围饰莲花纹。宫顶为八角穹隆形，中心有一铁质吊环。宫室南壁于西壁各有墨书题字。宫室北面有佛龛，龛内供奉一石匣，安置在用青砖垒砌的须弥座上，石匣后面放一尊铁胎泥塑捧真身菩萨和一尊石造弥勒佛像。石匣上刻有铭文 171 字，记载了当时迎请和归葬佛牙及舍利的人物、经过及年代。石匣的雕凿手法朴实大方，线条流畅，匣内层层相套，有金棺、银椁、水晶摩尼珠、水晶宝瓶、七宝琉璃净瓶、银菩萨相等 141 件稀世罕见的文物。

七、邹城重兴塔

位于邹城市中心北门里，始建于北宋嘉祐年间。原名法兴塔，因坐落在法兴寺内而名，元至元年间重修时改名为重兴塔（图 3-2-19）。

塔为九层十檐八角型楼阁式砖砌建筑，高 45 米，分为基座、塔身和塔刹三部分。最下层为双檐木回廊，檐下为砖雕斗栱（图 3-2-20）；上八层为单檐，以砖雕仰莲承托（图 3-2-21），层层收分，转角部位有砖砌半圆形倚柱；北侧辟门，门内有南北斜向砖阶，逐层旋转，可登至塔顶。每层檐下设佛龛，龛内有佛像，现已无存。塔刹为铜铸葫芦形宝顶；塔基下有砖砌地宫。

20 世纪 60 年代该塔遭到严重破坏，几近倾圮。1996 年至 1997 年进行了全面维修，并对地宫进行了清理发掘，地宫中有建塔时题记，证明该塔兴造年代是宋嘉祐年间。

图 3-2-17　宝相寺塔

图 3-2-18　塔檐

图 3-2-19　重兴塔

八、滕州龙泉塔

位于滕州东郊，荆河之畔。龙泉塔（图 3-2-22），原耸立于龙泉禅寺内，今日寺庙已毁，惟古塔犹存。《滕县志》诸本对其始建年代均无考。清康熙年间所修《滕县志》记载：“传云有大泉水，时漂民居，故建塔以镇之。”据塔身东侧所嵌明宣德三年（1428 年）滕千户蔡佑协同显庆寺僧彻至募化重修龙泉塔碑记称：“尝闻之，昔阿育王所造塔八万四千，弥布天下，上方明刹，皆所藏释迦舍利而见也，然此塔之建……亦不过如此而已”。因见龙泉塔为舍利塔。

此塔为砖石建筑，通高 43 米，底径 9 米，塔体呈八角形，底层重檐，共 9 级，二挑华栱托檐，各层分置栱门盲窗，错落有致；塔顶以铸铁莲花覆盆封盖，上立葫芦宝刹（图 3-2-23）；踏之基层前开佛室，后置塔门，砌砖梯可旋登塔顶。整个建筑结构严谨，造型浑厚，是“密檐式”佛塔之佳作。

清道光版《滕县志 · 艺文志》有题名诗一首，名为“浮屠峙玉”，诗云：“久随韦肇快题名，卓立龙泉尊此氓”。诗中所指韦肇，据考为唐代大历（公元 766 ~ 780 年）间人，官居中舍人，后迁秘书少监。唐代是我国佛教的鼎盛时期，各地饰寺建塔，以求当朝恩宠赐号，并不为奇。1983 年，龙泉寺旧址出土石经幢底座，上雕有天王像一尊，为唐代典型形象，据此推测龙泉寺应为唐代寺院，而龙泉塔专家们一般认为为宋代建筑。

九、兖州兴隆塔

位于兖州城内东北隅今兖州市博物馆内。因此处原有兴隆寺而得名。明万历元年（1573 年）版《兖州府志》：“兴隆寺塔……隋开皇间建……有尉迟公修建年月；”又万历二十四年(1596 年)版《兖州府志》：“兴隆寺，旧名普乐，隋文帝仁寿二年(公元 602 年)建……古塔十三层，隋时物也。”清人仲宏道《兴隆寺诗》有“碧苔渐蚀开皇字”句，开皇（公元 582 ~ 600 年），

图 3-2-20　砖雕斗栱（左上）
图 3-2-21　仰莲承托（左下）
图 3-2-22　滕州龙泉塔（右上）
图 3-2-23　宝葫芦刹（右下）

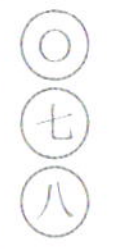

隋文帝年号。从以上材料看，此塔的始建年代确为隋代无疑。但是目前所谓“尉迟恭修建年月”，“开皇字”均以佚失；而且从风格看，亦与隋塔有异，当是后代有过较多修葺改建所致。罗哲文《中国古塔》说：“按存实物推断，当为北宋建筑”；《中国名胜辞典》：“据塔身二层外平座及二四六七层盲窗文饰推断，当为北宋建筑。”现在塔上嵌有北宋嘉祐八年（1603年）三月博陵崔士衡书社人张元妻郭氏等人的功德题名刻石。所以20世纪30年代梁思成、林徽因先生考察后（图3-2-24），梁先生在《中国建筑史》中说塔之建造年代为宋嘉祐八年。

塔高54米，平面呈八角形，楼阁式砖塔。风格朴素简洁，端庄挺拔，各层有迭涩出短檐，每层各面有风洞或盲窗。共13层，下七层粗壮而浑厚，内有梯级，可盘旋登至七层顶上的平台，扶栏远眺，视野开阔，据说天晴朗时能看到15公里外的曲阜孔庙。塔上部六层小巧玲珑，宛如另一小塔置于大塔之上（图3-2-25）。此种形制他处未见，甚为独特。梁思成先生认为，当是“建至第七层而建筑费告罄，故将上六层缩小”。是否如此，尚值得再作探讨。

该塔在清康熙年间大地震中曾有毁坏，清据康熙十一年（1672年）版《滋阳县志》：“康熙七年（1668年）6月17日戌时，地震有声，至子时止，震毁房屋压死男妇多人，兴隆塔毁……”此后从清康熙三十一年至五十七年，时修时停，历时20年始重修完成。塔上有石刻记此事。塔在20世纪40年代末兖州战役中又有毁坏，已于1983年做了全面维修。

十、巨野梵塔

位于巨野县城东南角，南毗人民路，北通文庙，又名永丰塔，建于北宋嘉祐年间。

该塔（图3-2-26）为八棱等边四门楼阁式，青砖结构，现存五层，高31米。下层周长44米，上层周长36米。第一层为砖迭挑檐，其他各层则华栱两挑组成上承托檐，错落交叉，更显坚固。每层的东、南、西、北四面各设有券门，明暗有别，或为天井，或直通塔内回廊。塔身各层高度及塔径自下而上逐层递减，收分得体。塔外西侧有石阶数级，可进入塔内，底层设有塔心室，室内壁上镶嵌7块石刻佛像（图3-2-27）。造像排列以近门者为先：1号排5尊佛像，各高28厘米，题记“韩莫村莫妻梁氏，王氏修佛尊合家供养，巨野县潢洞乡水碓天吕奉为五考讳□□□□□”。2号上下两排10尊佛像，各高18.5厘米。3号上下两排8尊佛像，各高17厘米。4号一排两尊佛像。各高16厘米。5号上、中、下三排6尊佛像，各高17厘米。6号上下两排8尊

图3-2-24　梁思成、林徽因考察兖州时拍摄的兴隆塔

图3-2-25　塔上部六层

图3-2-26　巨野梵塔

佛像。7 号一尊佛像，高 14 厘米。这 7 块石刻佛像系大佛寺残存之物，1961 年修塔时嵌入塔底内壁。

关于梵塔的建造年代，众说不一。据《巨野县志》方舆志记载："永丰塔，世传唐人所立，未合尖而止，宋人续之。"塔尖木桩上记载："大宋仁宗天圣二年修建"。1990 年修塔时又在塔身砖墙内发现宋初铜钱多枚，铜钱上刻有"嘉祐通宝"4 字。后经多方考证，确认为此塔为北宋嘉祐年间所建。

十一、临清舍利塔

位于临清市城北约五公里处的运河东岸。始建年代无考，但从其有关重修的记载中可以推断出始建的最晚年代。《临清县志》载，明万历丙戌科进士、工部尚书柳佐于明万历三十九年（1611 年）重修。

该塔（图 3-2-28）为八角楼阁式砖木结构，塔身 9 级，高 54.3 米。收分较小，顶部为盝形顶。塔座为条石砌成。周长 39 米，高 5.3 米，南面辟门。门楣横嵌有石匾 1 方，上面镌刻有"舍利宝塔"（图 3-2-29）4 个楷书大字。右边竖刻"赐进士按察使郡人王得成"，左边竖刻"大明万历癸丑岁中秋吉日立。"皆为小字楷书。二层以上，每层八面设门，四名四暗，对称协调，可供登临之用。每层出檐宽度 1.55 米。各角均为雕花木椽挑出，转角立柱下有莲花承托，角下又有雕花陶质斗栱。层层迭压，精细繁密，充分显示古代建筑大师的高超才艺。外檐下衔有"阿弥陀佛"楷书大字，挑脚处原

图 3-2-27　石刻佛像（左上）
图 3-2-28　临清舍利塔（左下）
图 3-2-29　"舍利宝塔"（右上）
图 3-2-30　塔心柱（右下）

挂有风铃。塔顶内有通天塔心柱（图 3-2-30），壁有转角形楼梯，可迂回攀登到塔顶。后因遭火灾，柱与楼梯皆毁之一炬。第五层内壁刻有“东兴岱岳”，西窗眉额刻“西行太行”。塔顶呈盔形，为省内罕见。整体看来，矗立云霄，巍峨壮观，与塔后永寿寺浑然一体，倒影水中，风光十分别致。明清两代，不知引来多少文人学士来此登临赏景，吟诗赋词，以抒情怀。“塔铃云上语，透阁雨过晴”就是明代诗人对塔的咏赞。清人孔岚樾《登永寿塔》诗中云：“浮屠创何代，疑非人力营，所历未及半，回首魂魄惊，万象眺无际，人物尽孺婴”。这首诗写的非常有生活气息，所谓直言其高，却句句道出了塔的高大。明清两代，塔湾曾是一个非常繁华的地方，清乾隆五十八年（1793 年），英国使团绘制的《临清塔湾景图》中部就有舍利塔，附近永寿寺、莲花庵、土城墙等，也都清晰地绘在上面，真实地记录了清代中早期塔湾一带的人文景观和社会经济发展状况。

舍利塔自建成至今，毁坏严重，尚未见到有关维修的资料。1995 年，省、市文物部门对其进行维修，历时 1 年零 10 个月，终于使这座毁坏颇重的明代宝塔又恢复了原貌。

十二、聊城铁塔

位于聊城市东关运河南岸“隆兴寺”内。其创建年代无文字可考。铁塔（图 3-2-31）的外形为仿木结构楼阁式建筑，呈八角状。檐下铸有复杂的斗栱结构，与济宁市现存的北宋崇宁四年（1105 年）所建铁塔的风格相近。据此可以推断该铁塔创建年代当在北宋晚期或金代，距今已有八百多年的历史。

塔身（图 3-2-32）第一层中径 1.53 米，往上逐层收分，层次清晰，峻拔挺秀，耸立于烟树环合的古运河畔。塔座（图 3-2-33）为石质，占地面积十多平方米，所用石料上几乎刻满了各种花饰。东南及西南转角处各雕一赤膊腆腹大力士（图 3-2-34），南面浮雕石龙，北面浮雕石凤，东西两侧各有浮雕乐舞人物，边沿雕有鸟兽花饰，最下层为琴腿式石座，石刻构图严谨，刻工精细，造型生动逼真。塔身为生铁铸造。分层冶铸，逐层迭装，铁壳中空，一层塔身八面分别有 4 个假门和假窗，

图 3-2-31　聊城铁塔

图 3-2-32　塔身

图 3-2-33　塔座

图 3-2-34　腆腹大力士

假门上均有铺首和门钉。东西两面的门作成半掩式。二至七层塔身均无门窗雕饰，八至十层雕有格窗花饰。每层塔身均有腰檐平座，铸有枋，檐椽、瓦垄及斜脊等。每层都铸有栏杆。虽然大部分栏杆和部分塔檐已锈蚀损坏，但仍不失玲珑剔透，精巧别致。1989 年又对铁塔进行了第二次维修，用最新的科学和原料，将铁塔已经锈蚀脱落的塔檐、栏杆、斗栱等，全部按原样修复。

十三、济宁崇觉寺铁塔

铁塔（图 3-2-35）位于原崇觉寺西路南部，东邻明代建筑声远楼，大雄宝殿位于铁塔北侧约一百米。铁塔铸造当时由于连年战乱，仅造七层没有铸顶。到了明代，地方官署、士绅及民众都以铁塔“无顶未尽美”，而又把铁塔“譬作伟丈夫佩剑巍峨可惜冠冕不饰”。因此，直至明万历九年（1581 年）始由济宁道台龚勉集资，在七层之上增补二层，并加铸铜质刹顶，四周垂以风铎，建成完整的塔体明代学

图 3-2-35　铁塔及声远楼全景

者云翥《铁塔歌》赞曰：“释迦寺中古铁塔，霜峰层层响鞺鞳。唤醒劳人一梦空，满目西风寒飒飒……常氏铸造还夫愿，大宋崇宁己酉岁，当时七级功未完，会遭事变难圆满。后来更补常氏愿，增成九级支云端……吁嗟宋室危难守，崇宁北徙靖康走。唯有金石不能移，永镇任城无量寿。”铁铸塔身 9 层，计塔座、刹顶在内共 11 层，通高 23.8 米，其中座高 8.09 米，身高 14.41 米，塔身用铁水分层铸造，扣接安装。塔的平面图呈八角形，自下而上逐层递减，形成明显的收分，呈现出刚毅、挺拔、秀丽的轮廓。每层下部均置厚约 5 厘米的八角形平座，座下每面斗栱四朵，以作承托。平座以上，沿边缘安装围栏，栏高 30 厘米，栏板的花纹富于变化，每层各具特色，有的是二方连续字形纹饰，有的是牡丹花纹，有的是簇四球格眼纹饰，浇铸精细，玲珑剔透。围栏以里便是塔身，塔身每层四面均铸有 20 厘米的凹槽。全塔开门共 36 个，其余四面，每面各铸坐佛两尊，共有佛像 56 尊，皆结跏趺坐，神态自若，线条流畅，形象生动。每层塔身上部各设有飞檐，出挑 30 厘米，檐下配斗栱铺座四朵，飞檐深远，半拱疏朗，铸作严谨，精细别致，全不失木制结构建筑之特点，给人一种浑厚大方的感觉。最上层檐头出挑加长，翼角起翘，悬挂风铃 8 个。顶做八角攒尖，脊饰瓦垄，顶端置仰莲座，上起桃形鎏金塔刹，塔身底部铸有瘦金体楷书铭文，一层为“大宋崇宁乙酉常氏还夫徐永安愿谨铸”，二层铸“皇帝万岁重臣千秋”。第六层塔身北壁上亦有文字，惜剥蚀严重，已辨认不清。

塔的造形风格完全模仿木结构形式（图 3-2-36），反映了宋代木构建筑的特点，是我国铸铁艺术的珍贵遗产。塔身的下部为一粗大的砖砌八角形基座，有收分。高 8.09 米，内以楠木井字架填心，又用一杉木底上贯串，塔基座西面靠底部设一塔室，内设藻井，室内供一碑状石佛一尊，为大悲观音多手佛，众手各执法器，佛座三面刻有佛教神话、讲经、飞天等故事画面。由于历经风雨剥蚀和地震影响，塔身呈东南向倾斜。1973 年，山东省文物管理委员会与原济宁县文化馆对铁塔扶正大修。塔基出土石棺

一具，内置小银棺，棺内放有舍利子若干。在明代增建层内，清理出铜佛两尊（图 3-2-37）、铜镜一枚、瓷函、木函、珍珠、水晶瓶及明版《大乘妙法莲花经》（图 3-2-38）一部。另有长方形铸字铁牌一枚，正面铸“佛敕令”三字，背面铸“大明万历九年拾一月朔”。这批文物的面世，对于研究佛教的演变与发展有着十分重要的意义。1973 年的维修，基本掌握了铁塔的结构组合和铸造工艺，济宁铁塔的铸造工艺为失蜡铸造法，也就是现代所说的熔模铸造过程：“古者铸器，必先用蜡为模，如此器样，又加款识刻画，然后以小桶加大而略宽入模于桶中，其桶底之缝微令有丝线漏处，必令周足遮护，讫，解桶缚，去桶板，急以细黄土多用盐并纸筋固济于原澄泥之外，更加黄土二寸留窍中，以铜汁泻入，然一铸未必成，此所以为贵也。”济宁铁塔精制而复杂的建筑构件，就采用此方法铸成，尔后组合浇铸而成塔，堪称我国古代金属失蜡铸造工艺的经典之作，是我国珍贵的范铁艺术遗产之一。

十四、德州高唐县兴国寺塔

兴国寺塔（图 3-2-39）位于高唐县城北 15 公里梁村镇街内东北，由于坐落在梁村，所以兴国寺塔又称梁村塔。兴国寺塔的建筑年代已无考，在清代刻印的高唐州志中把这座塔称为“宋塔”，从其建筑格局看也应为宋代遗物。

兴国寺塔为楼阁式砖塔，八角十一级，高 38.8 米，边长 2.85 米，第一层为重檐，北面开一门，以上各层均为单檐，每层四门，檐下施以斗栱，整齐有序。塔的顶部置葫芦形塔刹（图 3-2-40）。

古塔第一层北面的门是唯一入口，距地面有 3 米多高，塔内有阶梯直通塔顶（图 3-2-41），但攀登时需从塔体外的塔檐上回转方向，不像一些大型古塔那样在内部建有回廊，近年维修时古塔外部增设铁质抱箍（图 3-2-42），箍上置铁环。塔身各层均供奉有石刻佛像（图 3-2-43），这些佛像都有讲究，一层为狮子佛，二层为炎肩佛、阿众佛，三层为持法佛、大光佛，四层为最胜音佛、须弥相佛，

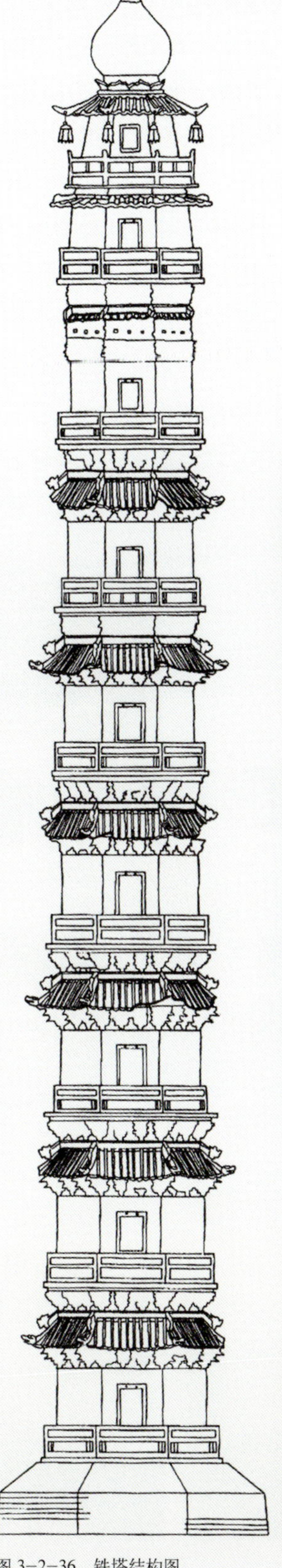

图 3-2-36　铁塔结构图

图 3-2-37　铁塔内出土佛像

图 3-2-38　出土经书

图 3-2-39　德州高唐县兴国寺塔

五层为难阻佛、大明佛，六层为释迦牟尼佛、日月灯佛、大须弥佛，七层为明闻光佛、宝相佛，八层为日生佛、须弥光佛，九层为网明佛、妙音佛，十层为不空成就佛、宝胜佛、药师琉璃光佛、阿弥陀佛，十一层为如须弥山佛、无量精进佛，地宫为圆通菩萨（四背观音）。塔下原有一座兴国寺，现已无存，在古塔北面约十米的地方有一株古槐，据说此槐曾粗约十数围，高六丈许，福荫2亩余。20世纪70年代遭火焚，后发新枝，相传此槐位于原兴国寺大殿前，为唐代僧人所植，称为“唐槐”，“宋塔唐槐”为高唐县的一处名胜古迹。

1986年对塔基进行维修时，在距地表5米深处挖掘出土的明代成化十四年“敕赐重建兴国寺碑记”碑身半通，碑帽一块。说明此塔在明代曾经维修，最近的一次大修是在1999年，现在维修的痕迹清晰可辨。

十五、平阴多佛塔

多佛塔（图3-2-44、图3-2-45）矗立在翠屏山巅的宝峰寺内，建于唐贞观四年（公元630年），明嘉靖元年（1522年）重修。宝峰寺建有山门、玉皇阁、八仙阁。山门西南，石砌拱顶洞门，为二层。于院内沿阶可登。门内为小院，正中建玉皇阁。玉皇阁（图3-2-46）下石砌券门，阁顶之四隅建多佛塔筑为三角形锥堞式，似鸟展翅。中砌垛孔短墙，若西欧古堡，风格奇异。多佛塔矗立在院内西侧。

全塔共13层，呈八棱状，用当地青石构筑。塔底外周长18.5米，通高19.7米，塔形雄伟，

图3-2-40　兴国寺塔塔刹

图3-2-42　兴国寺塔早年维护铁箍

图3-2-44　平阴多佛塔保护标识碑

图3-2-41　兴国寺塔塔基

图3-2-43　兴国寺塔佛像

图3-2-45　平阴多佛塔

简洁古朴。每层四周皆辟佛龛，内嵌石雕佛像（图 3-2-47），原有 104 尊，现存 84 尊。第二层以上佛像为半立姿，均高 0.6 米，肩宽 0.15 米。底层石雕佛像最大，均高 1.1 米，肩宽 0.6 米，佛身同饰有浮雕图案的底座联为一体。塔的第一层近 2 米高，从第二层以上越高间隔越小。所有佛像尊尊正襟危坐（图 3-2-48），仪表堂堂，形态逼真，造型优美，处处可见用工之精良。佛像结跏趺坐，背后饰佛光唐草，具有鲜明的唐代风格。塔顶置铁制宝瓶冠刹（图 3-2-49），高 1.9 米，内分三级紧扣相连，外形严谨，美观大方，构造甚为巧妙。宝瓶外铸文清晰，字字可辨，系当时著名金火匠杜文剑、杜思温于明嘉靖六年（1527 年）三月铸造。重建后的多佛塔，不但大量沿用了原塔的佛雕，整个造型也都保持了唐代佛塔的造型风格。全部施工，从明嘉靖元年（1522 年）五月至明嘉靖六年（1527 年）三月，历时五年。全国四大名刹之首灵岩寺当时的敕赐住持了慈高僧前来主持了立塔奠基礼。

多佛塔建成后，广为游人称颂。明代进士、山东按察司副使沈钟明弘治庚戌年（1490 年）冬，游翠屏山时曾留诗赞曰："峰尖孤塔势嶙峋，培嵝纷然莫与邻。十里横陈开野望，一锥直上插苍旻"。

图 3-2-46　宝峰寺玉皇阁

图 3-2-47　多佛塔上层佛像

图 3-2-48　多佛塔一层佛像

图 3-2-49　多佛塔塔刹

第三节　道教宫观

山东地域汉末以前，除融合东夷传统文化和中原文化发展起来的重礼制和重工商、实用及尚武的齐文化外，结合远古流传下来的巫术文化，也在齐地发展起来了道家文化。山东域内存在着泰山、昆嵛山、崂山等名山，东临渤海和黄海，考古资料和远古文献均显示东周之前山东地区就存在着对山川和人类祖先的崇拜，泰山封禅，山东远古贵族墓葬中用赤铁、红土及朱砂等红色物和龟甲器（象征灵龟）辟邪等都说明巫文化的盛行。至春秋战国，随着人类理性思潮的发展，巫文化逐渐丧失了其统治地位，演变为方士之术下移到民间，这便促进了山东道教的前身——方仙道在燕、齐沿海地区的兴起。先秦时期山东巫文化正是道教产生的渊源。

东汉末年诞生于山东地区的方仙道及其《太平经》为魏晋时期中国道教的产生和发展提供了重要的思想文化基础和理论内容。此外，秦始皇寻仙问道时登临的琅琊台及追寻的山东东部海域中蓬莱、方丈和瀛洲等也成为了重要的道家文化中著名遗址和传说中的名山。

一、泰山道教建筑

（一）灵应宫

原名天仙祠，为碧霞元君的下庙。在泰安城之西南，蒿里山之东。此庙创建年代无考，自明代万历三十九年（1161 年）寺敕拓建，赐额今名。据民国时人李东辰著《泰山祠庙纪历》所述，明正德年间（1506 ~ 1521 年）泰安城西南创建灵应宫，为北京咸侯宫的香火院（《泰山通鉴》）。明万历三十九年（1611 年），由明神宗颁敕对其进行拓建形成现今南到山门、北至宫后门、东到东更道、西至西更道的规模，并赐额“灵应宫”。这件事被记载到庙内的一块碑上，曰《重修灵应宫碑记》。《岱览》：“其前后殿闺庑崇丽，回廊周密，中为崇台。”清代重建，庙门南向，二进院。清代重修。民国 5 年（1916 年）遭回禄之灾，大部分建筑物及铜像焚坏，仅存有南山门、钟楼、铜阙、正殿、北斗台与禅房等。新中国成立后此院被两家企业长期占用，正殿曾一度成为企业的仓库，殿内 11 尊铜像被拉到殿外受尽风雨侵蚀。1982 年 6 月国家文物局曾拨款用于正殿的维修。时至 2002 年由泰安市政府投资立项对灵应宫进行了第一期复建，将南半部分院内厂房、仓库拆除，恢复鼓楼、穿堂、回廊、崇台、东、西配殿及月老台等建筑物，再现当年“前后殿庑崇丽、回廊周密”的旧观。

现南北长 153 米，东西宽 44 米，总面积为 6732 平方米，主要由两进院落组成。现存正殿、南山门、钟楼、道房等建筑，建筑保留了明末清初建筑风格。灵应宫现在留存的重要古建筑有山门、钟楼、正殿、道房和北斗台等建筑。

1. 山门

山门（图 3−3−1）南临灵山街，单檐卷棚歇山顶，砖石结构，砖卷拱形门，面阔 5.25 米，进深 7 米，通高 6.9 米。门前设石阶，两侧有清康熙三十一年（1692 年）雕刻的石狮一对，蹲坐于浅浮雕荷花、麒麟等图案的须弥座上。

2. 钟楼

山门内东西两侧原有钟鼓楼，现只存东侧钟楼（图 3−3−2）。钟楼为单单间方形二层卷棚硬山顶，边长 4.6 米，四角砖柱、其余乱石砌成。上下层木制楼板，东西两而各开一门，下层东面设有石阶。

3. 正殿

正殿（图 3−3−3）建方形台基上，五脊硬山顶，上覆来筒瓦，五架梁八檩带前廊，面阔五间 21.50 米，进深 12.75 米，通高 6.75 米。殿内现置铜从像 6 尊，主像两尊。铜像为明万历至崇祯年间铸造，均凤冠龙袍，是明万历、崇祯等皇帝为太后、皇后等所铸造的祈福长寿像。原置天书观中，后移此。前有露台，院中原置明代铜亭，1972 年移入岱庙。

4. 道房和北斗台

道房位于正殿东侧，道房五脊硬山顶，面阔三间 6.35 米，进深 4.55 米，通高 6.75 米。其前有台，曰北斗台，高 2.9 米，东西长 11.4 米，南北宽 9.6 米，

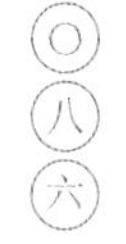

中开一拱形洞门，高 2 米，宽 2.2 米，中间券石砌成，砖砌拱脚，过门洞可至正殿后面。

灵应宫的建筑为典型的明清道教建筑形式，其顺应山势的布局和典型的建筑形式，为研究明清时期的建筑文化和设计提供了实例，也有助于宋代以来道教发展历史的研究。

（二）红门宫

位于泰山南麓孔子登临处坊北，因此处西北大藏岭南崖壁石红如扉而得名。创建年代不详，明、清多有修建。建筑格局可分为两院，东院原为更衣亭、清改弥勒院；西院为元君的中庙。两院由飞云阁相连。

红门宫由东院和西院两组古建筑组成。

1. 东院

东院（图 3–3–4）由山门、弥勒殿、更衣亭、南穿堂组成。

山门，西向，四柱卷棚硬山顶，院墙外柱砌二砖柱连院墙，内柱立二木柱，木板大门。面阔 1.8 米，进深 2.1 米，通高 7.9 米。弥勒殿，在飞云阁东侧。七架梁带前廊，筒瓦硬山顶。面阔三间 9.3 米，进深 8.7 米，通高 7.9 米。正间六抹头隔扇门，次间为四抹头隔扇窗。供弥勒佛塑像。更衣亭与山门相对，为穿堂式。面阔三间 8.5 米，进深 5.7 米，通高 6.6 米。内坡仰瓦硬山顶，七檩七架梁无廊式。在南山墙上开门，向南接一套间，仰瓦硬山顶。向东接廊，四檩卷棚悬山仰瓦顶，廊宽 3.3 米，

图 3–3–1　灵应宫山门

图 3–3–2　灵应宫钟楼

图 3–3–3　灵应宫正殿

图 3–3–4　红门宫东院

长 12.2 米，廊临中溪，在此品茗赏景，幽雅清净。套间是过去为达官贵人登山更换衣服之处，因名更衣亭。南穿堂，面阔三间 9.2 米，进深 6.9 米，通高 6.5 米。卷棚硬山顶，上半部筒瓦，下半部仰瓦。东院殿庑坊额上均施墨线小点金彩绘。东院于 1992 年被辟为泰山石文化陈列馆。

图 3-3-5　红门宫西院庙门

图 3-3-6　红门宫飞云阁

图 3-3-7　斗母宫

2. 西院

西院是碧霞元君的中庙，清代称之为元君庙。由庙门、元君殿、且止亭、南茶亭等建筑组成。

庙门（图 3-3-5），东向 3 门。中门前有红门宫二柱石坊，门与坊相贴。其左右侧各有 1 门，左右门装有木板门，额分别题“泰山圣母”、“显佑万方”，3 门均卷棚仰瓦顶。元君殿 3 间，在飞云阁西，四柱七架梁硬山顶，前带四檩悬山卷棚顶走廊。元君殿面阔 10.8 米，进深 10.75 米，通高 8.4 米。正间施隔扇门，次间施隔扇窗。此殿供奉碧霞元君。且止亭，位于殿前西侧，东向 3 间，四柱五架梁六檩前带廊，筒瓦硬山顶。檐柱下施鼓形柱础。3 间均开门，都装六抹头花格式隔扇门 4 扇。正门上悬舒同所书“且止亭”木制匾额。其西南原有“合云亭”，已圮。现建有茶亭，坐南朝北，与正殿相对。穿堂式，面阔三间 10.3 米，进深 7.65 米，通高 6.85 米，四柱六檩六架梁卷棚硬山顶。北向设门有廊；南面设门，外有石台阶，是游客休息钦茶之所。元君殿后是禅房殿，有正房三间，东西配房各两间。飞云阁跨盘道将东西两院相连。飞云阁（图 3-3-6）也称观音阁，旧曰红门，久圮。明时垒石为台，上有栋宇，下通盘道。方元焕书匾曰“梯云”，石刻曰“蓬元洞天”。清乾隆十三年（1748 年）曾赐额“普门圆应”阁分上、下两层，下层为拱形门洞，门高 2.6 米，宽 2.95 米，进深 11 米，镶额“红门”。上层 3 门，硬山顶，带卷棚悬山前廊。面阔 8.1 米，进深 8.77 米。西侧设石阶通西院。

（三）斗母宫

斗母宫（图 3-3-7）古称龙泉观。位于万仙楼北 1 公里许，盘道东侧，群山环抱之中，因其西北有龙泉山而得名。东隔中溪有栲栳崮、罗汉崖，北有高老桥。根据文献和现存的碑刻记载，明以前斗母宫，称龙泉观，因有龙泉山的水流经此而得名。庙宇初创年代无考，明嘉靖二十一年（1542 年）德藩重建中院的大殿（或称前殿），当时并无真实主人看守，香火俱废。清康熙十二年（1673 年）本州萧府观音堂主持比丘尼性江于殿后建观音殿、观音圣

像，在湍流上建崇台，台上立垣墙，整门户，建橱库，新装斗母神像，在中院东侧建东配殿，塑白衣送生子孙像。清乾隆四十四年（1779 年）重修中院正殿、塑斗母像、前院正殿塑子孙圣母像，建后院听泉山房。由藩宪宗大方伯题额，邑侯张刺史题联“谁无仰止高山志，为有源头活水来”和斗母宫匾。清乾隆五十三年（1788 年）兖州镇柯大总戎驻旌岱下，建钟鼓楼。清嘉庆七年（1802 年）重修。清道光元年（1821 年）重修南山门、东配殿及后廊。清道光二十四年（1844 年）重修后殿和西配殿并彩绘。清咸丰五年（1856 年）重建后殿，西殿及东殿。清光绪五年（1879 年）重修钟鼓楼。1913 年又重修斗母宫。新中国成立后修观瀑亭，又对斗母宫进行了翻修，1959 年及 1982 年又翻修，保存了清代的建筑风格。

现在斗母宫由中、南、后三院，三组建筑群组成。

1. 中院

中院是斗母宫的主院，由山门、钟鼓楼、正殿、东西配殿、南穿堂组成。

西山门四角砌砖柱，中立木柱，五檩五架梁筒瓦卷棚悬山顶，内外施垂珠和倒挂楣子，形似垂花门状，中间装木板大门。钟鼓楼在西山门南北两侧，四柱方形，面阔进深各 4 米，分上下两层，下层石砌洞室，东向开一拱形门和一个透雕万字形石窗。洞内顶施楞木四根，上层四木柱，施普板枋，枋上施斗栱，柱头科坐斗交麻叶头，每面平身科 4 垛，一斗二升交单浮云栱，筒瓦卷棚歇山顶。柱、梁、斗栱上均施墨线小点金彩绘。钟楼内有石制二柱钟，柱两侧斜托石制支架，钏悬于钟架上。鼓楼内有木鼓架和鼓。

正殿位于中院的北侧，叫斗母殿，原祀众星之“先天斗母”而得名。面阔三间 10 米，进深 8 米，通高 8.2 米，建在高 0.7 米的台基上，五柱七架梁檩前后廊式。檐柱下施鼓形柱，内柱下施八棱形石柱础，老檩柱下施复盆式柱础。绿琉璃瓦五脊硬山顶。檐下用莲花盆形支托代替斗栱，其上半浮雕花卉人物图案。殿中正间设一须弥座式神台，原供先天斗母，今供智上菩萨。东配殿面阔三间 9.7 米，进深 7.35 米，通高 7.7 米。四柱七架梁，十檩前后廊式，灰瓦五脊硬山顶。殿后临溪向东拓出一廊，五檩五架梁卷棚悬山顶，向东可观溪水山色。中院正殿和东配殿间建有垂花门通后院，面阔 2.2 米，进深 2.1 米，通高 3.55 米，中砌砖柱，上承三架梁三檩，有又弧形单臂拱形卷棚歇山顶。垂花门后有影壁五脊四柱式顶，抽屉式出檐，砖砌影壁上镶僧尼世系图石碑。

南穿堂面阔三间 8.05 米，进深 5.25 米，通高 5.7 米，七檩七架梁仰瓦灰梗五脊硬山顶，无柱无廊式，过南穿堂可到南院。南穿堂东有正房 3 间，面阔 8.20 米，进深 5.25 米，通高 5.9 米，七檩七架梁无柱无廊式。穿堂西北角有连接南院的小角门，面阔 2 米，进深 1.1 米，通高 3.08 米，单脊仰瓦硬山顶，两柱三檩三架梁式砖石建筑，门上装棋盘式大门。

2. 南院

南院，由蕴亭、寄云楼、山门组成。

蕴亭在南穿堂前，面阔三间 6.59 米，进深 5 米，通高 3.15 米，六檩五架梁前廊式仰瓦五脊硬山顶，檩枋额等施墨线小点金彩绘。寄云楼位于蕴亭东边，西向，分上下两层，下层条石砌成，半地下室式，上层木构建筑砖墙。面阔五间 18.3 米，进深 4.2 米，通高 7.9 米，四柱十三檩十一架梁四周环廊式，仰瓦卷棚歇山顶。廊外砌十字孔砖花墙。西面正次间各装四扇隔扇门，东面每间各开一拱形窗，檩枋阑额省替等均施墨线小点金彩绘。山门位于斗母宫最南端，面阔三间 6.6 米，进深 4.8 米，通高 3.3 米，五檩卷棚灰瓦硬山式，前有开间 2.4 米的垂花门相连。院内有“天然池”和“记天然池铭”。

3. 后院

后院，由后殿、西配殿、听泉山房、龙泉亭组成。

后殿面阔三间 10.3 米，进深 8.2 米，通高 8.5 米，五柱十檩七架梁前后廊式。筒瓦五脊硬山顶，一门两窗，檩枋额上施墨线小点金彩绘。西配殿面阔四间 11.95 米，进深 5.7 米，通高 7 米，三柱八檩七架梁前廊式，筒瓦五脊硬山顶。东向开两门两窗，上装花格隔扇门窗，枋檩额等饰彩绘。听泉山房在

正殿左前，与西配殿相对，面阔三间9.4米，进深7.15米，通高7.5米，四柱十檩七架梁前后廊式。重梁起架，筒瓦五脊硬山顶，前后廊施双步抱头梁。阑额、檐檩、垫板等饰墨线小点金彩绘。南北山墙各开一门通后廓两头。此处可东望罗汉崖，赏溪中三潭迭瀑，听泉水弹鸣，是游客品茶和赏景之处。后凉亭也叫龙泉亭，位于听泉山房北10米，东西面阔三间8.95米，进深4.57米，通高5.55米，石材建筑，二柱六檩五架梁卷棚顶。后垂花门在后殿和西配殿之间，是禅房门户，面阔2.3米，进深3.6米，通高4.4米，二柱五檩五架梁门楼式，四角方形垂珠。

禅房在后垂花门内，有西屋和正房等。西屋1间面阔4.17米，进深3.8米，通高4.15米，五檩单脊仰瓦硬山顶。正房六间相连，位于后殿之后。西正房3间，面阔9.9米，进深3.6米，通高5.2米，五檩五架梁无柱无廊式，单脊仰瓦硬山顶，正间开门，次间开窗。东正房3间，面阔9米，进深4.6米，通高3.45米，五檩架梁无柱无廊式，单脊仰瓦硬山顶，正间开1门，两次间开窗。

（四）青帝宫

青帝宫（图3–3–8）位于泰山玉皇顶西南，西靠神憩宫，东接上玉皇顶的盘道，是青帝广生帝君的上庙。创建无考，明清重修，新中国成立前毁。青帝即太昊伏羲，古代神话人物之一，道教尊奉为神。传说青帝主万物发生，位属东方，故祀于泰山。《泰山道里记》载：李戴重修，今上额曰‘慈天广佑’。清末废，1955年重修。现建筑格局较为完整。此庙坐北朝南，为一进式庙宇，平面呈方形，由庙门、正殿和东西配殿组成。

现存青帝宫由宫门、正殿和东西配殿等重要建筑组成。

宫门1间，南向，卷棚歇山顶。石砌拱形门，门框、门槛均石雕，装棋盘式大门。面阔3.55米，进深1.9米，通高3.27米。正殿3间，三柱五架六檩前廊式，卷棚硬山顶，面阔11.25米，进深7.0米，通高7.6米。东西配殿各3间。三柱五架梁六檩前廊式，卷棚硬山顶，面阔10.3米，进深7米，通高7.2米。

（五）神憩宫

在山顶青帝宫西，前临碧霞祠，创建年代不明。内祀碧霞元君卧像，明称“神憩宫”，清称“后寝宫”，清乾隆十三年（1748年）赐额曰：“德溥坤兴”。曾多次修建，现被神憩宾馆所占用。

神憩宫主要建筑有山门、正殿和东西配殿组成。

山门1间已被拆除。正殿5间，四柱五架梁前后廊式，卷棚硬山顶。面阔18.5米，进深7.1米，通高7.3米。东西配殿各5间，四柱五架梁前后廊式，卷棚硬山顶。面阔17.55米，进深7.1米，通高7.2米。尚存的正殿和配殿也已局部改造。

（六）碧霞祠

碧霞祠（图3–3–9）位于泰山极顶南侧，初建于宋真宗大中祥符二年（1009年）。据《泰山道里记》和《岱览》载，唐代前泰山顶上女神早有玉女或元君的称号。宋真宗大中祥符元年（1008年）东封泰山时雕玉女像，凿龛供于玉女池旁。至宋元年间始建玉女祠，金改称昭真观，明洪武年间重修，号碧霞灵佑宫，明成化、弘治、嘉靖年间拓建重修，正殿施铜瓦，明万历四十三年（1615年）铸铜亭（当时称金阙，现存岱庙）。清顺治年间神门上增葺歌舞楼及石阁，清康熙年间因水冲庙毁而重修，清雍正八年（1730年）增建歌舞楼及东西神门阁。清乾隆三十五年（1770年）为防止高山风雨剥蚀及雷击，改正殿为铜顶，大殿盖瓦，鸱吻、檐铃等饰物皆铜铸，乾隆年间建御碑亭及钟鼓楼。清同治年间建香亭，清道光十五年（1835年）又重修。泰安市泰山碧霞祠是座宏阔而完整的宫观。二进院布局，以照壁、火池、南神门、山门、香亭、大殿为中轴线，左右分别是东西神门、钟鼓楼、御碑亭、东西配殿等建筑。南北长76.4米，东西宽39米，总面积2971.8平方米。碧霞祠现存建筑保留了明代的规模及明代的铜铸构件，建筑风格多为清代中晚期的风格。碧霞元君的上庙，位于岱顶天街东首，北近大观峰（即唐摩崖），东靠驻跸亭，西傍振衣岗，南傍宝藏岭，是泰山最大的高山古建筑群，金碧辉煌，俨然天上宫阙。

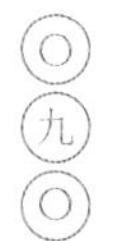

图 3-3-8　青帝宫

图 3-3-9　碧霞祠

主祀碧霞元君，道教尊称为“天仙圣母碧霞元君”，传说为东岳大帝之女。清张尔吱《篙庵闲话》谓：元君者，汉时仁圣帝前有石琢金童玉女，至五代殿圮像仆，童泐尽，女沦于池（泰山顶“玉女池”）。宋真宗东封还次御帐，涤手池内，一石人浮出水面，“出面涤之，玉女也。命有司建祠奉之，号为圣帝之女，封天仙玉女碧霞元君。”民间称“泰山娘娘”。相传为保护妇女、儿童之神。祠院中碧霞元君殿正中供奉碧霞元君鎏金大铜像，殿内悬有清雍正、乾隆御书“福绥海宇”、“赞化东皇”巨型匾额。道教素以泰山（古称岱山，又名岱宗）为“群山之祖，五岳之宗，天地之神，神灵之府”（《续道藏·搜神记》），故泰山碧霞祠之声望远播于海内外，香火极旺，朝山进香者络绎不绝，尤以每年春夏为最盛。1985 年秋，碧霞祠归还道教界管理，为全真道十方丛林。

碧霞元君祠现存的主要古建筑有照壁和火池、神门、山门、钟鼓楼、御碑亭、东西配殿、香亭、大殿、铜碑和“万岁楼”和“千斤鼎”等建筑。

1. 照壁和火池

照壁下部石砌，上部砖作五脊顶，高 3.45 米，宽 5.22 米，厚 0.65 米，北面镶“万代瞻仰”4 字。火池 1 间，在照壁北，又名“今藏库”，砖石建造，面阔 5.3 米，进深 5.3 米，通高 5.7 米，无梁檩，横砖发券，筒瓦五脊歇山顶，北面开 1 门，东西山墙各开 1 窗，是香客焚帛及香纸的地方。

2. 神门

南神门在火池北，上下两层 3 间，通高 5.9 米，下层顶部条石平铺，中间门宽 9.79 米，进深 4.95 米，门道左右各有一小房间相对。上层歌舞 3 间北向，面阔 9.79 米，进深 4.95 米，两柱六檩六架梁，重梁起架，卷棚歇山顶，东西山各开一拱形门，左右通东西神门。檐、檩、垫板等施墨线小点金彩绘。

东、西神门跨盘道而建。形式相同，均石砌拱形门洞。高 3.4 米，宽 3.255 米，进深 5.4 米。上筑阁楼各 3 间，面阔 8.8 米，进深 3.5 米，通高 4.9 米，二柱六檩六架梁，重梁起架，卷棚歇山顶，施墨线小点金彩绘。东西神门各筑石条平铺顶（通路）的小屋与南神门上之歌舞楼相通。

3. 钟鼓楼

位于山门前，东西神门北，形式相同，面阔进深均 5.34 米，通高 7.38 米，方形重檐五脊歇山顶。楼身施四通柱，上下层间施四楼木铺钉木板隔开。上层施角梁、扶角梁、金枋等起架，金枋上横置一圆梁，悬挂兽钮莲口铜钟。鼓楼之鼓架于鼓架之上。

4. 山门

山门（图 3-3-10）5 间，面阔 19.8 米，进深 11.20 米，通高 12.15 米，五柱九檩七架梁，中柱前后廊式。重梁起架，九脊歇山顶。筒瓦、板瓦、大脊垂脊勾头滴水，螭吻走兽等均铁铸。正次间倚中柱装 3 间。梢间砌墙开拱形窗，内置四尊铜像

（相传为四天王或叫青龙、白虎、文曲、武曲星君）。檐下施斗栱，柱头科为单抄手双下昂七踩斗栱。斗栱、檐、檩、普板枋、阑额、垫板、由额及雀替上施墨线大点金彩绘。

5. 御碑亭

东、西位于山门后两侧，形制相同。方形，面阔进深 6.2 米，通高 7.9 米。四通柱，九脊重檐歇山顶，黄琉璃瓦盖顶，檐下施斗栱，一斗三升交麻叶头。施墨线大点金彩绘。四周砌墙，均开一南向及向院内的门，亭内置清乾隆年间登岱诗韵汉白玉碑。

6. 东西配殿

东西配殿各 3 间，形式相同，面阔 13 米，进深 7.7 米，通高 8.4 米。四柱五架梁，七檩前后廊式。重梁起架，五脊硬山顶。檐下施斗栱，柱头科单下昂三踩，斗栱上承托抱头梁（蚂蚱头状）；平身科单下昂三踩，斗栱上托六分头。檩枋斗栱上施墨线大点金彩绘。东西殿供眼光奶奶和二侍童的铜像；西配殿供送生娘娘及二侍童的铜像。板瓦、筒瓦、大脊、螭吻、勾头、滴水走兽等皆铁铸。

7. 香亭

香亭东西配殿之间，正殿前的院中。方形，面阔进深均 5.8 米，通高 8.3 米，黄琉璃瓦九脊重檐歇山顶。亭身四通柱，周列角柱和辅角柱，共 12 根，形成下层环廊。柱上施斗栱，柱头科一斗三升交麻叶头，平身科每面八个，一斗三升交蚂蚱头。上层柱头科斗栱单昂一斗三升三踩，平身科每面六个，角科一斗三升。亭内设神龛，供碧霞元君铜像。

8. 大殿

大殿（图 3-3-11）5 间，面阔 24.7 米，进深 15.1 米，通高 13.7 米。四柱七架梁，重梁起架，十一檩前后廊式。正间宽 5 米，次间宽 4.4 米，梢间宽 3.45 米。九脊歇山顶，四角施角柱，檐下施斗栱，柱头科单抄双下昂六踩，斗栱上承托挑尖梁头；平身科各间数量不同，正间 6 垛，次间 5 垛，均单抄双下昂五踩，斗栱上承托蚂蚱头，角科单翘重昂七踩，转角斗栱上承托宝瓶。歇山檐下及檐后亦施斗栱，形式与前面相同。屋面的筒瓦、大脊、螭吻、垂脊、垂兽歇山等构件皆铜铸。大脊上饰双凤缠枝花纹，戗脊有 6 走兽和 1 仙人，檐上瓦钉处饰立体走龙，歇山与山墙的交角处饰人物图案，每面 9 个。殿内槽柱上施四隔架斗栱，柱上施井字形天花板，正间斗栱围成八角形藻井，中间高浮雕盘龙戏珠。正间神台上装木构雕花神龛，供碧霞元君和二侍女铜铸像，东次间神台上供眼光奶奶及二女侍铜像，西次间神台上供送子娘娘和二侍女铜像。正间悬清康熙皇帝御赐“福绥海宁”匾。

9. 铜碑

铜碑在香亭前两侧，西为明天启五年（1626 年）立“钦修泰岳大功告成赐灵佑宫金碑”，陕西布政使司左布政使井通撰文。东为明万历四十三年（1576 年）立“敕修泰山天仙金阙碑”。

图 3-3-10　碧霞祠山门

图 3-3-11　碧霞祠大殿

10.“万岁楼”和“千斤鼎”

“万岁楼”即铜香炉。在东铜碑前，明万历十七年（1590年）铸，下部是铜鼎，上部圆形重檐亭式顶盖，檐上铸成六垂脊、瓦垄及勾头滴水，上下檐间有重栱双兽头昂，因有“皇帝万岁、万万岁”铭文而称“万岁楼”。“千斤鼎”在西铜碑前。因连鼎加座共一千斤而名之。鼎方唇、直口、短颈、双腹耳、鼓腹、圆底三兽蹄足，腹部铭文“大明嘉靖十九年八月吉日造，大明国京都顺天府汤州房山县（今房山区）等外地坊大石窝店等处善人铸造香炉一鼎连座一千斤”。上有复盆式盖、圆形座。

（七）玉皇庙

玉皇庙旧称太清宫，又名玉帝观、玉皇庙、玉皇祠。位于玉皇顶，庙将峰顶围在院中，是泰山最高处的一组古建筑群。创建年代无考，据《岱史》所载，此处是汉代皇帝封神时的封台，后人因立“古登封台”碑记文，后来在极顶石上建玉皇庙。明成化十九年（1483年）中使以内帑金资重建。明隆庆六年（1572年）侍郎万恭奉旨来祭泰山，命将太清宫移后，“始返泰山之真而全其尊”。清代又多次重修。1955年和1978年分别翻修大殿和亭子。1982年翻修玉皇殿。现存规模大致与明代相当，院南北长23.5米，东西宽28.5米，总面积869.8平方米。

玉皇庙建筑群由山门、玉皇殿、迎旭亭、望河亭和东西配房等重要建筑组成。

1. 山门

山门（图3–3–12）1间，面阔3.75米，进深2.5米，通高4.45米，卷棚筒瓦歇山顶。券拱形石门洞。高2.35米，宽1.5米，门前额嵌“敕修玉皇顶”，门后额嵌“泰山极顶”石匾。

2. 玉皇殿

玉皇殿（图3–3–13）面阔三间，开间10米，进深8米，通高6.1米。四柱七檩五架梁前后廊式，五脊硬山顶。筒瓦、板瓦、螭吻、垂脊、垂兽、走兽等均铁铸，殿内石砌神台，木雕神龛，龛内供明代铸玉皇大帝铜像及二侍童像。

3. 迎旭亭

迎旭亭位于殿前东侧，又称观日亭，面阔三间8.27米，进深6.8米，通高5.8米，四柱八檩六架梁前后廊式，悬山卷棚顶。向西每间安四隔扇门；向东明间安四隔扇门，次间各安四隔扇窗。清晨在此观赏“旭日东升”。

4. 望河亭

望河亭位于殿前西侧，面阔进深及建筑形式与迎旭亭相同。在此同观落日余晖，遥望黄河如带，称为“黄河金带”，是泰山四大奇观之一。

5. 东西配房

东配房3间，在玉皇殿东侧，南端与迎旭亭相接。面阔10.2米，进深4.1米，通高3.7米，四檩四架梁，硬山卷棚顶。西配房2间，与望河亭北山相接。面阔6.8米，进深3.7米，七檩硬山卷棚顶。

图3–3–12 玉皇庙山门

图3–3–13 玉皇殿

6. 其他

院中央极顶石显露，高出地面约半米左右，四周设石柱栏，是泰山的最高点，海拔1545米。院内还有“古登封台”、郭沫若观日诗碑及清代的“东天一柱”、“天左一柱”等碑刻。庙门前置无字碑和明清的石刻。

（八）后石坞元君庙

后石坞元君庙（图3-3-14）俗称“娘娘庙”，在岱阴后石坞独足盘东北，始建年代不明。据《泰山道里记》载：元君庙内有万松亭，后改弥勒殿。自东而上为蔚然阁，下祀吕仙。东有三宫殿，后圮，移像于元君殿西舍。明万历十九年（1591年）修圣母寝宫楼；隆庆六年（1572年）供昊天上帝像；清顺治、康熙、乾隆年间曾重修。清同治年间又修，改称后石坞青云庵。清光绪年间重修又称后石坞庙，民国后渐废。1994年重修元君殿及西配殿。元君庙大致可分为东、西两院落。

东西两院的建筑组群为其重要建筑。

1. 西院

西院有正殿和东西配殿。正殿3间，五架六檩硬山顶，面阔8.7米，进深8.32米，通高6.76米。西配间3间，硬山顶，面阔9.3米，进深4.7米。东配殿2间，已坍塌，面阔、进深均4.7米。东配殿南原有东屋3间，面阔7.9米，进深2.7米。

2. 东院

东院由透天门、正殿、东配殿、圣母寝宫楼等组成。透天门，拱形门洞，单脊两面坡顶。正殿3间，五檩硬山顶，面阔9米，进深4.6米，通高6米。东配殿3间，面阔12.2米，进深4.2米，通高4.3米。圣母寝宫面东，面阔三间9.4米，进深7.15米。正殿、配殿、寝宫楼均已坍塌废弃。院东有石砌元君墓，方石迭涩顶，中盖一方石，清雍正十三年（1735年）重修时将旧塑像埋此。

图3-3-14　后石坞元君庙

（九）王母池

王母池古称“群玉庵”，唐代称“瑶池”，也称“王母池”。位于泰山南麓红门宫东南方0.5公里处。其北靠虎山水库，东临梳洗河，南接环山路，西邻老君堂。依山傍水，绿荫蔽日，风景幽美，又有“虬在湾”、“吕祖洞”、“八仙桥”诸名胜。王母池的创建年代无考，魏曹植《仙人篇》中有“东过王母庐，俯观五岳间”之句，说明那时已经有建筑，后又经唐宋明清重修，遂成现在的规模。现存建筑保存了清代风格。庙由大门、王母池、王母殿、东西配殿、东西耳房、悦仙亭、七真殿和蓬莱阁组成。整个院落是三进式庙宇，南北长73.6米，东西宽53米，总面积约3900平方米。

泰山王母池道观，古称群玉庵。清人聂剑光在《泰山道里记》中记载：“群玉庵，祀王母。宋皇佑间炼师庞归蒙辈居此，赐紫服，题名于石。后人增置药王殿、观澜亭……庵前……古有王母桥，今废。旁为吕公洞，唐双碑韦洪诗谓之‘发生洞’，宋钱伯言纪游谓之‘金母洞’。”上有王母楼，俗称梳洗楼。现在所见的王母池建筑，主要是明清两代多次重修的结果。20世纪80年代至今，王母池经过多次扩建，修缮旧的殿堂，才使得这座庙宇保持秀丽的面貌。

王母池的重要建筑有八仙桥、庙门、王母池和泉、王母殿、东西配殿、悦仙亭、七真殿及吕祖洞等。

1. 八仙桥

八仙桥旧称王母桥，位于泰山南麓王母池前，始建年代不明。据《重修八仙桥碑记》，清光绪九年（1883年）被洪水所毁，由进香者李玉田出资重建于旧址南。桥以块石构筑，拱形桥身，上架石栏。现八仙桥东西向，为单孔石拱桥，长18.05米，宽 2.16 米，高 8 米，拱高 6.4 米，跨度 9.86 米。额题“八仙桥”三字。桥面条石平铺，两侧设置石柱栏杆。

2. 庙门

庙门（图 3-3-15）1 间，面阔 3.45 米，进深 3.55 米，通高 5.65 米。五脊硬山顶，装棋盘式大门。清道光年间徐宗干题“王母池”匾。

3. 王母池和泉

王母池（图 3-3-16）在庙门内，东西长 7.3 米，宽 3.45 米，深 1.8 米，周设带卧狮柱头的石柱栏，中有小桥。王母泉在王母池西，倚西崖墙砌为洞形，洞口高 1.5 米，宽 1.1 米，深 1.2 米，泉水清澈甘冽，水空约 1 米。池北一洞内有宋皇祐五年重修碑 1 块。

4. 王母殿

王母殿 3 间，面阔 9.76 米，进深 7.33 米，通高 6.3 米。四柱七檩五架梁前后步廊式，后廊括入殿中，五脊硬山顶。明间开门，装四隔扇门，次间开隔扇窗。明间内设神台，供王母铜坐像 1 尊。耳房在王母殿两侧，西为道房，东为穿堂，卷棚硬山顶，七檩七架梁，顶铺仰瓦灰埂。

5. 东西配殿

东配殿 3 间，面阔 9.2 米，进深 5.3 米，通高 5.6 米。五檩五架梁，单脊仰瓦硬山顶。正间向后（东）接建一亭，名“观澜亭”，卷棚歇山顶，面阔 3.9 米，进深 2.4 米，内悬“观澜亭”和“咽石山房”匾两方。西配殿亦称药王殿，3 间，面阔 9.45 米，进深 5.07 米，通高 6.05 米。五檩五架梁单脊仰瓦硬山顶，供奉药王孙思邈。

6. 悦仙亭

悦仙亭在王母殿后，为庙会戏台。四柱方栾，边长 5.35 米，通高 4.9 米，台高出地面 2.05 米，东西侧设台阶，四角攒尖顶，下设坐凳栏杆。

7. 七真殿

七真殿分前后两部分，前为廊，面阔 15.6 米，进深 7.2 米，通高 5.3 米。五间三柱七檩五架梁，卷棚悬山顶。前檐柱圆形，后柱方形，施石鼓形柱础。后面三间与前廊相连。三柱七檩五架梁前廊式。五脊筒瓦硬山顶。面阔 9.1 米，进深 5.35 米，通高 6.8 米。供奉七仙。蓬莱阁在七仙殿东，与殿相连，面阔两间 6.15 米，进深 4.4 米，通高 5.6 米，卷棚歇山顶。

8. 吕祖洞

吕祖洞为自然石洞，相传吕洞宾在此修炼成仙。在梳洗河东，洞深 5.15 米，宽 2.3 米，高 1.2 米。

（十）三阳观

位于泰山南麓的投书涧西北，东临凌汉峰，南距五贤祠 1.5 公里。原称三阳庵。创建于明代，道士王阳辉（号三阳）携徒昝复明（号云山）于此“伐木剃草，凿石为窟以居”，后“稍稍营葺访庐居”，名三阳庵。王三阳羽化后，云山承其师志，广结众缘，大兴缔造，形成入门三重，登道而上有殿、阁、台、亭和客寮的较大规模的“丹台紫府”，

图 3-3-15　王母池庙门

图 3-3-16　王母池

更名三阳观。其派系为全真教果老祖师云阳派。三阳观依山而建，为三进院落。前院由山门、影墙、配房组成。中院有混元阁和配房。后院有正殿三间。以门阁、三观殿、真武殿、混元阁、天仙圣母大殿为中轴，两侧配以道房、客室。观虽已圮废，但其格局仍清晰可辨。1976年拆除，今剩山门、混元阁及圣母殿天梯石阶。殿址前石崖壁立，上书“全真崖”。观内外残碑断碣，荒草蔽掩。今修复后的三阳观东西宽60米，南北长90米，南北高差22.5米，占地面积5470平方米，二进院落。今存明万历年间萧大亨撰、王应星正书《三阳庵新建门阁记》，于慎行撰、王应星书《重修三阳观记》，于慎行撰书《登岱六首》，三阳弟子昝复明立《钦差太监樊腾遵奉大明皇贵妃郑淑旨皇醮记文》及冯玉祥《赞满大炼师碑》。

现今三阳观重要建筑有山门、中院和后院建筑组群等。

1. 山门

山门（图3-3-17），东向，砖石结构，拱形门。影墙砖砌，高2.5米，宽3.2米，厚0.7米。在院之西侧置配房3间。北有龙泉井1眼。

2. 中院

中院比前院高出3.2米，由混元阁（图3-3-18）及配房组成。中为混元阁，二层，下层有东西向前廊。面阔10.08米，进深3.8米。上层建在下层的平台上，由下层台阶相通。阁三间，面阔8.8米，进深5.8米，通高5.6米，方石砌墙，顶部也以石为之，不用梁檩，用石横券，三层迭涩冰盘式出檐，五脊殿顶，上覆黄色琉璃瓦，前辟一拱形门和两拱窗。混元阁东有残房3间，面阔9米，进深5.6米，六檩前廊硬山顶。阁西也存残房3间，六檩前廊硬山顶。混元阁东还有一院，北屋3间，东屋5间，西屋1间。

3. 后院

后院建在高出前院13.2米的台基上，与混元阁有故事阶相接，后院有正殿3间已废，面阔13.1米，进深7.6米，一门两窗，带绿包袱心硬山式建筑。殿前东侧尚存古柏1株。

（十一）元始天尊庙

元始天尊庙又称石庙，位于泰山西南麓扇子崖南，明代所建。据《泰山道里记》所记：明代冀州举人王无欲曾筑室于扇子崖顶，复结笆其下，曰“西山别业”。清乾隆末年仅存石庙，曰“无梁殿”，祀玉皇。前为石阁，上祀元始天尊。后曾重修，现有山门、元始天尊殿、东西配殿等组成。

1. 山门

山门位于正殿东侧，东向，砖柱券石砌拱形门，门高2.45米、宽1.5米。原山门外有“救苦台”，其南为庙观墓林。

2. 元始天尊殿

元始天尊殿（图3-3-19）3间，冰盘式出檐，硬山顶。面阔10.75米，进深7.3米，通高7.3米。殿内石券拱形顶，南向开一门两窗，以石雕刻，条

图3-3-17 三阳观山门

图3-3-18 三阳观混元阁

石铺地。神台供元始天尊像，四周有 18 尊立像。在殿前有卷棚房 3 间，二柱五架梁，卷棚硬山顶，明间前后开门。

3. 东、西配殿

东西配殿各 3 间，前廊式，面阔 7.5 米，进深 4.3 米。天尊殿西有地母宫、吕祖祠、太阳庙及圣贤洞等建筑。

二、崂山道教建筑

（一）通真宫

位于崂山惜福镇傅家埠村前 1 公里处，亦名“童公祠”、“童政宫”，为祀东汉不其县令童恢而建。相传始建于汉代，后历代都有重修，现存元延祐年间（1314 ~ 1329 年）的重修童公祠碑。元皇庆二年（1313 年），全真教华山派道士将其改为道观，同时更名为通真宫，但主祀“童大人”未变，并在祠东建道院，有镇武殿、娘娘殿等，从元延祐至清康熙年间都曾重修过。相传通真宫鼎盛时期曾有殿堂 36 间、建筑面积 500 多平方米，占地面积两千多平方米，道众 20 余人。童公祠曾分前后两院，前院祠门三间。正殿三间，为“童公祠”。院中古柏六株，相传为建祠时所植。后殿三间，为童恢的“卧室”。祠后是童恢衣冠冢，封土，呈圆丘形，高丈许，环以围墙。墓地古柏参天，苍郁成林。墓前还有清乾隆年间置碑一座，碑文为“敕封后汉不其尹童府君之墓”。现存童真宫遗存基本保留了元后的格局和经历经维修的殿堂。

现存通真宫（图 3–3–20）建筑主要有：正殿，配殿两座，分前后院，共有大小房舍六十余间，青砖小瓦，砖石结构，属硬山式建筑。前院祠门 3 间，两边耳房彩塑红、白立马各一匹。正殿 3 间，塑童恢生像，有壁画绘记童恢生平事迹及驯虎故事。院中有银杏、古柏、凌霄、牡丹等古树等，其中六株古柏相传为建寺时植。配殿为真虎殿和娘娘殿。殿后为童恢墓（衣冠冢）封土成圆丘形，高丈许，环以围墙，墓前有两个石雕小虎，造型古朴优美，表情温顺，又竖有清乾隆年间石碑 1 通，碑文为“敕封后汉不其童府君之墓”。

（二）华楼宫

位于华楼山上，北临崂山水库，南对葛场众山，东与北九水群峰隔河相望，西有石门山，毗连崂山的花果之乡。元泰定二年（1325 年）道士刘志坚创建，明、清、民国间均有重修。宫内有老君、玉皇、关帝三殿，规模不大，小巧玲珑；此宫依山面壑，地势高爽。建筑面积 278 余平方米，占地面积 2000 余平方米。建筑大部分为 20 世纪 90 年代后所重修。

图 3–3–19　元始天尊殿

图 3–3–20　通真宫

刘志坚是元代博州（今聊城）人，虽然自幼不通文墨，但办事干练，曾为英王掌管鹰坊，兼办外务，人称刘使臣。后来他看破红尘，至崂山出家，在华楼山搭茅庵静修，后以募款于泰定二年建成华楼宫。宫的前院临一大涧，东为院门，西开偏门，占地 2.5 亩（约 1666 平方米）。殿宇坐北朝南、自东向西依山而列，分别为：道房、关公殿、老君殿、玉皇殿。均系砖木结构。庭院呈长方形，面向深谷，竹木森森，院内有 4 株直径米多的古老银杏树，枝干扶疏，绿荫如盖，遮满了大半个庭院。老君殿背靠“碧落岩”，岩下有一泉，名“金液泉”，泉水清冽甘美，大旱大涸。“金液泉”三字系明代石刻，字大 0.25 米，泉帝石壁左上方刻“莱州府同知南津陈栋，登州道指挥平山王住同游北泉蓝田题”。在殿后石壁上刻有“灵峰道院”草书，系明代所刻。

华楼宫（图 3-3-21）的景色优美、石碑众多是其重要的特点。元代礼部尚书王思诚品评华楼山有十四景，即：迎仙岘、松风口、聚仙台、清风岭、高架崮、王乔崮、碧落岩、夕阳涧、翠屏岩、玉皇沿、玉女盆、虎啸峰、凌烟崮、南天门。明代赵贤曾立碑赞它为“海上名山第一”。明代监察御史蓝田曾说：“云满青山风满松，何必沿天三十六”。山上刻石较多，据粗略统计，元、明、清代以来的题诗、题名、题字以及摩崖共三十多处，而且保存完好。明末做过御史的著名东林党人黄宗昌在其《崂山志》中，赞誉华楼“碑书海上名山第一，信不诬也”。

图 3-3-21　华楼宫

出华楼宫西门北上，有一方平地，即玉皇殿的旧址。此处峭壁刻有明代山东提学陈沂所书“翠屏岩”3 个字。岩下的“玉皇沿”，形状奇特，呈椭圆形，像是半个蛋壳在石壁上，沿壁十分光洁，状如人工开凿，实为天然生成，其东镌丹诀首，末作“大德三年（1299 年）十一月二十日云岩子上石”。

翠屏岩之西有一巨石，镌邹善所题“仙岩”二字，岩顶有一长约 50 厘米，深约 20 厘米的菱形石窝，旁刻“天深泉”三字，又因泉形如目，俗名“天眼泉”，此泉虽然位置接近山巅，而且位于巨石顶部，竟常年有水，大旱不涸，令人称奇。泉东有一石，卓立如笋，底部镌“凭虚石”。仙岩西北的山坡上，有一直径约 2 米的天然石盆，名“玉女盆”。王女盆之西的山头是凌云崮，又名灵烟崮。崮南底部有一石洞为华楼宫创建道人云岩子刘志坚藏骨处。洞上镌“灵烟坚崮”、“永丘之坟”。洞旁石上直刻四行“云岩子刘志坚，永丘门、三阳洞”。刘志坚在华楼宫修行 30 年，死后其弟子为他立了一座行状碑，由当时的大学士、光禄大夫赵世延撰写碑文，叙述了他苦修的一生。文中引用了他的一首诗：“三十二上抛家计，纵横自在无拘系。来到崂山下死攻，十年得个真力气。”这表明他并不深信神仙之道。崮顶巨石垒迭如台，自崮东小路北去不远，石壁上凿有几个脚窝，可攀附登上崮顶，顶部约 20 平方米，上面有 14 个石坑，其形如锅、如盆、如盘、如碗，有的如汤匙，恰似一套餐具。崮上还有一座废了的砖丘，俗名“老师傅坟”，所养何人，无从查证。与华楼宫相对的平峰，名“南天门”，虽其险峻不如崂山南部临海之南天门，但石崖突兀巨石如台，刻有邹善章草书“极乐处”三字。石侧有两座人工开凿的小洞，其一名“重阳洞”，因旧祀道教全真派创始人王重阳得名。

（三）太清宫

位于崂山南麓老君峰下。因与山巅上清宫相对称，又名下清宫。依山面海，是崂山现存规模最大的道观。始创于西汉，《太清宫志》载：江西瑞州人张廉夫，仕至上大夫，因碍权要，弃职从道，入终南山。建元元年（公元前138年）来崂山之阳，临海之滨，修茅庵供奉三官大帝，名三官庙。建元三年（公元前140年）再建庙宇，供奉三清神像，始称太清宫。唐天祐、后唐同光、北宋建隆间，普济真人李玄哲、华盖真人刘若拙等，相继重修拓建。南宋庆元至金大安间（1195～1209年）。长春真人丘处机，由昆嵛山来此讲道说法。元灭金后，成吉思汗亦深契丘说，并赐以虎符玺书，主管天下教事。太清宫由此誉声远播。著名道士张三丰、徐复阳、齐守本等都曾在此隐居潜修。明中叶，太清宫日趋衰颓，殿宇倾圮，道众窜亡。太清宫碑刻云："明万历十三年（1585年）憨山大师建海印寺于宫前，明万历二十八年（1600年）降旨毁寺复宫"。恢复后的太清宫，山界殿宇较前扩大，现存之局规模，基本是这一时期形成的。坐北向南，共有殿宇一百五十余间。三官殿旧称三官庙，沿中思线依次为山门、二门、前殿、后殿及配殿厢房等，是一组连贯式的四合套院。

山门为单间木门，灰瓦歇山，向内与二门相对，构成开敞的第一进庭院，两侧东西厢房各7间。二门（图3-3-22）高起于基台之上，三间三门，前后做条石踏阶，两侧平接配房各3间，与正殿相对，东西厢房各5间，围成中心庭院。后殿在三进院的尽头，是庙内的主体建筑，面阔三间，进深两间，前出廊；灰瓦硬山，殿内奉祀"天官、地官、水官"泥塑神像。两侧配厢3间。三清殿在三官殿后部西便门外，再西为三皇殿（图3-3-23），各成独院。三清殿供奉道德、元始、灵宝三尊神像。两侧配殿为东华殿和西王母殿。殿外有古榆1株，传为唐天祐间道士李玄哲手植。阶下有誉称崂山第一名泉的"神水泉"。另有梵刹残迹，竖有"海印寺遗址"碑刻。三皇殿供奉伏羲、神农、轩辕大帝神像。殿门外两侧石墙镶有碑刻，铭记元太祖成吉思汗恩赐丘处机圣旨全文。殿前古柏胸径1.11米，老干空裂，萌生凌霄、盐肤木，成三树一体，引为奇观。

各院厢房多为石砌墙体，青砖挑檐，灰瓦硬山，木门棂窗，造型简朴，宛如民居。院内另有紫薇、银杏等名花古树。据记载，清代蒲松龄曾居此写出"崂山道士"、"香玉"等篇，《聊斋志异》中香玉和绛雪的故事，即取材于院中的牡丹和耐冬。殿宇内外散存历代碑刻多种，另有丘处机诗词刻石及康有为等近代名家的诗文题跋。

（四）白云洞

白云洞（图3-3-24）位于崂山东部海滨，刁龙嘴村西海拔约四百米的山顶上。因洞口四周常年白云缭绕而得名。白云洞初建于唐大宝二年（公元

图3-3-22　太清宫二门

图3-3-23　太清宫三皇殿

743年）。据史书记载，开元末（公元741年），唐朝宋州姜抚求药崂山，弃家为道。姜抚来崂山后选择白云洞这个依山傍海的山洞，当时没有较多人工建筑，仅是将原来巨石下面的一些碎石泥土进行清理而已。到了南宋，江南道教内丹派第五祖白玉蟾来到崂山，对此洞进行了增修。

白云洞现留有白云洞、窝风窟、清虚洞、普照洞等自然景观。

清风阁前的青龙石畔，有一株玉兰，粗逾合抱，树龄当有数百年。绕过青龙阁就是白云洞，白云洞三块巨石结架而成，左边巨石为“青龙石”，右边巨石为“白虎石”。青龙石特别巨大，上平可以登眺，“白虎石”背依悬崖，前临险壑。洞宽深各十余丈，可容纳数十人。洞内原供有铜铸玉皇神像，并曾有“藏园老人”付沅叔题壁：夜月清皎，海气苍寒，玩石抚楹，飘然登仙。白云洞额上镌刻的“白云洞”三字，是日照尹琅若（字琳基）所题，字体雄浑，气势恢宏。洞前有合抱白果树两株，形如巨伞撑天。洞后松树成林，其中一株古松形状奇特，名曰“华盖松”，此松老干蟠曲，遮满洞顶，枝杈斜伸洞外，极是奇观。

白云洞的青龙石下，有一洞穴，穴上勒有“窝风窟”三字，此穴虽不大，但地势奇异，山风过此，回旋不止，故名窝风窟。窟旁有菩萨洞，过去洞中曾供有铁佛1尊，相传是清代乾隆年间道士赵体顺从海岛上得来。顺白云洞南下，还有“清虚洞”和“普照洞”。清虚洞是人工所凿，小而明洁，人坐洞中就可俯视山下的山海景色。

白云洞东南，并列两座山峰，南曰“大仙山”，北曰“二仙山”。白云洞和二仙山之间有一谷，因谷底地势略为平坦便于行走，因而称“逍遥谷”，谷中苍松翠竹特别茂密。谷中有石塔两座，其中一座存放开辟白云洞的白玉蟾（隐士）的遗骨，另一座存放白云洞的开山道士田白云的遗骨。

沿白云洞东侧山路攀二仙山，穿石隙上“天梯”越过“三步紧”即达山巅“会仙台”，仙台容一人，状如座椅，椅背勒一“仙”字，传说登上“会仙台”便可与“神仙相会”。在白云洞向北行约1.5公里有一“斐然亭”，为沈鸿烈所建。白云洞下有一块摩崖刻石所题“白云为家”。蒲松龄作诗题白云洞：“古洞深藏碧山头，羽士已去白云留。愿叩柴扉访逸老，不登朱门拜公侯。砚水荡净海底垢，笔尖点消九天愁。不求人间争富贵，但做沧桑一嘹鸥。”

（五）明道观

明道观（图3-3-25）位于崂山东麓抬风岭前，海拔830米。在崂山的宫、观、寺、庵中，它的地势最高，但道观因四周被重岗复岭围绕，环境却极为幽静。据《崂山地名志》载：在唐代天宝二年（公元743年）这里就有建筑物，为唐玄宗派遣的彩药炼丹人孙昙彩药炼丹的山房。在明道观西南涧水之东，有一方大石，石上线刻观音菩萨像和“勒孙昙

图3-3-24　白云洞

图3-3-25　明道观

彩药山房”几个字。另一块岩壁有孙昙像，旁镌“天宝二年勒彩药孙昙”。向西约三十余米处的一块巨石上，有60余字的一篇石刻，因年久剥蚀已难全部辨认，但“大唐二年三月初六日奉勒彩仙药孙昙”等字，尚依稀可辨。崂山在唐代已相当著名，明道观的这两处刻石是研究崂山历史和崂山宗教传播发展的最早、最可靠，因而也是最宝贵的史料。现存的道观建筑是清康熙五十三年（1714年）白云洞道士田白云的传人宋天成来这里创建的。山门右侧有清宣统二年（1910年）书“明道观”三字。明道观原建时属于白云洞孙不二创建的清净派，后于清乾隆中期改属全真金山派。清康熙五十三年（1714年）由白云洞道士田白云的传人宋天成创建，观内分东西两院，东院祀玉皇，西院祀三清，东西30米，南北25米，正殿3间，左配殿6间，右配殿3间；东西厢房各4间，现在部分已坍塌，东面3间仅剩框架，西面3间仅存房基。院内北侧还有一张石桌，是古时遗留下来的。观院外面有3株银杏树，树高都在20米以上，最高的近30米，胸径都有1米左右，树龄都超过1000年。该观鼎盛时有道士78人，土地160亩（约10.66公顷）。1939年被日军放火烧毁，后逐步修复。新中国成立时，有道士5人。“文化大革命”初期，庙内之神像、经卷、文物被捣毁焚烧，房屋由崂山林场使用。明道观四周有“三仙洞”、“观日台”、“挂月峰”、“望海门楼”著名景观。

自明道观南面的山顶上，有一块巨大的岩石，向南悬探出半身，远看好像一株灵芝草高插半空，这就是著名的“棋盘石”，该石长9米，靠山处高3米，上平如台，可坐十余人，西北悬空下临深涧，看上去岌岌可危，十分惊险。石台面上刻有一双勾十字，旁镌“彩药孙昙遗迹石”七字。

（六）明霞洞

明霞洞（图3-3-26）位于崂山上清宫北1.5公里的玄武峰近山巅处，北依玄武峰，面对笔架山，海拔六百多米，由巨石崩落迭架而成。原是上清宫的别院。据《胶澳志》载：“洞建于金大定二年（1162年）”。洞额“明霞洞”，相传为丘长春所书，刻于金代大安三年（1211年）。原洞高大宽敞，明代道

图3-3-26 明霞洞院落

人孙紫阳曾静修于此。清康熙年间遭雷击，大半陷于地下。洞东一嶙峋巨石尚存有“天半朱霞”题刻，洞外石壁上，刻有“孙紫阳疏”，载有其修行始末。洞西的斗母宫是一座道观，也是现存的主要建筑，始建于元代，明代隆庆年间（1567 ~ 1572 年）由道士孙玄清重修。殿前临涧的客房则建于清代末年。斗母宫之西原有清末所建的观音殿，后在暴雨中被滚石摧毁，但遗址附近的黄杨、玉兰、紫薇等古木仍存，树龄均在数百年以上，弥足珍贵。

玄真洞在明霞洞后玄武峰近巅处的峭壁上，形同华楼宫的玉皇洞，洞额镌“重建玄真□吸将乌兔口中吞”，相传为张三丰手书。玄真洞东有一高约10米的大石，上有7个篆字，为明代陈沂所题，因年久，风雨剥蚀，已不可辨认。

明霞洞虽坐落在玄武峰近山巅处，山后多为垒石覆盖，然而却有上、中、下三处水泉，终年清泉涌注，大旱不涸，为它处所少见。三处水泉尤以上泉为最，开在神龛下的岩隙中，俗称“神水”。明霞洞地处深山，高旷幽静，奇峰四绕。清代即墨县令林溥曾赋诗赞曰：“明霞洞广晓霞鲜，贮月潭空壁月圆。九水苍茫秋色外，十洲缥缈彩云边。”

三、蓬莱阁道教建筑

蓬莱阁道教建筑（图 3–3–27）均位于蓬莱水城西北部丹崖上，主要有蓬莱阁、吕祖殿、三清殿等。

（一）蓬莱阁

蓬莱阁（图 3–3–28）位于蓬莱北部濒海的丹崖山上。蓬莱阁始建于宋嘉祐六年（1061 年），登州郡守朱处约创建此阁。历经明洪熙、成化、万历、崇祯和清嘉庆、同治年间扩建修葺，现主阁为清嘉庆二十四年（1819 年）修葺后的建筑。蓬莱阁建筑群占地面积 1200 平方米。主阁建在丹崖山极顶，坐北面南，东邻三清殿，西与天后宫一墙之隔，主要建筑有主阁、东西配殿、东西厢房等建筑

主阁系歇山重檐二层楼阁，面阔五间，高12.10 米，建筑面积 170 平方米，砖石木结构，清式五架梁，有边廊，琉璃瓦屋面，脊上有吻和六神兽，隔扇门窗，40 个一斗二升麻叶斗栱，阁底回廊环列 16 根大红楹柱，显得气势非凡。正上方悬“蓬莱阁”巨匾，为仿清代书法家铁保手迹。过两厢、配殿两面有方砖天桥登二层楼阁，阁上东、西、北三面设风屏，四周设围栏，梁枋上绘有“八仙过海”、

图 3–3–27　蓬莱阁道教建筑

"蓬莱十大景"、"风竹图"图案，二楼门外额书"碧海春融"，内额书"神州胜境"。阁内北壁正中高悬清代书法名家铁保所书之真迹"蓬莱阁"巨匾。字体雄健浑厚。西壁悬挂董必武、叶剑英、乌兰夫的亲笔题词。室内塑有"八仙过海"群像，形态各异，栩栩如生。一层外墙后镶有清学者裕德题"寰海镜清"，清托浑布题"海不扬波"、鲁琪光题"碧海清风"，用墨浑厚，各具一格。

紧依大阁有东、西配殿和东、西厢房，是清代所建卷棚式建筑，均面阔三间，青筒瓦面。东配殿为"刘公祠"，西配殿为长生殿，内存历代碑刻十余块，有《登州天桥闸口捐康挑沙记》、《重修蓬莱阁记》、《重修登郡西道路记》碑，豫大公祖修蓬莱阁下城垣及苏公祠宇碑等。西厢内墙嵌"蓬莱十大景"石刻，东厢内墙嵌历代文人游览蓬莱阁所题诗、词石刻。阁前两耳房山墙下均立有清代碑刻3方，系清嘉庆、道光和光绪年间修葺蓬莱阁及其附属建筑竣工后立下的纪念性碑刻。其中西耳房山墙外面东而立的道光《重修登州蓬莱阁记》碑，高2.3米，文以行体大字书就，颇有气势。大阁南有高阶下到庭院，西通向天后宫，东通向三清殿，在庭院南壁嵌有冯玉祥1935年5月书"碧海丹心"石刻。

（二）三清殿

三清殿(图3–3–29)位于蓬莱市丹崖山的东端，属蓬莱阁建筑群，又名上清宫。依山而筑，次第升高，坐北朝南。东邻"吕祖殿"，南邻"吴公祠"，西侧紧邻蓬莱阁。上清宫始建于唐开元年间（公元713–741年）。按殿内碑刻中记载，明隆庆六年（1572年）进行过重修。由前殿、正殿组成，总面积为139平方米，有前殿、正殿等主要建筑。

前殿面阔三间，硬山式建筑，面阔10.09米，进深6.85米，单檐四架梁，芭砖，青瓦屋面，外廊明柱2根。殿内金柱2根，殿内左右两侧树有守门神像，左为哼将陈奇，右为哈将郑伦。门旁东西各一个汉白玉石鼓，门前左右有圆弧高月台。

正殿面阔5间，13.53米，进深10.10米。为砖砌墙体四面坡重檐歇山顶，有外帘龙垂莲，上有22个一斗三升栱交麻叶斗栱，下有48个一斗三升栱交麻叶斗栱，两山垂云搏风，芭砖飞檐，砖脊，琉璃瓦，内金柱14根，小方砖地面，1978年进行修葺。殿内原塑像毁于20世纪60年代中期，现为1982年重塑。正中为元始天尊、灵宝天尊、道德天尊三尊神像。殿内立有一通《重修三清殿记》石碑，在内东墙上镶嵌《蓬莱阁三清宫新置瞻庙田地碑记》。

（三）吕祖殿

吕祖殿（图3–3–30），原为"仲连祠"，位于蓬莱水城蓬莱阁三清殿东、宾日楼南。清光绪三年(1877年）知府贾湖、总兵王正起倡建。它坐北朝南布局，由垂花门、正殿、东西厢、观澜亭组成，形式特点为四合院式阶梯状建筑，占地面积120平方米。

正殿、厢房均为面阔三间的硬山式前檐带廊的庙宇式建筑。正殿北壁与宾日楼联体，面阔9.04米，进深8.05米，通高8米，砖木结构，虎皮石墙，硬山，

图3–3–28　蓬莱阁

图3–3–29　上清宫

二龙花脊，青筒瓦。前廊外明柱2根，内金柱2根，全为木板笆，方砖地面，花格栅门窗，8个一斗三升交麻叶斗栱，殿内设高台神龛，中祀吕岩（吕洞宾）坐像，左右侍立药童和柳树精。正殿前明廊西端有碑刻草书“寿”字，面东而立，笔力雄健，碑下款署“光绪甲申仲冬勒于蓬莱丹崖之吕祖阁志斋郑锡鸿谨摹”，此碑与江西九江烟水亭纯阳殿“寿”字碑之“寿”字相同，由九转丹成4字拼合而成，可见此字寓意深刻，而其精湛艺术更令人叹绝。

图 3-3-30　吕祖殿

图 3-3-31　长春观

图 3-3-32　长春观山门

吕祖殿后有宾日楼，俗称望日楼，建于宋代，为八角16柱双层砖木结构楼阁式建筑，高约10米，底层外侧明廊，楼内有木梯，可攀援而上，直达楼顶。二层周匝开圆窗8个，眼界极阔，可观八面景致，纳八面来风，是观赏海上日出的绝好所在，有“日出扶桑”之景。

宾日楼西侧有“吕祖像碑亭”，建于明代，为木结构轩亭建筑，坐南面北，形制小巧，碑的正面有吕洞宾像，背面刻“吕祖降坛诗”一首。吕祖殿前有东西两厢，东厢之南有亭相连，旧志书中有“望海亭”，为清光绪二年（1876年）建，即今日的“观澜亭”。吕祖殿东墙钱壁上尚有明万历三十年（1602年）二月晋江黄克缵《东牟观兵夜宴蓬莱阁》诗刻石，姚延槐“海天一色”碑等文物。

四、济南长春观

长春观（图3-3-31）位于济南市长春观街9号。观始建于北宋大观五年（1111年），元至元四年（1267年）、明弘治七年（1494年）、明正德五年（1510年）、明嘉靖八年（1529年）、明万历四十五年（1617年）及清代多次重修，现建筑为清代所建。其范围南至长春观街，西至土街，东至大杆巷，北至盛唐巷，南北长96米，东西宽33.5米，占地3216平方米。中轴线上共有三进院落，主要建筑包括1处山门、4处厢房、4处殿堂、1处楼阁。

山门（图3-3-32）上有薛蓑书丹的“长春观”石匾。二进院落的大殿为面阔三间，12.76米，进深四间，14.85米，硬山顶，前抱厦卷棚顶，屋面组合为勾连搭。顶覆黑瓦，正脊置宝刹，两端置螭吻，殿前有月台，台阶及石狮现已埋入地下。大殿两侧的配殿为硬山顶，覆黑瓦。东配殿屋后有“丘子洞”，距地表4米深，传为金代长春道人丘处机修炼之处，又传此洞向前蜿蜒5公里。第三进院为阁楼，二层，面阔四间，12.30米，进深4间，6.73米，硬山顶，前出厦，覆黑瓦，屋面营造为用琉璃瓦嵌边成包袱心。这些建筑的木构建彩画及雕刻精美细致。

五、济南华阳宫

华阳宫(图 3-3-33)位于济南华山镇华山南路。华山全称华不注山，又名金舆山，位列济南名胜“齐烟九点”之一。山阳分布十余座道观祠院，其中包括泰山行宫、三元殿、吕祖殿等自成一体的建筑。布局呈南北向，环依山势，起伏连贯，多为对称独立院落。惟营造简约，不尚装饰，皆为单檐硬山，无斗栱昂翘，体现了道教建筑朴素淡雅的造型风格。

华阳宫（图 3-3-34）是宫观的主要建筑，始建年代无考。原有山门两重，一山门早已不存，门前石桥亦淹没于地下。现存二山门，起于梯极高崖之上，面阔三间，前有明柱外廊，顶覆绿琉璃瓦，明间置木门两扇，两次间辟圆洞棂窗，后檐作勾连搭卷棚倒座，两侧附单间边门，门前均砌筑十二级台阶。大殿四季殿筑于迭起的高台以上，顺坡崖砌以砖石，形成基台。殿面阔五间，单檐硬山，顶覆绿琉璃瓦，前檐做勾连搭卷棚 3 间，皆为外廊式建筑。明嘉靖年间，改称“崇正祠”，殿内祀齐大夫逄丑父和先贤闵子骞。东西两厢配殿祀名臣乡贤铁铉、黄禄廉 40 人。明万历时废，仍为华阳宫，祀四季之神。

泰山行宫平列于华阳宫西侧，始建于明崇祯二年（1629 年）。由山门、十王殿、三教堂、净土庵等组成。山门起于十二级石阶之上，门前分列石狮一对，旋毛巨口，昂首对视，门为单间分心柱，内壁嵌有明清碑刻各一块。正殿 3 间，殿前东西两配殿均为 3 间。院中央另起单间娘娘庙，基座高起，顶作卷棚式。正殿内奉祀碧霞元君像，两侧配殿原有 10 尊阎王塑像。后院殿堂为三教堂，3 间，为外廊式建筑，院中央亦有单间卷棚式小殿，内祀观音、地藏菩萨。净土庵居三教堂东侧，正厅 5 间，前有明柱外廊，亭前东西配房各 3 间，硬山卷棚顶，木格花棂门窗，为道场讲经或接待居住之用。

三元宫高起于净土庵之后，吕祖殿远在半山之间，均自下而上分列于山阳，各成不同的院落。另有棉花殿、观音堂、玉皇宫、关帝庙等，皆顺依山势，自成一体。庙区范围内散存有碑刻三十余方，是研究华阳宫建筑发展的珍贵资料。

六、新泰青云山三官庙

位于新泰市青云山东南麓半山腰中，依山就势，气势雄伟，又名三元庙。三官庙为道观，始建年代不详，明末毁于兵燹。清代康熙元年（1662 年）漕运总督蔡士英及三儿毓华，捐资重修，并撰《古嶅山今改青云山新修三元殿碑》，碑中记载：青云山，古称嶅山，春秋时曾列入鲁国祀典，《左传 · 桓公六年》有：先君献、武废二山的记载。鲁武公名敖，为避讳遂废嶅山，具山之祀。北宋宣和二年（1120 年），宋徽宗赵佶以祷雨应验，封嶅山山神爵号“溥灵侯”，庙额“孚泽”。今取青云直上之吉意，改古嶅山为青云山。蔡氏父子相继经营三元殿，遂使青云山之名大著。嗣后康熙九年（1670 年）及四十七年（1708 年）间，乡人又增葺庙宇，始成现在规模。

图 3-3-33 华阳宫鸟瞰

图 3-3-34 华阳宫

庙坐北朝南，由石砌盘道迂回引入，巧借山势层层迭升，分上中下三进院落。纵深36米，南北阔22米，占地面积800平方米。现存建筑由山门建筑组群、三元大殿、殿后景观组成。

（一）山门建筑组群

山门（图3-3-35）起于陡崖梯道之上，面阔三间，当中砖砌拱门洞，门额镌“三官庙”，两侧附有小拱券边门。上层3间，正中南北向辟门，单檐歇山，顶覆黄琉璃瓦，前有回廊与钟鼓楼相通。钟鼓楼均为单间两层，单檐歇山，黄琉璃瓦覆顶，与山门并列一体。山门下台阶共有53级，俗称“五十三参”。由此登庙，道同直立，格外艰险。“五十三参人附蚁”形象地写出了攀登的艰难、盘道的险峻。山门两侧有一对石狮，台阶两侧雕有龙之九子，造型生动，极具动感，堪称石雕之佳作。另外，台阶两侧还有清人刻石两处，东题“观海”，西题“瞻岱”。山门内东西厢房各两间，与钟鼓楼底层相通。

（二）三元大殿

三元大殿（图3-3-36）起于基台之上，前有卷棚，面阔三间10米，进深7.6米，单檐硬山，顶覆黄琉璃瓦，脊饰螭吻垂兽，门额悬“三元殿”木匾，殿内有青石须弥座，供道教神祇三元大帝泥塑坐像。明间立柱木刻对联：“通天彻地以及水德配三才明明有赫，赐福赦罪而解厄功施万类荡荡无名”。二厢房通过回廊与大殿卷棚相通，均为3间两层，单檐硬山，顶施青瓦，庙内现存明清碑刻11余方。

（三）殿后景观

大殿后即青云山主峰，峭壁陡立，“鳌山削壁”为旧时新泰八景名之一。清乾隆时诗人江逵达谒庙有感，赋诗曰：“悬崖古洞锁深烟，步到鳌山便是仙。莫把青云来易字，好从新甫去参禅。石擎僧院凌天半，风扫松花落树巅。泰岱尊严凭仰止，岧绕道岸信无边。”

七、济南长清五峰山道教建筑群（长清五峰山洞真观）

位于长清县城东南20公里处的五峰山。五峰山属泰山余脉，主峰海拔395米，因有五个并列相连的秀丽山峰而得名。五峰自西向东依次为聚仙峰、望仙峰、会仙峰、志仙峰、群仙峰。洞真观就坐落在志仙峰下的绿树浓荫中。据《五峰山志》记载，洞真观创建于金章宗泰和年间（1201～1208年），为全真教道士丘志园、范志明创建。金宣宗贞祐年间（1213～1217年）定名为“洞真观”。元代宫廷封道观为“护国神虚宫”。明万历年间，明神宗朱翊均命黄冠道人周云清辟山重修，“创构宫宇，楼殿岿崇，金碧辉荧，号称极盛”。并为其母李太后修建了一座豪华九莲殿，封太后为九莲菩萨。明万历二十七年（1599年）命全真道士周玄真（即周云清）在这里刻印了《道藏》全经480函，改洞真观为“保国隆寿宫”，并敕建隆寿宫石坊。洞真观在元、明时均有修建，原建筑规模宏大，有三元殿、真武庙、

图3-3-35　三官庙山门

图3-3-36　三官庙三元大殿

玉皇殿、三清殿、青帝宫、九莲殿、吕祖庙等。清顺治六年（1649 年）清兵攻占后，部分宫、观、殿等遭战火破坏。现存建筑有：一天门迎恩阁、影壁、洞真观木牌坊、玉皇殿、真武庙、敕建隆寿宫石牌坊、敕建隆寿宫石牌坊及各种洞窟、碑刻和古树景观。

（一）一天门迎恩阁和影壁

迎恩阁历史上已毁圮，仅存下部的拱券石门。影壁（图 3–3–37）为一字形，顶部起脊，黑瓦挂顶，白墙，墙中心镶方形琉璃饰件，下为琉璃质须弥座。

（二）洞真观木牌坊

洞真观木牌坊（图 3 3–38），二楼三间四柱式，柱础为长方形，两端有刻工精细的卧兽。

（三）玉皇殿和真武庙

玉皇殿面阔三间，进深一间，黑瓦硬山顶。真武庙面阔三间，进深两间，前带厦檐，黑瓦悬山顶。

（四）敕建隆寿宫石牌坊

二楼三间四柱式，每柱南北均由雕刻精美的抱鼓石。

（五）青帝宫

青帝宫前有一百八十余级台阶，使青帝宫遥为壮观。宫为三进院落，前门东西两侧为八字墙，墙上镶琉璃饰件。第一进院落窄小，四面为壁，仅南北有券形门通进二进院。二进院大殿面阔三间，进深一间，前有厦。东西两侧厢房为面阔三间，进深一间。三进院大殿面阔五间，进深一间，带前厦。东西两侧厢房与二进院厢房相同。

（六）洞窟、碑刻、古树及其他景观

三元殿、上清宫、吕祖殿、九莲菩萨殿历史上已毁圮。三元殿前，百丈石阶两侧，还有隐仙洞、栖真洞和崇元洞。

洞真观内碑石林立，其中以立于玉皇殿前东侧的《崔先生像赞碑》最为珍贵。崔先生，名道演，字玄甫，号真静，是金代洞真观的修人。此人博览“三教”之书，更精通医术。其父母去世后，离家拜东海刘长生为师，在五峰山修炼得道。后人为了纪念他，修了这通“崔先生像赞碑”。碑的正面是沈士元刻画的崔先生肖像，另有金元文学家元好问、刘祁、杜仁杰像赞各一，书体分籀、篆、隶三种；碑的背面是杜仁杰写的《真静崔先生小传》。此碑书、画、刻俱佳，在阮元的《山左金石志》中有著录。洞真观三元殿（已圮）前月台上，有金大定十年（1170 年）礼部牒碑，碑文记载了金世宗大定二年（1162 年）礼部奉敕万寿院牒文，是观内最早的碑刻。

玉皇殿后有一株建洞真观时栽植的银杏树，现树干腰围 6.5 米，高 30 余米，树冠周匝三十余米，苍劲茁壮，树翠叶茂，树龄在 800 年以上。玉皇殿东墙外，有一名泉——清冷泉，因在志仙峰前亦名志仙泉，清代英树琴为其题名“清冷泉”。泉旁建有“清冷亭”，亭为石筑，四柱攒尖顶式，南、北侧亭柱镌有楹联曰：“至此息尘虑，对之清客心；露滴仙人掌，云流玉女盆”。

图 3–3–37　长清五峰山洞真观影壁

图 3–3–38　洞真观木牌坊

八、乳山圣水岩玉虚观

乳山圣水岩玉虚观（图 3-3-39）位于乳山市冯家镇孔家村西北 0.5 公里处，为昆嵛山名胜之地，俗称小昆嵛。此地群山绵亘，林岚深邃，水奇峰峭，景色迷人。据 1987 年出土有残碑记载，圣水庵始于汉晋，据今两千余年。据传，唐贞观年间，唐太宗曾派尉迟敬德在此监修宫观，曰“圣水宫”，名字延续至今。据现存的老祖殿内神台前一唐代风格的双层莲花卷草纹石刻推断，唐时殿宇建筑规模已具。后几经兴废，金大定二十七年（1187 年），全真派道人王玉阳在此结茅为庵。元承安二年（1197 年）赐额“玉虚观”。元至宁元年（1213 年）赐名“玉真观”。此时玉虚观“苍松偃盖，古桧蟠龙，碧瓦粼粼，朱门赫赫，天地英灵自然之气相聚”。玉虚观为金元时期全国最大道观之一，是全真道嵛山派的发祥地，金代著名的道教领袖“全真七子”之一的王玉阳，在这里开派传教。至此，这里的道观建筑日盛。元代文学家元好问在《怀州清真观记》中称：“天下道院，武官为之冠，滨都次之，圣水又次之。”玉虚观时为北方第三大道家圣地。自金至明、清，玉虚观屡经修葺，规模不断扩大。据《宁海州志》记载，清咸丰四年（1854 年），玉虚观进行最后一次重修。重修后的玉虚观，殿阁庄严，碑碣林立。其建筑有：玉皇阁、万寿宫、三义殿、三清殿、灵宫殿、老祖殿、老母殿、三官殿、钟楼、石牌坊、戏楼、客厅、仪门廊坊等。另有十景：虎涧春云、断岩圣水、玉阳洞天、御碑濯雨、石柱撑霄、远峰卓笔、峭壁悬书、松岭浮青、竹园易翠、风岗秋月等。玉皇阁最为宏伟，分上下两层。下层为 12 根八角石柱支撑，上层为斗栱飞檐结构，内塑玉皇大帝像。阁顶为绿琉璃瓦。万寿宫为主体建筑，宫身面阔五间，进深 5 米，墙外前檐有承重柱阶和阶廊，两山墙各有一碑碣，西壁为明代提督学政邵贤诗碑，东壁为和邵贤诗刻石，宫内塑有全真道祖王重阳及全真七子像。1992 年 5 月被定为山东省重点文物保护单位。现存玉虚观的重要古建筑和石刻有玉虚观记碑、老祖殿、圣水岩洞、玉阳洞天、客厅、厢房及众多石刻、石碑等石构件。

（一）玉虚观记碑

此碑立于金贞祐二年（1214 年）五月，通高 5.66 米，阔 1.25 米。碑额阴刻小篆“玉虚观记”四字，为宁海州学政范景纯书。额有四龙盘绕，每侧分别有二龙头并列向下方，刻工精细。碑文为金代朝散大夫国称所撰，宁海州学政王良臣书丹，计有 1460 余字，正楷阴刻。碑文记述了玉虚观建造始末及王玉阳传教的一些史实。碑阴为王玉阳宗派世系图，正楷阴刻，记其弟子 300 余人。该碑座为

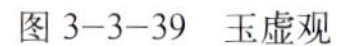
图 3-3-39　玉虚观

赑屃，身高 0.95 米，宽 1.43 米，长 2.87 米，头颈 1.05 米，现全碑保存完好。此碑为胶东记载全真道最早最大且最完整的记事碑。在我国现存的道教碑刻中堪称精工巨制，是研究金元时期道教活动的重要实物资料。

（二）老祖殿

老祖殿（图 3-3-40）是群殿中最小的殿，东西宽 4.56 米，南北长 4.20 米，基上至檐高 3.17 米，室内神台前沿为一整块石条做成，前面下刻两层莲花，上刻卷草花纹，似唐代风格。室内壁原有记事文字，记载建殿情况。

（三）圣水岩洞

圣水岩洞内东西有二泉，流水长年潺潺，二泉一停一注，12 年一周，东西相更替。因此水之奇，自古被誉为圣水，圣水岩因此故名。洞内有水神娘娘和陶制小船。洞口面南，洞内北高南低，深 9 米，最高处 8 米，洞口踏石上面刻“大安二年”四字，洞外东侧上刻“圣水岩”三个大字，单字高 59 厘米，宽 45 厘米，洞口外西侧石壁上有阴刻七言诗一首：“道高曾受帝王宣，敢得金书赐体玄，道法一身升羽化，铁查山下水依然。即墨石匠曲道明大安七年刻。”

（四）玉阳洞天

玉阳洞天（图 3-3-41）在圣水岩洞东侧 23 米便是“玉阳洞天”，此洞距地面 15 米，洞口呈拱形，高 2.1 米，宽 0.85 米。洞内略方，进深 6.23 米，高 3.26 米，中凿神台，四周可通。神台背面凿一龛面北，西壁凿三龛，东凿四龛，原各龛内皆有造像（为七真人像）。洞上方有“玉阳洞天”刻字，单字高、宽都在 0.65 ~ 0.75 米，洞口下方，东西两侧各有 12 级台阶。此洞为王玉阳修炼之处。

（五）客厅、厢房

现存有一正两厢，为道观的客厅、客房。客厅 5 间，东西长 14.7 米，南北宽 3.95 米；东厢现存 3 间，南北 6.95 米，东西宽 3.90 米。

（六）其他石刻、石碑等石构件

现存石狮、石兽、八角石柱等石构件。完整的石狮一对，在正阳门前，双狮瞠目如吼，栩栩如生，造型和风格为宋金时期。进山的第一道石牌坊，为青龙门。石牌坊门外有一无头石狮，石狮背上驮一小狮。牌坊门已毁，无头狮仍在。二道石牌坊门已毁，但础石仍存在。石柱为八棱形，直径为 50 厘米，高 12 米，原为道观玉皇阁建筑构件共 12 根，现存 3 根。在圣水岩遗址的东北角，有东西排列一行 4 根方形石柱，柱的顶部均开榫，为早期宫观构件。

图 3-3-40　老祖殿

图 3-3-41　玉阳洞天

九、文登东华宫

位于文登市西 25 公里昆嵛山南麓紫金峰前。金大定二十二年（1182 年），丘处机的师兄马丹阳，东游途经这里，见到昆嵛山巍然磅礴，环踞数百里，唯有紫金山之峰占一山之秀。他被这里的万松锁翠、清泉巨壑、奇花异石、洞开隐隐和灵山钟秀所动，情不自禁地脱口道“此洞天福地名胜处也”。于是在原祀东华帝君的故宅之上，复建殿堂，取名“东华宫”，创筑“契遇庵”栖真传道修炼。马丹阳询访道宗推原仙迹，方知为东华帝君之故宅。东华君名王元甫，道号东华子，曾居于昆嵛山紫金峰前结草庵为屋传道，额称“东华观”。后来王元甫迁居五台山，为全真教第一代祖师。元至元六年（1269 年）赐号“东华紫府少阳帝君”，元至大三年（1310 年）加封“东华紫府辅元立极大帝君”。马丹阳召集众道，复营殿堂，规模颇巨，称曰“东华宫”。正殿里供奉着玉清、上清、太清三个仙人，称三清殿。宫观中还有三官殿，内供天官地官水官，同时还供奉吕洞宾、王重阳、汉钟离等人。金贞祐年间，山东起兵，东华宫毁于兵火。后来，七真人之一王玉阳曾居住文城天宝宫，游经紫金峰见师兄故宫被毁，甚感不安，遂令其徒扈庆广积财宝修复东华宫。元大德六年（1291 年）道士李道元，来到紫金峰竭力兴筑东华宫，使其规模进一步扩大。并于紫金峰开凿石洞，称“紫府洞”，在洞门口上方刻有魏书“东华宫”3 字，凿五祖七真人像等 17 尊放坐洞中。建五华碑，刻记其修筑经过，又以四碑为壁建亭，亭中树立东华帝君碑。亭下存石踩石面上，亭子横额书有“东华紫府辅元立极大帝君碑”十二字，为著名书法家赵松雪所书。碑立于元皇庆元年（1312 年），明代中叶建筑被毁。今日东华宫现宫址上仅留元皇庆六年（1312 年）《东华帝君碑》一通，为张仲寿书，赵孟頫篆额。原宫北石崖之上凿有一个石洞，上刻“东华洞”三个楷书大字，为元大德六年（1302 年）开造，洞内昔有汉白玉石雕七真人像，元至正三年（1343 年）道士耿道清曾在洞上方建一石阁，内奉玉皇大帝之像，故名玉皇阁，后均被废。1993 年春夏，在原址重建气势宏伟的三清殿，初见当年东华宫之一斑。三清殿为东华宫建筑群体之首。殿内供奉着道教最高尊神“三清”：玉清（元始天尊）居中，上清（灵宝天尊），太清（道德天尊）分列左右。他们正襟危坐，手中分执火球、宝镜、红缨，似给人们诠释着宇宙的演变和人类的进化。殿内四壁，绘有色调明丽的壁画，每幅都告诉人们一则道家经典故事。

图 3-3-42　东华宫石构遗存

现存东华宫古建筑主要是一些石构遗存（图 3-3-42）。

在东华宫之上，有巨岩耸立，岩上宽平。玉皇阁屹立于巨岩之上，全由巨岩垒成，也是一大奇观。东华宫下有石桥，原名迎仙桥，因桥头有石刻巨人 2 尊，手握宝剑，故称将军桥。此桥为李道元的弟子耿道清修筑，桥高 13.3 米，长 40 米，宽 4 米，粗放而壮观。

今紫金峰后“契遇庵”及“洞天”、“福地”石刻，丹井、石盆、师槽等真人遗迹仍在。紫金峰前“东华洞”和洞上“玉皇阁”（图 3-3-43）、洞前东华宫石阙及阙前四尊石狮等至今保存完好，“五华碑”残碑仍在。紫金峰左涧的“紫金泉”、“十方洞”石刻和东华宫遗址犹存。但东华宫建筑群早已毁于一旦，只留下残垣遗迹。1993 年，修复东华宫遗址中的三清殿。

十、烟台毓璜顶

位于烟台市区中心，原名玉皇顶，因有玉皇庙而得名。玉皇庙始建于元代，明清以来，多次重修。清光绪十九年（1893 年）重修玉皇庙时，雅士刘次垣等人改“玉皇”为“毓璜”，沿用至今。现有建筑基本保留着清代末年的构架及其风格。毓璜顶主要包括玉皇庙及小蓬莱阁两组建筑群。建筑面积五千余平方米，皆为砖木结构。玉皇庙高居山顶，坐北朝南，二进院。以山门、大殿、后殿为中轴线，对称布列。建筑可以分为山门群组、玉皇殿群组、小蓬莱阁群组等。

（一）山门

山门（图 3–3–44）前数十米的石阶坡道之下，原有高十数米的旗杆一对，分列路侧，今已拆除。阶前有戏台一座，每年正月初九，玉帝诞辰为庙会日，在此设戏。戏台今毁，唯余花岗石台柱 3 根。山门 3 间，中为过道，东西二间各置神将泥塑一。山门东西各设侧门一，东门上置“毓璜顶”横匾。侧门之东西，分别为钟楼、鼓楼。楼为方形，二层楼阁，十字顶，翘角飞檐。

（二）玉皇殿

玉皇殿（图 3–3–45）居于院中，系主体建筑，3 间，面宽 10 米，进深 8 米，硬山顶，设前廊、飞檐，殿前开 3 隔扇门，门上各一横匾，一为清光绪十九年（1893 年）题，二为清宣统三年（1911 年）题。殿内原有三组泥塑，后毁。1984 年，又重塑玉帝、老君、教主像并绘天神壁画。又北为后殿，硬山顶，共 7 间。东西厢各 8 间，纵贯前后二院，亦硬山顶，前出廊。正殿后门、后殿 3 门及隔院之 2 便门各在木门上刻有天宫仙乡内容的对联。

（三）小蓬莱阁

在毓璜顶东坡，最东坡下为牌坊（图 3–3–46）。牌坊木石结构，四柱三开间，上为木制斗栱挑檐，庑殿式瓦顶，密布龙吻脊兽。正中题刻：“小蓬莱，龚易图题。”循石径而上，为砖砌月门。又西高台，

图 3–3–43　东华洞和玉皇阁

图 3–3–44　山门

图 3–3–45　玉皇殿

则为小蓬莱阁。阁坐西朝东，共3间，其西壁与玉皇殿东厢相接。硬山墙，卷棚顶。东向通为隔扇门窗，东、南、北三面皆环以回廊，与玉皇庙后殿东山墙及转北廊庑连成一体。小蓬莱阁旧祀吕祖神像，故又称吕祖殿。其南、西、北三壁皆绘八仙人物。向若亭在小蓬莱阁东北，六角攒尖顶，木构梁架。碑廊在玉皇庙西南侧，为面东的南北长廊，原为木构，廊内原有诸石碑，今多毁。此外，碑廊西侧山顶，新建玉皇阁，三层六角，阁楼式，水泥结构，高16.93米。为俯瞰市区、远眺海景之制高点。

毓璜顶建筑，皆因山就势，以精巧灵秀为特色，山势雄秀，树木葱茏。

图3-3-46　小蓬莱牌坊

图3-3-47　长清峰云观

图3-3-48　峰云观玉皇殿

十一、长清峰云观

位于长清县孝里镇境内大峰山南麓。此山海拔446.9米，南北长12.5公里，东西宽9公里。因山势围合，三面峭立，曲如列屏，形若其掌，顶峰高而大，而得名大峰山。据史料记载，大掌，北有天麻峪，东有璇玑洞、峰云观，西有三教堂。道、儒、佛均有遗迹。

峰云观（图3-3-47）最早创建于汉朝，是一个具有悠久历史文化的道教名观。坐落于大峰山中部，是济南市最大的道观。它红墙碧瓦，气势巍峨，周围山峦叠翠，泉水潺潺，自明朝起就香火旺盛，游客如云。有史料记载：元末明初有道长范真峰云游至此，发现山中经常发出祥光岚气，认为是修道的吉祥之地，于是广招弟子，募缘四方，扩建了这处修道圣地，观内建筑错落有致，飞檐斗栱，雕梁画栋，环境清幽，鸟语蝉鸣。峰云观是大峰山古迹聚集的道教场所，坐北向南，坐落在北山腰云绕之处，今仍保存着较为完整的明清建筑149间，建筑面积三千多平方米。玉皇殿、泰山行宫、无极殿、奎文阁等为其重要建筑。

（一）玉皇殿

玉皇殿（图3-3-48）是峰云观内建筑群中的主要建筑物，分为前厅和凌霄宝殿两大部分。前厅又称三官殿，是供奉天管、地管、水管的地方，内塑三官神像。在凌霄宝殿内正面是玉皇大帝神像，东西两侧塑有八位天兵天将，有雷、电、风、雨等神像。东西墙壁上有彩绘壁画。

（二）泰山行宫

泰山行宫又称三青楼，是峰云观的又一重要建筑，创建于大明天启四年（1624年），殿内塑有碧霞元君、王母娘娘、马山奶奶、送子娘娘、眼光奶奶五位神像，在泰山行宫的后边有一密室，原名叫黑屋子。

（三）无极殿

无极殿为依崖石砌成的全石结构、拱券、柱式平房，高3米，宽5米，长9.34米，上看为平台，下为洞室，砌有石阶，可穿堂而过。

（四）奎文阁

奎文阁在峰云观西边，是20世纪初的建筑，金黄琉璃瓦覆顶。奎文阁门内，有一金蝉洞，为自然岩洞，进深10米，宽5.7米，洞口中间建有石结构方形小庙，庙两侧分成进出两个洞口。奎文阁前顺东向石阶而下，为道人坐化室7间。

峰云观古建筑依山布置，建筑格局构思巧妙，不仅建筑密集，楼台亭阁设计独特，而且古树参天，清泉甘洌，溪流淙淙。观内有树龄达七百余年的古槐、古柏。道人住院东北角的青龙潭，泉水可供五六十人长年饮用，从无枯竭。最令人神奇的是院后的豆腐泉，旧称“圣泉”，该泉凿崖壁数米深为池，泉水从泉池上方的石壁顶上渗出，叮咚作响，常蓄水两立方，永不干涸。

十二、肥城玉都观

玉都观原坐落在肥城市桃园镇南北王村，始建于20世纪30年代，由于缺乏保护和维修，破坏严重，墙壁、檩梁多处断裂，彩漆脱落，门窗残破不全。为保护好这处文物古迹，1992年将玉都观移到新城市区长山街南端，与正在筹建的博物馆连为一体。玉都观的主要建筑有前大殿、后殿。

（一）前大殿

前大殿（图3–3–49）为吕祖殿，坐落在高1.6米、宽14、进深17米的台阶上，面阔三间，砖石土本结构，为四角单檐、五脊歇山顶、四面出厦，有20根石柱支撑四侧檐面，木椽、绿琉璃瓦相配，衬托着高大的鸱吻与脊兽，使这座建筑既有江南楼阁的灵秀，又兼有北方建筑的浑厚，别具一格，独具匠心。吕祖殿东西山墙，是以吕洞宾生平故事传说为情节绘制的大型壁画，主要有吕洞宾的出世、赶考、戏牡丹、释师、邯郸梦、终南山学道、江淮斩蛟、三醉岳阳楼、八仙过海等故事组成，画面高2.8米，长20米，总面积56平方米。两山墙中心为吕洞宾全身像，传说故事巧妙地安排在上下左右，以单线平涂工笔重彩为主，构图新颖生动，色彩浓淡相宜。石柱外侧均刻有真、草、隶、篆等书体楹联（图3–3–50），共有14对楹联。有魏碑体楹联，刚劲浑厚，字体端庄大方：“从岳阳三醉以还胜地驻仙踪夜月一樽黄鹤舞；具丹篆千年之术名山留古刹风儿度碧桃开。历城弟子魏金宽敬撰并书”。有草书楹联，气韵皆足：“家首阳号纯阳剥阴养阳阳气常充地开不生不灭；本李姓更吕姓埋名隐姓姓氏益昭今古如阜如山。河南人吴伯光撰书。”如隶书楹联：“称佛称仙称圣教虽并立只一鼎；谓释谓道谓

图3–3–49　玉都观前大殿

图3–3–50　玉都观前大殿楹联

儒理乃同归不二门”。前殿基壁，有描绘西游记故事的浅浮雕，12 幅完整而简练的构图，把悠长而复杂的故事内容高度概括起来，比例协调，百看不厌，耐人寻味。檐下的看板，有木质浅浮雕的八仙人物和道教鼻祖老子，九个仙人各持自己的宝物，形态各异，后殿眉板有九条龙连接起来，安排穿插有序，雕刻活灵活现。

（二）后殿

前殿和后殿（图 3–3–51）之间相距 40 米，中间为一小桥，小桥两边是重建时新修的水池。后殿为三教殿，是在 20 世纪初主张三教合一的思潮下兴建起来的，传说先有三教殿，后有吕祖殿，不知何原因，规模比前殿小。此殿为硬山单脊，砖石土木结构，前出厦，有四根明柱支撑檐面，殿内两根盘龙荷花云纹透雕石柱，高 5 米，采用写实手法，通体透雕，上部是卷云纹，下面是荷叶，中间有盘龙，雕刻工艺细腻。柱础、门框、台基周围的雕刻，布满民间故事、神话传说以及花草虫兽为内容的各种图案、浮雕。从构图安排到刀法技艺，新颖、细腻。月台的基座四周，有以二十四孝等民间故事为题材的浮雕图案。后殿也刻有楹联，共有三对。门旁有行书楹联，字体清秀挺拔：“功名富贵只在囊枕经过，胡独我廿年游宦无好梦一场，愿到邯郸邱中睡去；忠孝神仙阅尽沧桑巨变，为度此万劫众生提法剑三尺，遥从岳阳楼上飞来。肥城西付村李传煦撰文，桃园固留村董羽笙书。”两边有正楷楹联，颇有颜真卿书体的气势。“山色水色烟霞色只是要修养大众各明本性；松声竹声钟盘声无非欲振起群生共发婆心。东阿人张怀斌撰书”。殿内是儒、道、佛主要人物绘于一室的综合壁画，高 3 米，长 23 米，总面积 69 平方米。正面上层为道教主神，中为玉清原始天尊，左为上清灵宝天尊，右为太清道德天尊，罗列两边的玉皇、王母、地官、天宫等也属道教范围；下层中间为释迦牟尼，左右为文殊、普贤菩萨，两边为佛教众弟子；东山墙上层为孔子和众弟子；西山墙上层为孟子和众弟子；两山墙下层为佛教的风雨雷电之神和护法金刚。

第四节　伊斯兰教建筑

据现有文字记载，伊斯兰教于 1265 年传入山东。至今已有穆斯林约 53 万多人。山东地域穆斯林最显著的特点是其适应性强，在孔孟文化的浸润下，儒、伊两种文化紧密结合，无论从宗教礼仪、宗教文化和宗教建筑等多方面都具有较为显著的中国特色化。

一、济宁顺河东大寺

位于济宁市区古运河西岸，背依商贾云集的竹竿巷，是一座规模较大的伊斯兰教寺院（图 3–4–1）。始建于明代洪武年间，相传朱元璋为表彰有功的回族将领胡大海而建。据寺内清同治六年（1867 年）碑记载，在明天顺时即有一古寺，在济宁台东棉花街。后在明成化时由当地穆斯林社首马化龙父子出资将寺迁至今地。又据民国 29 年（1940 年）公建

图 3–3–51　玉都观后殿

图 3–4–1　东大寺

顺河东大寺碑记载，寺创建于明朝成化年间，清康熙年间穆斯林集资重建，建筑规模宏伟，“洵属南北回教寺院之冠”。清同治元年碑记载，清乾隆年间重修礼拜大殿等建筑。据建筑学家考证，该寺大门为明代遗构，其他建筑造型为清乾隆时所建。该寺全部建筑高大巍峨，布局严密，结构合理，工艺精湛，是中国伊斯兰建筑的代表作之一。寺院坐西向东，主体建筑沿东西轴线排列，依次为序寺、大殿、望月楼三部分，建筑面积4184平方米。

寺院主要有序寺、大殿和望月楼几组建筑。

（一）序寺

序寺部分主要包括木栅门、石坊、大门（图3-4-2）、邦克楼（图3-4-3）和南北讲堂。寺门朝向大运河，为单檐歇山式砖木石建筑，3间3门4柱。第一道门是木栅栏式。栅栏后立有牌坊，建于清康熙三十九年（1700年），完全采用汉白玉精选石料，石坊为四柱三楹，因云板上左日右月分饰两旁，故称“日月坊”。门额镌刻“清真寺”3字。石坊后有大门3间5檩，屋顶歇山造，用绿琉璃、黄剪边，有跑龙脊。大门左右有抱鼓石、盘龙柱和盘花柱等雕饰，门两边为八字墙。据说，乾隆下江南时曾同皇妃在此驻跸并敕建该寺，因此寺门的两根立柱上雕有盘龙图案，门两旁的八字墙上有云龙图画。两侧为南北讲堂各6间，皆为硬山式建筑，各6间，灰瓦覆顶，是阿訇讲经的地方，亦称“经堂”。再往后为院中邦克亭，二层，重檐圆顶，下檐带垂柱，形似楼房，为穆斯林节日期间阿訇宣读《古兰经》及号召穆斯林“礼拜”之用。

（二）大殿

大殿（图3-4-4），是全寺的主体建筑。面阔28米，进深40余米，最高点33米，由卷棚、正殿、窑殿组成。卷棚居前，面阔五间，进深两间，为单层歇山式，三面18根立柱支撑，勾连搭于正殿前沿。正殿为单檐歇山式，3楹，前置金丝楠木隔房门12扇，上嵌阿文图案。殿内置24根直径0.6米的圆木通柱，承托着广厦42间。顶覆黄琉璃瓦，檐下斗栱精致，后檐连接着窑殿。窑殿阔三间，进深两间，顶呈六角形伞盖式，黄琉璃瓦覆面，高耸于正殿之上。正脊吻兽高突，上饰16条滚龙，基座上设两颗明珠，鎏金宝瓶高耸，垂脊均饰以龙纹、鸱尾、走兽等，出挑处垂以风铎。檐下斗栱罗列。殿内油漆彩绘，装饰精致，光彩熠熠（图3-4-5）。宽敞的空间可容纳十千余人同时进行“礼拜”活动。

图3-4-2　石坊与大门

图3-4-3　邦克楼

图3-4-4　东大寺大殿

（三）望月楼

殿后即望月楼（图3–4–6），是穆斯林“斋月”期间登高望月的地方。楼为双层飞檐阁式建筑，庄严古朴，小巧玲珑，顶脊均用龙凤、花卉图案的琉璃瓦覆顶，两层檐下皆以斗栱承托。后门为两柱牌坊式建筑，上悬“古礼拜寺”匾额，两根石雕柱皆雕以凤穿牡丹、花卉等图案，凤鸟展翅欲飞，与前门的雕龙抱柱相遇成趣，寓以“龙翔凤翥”的祥瑞意境。大殿北侧设有水房，是穆斯林教徒沐浴的地方，南侧为阿訇的居室。清真寺的后边，大殿紧靠人烟稠密的闹市区。为了与周围环境相协调，保障清真寺的整体美观，设计者采用了牌楼做后门的格局。后门楼深、阔各三间，中间设门。由门屋内拾级而上便是望月楼，单檐歇山，琉璃瓦顶，夕阳下熠熠生辉。后门两旁八字墙外展，门前有栅栏花墙遮挡，将中央单间单楼式牌楼加以烘托。有如此富丽堂皇后门建筑的清真寺，也是不多见的。

在与南北运河几乎垂直的东西上百米的中轴线上，从石坊、大门、南北讲堂直到大殿，建筑高度步步升高，过渡到30米高的后窑殿才是最高处。然后逐步舒缓回落到后门牌楼，高低疏密恰到好处。布局合理，排列有序，主体突出，错落有致。把中国传统的宫殿建筑形式与伊斯兰文化融汇一体，浑然天成。

二、济南清真南大寺

清真南大寺位于济南市市中区礼拜寺街。始建于元代，旧址在历山西南。元成宗元贞元年（1259年），山东东路都转运盐使司木八剌沙奉命在寺址建运盐司部，礼拜寺迁至泺源门西。明宣德年间迁于此。明弘治八年（1495年）《重修礼拜寺记》载：“礼拜寺旧在历山西南百步许”。同年，购地扩修了礼拜大殿、讲堂、斋戒所、浴室等。明嘉靖三十三年（1554年）重修教化楼，建记事碑。清道光十三年（1833年）又增建仿木结构砖雕影壁，建影壁记事碑文嵌于寺门南侧墙内。清同治十三年（1874年），重建南北讲堂。民国年间，先后重建“邦克楼”（唤礼楼）。新中国成立后，国家曾多次拨款进行维修。1980年正式对外开放，是东部沿海地区规模较大、建筑艺术风格独特、影响较大的清真寺之一。清真寺坐西面东，平面呈长方形，占地6630平方米，沿中轴线自东向西依次为照壁、邦克楼（唤礼楼）、望月楼、礼拜楼，两侧附沐浴室、讲经堂、教长室等，左右对称，成二进四合院。

寺院的主要古建筑有照壁、邦克楼、望月楼、礼拜殿等。

（一）照壁及邦克楼

照壁（图3–4–7）立于寺正前门外，底部为石砌须弥座，壁身由磨砖细砌，壁心由方砖斜砌拼成。

图3–4–5　东大寺大殿内景

图3–4–6　望月楼

邦克楼（图 3-4-8）面阔三间，素面条石砌筑。底层即寺之正门，拱券高起，额镶嵌徐世昌手书“清真寺”。两侧由砖雕八字墙链接左右边门。二层由青砖砌筑，单檐庑殿顶，斗栱为单翘单昂，顶施黑色筒瓦。正脊饰有螭吻，垂脊饰天马狮兽，向里一面为隔扇门窗，并设连搭敞廊，临街一面明间辟门，用以召唤教民前来礼拜，故又称“换礼喽”。

（二）望月楼

望月楼（图 3-4-9）建于十三级踏阶的高台上，居大门与礼拜殿之间，是斋戒月登楼寻月之处。楼为二层，面阔三间，底层中央为通往礼拜殿的过厅，二层环设围廊，单檐庑殿顶，上施黑筒瓦，外廊环立方形木柱，檐下无斗栱，有挑檐枋直接承托檐椽，翼角翘起，脊顶遍饰蔓草花卉和狮犼吻兽。

（三）礼拜殿

礼拜殿（图 3-4-10）为寺内主体建筑，建于高 4.1 米的台基上，面阔五间，进深十间，可供千人同时礼拜。由抱厦、前殿和后殿三部分组成。抱厦和前殿建成于元末，后殿建于明朝中叶。抱厦门为入大殿前稍事整洁的场地，前列明柱，进深三间，歇山卷棚顶，檐下施单昂麻叶头栱，用材讲究，布置疏朗，均素绘花草纹饰。前殿进深四间，单檐歇山顶。后殿进深三间，单檐庑殿顶。两殿顶部相接，介以天沟，组合采用勾连搭法式，整体衔接尚属统一。外檐下环成护廊，密列方木檐柱，殿顶统施黑色筒瓦，举折颇陡峭。正脊较短，饰有螭吻，正中高竖黄色琉璃宝顶。垂脊漫长，同砌高浮雕蔓花卷草并饰有狮犼走兽。殿内矗立 36 根圆木金柱，柱上为抬梁式房架，梁柱构件均饰以红油漆。礼拜殿内有 12 个巨大林质隔扇、4 个巨型窗，均为透雕着古库法书法体的《古兰经》章节，饰以中国古典图案，亦为国内清真寺少有的艺术品。礼拜殿内西墙建有浅窑，名为“米哈拉布”殿内西北角置木质讲坛，名曰“敏拜雷”，

图 3-4-7 南大寺前照壁

图 3-4-8 邦克楼

图 3-4-9 望月楼

图 3-4-10 南大寺礼拜殿

供聚礼日或节日会礼念“虎图白”所用。殿后壁有券拱浅窑殿，为面向麦加克尔白（天房）礼觐拜见的朝向。整个殿堂深邃而肃穆。

此外，寺内匾额和碑刻众多，其中明代横匾1方，清代7方，书体各异，雄浑端庄（图3-4-11）；碑刻27通，勾勒出了该寺的沿革基本情况，如《重修礼拜寺记》等。《来复铭》碑，大字遒劲，论述精深，为该寺创建初期之遗存。

三、济南清真北大寺

位于济南市永长街（图3-4-12）。清乾隆年间（1736～1795年）始建，后不断修葺。建筑规模宏伟，布局完整，风格独具，全寺占地八亩一分多，建筑面积2252.23平方米，坐西朝东，由低到高拾级而上，主体建筑大门、二门、礼拜大殿、望月楼、配殿等，排列在一条东西中轴线上，有二进院落，南北讲堂对称，其建筑格式均为中国古典宫殿式建筑形式，同时还体现了阿拉伯建筑艺术特色，院内有仅存的几株古柏苍翠，数通古碑耸立和栽植的铁树、棕榈等花木点缀环境，与古建筑相映生辉，浑然一体，给人以幽深肃穆之感。虽过去寺内有不少颇具价值的文物，经书、碑石，几经战乱、风雨灾祸，惨遭破坏；“文革”中毁失更重，实为可惜。现建筑坐西向东，两进院落，占地面积4015平方米，建筑面积2252平方米，主要由正门及两座院落构成。

（一）正门

正门前有影壁。门为木质，前后出檐，两侧辟便门。清真寺大门正面悬挂一方镌刻金字的漆黑木匾“清真北大寺”，是名书法家范岗亲书，笔力遒劲庄重大方。门前左右置抢喜石狮两尊。大门两侧为扇面八字墙陪衬，并建有南北旁门相称，平时多从北旁门出入，进寺向南月亮圆门通向庭院。逢主麻日（星期五），节日（宰牲节、开斋节、圣纪）及重大庆典活动时才开启正大门。南旁门右侧巍立枝繁叶茂古槐一棵，现为济南市重点保护古木，更显出北寺的古朴、典雅。大门上装置着龙凤等精美的吉祥物砖雕，其形体全用花卉图案组成，素有“似兽非兽，有眼无珠，远看是兽，近看是花”之说。大门外建有铁制护栏，寺门前用大方石板铺地，对面矗立着一座高大的影壁，大门前全由平坐雕刻石柱栏杆相围绕，气势宏伟壮观。

（二）一进院

一进院南北两侧分别建沐浴室、接待室和阿訇用室。西为清砖花墙，正中辟门，作为通往二进院的中门，门两旁各踞一个小石狮。院内矗立着六通

图3-4-11　南大寺内匾额

图3-4-12　济南清真北大寺

历代修寺石碑，为北大寺留下了历史考据。进大门往南通过石板甬路，直通南跨院，这里是 1992 年由沙特驻华大使馆捐资重修的沐浴室六间，可供近百人洗大、小净，室内各种设施齐备，装有暖气和吊扇，舒适方便，冬夏宜人。沐浴室以西是锅炉房及厕所各一间。

（三）二进院

二进院讲堂南北相向。礼拜大殿坐西面东，由四组殿堂互连而成，前为卷棚抱厦，后依次为前殿、中殿、后殿，总建筑面积 818 平方米。前后两殿硬山顶；中殿为卷棚顶，上建亭阁式望月楼，四角攒尖宝顶，上耸弯月。殿门面阔五间，进深十间，内立绿漆木柱 36 根，其中间 4 根直通望月楼楼顶，高达二十余米。殿外南、北、西三面围以回廊。大殿顶覆黑瓦，屋脊用彩色琉璃瓦装饰，建筑设计精巧，宏伟可观。寺内散落清代以来的石碑数通。

院落的正西面便是雄伟壮观的礼拜大殿，坐落在六台石阶之上，显赫庄严。正面悬挂一块匾额，上书“清真古教”四个大字，系清光绪直隶总督李鸿章手书，在大殿的前抱厦内，朱红明柱上，挂着抱柱大楹联，醒目大方。整个抱厦之内匾额满盈，全都高悬在梁脊之间，其中有原中国伊斯兰教协会会长、已故安士伟大阿訇书写的“显扬正教”，山东省政协副主席金宝珍手写的“笃信真主”，原济南大学校长、中国伊斯兰教协会副会长、省伊协会会长丁文方先生书写的“天堂正道”等一十五方巨匾，崭新漆亮、匾匾光闪照人。其题额真草篆隶皆为历代名人书家手笔。大殿面积 893.23 平方米，能同时容纳近千人做礼拜，其建筑结构采用大木起脊，重檐歇山式，斗栱屋顶，飞檐翘角，整个建筑为砖木结构，外壁全用青砖砌成。大殿为三勾连搭式于一体，这是自明建寺、清历次修缮接建而形成的。现在寺内仍留存着历次接建大殿的碑石数块。仰视殿顶中心，绘满了花纹和藻片图案的天庭，中殿之顶端是望月楼。这座礼拜殿与众不同的是殿中心为亭阁式望月楼，由殿内登梯而上，楼壁面全用木料镶成，上部为网状窗棂，下部呈格门式，古色古香，朴素大方，确是清真寺中少见的景观。据接修寺碑文记载：早在道光年间，大殿只有两勾连搭式，望月楼即建在后窑殿顶。其后，一直到了近代。具体地说，“时在民国二十年，由于……穆民向化者众，历下教门为之一振，每逢大小两节，开斋重典，大殿顿形狭窄，排班站立，跻跻跄跄，辄于抱厦之下，庭院之中，铺席跪拜，犹觉跼蹐难容……”由此可见当时的盛况。为此，好善乐施的乡老教众们，纷纷集聚资财，群策群力，举意接修大殿。在建筑施工上，采用了“勾连搭”组合形式，建造了第三座大殿，最主要将望月楼立在正中，突出了望月楼。新接的后窑殿就成了三连大殿，始成现在的样子。如果不进入礼拜大殿，不步至殿中央，是看不到望月楼的，真是独具匠心。建设者构思巧妙地将望月楼“寓于人们无意之中”，匠心独特是从“平淡之中求异”。从形式上，礼拜大殿是个立体的“凸”字，突出的部位就是突出望月楼。建筑的形式上是无意的，其内涵上是有意的，巧妙在“凸”字上，寓意在构思之中。在望月楼尖顶上，有一尊宝鼎，宝鼎的顶端有一弯新月，月面上还镌刻着“望月思真”四个字。全殿分为卷棚、前殿、中殿、后殿四部分。卷棚面宽五间，进深十间，用 40 根巨大圆木柱支撑梁架，都是清一色的橄榄绿，显示了富丽堂皇而又和平吉祥。殿内铺设的是红漆地板，上面整齐洁净地铺满了条条拜毡，并悬有宫灯 22 盏，明媚亮丽、相互辉映，光洒整个殿堂。纯白无瑕的西墙正中，拱形“浅窑”——米哈拉布上，书写着“太思迷”。这正是朝向。朝向的左右，各有一个饰以周围花纹图案的大园光。园中用阿拉伯艺术体书写着经文。“浅窑”偏北处，设仿古亭阁式“敏拜尔”楼。它是专为阿訇诵经讲演“呼图白”（宣讲教义，亦称讲卧尔兹）用的。大殿的后两侧辟有“避静室”（亦为还拜处）。除此之外，大殿中空无他物，整个礼拜殿堂庄重威严，使人肃然起敬。

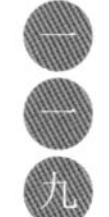

四、临清清真寺

位于临清市西北隅运河东岸的先锋桥畔，俗称北礼拜寺，始建年代不详（图3–4–13）。明嘉靖四十三年（1564年）、清嘉庆十四年（1809年）曾两次进行重修。从第一次重修算起，至今已有四百余年的历史。1983年进行第三次维修后，这座石建筑群又恢复了原来的面貌，成为完整的伊斯兰教石建筑群。临清北清真寺是聊城市现存清真中规模最大、保存最完好的一处。主体建筑有山门、望月楼和大殿，南北两侧配以钟鼓楼、穿厅、讲堂、沐浴室、后门等，共有大小房屋八十余间，占地面积近一万平方米。

（一）山门

山门后为三开间牌坊式门楼，飞檐挑角，斗栱承托，绿瓦覆顶，飞檐挑脚上有脊兽装饰，中门楣上悬有“清真寺”竖匾一方。

（二）望月楼

望月楼（图3–4–14）面阔三间，高二层，歇山重檐式建筑。起脊处均为琉璃脊块砌成，绿瓦覆顶，最上层顶部中间有一赭色琉璃瓦砌成的菱形。楼前蹲有两尊石狮，以壮门面。一层楼内悬有清代制作的横匾一方。上有“彝伦攸叙”4个行书大字，字体浑厚大方，遒劲有力。

（三）大殿

过望月楼，高大雄伟的大殿便矗立在眼前。这座大殿（图3–4–15）由抱厦、前殿、后殿（图3–4–16）三个部分组成，为复殿式结构。抱厦面阔三间，顶部吴硬山卷棚式，透雕雀替，玲珑剔透，额坊檐板，彩绘花草，美观大方。前殿面阔五间，为庑殿式顶起脊处以绿色琉璃脊块砌成，挑角处饰有脊兽。后殿是按伊斯兰教的习俗建成，为重檐三攒尖顶式。中间一个最高，呈六角攒尖亭形，两侧

图3–4–13 临清北清真寺

图3–4–14 望月楼

图3–4–15 临清北清真寺大殿

图3–4–16 前后殿勾连搭

稍低，呈四角攒尖亭形，尖部各有一铜质、空心、桃形装饰物，造型别致，结构得体，连接巧妙，层次分明，充分显示了伊斯兰教建筑物的特点。整座大殿均为青砖砌壁，绿瓦覆顶，额坊彩绘，檐柱朱红，给人以疏朗大方、宏丽轩昂、庄重肃穆之感。殿内有多幅彩绘，色彩艳丽，图案工整，是研究伊斯兰教绘画装饰的重要实物资料。抱厦内壁上，嵌有多块记事石刻，是研究这座石建筑的兴衰历史的重要文字资料。后门门楣上嵌有石质横匾一方，上有“清真礼拜寺”5个楷书大字。右边竖书“嘉靖甲子孟春吉日立”九字，为我们提供了明代重修的确切年代。寺内尚存柏数株（图3–4–17），更给这座古寺增添了几分庄严、肃穆。

此外，临清原有的顺河清真、东寺（图3–4–18）与北寺并列号称临清三大清真寺。位于古运河东岸的顺河清真寺，因疏浚卫运河，于1968年拆除无存。东寺规模较小，与北寺遥相呼应，始建于明代成化元年（1465年），距今已有500多年的历史。占地面积2万余平方米。建筑有大门、二门、穿厅，正殿、对厅、南、北讲经堂、沐浴室等组成。正殿为宫殿式造型，殿顶呈凸字形四角飞檐（图3–4–19），门为落地隔扇。殿内松木地板，悬阿文经字匾六块，水彩各形阿文通天木柱八根。尤为珍贵的是殿内至至今保存30幅绵纸壁画，为国内同类建筑中仅见。殿堂内雕梁画栋、富丽堂皇。对厅面阔三间，进深两间，落地隔扇，六门相连，八角两窗，前有门楼彩绘精雕，造型别致。上悬古匾三方，为“万化朝真”、“一本万殊”、“道有统宗”。整个建筑融中国传统建筑艺术与伊斯兰文化为一体，亦是不可多得的建筑艺术精品。

五、青州真教寺

青州真教寺位于青州城关回族集中居住的昭德街。据寺内碑文记载，真教寺（图3–4–20）始建于元大德六年（1032年），为元代国内三大伊斯兰教寺（青州真教寺、杭州真教寺、定州真教寺）之一。数百年来，历代相继修葺、扩建，规模日益宏大。20世纪60年代寺院遭劫，残破不堪。1984年对寺院进行了全面整修，油漆彩画，焕然一新。按照伊斯兰教所有礼拜寺都必须背着圣地麦加的“克尔白”的规定，真教寺坐西朝东，由低到高，拾级而上。主体建筑大门、三门、礼拜殿、望月楼排列在一条东西中轴线上，左右对称式配列，具有中国宫殿式建筑特征，同时还体现了阿拉伯建筑的艺术特色。院内古柏银杏点缀，给人以幽深肃穆之感。寺院面积四千余平方米，三进院落，殿房70余间，是一级规模宏伟的古建筑群。主要建筑有寺门、大殿和望月楼、南北学堂等。

图3–4–17　大殿前松柏

图3–4–18　清真东寺

（一）寺门

寺门东向，分大门和二门。据碑文记载，大门为清雍正十二年（1734 年）重建，二门为雍正九年（1731 年）新建。大门（图 3-4-21）为单檐歇山式砖石结构，高十余米，门面宽三十多米，总建筑面积 36 平方米。门洞为拱券式，外部完全仿制木结构，檐下斗栱、垂花、挂砖均为砖雕。大门楼上呈现的龙凤等吉祥物，皆用花卉图案凑成，素有“似兽非兽，有眼无珠，远看是兽，近看是花”之说。正面匾额为石刻“真教寺”，背面横额砖雕阿文“玫斯吉德”，意为“礼拜真主的地方”，俗称“主的天房”。二门（图 3-4-22）为单檐硬山式建筑，面阔三间，建筑面积 4 平方米。檐下施斗栱，墀头上砖上砖刻伊斯兰教经文和图案。二门后、大殿前有百字赞碑亭，宽 3 米，高 4 米。歇山顶，砖石结构，斗栱，垂珠，雕刻挂砖，顶覆琉璃瓦。碑亭正面镌明太祖高皇帝敕建礼拜寺于金陵，御制至圣百字赞，背面刻圣谕。此碑亭愿为清乾隆二十五年（1760 年）立，20 世纪 60 年代碑亭被毁，1985 年重立。

（二）大殿和望月楼

大殿（图 3-4-23）即礼拜殿堂，坐西面东，为全寺主体建筑，建筑面积 600 多平方米，能同时容纳七八百人礼拜。大殿为三券殿式样，采用“勾连搭”做法，由前殿、中殿和望月楼相联组成。前殿面阔五间，进深五间，歇山卷棚顶，单檐斗栱，木架结构，上覆灰色小瓦，檐下木质卷廊，檐坊饰粉雕。中殿，面阔五间，进深两间，前檐与前殿后檐连为一体。望月楼，面阔五间，进深两间，重檐，

图 3-4-19　东寺四角飞檐

图 3-4-20　青州真教寺

图 3-4-21　青州真教寺大门

图 3-4-22　青州真教寺二门

斗栱，下层前檐与中殿后檐相接。望月楼底突出部分是壁龛，整个大殿平面呈“凸”字形。大殿起台一米多，周围用36根圆柱构成一线抱厦。大殿顶是由前殿、中殿两个歇山顶，连接一层望月楼下层，构成整个殿顶，有起有伏，变化多姿，气势宏伟。望月楼正脊高大，花纹精致，屋脊施吻兽，挑角垂风铃，博风下悬垂鱼，小红山深进，属宋、元代建筑形式。

（三）**南北学堂及其他**

南北学堂在大门和二门之间、主甬路两侧。各成院落，面阔三间，硬山前廊式结构，是儿童念经的教室。南北配殿亦称南北讲堂，坐落在二门内、大殿前两侧，各面阔五间，单檐硬山前廊式结构，建筑面积均为140平方米。横坊和墀头有阿文图案，古朴典雅，为阿訇给海里凡讲经的地方。大掌教伊玛目也住这里。沐浴室亦称水房，是伊斯兰教寺普遍都有建筑物。1935年新建，在大殿右侧，五间，能同时容纳二三十人大净小净。敬义堂在北角门内，北学堂以东，自成院落，是乡老议事、管账人收寺院地租和信教群众纳乜贴的地方，每逢大节和要事，乡老和民族宗教上层人物，都聚集到这里议事。

图3-4 23 真教寺内礼拜殿

山东古建筑

山东古建筑

第四章　坛庙建筑

山东坛庙、孔庙、文庙及书院分布图

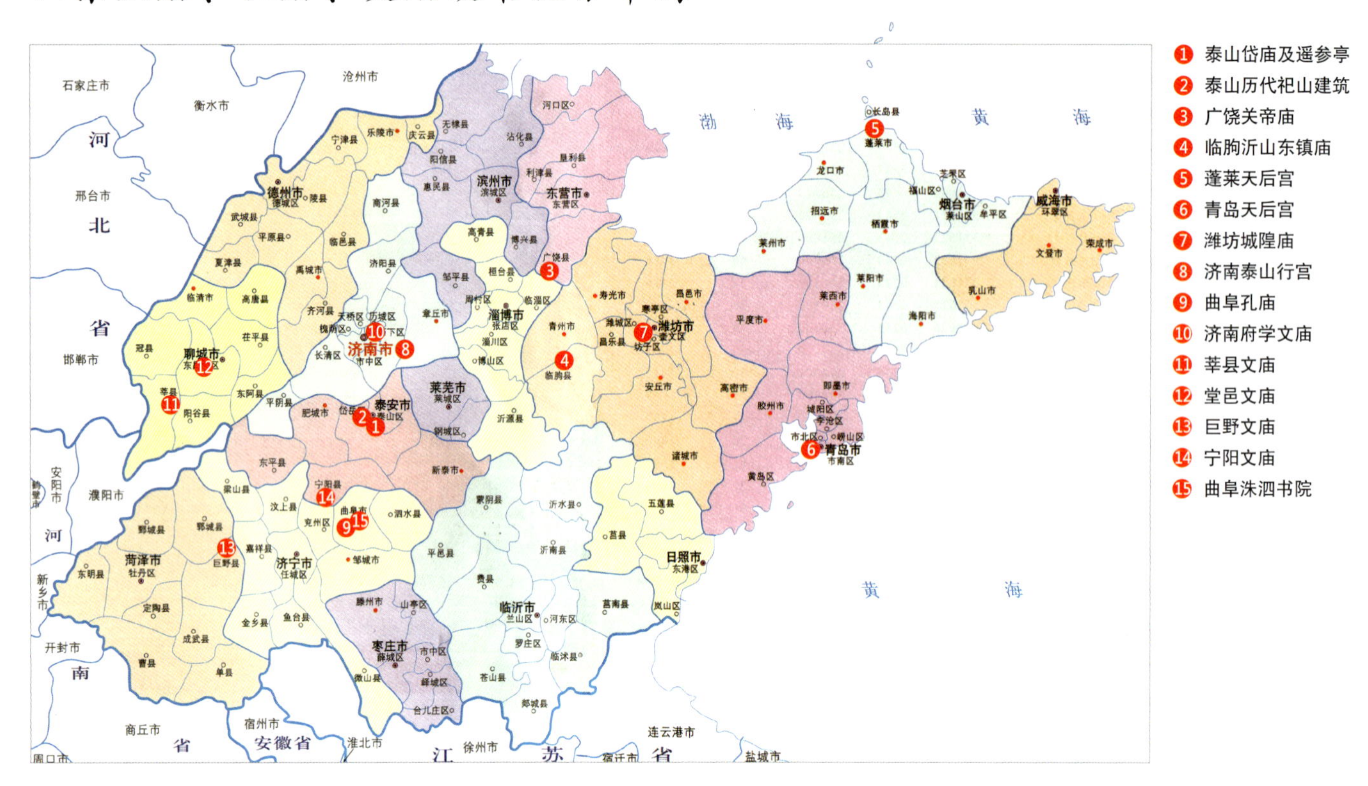

山东先贤祠庙、儒家先贤祠庙、宗祠家庙分布图

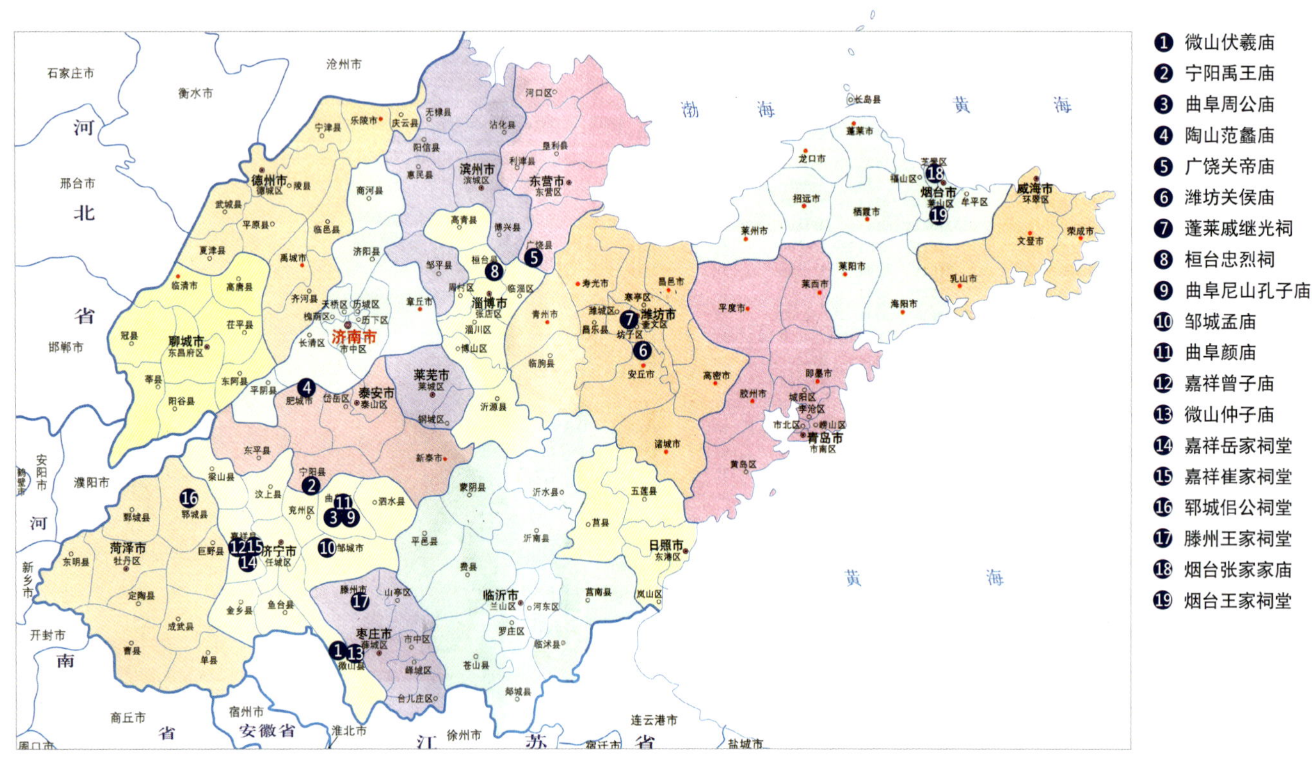

（地图引自：中华人民共和国民政部编．中华人民共和国行政区划简册 2014. 北京：中国地图出版社，2014.）

山东祠庙多为木构建筑。现存年代最早的是建于南宋建炎二年（1128年）的广饶关帝庙大殿，该殿面阔三间，大木举折，砌上露明造，单檐歇山顶。曲阜孔庙中东起第三、六座为金明昌六年（1195年）所建，第四座为元至元五年（1268年）所建，第五座为元大德六年（1302年）所建；此外其承圣门及启圣门，均元大德六年（1302年）所建，门广三间，深二间，中柱一列，辟门三道，单檐，“不厦两头造”，阑额狭小，普拍枋扁平。斗栱单昂，为平置假昂，而将衬枋头伸引为挑斡，以承金桁。曲阜颜庙祀国公殿，广五间，深三间，单檐，四阿顶。斗栱双下昂重栱计心造。其柱头铺作用平置假昂，补间铺作则第二层昂后尾挑起，考曲阜诸殿堂，唯此一元构大殿。建于元至元十二年（1275年）宁阳颜子庙现存正殿三间，单檐悬山顶，木作粗犷，保留了元代木构风格。其他祠庙建筑多建于或重建于明清两代，经多次重修或修葺，保存较好的有泰安岱庙、玉皇殿和碧霞祠；曲阜孔庙、颜庙、尼山孔庙、周公庙、邹城孟庙、嘉祥曾庙、惠济公庙、微山仲子庙、伏羲庙；济南吕祖庙、巨野文庙、五莲丁公石祠、博山颜文姜祠等。山东祠庙首推泰安岱庙和曲阜孔庙，两大宫殿式建筑群集城桥亭坊于一体，以宏伟的规模布局著称于世。其仰之弥高的门坊殿阁，起伏交错的鲷栌飞甍和轴线对称、层层递进的深庭广阶，充分体现了中国古代建筑艺术的精到之处。

山东省内现存坛庙建筑根据祭祀对象的不同，主要分为三类：

第一类主要为自然祭祀坛庙。主要祭祀自然神，包括天、地、社稷（土地神）、山神、水神等，如泰山岱庙，南旺分水龙王庙，蓬莱天后宫等。在山东境内同时出现如此丰富自然的神类祭祀建筑，除先人对自然的敬畏之心外，还有一个重要原因就是山东特殊的地理位置和丰富的地形地貌。山东东部是半岛，西部及北部属黄泛平原，中南部为山地丘陵。而山东地区的自然神类坛庙建筑的分布恰可由此归类，半岛沿海区域主要祭祀海神妈祖，黄泛平原地区主要祭祀城隍（主守护城池）及水神（主农耕旱涝），山地丘陵地区则主要祭祀山神、道教神明等。

第二类是先贤祠庙。《礼记·祭义》有云：“祀先贤于西学，所以教诸侯之德也。”山东先贤祠庙祭祀对象大致分为三个层面：儒家先贤，包括孔子及其弟子颜回、曾参、仲由、孟子等儒学大家，即孔庙、孟庙、颜庙等；三皇五帝，如祭祀伏羲氏的伏羲庙、祭祀大禹的禹王庙等；另外还有历史上颇有贤名之人，如范蠡祠、关帝庙等。

第三类是宗庙家祠。山东现存的宗庙家祠主要为各时期名宦专祠或家族祠堂。分布较为零散，数目众多，规模大小不一，为人们所熟知的有滕州王家祠堂（清王东槐专祠）、桓台忠勤祠（王家族祠）等。宗庙家祠作为最贴近日常生活的祭祀场所，其建筑类型、院落格局、建造技艺、材料等受地域建筑风格影响最为明显，是对民间传统地域坛庙建筑风格的直观反映。

坛庙建筑作为地域传统建筑中的特殊类型，既存在如孔庙一般的官家建筑，亦存在如伏羲庙、都氏家祠一般地域风格明显的民间建筑，遍布山东各地。现存坛庙建筑多为民间自发建成，建造风格、技艺与传统民居最为相似，由坛庙建筑反映出的建筑地域性，对研究传统民间建筑有重要作用。

第一节　自然祭祀坛庙

一、泰山岱庙及遥参亭

（一）泰山岱庙（图4-1-1）

旧称“东岳庙”，俗称“岱庙”，是历代帝王举行封禅大典和祭祀泰山神的地方，也是中国历史上祭山建筑中规模最大、历史最久远、存留建筑最丰富、历代帝王亲祭最多的一座。

岱庙位于泰山南麓，泰安市城区的东北部。整座建筑群坐北朝南，平面呈南北长、东西窄，南北长406米，东西宽237米，总面积96222平方米，约160亩。建筑群自泰安古城南门由南向北展开，北抵岱顶南天门的中轴线上，岱庙与泰

图 4-1-1　泰山岱庙鸟瞰图

山登山主路建筑群构成一个完整的建筑群体，布局壮阔严整，节奏宏伟而有致，在常青柏树和巍巍泰山的映衬下，黄瓦、朱甍，色调鲜明，璀璨夺目。

岱庙建筑群起始于遥参亭与岱庙正阳门中间的岱庙坊，其后沿中轴线依次为正阳门，正阳门两侧有掖门，东为仰高门，西为见大门。进正阳门稍后东侧为炳灵门，西侧为延禧门，中为配天门及配殿，东为灵侯殿，西为太尉殿。过配天门为仁安门，两侧有东、西神门，正殿为天贶殿，仁安门与天贶殿环以甲方形围廊，东、西两廊中部建有钟楼和鼓楼。后为正寝殿，两侧为东、西寝宫。岱庙的北门为厚载门，寝宫与厚载门之间的院中，东有金阙，西有铁塔。由炳灵门可进入东路汉柏院和东御座，由延禧门可进入西路的唐槐院和道舍院。岱庙四周环以高大的围墙，四角均建有角楼，东、西两墙中部有东华门、西华门。

1. 岱庙坊（图 4-1-2）

岱庙坊又名东岳坊，位于岱庙正阳门与遥参亭之间。清康熙十一年（1672 年）山东布政使施天裔等人建造。

岱庙坊是泰山现存最大的一座石坊，其造型结构谨严，雕刻纹饰精美，是清代石坊的代表作。其位处遥参亭后门与岱庙正阳门之间，将遥参亭与岱庙的空间划分为二，是出遥参亭、进岱庙的过渡。从整体上说，它增加了轴线的纵深布局，使空间层次增多，从而加强了庄严、肃穆的气氛，对岱庙这座宫殿式神祠来说，无疑平添了一份神圣感。

坊为石筑，四柱三楼式，通高 11.3 米，宽 9.8 米。四柱分别建在四个长 3.3 米、宽 3.15 米、高 0.8 米的石座上。四柱下部前后施滚墩夹杆石，鼓面浮雕麒麟等祥兽，石上置有雕狮。坊阳面雌狮在内，雄狮分列两旁；阴面雄雌交错。中柱阳面楹联刻“峻极于天赞化体元生万物，帝出乎震赫声濯灵镇东方”；阴面刻“为众岳之统宗，万国俱瞻，巍巍乎德何可尚；操群灵之总摄，九州待命，荡荡乎功孰于京”。边柱外侧饰云龙图；中柱小额枋雀替，施铁梁承托，枋透雕双龙戏珠图；龙门枋浮雕丹凤朝阳图，两枋间额板题刻施天裔等人题记。檐坊饰云龙图，上置六个坐斗，斗上承托重昂五踩斗栱交单菊花头式梁头。正楼九脊歇山顶。正脊两端施高大螭吻，中立宝瓶，并置四大金刚拉拽，重戗脊均饰兽。中柱与边柱的大、小额枋浮雕麒麟、仙鹤等祥瑞图，边楼形制与正楼基本相同。

2. 正阳门（图 4–1–3）

正阳门为岱庙的正门。门沿宽 4.08 米，进深 17.7 米，高 4.97 米，正门两旁置有东、西掖门，门洞宽 3.01 米，高 4.3 米，进深同正门。门上有楼，名“五凤楼”，总高 19 米。楼五间，单檐歇山顶，覆黄色琉璃瓦。面阔 23.38 米，进深 9.1 米，通高 11 米。正阳门整个建筑均为1986年仿宋式形制复建。在复建工程中曾发现宋代基址，正门门道宽 6.2 米，东西掖门门道宽均为 5.9 米，进深均 17.8 米。

掖门东为仰高门，西为见大门。所谓“仰高”，源自《论语 · 子罕》中“仰止弥高”之说。抬头望泰山之高，仰之而止，以应高山仰止之意；“见大”，与仰高意同。大，太古时通用，大山就是泰山，自古以来就有“山莫大于泰山”的说法。

3. 配天门（图 4–1–4）

建筑为 5 间，三柱七架梁中柱式，歇山顶，覆黄色琉璃瓦。面阔 25.35 米，进深 10.05 米，通高 11.1 米。原祀青龙、白虎、朱雀、玄武诸神，与其后的仁安门均起于 1.2 米的基台之上，中间有甬路相接，成“工”字形。配天门东原为三灵侯殿，祀周谏官唐宸、葛雍、周武。西原为太尉殿，祀唐代豳公杜琮。

文献记载，配天门创制于元至元四年（1267 年）。配天的名字，一方面含有“以德配天”的人文因素，而更重要的则是取意于古之所谓的“名岳配天”。帝王来岱庙祭祀泰山神的时候，要于此门前隆舆，入门内黄帷少憩，并盥手而入仁安门。

4. 仁安门（图 4–1–5）

仁安门是岱庙中思线上的第三道门，仁安，取自《论语 · 里仁》中的“仁者安仁”之意，融合配天之说，有泰山作镇，以仁德施人，那么天下则会大安之意。

图 4–1–2　岱庙坊

图 4–1–3　岱庙正阳门

图 4–1–4　岱庙配天门

建筑为五间，三柱七架梁中柱式，歇山顶，覆黄色琉璃瓦。面阔 25.25 米，进深 11.15 米，通高 11 米。

5. 天贶殿（图 4-1-6、图 4-1-7）

天贶殿为岱庙的主体建筑，是泰山神东岳大帝的宫殿。整座建筑建于高出地面的大台基上，台基东西长 49.82 米，南北宽 35.2 米，高 2.65 米。大殿九间，六柱五架梁，重檐庑殿顶，覆黄色琉璃瓦。重檐间正中悬匾，额曰 ：“宋天贶殿”。建筑面阔 43.67 米，进深 17.18 米，通高 22.3 米。整个大殿木柱 60 根，柱径 0.78 米。正间和次间内顶设藻井，周围施斗栱，末次、梢间顶部施天花板，上绘金色升龙。殿内东、西、北三面墙壁，绘《泰山神启跸回銮图》。

图 4-1-5　岱庙仁安门

图 4-1-6　岱庙天贶殿旧照

图 4-1-7　岱庙天贶殿

殿正中祀泰山神东岳大帝。须弥座神台，台东西长 5 米，南北宽 4.53 米，高 1.6 米。台上置神龛，东西长 4.8 米，南北宽 3.95 米，通高 6.3 米。东岳大帝神着衮袍，手持玉圭，冕九旒，端坐其中。清康熙二十三年（1684 年）赐额曰“配天作镇”；清雍正九年（1731 年）赐额曰“岱封锡福”；清乾隆十三年（1748 年）赐额曰“大德曰生”，联曰“青社开封峙者宗山称岳长，苍精隆德圣惟产物与天齐”。后乾隆又分别于十六年（1751 年）、二十二年（1757 年）、二十七年（1762 年）、三十六年（1771 年）亲祀于此，并赐众多祭器，还留有御制岱庙诗六道，勒于大殿前东西两碑。

殿前东西各建碑亭一座，六角攒尖顶，边长 2.5 米，通高 6.8 米。天贶殿前有露台，东西长 29.5 米，南北宽 21.85 米，东、西、南三面立石雕单勾栏。台上正中置明万历间所铸铁香炉，两侧置宋建中靖国（1101 年）所铸大铁桶。

在天贶殿的东西两端原有环廊与仁安门东、西神门连接，共 108 间，绘七十二殿阎罗像，民国时期已圮废。1982 年后陆续复建，为三柱五架梁结构，均为水泥预制件仿木构筑。在东、西环廊中间置钟楼和鼓楼。

6. 后寝宫

后寝宫位于天贶殿后，其中正寝宫有甬路与天贶殿相连。因泰山神为东岳大帝，于是在天贶殿后按规制建后寝三宫。其制始于宋，宋真宗封泰山神为“天齐仁圣帝”，诏封淑明皇后，并建宫以祭。

建筑为 5 间，四柱五架梁，前后双步廊，歇山顶，覆黄色琉璃瓦。面阔 23.1 米，进深 13.27 米，通高 11.7 米。清乾隆十三年（1748 年）赐额“权舆造化”，联曰“震出泰亨万物广生推盛德，云蒸雨降八方甘泽遍崇朝”。后寝宫的东西两侧置有配寝（又名东、西寝宫），各3间，四柱五架梁，前后带廊歇山顶，覆灰瓦。面阔12.7米，进深9.45米，通高9.6米。

7. 厚载门（图4-1-8）

明称后宰门，也称鲁瞻门，为岱庙的后门。

门洞宽4.6米，进深14米，高4.35米。门上有望云阁，通高9.2米，单檐歇山顶，覆黄色琉璃瓦。厚载门于1984年仿宋代形制重建。

厚载取自《易·坤》所说的“坤厚载物”。地因其广厚而能载万物，即所谓：“地能生养至极，与天同也。”后宰，后即后土，也就是土地之主，与厚载意义相同。地属阴，这样就与南面的正阳门有了一阴一阳的对应关系。厚载门还叫鲁瞻门，其意来自《诗经·鲁颂》的“泰山岩岩，鲁邦所瞻”。而岱顶又有瞻鲁台，可以说上、下呼应，山、庙一体。

8. 炳灵门

炳灵门原名东宫门，1956年重建。门三间，三柱五架梁前后带廊，硬山顶，覆灰瓦。面阔11.72米，进深8.58米，通高8.3米。正间宽3.56米，次间宽2.59米，直棂窗，檐柱下施座凳栏杆。

9. 汉柏院（图4-1-9）

汉柏院为炳灵殿旧址，因此处有汉代所植的柏树而俗称汉柏院。现存汉柏五株，传为汉武帝东封泰山时所植。原炳灵殿即在此院的北部，祀炳灵王。后唐长兴三年（公元932年）诏以泰山三郎为威雄将军；宋真宗大中祥符元年（1008年）封禅毕，加封至圣炳灵王，令增葺祠宇。清移祠于此。

殿后原有灵威亭，现均已无存。现建筑主要有炳灵门、汉柏亭、茶室等。

10. 唐槐院（图4-1-10）

唐槐院为延禧殿旧址，院内因有一株唐植国槐故名。原有延禧门、延禧殿，殿祀延禧真人。清乾隆三十五年（1770年）改建岱庙驻跸亭时，曾移“三茅”于延禧殿。在殿之北，旧有为贮御香的御香亭，也有为祭官斋宿的诚明堂，清时已废。殿后偏西有环咏亭，四垣嵌历代石记得百余块。明万历十四年（1586年）在其旧址复构亭宇。清乾隆十二年（1747年）拓新，十三年（1748年）乾隆东巡谒岱庙，曾驻跸于此，有御制《环咏亭诗》三首勒亭壁。亭址北原有藏经堂，以贮历代经文典诰，今均已无存。唐槐也于1952年干枯，1953年又于古槐中植一小槐，现成大树，名其曰“唐槐抱子”。

图4-1-8　岱庙厚载门

图4-1-9　岱庙汉柏院

图4-1-10　岱庙唐槐院

11. 东御座（图 4-1-11）

旧称迎宾堂，因其位于东华门内，故谓之东御座。创建于元代，是达官贵人的住憩之所。执子之手堂于清康熙间增置三茅殿，乾隆三十五年（1770年）拓建，改名驻跸亭，成为御用之宫。东御座是岱庙保存最为完整的一个院落。由大门、正房、厢房、环廊等组成。大门南向，在其前有一个相对空旷的前院。院东为东华门，院西有垂花门，在两门之间设置有两个塞门。正房两骨耳房，其前置有东西厢房。正房、厢房、大门之间周以廊庑。

垂花门西向，对接五架梁县山顶。门东与岱庙东华门相对，中有两仪门。仪门双柱，卷棚歇山顶。

大门位于两仪门之间，南向。门 3 间，三柱五架梁，卷棚硬山顶。面阔 12.8 米，进深 7.7 米，通高 6.4 米。次间砌墙，南向开窗。正殿坐落于东西长 19.06 米，宽 10.5 米，高 1.7 米的台基上。正殿 5 间，四柱六架梁前后带廊，卷棚硬山顶。面阔 18.8 米，进深 10.1 米，通高 6.8 米。殿前东西两侧置配殿，均 3 间，三柱五架梁带前廊，卷棚硬山顶，面阔 11.42 米，进深 7.5 米，通高 6.1 米。正殿与配殿及大门均有内廊相连，系双柱四架梁，卷棚顶。

露台台阶两侧现存莫名的秦《泰山刻石》、宋《青帝广生帝君之碑》。

12. 铜亭（图 4-1-12）

铜亭，又名金阙，明万历四十三年（1615 年）铸，原在山顶碧霞祠，内奉碧霞元君。明末移山下遥参亭，后置灵应宫，“殿宇、栏楯、像设，皆范铜镀金为之”。1972 年又移置今地（寝宫后院东部）。

亭重檐歇山顶，仿木结构，皆范铜铸件，外鎏金。面阔 4.45 米，进深 3.27 米。现置二层台基之上，底层高 1.65 米，上层为须弥座，高 1.03 米。

13. 铁塔（图 4-1-13）

铁塔，原在天书观。明嘉靖十二年（1533 年）建，塔身分层铸造，八角 13 层，抗日战争期间被日军飞机炸弹炸毁。1973 年移置于此。塔残存三层，莲花须弥石座。现置于高 1.52 米八角形台基上。

在铜亭与铁塔之北，现分别辟为“紫园”和“素景”两园，以养植花卉盆景。

14. 城垣（图 4-1-14）

岱庙周有城垣，城周长约 1300 米，基石五层，上砌大青砖，呈梯形，下宽 17.6 米，上宽 11 米，高约 6 ～ 8 米。1992 年维修及补建正阳门至东南角楼、西南角楼间的城墙，并复修正阳门东西两侧马道。马道宽 8.18 米，长 23.1 米。城辟八门，南向五门，中为正阳门，正阳门东为仰高门，西为见大门；东向为青阳门，也称东华门；西向为素景门，也称西华门；北为厚载门。原门上皆有楼，均圮，现仅复建正阳门及厚载门城楼。城墙的四角亦均有楼，东南曰巽楼、西南曰坤楼、东北曰艮楼、西北曰乾楼。角楼均 5 间，五架梁转角重檐歇山顶，高 11.4 米。

（二）泰山遥参亭（图 4-1-15）

遥参亭位于泰安市岱庙之南，坐北朝南，前临

图 4-1-11　岱庙东御座

图 4-1-12　岱庙铜亭

御街（通天街），后与岱庙正阳门连通，左右是东西太尉街。

“遥参”即望祭，也就是远望泰山而祭。帝王入岱庙祭祀泰山神之前，先要在这里进行简略的参拜仪式，尔后，才能进入岱庙举行隆重的祭祀大典。因此，遥参亭实际是岱庙的前庭。唐代时为“草参门”，宋代时在门内筑亭，改称“草参亭”，明时因规模狭隘，复加展拓，并奉碧霞元君像于亭中。明嘉靖十三年（1534 年），时任山东参政的吕经因升任右副都御史，临行前改为“遥参亭”。清康熙十五年（1676 年）、乾隆三十五年（1770 年）以及咸丰年间皆有重修。新中国成立后曾多次维修，1978 年至 1983 年间，先后维修了正殿、配殿、前后山门和四角方亭。现存建筑基本保留了明末的格局。

整座建筑群为二进院，南北长 66.2 米，东西宽 66 米，自南向北依次为双龙池、遥参坊、山门（东西墙上各有一便门）、仪门、元君殿（左右置配殿及厢房）、遥参亭、后山门（东西墙各有一便门），四周围以红墙。

1. 遥参坊（图 4-1-16）

遥参坊建于清乾隆三十五年（1770 年）。坊为石筑，四柱三间，为冲天柱式牌坊，额题“遥参亭”三个大字，龙门枋正中饰火焰纹宝珠。四柱上部施云板，顶端立“望天吼”兽。石坊与华表结合，是清代牌坊的式样。石坊左右雄踞铁狮子一对。

2. 南山门

建筑为五间，面阔 12.95 米，进深 5.8 米，通高 7.6 米。三柱五檩五架梁中柱式木架，九脊歇山顶，覆青瓦，檐下施斗栱。彩画为默线小点金彩绘。正间前后为券石拱形门，高 2.9 米，宽 2.3 米；次间南北各开一券石拱形窗，高 1.65 米，宽 1.25 米。南山门两侧有东、西掖门，卷棚歇山顶，冰盘式檐。

图 4-1-13　岱庙铁塔

图 4-1-14　岱庙城垣及角楼

图 4-1-15　泰山遥参亭

均面阔 2.45 米，进深 1.8 米，通高 3.9 米。

3. 塞门

赛门，即仪门，双柱卷棚悬山顶，柱下施石雕方形滚墩石，面阔 3.50 米，通高 4.02 米。

4. 元君殿（图 4-1-17）

元君殿为遥参亭的正殿。建筑五间，面阔 19.15 米，进深 11.4 米，通高 11.9 米，建在长 21.5 米，宽 14.4 米，高 0.65 米的台基上。九脊单檐歇山顶，黄琉璃瓦盖顶，四柱九檩五架梁前出廊，重梁起架，檐下为墨线大点金彩画，补间斗栱三铺作，正间和两次间各装四扇门，两梢间各装四隔扇窗，正间后门装两隔扇门。殿内明清时祀碧霞元君像，1928 年像毁，1993 年据碑刻记载重塑碧霞元君神像于殿中，其左右两侧配祀“眼光奶奶”、“送子娘娘”。北墙设门，有甬路与遥参亭相连。

图 4-1-16　遥参坊

图 4-1-17　遥参亭元君殿

图 4-1-18　岱宗坊

5. 东、西配殿

建筑各 3 间，形制基本相同，四柱五架梁，前后单步廊，硬山顶。面阔 10.98 米，进深 7.2 米，通高 8.3 米。另有东西廊房各 3 间，位于正殿的东西两侧，卷棚硬山顶，面阔 9.1 米，进深 5.05 米，通高 5.55 米。

6. 方亭

方亭，即遥参亭，四柱攒尖顶，边长 3.89 米，通高 7 米。下有台基，高 1.05 米，边长 5.38 米。南有甬路与元君殿相连。据明《岱史》卷九载：遥参亭“旧榜草参门，门中有台，台上有亭，重檐，四面十有六角，崚赠绮丽”。

7. 后山门

后山门与岱庙正阳门相对，建筑形制与南山门相同。

二、泰山历代祀山建筑

（一）岱宗坊（图 4-1-18）

岱宗坊位于岱庙北约五百米处。跨登山路而构，登泰山由此开始。始建年代不详。据《李钦重修酆都庙记》所云：明嘉靖癸亥（1563 年）秋，于酆都庙西登岳之路，“复建岱宗坊三楹”。至清圮废。清雍正八年（1730 年）郎中丁皂保、赫达塞奉敕重建。

坊为全石四柱三门式，坐北朝南。建在长 16.55 米、宽 14.2 米的长方形台基上。通高 7.5 米，宽 9.8 米，底座进深 4.41 米，中门宽 3.2 米，两侧门各宽 1.77 米。方柱，柱下前后施滚墩石，鼓面饰宝相花。柱上施额枋、额板和横楣，横楣上置六个大斗，斗上浅浮雕一斗三升，上覆盖五脊四柱石顶，浮雕瓦垄、勾头、滴水、鸱吻、垂脊，正脊上浮雕宝相花，两侧施有螭吻剑把，额枋下施雀替。中间额板上题刻“岱宗坊”篆书，落款：雍正八年岁次庚戌季春谷旦奉敕敬建。在坊的东西两侧置雍正九年（1731年）立《上喻山东泰安州神庙口记》及《重修泰山记》两碑。

（二）一天门坊（图4-1-19）

一天门坊位于关帝庙北的登山盘路上。始建于明代，清康熙五十六年（1717年）巡抚李树德重建。泰山有3个天门坊，此坊是第一坊，是泰山盘路之始。与此后的孔子登临处坊和天阶坊同为跨道而筑，且前后相近，故号称“坊群”。

坊为石制，二柱单间，单檐庑殿顶。通高5.25米，宽3.85米，额板为明代所存，“一天门”三字为明参政龙光题。柱下施两层条基石，柱脚前后施鼓形滚礅石，鼓面浮雕宝相花等纹。龙门坊上置五斗，正脊雕螭吻。在坊前面东西两侧置有明隆庆六年（1572年）钦差监兑户部员外郎沁阳杨可大书《天下奇观》碑和明嘉靖三十四年（1555年）泰安知州郑聚东立《盘路起工处》碑。

（三）孔子登临处坊（图4-1-20）

位于一天门坊之北，明嘉靖三十九年（1560年）钦差巡抚山东地方都察院右副都御使万安朱衡、钦差总理河道都察右金督御使南昌胡植、巡按山东监察御使襄阳刘存义等立。

坊为石筑，四柱三间三楼式，通高6.4米，宽7.15米。额题“孔登临处”5个大字及题记。柱均抹角呈八棱形。中柱楹联刻“素王独步传千古，圣主遥临庆万年”（现联损）四柱下施两层条石，柱脚前后施滚礅石，鼓面浮雕麒麟、鹿、马、凤凰等祥兽及宝相花纹。两中柱滚礅石上各立一狮。小额枋阳面浮雕二龙戏珠图，阴面浮雕丹凤朝阳，枋下施雀替。龙门枋无纹饰。枋置四斗，其斗浅浮雕一斗三升，正楼为歇山顶。中柱及边柱的大、小额枋浮雕莲花，柱上置两斗，刻一斗三升，并用莲花浮托。边楼形制与正楼基本相同。石坊西侧有古藤萝1株，盘绕于坊顶。坊前两侧各有一碑，东为明嘉靖翟涛题《登高必自》碑，西为明代李复初立《第一山》碑。

图4-1-19　一天门坊

图4-1-20　孔子登临处坊

（四）天阶坊（图 4-1-21）

天阶坊位于孔子登临处坊与红门之间，明嘉靖四十二年（1563 年）济南府同知安阳翟涛建。

坊为石筑，二柱单间，单檐庑殿顶。通高 5.8 米，宽 4.35 米，额题“天阶”二字，为明嘉靖四十三年（1564 年）巡抚山东监察高应芒书。柱抹角呈八棱形，联刻“人间灵应无双境，天下巍岩第一山”。柱下前后施滚礅石。小额枋下无雀替，龙门枋上置四斗，其上浅浮雕一斗三升，斗下饰莲花浮托，正脊高耸，两端饰螭吻，垂脊雕卧虎。天阶坊与前面的孔子登临处坊、一天门坊同建于明嘉靖之时，反映出当时人们对进入天境的匠心。

（五）回马岭坊（图 4-1-22）

回马岭坊位于壶天阁之北盘道。

坊为石筑。二柱单间，五脊单檐庑殿顶。通高 5 米，宽 2.9 米，额题刻“回马岭”三字，为民国 26 年（1937 年）吴绍曾题。坊柱脚前后两侧施滚礅石，龙门坊置七斗。回马岭，旧名石关，即应劭所谓“天关”，至此马不能登，故立坊以志。

（六）中天门坊（图 4-1-23）

中天门坊位于中天门，具体建筑年代不详。

坊为石筑，二柱单间，单檐庑殿顶，通高 5.2 米，宽 3.63 米，通高 3.63 米。额题“中天门”隶书 3 字。龙门枋浮雕云纹，小额枋浮雕变形草纹，柱脚前后施滚礅石，鼓面饰宝相花。龙门枋上置五斗，正脊高耸，两端雕螭吻。

（七）五大夫松坊（图 4-1-24）

五大夫松坊位于五松亭东侧盘道，创建年代不详。

二柱单间，坊为石筑，单檐庑殿顶，通高 3.9 米，宽 4.9 米。隶额“五大夫松”4 字。长方石基，方柱下前后施滚礅石，石上浮雕团花。公元前 219 年秦始皇封泰山遇暴风雨而休于树下，感其恩而封其树为五大夫。明万历三十七年（1609 年），其松被山洪所毁，清代新栽五松。有坊额曰“五大夫”，坊即小天门，《岱史》称“诚意门”。坊于 1983 年为保护五大夫松改道重建。

（八）升仙坊（图 4-1-25）

升仙坊位于南天门十八盘的下端，创建年代不详。

坊为石筑，五脊歇山顶，两柱单间，能高 4.5 米，宽 2.82 米。建在两层方石台基之上，基石长 1.82 米，宽 0.62 米，高 0.5 米。坊正额刻“升仙坊”三字。柱下施滚礅石，龙门坊置五斗。

图 4-1-21　天阶坊

图 4-1-22　回马岭坊

图 4-1-23　中天门坊

图 4-1-24　五大夫松坊

图 4-1-25　升仙坊

（九）北天门坊（图 4-1-26）

北天门坊，旧称玄武门坊，位于南天门玉皇顶西北。

坊为石筑，二柱单间，五脊殿顶，通高 5 米，宽 2.9 米。方柱下前后两侧施以滚礅石。额题“北天门”三字。龙门枋上置五斗。

（十）住水流桥

住水流桥在泰山南麓高老桥北，始建年代不明。

住水流桥为单孔石桥，长 10.5 米，宽 5 米，高 4.8 米，桥面两侧设石栏。桥西北为天绅岩，山坳古洞出水，即水帘洞，因而此桥又有水帘洞桥之称。

（十一）过仙桥

过仙桥，又名登仙桥，俗称东西桥子，位于泰山南麓水帘洞北。

桥东西向，为三孔石桥，长 9.1 米，宽 4.16 米，高 3.6 米。桥墩高 2.64 米，宽 4.16 米。桥面两侧砌坐凳式矮墙。

（十二）步天桥

步天桥位于黄岘岭南金星亭西北，创建年代无考，民国 26 年（1937 年）重修。

桥东西向，为单孔石拱桥。桥长 12.15 米，宽 4.35 米，拱高 4.03 米，跨度为 6 米，楷额“步天桥”。桥以块石垒砌，桥面铺以石条。桥面南北两侧有石砌扶手墙，条石封顶。墙高 1.13 米，宽 0.5 米。

（十三）云步桥（图 4-1-27）

云步桥，即雪花桥，位于中天门北，五松亭下，始建年代不明。原桥于 1936 年被山洪冲毁。1939

年杨承训得中国旅行社资助重建，由工程司胡升鸿领工建造。

桥东西向，为单孔石拱桥。桥长12.2米，宽4.35米，拱高6.1米，跨度11.8米。桥两侧设石勾栏，高1.15米。桥东端置"八"字形石阶，两侧设斜坡勾栏。其桥东临酌泉亭。

（十四）十八盘（图4-1-28）

十八盘，又有天门去梯之称，起自升仙坊，止于南天门。始建年代无考。此处山势陡峭，东为飞龙岩，西为翔凤岭，汉应劭在《封禅仪记》中曾描绘道："仰视天门，窔辽如从穴中视天。直上七里，赖其羊肠逶迤，名曰环道，往往有絙索，可得而登也。两从者扶挟，前人相牵，后人见前人履底，前人见后人顶。"可见当时登攀之难，东汉之时仍是羊肠"环道"，并有絙索以供登者使用。后经历代构筑和拓修，形成台阶式盘道，但仍然是泰山最陡峭的地段。

盘道西靠崖壁，东临沟溪，宽5米左右，盘道两侧有护墙。现十八盘difficulty有台阶474个。因自对松亭后，盘道渐趋陡峭，故当地有"紧十八，慢十八，不紧不慢又十八"之说。从对松亭北的开山口至龙门坊为慢十八盘，龙门到升仙坊为不紧不慢十八盘。

（十五）万仙楼

万仙楼，又名望仙楼。位于泰山中路红门宫之上约六百米处，跨盘道门楼式建筑。原祀王母列仙，后增祀碧霞元君。始建于明万历四十八年（1620年），明、清多次重修。清乾隆十三年（1748年）赐额曰"景会群真"。

整座建筑下层为石砌墩台，东西宽17.4米、进深13.65米、高4.4米。墩台正中券石砌拱形门洞，

图4-1-26　北天门坊

图4-1-27　云步桥

图4-1-28　十八盘

高 3.4 米、宽 2.9 米，前后拱楣嵌石为额，南刻“万仙楼”，北刻“谢恩处”。门东砌一洞，名“隐真洞”，洞深 1.76 米，高 1.95 米，宽 0.9 米，为旧时道人修炼之所。上层建筑面阔 13 米，进深 6.3 米，通高 11 米，三柱七檩五架梁木构式建筑。重梁起架，黄琉璃瓦九脊歇山顶。前为重檐双步廊式，檐下施一斗二升交麻叶斗栱。枋、檩额上遍施墨线大点鑫彩绘。下层东北角设石阶上下相通。殿墙下部四周镶嵌满明代的“朝山进香施财合山会题名碑”共 63 块。下层的门洞内镶有明代施茶碑 3 块，周围有不少自然石题刻。

万仙楼南约 50 米处有粗大的古柏 3 株，旁立石刻“三义柏”碑。

(十六) 壶天阁

壶天阁位于泰山中路斗母宫以上，柏洞以北，回马岭以下。明嘉靖二十四年 (1545 年) 创建，名升仙阁。清乾隆十二年(1747 年)拓建,改“壶天阁”。

壶天阁为跨盘道门楼式建筑。下层用石材砌成基座，东西宽 14.5 米，高 4.57 米。基座跨盘道设拱形门洞，高 3.1 米，宽 3.5 米，总进深 7.95 米。拱脚角上施仰覆莲墀头石，门洞上镶乾隆题“壶天阁”三字石匾额，两侧刻廷泉路题：“登此山一半已是壶天，造极顶千重尚多福地”对联，其外又镶嘉庆辛酉 (1801 年) 崔映臣题：“壶天日月开灵境，盘路风云入翠微”对联。

东西有石阶通上层，上有阁三楹，面阔 10 米，进深 5.4 米，通高 5.9 米，三柱五架梁七檩前廊式，黄琉璃瓦九脊歇山顶。柱下覆盆式柱础。正间开门，装六抹头的隔扇门四扇，次间开窗，装四隔扇窗。

壶天阁西有“倚山亭”三间，北向，面阔 9.3 米，进深 6.05 米，高 5.3 米，四柱六架梁，八檩前后廊式。檐柱下施鼓形柱础，金柱下施覆莲柱础。卷棚硬山顶，筒、板瓦屋面。

(十七) 南天门 (图 4-1-29)

南天门，又称三天门，位于泰山十八盘尽头，是岱顶的门户。创建于元中统元年 (1260 年)，明、清多有重修，现存建筑保存了清代的风格。十八盘两侧峭壁对峙，东为飞龙岩，西为翔凤岭，南天门就坐落在两山之间的山口上，由下仰观，犹如天上宫阙。

图 4-1-29 南天门

南天门为门楼式建筑，分上下两层，下层为拱形门洞，条石垒砌，券石起拱，顶铺条石，四周冰盘式出檐。东西总长9.65米，南北进深6.26米，高4.7米。拱形门洞宽3.7米，高3.25米，门洞上镶贴金“南天门”石匾额，两侧镶“门辟九霄仰步三天胜迹，阶崇万级俯临千嶂奇观”石刻对联，赭红色墙壁。

上层为“摩空阁”，面阔三间8.43米，进深5.2米，通高5.3米，二柱五檩五架梁，重梁起架，黄琉璃瓦卷棚重檐歇山顶。南向明间开拱形门，两次间各开一窗，门上悬“摩天阁”匾额。

南天门右下有一石棚，内有元代杜仁杰撰文、严忠范书写南天门创建碑一块。碑文记述元代以前南天门并无室宇，张炼师经过几年筹备，于元中统元年（1260年）建成南天门。

（十八）东岳上庙

东岳上庙位于侧顶唐摩崖前，始建年代无考。《水经注》引《从征记》云：东岳庙有上、中、下三庙。上庙即言此庙。清乾隆十三年（1748年）赐额“资始惟元”、“上摩苍昊”。今遗址现存部分台基及咸丰重修碑。

（十九）北斗台

北斗台位于岱顶碧霞祠西，明万历年间（1573～1619年）建。据《泰山道里记》：“四面皆门而中通，上复为台曰礼斗。碧石并峙，多文彩，俗呼辆弼二星，即泰山北斗之义也”。

台呈方形，边长4.35米，高1.1米，建在高7.7米的台基上，台顶四周设有泰山花岗石石栏，上刻牛郎、织女、北斗等图案，台中心置日晷，上有子丑、寅卯等十二星辰图。

（二十）金星亭

金星亭，又名药王殿，位于回马岭东北，创建年代不详。

亭方形，砖石结构，面西而。边长4.4米，通高3.8米，建在高0.4米的台基上。亭四角立石柱，周围砌石墙，上有压檐石，砖作冰盘式出檐，五脊庑殿顶。西向盘道辟门，以石凿其门框，门高1.8米，宽0.93米。南北墙各开一圆窗，中镶井字纹石雕窗棂。

（二十一）蕴亭

蕴亭，原位于泰山南麓斗母宫南，创建于清顺治十六年（1659年），后圮。清乾隆五十五年（1790年）改建斗母宫，将其山门入名曰“蕴亭”。

现亭3间，六檩五架梁硬山顶，面阔6.59米，进深5米，通高3.15米。内悬“蕴亭”额匾。

（二十二）高山流水亭

高山流水亭位于泰山南麓经石峪西。其亭原位于曝经石西侧，明隆庆六年（1573年）都御史万恭创建，明万历年间（1573～1619年）曾重修。

亭西南侧巨石如壁，上镌万恭的《高山流水亭记》，其云：“亭悉以石，石柱四，直入石基……上覆以石板。”亭于1967年迁今址。亭为四柱方形，五脊庑殿顶，边长6.1～6.6米，通高4.4米。

（二十三）倚山亭

倚山亭位于壶天阁西，始建年代无考。

亭3间北向，四柱六架梁前后廊式，卷棚硬山顶。面阔9.3米，进深6.05米，高5.3米。檐柱下施鼓形柱础，金柱下施覆莲柱顶石。

（二十四）酌泉亭

酌泉亭，又名观瀑亭，位于泰山南麓云步桥东，创建于光绪年间。

该亭为石筑四角亭，边长3.8米，通高5.4米。四周立角柱和檐柱，上承以角梁、抹角梁、金枋等，五层迭涩藻井，中盖方石，攒尖宝顶。每面四柱，北向中柱间为门，其余柱间施坐凳栏杆。北内柱联曰：“且以石栏观飞瀑，再渡云桥访爵松”。

（二十五）五松亭

五松亭位于五大夫松旁，亭因松而名。

亭四柱五架梁前廊式，卷棚歇山顶。面阔16.1米，进深6.05米，通高5.75米。

（二十六）对松亭

对松亭位于泰山南麓对松山南，登山盘道的西侧。亭因山而名，创建年代不详。

亭方形，木石构筑，四角攒尖顶。边长4.6米，

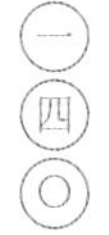

通高 7.1 米。四角柱承四角梁、抹角梁，柱外砌墙，门东向，两边各开一窗。南北各开一圆窗。门上悬“对松亭”木匾。1961 年重修。

（二十七）寿星亭

寿星亭，伴于升仙坊西南侧。

亭 1 间，面东，为砖石结构，前出廊单檐硬山顶。面阔 2.6 米，进深 2.32 米，通高 3.25 米，顶盖石板，雕瓦垄状。亭分两层，上为神龛，门呈方形。下为香火洞，拱形石门。前廊南山墙嵌清咸丰重修碑。

（二十八）洗心亭

洗心亭，位于泰山南麓五贤祠。

方形石亭，四角柱两侧立抱柱，柱上施角架，四解攒尖宝顶，边长 3.75 米，通高 3.9 米，四角皆刻联。

（二十九）西溪石亭

西溪石亭，位于泰山西南麓黑龙潭南平台上，清光绪三十四年（1908 年）建。

亭为全石建筑，方形封闭式结构，四角攒尖顶，边长 5.1 米，通高 6.6 米。北辟一门，东西开窗。宝顶、瓦垄、勾头、滴水皆浮雕。

三、南旺分水龙王庙

分水龙王庙（图 4-1-30、图 4-1-31）位于汶上县城西南 19 公里南旺镇北。面对素称“水脊”的汶河、运河交汇之处，故得“分水”之称。庙始建于明永乐年间，经明清多次扩广增建，形成一组规模宏伟又十分壮观的建筑群体。

整座建筑群坐南向北，平面布局呈横向扁方形。是一所以龙王庙为主体，附以禹王殿、宋公祠、观音阁等建筑的综合性庙宇。东西阔 250 米，南北深 220 米，占地 55000 平方米。

（一）龙王庙

龙王庙是建筑群中的主体建筑，前有围墙、庙门，起于石砌而成的高台之上，门外分列四对面目狰狞的石雕水兽。居高临下紧连宽 4 米，长 220 米的石砌河岸上。

拾级而上入庙门即前院，迎面可见面阔 21 米，进深 13 米，进高 13 米的单檐歇山式大殿，红墙绿瓦，檐角飞挑，起翘挂有风铎。重梁起架，内顶花藻井，斗栱疏朗。殿内原奉 20 尊形象生动，神态各异的泥塑神像，悬挂“疏流利运”，“麻被汶泗”，“总制分流”，“广济群生”等横竖匾额 30 余面，毕为明清士绅名流所书，俨若书法展览一般。殿左设钟鼓二楼，右侧设砖结构“字纸楼”一座。殿前建一戏楼，楼上高悬“大咸池”巨匾，底层为门楼通道，门外有木制牌坊。

（二）禹王殿

禹王殿，平列于龙王庙左侧，单檐硬山，殿面阔 15 米，进深 8 米，进高 10 米，顶覆琉璃瓦，脊饰蟠龙，内奉禹王塑像。殿前临河矗立“水明楼”一座，起建于高 4 米，宽 18 米，长 22 米的台基之上，台下中间为券洞式通道，沿台阶而下即运河登岸处。

台上楼高 8 米，面阔 12 米，进深 10 米，前檐下高悬“水明楼”大字木匾，为清代书法家松年手书，

图 4-1-30　南旺分水龙王庙

图 4-1-31　南旺分水龙王庙建筑遗址

笔法遒劲俊洒，另配有“四山朝拱”，“汉水分流”，“银汉分光”等匾额，悬挂醒目处。登楼远眺，峰峦迭起；俯瞰汶、运二水交汇。楼下有乾隆碑亭，铭刻清帝南巡途经此处的诗赋题咏。

（三）宋公祠

宋公祠居禹王殿之左，祠面阔19米，进深10米，高10米，单檐硬山式，顶覆灰瓦，内奉在督导遏汶济运的治河工程中，功勋卓著的明永乐间工部尚书宋礼塑像。祠内有明清刻石10余方，多为诗词歌赋赞颂之词。前有对列配殿二座，一座奉辅佐宋礼治河的济宁同知潘叔正，一座内祀农民水利专家白英老人的塑像。

另有观音阁、蚂蚱庙等组成了这一汶运两河汇流要塞的建筑景观。

在运河史上，分水龙王庙占有极其重要的地位，因而在运河畅通之时，凡过往商贾游船，达官显贵，文人墨客无不在此停棹浏览，就连清代康熙、乾隆皇帝也曾多次在此留住。随着运河的改道，分水龙王庙日益萧条，建筑物也多有倾颓，现存建筑物尚有：禹王殿、宋公祠、关帝庙、观音阁等，仍不失其十分重要的历史纪念价值。

四、刘公岛龙王庙

龙王庙（图4-1-32）位于威海市刘公岛南坡偏西处，东距北洋海军提督署100米。

整座建筑群坐北朝南，清代建筑，砖木举架结构。由山门、东西厢房和正殿组成，前后两院，共计房屋14间，连同庙前戏楼占地面积1700平方米。

（一）背景

威海自明代设卫，海运复苏。威海卫位居南北海上交通要冲，刘公岛横于弯内，成为天然泊船避风补给之所，大小船只往来无阻。后岛上建龙王庙，过往船只停泊刘公岛，船民无不来此膜拜，祈求龙王保佑。1888年北洋海军正式成军，以威海刘公岛为基地，每至节令，海军官兵与岛上居民也到此祭拜祈祷，唱戏娱乐。

（二）龙王庙建筑群

龙王庙依坡而建，座基较地面高出1.5米，出门气势不凡。拾级而上，门下两侧设抱鼓石，雕刻精美，石质优良。正殿朱门漆柱，为一殿一券式屋顶，屋脊上吻兽各异。殿内供奉东海龙王塑像，夜叉、龟相侍立两旁，东西两侧内山墙上分别彩绘《三国演义》和《封神演义》的情节壁画。

庙前正对大门15米处，有戏楼一座，为龙王庙的附属建筑，分戏台和化妆室两部分，戏台呈正方形（图4-1-33），约34平方米，为歇山挑檐式顶，由四根六绫青石柱支撑，柱上阳刻楹联一副，道出昔日之盛况：龙袍乌纱帽如花石斑斓辉光照耀玉皇阁；奏响管声似波涛汹涌音韵传闻望海楼。檐下隔板上刻横批“寰海镜清”。整座建筑玲珑峻拔，四角轻盈翘起，彩绘斗栱，精巧别致，为威海仅存的一所清式戏楼。戏楼旁边，有1株朴树，树龄逾百年，高12米，树围1米，至今枝叶繁茂，为威海境内稀有树种。

图4-1-32　刘公岛龙王庙

图4-1-33　刘公岛龙王庙戏台

清时，威海卫的前里口、黄埠囤和长峰等地都曾设有龙王庙，后期均拆除。刘公岛因一直为军事要地，所以龙王庙保存基本完好，1986 年进行修复保护，增树旗杆两座，恢复原貌，整座建筑更加完整。

北洋海军提督丁汝昌殉国后，其灵柩曾暂存庙内，后移葬安徽老家。当地百姓为祭祀这位爱国将领，在庙内西厢为其供设牌位，故龙王庙又称“丁公祠”。庙内东厢有两通石碑，系刘公岛绅商于 1890 年为丁汝昌及护军统领张文宣立，上刻“柔远安迩”和“治军爱民”，两碑于 1987 年从别处移至庙内陈列，以供后人参观敬缅。

五、临朐沂山东镇庙

沂山东镇庙（图 4–1–34 ~ 图 4–1–41）位于临朐县城南 45 公里的大关镇沂山九龙品处，东镇庙村东。我国古代有五岳、五镇之说，泰山被誉为

图 4–1–34　临朐沂山东镇庙旧照

图 4–1–35　临朐沂山东镇庙山门

图 4–1–36　临朐沂山东镇庙正殿

图 4–1–37　临朐沂山东镇庙内景 1

图 4–1–38　临朐沂山东镇庙内景 2

图 4–1–39　临朐沂山东镇庙内景 3

“五岳之尊”，沂山则被称作“五镇”之首。最初建庙为宋建隆三年（公元962年），现存主要建筑大殿基址亦为宋代建造。

东镇庙北倚凤凰岭，面临汶水，山清水秀，风景幽雅。东镇庙自宋奠基创修，后经元、明、清历次拓其基址，屡加增修，规模宏阔，庙貌巍然。

现庙址南北长180米，东西宽210米。正殿面阔五间，进深二间，大木架结构，墙体砖石，歇山黄琉璃瓦顶，建筑面积东西长22米，南北宽11米，计242平方米。后殿东西长18米，南北宽8米，计144平方米。

据光绪临朐县志记载及实地调查，庙原分东中西三院。主体建筑于中院，前为拱形牌坊式门楼，正（中）门高出，楣上石匾额，上镌“东镇庙”三字，相传为明巡抚陈凤梧书。左右偏门略低。山门东西两侧各有将军殿两间。殿后东侧为钟楼，西侧为鼓楼，为亭阁式。再进为御香亭，亭三楹，四面廊厦，青瓦封顶，建于明成化年间。御香亭后是正殿，又称大殿，是东镇庙的主体建筑，面阔七间，进深三间，九脊歇山绿琉璃瓦顶，厦檐凌空飞出，雕梁画栋。殿前祭台，锁钉栏板结构，台之两侧及正面各砌台阶十余级，石作颇为精致；台之左有宋建隆御碑亭，最后寝殿，各为三开间，硬山式，青瓦顶。更衣殿东为藏经楼，凡两楹二层。

西院公馆，馆门上有“万山深处”，4字石匾额。馆内有“净风轩”三楹，轩前花园，后有“会云斋”五楹，再后为道舍、皂隶房、厨房。东院亦是公馆，前有花圃，后有客厅5楹，再后宰牲房、披兵房、神库、神厨、斋房，其规制大小建造用料均不及西院。

东、中、西三院，其有殿庑楼亭、斋堂道房等170余楹，道士百余人，是古代青州境内最大的山庙。院内名木古树参天蔽日，历代御碑碣石刻360余通，素有“东镇碑林”之称。每年四月初八“放生节”，十月朔，为启庙公祭日，因春游秋毕之际，又是古代例来观山会，信士商贾，墨客游人，八方齐集面涉十三县之广，香火极盛，山会繁华，“晦则旬余，晴则竟月不息”。

庙内正殿所塑主神像，元代称大德东安王。明清称东镇沂山之神。原有塑像为青石雕塑，现塑像已失。现所保存碑碣九十余通，其中价值较高碑碣有元成宗大德二年（1298年）《加封五镇诏》封沂山为元德东安王（汉蒙两文）碑；明太祖洪武三年（1370年）“诏定岳镇海渎神号、东镇曰沂山之神”碑；明宣德状元马恰诗碑、吏部尚书刘羽代祀碑、户部侍郎乔宇诗碑、万历状元赵秉忠诗碑等。这些古碑不但记载了历代朝廷官府对沂山的诏封祭告，膜拜

图4-1-40　临朐沂山东镇庙内景4

图4-1-41　临朐沂山东镇庙内景5

祀事，还刻记了风雨不调、亢旱洪滥、地震陨落等自然灾害，且记述了国家变革、征战讨伐、边关军事情况，也歌颂了东镇奇山异水、秀丽绝佳的风光。

六、蓬莱天后宫

蓬莱天后宫（图4-1-42），俗称海神娘娘庙，始建于宋宣和四年（1122年），清道光十六年（1835年），毁于大火。现存建筑为清道光十七年（1836年）重修，是北方沿海地区海神娘娘庙中保存较完整的一处。

天后宫占地面积3000平方米，是蓬莱阁建筑群中占地最大、建筑单体最多的一组建筑。天后宫坐北朝南，位于蓬莱阁建筑群的西侧，西接龙王宫，东临蓬莱阁。天后宫是中轴式建筑，自南向北依次为显灵门、钟、鼓楼、戏楼、前殿、正殿、东、西厢房，寝殿共四进院落。

第一进院落较宽敞，由显灵门、钟楼、鼓楼、戏楼（图4-1-43）组成，是祀祝祷海神娘娘的重要活动场所。显灵门墙基为石砌，上为青砖砌筑，并有3个发券的门洞，额题“显灵门”三字。钟楼、鼓楼位于显灵门东、西两侧对称而立，东为钟楼，西为鼓楼，砖石结构，歇山式四面坡，青筒瓦屋面。戏楼由戏台和妆奁楼组成，位于院中央，戏台由花岗石砌筑，上为四柱式卷棚顶建筑，正对前殿，妆奁楼为石砌硬山式二层楼阁，面阔三间，五架梁。院内另有六块赭红色石英巨石，峙立于戏楼前后两侧，是开山造宫时留下的景石，有坤爻呈象之意。另有重修《白云宫海神庙、天后宫、蓬莱阁记》、《松石亭记》、《坤爻石记》等石碑立于钟鼓楼北侧。

第二进院落较窄，为过渡院，南有马殿与第一进院相间，北有垂花门与第三进院相通。西有西厢，东为通向蓬莱阁圆门。南殿（马殿）是天后宫门神殿，硬山式五架梁。殿门有二灰岩石鼓，面阔三间，明间为穿堂，门上有联“佑一方风正帆悬，护坏海潮平岸阔”。

第三进院为天后宫主院，由垂花门、正殿、东、西组成，建筑结构紧凑方正，垂花门为悬山式，门东、西两侧院墙也极有特色，墙裙为须弥座式，以青砖雕刻的金刚短柱分隔束腰。柱间有丹崖山彩石构成的图案，十分雅致。正殿为硬山式建筑，面阔五间，16.43米，进深14.61米。前檐带三开间卷棚式建筑，前后四明柱，10个一斗五升栱，平梁加云头莲花雕柱托，九檩五架梁，连搭式青筒瓦屋顶，四龙大花脊。廊下题匾额“道德神仙”两侧廊心墙上分别镶嵌有《重修天后宫》和《重修天后宫碑记》。殿内正面立冰纹木隔扇神龛，龛内塑天后圣母坐像。两侧有东西厢房和配殿，配殿为卷棚式，厢房为硬山式，院内有1株千年古槐。

第四进院为寝殿，硬山式二层楼阁，砖石木结构，前廊柱2根，明间有暖龛，内有海神娘娘塑像，透雕花板壁，方砖地面，悬山鱼鳞脊。两厢前墀头上有砖雕的春、夏、秋、冬四景图。图下刻有文字，

图4-1-42　蓬莱天后宫

图4-1-43　蓬莱天后宫戏楼

各有一句五字诗，即“直上蓬莱阁，人间第一楼。云山千里目，海岛四时秋”。

七、青岛天后宫

青岛天后宫（图 4-1-44）位于青岛前海太平路的东端。俗称中国大庙。始建于明成化三年（1476年），为青岛市区现存最早的庙宇建筑。据《胶澳志》载：“天后之祀，不见于正史，然渔航业奉祀维谨，故海岸恒有是庙”。

明代万历年间即墨县将青岛村开辟为海上贸易港口，称“青岛口”。据道光版《胶州志》载：“金家口、青岛口海船装卸货物抽取税银，尽征尽解无定额……”说明青岛海运事业日盛，所以明成化三年（1467 年）在这里建立了天后宫（初称天妃宫）。

1897 年，德国帝国主义侵占青岛后，将天后宫一带划为德人区，周围村庄尽被拆除，当要拆毁天后宫时，激起青岛商民无比义愤，群起反抗，德国提督慑于中国人民的威力，于是决定将天后宫从多为欧洲人居住的青岛区迁往多为中国人居住区的鲍岛，并在馆陶路划拨庙地，但是未俟天后宫迁徙。1936 年，青岛商民集资对天后宫再次进行扩建，除将戏楼、钟、鼓楼重新改建外，还增建了殡仪馆，主要建筑均改用黄绿色琉璃瓦。这时的天后宫共有殿宇 16 栋，建筑面积 1100 多平方米，成为一处颇为壮观的香火胜地。天后宫在 20 世纪 60 年代遭受严重破坏。1996 年青岛市人大通过了《尽快修复并合理利用天后宫》的一号议案，青岛市人民政府拨出专款本着“修旧如初”的原则全面修复，并将其辟为青岛市民俗博物馆。

青岛天后宫现占地面积近 4000 平方米，建筑面积 1500 平方米，为二进庭院。其有正殿、配殿、前后两厢、戏楼、钟鼓楼及附属建筑共计殿宇 16 栋 80 余间，是一处典型的具有民族风格的古建筑群。除戏楼为琉璃瓦盖顶，其他建筑物均为清水墙、小灰瓦，且经苏州式彩绘点染，雕梁画栋，金碧辉煌。在整个青岛地区的古代建筑中，青岛天后宫的建筑艺术和彩绘艺术都首屈一指。

八、潍坊城隍庙

潍坊城隍庙（图 4-1-45）位于潍坊市潍城区城隍庙街。始建于明洪武年间，清乾隆十七年（1752 年）知县郑板桥倡捐大修，并于庙前添建戏楼一座。

城隍庙庙门三楹，中间辟庙门，东西两屋内各有泥塑战马一匹，一为白色，一为红色，马旁塑有一手牵马的马夫。庙门旁置汉白玉大石狮一对，高约 2 米。门前有中军楼两座，为乐队演奏之所。进门壁影，经甬路穿过厅至大殿。甬路两旁东西各有一列石碑。大殿（图 4-1-46、图 4-1-47）为五间，单檐歇山顶。内祀城隍像铜、泥、木各一尊，皆四方白脸，三绺长须，身穿官袍，头戴乌纱，端坐于正中上方。出正殿有小院，院中心设香火池。再进经长廊为寝宫，祀城隍及城隍奶奶。西龛为城隍奶奶卧像，东端北龛为城隍木像（寝宫自从置城隍木像后改称后殿），城隍木像头戴乌纱，身穿蟒袍、

图 4-1-44　青岛天后宫

图 4-1-45　潍坊城隍庙模型

玉带，其腿关节处设有铜活络，按之能起坐，状如活人，专为每年农历五月初一抬出“出巡”。正殿前两厢有房十余间，塑冥间十殿阎罗王，六道轮回，其中奈河、刀山、酷刑等泥塑，栩栩如生，令人不寒而栗。正殿悬“惟德是辅”大匾，为郑板桥手书。廊下东端树有郑板桥撰书的“城隍庙碑”，碑文寓意深刻，虽叙述修庙事宜，却反映了板桥不信鬼神、关心民间疾苦的思想。其字体端庄、秀逸、骨坚质丰、爽朗清绝，是独具风姿的艺术佳品，潍人因其撰文好、书法好、镌刻好，而誉之为“三绝碑”。此碑为国家一级保护文物。院中另有清乾隆十四年（1749年）郑板桥书“永禁烟行经纪碑”，二碑现移潍坊市博物馆收藏。

城隍庙大门外跨街建有木制牌坊两座。东面一座正中横匾题曰：“福绥黎庶”，西面横匾题曰：“保障金汤”，涂以朱红漆，鲜艳夺目，为城隍庙增色不少。庙门外为一小广场，广场南端之戏楼与城隍庙大门南北对峙，愈显得整个庙宇庄严肃穆，令人敬畏。

城隍庙会定于每年的农历五月初一至初五，共5天。这期间，从早到晚庙门洞开，接受各方面善男信女烧香跪拜。庙对面的对台上各戏班轮流义演。城隍出巡日定在五月初一，届时将木雕城隍神像抬出，配上旗伞锣扇仪仗，壮、皂、快班人役，上午进行出巡式，下午举行回銮式，供人参拜，届时人山人海，万人空巷。

九、济南泰山行宫

麒麟山泰山行宫（图4-1-48）位于济南市历城区港沟镇南麒麟山上，又称泰山行宫，最早建造于明代。

整座道观坐北朝南，共有四座大殿，依次排列在山脊上。观外山崖间麒麟泉千年长流，观内古香古色，古迹众多。

泰山行宫筑在高台之上，台阶两旁各有汉白玉麒麟一只。门殿之后依次是碧霞元君殿、王母宫殿（西院还有桃花姑殿）、玉皇大殿和三清殿。

图4-1-46　潍坊城隍庙内景

图4-1-47　潍坊城隍庙现状

图4-1-48　济南泰山行宫

这五座大殿分别以院落相隔，皆为砖石结构，前廊抱厦。

走进泰山行宫，迎面供奉王灵官。接着是碧霞元君大殿前民国时期的《总统旨》碑，背面的五彩条旗。穿过一个小院落，便是王母宫殿。殿里供奉着王母娘娘。王母宫殿西有一小院，院内有桃花姑殿。桃花姑殿正中供奉桃花仙姑。王母宫殿后面的院落是玉皇大殿。最后一座是三清大殿。三清大殿供奉着道德天尊和灵宝天尊。院中有两座神龟石碑立在大殿门口两边。

第二节　孔庙、文庙及书院

一、孔庙

（一）曲阜孔庙

曲阜孔庙（图 4–2–1）位于曲阜市旧城偏西南部，是中国历史上孔庙、文庙及相关建筑中规模最大和规格最高的一座。

曲阜孔庙是在孔子故宅旧地发展起来的，整座建筑坐北朝南，平面呈南北长，东西窄，南北长约 637 ~ 651 米，东西宽约 141 ~ 153 米，总面积 144 亩（96000 平方米）。从空中俯瞰阜城，可以看到这组宏伟的建筑群自曲阜南门汕头中轴线向北伸展，布局壮阔而严整，终年常青的树木衬托着黄色、绿色的琉璃瓦屋顶，色调鲜明，璀璨夺目。它几乎将曲阜旧城分为东西两半，突出了它的重要地位。

曲阜孔庙建筑格局（图 4–2–2）最终形成于清光绪年间，自南向北依次为：仰圣门；金声玉振坊；泮水桥；棂星门；太和元气坊至圣庙坊（东西两侧有两座木牌坊，东曰“德侔天地”，西曰“道完古今”）；圣时门；璧水河与璧水桥；弘道门（东西两翼设两座边门，东曰“快睹门”，西曰“仰高门”）；大中门；同文门；奎文阁（该院中共有碑亭四座，其中两座已失存，东有斋宿院一处，阁两侧有东、西掖门和值房）；十三碑亭；大成门（两侧分别有金声门、玉振门、承圣门、启圣门、毓粹门、观德门）；杏坛；大成殿（东西有两庑）；寝殿；圣迹殿。其后有神庖，神厨、瘗所、燎所。

大成门东侧的承圣门内，是诗礼堂，礼器库，其后是孔子故宅井和鲁壁，井后一院是崇圣祠，再后为家庙。

大成门西侧的启圣门内，是金丝堂、乐器库，堂后为启圣殿与寝殿。

图 4–2–1　曲阜孔庙鸟瞰（选自《济宁文物古迹》）

1. 仰圣门

仰圣门（图 4–2–3）又称“万仞宫墙”，也是曲阜城正南门。位于孔庙第一座牌坊的南侧。明正德八年（1513 年）为保护孔庙，“移县城卫庙”，以孔庙为中心营建新县城。初建时，庙前原无城门，明正德至嘉靖间孔庙修建过程中，拆除照壁而改成棂星门，门前后加建了两座石牌坊，即金声玉振坊、太和元气坊。又于庙前城墙上辟门，命名“仰圣门”，习称正南门。

门砖砌券拱，重门，中夹瓮城。前门南面有石额，阴刻“万仞宫墙”四字。这样仰圣门就代替了一般地方孔庙门前的“万仞宫墙”，而成为孔庙的前导部分。“万仞宫墙”典出《论语》。《论语 · 子张》载：鲁国大夫叔孙武叔在朝廷上对大夫们讲，孔子弟子子贡要比孔子强得多，子贡听后说：“譬之宫墙，赐之墙也及户，窥见室家之好；夫子之墙数仞，不得其门而入，不见崇庙之美，百宫之富”。但后人认为数仞（一仞等于八尺）仍不足比喻孔子德行的高尚和学问的高深，仍不能表达他们对孔子的崇敬和赞扬。门上有重檐城楼，四柱前后廊式木架，灰瓦歇山顶，原有额“万代瞻仰”。过去城门平时紧闭，只有皇帝祭孔或派人祭孔时才开启，形成孔庙的大门。

2. 金声玉振坊

金声玉振坊（图 4–2–4）为明嘉靖十七年（1538 年）山东巡抚胡缵宗建，并据孟子赞扬孔子的孔子谓“集大成也者，金声而玉振之也”（《孟子·万章下》）命名题额。

坊四柱冲天三门三楼式，高 5.6 米，宽 13.5 米。柱八角形，前后石抱鼓夹抱，柱头仰莲座，顶踞圆雕石兽。石兽鳞甲独角，造型古拙，雕刻精美。明间额枋稍高，阴刻“金声玉振”四字，书体刚健雄浑。两梢间额枋稍低，阴刻云龙图案，线条流畅优美。额枋均覆屋盖，整石刻成瓦陇形，悬山顶，有脊无吻。

3. 泮水桥

泮水桥（图 4–2–5）为清康熙十六年（1677 年）孔子 67 代孙、衍圣公孔毓圻建。

桥单孔，拱形，宽 4.45 米，长 7.38 米，中置

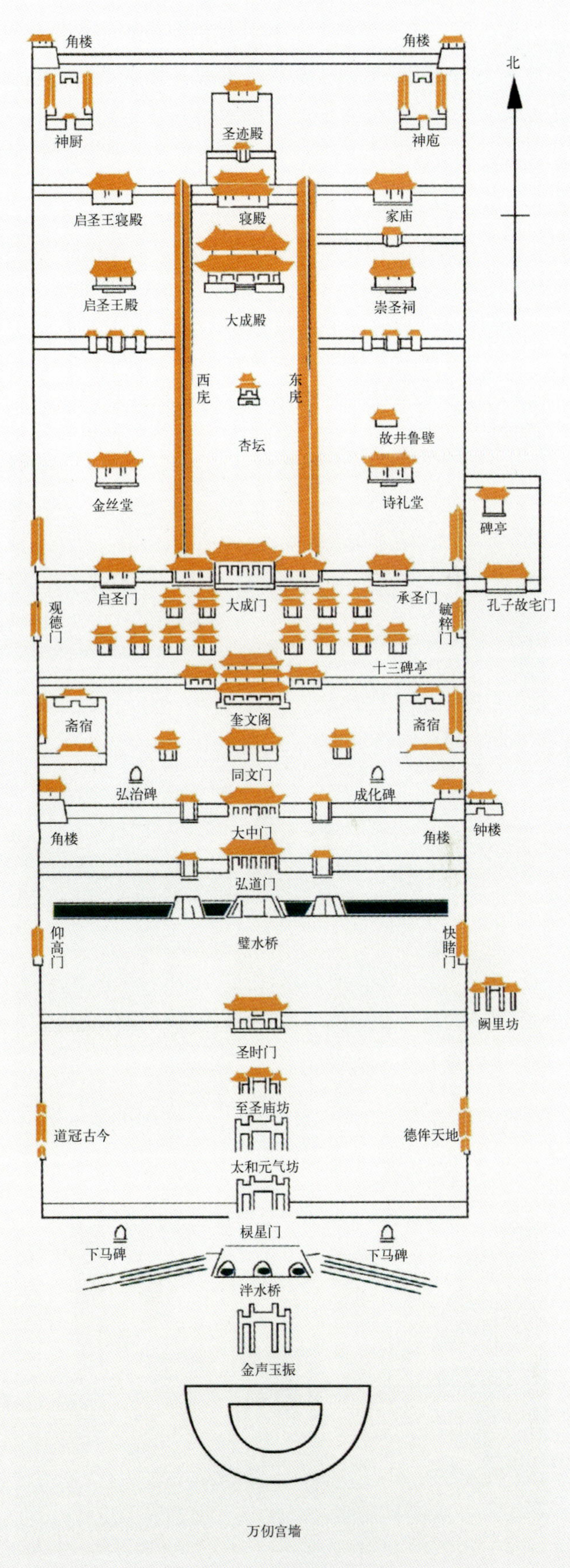

图 4–2–2　孔庙平面示意图（选自《山东文物古迹》）

浮雕龙陛。两侧有桥栏，桥北端沿河也置石栏，栏北折与庙墙相连，与棂星门组成一个长 21.1 米、深 8.55 米的半封闭空间。桥下河水呈半圆形，从庙前穿过。

4. 下马牌

下马牌（图 4-2-6）位于庙门前，棂星门两侧。阴刻“官员人等至此下马”，习称下马碑。碑始立于金明昌二年（1191 年），明永乐十五年（1417 年）重刻。过去不论文武官员还是庶民百姓，从孔庙前经过都要下马下轿，皇帝会堂祀孔子也步行进庙，以示尊敬。

5. 棂星门

棂星门（图 4-2-7）为孔庙的第一道门。棂星，又名灵星、天田星，古人认为“主得土之庆”，帝王祭天时要先祭棂星。曲阜孔庙在明宣德九年（1434 年）以前就有棂星门，但位置不详，约在明嘉靖初年建于庙门前，原为木质，清乾隆十九年（1754 年）

图 4-2-3　仰圣门（万仞宫墙）

图 4-2-4　金声玉振坊

图 4-2-5　泮水桥

图 4-2-6　下马牌

图 4-2-7　棂星门

71代衍圣公孔昭焕改为石质。

棂星门名为门，实为坊，三间四柱火焰冲天柱式，三间均安设栅栏门，左右接墙垣。坊高10.34米，宽13米。圆柱，前后石抱鼓夹抱，上下两节，两节相交处加石戗柱斜撑。柱头刻云罐，分刻圆雕四天王。柱出头用云板，但高在额枋以上四五十厘米处，与一般石坊做法不同。额枋以铁梁承托，每梁上各铸有4个龙头阀阅。额枋明间两层，梢间一层。明间上层与梢间两侧刻条环花纹，明间中刻二龙戏珠，梢间中刻云鹤，均为浅浮雕，顶上圆雕火焰宝珠。明间下层两端浮雕云鹤，中刻阳文“棂星门”3字，书体娟秀，清乾隆十三年（1748年）高宗弘历题。坊结构匀称，造型清秀，雕刻精美。

6. 太和元气坊（图4-2-8）

太和典出《易》，“保合大和，乃利贞”（《易·乾》）后人解释说：“乃能保安合会大利之道，乃能利贞于万物”。“大和”即“太和”，后世因以指阴阳会合、冲和的元气。元气，本指产生和构成天地万物的原始物质，宋程颢以此比喻孔子思想，明英宗朱祁镇又以“太和元气”赞颂孔子。明嘉靖二十三年（1544年）山东巡按郑芸建坊时命名为“太和元气”，山东巡抚曾铣书额。

7. 至圣庙坊

至圣庙坊（图4-2-9）位于圣时门前。始见于明弘治庙图中，当为明弘治十三年（1500年）修庙时所添建。时名“富圣庙”坊，清雍正七年（1729年）改名为“至圣庙”坊。

坊汉白玉质，三门四柱冲天柱式，形式简朴，无楼，额坊也仅为一层。仅明间额枋顶上圆雕火焰宝珠，额中阴刻篆书“至圣庙”三字，笃重典雅，不知何人所书。两梢间额枋平钣镌刻云龙图案，线条柔畅，构图匀称，雕刻精细。中二柱仰莲座下出云板，向内一侧刻日形，以宝瓶支于额枋上。

8. 德侔天地坊

德侔天地坊（图4-2-10）位于圣时门东庙墙上，是孔庙的第一道偏门，始建于明永乐十三年（1415年）。

现建筑木构，三间四柱五楼，柱不出头。黄色琉璃瓦顶，如意斗栱，明间庑殿顶，斗栱十三踩，两梢间歇山顶，斗栱九踩，明梢间之间有小屋顶，斗栱五踩。两层额枋间装花板，明间阳刻“德侔天地”楷书，书者不详，两梢间刻云纹。额枋高瘦，平板枋扁宽。柱下夹杆石圆雕石狮、天禄各八只，形象古拙，须弥座所刻圆角柱、卷草雕刻粗放，都显示着明初的风格。

图4-2-8 太和元气坊

图4-2-9 至圣庙坊

图4-2-10 德侔天地坊

9. 道冠古今坊

道冠古今坊(图 4–2–11)位于圣时门西庙墙上，建筑年代、形制与德侔天地坊相同。

10. 圣时门

圣时门（图 4–2–12）为孔庙的大门，始建于明永乐十三年（1415 年）。

现存门屋 5 间，灰瓦绿边单檐歇山顶。高 12.09 米(室内地面至正脊上皮,下同),宽 23.03 米，深 11.00 米（墙至墙）。砖木结构，下部砖砌，中三间发券为拱顶洞口，上部木结构，五踩斗栱，斗欹有幽，柱头科斗昂仅宽 1.5 斗口，平板枋扁而宽，仍保留了明代特点。圣时门斗栱比较奇特，明次间补间用四攒，梢间用两攒，梢间斗栱栱长几为明次间栱长二倍。栱长不一,不合程序,是一种地方做法。

门立于1.15米高的台基上,两侧门前后设台陛，中门前后御道设陛石，浮雕双龙戏珠，以山水云朵相衬，图像生动，雕刻精美，是明初不可多得的石刻佳品。

11. 璧水桥

璧水桥（图 4–2–13）位于弘道门前，明永乐十三年（1415 年）添建，因水“缠绕如璧”得名。

桥 3 座，以砖石券拱，中桥宽 10.3 米，长 16.68 米，两翼辅桥宽 3.43 米，长 13.35 米。

12. 弘道门

弘道门（图 4–2–14）始建于明洪武十年（1377 年）。

现存建筑门屋高 9.92 米，面阔五间，长 17.28 米，深二间，8.96 米。中三间辟门。单檐歇山顶，灰瓦绿边七檩三柱分心式木架，檐下施五踩重昂斗栱。梁枋肥宽，平板枋高狭，都呈清代特点，只有外檐八角石柱侧脚升起，当是明代遗物。

13. 仰高门

仰高门位于圣时门后西墙上，是孔庙的第二道偏门，始建于明弘治十三年（1500 年）。

门屋 3 间，3 门单檐悬山顶，灰瓦绿边，五檩三柱分心式木架，无斗栱。门原为方便人们拜庙添

图 4–2–11　道冠古今坊

图 4–2–12　圣时门

图 4–2–13　璧水桥

图 4–2–14　弘道门

建的，过去是拜谒孔庙的进入通道，是据颜回赞扬孔子“仰之弥高”（《论语 · 子罕》）命名的。门匾竖于中门上，楷书，笔势刚健，书体端庄，匾绿云纹，极其简洁，仍显示明代风格。

14. 快睹门

快睹门与仰高门相对，是过去拜谒孔庙后出庙的通道，寓意先睹为快。建筑维修与仰高门相同。

15. 大中门

大中门（图 4–2–15）始建于金代，是第 50 代衍圣公于大定年间新建，标于当时的孔庙图中，是当时孔庙的大门。

现有建筑门屋五间，高 9.42 米，长 20.44 米，深 7.49 米。三门、单檐悬山顶，灰瓦绿边，五檩三柱分心式木架，檐下、脊檩下均施一斗三升斗栱，木架纤弱，做法简率，檐柱柱顶石镌宝装莲瓣，构图匀称。

16. 角楼

角楼（图 4–2–16）有 4 座，前两座位于大中门两侧院墙的终端与庙墙交接处，后两座分别建于庙北端东北、西北角。角楼始于元至顺二年（1331 年），54 代衍圣公孔思诲奏请依前代故事，起围墙，四隅建角楼，仿王宫之制。

今存角楼平面为曲尺形，三间，每面见两间，单檐，绿瓦歇山顶，五檩二柱通檐式木架，檐下施重昂五踩斗栱。楼下是庙墙转角形成的高台，向庙内一侧有马道供上下。

17. 同文门

同文门（图 4–2–17）始建于北宋初期，是当时孔庙的大门，5 间，两侧有回廊，金代成为二门，明代孔庙南拓，门逐渐退居次要地位。

门独立院中，周无墙垣。门屋 5 间，高 10.62 米，长 16.9 米，深 9.34 米。中三间辟门，单檐黄瓦歇山顶，七檩三柱分心式木架。脊檩下施一斗二升交麻叶斗栱檐下设重昂五踩斗栱，明、次、梢间均用补间斗栱两攒，因间宽不同，为使各攒斗栱之间距离相近，设计者就以栱的长短来调节，所以明间斗栱的栱很长，次梢间的很短。特别奇特的是中二柱

图 4–2–15　大中门

图 4–2–16　角楼

图 4–2–17　同文门

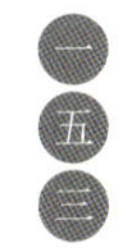

柱头科，在明间一侧栱长，次间一侧栱短，同一攒斗栱左右不同，是比较罕见的，这是明清时期曲阜一带的地方做法。门东南立有明成化四年（1468年）“御制重修九子庙碑”，西南立明弘治十七年（1504年）“御制重建阙里孔子庙碑”，两碑原均有亭，肖中期已无，现仍露天。

18. 奎文阁

奎文阁（图4-2-18）本名御书楼，“奎”本为二十八宿之一，有星十六颗，“屈曲相钩，似文字之书”，古人便认为“奎主文章”（《孝经·援神契》）。

现存建筑为明弘治十七年扩建，高24.35米，面阔七间，30.1米，进深五间，17.62米，歇山黄琉璃瓦顶。三重檐，四层斗栱。上层斗栱单翘重昂七踩，承上檐，中层斗栱单昂三踩，承附檐，另一层重翘五踩，承平坐，下层重昂五踩，承下檐。补间斗栱明间为4攒，其他均为2攒，因间阔不同，攒间距离不同，明间次间的栱长短也不相同，明次间、次梢间柱头科栱长也不一。

奎文阁内部两层，中夹暗层，为层迭式木构架，上层柱立于下层的斗栱上。下层南一层为走廊，后四间为阁身，外圈用八棱石柱24根，内柱用木柱22根（为使用方便，减去了明间南面二金柱），柱同高，柱头以额枋相连，上施斗栱，室内为五踩品字斗栱，斗栱承承重梁或挑尖梁，梁上安天花。暗层上层柱为通柱，外金柱直达上檐斗栱之下，童柱立于下层廊的挑尖梁上，穿过平坐，直通上层附檐斗栱之下，平坐斗栱自童柱半身伸出，这些做法在中国古建筑中是不多见的。阁下层在孔氏族人家祭时存放祝版，御祭时存放香帛，祭前设孔子、四配、十二哲虚位，供祭祀官员演习祭祀礼仪；暗层仅靠垫拱板上的古钱形孔彩光，光线很暗，过去只存印书木版，上层才藏御赐经书。前廊下存有明李东阳撰“奎文阁赋”碑和熊相撰“奎文阁重置典籍碑”。

19. 奎文阁掖门

奎文阁掖门始见于金代《阙里庙制》图中，当为明昌年间扩建奎文阁时添建。

掖门东西各一座，均面阔三间，进深二间，单檐硬山顶，灰瓦绿边。现存木架当为弘治遗构，角替短小，柱身粗矮，仍保存着明代特征。

20. 值房

值房各5间，在奎文阁掖门左右，灰瓦硬山顶，低小狭窄，原是祭祀前族人、礼乐生等斋宿的地方。

21. 洪武碑亭

洪武碑亭（图4-2-19），内立明洪武四年（1371年）太祖诏旨碑，始建年代不详，弘治庙工时重新刻碑建亭，移于奎文阁前。

碑亭方形，每面3间，重檐布瓦顶，无斗栱。亭壁上内外镶嵌10方元、明谒庙诗文题记刻石，亭内还立有4通谒庙诗碑和1通祭文碑。

22. 永乐碑亭

永乐碑亭（图4-2-20），内立明永乐十五年（1417年）成祖“御制孔子庙碑”，重刻重修同洪武

图4-2-18 奎文阁

图4-2-19 洪武碑亭

碑亭，惟清雍正初年亭已不存，雍正七年（1729 年）重建。

23. 东斋宿

东斋宿（图 4-2-21），始见于明弘治十七年（1504 年）修庙记载，《阙里志》说“衍圣公斋居十一间”。

现存东斋宿与《阙里志》记载基本相同，但已非明代原构，是清代小式建筑。厅房均为七檩四柱前廊式木架，正厅檐下施一斗二升交麻叶斗栱。大门内为屏门，七踩二昂斗栱，始建时为金琢墨，龙凤枋心，沥粉大点金彩画。现斗栱为烟琢墨，额枋为小点金彩画。正房、厢房、游廊原来也贴金，彩画规格是很高的，这是因为清圣祖、清高宗致祭时均在此院休息，所以又名驻跸，但现在均已改为雅五墨。

24. 西斋宿

西斋宿的建筑年代同东斋宿，原是县官等祭祀前斋居的地方。

现仅存大门道光十八年（1838 年），孔子 71 代孙孔昭薰将庙内宋、金、元、明、清文人谒庙碑一百三十余块集中镶嵌在院墙上，习称碑院，著名的有宋杜衍书札、元郭守敬谒庙题记等。

25. 十三碑亭

十三碑亭（图 4-2-22）位于奎文阁后一处东西狭长的庭院内，南八北五，横向排列；50 余块石碑露天林立，东南西南，各自成区。

碑亭形式大同小异，重檐歇山，黄琉璃瓦顶，平面呈方形，三间见方，明间开敞，梢间砌墙。其中两座为金代遗构，1 座为元代遗构，其他 10 座均为清代建筑。亭内存唐、宋、金、元、明、清、民国石碑五十余块。

（1）金代碑亭

金代碑亭共两座，即南排东起第三座和西起第三座，始见于宋代庙图。

亭结构大致相同，重檐，上下檐均施斗栱，明间补间两进村，梢间不用。下檐五铺作，单抄单下昂，重栱造，外跳计心，里跳偷心，昂尾施于串枋上，上承重栱，栱承承椽枋。上檐六铺作，单抄双下昂，里跳减一抄，重栱计心造，昂尾直接承托屋盖干抟枋。斗栱的瓜栱、令栱、慢栱也次递增，阑额高瘦，普拍枋扁宽，都显示着宋式建筑的特点。

东亭内存 3 碑，一为吕蒙正撰《大宋重修兖州文宣王庙碑铭》，碑阴刻蒙古杨奂等 8 则题记等。

图 4-2-20　永乐碑亭

图 4-2-21　东斋宿

图 4-2-22　十三碑亭

二为党怀英撰文、书丹并篆额的"大金重修至圣文宣王庙碑"，碑阴刻元好问、杨奂、郝经等金、元题记等16则。三为刘羽撰"大明重修宣圣庙记"碑，三碑均是研究孔庙修建历史的重要史料。

西亭存4碑，一为"大唐赠泰师鲁先圣孔宣尼碑"，碑阴刻武德九年（公元626年）太宗封孔嗣折为褒圣侯诏书、乾封元年（公元666年）追赠孔子太师诏书、乾封元年遣扶余隆致祭曲阜孔庙祝文、皇太子李弘请立碑孔庙奏文等；二为"鲁孔夫子庙碑"碑阴及两侧满刻唐、宋、金、元、明、清六代题记23则，元代墨书两则。两碑对研究唐代思想史、孔庙史有很大价值，书法艺术水平也很高。其他两碑为元碑，刻皇帝遣官致祭礼文等。

（2）大德碑亭

大德碑亭，即南排东起第五座，始建于元大德六年（1302年），几经修建，已经全失元代风格。

建筑下檐为五踩重昂溜金斗栱，上檐为五踩重昂斗栱，后尾全偷心，不用斗，明间补间间斗栱2攒，布置虽然疏朗，但用料细小，呈现出晚清风格。亭内现存6碑，主碑为大德五年"大元重建至圣文宣王庙之碑"。

（3）至元碑亭

至元碑亭，即南排东起第四亭，始建于至元五年（1339年）。

碑亭重檐，上下檐均施斗栱，明间补间3垛，梢间不用。下檐斗栱五铺作双下昂，上檐斗栱六铺作单抄双下昂，但都为假昂，昂嘴弧形，下皮线向上变曲，也是比较独特的做法。亭内现存8碑，重要的有：一是元武宗加封孔子为大成至圣文宣王诏书碑，汉文、八思巴文逐字对刻；二是欧阳玄撰文"大元敕修曲阜宣圣庙碑"；三是元崇奉颁诏碑，全为八思巴文；四是清同治十一年（1872年）丁宝桢立"重修至圣庙碑记"碑，碑阴刻光绪二年（1876年）"续修至圣庙碑"，都具有很高的史料价值。

（4）清御制碑亭

清御制碑亭共5座，均位于北排。西起第二、第三座分别始建于清康熙三十三年（1694年）、二十六，初为绿琉璃西起第一、第四亭为雍正修庙时新建，第五亭为乾隆十三年（1748年）新建。

五亭因存御制碑，规格等级高，斗栱下檐用五踩重昂，上檐用七踩单翘重昂。明间施平身科4垛，亭内有天花，彩画用沥粉金云龙。亭内各存一碑，西一为雍正八年遣皇五子弘画御祭碑；西二为康熙三十二年"大清皇帝御制重修至圣先师孔子庙碑"；西三为康熙二十五年"大清皇帝御制阙里至圣先师孔子庙碑"；西四为雍正八年"大清皇帝御制重修至圣先师孔子庙碑"；西五为乾隆十三年"大清皇帝躬诣阙里孔子庙庭御制碑"。

（5）清遣官致祭碑亭

清遣官致祭碑亭共4座，即南排西起第一、二座及东起第一、二座。西二亭建于清康熙二十六年（1687年）前，东二亭当为雍正间所建。

碑亭因存遣官致祭碑，规格较御制碑为低，所以虽仍为重檐歇山顶，但均无斗栱，彩画也仅为雅五墨。

26. 毓粹门

毓粹门位于十三碑亭院东墙上，是孔庙的第三道侧门，始见于金代庙图中。

现存门屋为五檩三柱分心式木架，无斗栱，进深二间，面阔三间，明间辟门，梢间砌墙，柱有侧脚，额枋略有升起，仍保持着早期建筑的特点。

27. 观德门

观德门位于十三碑亭院西墙上，与毓粹门相对，二门建筑年代、维修、形制均相同。

28. 大成门

大成门，原名仪门，宋崇宁三年（1104年）改称大成门。

现存门屋高13.53米，面阔五间，24.68米，进深两间，11.2米，单檐黄瓦歇山顶，七檩三柱分心式木架，檐下用五踩重昂溜金斗栱，金龙和玺彩画。擎檐为石柱，明间前后石术，明间前后石柱高浮雕二龙戏珠，其余为八棱石柱，减地平刻小幅云龙。高浮雕石柱云朵线条流畅，龙猪嘴，姿态生动，可能是明代遗作。门上悬"大成门"竖匾，两侧悬"先觉先知为万古伦常立极、至诚至圣与两间功化同流”对联，清世宗雍正七年题书，匾联木雕贴金，高浮雕云龙。

大成门立于台基之上，台基高1.65米，石须弥座，束腰部分所刻卷草和圭脚部分所刻云纹，构图匀称，线条圆和，当是明代所刻。门前后各有六级台阶，中用陛石，浅浮雕云龙山水；雕刻非常精美。大成门两侧有掖门，各三间，并非独立，而与两庑连檐，这样既突出了大成门作为正门的地位，又避免了单立门屋缺少整体联系的弊病，处理方式非常巧妙。

29. 金声门

金声门为大成门的西掖门，始见于金代庙图。

现有门屋3间，一门，西与西庑连檐，三柱七檩分心式木架，檐下用一斗二升交麻叶斗栱，雅五墨彩画，加黄线。

30. 玉振门

玉振门为大成门东掖门，与东庑连檐，修建规制与金声门相同。

31. 两庑

两庑位于大成殿东西两侧，供奉孔子弟子及历代先贤先儒，两庑连同转角掖门共100间，每侧正面均为40间，长近170米，象征着儒家思想的源远流长。唐贞观二十一年（公元647年）始以先儒左丘明等二十二人配享孔庙，开元八年(公元720年)又以孔子弟子七十二贤从祀，那时孔庙就有两庑之设，供奉先贤先儒，“图绘于壁上”。

今存两庑为雍正重建遗构，依循弘治遗制，连同寝殿掖门，大成门掖门也是共100间。两庑供奉从祀先贤儒的木主，祭祀规格较低，因此建筑的规格也较低，木架用七檩四柱前廊式，用一斗二升交麻叶斗栱，屋顶用绿色琉璃，而以黄色琉璃剪边，彩画用雅五墨，前檐头原为大点金，现也为雅五黑(加黄线)，是殿庭院落中规格最低的建筑。

32. 杏坛亭

杏坛亭（图4–2–23）为孔子办学设教建造的纪念物。

现存建筑为隆庆遗构，高12.5米，阔7.34米，平面正方形，四面敞开，每面三间。每面中柱为石柱，金柱为木柱，用料粗大，角柱也为木柱，但砍作八角形。屋盖十字结脊，四面悬山，重檐，上下檐均为五踩重昂斗栱，明间用补间斗栱3攒。亭内上下檐均用天花，上层天花中心用斗八藻井，细小斗栱装饰，纤巧可爱。枋梁大木为金龙和玺彩画，斗栱金琢墨。坛基两层，上层用石栏杆，南面8根栏柱下用螭首，异常美观。东南西北每面都有踏跺，刻圭角形云纹。亭内存有金党怀英篆书“杏坛碑”和清高宗御制“杏坛赞”碑。

33. 大成殿

大成殿（图4–2–24）为孔庙的主殿，供奉孔子的塑像，进行祭祀活动。为了突出孔子的崇高地位，大成殿被建成全庙最高的建筑物，无论瓦色、开间彩画都是最高规格。

殿高24.8米，面阔九间，45.69米，进深五间，24.85米（柱中至柱中），重檐九脊，黄瓦歇山顶，金龙和玺彩画。基高2.1米，重层石阶，前与

图4–2–23 杏坛亭

月台相连，后与寝殿相连。殿基为须弥座，两层栏杆，上层为火焰宝珠柱顶，下层为重层覆莲瓣柱顶，柱下有螭首外探，雕刻古拙，连同踏道云龙山水御道，多是明代遗物。

大成殿雄峙在高台上，加之回廊围绕的建筑形式，益发显得雄伟壮丽。殿的柱、架简洁整齐，柱网由外、中、内三圈柱列形成。外圈为28根石檐柱，高近6米，围绕为廊，承下檐斗栱及围廊天花；中圈为16根木金柱，高约15米，承上檐斗栱及殿内外槽天花；内圈为16根木内金柱，高约18米，承殿内内槽天花，殿内正中为斗八藻井。

檐柱用石，是本地建筑的一个特点，在曲阜比较普遍。但大成殿的石檐柱最有代表性。檐柱均以整石刻成，高约6米，前檐10根为高浮雕，直径80厘米，两侧及后檐18根为减地平钑，直径75厘米。减地平钑刻小幅围龙，石柱八面，每面9条，每柱72条，并衬以云朵。高浮雕刻二龙戏珠，一为升龙，一为降龙，上下对翔，盘绕升腾。龙周遍刻云朵，柱下端刻山石波涛，雕刻极深，几成圆雕，二龙宛如腾海升空，穿云飞翔。10根龙柱图案各具变化，两两相对，无一雷同，造型优美生动，雕刻玲珑剔透，刀法刚劲有力，龙姿栩栩如生，是我国罕见的石刻艺术品。

大成殿下檐为七踩单翘重昂斗栱，施于外圈回廊石柱以上；上檐为九踩单翘三昂斗栱，施于中圈金柱之上。补间斗栱明间用4攒，次梢间用3攒，下檐尽间用1攒。殿内内额枋及内小额枋之间为一斗六升斗栱，内额枋上用以承托天花者为七踩品字斗栱，但金柱纵缝上斗栱仅露明一面出踩，隐入天花一面斫齐，不加卷杀。斗栱用材很大，规格很高，平身科斗口平均12.5厘米，比故宫太和殿的斗口（9厘米）还大，这种相当于清代《工程做法》四寸斗口，一般只用于城楼而不用于殿堂，这是一个比较少见的例子。

殿内悬挂着清康熙二十三年（1684年）御书“万世师表”，清乾隆三年（1738年）、十三年、三十六年分别御书“与天地参”、“时中立极”、“化成悠久”、仁宗嘉庆四年（1799年）御书“圣集大成”，宣宗

图4-2-24　大成殿（选自《济宁文物古迹》）

道光元年（1821年）御书“圣协时中”、宣宗道光三十年御书“德齐帱载”、穆宗同治元年（1862年）御书“圣神天纵”、德宗光绪十四年（1888年）御书“斯文在兹”9块匾额，明间前后内金柱上法，出类拔萃河海泰山麟凤莫喻圣人、“气借四时与天地鬼神日月合共德，教垂万世继尧舜禹汤文武作之师”对联。明间正中为孔子塑像，冕十二旒，服十二章，手执镇圭，东西两侧分别为颜回、子思、曾参、孟子四配塑像，再外两侧分别为闵损、冉雍、端木赐，仲由、卜商、有若和冉耕、宰予、冉求、言偃、颛孙师、朱熹十二哲塑像，手执躬圭，冕九旒，服九章，玄衣纁裳。孔子为一龛，四配十二哲均二人一龛。龛均为木雕，贴金彩绘。明间前金柱上悬挂清世宗雍正七年（1729年）御书“德冠生民溯地辟天开咸尊首出，道隆群圣统金声玉振共仰大成”对联，上悬雍正四年御书“生民未有”匾额。

34. 寝殿

寝殿（图4-2-25）位于正殿庭院的北端，是供奉孔子夫人的专祠。夫人为宋国人，她的姓氏汉碑作并官氏，后人作亓官氏。大约在孔子19岁时结婚，孔子66岁时去世，汉魏南北朝时与孔子同室祭祀，宋大中祥符元年（1008年）追封为郓国夫人。

殿重檐九脊，黄瓦歇山顶。面阔七间，33.44米，进深四间，17.86米，高约20米（砖面至殿顶）。殿身面阔五间，进深两间，周为回廊，有八角形镌花石檐柱22根，满镌减地平钑小幅凤凰牡丹图案。殿基高2.06米，南面为须弥座，石栏杆两层，前有一平台与大成殿殿基相连，呈“工”字形平面，后面及两山为普通台基，也无栏杆，这是一种少见的处理方式，寝殿的木架形式是由殿堂分心槽式发展而来的，三柱分心，外加一周回廊，在殿中心正脊下纵向加一列中柱的木架形式，一般只用于门屋，中柱一列便于安装门窗，而很少用于殿堂，因为它不利于建筑空间的使用，观瞻效果不佳，寝殿是一个比较特殊的例子。

殿的斗栱比正殿低一等，上檐为七踩单翘重昂，下檐尽间1攒。彩画为龙凤和玺，枋心绘龙，天花绘凤，俱沥粉贴金。殿中置木刻神龛，供孔子夫人神位，有砖刻须弥座，为清雍正年间所刻。

35. 圣迹殿

圣迹殿（图4-2-26）为明万历二十年（1592年），山东巡按御史何出光为保存《圣迹图》创建。

殿高12.55米，面阔五间，30.69米，进深三间，10.22米，单檐绿瓦歇山顶。彩画为旋子大点金。木架为七檩四柱前后廊式，檐下用五踩单翘单昂斗栱，明间补间6攒，次、梢间4攒。昂嘴下刻出华头子线道，平板枋略宽于额枋，额枋高而瘦，都保存着明代的手法。但经多次维修，有些构件被更换，造成细部式样参差不一，坐斗斗欹或无幽，或有幽，瓜栱、厢栱相互错用。殿内存有石刻《圣迹图》，是反映孔子一生行迹的连环书。此外还保存着晋顾恺之、唐吴道子所绘孔子像的宋代石刻、清康熙、乾隆皇帝御制石碑等。

图4-2-25　寝殿

图4-2-26　圣迹殿

36. 启圣门

启圣门为西路正门，西路南起启圣门，北至启圣寝殿，与大成殿庭院等长，分别以金丝堂、启圣殿为主体构成两进庭院。西路之设始于宋代，主要功能是祭祀孔子父母。启圣门始见于宋庙图，三间单檐，周无墙垣，独立院中，位置在今门处稍前，金代移于今处。

今存启圣门三间三门，形制结构与承圣门相同，年代当亦相近。

37. 乐器库（图 4-2-27）

建筑面阔九间，中间辟门，进深一间，前有廊，硬山顶，灰瓦绿边，檐下用一斗二升交麻叶斗栱，雅五墨彩画。乐器库建筑年代较晚，清雍正七年（1729 年）为保存康熙皇帝赐予孔庙的钟和乐器奏请皇帝同意添建。

38. 金丝堂

金丝堂始见于金代庙图，单檐、三间，位于东路簇厅之后，即宋代斋堂之处，当是根据鲁恭王拆除孔子故居、闻金石丝竹之声而发现古文经书命名的。

堂面阔五间，中三间辟门，梢间安槛窗，进深三间，绿瓦悬山顶，七檩前后廊式木架，檐下用一斗二升交麻叶斗栱，雅五墨彩画。堂的主要功能是祭祀前演习乐舞，祭祀后合族燕享，为便于活动，堂内省去了明间南面二金柱。

39. 启圣王殿

启圣王殿，又名启圣祠，是奉祀孔子父亲叔梁纥的祠堂。

今存建筑即为雍正重建遗物。形制构造与崇圣祠基本相同，但前檐石柱为清雍正间重刻，不如崇圣祠石柱雕刻水平高。殿内中置神龛，供奉叔梁纥塑像，冕九旒，服九章，手捧躬圭。

40. 启圣王寝殿

启圣王寝殿为祭祀孔子母亲颜征在的专祠。颜征在于宋大中祥符元年（1008 年）被追封为鲁国太夫人，与齐国公同殿祭祀，宋庆历八年（1048 年）45 代孙孔彦辅被旨监修祖庙，奏准“迁于后殿奉安”，始有专祠。

今存建筑与雍正时记载相同，灰瓦绿边单檐悬山顶，七檩四柱前后廊式木架，檐下施五踩重昂斗栱。

41. 承圣门

承圣门（图 4-2-28）为东路的大门。孔庙三路之设始于宋代，东路自奎文阁以东起，有斋厅、斋堂、宅厅之设，主要供孔氏族人斋居、讲书、接待贵客之用。金代略有变化，南自大成门以东起，有斋厅、金丝堂、家庙、神厨等建筑，功能已不同于宋代，分别供读书、习礼、宣训族规、家祭、制作祭品所用。清雍正元年(1723 年)改家庙为崇圣祠，祭祀孔子上五代先人及大成殿四配等圣贤之父，功能不变，以显示报功崇德推恩先人为主。东路南起承圣门，北至家庙，与中路殿庭等长，分别以诗礼堂、崇圣祠、家庙三座主要建筑构成三进庭院。东路大门始建于宋代，单檐三间，两侧有廊，金代名燕申门。

承圣门三间三门，五檩三柱分心式木架，檐下施三踩单昂斗栱，屋顶悬山顶，灰瓦，以绿瓦剪边。

图 4-2-27　乐器库

图 4-2-28　承圣门

檐柱有侧脚，高约3.1米，直径却达0.36米，肥短粗壮，额枋高瘦，平板枋扁宽，斗栱用假昂尾，不与昂嘴相联，昂嘴下有的刻华头子线道，柱头科上的梁头与梁齐平，略高于蚂蚱头，平身科用两垛，疏朗简洁，脊檩二侧用叉手，都呈现着早期建筑的特征。

42. 礼器库

礼器库位于诗礼堂东侧，是存放祭祀礼器的地方，见于金代庙图中。

现存礼器库面阔九间，中间辟门，是由孔子故宅门进入孔庙东路的通道。进深三间，西为廊，施一斗二升交麻叶斗栱。屋架为五檩四柱前后廊式，顶为灰瓦绿边，硬山顶。室内有礼器赞碑，西廊下有故井诗碑，均为清高宗御制。

43. 诗礼堂

诗礼堂始建于宋代，本是宋真宗大中祥符元年（1008年）拜谒孔庙驻跸之所，“诏去其吻，许本家为厅”，供孔氏族人祭祀时斋居，并作讲学之用。

现存诗礼堂面阔五间，进深三间，南面敞开，不设门窗。屋盖为绿瓦紫心悬山顶，彩画为雅五墨，檐下点金，木架为九檩前后廊式，比例纤细，前檐下用一斗二升交麻叶云斗栱，斗欹无皉。清代时诗礼堂功能有所改变，祭祀前在此演礼。柱悬“绍绪仰斯识大识小，趋庭传至教学礼学诗”对联。院中有古槐1株，银杏2株，习称唐槐、宋银杏，密叶蟠空，为院生色不少。堂后有故井、鲁壁。

44. 故宅门赞碑亭

故宅门赞碑亭1间见方，单檐歇山顶，黄瓦、木架、檐下施一斗二升麻叶斗栱。亭内立清高宗乾隆十三年（1748年）撰书“故宅门赞”碑，亭也当为是年所建。

45. 崇圣祠

崇圣祠（图4-2-29）为西值大成殿。宋代时，此处为斋堂，金代为金丝堂，明弘治十七年（1504年）重建后为家庙。从庙图看，为单檐庑殿顶。殿内供奉孔子夫妇和儿子孔鲤夫妇、孙子孔伋夫妇及13代孙孔仁玉夫妇，是衍圣公举行家祭的地方。清雍正元年（1723年），世宗追封孔子上五代先人为王，将旧家庙改为崇圣祠以供祭祀。

今存建筑面阔五间，进深三间，单檐绿瓦庑殿顶，旋子大点金彩画。木架为九檩四柱前廊式，檐下斗栱为五踩重昂，明次间补间四攒，梢间二攒。檐柱至前金柱间深六尺一寸（约1.95米），后可名为大柱至后金柱深一丈二寸（约3.26米），远深过前廊，这是为了在后檐安置神龛的需要。所以前廊用单步梁，后檐用双步梁。前金柱直支老檐枋下，后金柱直支下金枋下。前檐柱为石柱，中二根为高浮雕蟠龙，傍四根为减地下钑花卉，刻牡丹、菊花、荷花、西番莲等。高浮雕龙柱线条流畅，构图和谐，龙嘴猪形，龙须前伸，颈细身粗，都呈现出明代中期的特征，当为明弘治十三年（1500年）修庙时所刻。殿内正中奉祀孔子五世祖肇圣王木金父，东祀高祖裕圣王祈父、祖父昌圣王伯夏，西祀曾祖诒圣王防叔、父启圣王叔梁纥，殿独立成院，前有院门三座，砖墙承重，木过梁，中门为绿瓦歇山顶，而掖门为灰瓦硬山顶。

46. 家庙

家庙为孔子嫡传后裔家祭的专祠。

家庙面阔七间，进深三间，灰瓦绿边，硬山顶，雅五墨彩画，木架为七檩四柱前廊式，不施斗栱，脊桁下以叉手支撑，梁枋瘦小。院前三门，砖墙承重，均为灰瓦硬山顶。

47. 后土祠

后土祠（图4-2-30）供奉孔庙土地神主，位于圣迹殿东南，与焚帛所东西相对，也是一处独立

图4-2-29 崇圣祠

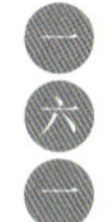

的小院。后土祠，始见于金代庙图，位于寝殿之北偏东，是一处独立的庭院，正房、两厢各3间，门1间。

现有建筑正房3间，灰瓦硬山顶，七檩四柱前廊式木架，门1间，砖墙承重，木过梁、灰瓦硬山顶。

48. 焚帛所

焚帛所为祭祀时迎神瘗埋牺牲毛血，送神后焚烧香帛之处。位于圣迹殿西南、神厨东南，是一处院墙围绕的空院，院内设瘗坎与焚帛池。

图 4-2-30　后土祠

图 4-2-31　钟楼

图 4-2-32　鼓楼

前辟门，砖墙承重，木过梁，灰瓦。焚帛所始建于明洪武十年（1377年）庙制，位于寝殿后，弘治后位于今处，形制与今相同。

49. 神庖

神庖是祭祀前准备牺牲——宰杀牛、羊、猪的地方。明洪武十年（1377年）庙制位于寝殿之后，明弘治十七年（1504年）将神庖神厨合二为一，移于寝殿之东，今崇圣祠之后。从庙图看，正房两厢各7间，大门3间。

神庖位于后院的东北角，有正厅5间，两厢各5间，大门1间。大门为灰瓦悬山顶，五檩分心式木架，用一斗二升交麻叶斗栱。正、厢房均为灰瓦硬山顶，五檀三柱式木架，无斗栱。

50. 神厨

神厨位于庙后西北角，是制作祭品的时候。约清初重建，维修同神庖，现仅存大门、东厢。

51. 钟楼

钟楼（图4-2-31）位于前阵子里街中部，西接孔庙东南角楼。钟楼始建于明弘修庙之后，清初已废，今悬钟处本为金代庙宅外门，是依庙居住的孔子裔孙出入的外门。

今存钟楼单檐悬山顶，灰瓦绿边，五檩二柱木架，无斗栱。3间，明间敞开，不设门，次间不设窗。内置铜、铁钟各一，铜钟为明嘉靖元年（1522年）山东巡抚陈凤梧造。楼下为砖砌高台，高5.6米，南北向辟券门一洞。台无马道，借用孔庙东南角楼马道上下。

52. 鼓楼

鼓楼（图4-2-32）位于毓粹门之东，始建于明弘治年间，清中期以后毁于火，同治十一年（1872年）重建。

楼高约16米，面阔五间，进深三间，周为回廊，重檐歇山顶、绿瓦、前后廊式、木架、无斗栱。楼下为砖砌方台，高7.2米，南北长25.4米，东西深12.1米，中间辟东西向券形拱门沿，台南侧设马道供上下。台上楼内置大鼓，供孔庙祭祀和平时报时用。

（二）尼山孔子庙

尼山孔子庙位于曲阜城东南30公里处的尼山东麓。相传孔子父亲叔梁纥和母亲颜征在登尼山祷天时而生孔子，后世建庙奉祀。尼山孔庙东濒泗水支流，临水有峭壁直下，地势豐爽。西对尼山中峰，隔河东望，对面是颜母山。沂河向南奔流，水色浩渺，衬托着重峦叠翠的远山，极为壮丽。庙前山涧名为智源溪，溪上架石桥，是谒庙必经之处。

庙宇占地约23亩（约1.53公顷），有大小建筑27座，建筑面积1700平方米。前为庙宇，后为书院，各自成区。过智源溪石桥，桥后为棂星门，右转为大成门。大成门内轴线上前有大成殿、寝殿及其两庑，前祀孔子，以四配、十二哲配祀，群弟子从祀；后祀孔子夫人，以子孔鲤，孙孔伋从祀。轴线东区有讲堂和土地祠，西区有启圣王殿及寝殿，奉祀孔子父母。轴线与西区间有通道通向书院，西区东南部有毓对侯祠一小院落，奉祀尼山山神。书院占地约一亩，为四合院式小建筑，有正房、两厢、茶房、大门等。

1. 棂星门

棂星门（图4–2–33）为清道光二十七年（1847年）添建，三间四柱冲天柱式石坊，八角柱，前后石鼓夹抱，柱上出云朵，首饰莲花座。中二柱顶刻圆雕石狮，旁二柱顶刻花瓶。枋两层，如同额枋、平板枋，明间阴刻“棂星门”三字，上刻火焰宝珠。坊两侧建有八字墙。

2. 大成门

大成门（图4–2–34）共三间三门，单檐黄瓦硬山顶，五檩三柱分心式木架，无斗栱。

3. 大成殿

大成殿（图4–2–35）共五间，面阔18.57米，深10.57米，单檐黄瓦歇山顶，四柱前廊式木架。檐下施五踩重昂斗栱，明次间平身科两攒，斗栱衡疏，设计者以厢栱与瓜栱同长、正心万栱远长于里外拽万栱进行补救。檐柱用石，八角形，每面满刻减地平钑小幅云龙。现存建筑虽为道光间重建，但保留了旧建筑的风格。平板枋宽于额枋，柱头科、平身科昂头同宽，梁头宽约三斗口，仍有元代遗风。殿内只供奉孔子及四配，均为塑像。

4. 两庑

两庑各五间，面阔18.4米，进深8.04米，七檩四柱前廊式木架，无斗栱，单檐灰瓦硬山顶。1978年维修时重建东庑，大修西庑。室内原供奉十二哲及七十二贤木主，1989年重建神龛，恢复木主。

5. 寝殿

寝殿（图4–2–36）共5间，面阔12.4米，进深8.08米，七檩四柱前廊式木架，无斗栱，单檐

图4–2–33　尼山孔庙棂星门

图4–2–34　尼山孔庙大成门

图4–2–35　尼山孔庙大成殿

黄瓦歇山顶。殿内原供奉孔子夫人神位，1989 年重刻神龛。

6. 二代殿

二代殿为寝殿东厢，奉祀孔子之子孔鲤，因孔鲤于宋崇宁元年（1102 年）被追封为泗水侯曾名泗水侯殿。

现存建筑 3 间，面阔 12.4 米，进深 8.08 米，七檩四柱前后廊式木架，前为廊，无斗栱，单檐灰瓦硬山顶。

图 4-2-36　尼山孔庙大成殿寝殿

图 4-2-37　尼山孔庙启圣王殿

图 4-2-38　尼山孔庙启圣王寝殿

7. 三代殿

三代殿为寝殿西厢，奉祀孔子之孙孔伋，因孔伋于宋崇宁元年（1102 年）被追封为沂水侯，曾名沂水侯殿。

建筑尺寸开间与二代殿相同。

8. 讲堂

讲堂共 3 间，面阔 12.52 米，进深 8.05 米，七檩四柱前廊式木架，无斗栱，单檐灰瓦硬山顶。明间后面有厦。

9. 土地祠

土地祠奉祀尼山土地神，1 间，灰瓦硬山顶，二柱抬梁式木架。前有照壁。

10. 启圣王殿

启圣王殿（图 4-2-37）奉祀孔子之父叔梁纥，因叔梁纥于元至顺元年（1330 年）被加赠为启圣王而得名。现存建筑 5 间，面阔 15.45 米，进深 8.53 米，四柱前廊式木架，无斗栱，单檐绿瓦歇山顶。

11. 启圣王寝殿

启圣王寝殿（图 4-2-38）奉祀孔子之母颜氏，建筑开戒同启圣王殿，单檐灰瓦歇山顶。

12. 毓圣侯祠

毓圣侯祠奉祀尼山山神。宋皇祐三年（1051 年）因孔子生于尼山，封尼山山神为毓圣侯，祭祀规格同四渎（江、淮、河、济四水），建祠奉祀，历代修建。

现存建筑为清道光修庙时重建，共 3 间，面阔 10.67 米，进深 7.5 米，七檩四柱前廊式木架，无斗栱，单檐灰瓦硬山顶。

13. 神庖

神庖位于庙后，于庙墙上辟门通向庙内，正房 3 间，灰瓦硬山顶，西厢 2 间，灰瓦卷棚顶，均为抬梁式木架。

14. 书院

建筑均为单檐灰瓦顶。其中正房 3 间，硬山顶，面阔 10.09 米，进深 6.24 米，七檩四柱前廊式木架；两厢各 3 间，面阔 9.9 米，进深 4.7 米，茶房 2 间，附建于东厢之南，三建筑均为抬梁式木架，卷棚顶；大门 1 间，方 3.05 米，砖墙承重，歇山顶。

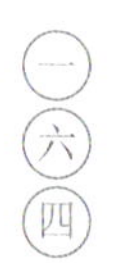

（三）岱顶孔子庙

岱顶孔子庙（图 4–2–39），旧称孔子至圣殿，在岱顶神憩宫西南望吴峰下。此处为越观峰，其下为孔子崖，明嘉靖年间（1522 ~ 1566 年）尚书朱衡创建祠宇以奉孔子，因《韩诗外传》有所谓孔子登泰山望吴阊门外系白马以示颜子而故名。

1. 望吴圣迹坊

望吴圣迹坊（图 4–2–40）在孔子庙前，始建年代无考，《泰山道里记》载：坊额“望吴圣迹”，为李树德所题。

现存石坊为 1984 年重修，二柱单间，歇山顶，高 4.5 米，宽 3 米。方柱下部前后施滚墩石，龙门枋上置五斗。坊北为望吴峰，俗呼孔子崖，均因《韩诗外传》记孔子望吴阊门外系有白马以示颜渊之事得名。

2. 庙门

孔子庙庙门（图 4–2–41）南向，石券拱形门，卷棚歇山顶。面阔 3.55 米，进深 1.92 米，通高 4.37 米，门前石阶南接盘道至天街。

3. 正殿、东西配殿（图 4–2–42、图 4–2–43）

孔子庙正殿、东西配殿各三间，面阔 10.1 米，进深 5.16 米。单檐硬山顶，清官式做法，乃因旧制。

二、文庙

（一）济南府学文庙

济南府学文庙位于济南市历下区大明湖路小学院内。据志书记载：府学文庙创建于宋熙宁年间（1068 ~ 1077 年），现存建筑物为明洪武二年（1369 年）重建，明、清、民国各代均有重修或增修。现存有照壁、大成门、泮池及大成殿等建筑物，均在南北一条中轴线上，南北总长 247 米，最宽处为 66 米。

1. 照壁

照壁为砖砌一字形，琉璃瓦顶，长 9.85 米，宽 0.95 米。

2. 大成门

大成门（图 4–2–44）面阔三间，10.8 米，进深一间，6.33 米。单檐歇山顶，上挂黄色琉璃瓦。门窗为砖石砌筑拱券形。其外檐斗栱，明间平身科

图 4–2–39 岱顶孔子庙鸟瞰（左上）
图 4–2–40 望吴圣迹坊（右上）
图 4–2–41 岱顶孔子庙山门（左下）
图 4–2–42 岱顶孔子庙正殿（右下）

二攒，次间一攒，并有45度斜出栱，侧面无平身科，所有斗栱均为五彩重昂斗栱。室内地面用方砖铺墁，台明用青石铺就。

3. 泮池

池呈半圆形，深约2米，石质望柱、栏板绕池一周，起着维护池岸和装饰的双重作用。泮池正中南北纵跨一五孔双心拱桥，将其分为东西两部分。均用加工规整的青石砌成，桥面宽2.88米，用青石铺墁。

4. 大成殿

大成殿（图4-2-45）面阔九间，34.5米，进深三间，13.75米，高约13米。单檐庑殿顶，上挂黄玻璃瓦。屋架为抬梁式结构，前后施双步梁，此殿保留了宋代的一些建筑特点，柱有收分、侧角及升起。明间斗栱平身科为2赞，其他各间均为1赞，柱头科、平身科外拽均两栱重昂，昂下有阴刻的华头子，斗栱及栱垫板绘有彩画。大殿内设有不同标高的天花，梢间、尽间高，明间、次间低。梁檩绘有旋子彩画。

大成殿气势雄伟，是济南市现存古建筑中最大的一座，也是山东省仅有的一座单檐庑殿顶式大型古建筑物，是研究全国文庙建筑的重要实物资料。

（二）莘县文庙

莘县文庙位于莘县城内东街，原旧城东北隅。

图4-2-43　岱顶孔子庙西配殿

图4-2-44　济南府学文庙大门

图4-2-45　济南府学文庙大成殿

文庙原占地面积较大，据《莘县志》记载：明代“周围墙垣共三百十二丈”。现占地面积仅存2439平方米。庙内原有建筑大成殿、棂星门、启圣祠、明伦堂、敬一亭、名宦乡贤二祠，苍松翠柏百余株。现仅存大成殿一座，建在48厘米高的台基上。

大成殿面阔五间（18.1米），进深三间（10.9米）。柱高4.4米，单檐歇山顶，屋顶中间用绿色琉璃瓦，为棱形包袱心式。殿前有月台，长21.34米，宽5.78米，殿内的檐柱，前金柱，后金柱柱径较大。其前后金柱上搁置七架梁、五架梁、三架梁。七架梁与五架梁的连接用驼峰，五架梁连接用八棱形的瓜柱，在三架梁中间的八棱形脊柱上置坐斗，坐斗南北向出云栱，东西向出翘栱，坐斗上放脊檩，有的七架梁用没有经过加工的弯形木材制作。殿内的脊檩枋下钉一块木板，木板上有题记：“时大明弘治十二年岁次己未秋七月吉旦提调官知县孟□主□桂……”在殿内前上金檩枋下和前下金檩枋下钉的木板上还有二则题记，分别是：“大明崇祯六年岁次癸酉中秋吉日……重修”，“大清乾隆贰拾年岁次乙亥陆月吉旦文教郎知莘县事恭儒学……重修”。大成殿内各檩枋上的三处题记，日期早的距今498年，其主要木柱和梁架风格古朴，有元末明初特征，在山东省现存古代建筑中较为少见。

大成殿虽经多次维修，基本保持了明代初年的梁架结构，是一座有明确纪年的建筑。现院内存古槐1株、古柏4株、古藤1株，树木阴森，更显大成殿庄严肃穆。

（三）堂邑文庙

堂邑文庙位于堂邑（今冠县）旧城东北隅。始建于金大定年间（1161 ~ 1189年），迄今已有八百余年的历史。文庙内原有历代重修碑刻八通，记载了历次维修的经过。特别是明成化三年（1467年）重修文庙碑的背面有一幅“庙学图”，形象地描绘了堂邑文庙当时的建筑全貌。

堂邑文庙坐北朝南，占地十余亩，现存有棂星门、大成门、乡贤祠、名宦祠、大成殿。其建筑布局采用传统的中轴对称形式。

1. 棂星门

棂星门是一座3开间的木结构牌坊。有4根立柱支撑坊身，再用八根斜撑木戗固立柱，下设石质柱础。柱头之上用十字钻心连接栱接栱承托流水檐，坊顶为灰瓦庑殿顶。整个牌坊玲珑雅致。

2. 大成门

大成门(图4–2–46)是面阔三间的歇山式建筑，青砖墙台，斗栱托檐，绿琉璃瓦盖顶，正脊两端装有螭吻，四条垂脊装饰有飞禽跑兽。大成门左右为乡贤、名宦两祠，均为面阔三间的硬山式灰瓦房。

3. 大成殿

大成殿（图4–2–47）是文庙的中心建筑。建筑面阔五间（22.45米），进深三间（12.45米），筑于60厘米高的砖台之上。大成殿的正面明间和次间辟门，梢间设窗。门前有宽6米，长18米的月台。大成殿共设24根立校正，柱础为古镜式，柱头以额枋、平板枋连接，四周共设有44朵斗栱承托外檐，

图4–2–46 堂邑文庙大成门

图4–2–47 堂邑文庙大成殿

不设檐柱。主体木构架为抬梁式，五架梁，并设有穿插枋、抹角梁。大成殿外观为歇山顶，正脊浮雕精美的云龙草图案，两端各有一螭吻朝天，系整块陶质绿琉璃烧制，4条垂脊也装饰有飞禽跑兽，全部为绿琉璃瓦覆顶。整个大成殿气象雄伟，装饰大方，给人以庄严宏大之感。

在大成门前，还有一棵径围3.6米的大柏树独立于院中，枯干雄奇，苍劲挺拔，《堂邑县志》载："此乃金柏也。"堂邑文庙由于年久失修，损坏严重。

（四）巨野文庙

巨野文庙位于巨野县城东南隅，永丰塔北约一百米处。宋金时期巨野文庙原建于城北，屡经河患，废立不一。明洪武十五年（1382年），县丞吕让移置于今址，历代多次增修扩建，至清康熙四十年（1701年），县令章弘鼎新正殿，绪成诸祠，规制乃备，占地30余亩（约2公顷）。

巨野文庙（图4-2-48）前后五进院落及东西两跨院，共建有殿、堂、楼、阁、斋、庑、亭、坊近百间。自南而北以太和元气坊、棂星门、泮池、戟门、大成殿、明伦堂、尊经阁，形成文庙中轴线；两侧建有进德斋、修业斋、东庑、西庑、名宦祠、乡贤祠、忠义祠、东华门、西华门等，东跨院为文昌祠，是儒学所在地；西跨院为启圣祠。大成殿内祀有孔子、四配（曾参、颜回、子思、孟轲）、十二哲（闵损、冉雍、端木赐、仲由、卜商、有若、冉耕、宰予、冉求、言偃、颛孙师、朱熹）的塑像；两庑列"七十二贤"牌位。整个建筑布局得当，错落有致，间以苍松翠柏，形成一处气势宏伟，郁罩葱茏的古建筑群。1947年，文庙被废，大部分建筑被毁，仅存大成殿，殿内塑像亦遭劫难。

大成殿（图4-2-49）是文庙的主体建筑，殿基为砖、石混砌，殿基高1.4米，东西长22.3米，南北宽14.25米，殿高13.7米，面阔五间，进深三间，重檐九脊歇山式建筑，翼角飞翘，绿瓦朱甍，斗栱盘错，雕梁画栋。殿四周有24根大型石柱支擎，石柱高3.48米，径约0.55米，前檐下8根石柱以及后檐两端石柱为浮雕二龙戏珠，上缀浮云，下着波涛，造型生动，雕琢精工；其他石柱为浅浮雕缠枝花卉，构图繁缛，技艺精湛；殿后檐中间两根石柱上分别刻有"大清康熙四十一年七月二十一日"、"宣议郎知巨野事宛平章弘重建"铭文；殿内有朱红明柱八根，直径0.5米，下垫鼓形石础，上擎殿架，梁叠檩穿，勾心斗角，显示出高超的建筑艺术。此大成殿仿曲阜孔庙大成殿营建，是鲁西南现存完整且具有较高艺术价值的古建筑。

新中国成立后，文庙旧址为粮食部门占用，大成殿一度曾为粮仓。1982年，对濒临倒塌的大成殿进行了修缮。1995年，粮仓搬迁，殿内恢复了孔子及四配塑像，制作了神龛、御匾、香案等设置，殿前筑建了月台，使文庙逐渐恢复了原有面貌。

（五）宁阳文庙

宁阳文庙位于宁阳县城中心。坐北朝南，占地五千多平方米，据清咸丰元年《宁阳县志·学校》载："庙址旧县署也，元大德初，县署西迁，乃建庙于此。"

图4-2-48　巨野文庙弘道门

图4-2-49　巨野文庙大成殿

经过明清及民国多次重修和扩建，形成了主次分明的县城文庙建筑群，由前中后三院组成，贯穿在南北一条中轴线上，极为规范。

1. 前院

文庙前院有木结构棂星门（1954 年倒塌，今存遗址（图 4–2–50）），为文庙的大门。门前有照壁，门外东西各有一通下马碑，上刻“文武官员军民人等至此下马”12 个楷书大字。棂星门里有砖砌半月形泮池（图 4–2–51），泮池上横亘一座单孔石拱状元桥。过去只有中了状元才能从桥上通过，其他人只能绕池而行。泮池东西两侧为东华门、西华门（今无存）。

2. 中院

文庙中院为文庙主体建筑院，是祭祀孔子及先贤的场所。建有大成门、名宦祠、乡贤祠、东西两庑和大成殿。

大成门（图 4–2–52）为清代建筑，面阔五间，进深二间，硬山顶，覆盖绿色琉璃瓦，梁架斗栱饰彩绘，置 3 道木板大门，中间大门悬挂雕龙云金字“大成门”匾额。大成门左右名宦祠、乡贤祠各 3 间。

大成殿（图 4–2–53）为祭祀孔子的正殿，并供奉四配、十二哲，修建于明代，为飞檐翘角、歇山顶黄色下班瓦宫殿式建筑。面阔七间，进深三间，东西长 22.6 米，北宽 10.8 米，通高 11.1 米。饰大点金旋子彩绘，殿内梁架饰墨线彩绘。前檐廊内悬御书匾额 3 方，右为清咸丰元年（1851 年）“圣神天纵”、中为清嘉庆三年（1798 年）“圣集大成”、左为清同治元年（1862 年）“德齐帱载”金字木匾。

大成殿两侧东西庑各 7 间，顶覆灰瓦，下有红柱长廊。

3. 后院

后院为明伦堂（存有建筑遗址），形成了前庙后学的建筑结构布局。宁阳文庙创建七百多年来，遗留有很多珍贵碑刻，主要有元大德十一年（1307

图 4–2–50　宁阳文庙棂星门

图 4–2–51　宁阳文庙泮池

图 4–2–52　宁阳文庙大成门

图 4–2–53　宁阳文庙大成殿

年）加封孔子为“大成至圣文宣王”的圣旨碑，元至正二年（1342年）《重修宣圣庙碑记》、清康熙十年（1671年）《优免四氏圣裔杂差碑》、清康熙四十九年（1710年）《重修庙学记》、1940年《重修文庙碑记》等石碑。

（六）夏津文庙

夏津文庙位于夏津县城东关。始建于南宋绍兴三十一年（1161年）亦即金大定元年。据明嘉靖《夏津县志》记载：“先师庙五间，东庑十二间、西庑如之。南戟门九间，又棂星门三间。东西两庑各三间”。历经金、元、明、清、民国几个时代的变迁，夏津文庙已失去了从前的面貌，仅有大成殿保留下来，其他附属建筑已损毁。

大成殿（图4-2-54、图4-2-55）属歇山顶砖木结构建筑，坐北朝南，占地260平方米，飞檐斗栱，端正匀称，下有一方形砖石基台。大殿南北进深三间约13.2米，东西宽五间约19.65米，上下高约9.4米，外观结构匀称而端庄。殿顶覆以绿色、黄色琉璃瓦，大脊两端对称饰有一对螭吻。垂脊和四个翼角上，依次排列着狮、马等跑兽。殿顶大架全为木质，为檩八梁，檩下各有垫板，结构严谨而牢固。殿顶檐角下四周设计了云头斗栱38个，雕刻工艺精湛。进入大殿，擎立着34根圆形木柱，中间两排八根圆柱每根直径达45厘米，又有16根直径30厘米的木柱环绕在大殿四周，它们对整个大殿起着稳固的支撑作用。由于风雨的侵蚀，大殿木质构件上原有的精美彩绘和髹漆已大部剥落，失去了昔日光彩。在历次修缮中门窗等构件也因拆换或修补，大多失去了当初的时代特点，但大殿基础和主体框架仍然保持着宋元时期的建筑风格。

三、书院

（一）曲阜尼山书院

尼山书院，又名尼山诞育书院，位于尼山孔庙以北。原址坐落在孔子诞生地曲阜尼山之上，始建于宋庆历三年，元时重修，是中华优秀传统文化的重要符号。

尼山书院与尼山孔庙一起，是祭祀孔子的庙宇。现为全国重点文物保护单位。

（二）曲阜洙泗书院

曲阜洙泗书院位于曲阜城东北4公里，面洙水，背泗水。相传孔子自卫返鲁，曾在此删诗书，完礼乐，整理古籍。旧称孔子讲堂。

书院南北全长136米，东西宽99.4米，东区有更衣厅等建筑，西区有礼器库，后有神庖、神厨，中区前后三进院落，有大门、讲堂、大成殿、两庑等建筑。

1. 大门

大门（图4-2-56）共三间，面阔12.09米，进深6.91米，明间闭门，单檐灰瓦悬山顶，五檩三柱分心式木架，檐下用一斗二升交麻叶斗栱，平身科每间两攒。

图4-2-54　夏津文庙裸露屋架1

图4-2-55　夏津文庙裸露屋架2

图 4-2-56　曲阜洙泗书院大门

图 4-2-57　曲阜洙泗书院大成殿

2. 大成殿

大成殿（图 4-2-57）共五间，面阔 25.8 米，进深 12.15 米，单檐绿瓦悬山顶，高 10.2 米，七檩前后廊式木架，前为廊。檐下用一斗二升交麻叶斗栱，平身科每间两攒，殿内奉祀孔子、四配、十二哲。

3. 两庑

两庑东西各 3 间，单檐灰瓦悬山顶，五檩抬梁式木架，前设廊，无斗栱。建筑面阔 12.64 米，进深 7.77 米。

4. 讲堂

讲堂共 3 间，面阔 11.7 米，进深 6.52 米，五檩抬梁式木架，无斗栱，呈清代风格，单檐灰瓦悬山顶。明间南北辟门，梢间南面安窗，北面砌墙。明间前后石柱础浮雕莲瓣饱满，是元代遗物。室内现存洙泗书院坊额，坊原位于书院门前神道上，明嘉靖三年（1524 年）建，坊毁而额存。

第三节　儒家先贤祠庙

一、邹城孟庙

邹城孟庙位于邹城市旧城南门外。又称“亚圣庙”，祀战国时期思想家孟子。孟子（约前 372 ~ 前 289）名轲，字子舆，邹人，儒家思孟学派的先哲，后世被尊为“亚圣”。孟庙初建于城东北四基山孟子墓旁。宋代元丰年间迁于城东门外，因濒水易损，又于宋宣和三年（1121 年）移坐于今址。

孟庙是一处长方形、五进大院落的古代建筑群，以主体建筑亚圣殿为中心，南北为一条中轴线，左右作对称式配列，有些地方又因地制宜进行了适当安置。逐院前进，越进越深，错落有致，起伏参差，院院不同，格局迴民警。

庙正南门为棂星门（图 4-3-1）。门内左右各一坊，左名“继往圣”，右名“开来学”。第二进院落的北壁正中为“亚圣庙”石坊。第二进院落的砖铺甬路两侧尽是古老的苍松翠柏。再北为“泰山气象门”。进入此门后，即为第三进院落。此院左右各有门通往庙外，左名“知言门”，右名“养气门”，是过去出入孟庙的主要通道。“知言门”南侧建有“省牲所”3 楹。“养气门”南侧建有“祭器库”3 楹。此院的北壁 3 门并列，正中之门为“承圣门”，门左路侧建有绿色琉璃瓦覆顶、重檐翘角、斗栱承托的方形“康熙御碑亭”。左为“启贤门”，右为“致敬门”。“承圣门”内第四进院落即分为东、西、中三路。中为孟庙的主体建筑“亚圣殿”，其后为“寝殿”。“亚圣殿”之前建有“东庑”和“西庑”各七楹。院中有“天震井”和“乾隆御碑亭”。东路“启贤门”内为“启圣殿”，其后为“孟母殿”。“启圣殿”之前甬路两侧竖立着为数众多的历代碑刻，称之为“孟庙碑林”。西路“致敬门”内为一小过道院，东垣有一小门可通往中路“亚圣殿”院。北壁有一小门为“斋戒门”。这一小院的甬路两侧和四周的墙

壁间镶嵌着历代名人谒庙的题咏碑刻等数十块。“斋戒门”内建有“致严堂”三楹，堂前有两株元代所植的参天银杏，古老的紫藤缠绕着银杏树凌空而上，美妙奇绝。中路“亚圣殿”前的露台两侧各有一小门，东名“礼门”，可通往东路的“启圣殿”院；西名“义路”，可通往西路的“致严堂”后院的“祧主祠”。“寝殿”西侧有一小门通往西路的最后院“焚帛池”。总计孟庙建有各型殿宇64楹，碑亭2座，木门坊4座，石坊1座。

（一）亚圣殿

亚圣殿（图4-3-2）位于承圣门内的第四进院落，是孟庙的主体建筑。始建于宋宣和三年（1121年）。据殿内现存宋宣和四年《先师邹国公孟子庙记》碑记载，为徐钛、朱缶所创建。现建筑系康熙七年（1668年）地震后重建起于砖砌露台之上。这座大殿既有宋代创建时的石刻覆莲柱础，也有明代大规模维修时增添的减地浅线雕刻石柱，又有清代康熙年间重建的木架结构。殿为七楹，高17米，宽27.7米，纵深20.48米，绿色琉璃瓦覆顶重檐歇山式宫殿建筑。下檐斗栱用七踩单翘重昂，上檐用七踩三昂。殿的四周竖列着明代弘治年间维修时用于擎檐的26根巨型石柱。前后各8根，两侧各5根。每柱都呈八角形，都垫有石鼓及重瓣覆莲础石，花瓣饱满，据考证，石刻覆莲是宋代建此殿的遗物。前檐8柱均减地平钑宝相牡丹和缠枝西番莲花卉纹饰，居中4根向南一面镌有云中翱翔的双翅翼龙，栩栩如生，在古代建筑中实属罕见，刀法精细，当是明弘治间遗作。两山及后檐均为素面石柱，柱高3.05米，础高0.65米。殿檐下的梁坊斗栱皆饰以云龙和彩绘贴金工艺，殿正面重檐之间高悬一匾，上书“亚圣殿”楷书贴金大字，四周环绕以精雕的5条金龙。殿正面为隔扇门窗，正中门额上悬挂“道阐尼山”横匾1块。殿内承以两排各4根朱漆木柱，迎门正面两柱凸镌一副巨型抱柱对联：“尊王言必称尧舜，忧世心同切禹颜。”对联和门匾都是清代乾隆皇帝手书，内顶饰有天花，中间为团龙彩绘的承尘藻井，在藻井之下横悬清代雍正皇帝手书“守先待后”金匾1块。殿内正中雕龙贴金的神龛内供奉着痛冕九旒九章的孟子塑像，东侧神龛供奉着孟子弟子利国侯乐正子的塑像。西侧为宋宣和三年“先师邹国公之记碑”。现存龛像及“守先待后”、“道阐尼山”题额（图4-3-3），均系1985年重制复原。

（二）寝殿

寝殿位于亚圣殿之后，有高筑甬道同亚圣殿后檐相连结。殿为五楹，单檐歇山式建筑，高10.67米，纵深12.58米，横宽24.23米。始建于元代元贞元年（1295年）。原名为“邾国公祠堂”，是供奉孟子父母的殿堂。殿前露台之下甬道右侧竖有元延祐三年（1316年）同时镌记的八思巴文和汉文对书的褒崇孟子父母的《皇帝圣旨碑》。左侧竖有元代致和元年（1328年）礼部尚书曹元用撰写的《邾国公祠堂碑》，据碑文记载：“此殿檐四出，楹五间，南北深三丈有奇，东西广五丈，高如深之数而少缩焉。”现殿之规模同其所记之尺寸相吻合。再据上述两碑所竖立的位置判断，此殿是供奉孟轲父母的殿堂。到明弘治十年（1497年），孟子第57代裔孙承袭翰林了守五经博士孟元重修增建孟庙时才改为寝殿，

图4-3-1　棂星门

图4-3-2　亚圣殿

图4-3-3　“道阐尼山”题额

是专为供奉孟子夫人的殿堂。殿中建一神龛，其内供奉着“亚圣夫人田氏之位”的木制牌位。据《三迁志》记载：殿前露台和甬道之上的三棵桧树，为北宋宣和年间所植，距今已有九百余年的历史，现依然青翠翡郁，茁壮茂盛。

（三）两庑

两庑位于亚圣殿东西两侧，为左右对称式建筑，始建于宋宣和三年。两庑各七楹，高7.8米，横宽25.28米，纵深8.35米。是后世供奉先贤先儒的地方。这些配享者除孟子弟子外，还有历代对于孟子学说有研究、有贡献的学者，如韩愈、孔道辅、钱唐等。孟子弟子之从祀，始于宋政和五年（1115年）。据元代元贞元年（1295年）司居敬重修《驺国公庙碑铭》记载：“元贞元年居敬既修建县学，为营两庑新阶，配公孙丑而下十有九人，冕服视爵秩从祀焉”。两庑室内各建神龛3座，其中安置木制神主牌位，并无塑像。

（四）启圣殿

启圣殿位于孟庙第四进院落东路，启贤门之内，亚圣殿的左侧。殿为五楹，四周出厦，单檐歇山式建筑，绿琉璃脊，灰筒瓦。殿高9.97米，东西横宽12.4米，南北纵深10.6米。因是供奉孟子父亲启圣邾国公的殿堂，故名“启圣殿”，其殿后为“孟母殿”，前后有高筑甬路相通连。孟子父亲名激，字公宜，殿正中神龛内安置着冠服七旒七章的塑像，像前木牌位楷书“启圣邾国公之位”。殿内东壁亦有一小神龛，龛内供孟子石像。此殿始建于明代弘治十年（1497年）。据《重纂三迁志》卷四载：“弘治十年，诏修孟庙，始于庙东建堂，各四楹。前为邾国公殿，后为宣献夫人殿。而以故殿祀亚圣夫人”。

（五）孟母殿

孟母殿位于启圣殿之后，两殿系同时建筑的。殿为3楹，系前檐出厦，悬山式建筑。殿高7.8米，横宽10.89米，南北纵深9.53米，是供奉孟子母亲的殿堂。该殿原名宣献夫人殿，后改称为“孟母殿”。殿内无塑像，正中神龛内安放木主牌位，其上楷书“邹国端范宣献夫人之位”。东壁有一神龛，其内安放孟子立体石刻像一尊。据《邹县志》载：像为宋景祐年间，孔道辅修理孟母墓时掘得，定为“孟子自刻为母殉葬石像”。此说不一，有待考证。殿内西侧竖有一通清乾隆十四年（1749年）致祭碑。后人称誉孟母“三迁之教，彪炳天壤。子之圣即母之圣”。

（六）致严堂

致严堂位于孟庙的第四进院落。西路致敬门内有一方形过道小院，东北角开一小门可通往亚圣殿院。正北有一门，名为“斋戒门”。门内是一座雅静秀丽的小家庭，院内外四周墙壁间镶嵌着50多块碑刻。其中有非常珍贵的宋代元丰六年（1030年）追封孟轲为邹国公的《尚书省牒文》，元丰七年（1031年）《重修邹国公庙奏牒文》和宋宣和四年（1122年）《礼部太常寺榜文》。其余碑刻多为历代名人文士前来孟庙古桧一首、明万历三十六年（1608年）集王羲之书的《邹县重修孟子庙碑》等。斋戒门内东西两侧，一雌一雄两株古老巨大的银杏树参天而立，绿荫蔽满整个庭院，一株古老的紫藤萝缠绕着银可树干，一直伸展到树顶，别有趣味，是孟庙奇景之一。此院即为“致严堂”院。内建堂3楹。据元代至顺三年（1332年），陈绎曾撰文的《致严堂记》碑载，堂建于此年。是孟轲嫡系后裔每次祭祖之前沐浴、更衣、斋戒之所。堂中悬有清代宣统三年（1911年）孟子第73代裔孙孟庆棠手书“致严堂”横匾1块。据考证，原名为“斋宿所”，始建之时应在现在堂之北的3楹西屋，但今已无遗迹可寻。

（七）祧主祠

祧主祠（图4-3-4）位于亚圣殿之西侧。有一小门，取名“义路”可通往该院。前为致严堂院，有一横墙相隔，并不能连。祠为3楹，高7.45米，东西横宽10.06米，南北纵深8米。祠为清代道光十年（1830年）孟子第69代嫡孙孟继烺重建，为孟氏家庙。大宗五代以上迁其主牌位于此，以享受祭祀。祠门之上正中悬挂一竖匾，上书“孟氏大宗祧主祠”七字。

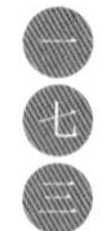

（八）御碑亭

康熙御碑亭位于承对门外左侧。据孟子65代嫡孙、承袭翰孟衍泰撰文《敕修亚对孟子庙感恩碑》载：此亭始建于清乾隆元年（1736年），是一座重檐斗栱，琉璃碧瓦覆盖，富丽堂皇，庄严高大的方形建筑。亭高11.3米，纵横为7.41米。亭内放置清康熙二十六年（1687年）玄烨皇帝亲手所书的《御制孟子庙碑》，字体工整秀丽。此碑也是孟庙现存碑刻中最大的一块。碑额浮雕泰山祥云、二龙戏珠，雕刻十分精湛逼真。碑座是一巨大的石雕——狮头、龟背、龙爪、蛇尾似龟非龟的怪兽赑屃。

乾隆御碑亭位于亚于殿院，承对门内的东侧。据《生纂三迁志》卷四记载："乾隆二十六年（1761年）重修孟庙并增建御制碑亭，博士孟毓翰撰勤感恩碑记"。这是一座单檐斗栱、黄色琉璃瓦覆顶的方形建筑。亭高6.5米，纵横为3.87米。亭内置清乾十三年（1784年）弘历皇帝书的《亚圣孟子赞碑》。

（九）祭器库、省牲所、焚帛池

祭器库、省牲所分别位于孟庙第二进院落，养气门和知言门之南侧，为东西对称之建筑，各三楹。据明代天启三年（1623年）山东巡抚赵彦《重修孟夫子庙碑》记载："天启三年二月建祭器库、省牲房各三楹"。这两处池位于孟庙寝殿之西侧，为祧主祠院之后的一个独立院。院之东南向东一小门，同亚对殿院相通。院正中建一座方形垣墙，门向正南，其方形垣墙之内正中偏北一须弥座的砖台，台上放置一石雕长方形池子，下面刻楷书"焚帛池"三字。孟氏报裔每次祭祀祖先后，在焚帛池（图4-3-5）里面焚烧祭文。

（十）门坊

棂星门是孟庙的第一座门坊，晚清所建，雕梁画栋，色彩绚丽，重檐斗栱，凌空欲飞。坊额上书"棂星门"3个贴金大字。据《后汉书》载："棂星，天田星也，欲祭天先祭棂星"。古代人认为棂星是天上的女星，"主得士之庆"。孔庙、孟庙第一座大门以此命名，有尊圣如天之意。封建时代，棂星门每年只有二、八月举行大典祭祀孟子之日，或者皇帝和钦差大臣前来孟庙祭祀拜谒时才开启，平时是闭门不开的。门内东西两侧相对有"继往对"、"开来学"二坊。意为赞誉孟子对孔子学说有"承先启后"，"继往开来"的贡献。这3座木构建筑形制相同，均四柱三楼，主楼高起，悬山灰瓦。斗栱九踩四翘。坊柱前后砌有斜面砖踩以代替戗木或夹抱石。

（十一）亚圣庙坊

亚圣庙坊为第二进院落之门坊，晚清所建，是一座精雕细刻的石坊。亚圣庙石坊，立于棂星门内，三间四柱冲天式。柱为八棱，顶端饰以圆雕仰莲古瓶、云朵，类似华表。柱身横贯云板，上下扁枋横嵌华板，明间雕有莲荷火焰宝珠，两次间平钑花卉纹饰。其部分柱构件，雕镌精细，可认作明代遗存。坊额刻楷书"亚圣庙"三个字。左右两侧坊祖额刻以云龙，其石侧坊额则是展翅翱翔之翼龙，雕刻风格与亚圣殿门侧右柱所刻翼龙完全一样。石坊之前左侧阶下有明万历九年（1581年）邹县县令许守恩所立《邹国亚圣公庙》石碑1通，由此可知此坊应建于竖碑之前，为明代所建。

图4-3-4 祧主祠

图4-3-5 焚帛池

（十二）仪门

仪门，元代称神门，位于孟庙第二进院落北壁正中，入此门即为第三进院落。门为三楹三启，单檐歇山，顶覆灰瓦，正中之门额上方悬挂竖匾1块，上书“泰山气象”4字，取意于程子之说：“日仲尼元气，颜子春生，孟子泰山岩岩之气象也。”故此门也称为“泰山气象门”。

（十三）承圣门

承圣门是孟庙正殿前的大门，三间三门。左为“启贤门”，寓意孟子父母启毓圣贤。右为“致敬门”。东门原名“钟灵门”，西门原名“毓秀门”，清代乾隆四年（1739年）重修孟庙时改称为“知言门”和“养气门”。以孟子学说“淫辞知其蔽……”和“我善养吾浩然之气”的意义而命名。

（十四）亚圣木坊

孟庙垣墙之西，养气门外，横跨南北通衢大街建一木坊，晚清所建，坊心横书“亚圣”二字，故名为“亚圣木坊”。孟子称“亚圣”起于元代至顺二年（1331年）敕封。然而，东汉京兆长陵人赵岐在《孟子题辞》中已称孟子为“命世亚圣之大才”，东汉会稽上虞人王充在《论衡》书中亦称之“亚圣之才”，可见“亚圣”之称实起源于汉代。据《孟庙重修记》碑载：“此木坊系明代在顺二年（1458年）刘巍所建”。

（十五）天震井

天震井，孟庙亚圣殿前、露台之下、甬路东侧有水井1口，名为“天震井”。井东侧竖石碑1通记载此井始末：“康熙十一年（1672年），庙前演剧，忽日响声震如雷，闻者环顾失色，见阶前地陷，有甓甃圆痕，熟视，乃进也……十二年为修庙之用，额这曰天震井，砌之以甓，环之以石，并书其迹以志异云。六十四代孙庠生孟尚锦识”。井畔还竖有清康熙十一年（1672年）王尔鉴诗碑及道光九年（1829年）方鸣球的记述。今石栏为清道光十一年（1831年）所建。

（十六）碑碣石刻

孟庙内碑碣林立，石刻（图4-3-6）众多。

图4-3-6　石刻

在经历也千余年来大自然风雨剥蚀和人为的破坏之后，现保存有历代碑碣280多块。在时代上有西汉、东汉、晋、唐、宋、金、元、明、清各代石刻。在书体上有篆、隶、行、草、正书等。在文字各类上有汉、蒙（元代的八思巴文）两种。在形式上有字、有画、有文言、有白话。在内容上有政治、经济、军事、文化、地震灾害等各方面的记述，实为研究我国文字沿革变化和历代政治、经济、军事、文化及其书法艺术发展变化的珍贵资料，上述碑刻经过整理、修复，大多数都已移置启圣殿至启圣门内甬道两侧。在寝殿后院另集存有汉代石人、金代石兽、元代浮雕云龙柱和汉画像石刻等120余件。

二、颜庙

（一）曲阜颜庙（图4-3-7）

曲阜颜庙位于曲阜城内。又名“复圣庙”，是祭祀孩子弟子颜回的庙宇。1594年（明万历二十二年）修建，全庙共有元、明、清建筑24座，金、元、明、清碑刻53通。庙基南宽北窄，南北长247.3米，东西宽南端原为104.5米，北端原为87.5米，1965年拓宽北门大街时庙西墙向东内迁3米，1990年修建北门环路时又将西北角由直角改为圆角。现占地面积为22890平方米。

颜庙南北五进庭院（图4-3-8），分中、东、西三路。主要景观有复圣庙坊、陋巷井、复圣殿等。

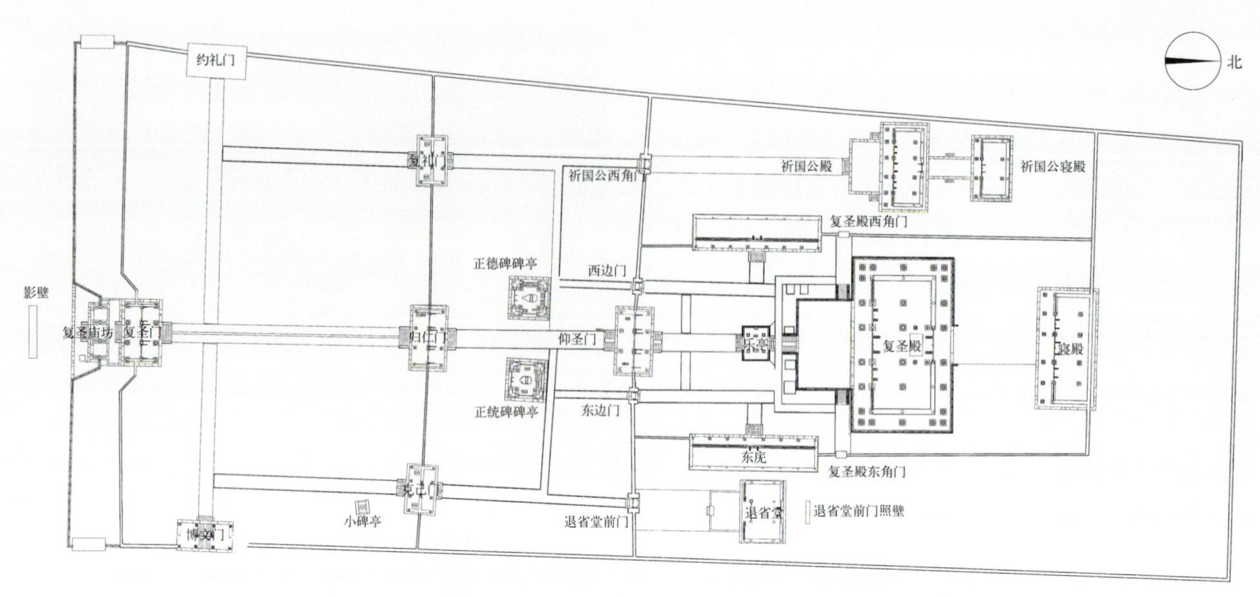

图 4–3–7　曲阜颜庙平面图（选自《曲阜颜庙大修实录》）

图 4–3–8　五进庭院

第一进庭院位于庙门前，复圣庙坊东西再则各有一个由石坊和石栏组成的封闭空间，这是一种少见的建筑形式。第二进庭院位于庙门内，院内仅有陋巷井亭、卓石和几幢石碑，但却是全庙的咽喉。南出为复圣庙门，东出为博文门，西出为约礼门，北进为归仁门及其两掖克己门、复礼门，是进出颜庙的通道。第三进庭院中有两座碑亭，东侧有斋宿所、礼器库（今已不存），北向 5 门并列，将庙分为三路。中路一门二掖，轴线上有乐亭、复圣殿、寝殿，两侧有复圣殿两庑，奉祀颜子夫妇，并以颜氏贤达配祀。西路杞国公门有杞国公殿及其寝殿，奉祀颜子父母。东路见进门内有退省堂、家庙（已圮）、神厨（已不存）等建筑，是祭祀的附属用房。

1. 正统碑亭

正统碑亭位于归仁门内之东，明正统六年（1441 年）十一月建。亭方形，3 间，重檐歇山顶，下檐单昂三踩斗栱，明间每面补间 2 攒，次间无。上檐为 1 间，也为重昂五踩斗栱，补间每面仍为两攒。斗栱疏朗，仍保存原制风格。亭内立明英宗“御制兖国复圣公新庙之碑”，是明正统四年（1439 年）应颜子 59 代嫡孙颜希仁奏请刻制建亭的。

2. 正德碑亭

正德碑亭位于归仁门内甬路以西，明正德四年（1509 年）建，“高三丈一尺，盖瓦用绿”，约嘉庆十五年（1810 年）前改为灰瓦，形制与正统碑亭相同，亭内立明武宗“御制重修颜子庙碑”，碑螭首龟趺。

3. 仰圣门

仰圣门位于归仁门直北，是颜庙的第三道大门，中心院落的正门。现门屋 3 间，高 7.76 米，面阔 14.25 米，进深 8.27 米，单檐歇山绿琉璃瓦顶，三柱五檩分心式木架，老角梁以檐梁支撑，并饰垂莲柱。檐下施单昂三踩斗栱，每间补间用两攒，斗栱疏朗。门东西各有一座角门，单间，砖墩，灰瓦歇山顶。

4. 两庑

两庑位于复圣殿东西两侧，元代始建，单檐，各 5 间。明洪武、正统年间均维修。明万历和清嘉庆、光绪年间均重修，1979年又拆盖大修，修补斗栱、更换檩枋椽望等。东西庑均七间单檐，灰瓦硬山顶，前出廊，檐下施一斗二升斗栱，补间两攒。

5. 克己门

克己门位于归仁门之东，3间，灰瓦悬山顶，檐下施单昂三踩斗栱，明间补间两攒，次间1攒，布置疏朗。脊檩下用叉手，平板枋扁宽，额枋高瘦，柱头科、平身科昂宽相同，门始见于明复圣庙图中，后经多次重修，仍保存了明代构架。1974年揭瓦大修。

6. 杞国公门

杞国公门位于仰圣门之西，是西路的正门，元代时有杞国公庙，位置不详。明庙图中有此门，1间。今门同制，砖墩，灰瓦歇山顶。

7. 杞国公殿

杞国公殿位于杞国公门内（图4-3-9），复圣殿西略南，祭祀颜子父亲颜路。颜路（公元前545年—？），名无繇，字路，孔子弟子，唐开元二十七年（公元739年）追赠杞伯，宋大中祥符二年（1009年）晋赠为曲阜侯，元元统三年（1335年）进封为杞国公，谥文裕。元代建专祠，但位置不详，明正德庙图中已位于今处。今殿基高8米，面阔15.6米，进深7.33米。5间，单檐庑殿顶，灰瓦，绿琉璃瓦剪边。木架为四柱五檩前廊式，檐下斗栱五铺作双下昂，重栱计心造。补间铺作上跳是真昂，后尾压在下平槫之下，下跳是假昂，后尾为华栱。明次间补间各两朵，梢间1朵，两山明间3朵。柱头铺作两昂为假昂，外跳为昂嘴，内跳为华栱。柱头、补间铺作昂嘴同宽，梁头要头同宽，有宋代建筑特点。但要头高为足材，不用齐心斗，昂嘴薄，上皮线弯度大，昂背成两坡形，有元代特色，是颜庙现存最早的建筑。

8. 杞国公寝殿

杞国公寝殿位于杞国公殿后，祭祀颜子母亲姜氏。姜氏，齐国人，元元统三年（1335年）被追封为杞国夫人，谥端献主。元代杞国公庙有夫人殿，重檐5间，位置不详，明正德庙图中已位于今处，清康熙四十九年（1710年）、清嘉庆十六年（1811年）重修，今殿面阔三间，灰瓦歇山顶，檐下施单昂三踩斗栱，每间补间两攒。进深三间，前出廊，明间补间斗栱三攒，次间无。

9. 见进门

见进门位于仰圣门之东，是颜庙东路正门，明代正德庙图中已有此门。门单间，砖墩，灰瓦歇山顶，据孔子赞扬颜子的“吾见其进也，未见其止也”命名。

10. 卓冠贤科坊

卓冠贤科坊（图4-3-10）位于颜庙门外东侧。明正德二年庙工时建，3间，牌楼式。明万历三十九年（1611年）重修，清康熙四十九年（1710年）重建。坊三间四柱，牌楼式，柱不出头，明间大小额枋上均有花板，上花板刻隶书“卓冠贤科”4字。上为平板枋，枋上置栌斗，栌斗承檐，顶作歇山式，螭吻，脊上刻石象。两次间大小额枋间置花板，小额枋上即为平板枋。枋上置栌斗，栌斗承檐，

图4-3-9　杞国公殿正面全景

图4-3-10　卓冠贤科坊

顶向外一侧作歇山顶，螭吻，向内切断。坊柱八角形，石抱鼓夹抱，柱间置石栅栏，坊北有石栏接庙墙，南石栏折向庙门，成封闭形。

11. 约礼门

约礼门与博文门东西相对，是颜庙的西便门，明正德二年庙工时新建，1965年因扩路被拆除，1979年仿博文门重建，较原址恰移进一记址。

12. 陋巷坊

陋巷坊位于颜庙正门稍东的"陋巷街"北端，明万历二十二年（1594年）山东巡抚郑汝璧、巡按连标建，西次间塌折，1985年重修。坊石质，三间四柱，柱出头，明间大额坊、花板无纹饰，小额坊上刻火焰，火焰下刻楷书"陋巷"二字，字板两侧浮雕云纹，每侧上下两云相交，中间透雕。两次间有楼，石刻作瓦陇形，悬山顶，有脊无吻，柱八角形，仰莲座，中二柱坐蹲狮，南向，边柱刻火焰。柱以石抱鼓夹抱，浮雕狮、鹿、牡丹等，纹饰不一。

13. 陋巷井亭

陋巷井亭位于复圣门口内，归仁门前稍西，即颜子当年的吃水井，据"颜子居陋巷"得名。宋熙宁间，"颜子之故宅所谓陋巷者，有井存焉，而不在颜氏者久矣。胶西太守孔君宗翰始得其地，浚治其井，作亭于其上，命之曰'颜乐'"。井壁为砖砌，井口以辋状石砌成圆形，并覆盖圆石，仅留一孔。井亭呈六边形，平面每边长2.9米，亭高4.4米，单檐灰瓦，形似攒尖顶，但尖部留空，与井口相对。建筑不用斗栱。檐檩直接置于柱上，老角梁分别支于抹角梁上，角梁前端用斜撑支于柱上，做法极为简率。

图4-3-11　复圣殿正面全景

14. 退省堂

退省堂位于见进门内，明正德庙图中已有此堂，3间，清康熙戊申七年（1668年）颜子69代孙世袭翰林院五经博士颜懋衡重建，清嘉庆十六年（1811年）重修，1980年揭瓦，更换檩枋椽望等构件。今堂3间，灰瓦悬山顶，无斗栱，原为敞厅。堂名是据孔子赞扬颜回"终日不违如愚，退而省其私，亦足以发"命名的。

15. 家庙

家庙位于退省堂后，明正德庙图中已有，1930年被炮火炸塌，今仅存基址。堂后庖厨一组也全部被毁，今已不存。

16. 祭器库

祭器库位于克己门内，甬路之东，元代时位于庙东南角，3间，面西。明正德时移往今处，五楹，南为斋宿房，7楹，俱西向。斋宿房今已不存，祭器库仍存，3间，灰瓦硬山顶，无斗栱。

17. 博文门

博文门位于复圣门内东侧，是颜庙的东便门，明正德二年庙工时新建。门屋3间，1门，单檐灰瓦悬山顶，三柱五檩分心式木架，无斗栱。由《论语》中颜子赞语"夫子循循善诱人，博我以文，约我以礼，欲罢不能"和孔子"君子博学于文，约文以礼"而得名。

18. 复圣门

复圣门即颜庙的大门，明正德二年庙工时所建，"复圣门三间，高三丈五尺，阔七丈二尺，深五丈一尺，石柱八根。"其后又加重修，1980年曾揭瓦。现门面阔三间，进深二间，单檐歇山碧琉璃瓦顶，三柱五檩分心式木架，前后擎檐为石柱、八棱，檐下施重昂五踩斗栱，明间补间4攒。门屋高9.06米，阔13.93米，深8.53米。

19. 复圣殿

复圣殿（图4-3-11）位于仰圣门内，乐亭以北，是颜庙的正殿。殿坐落于宽阔平坦的台基上，脊高17.48米，阔31.22米，深17.01米，重檐重檐八角，九脊四坡，五脊六兽，面阔七间。下檐斗栱重昂五踩，明间补间6攒，次梢间各4攒，尽间无；上檐5间，斗栱单翘重昂七踩，明间补间6攒，次间4攒，梢间无。殿四周有回廊，擎檐为石柱，前檐中四为深浮雕云龙石柱，中二为整石，侧二底部接约40厘米，均刻一条降龙，视以云珠，底端缀以山石，其他18根为八角石柱，浅刻龙凤、花卉等 ，后檐及东山北起二柱底部接以石鼓。

20. 复圣庙坊

复圣庙坊位于颜庙正门外，为明正德二年庙工时添建。坊石质东西长11.5米，高6.3米，三间四柱，柱出头，无楼，额一层，明间额篆书“复圣庙”三字，上刻火焰。柱八角形，以石抱鼓夹抱，上端有云板，柱略高于额枋。柱顶仰莲座，中二柱踞蹲兽，向南，边柱刻宝瓶。

21. 复礼门

复礼门位于归仁门之西。结构同克己门。1974年上盖已无，大修时修补部分斗栱，更换了部分梁、檩、椽、望板等。

22. 寝殿

寝殿位于正殿后，祭祀颜子夫人戴氏。戴氏，宋国人，元统二年（1335年）被追封为兖国夫人，谥贞素。寝殿始建于元代名“夫人殿”，寝殿面阔五间，灰瓦歇山顶，檐下施单昂三踩斗栱，每间补间三攒，昂嘴上翘；殿进深三间，前出廊，中间补间斗栱2攒，次间无。

23. 乐亭

乐亭（图4-3-12）位于仰圣门内，复圣殿前。亭始建于北宋熙宁间（1068～1077年），孔子46代孙孔宗翰建，位于陋巷井侧，元初已不存。明正德二年始建于今处。今亭方形，绿瓦十字脊，四面悬山，每面1间，补间斗栱2攒，单昂三踩，用八角石柱，周绕石栏，前后有踏道。亭名出自孔子赞扬颜回的话：“颜回居陋巷，一箪食，一瓢饮，人不堪其忧，回也不改其乐。贤哉回也！”

24. 归仁门

归仁门位于复圣门后，是颜庙的二门。元代时为颜庙的大门，名棂星门。今门屋3间，高8.52米，歇山顶，灰瓦，绿色琉璃剪边。三柱五檩分心式木架。檐下施单昂三踩斗栱；明间次间补间均为2攒。门及两侧掖门，据《论语》“颜渊问仁，子曰：‘克己复礼为仁，一日克己复礼，天下归仁焉’”命名。

25. 优人圣域坊

优人圣域坊与卓冠贤科坊结构相同，同时所建，位于庙门外两侧，二坊东西相向。

（二）宁阳颜子庙

宁阳颜子庙，亦称“复圣祠”，位于宁阳县西北20公里的鹤山乡泗皋村中。 颜庙创建于元至元年十二年（1275年），其结构基本上沿袭了宋代建筑形制。据《颜氏族谱》记载：“颜氏五十二代孙颜仙、颜俊、颜和徙居宁阳泗皋村，五十四代孙泰安州太平镇巡检颜伟于至元十二年（1275年）奉敕监修泗皋祖庙。”数百年来，颜氏家族聚族而居，繁衍生息，至今已经发展到近千户，五千多人，成为泗皋村一大旺族。

颜庙大殿（图4-3-13，图4-3-14）坐北朝南，三开间，单檐悬山，顶覆灰瓦，面阔11.4米，进深7米，通高6.5米，四周的护墙用砖和土坯构筑

图4-3-12　乐亭

图4-3-13　宁阳颜子庙复圣殿

而成，厚度约0.85米，大殿建在高0.8米的台基上，给人们以挺拔雄伟的感觉。

大殿木结构，能看到的只有两根前檐柱，构成外廊，其余的6根檐柱均垒砌在墙内。檐柱上细下粗，呈梭形，柱头卷杀，柱础为覆盆式，柱子有侧脚。所有这些都保留了唐宋时代建筑的特点。大殿虽然只有3间，工匠们仍设计使用了大梁、平梁和顺梁共计14架，并且用料粗重。4架大梁全用直径0.8米的弯曲天然原木稍微加工而成，其弯曲度基本一致，这是元代建筑的典型特征。

颜庙结构的独特之处，还在于人们俗称的“二梁不在大梁上”。六架平梁由横在大梁上的四架顺梁承托，除了两山墙内重梁以外，其余四架平梁均错出大梁，柱下施方础，条石砌筑殿基，保留了元代木构风格。这个设计十分巧妙，也是颜庙建筑的杰出特点。

另外梁与梁之间、梁与檩条之间、檩条与坊之间都垫有一斗三升栱，平梁上的蜀柱两侧用叉手支撑脊檩，蜀柱下垫有十字栱或合楂。因为明间的跨度较大，脊檩除用蜀柱和叉手支撑以外，还设计了8根斜撑随手在脊檩蹭，用藻井形式的装饰手法来进行处理，分散殿顶的重量。大殿前檐下施斗栱，单抄单下昂四铺作，明间3垛、次间两垛，昂头伸出后，昂嘴扁薄，稍微上翘，昂尾垫在耍头后尾底下，耍头尾部伸到金檩下的斗栱中，起到斜撑和杠杆作用，所有这些都体现了元代以前建筑的风格。

图4-3-14　宁阳颜子庙复圣殿内部结构

颜庙西1公里处，便是颜林，占地100亩，古柏森然，龙干虬枝。除古柏以外，还有近百株数十种奇树名木争奇斗艳，最引人注目的是一棵秋季开花、结籽的腰腰榆。颜林内，至今还保存着至正年间“颜氏之门”石牌坊一座，完好无损。此外，还有数百通元明清时代的碑刻。

三、嘉祥曾子庙

嘉祥曾子庙位于嘉祥城南17.5公里满硐乡南武山之阳。是孔子的著名弟子曾参的祠庙。历代帝王对曾参多有封赠，元封其为“宗圣公”，明嘉靖九年（1530年）改封“宗圣”曾子，曾子庙也于此时改称“宗圣庙”。始建年代不详。建筑雄伟，院内有古柏350株，最大树围1.64米，株高13米，行距4米，株距3米。

曾庙是一处极具代表性的我国古代官式建筑群体，迄今保留了鲜明的明代建筑风格。曾庙坐北朝南，平面呈长方形，南北长260米，东西宽100米，占地26000平方米。庙内原有建筑30座，殿庑80余间，周围围以红色墙垣。建筑布局是主建筑在南北中轴线上和两侧，共三进院落，分左、中、右三路，共五进院落，其主要建筑物30余座，殿、庑、亭、堂70余楹。庙内碑碣林立，古柏参天，更显肃穆壮观。

（一）三坊

三坊是曾庙大门外的3座附属建筑，均为四柱三楹的石坊。中坊与第一道东西墙平等，正对曾庙大门。上镌“宗圣庙”三个楷书大字。其他两坊东西相对。东坊与东墙平行，上镌“三省自治”；西坊与西墙平等，上镌“一贯心传”，都是斗大楷书，笔力遒劲。中坊前为一高大的红色照壁，灰瓦覆顶，上饰吻兽。

（二）宗圣门

宗圣门（图4-3-15）是曾子庙的大门。为3间悬山式建筑，长12.08米，宽8.06米，高7.5米，门扉6扇，楣饰阀阅，绿瓦覆顶，上饰螭吻、跑兽、仙人。

（三）景胜门、育英门

景胜门（图 4–3–16）、育英门（图 4–3–17）二门位于第一院落两侧，东西相对，东曰“景胜”，西曰“育英”。二门形制相同，均长 9.5 米，宽 6 米，高 5 米，3 开间悬山式建筑，灰瓦覆顶，上饰吻兽，门扉 3 扇，阀阅 4 只。门内侧各建 3 间硬山式便房，供曾庙主持人住宿和前来拜谒的官员小憩。

戟门是曾庙的二道门。长 11.8 米，宽 8 米，高 7 米，形式与宗圣门同。不逢大祭，宗圣门、戟门不开，人役出入，走育英、景胜和戟门两边的角门。

（四）宗圣殿

宗圣殿（图 4–3–18）坐落在中心院落的后部，是曾庙的主体建筑。大殿七楹五间，通长 34 米，进深 18.85 米，重檐九脊歇山式，通高 15 米。大殿飞檐挑角，彩绘斗栱，望板描龙。上檐为三挑重栱双下昂，下檐为两挑重栱双下昂。斗栱交错，宏大华丽。四周回廊中，22 根水磨石柱擎托梁架。门前两石柱平雕云龙戏水，其余平雕菊花、牡丹等花卉。雕技高超，意境新颖。顶覆绿瓦、脊上浮龙曲折蜿蜒，顶角怪兽千姿百态，鸱吻、游仙无不栩栩如生。殿内顶上建有八角盘龙藻井，龙口含珠，其势欲腾。前面 20 扇和后面 4 扇门窗均透镶梅花、秀丽壮观。殿门上方有木匾一幅，上书“道传一贯”，为清朝雍正皇帝御笔。殿内透雕龙凤的木龛内，有曾子彩色塑像，冠冕褒服，双手执圭，神态自若。两侧有他的弟子子思和再传弟子孟轲的塑像。神龛两侧红漆圆柱上挂有一副板刻对联，上联为“执中精允列圣渊源约言之统于一贯故从往者法绍唐虞”，下联是“止善明德诸贤授受广推之衍作十章则开来者道传思孟”。殿前建有月台，高 1.5 米，东西长 18 米，南北宽 13.8 米，是祭祀曾子的地方。

图 4–3–15　宗圣门

图 4–3–16　景胜门

图 4–3–17　育英门

图 4–3–18　宗圣殿

（五）东西庑（图 4–3–19）

东西庑位于宗圣殿前两侧，东西相对，皆为5间硬山式建筑，各长18米，宽9米，高6.8米，是供祀曾子弟子牌位的地方。

（六）寝殿

寝殿（图 4–3–20）在大殿后面，为五脊歇山式建筑，原祀有曾子及其夫人公羊氏的塑像，殿在1966年倒塌。

（七）三省堂

三省堂（图 4–3–21）在东跨院内，与宗圣殿平行。为纪念曾子“吾日三省吾身”之语而建。堂后有斋宿所，堂前有“神庖”4座，东西两两相对。以上建筑均已倒塌。东跨院内两边各有侧门，正南门为“慎独门”，出自曾子“故君子必慎独也”之语。慎独门与戟门平行，通向第一进院落。

（八）莱芜侯祠

莱芜侯祠（图 4–3–22）是曾子之父曾皙的祠堂，位于宗圣殿西侧，始建于明正统十年（1445年），万历七年（1579年）扩修。祠内建有启圣殿、复圣殿、崇德祠、报功祠，咏归门是莱芜侯祠的正门。启圣殿是莱芜侯祠的主要建筑，殿阔五间，东西长20米，宽10米，高8米，顶覆绿瓦，为五脊歇山式建筑。殿前有月台，殿内有曾皙塑像。复圣殿位于启圣殿后，是曾皙夫妇的寝殿，早年倒塌。报功祠与崇德祠二祠位于启圣殿前，同为硬山式，各3间，长11米，宽6.5米，高6米。

（九）万历碑亭

万历碑亭（图 4–3–23）位于戟门左前方，建于明万历七年，为重檐八角攒尖式，由12根石柱擎托，顶覆绿瓦。内置“重修宗圣庙碑”1通，碑身高大。碑亭20世纪60年代被毁，石碑被砸断，1981年将石碑修复。

（十）御碑亭

御碑亭（图 4–3–24）位于宗圣殿正前方，建

图 4–3–19　东西庑

图 4–3–20　寝殿

图 4–3–21　三省堂

图 4–3–22　莱芜侯祠

于清乾隆三十一年（1760年），为重檐四角攒尖式建筑，上覆黄瓦，七踩斗栱，小巧玲珑。内置“宗圣曾子赞碑”一通，系乾隆皇帝御笔，碑亭已毁，现仅存御碑。

（十一）涌泉井

涌泉井位于万历碑亭前方，井右立石碑1通，上刻“涌泉井”三个隶书大字。井和碑同建于清乾隆四十九年（1784年），意在纪念曾子“事亲至孝”。据传曾子“亲亡，泪如泉涌，水浆不入口者七日”。

四、微山仲子庙

微山仲子庙位于微山县鲁桥镇仲家浅村内。又称“卫圣庙”，是奉祀孔子弟子仲由的庙宇。史书记载：“汉更始元年仲子17世孙（世德）为避‘赤眉’乱，自泗水卞邑流寓济宁（任城）建庙横坊村，今仲家浅”，“开元七年贺知章为任城令时创修并拨祭田三顷，供仲氏春秋祭祀”。历代重修。

现在的仲庙是明代建筑风貌，坐西向东，是一东西长120米，南北宽40米，由石坊、大门、穿堂、两庑、正殿、后楼等构成一组古朴、宏伟的三进院落古建筑群体。除石坊、大门在20世纪60年代遭人为破坏外，其余建筑保存尚好。

（一）穿堂

穿堂，原为第二道庙门，3间，面阔11.5米、进深6米、高6米，单檐硬山式建筑，绿色琉璃瓦覆顶，重梁起架，明柱下石鼓柱础。内墙周嵌明清刻石八方，室内存放一乾隆皇帝颁赐的木质巨匾。

（二）南北两庑

南北两庑（图4–3–25）位于大殿左右两侧，形制相同，五开间硬山式，灰瓦覆顶。面阔16.5米、进深5.5米、通高6米，重梁起架，五檩四柱。南庑内墙嵌有康熙赐石匾，上镌“克绍家孝”，北庑嵌有乾隆御书“圣门之哲”刻石。另有明清赞词刻石16方，分别镶嵌于南北两庑内墙壁上。

（三）大殿

大殿（图4–3–26），即卫圣殿，是仲庙的主体建筑，起建于石砌方台之上，殿五楹，面阔18米，进深三间12.5米、高约12米。单檐歇山顶，顶覆绿琉璃瓦。前后檐各用八角形石柱4根。殿内圆木金柱八根，方石柱础，梁架通体设彩，殿内有仲子塑像。

（四）后楼

后楼（图4–3–27），二层3间，硬山式建筑，灰瓦覆顶，楼起于石砌台基之上。面阔10.2米，进深6.7米，通高8米，两山设月沿式窗各一。二

图4–3–23　万历碑亭

图4–3–24　御碑亭

图4–3–25　南北两庑

图 4-3-26　大殿

图 4-3-27　后楼

层前面设隔扇门，底层正中辟门，两侧设方形木窗。楼内存《仲氏谱略》刻石 1 方。

第四节　先贤祠庙

一、微山伏羲庙

微山伏羲庙位于微山县两城乡刘庄西，后依绵延起伏的凤凰山，前临烟波浩渺的微山湖，是济宁市现存最早的庙宇建筑。伏羲庙原是一组完整的古建筑群，前有三圣阁，后有女娲殿，伏羲殿建在中心部位，并配以钟楼、鼓楼、庙门等建筑，绕以青石围墙。

伏羲，三皇之首，教人结网，捕鱼狩猎，并创八封。南北朝时期的《魏书·地形志》载："高平，二汉属山阳……有高平山、承雀山、伏羲庙。"可见在南北朝时此庙已属名胜。1995 年修缮大殿时，在 4 根石质内柱上发现了宋代刻字，为："时大宋熙宁七年甲寅戊戌朔乙卯三月二十三日"另一处刻文为"惟大宋国兖州仙源县长福乡白塔村户头郭成，弟都知兵吏使郭勍"。从大殿框架、斗栱、刻字上分析，大殿的主体框架应为北宋，金、元、明各代均有增修。

大殿（图 4-4-1）坐落于 6 米高的基台上，数里之外，即可看到。殿面阔五间，进深三间，大殿长 15.4 米，宽 9.2 米，高 12 米，建筑形式为单檐歇山式，斗栱结构，单华栱，三下昂，七铺座。殿为八柱六重梁九檩，长鼓状石础（图 4-4-2）；大殿东西两侧各有 4 根，前后各有两根八棱形石柱，前面有 6 根，后面有 4 根木柱。两梢间为一座间斗栱，中间 3 间檐下为两座补间斗栱。殿内梁、檩、椽、柱上均施以彩绘，因年代久远现已模糊不清。殿顶为黄绿色琉璃瓦，大脊饰龙凤（图 4-4-3）。殿内供奉伏羲塑像。殿后有女娲殿（图 4-4-4），硬山式，灰瓦覆顶，殿内供奉女娲像。

二、宁阳禹王庙

宁阳禹王庙位于宁阳县北境、著名的古代水利工程大汶河堽城坝南 200 米处。原名"汶河神庙"。据清咸丰元年（1851 年）重修《宁阳县志·秩祀》记载："汶河神庙，在堽城坝，明成化十一年（1475 年）员外郎张盛建坝，因立庙。"又记："今庙额曰'禹王庙'，不知始改何时。"庙祀禹王。

禹王庙，坐北朝南，平面呈长方形，由红墙灰瓦围成，东西宽 74 米，南北长 218 米，占地 16132 平方米（图 4-4-5）。沿中轴线依次为广场、庙门、掖门、神道、正殿、假山。左右配以钟楼、鼓楼，两庑、配殿、碑刻等。

庙门 1 间（图 4-4-6），面阔 3 米，进深 3.5 米，高约 5 米。灰瓦硬山顶，饰吻兽。两扇实榻大门饰铺首衔环，门钉 40 枚，门额悬"禹王庙"三字贴金元龙木匾。门前置石狮一对，庙门两侧各开翼顶掖门。

庙门内两侧为钟楼、鼓楼遗迹，残存柱础，四角亭式。

图 4-4-1　大殿

图 4-4-2　鼓状石础

图 4-4-3　大殿殿顶

图 4-4-4　女娲殿

图 4-4-5　禹王庙图

图 4-4-6　南庙门

正殿虹渚殿。穿堂式，面阔 15.9 米，进深 7.8 米，通高 7 米。灰瓦歇山顶，蟠龙大脊，饰吻兽。明间置四隔扇门，门额上刻篆书“风调雨顺”四字。次间前墙各开券顶格棂窗，明间后墙开一券形门，大殿神龛内供奉泥塑禹王座像一尊。

东西配殿位于正殿两侧，均三开间，面阔 12 米，进深 7.8 米，高 6.2 米。

东西两庑（图 4-4-7）设在正殿前两侧，五开间，面阔 13.5 米，进深 5.3 米，通高 6 米，灰瓦硬山顶。明间置券顶双扇门，次间前置券顶格棂窗。

钟楼、鼓楼至两庑之间立有螭首龟趺碑 2 通。东碑《堽城堰记》，碑高 6 米，宽 1.42 米，厚 0.44 米，为明朝科举考试中唯一连中三元的户部尚书兼文渊阁大学士商各撰文，明成化十一年（1475 年）立石。西碑《同立堽城堰记》，碑高 5.9 米，宽 1.41 米，厚 0.43 米，有户部尚书兼翰林院大学士万安撰文。明成化十三年（1477 年）立石。以上两碑同是记载堽城堰易址、堰的结构及堰起的作用。

正殿后筑有占地 5 亩（约 3333 平方米）的土丘，高约 10 米，是用庙内淤积的 2 万立方沙土堆积而成，土丘上遍植松柏（图 4-4-8）、银杏，以免庙宇再遭风沙侵袭。

据清顺治十六年（1659 年）《重修禹王庙》记载："庙故伟丽，庭有松柏，不见白日，后有一树作龙形，皆数百年物也。"今存古柏 11 株，干围均在 3 米以上，其中殿后一株因天矫作龙头状，苍劲挺拔，枝节盘曲，称为"虬枝歧柏"，被誉为宁阳八景之一。庙门内两株桧柏形如华盖，树径达 1.5 米以上，令人称奇的是一株开花，一株结果，当地人称为"夫妻柏"。庙内古柏享誉四方，引无数文人诗客到此览胜，赋诗赞美。清广东巡抚黄恩彤诗云"翠须连桐杆，苍鬓傅铁枝，莫浸悲枯槁，龙头属后期"。

三、曲阜周公庙

曲阜周公庙位于曲阜城东北五百余米处的高地上，全称"文宪王庙"，亦称"元圣庙"，是全国三大周公庙之一。周公庙相传为鲁国太庙遗址。周公，姬姓，名旦，武王之北，封于曲阜为鲁公，未就，留佐武王，其子伯禽就鲁。北宋大中祥符元年（1008 年），追封周公为文宪王，命曲阜新建周公庙。

周公庙经过了元明清历代先后多次修建，整个建筑群呈长方形，体上呈对称式分布，四周修建红墙包围，一共三进院落。棂星门（图 4-4-9）为庙之正前门，两侧各立石坊，东为"经天纬地"，西为"制礼作乐"。成德门、达孝门是第二、三道庙门；康熙御碑亭立于三道门之前。现存殿、亭、门、坊共 57 间，总面积 75 亩（约 50000 平方米）。周公庙西北，有一处隆起的高地，人称"望父台"，又名"伯禽台"，传为当年伯禽向西望父祭祀之地。庙内松柏参天，古树庇荫。

元圣殿（图 4-4-10），面阔五间 23.7 米，进深三间 12.26 米，六梁二十四柱，通高 11.81 米，

图 4-4-7　东西两庑

图 4-4-8　松柏

图 4-4-9　棂星门

图 4-4-10　元圣殿

单檐歇山，顶覆绿琉璃瓦，里外门窗透雕，红漆贴金彩绘，斗栱用重昂五踩。殿正中有木雕神龛，内祀周公塑像，上悬“明德勤施”匾额，两侧金柱悬有乾隆御书木刻楹联。东侧另一木龛，祀伯禽塑像，西侧立金人塑像。《孔子家语·观周》载：孔子“遂人后稷之庙堂，右阶之前有金人焉，三缄其口而铭其北曰：古之慎言人也”。殿侧有清代《金人铭》碑。两庑分列于殿前东西两侧，均五间，奉祀伯禽以后的历代鲁公。

四、嘉祥惠济公庙（焦王祠、青山寺）

嘉祥惠济公庙位于嘉祥县城南8.2公里的林木葱茏的青山西侧，是以惠济公庙为主体的古建筑群，占地面积约6000平方米。惠济公庙原名“焦王祠”，据旧县志记载：“武王克商，封神农之后于焦，世称焦王。”始封之焦在河南，受封后移城于嘉祥青山东山脚下，现青山东侧有东、西焦城村，并有古焦王城遗址。焦王祠始建年代不详。东汉灵帝建宁年间封焦王为青山君，建宁二年（公元169年）立“焦王祠碑”，后毁。由此可知，焦王祠最迟始建于东汉末年。宋徽宗崇宁元年（1102年）封焦王为宁应侯；宣和三年（1121年），改封为惠济公；次年，重修焦王祠，改称“惠济公庙”。后经明、清两代的多次重修、扩建，始具现在的规模。因庙位于青山，故习称“青山寺”。

青山寺坐东面西，顺应山势，层层迭升，设计巧妙，别具一格。崇宇高阁，掩映于古树翠柏之中，景色颇为壮观。从山下望去，在中思线上的建筑有六个层次，即：泰山行宫坊、三门、惠济公大殿、寝殿、泰山行宫、玉皇庙。在惠济公大殿两侧还有白玉宫、享殿、子母殿、万佛阁、关帝庙、迎客厅等附属建筑。

（一）泰山行宫坊

泰山行宫坊（图4-4-11）位于青山脚下，明朝世袭鲁王朱寿镛于崇祯十一年（1638年）修建，是一座仿阁楼式的三门石质建筑。中门内外两侧四个石狮雕刻精细，造型生动；门外额刻“泰山行宫”，内刻“云林胜概”，运笔自如，健劲有力。两侧门门额上皆雕有浮龙、麒麟等图像，刀法娴熟。整个坊顶均仿木制建筑形式，石雕斗栱、歇山顶、鸱吻、瓦垄、瓦当……惟妙惟肖。特别是中门门额上面一组“明鲁王进见焦王”的浮雕，主、宾、仆各具情态，栩栩如生。整个牌坊，堪称一组格调和谐、技艺精湛的艺术品，有较高的艺术价值。

（二）三门

三门是惠济公庙的大门，重建于北宋淳化元年（公元990年），为灰瓦硬山式建筑。中间三门，两侧角门各一间。从泰山行宫坊有一条林木夹道渐渐升高的山路直通三门。

（三）惠济公大殿

惠济公大殿（图4-4-12）是青山寺的主体建筑，建于一米左右的高台之上，为明洪武二十二年（1389年）重修。

图4-4-11　泰山行宫坊

图4-4-12　惠济公大殿

大殿面阔五间，南北长 17.3 米；东西宽 6 米；高约 9 米。五脊歇山顶，彩绘斗栱，绿瓦霞帔，巍峨壮观。前檐下四根高大石柱，通体平调花卉。大殿内雕梁画栋、粉墙彩绘，高大朱漆雕龛中原有高达 2.5 米惠济公金色塑像，望之肃然。大殿前，1929 年建有一石砌八角玉液池（图 4–4–13），直径 3 米，周砌以石栏，覆以铁丝网。池水如镜，清澈见底，久雨不溢，大旱不涸。池与大殿之间有 1 座石龙亭，内刻十八乐（诗），下雕一龙头，虬须怒目，张口喷水，流入玉液池内，冬夏如一，但池水从不见增减，龙亭两侧的对联是“山色蔼蔼人间胜地，水声潺潺世外洞天”。大殿后有一泉，1924 年立碑亭，名“感应泉”，常年不息。泉、池以殿相隔，如不细心观察，真不知泉流何处、池水何来。大殿两侧皆配以五间享殿，连同三门，围成一个小院落。院内碑石亭立，泉流叮咚；苍松遒劲，翠柏参天；古藤缠槐，松榆抱碑。

这一层还有以下附属建筑：

白玉宫，位于三门右侧，为单间二层楼阁，内祀《白蛇传》中的白娘子。建于清末。

子母宫，位于惠济公大殿北，明万历二十六年（1598 年）建，为三间硬山式建筑，内祀送子娘娘，又名“奶奶堂”。（图 4–4–14）

迎客厅，位于惠济公大殿南跨院内，四间厅堂式建筑。厅前配以嘉兰修竹，清净淡雅，为平时主持僧人居住和来游官员、雅客休憩的地方。

万佛阁，在迎客厅东边，是三间两层硬山式楼阁，其中塑有众多佛像。

关帝庙，在万佛阁北，三间硬山式建筑，祀三国时关羽。

寝殿，穿过惠济公大殿，绕过感应泉，沿两侧石砌台阶，便至寝殿。寝殿二间，建在高出于大殿的山崖之上，内有惠济公及其两个夫人的塑像。

泰山行宫，为泰山“碧霞元君”的离宫，明崇祯七年（1633 年）建于石砌高台之上，绕过寝宫，登四十余层石台阶方可至达。宫阔三间，长 10.45 米，宽 6 米，高 5.5 米，黄瓦覆顶，五脊歇山式建筑。宫中原有泰山碧霞元君塑像。宫前宽平坦阔的月台，可供游人鸟瞰远眺。“青峰夕照”的胜景，于此可尽收眼底。（图 4–4–15）

玉皇庙，又名“玉皇顶”，内祀玉皇大帝，建于青山绝顶，斗栱飞檐。从山下望去，绿树簇拥，青烟缭绕，势欲腾空。

图 4–4–13　玉液池（左）
图 4–4–14　子母宫（右上）
图 4–4–15　泰山行宫（右下）

五、陶山范蠡祠

陶山范蠡祠位于肥城市湖屯镇北部陶山前范蠡墓的左前方300米处。据清代著名学者唐仲冕所著《岱览》记载："旧有祠，创于秦，在公之旧居三处，名'陶山幽栖祠'"。"至汉，于祠前建佛殿，去'陶公'二字，改为'幽栖寺'，即于寺内立祠祀公"。祠内有1米高的范蠡石雕坐像。

范蠡祠（图4-4-16）为硬山单檐，前出厦三开间，祠的前院是幽栖寺遗址，陀罗尼经幢建于唐代广明二年（公元881年）唐僖宗李儇时，通高259厘米，仰莲座，三层莲瓣，平面呈圆形，幢身八面形，幢高192厘米，每面宽35厘米，刻字62行，每行满字93字，总计5300余字，沙门无垢撰文，紫盖虔禅正书，上覆宝盖，平面八角形，各角出狮头，首道赞语，内容有"古寺由来久矣"及施主兴修殿堂经幢的功绩。经序部分，详细地介绍了此经在中国的流传经过。唐代佛龛位于地下，三尊立佛，高45厘米，保存完好。另外还有刻有"元符二年"、"宣和三年"、"靖康六年"、"金大定十七年"等字样的石柱多根，长约5米，有重约几吨的柱础。从史料遗物看，在唐代幽栖寺有一个长时间的兴盛阶段，至宋以后各代几经兴废，历代重修，在寺的东南角还保存有明嘉靖六年（1527年）修建的钟亭，石基高1.5米，上建四柱攒尖钟亭，亭高4米。目前寺内还保留有西配房，前门楼等建筑。

六、广饶关帝庙

广饶关帝庙位于广饶县城内。始建于南宋建炎二年（1128年），因而又称"南宋大殿"。该殿（图4-4-17）坐北朝南，正殿面阔三间，全木结构，高10.38米，进深10.70米，东西阔12.63米，月台高0.73米。硬脊、歇山、单檐、雕甍绿瓦，飞檐翘角。其结构形式为室内四椽栿为彻上露明造，原室外六架椽屋乳栿当心间为藻井，次间为平棋，斗栱重昂五铺作，用材按宋为六等材。梁额及铺作斗栱隐见绚丽的宋式彩绘。该殿构造法式，属北宋《营造法式》"大木作制度"的建筑规范。整座殿宇气势恢宏，雄伟壮观。

图4-4-16 范蠡祠

图4-4-17（a）关帝庙大殿

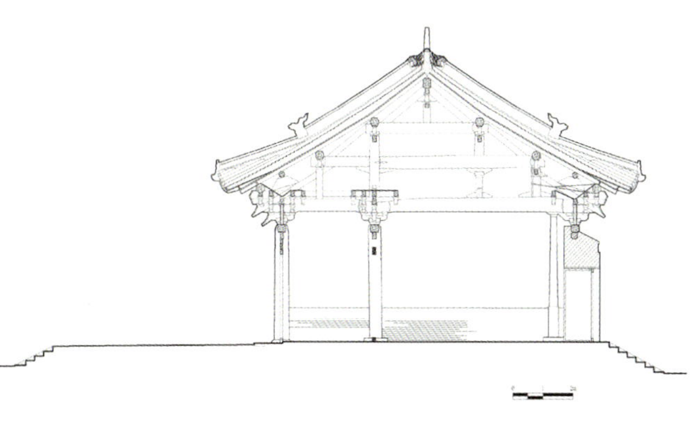
图4-4-17（b）关帝庙大殿明间剖面图

该类建筑在我国现存数量较少，在山东省是现存唯一的宋代木构建筑。该殿的构造法式特征，展示了宋代建筑大木作的尺寸和比例都是用“材”作为基本模数的特点，为研究我国古代木构建筑提供了宝贵的实物资料。除了有着较高的古建筑研究价值外，最重要的是通过该殿的始建初用情况，考证了关羽在我国被独立供奉，特别是最早在山东地区被独立供奉的大致时期。

该殿现存历代重修碑志数块，广饶旧志《古迹篇》载录“金重修关帝庙碑”一文述：“此碑在城里关帝庙泰和岁首端午日立题曰‘重修乐安（今广饶县）义通武安王庙碑记’……略云庙旧在今县城北，因城南移，庙随城迁，是年天会六年也。”金天会六年（1128 年）也正是南宋建炎二年，即该殿的始建年代。至于“庙随城迁”，迁庙前属何寺院尚有待考证，但由此可证该殿在初建时已是独立供奉关羽的寺院。从该殿的初建布局来看，是延续了宋之前的风格。宋代以前寺院一般不设配殿（房）。因此，广饶关帝庙大殿是我国始建和保存最早的关帝庙旧址。

1997 年进行了一次较大的维修，使其重现了当时的建筑风貌。这一珍贵的文化遗产，对研究我国古代建筑艺术和历史文化的发展等，具有极为重要的价值。

图 4-4-18　山门

七、泰山关帝庙

泰山关帝庙位于泰山南麓，为登山盘道的第一组古建筑群。自此始有盘道。庙踞盘道两侧，原名“关帝祠”，又称“山西会馆”。相传为山西商会建祠祀关圣帝君，创建年代无考，明朝曾有过小规模拓建，历经清康熙、乾隆、咸丰相继拓修而成。清乾隆十三年（1748 年）赐额“神威巨镇”。整个建筑群分为三组：第一组是东南部分；第二组是东北部分；第三组是西南部分。

（一）东南部分建筑群

东南部分建筑群由影壁、南山门（戏楼）、戏台、配殿、拜棚、正殿等组成。

1. 影壁

影壁立山门南，青砖建筑，单脊筒瓦双面顶。宽 10 米，高 4.55 米，厚 0.8 米，影壁背面为山门前露台。

2. 山门

山门（图 4-4-18）为上下两层，下层砖石砌成发券拱形门洞，两侧各为方窗（洞北端与戏台下层洞相连），其上层三间，七檩卷棚顶，两山墙各开一圆窗。二层通高 9.5 米。进深 7.8 米。戏台接山门：下层砖石砌成，发券拱形门，四面相通；上层是四柱方亭式卷棚歇山顶，西侧有台阶相通，过去为祭神赛会时的演戏之所。茶厅在戏台西 10 米，4 间，四柱七檩前廊式卷棚硬山顶。东面带廊，坐西朝东，面阔 11 米，进深 6.35 米，通高 5.65 米，是古代休息观戏之处。

3. 拜棚

拜棚在山门内石阶之上，面阔三间 9.56 米，进深 7.1 米，通高 6.4 米，五架梁，七檩带前后廊，单脊悬山顶，四角用方形石柱，四周无墙壁，是祭关帝时设供跪拜之所。

4. 配殿

配殿在拜棚两侧，面阔三间 10.75 米，进深 7.7 米，通高 7 米，五架梁，七檩前后步廊式，五脊硬山顶，东西配殿是清康熙二十二年（1683 年）创建。

5. 正殿

正殿崇宁殿（图 4–4–19）在拜棚北，面阔三间 12.05 米，进深 11.2 米，通高 10 米，四柱五架梁，九檩前廊式，五脊硬山顶，柱头及平身施斗栱，一斗二升交菊花头。

（二）东北部分建筑群

东北部分建筑群由东门、憩厅、东厢房、过厅、西厢房及后殿组成。

1. 东山门

东山门（图 4–4–20）在正殿东侧与配殿相连，单间五架梁，五脊硬山顶。塞板门框，雕石门忱，有木板门。

2. 憩厅

憩厅在东山门相对的盘道东侧，坐东朝西，面阔三间。四柱五架梁，九檩前后廊式，五脊硬山顶。此处原为登山入庙者休息之所，因名憩厅。

3. 东厢房

东厢房在东山门北，面阔二间 6.45 米，进深 4.7 米，通高 4.6 米，五架梁，五檩单脊仰瓦灰埂山顶。

4. 过厅

过厅在东厢房北，西接正殿的东山增，面阔三间 8.7 米，进深 4.2 米，通高 5 米，四柱五架梁，七檩前廊式，穿过此厅直达后院。

5. 后殿（堂）

后殿在后院北部，面阔 10.15 米，进深 6 米，通高 7.3 米，单脊硬山仰瓦灰埂六檩前步廊式。

6. 西厢房

西厢房在后殿前西侧，面阔四间 10.1 米，进深 4.5 米，通高 4.35 米。

（三）西南部分建筑群

西南部分建筑群原称山西会馆，占整个建筑群的二分之一，大部分已改造，今存南山门、正殿和左右配殿。

1. 南山门

南山门单间面阔 2.4 米，进深 2.54 米，通高 4.25 米，砖砌角柱，卷棚歇山顶。

2. 正殿

正殿在第一组正殿的西面，面阔五间 15.5 米，进深 8.1 米，通　高 7.3 米，四柱五架梁，七檩五脊硬山顶。

3. 东西配殿

东西配殿在正殿前两侧，均面阔三间 7.2 米，进深 5.8 米，通高 6.3 米，单脊仰瓦灰埂硬山顶。

以上建筑，均饰清式墨线小点金和墨线大点金彩绘。古为祭关帝之所，三组建筑年代有早晚之分。东南部分建筑群较早，清初又建东北、西南部分建筑群，遂成现在的规模。

八、潍坊关侯庙（关帝庙）

潍坊关侯庙位于潍坊市城区胡家牌坊街中段北侧关帝庙巷内北首（十笏园西北角）。建于宋代，祀关羽。元天历二年（1329 年）曾重修（图 4–4–21）。

图 4–4–19　正殿崇宁殿

图 4–4–20　东山门

图 4-4-21　潍坊关侯庙庙门

图 4-4-22　潍坊关侯庙正殿

关侯庙（图 4-4-22）建于青石砌成的高台之上，庙高丈余，庙殿高闳，单檐歇山顶，屋脊上有蛟龙浮雕，四周飞檐鸱角，雕花斗栱，气势磅礴。庙有山门六间，进门院正中是大殿，内祀关羽、周仓、关平像。堂前两侧方形石柱上刻有对联："扶正统而彰信义功业同天地不朽"、"完大节以笃忠贞令名与日月常昭"。大殿前院左右两侧有东西厢房各三间，院中有古槐一株，院南侧有影壁，东南角有钟楼一座，内有大钟；钟楼北有房一间，内设大香炉，供进香之用。

关侯庙前有元代石坊一座，其上端横刻 3 行大字："敕封忠义仁勇威显灵佑伏魔大帝"、"敕封伏魔大帝神威远震"、"封赠显灵义勇武安……"石坊宏伟肃穆，极为壮观。

关侯庙西有孔融祠，奉祀东汉末年北海（今潍坊市）相孔融。据《潍县志》记载："潍邑县治之左，有汉将军汉寿亭侯之庙，其由来旧也，地台高数仞，经纬数十丈，故老相传以为汉儒北海郡守孔文举练兵台也，上有论古堂与其生祠在焉。"建筑为三间硬山式建筑，殿中有孔融白描石刻像嵌于北壁，有宋政和四年（1114 年）"孔相祠堂之记碑"、清康熙三十二年（1693 年）"重建北海孔公祠记碑"、1913 年增添丁启喆绘"汉北海相孔君像碑"等石刻。

现孔融祠已改建，仅存石碑 2 通，藏潍坊市博物馆。关侯庙大殿、石柱对联、厢房、钟楼保存完好，庙内塑像于民国年间被毁。现庙已重修，檐下之斗栱昂枋，油漆一新，瓦栊齐全，楹联字迹醒目，被列为山东省省级文物保护单位。

九、邹平范公祠

邹平范公祠位于邹平县长山镇河南村东南隅。东至淄博市 25 公里，西距邹平县城 12 公里，南至周村区 8 公里，北临孝妇河。是北宋政治家、军事家、思想家和文学家范仲淹的享堂。根据国版《长山县志》记载，该祠始建于北宋治平二年（1065 年），邑人知县韩泽所建。后经元、明、清多次修葺，最后一次重修是清道光三十年（1815 年）。

祠坐北面南，砖木结构，面阔 16.7 米，进深 10.3 米，高约十米，采用歇山式建筑。四角飞檐，斗栱相扣，灰砖青瓦，结构玲珑剔透，巧夺天工。四个飞起的檐角上各悬铁钟一个，清风徐来，叮咚作响，别具情趣。殿内雕梁画栋，气势磅礴，正面端坐身着朝服、手捧朝笏的范公塑像，庄严肃穆，主殿檐下斗栱横陈，雕镂户牖，上边有四块横匾一字摆开，分别为"先忧后乐"、"高山仰止"、"正谊明道"和"山高水长"。院内松柏掩映，古木参天。甬路中段有一石坊，石坊内外碑碣林立，有范仲淹的《留别乡人》诗碑，有帝王撰额、龙首龟趺大碑，还有历次重修、复修的碑记刻石等。殿廊西侧有近两米高的大钟，悬挂于坚固的木架中央。殿后十多米外是寝殿，简朴典雅。额匾"长白书院"。迎门内悬黑底金文"菜根茎舍"匾。院内曲径通幽，清新怡人。院落南北长 106.5 米，南头东西长 47.1 米，

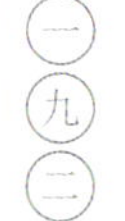

北头东西长 43.5 米，总面积 4794.75 平方米。整个范公祠由主殿（图 4–4–23）、东西厢房、寝殿（图 4–4–24）和前后院落组成。

十、泰山五贤祠

泰山五贤祠（图 4–4–25）位于泰山南麓，普照寺西北 350 米，东北距凌汉峰 2 公里，投书涧在其东 15 米。因祭祀宋代名儒孙明复、石守道、胡瑗及明代宋焘、清代赵国麟而建的祠堂。据《泰山道里记》记载："五贤祠原称上书院，唐代周朴所居，宋名儒孙明复改学馆，明嘉靖间佥事卢问之供孙、石神位于此，名'仰德堂'。后合祠胡瑗改为三贤祠，清代道光年间又加祀宋焘、赵国麟改称'五贤祠'"。

祠建在山坡前的台基上，分东西两院：东院设"祠堂"，西院设"讲书堂"。东院祠堂由大门、正殿和东配殿组成：

大门一间，面阔 3 米、进深 2.8 米，门前设石阶与路相连。

大殿三间，面阔 9.5 米、进深 7.7 米，为前廊式单脊硬山顶，有后门。

东配殿三间，面阔 9.2 米、进深 4.3 米，为仰瓦卷棚硬山顶。东殿 1 门 2 窗，正殿后有授经台。

西院讲书堂，赵国麟改名"青岩书院"。有正房，西配殿，侍立石等。

正房三间，面阔 8.5 米、进深 6.3 米，为单脊硬山顶。后有"能使鲁人皆好学"、"三人陟"等摩崖石刻。

西配房三间，面阔 8.5 米、进深 4.3 米，为单脊硬山顶。

洗心亭（图 4–4–26），在东院东配殿后，四柱方形，石材建造，边长 3.75 米，通高 3.9 米，顶

图 4–4–23　邹平范公祠主殿

图 4–4–24　邹平范公祠寝殿

图 4–4–25　泰山五贤祠

图 4–4–26　泰山洗心亭

为石雕四脊式宝顶，雕出角脊及筒式滴水等。柱上有题联、冯玉祥先生题字，亭北立“胡安定先生投书处”碑。

十一、青州范公亭与三贤祠

青州范公亭(图 4–4–27)与三贤祠(图 4–4–28)位于青州市古城西门外的城墙脚下。范公亭因范仲淹所修而得名。“庆历新政”后范仲淹被谪出京师，北宋皇祐二年（1050 年），以户部侍郎知青州，居官司清廉，遗爱在民。时青州一带眼疾流行，范公亲自汲水制药，为民治病。恰在此时，南阳河畔忽有泉水涌出，水质纯净，甘甜可口，百姓以为是范公的德行感动了苍天，取名“醴泉”。范公遂构亭泉上，后人感念，名之为范公井亭。现存建筑应属纪念性建筑，时代不早于清代。

亭为井亭，平面呈正六边形，柱为下石上木混合结构，用井口扒梁，顶上不用雷公柱，而是在雷公柱处空着开洞透光，青瓦顶。亭下正中心为一井泉，顶窗与井泉相对，水光潋滟。井亭西面为门，其石柱刻对联：井养无穷兆民允赖，泉源不竭奕世流芳。后石柱联为：四境着闻行若无事，千年遗址因其自然。明巡按御史李松曾盛赞此亭，诗曰：“此泉当为第一泉，范公德政感苍天，与君共酌消烦暑，谁浚源流衍万年”。

亭东有宋代修建的范公祠及明开移建的欧阳公祠和富公祠，合称“三贤祠”，纪念北宋三位青州知州范仲淹、欧阳修和富弼。清顺治十八年（1661 年），青州知府夏一凤重修，并于祠后崇台之上建后乐堂 3 楹。范公亭之北有高地曰范公台，20 世纪初，在台南侧建“澄清轩”八间，亮窗前后均出厦，为游人休息之所。

范公亭园内有数棵唐楸、宋槐，老干虬枝，至今仍枝叶繁茂。院门南侧，植翠竹千竿。院内石碑颇多，或为重修井、亭、祠、堂的铭记，或为历代缅怀先贤的题刻。1934 年，冯玉祥路经青州，拜谒范公祠时亲笔题写碑文：“兵甲富胸中，纵叫他虏骑横飞，也怕那范小老子；忧乐关天下，愿今人砥砺振奋，都学这秀才先生。”巨大的石碑矗立在澄清轩前侧。

十二、蓬莱戚继光祠

蓬莱戚继光祠（图 4–4–29）位于蓬莱市西南武霖村府门南街。原名“表功祠”，始建于明崇祯八年（1635 年），为褒扬戚继光的功绩，“敕赐专祠，赐额表功”，清康熙四十六年（1707 年）重修，1985 年又全面整修。

祠为三进院落家庙式砖木结构建筑，由门房 3 间、过堂 3 间、正祠 3 间三个建筑单体、三进院落组成，均为单檐硬山砖石木结构。祠东西长 38.4 米，南北宽 22.5 米，占地面积 595.1 平方米。

门房坐东面西，门外两侧各有石狮一尊，门扇上阴刻楹联：千秋隆祀曲，百战着勋名，横额：海上威风。

图 4–4–27　青州范公亭

图 4–4–28　青州三贤祠

门房以东为过堂，过堂坐东面西，有明柱4根。明柱悬冯玉祥将军1934年5月瞻仰祠堂时所书对联：先哲捍宗邦，民族光荣垂万世；后生驱劲敌，愚忱惨淡继前贤。前廊两侧陈列着刀、枪、剑、戟等古代兵器12件。过堂正中立屏风，悬戚继光画像。屏风前陈列仿制戚继光战刀，上刻有“万历十年登州戚氏”字样。屏风两侧陈列戚继光三部著作：《止止堂集》、《纪效新书》、《练兵实纪》。过堂内还陈列着戚继光当年食用的“光饼”，穿过的战袍、战靴等文物。

正祠（图4-4-30）坐北朝南，面阔8.1米，进深7.02米，高7.5米。门楣悬“戚武毅公祠”匾，篆书阴刻，雄劲有力。前廊明柱书楹联：拨云手指天心月，拔剑光寒倭寇胆。前廊东侧墙壁上镶嵌清代纪煐迴《谒武壮公祠》石碣一方。殿中塑戚继光坐像，像后两侧有隶书对联：封侯非我意，但愿海波平。四面墙壁镶嵌戚继光生平事迹图画。院内有明代银杏树，高约15米，两报合围，至今枝繁叶茂。东侧有院落一处，原为花园，院中亭子两间，内竖“忠”、“孝”碑各1通，大字楷书，刚毅遒劲，为文天祥所书，20世纪60年代毁，现碑为近年复制。

十三、济宁僧王祠

济宁僧王祠（图4-4-31）位于济宁市铁塔寺街，原为崇觉寺东路建筑的第三进院落。奉祀僧格林沁的祠堂，原名“昭忠祠”，俗称“王爷祠”。建于清同治九年（1870年）。清同治四年（1865年）五月，僧王在山东菏泽高楼寨附近的吴家店被捻军击毙死后，曾停灵于铁塔寺东跨院，即在停灵处敕建祠堂。祠堂原规模为：三门三楹，戏楼一座，东西楼各一楹，正北享殿三楹，后殿三楹供王像，东西两配各三楹，附祀从殉诸将，立有石碑一通。现存建筑（图4-4-32）有享殿、后殿及东西两配殿，砖木结构，皆硬山顶，前出廊。现存石碑已移存济宁汉碑室内。

图4-4-29　戚继光祠

图4-4-30　戚继光祠正祠

图4-4-31　济宁僧王祠

图4-4-32　济宁僧王祠内景

享殿，三楹，硬山式。东西面阔10米，进深7米，灰瓦覆顶，前有广厦，四梁八檩，中间为过厅直达正殿。

后殿为祠堂主体建筑，三楹，五脊硬山式。东西阔10米，进深8米。黄琉璃瓦覆顶，脊饰大吻，用刻有二龙戏珠、西番莲、如意草的琉璃空心砖压脊。脊中间置一麒麟宝瓶饰，两侧各一护法力士牵拽宝瓶。两山墙正中各饰滚龙戏珠。重梁起架，前出厦，厦柱下设鼓形状柱基柱础。

东西配殿各三楹，硬山式，前出厦，灰瓦覆顶。南北阔9米，进深6.5米。后殿和配殿均为方格纹槅扇门和槛窗。

石碑高1.12米，宽1.2米，立于清同治九年（1870年）五月，碑额全名《御前大臣科尔沁札萨克和硕博多勒噶台忠亲王征寇纪略》。碑文约6000字，详细记述了僧格林沁从清咸丰十年（1860年）带兵在济宁镇压捻军，至同治四年（1865年）被捻军击毙4年之久的整个作战过程。其间还加述了镇压聊城黑旗军宋景诗、邹县白莲教宋继鹏、菏泽郭秉均、东明董志信、商丘郝姚氏、淄川刘德沛等其他农民起义军的史实。

十四、烟台忠烈祠

烟台忠烈祠位于烟台市烟台山东路12号。踞北山之巅，坐北面南，海拔45.6米。建于1936年。祠内供奉关羽、岳飞两位民族英雄。一祠供关、岳，在先贤祠中所仅见，可能与烟台山为外国领事馆所占据，国人欲展民族精神有关。忠烈祠史料记载甚少。

祠由两个院落组成。第一进院落没有建筑物，因山而建，台阶较陡，院内有南北向道路，块石铺地，院内种植有丁香，松树，位于路中部立有一架木制的航标。第二进为相对独立院落，由大门、正殿和东西配殿组成。

大门（图4-4-33）通面阔2.18米，进深0.46米，台基高0.45米，前有踏步三阶，建筑通高3.06米，其硬山顶屋面，匾形门额，上刻字“燕台山”。院内为“十”字形路面，青砖铺地，院中间有一天然石，名曰“燕台”。

东西配殿原毁坏较重，近年维修时依据原有建筑基础复原，为面阔三间，通面阔7.3米，进深两间，通进深6.15米，台基高0.3米，建筑通高5.38米，五檀卷棚合瓦屋面，抬梁式结构。前有廊，隔扇、槛窗心屉均为一码三箭。

正殿（图4-4-34）面阔三间，建筑中轴线北偏西6度。通面阔11.37米，进深两间，通进深7米，台基高0.45米，建筑通高6.02米，硬山合瓦屋面，五檀抬梁式结构，屋脊为清水脊，两山为披水梢垄，屋面瓦为仰合瓦，俗称阴阳瓦、蝴蝶瓦。前有廊、隔扇、槛窗与东西配殿做法相同。后金柱中间设屏风，屏风前塑关、岳坐像，设有后门，可通烽火台。

图4-4-33　烟台忠烈祠二门

图4-4-34　烟台忠烈祠

图 4-4-35　博山颜文姜祠山门

图 4-4-36　博山颜文姜祠正殿

十五、博山颜文姜祠

博山颜文姜祠位于淄博市博山区西神头村。又名“灵泉庙”、“颜神庙”、“顺德夫人祠”。祠的兴建，源于当地孝妇颜文姜的传说，清乾隆《博山县志》载，祠建于后周，唐天宝五年（公元 764 年）改建，宋熙宁八年（1074 年）扩建，后历代都有修葺。现存建筑主要是明、清两代的遗构。坐北面南，纵长 64 米，东西宽 61 米，占地 3680 平方米。沿中轴线，依次为山门、香亭、灵泉、正殿、寝殿，附有东西两庑、左右跨院，另有土地祠、火神祠、王公祠、王爷殿、公婆殿、爷娘殿、郭公祠、百子殿，计有 7 个院落、83 间房屋、建筑面积 1368 平方米。

（一）山门（图 4-4-35）

山门三间，单檐歇山顶，前后均为斗栱结构，顶覆琉璃瓦，内顶嵌有清乾隆三十四年（1769 年）和道光八年（1828 年）重修题记。门上悬“颜文姜祠”行书木匾，门两侧各立石狮，门内左右立平辽王、鄂国公门神。

（二）香亭

香亭高 7 米，东西长 3.6 米，南北宽 3.9 米，重檐八角，后墙及两侧底部为石基、中砌青砖，门东南向为朱色木雕隔扇，其余三面为木槅窗扇，漏窗雕户，玲珑剔透。香亭两侧各立石碑两通，高三米多，龙额贝趺。檐下悬“顺德夫人”匾，系宋熙宁八年宋神宗敕封颜文姜号。

（三）灵泉

灵泉出于正殿与香亭之间，“甃石为池”，是孝妇河的主要源头。池深 3 米，为正方形，四周护有石雕望柱栏板。

（四）正殿（图 4-4-36）

正殿是颜文姜祠的主体建筑，起于石砌基座之上，面阔三间 17.2 米。进深三间 18.6 米，高约 15 米。单檐歇山顶，殿前檐下设木构卷棚抱厦，檐枋皆饰以彩绘。构架省去重梁，采用悬挂迭造，因而又称“无梁殿”。绿琉璃瓦覆顶，脊饰螭吻垂兽，翼角悬挑风铃。殿内脊顶有清“顺治丁酉”、“民国拾叁年”重修题记。殿内正中设神台，供颜文姜塑像。

（五）寝殿

寝殿居后院正中，面阔五间，单檐歇山，前设敞廊，明列圆柱。左右平起“公婆殿”和“爷娘殿”各三间。

祠内存北宋以来历代碑刻 80 余方，多嵌于殿庑墙壁。香亭两侧立宋碑四通，龟趺龙首。

第五节　宗祠家庙

一、郓城伯公祠堂（伯钟祠）

郓城伯公祠堂（图 4-5-1）位于郓城县汉石桥乡伯楼村内。始建于明成化十八年（1482 年），是一座纪念明朝副都御史伯钟的专祠。伯公，名钟，字大器，郓城县人。明成化二年（1466 年）进士，

官居御史，掌管诸道奏章。后被皇帝召为刑部右侍郎。弘治三年（1490 年）侣钟以右副都御史巡抚的身份，视察苏杭、上海等地，尽心尽力为百姓办事，敕为户部侍郎，又改为吏部。明孝宗朱佑樘皇帝褒奖其政绩，敕帑建造侣氏祖庙，历时一年落成，因为“侣公祠堂”。

该祠堂系四合院建筑，有山门、掖门、卷棚、大殿、东西庑及耳房，占地面积总计 398 平方米，属于典型的明代古建筑群，祠堂中部为侣钟塑像，有明代圣旨 4 件。山门为清代重修，砖石结构，面阔三间，檐角微翘，雕梁画栋，灰互访覆顶。衍圣公孔毓圻所书“侣公祠堂”长 0.9 米，宽 0.75 米的木匾悬于门额，门内衔接四柱，悬山式卷棚，与大殿相对。现殿前仍保留有汉白玉供桌及香炉。山门左右设掖门，与东西庑山墙相对。大殿为侣公祠堂主体建筑，殿基高 0.4 米，前有五级台阶，殿高 9 米，阔 12 米，进深 7 米，为砖石结构，七檀外设明柱，悬垂有龙头斗栱，枋木纹饰刻画精美，雀替隔板、通体透雕，纹饰以龙凤为主，兼有花卉、山水、人物、走兽及博古图案等。硬山单层，灰瓦履顶，沟头盘龙，两山安吻，中立宝顶。殿内原陈设侣公之外甥、清衍圣公孔毓圻、兵部尚书孔毓珣为外祖父母庆寿的屏风 12 山，正面书金字，背面绘郭子仪七子八婿庆寿图。20 世纪 60 年代被毁九折，现仅存三折。

图 4-5-1 郓城侣公祠堂

东西庑各三间，砖木结构，灰瓦履顶。

二、滕州王家祠堂

滕州王家祠堂（图 4-5-2）位于滕州市西门里街路北，建于清同治九年（1870 年）。王家祠堂，系“王东槐家祠”。王东槐字荫之，后谥文直，滕州市盖村人。清道光进士，曾任江西道监察御史，湖南衡州知府，署福建按察御史，湖北盐法武昌道员等职。

清咸丰二年（1852 年）六月，太平军进入湖南，在湖南发布了《奉天讨胡檄布四方谕》等三篇檄文，文中描写了清王朝的黑暗、残暴，号召人民起义，得到响应，使太平军迅速壮大。九

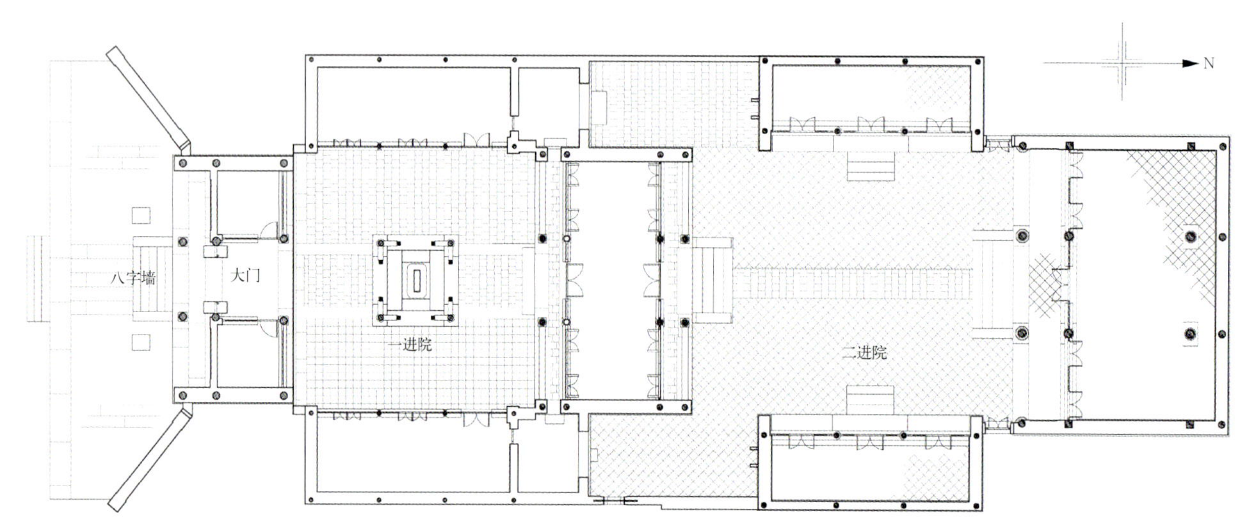

图 4-5-2 王家祠堂总平面图（作者测绘）

月湖南省调王东槐抵岳州（现湖南岳阳），协同提督博勒恭武镇压太平军。十月王东槐因其母病故解任回家。同年十一月太平军威副武昌时，王东槐戴孝登城据守。同年十二月四日，太平军攻陷武昌，王东槐与继室萧氏对缢身死，表现了他对封建帝王的“忠节”。

清咸丰三年（1852年），武昌巡抚骆秉章上奏皇帝为王东槐在原籍建专祠。清同治九年（1870年）山东巡抚丁宝奏请皇帝予缢，于本籍自行捐建专祠，皇上允建。1986年进行了全面修复。

整套建筑布局错落有致，其建筑风格是北方典的型四合院封闭式建筑。有门厅、御碑厅、前厅、东西暖阁、东西厢房、后大殿及东西跨院等。厅堂房层均为悬山砖木结构，以正门、正厅为中心的南北轴线上，前后为两进院落。大门（图4-5-3）外两侧为大方砖砌八字墙，一地石狮拱卫。大门厅为迭梁式，配以饰有前龙后凤的雀替以及脊瓜柱，柱两侧配以雕花的角背，雕工极为精细。两侧暖阁各3间。院中建有御碑亭（图4-5-4），飞檐斗栱，藻井彩绘，亭内有一方清光绪五年（1879年）光绪皇帝御赐碑。中为穿堂厅三间，前后檐下挂有造型各异的精细彩绘。第二进院落，方砖铺地，两边厢房各三间，为卷棚层顶。后有高大雄伟的三厅堂，前檐下有精雕刻的“玉蝠腾云图”。东西两跨院房屋，均系砖木结构建筑，是王东槐后人居住的地方。

三、烟台都氏宗祠

都氏宗祠（图4-5-5）位于山东省烟台市牟平区姜格庄镇北头村。该祠堂为都氏家族的宗祠，占地约212平方米，祠堂何时肇建已无从考证，就其现状各单体建筑风格制式、尺度比例及营造特点而言，其建造年代上限约在清中期，根据镶嵌在其院内围墙上的碑刻记载，祠堂曾在清朝嘉庆年间修缮过，距今已有200余年。宗祠坐北朝南，单进院落，由北向南依次为影堂、大门及其东西两侧倒座房；各单体均为硬山式屋面，其木构架多为清代小式做法，墙体及屋面为清代大式做法，地域风格较为鲜明。

大门（图4-5-6）面阔一间，3.25米；进深一间五架椽，4.12米；总高5.2米。其中门扇及槛框位于檐檩内，略靠近金檩位置，依北京四合院大门制式，略同于金柱大门。该建筑具有山东传统建筑鲜活的民间地域特色及营造特点：平面略成长方形，面阔与进深之比为1：1.27，未设前后檐柱、金柱，大门较随意布置于略靠近金檩位置，在维系了祠庙大门空间分隔的同时，构造处置较为简洁；大门未设梁架，采用砖木混合承重体系，檩条担于两山墙，该山墙为倒座及大门共用的承重墙，山墙北侧东西对称开有半圆券门洞，以木门联通大门与倒座，墙体下碱采用石材砌筑，施腰线线砖两道，其上南北砖垛，中为石灰抹灰墙面，青砖为糙砌砖

图4-5-3 王家祠堂大门

图4-5-4 王家祠堂御碑亭

图 4-5-5　都氏宗祠

墙，白灰勾缝；檩条及随檩枋均采用天然原木，并未进行砍凿；檩条上施方椽，檐部仅用老檐椽不施飞椽，为山东省典型地域清式小式木构做法，屋面采用板瓦屋面，硬山式样，施正脊、垂脊，正脊由中心至两侧升起较为明显，具有典型的胶东地域风格，两侧用龙吻，垂脊于金檩位置划分兽前兽后，兽前高度约为兽后的一半，脊饰规制合于清式大式做法。大门仅于池头盘头（灰塑）部位及门槛框上部的走马板部位采用彩画，彩画题材均为民俗吉祥图案，如寿字纹，其余木构件均采用油作，大门用黑，檩枋用红。

东西倒座房居于大门两侧，对称布置，面阔两间，6.36 米；进深一间，3.53 米；高 4.23 米，相较我国古代传统建筑平面规制，少有双数开间，部分古代双数开间建筑亦多遵循我国古代等传统文化而为之，如宁波天一阁，取“天一生水，地六成之”之说，故为六开间。都家宗祠倒座之所以采用双开间与此并无太多关系，其影堂面阔五间，且各间尺度较小，作为单进院落家族祠堂，不依传统建筑平面规制而以实际尺度，以东西倒座加之大门面阔总长与影堂面阔相同，形成非常规整的祠堂院落，正反映了我国古代民间建筑因需所致的鲜活特征。

影堂（图 4-5-7）面阔五间，15.34 米；进深三间，五架椽，6.17 米，建筑高 6.71 米。影堂明间及次间前设廊道，两梢间南墙设于前廊檐柱处。该建筑出檐口部位不用飞椽，为小式做法外，其余较合于清式大式建筑做法。影堂脊瓜柱处不施角背而用叉手，正脊处由中至两端具有较大升起，如此种种做法为当地古代建筑典型地域做法。

总体而言，该祠堂是我国山东地域胶东地区民间家族祠堂的典型案例，具有珍贵的历史文物价值，对于研究山东省该地域民居、祠庙等地域传统建筑技艺具有非常重要的价值。

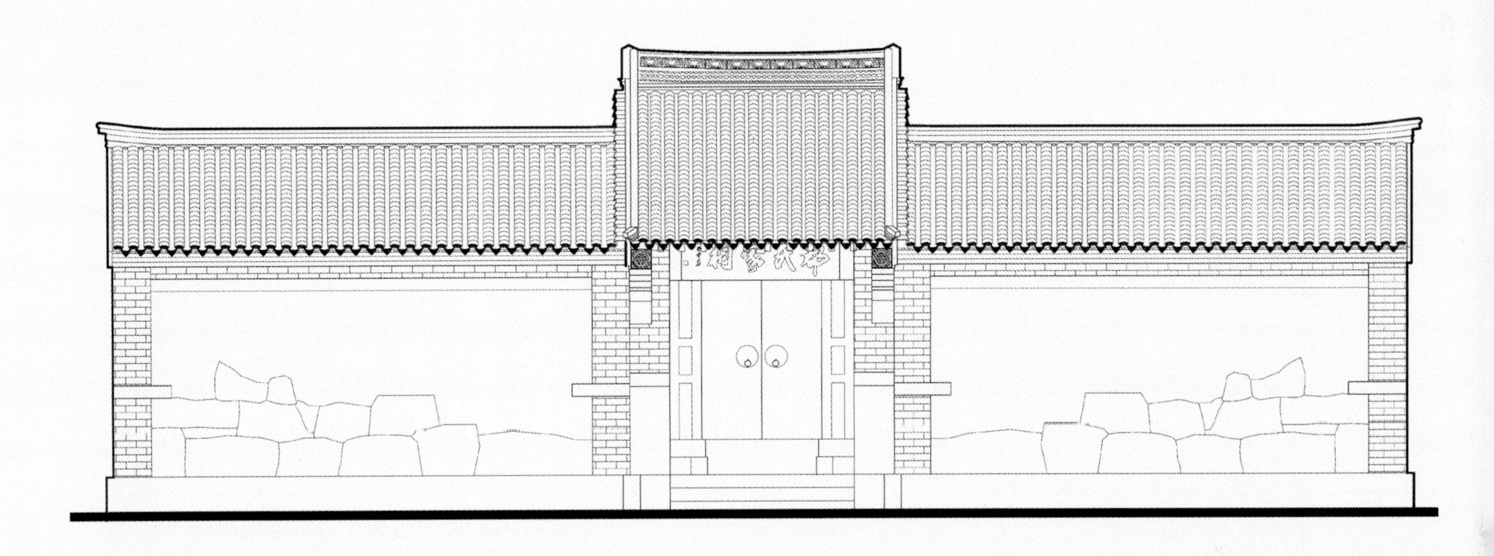

图 4–5–6　都氏宗祠北立面图

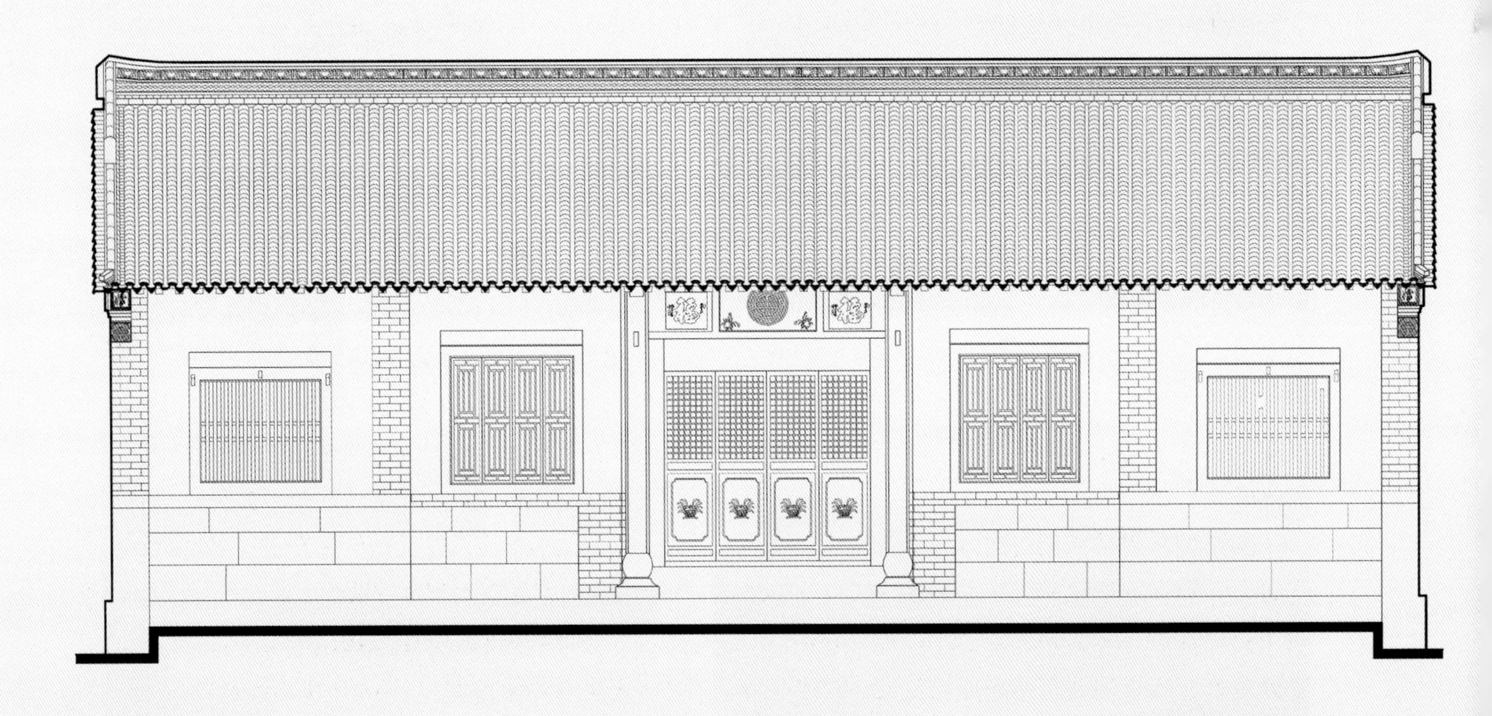

图 4–5–7　都氏宗祠影堂南立面

四、桓台忠勤祠（王氏祠堂）

桓台忠勤祠（图 4-5-8 ~ 图 4-5-13）位于桓台县新城镇新立村，亦称“王氏祠堂”。原为褒彰兵部侍郎王重光“忠勤”而建，敕建于明万历十六年（1588 年），后用为王氏家族的宗祠。清代著名诗人王渔洋为其裔孙，是一组典型的明代宫殿式建筑，祠院占地三十余亩，院内及广场参天松柏百余株，遮天蔽日，翠盖浓荫，庄严肃穆。坐北朝南，由正殿、左右配房、正门和照壁组成。

正殿面阔五间，22 米，进深三间 12 米，高 14 米，砖木结构，单檐硬山，明、次三间出厦，顶覆青瓦。殿内供奉王重光、王之垣等人的石碑线刻画像。四壁嵌有碑碣题刻九十余方，除集历代名家法帖外，多为当时名流篆刻。东西配房各三间，前出厦。院中有两棵挺拔高大的桧柏。祠门为单间，影壁砖砌，歇山顶。

东跨院系新建，除保存了原有的九通明清时期旌表忠孝的碑刻外，还移存了原属祠堂和王氏家族的一批重要石质文物。“水月松风”石屏，四字集王羲之书体，背面高浮雕“麒麟松风图”，应是明代遗物。在新挖筑的龟池北岸立有两人巨型太湖石，一曰“苍云”，一曰“振玉”。“苍云”石高 5 米余，石面平滑细腻，石下方壁一平面，镌刻元代著名散曲家张养浩的散曲一首；“振玉”石因底部镌刻传为李白书体“振玉”二字而得名。史载，两石皆为元代张养浩所居济南云庄别墅的故物，后被明代兵部尚书王象乾移至新城。

廊外院内还有碑十五竖。东南隅另有大门，便于迎送朝拜者。忠勤祠建筑古朴典雅，松柏四季常青。碑碣林立，古色古香。自建成时，文人墨客云集络绎不绝。

图 4-5-8 忠勤祠

图 4-5-9 忠勤祠忠勤堂

图 4-5-10 忠勤祠司马祠

图 4-5-11　忠勤祠公诔碑

图 4-5-12　忠勤祠白云轩

图 4-5-13　忠勤祠池北书库

山东古建筑

山东古建筑

第五章　军事城堡与防御建筑

山东军事城堡与防御建筑分布图

1. 蓬莱水城
2. 蓬莱解宋营百户所
3. 威海刘公岛北洋海军提督署
4. 威海卫水师学堂
5. 威海海军铁码头
6. 环威海湾炮台
7. 烟台港岸炮台

（地图引自：中华人民共和国民政部编．中华人民共和国行政区划简册 2014. 北京：中国地图出版社，2014.）

山东地处东陲，方国时代，据高山之险、海洋之障；中国成为统一大国后，山东则成为抵御外侵的重要钜防。自古迄今，军事建筑在山东的古代建筑中，始终占有十分突出的位置。

山东齐长城始建于春秋，完成于战国时期，西起黄河（古济水）东畔，东至黄海（胶州湾）之滨，将黄河、泰山、黄海连成一线，并在险要处设置关隘、修筑城堡、营建兵营、建造烽燧，构成了完整的军事防护体系。

山东现存的海岸军事设施，主要为明初和清末所建。明代初年，倭患日重，洪武到宣德年间，我国沿海普建卫所，构筑城池建设水军，实施水陆并防，形成了我国古代的海防防御体系。这一体系在山东共计三营二十四所。自洪武设立登州卫始，永乐二年、永乐七年、宣德四年三次建设即墨、登州、文登诸营，营的衙门设立在平来水城。至今，山东沿海最具特色的古代军事城池首推蓬莱水城和解宋营明代防倭百户所，蓬莱水城南宽北窄，呈不规则长方形，总面积27万平方米。它负山控海，形式险峻，其水门、防浪堤、码头、平浪台、敌台、炮台、护城河等建筑保存完好，是国内目前现存最完整的古代水军设施。解宋营明代防倭百户所平面呈方形，周长800米，城墙青石砌筑，厚9米，残高1～7米，南墙设有城门，门楼保存完好，城外有护城河，城内道路南北贯通，住宅沿主干道两侧按里坊排列，城外东、西1.5千米和西南2千米处各置一烽火台，形成了较为完整的防御体系。

清末，由于原有的海防已不能抵御外敌的不断入侵，清廷在山东进行了封建时期最后一轮大规模海防设施建设。1876年至1896年的20年间，烟台港岸构筑了西炮台（1876年）、东炮台（1891年），此外，又建有黄岛炮台（1890年）、日岛、摩天岭、皂埠嘴等炮台，这些炮台的设置主要为了保护烟台、威海等地及其相关海域。北洋水师提督署建于1887年，1889年建水师学堂，同年开始建造铁码头、连同后勤补给等设施，构成了较为完整、严谨、系统的清代海军军事设施，当时世界海军最为发达的国家英国的军事专家参与了北洋海军及其基地设施的建设。北洋水师提督署已成为我国唯一保存完好的清代军事衙门。

第一节　齐长城及沿线军事聚落

一、齐长城

（一）齐长城概述

齐长城位于山东省境内，始建于春秋，完成于战国时期，它西起黄河（古济水）东畔，东至黄海（胶州湾）之滨，将黄河、泰山、黄海连成一线，并在险要处设置关隘、修筑城堡、营建兵营、建造烽燧，构成了完整的军事防护体系。

关于齐长城，古代文献资料有记载：

《水经注》汶水注中引《竹书纪年》云："晋烈公十二年（公元前404），王命韩景子、赵烈候及我师伐齐，入长城。"

《史记》载："齐宣王乘山岭之上筑长城，东至海，西至济州千余里，以备楚"[①]。齐宣王为齐威王之子，公元前319年至前301年在位。关于齐宣王筑长城的记载是齐国筑长城最晚年限的记载。

关于齐长城的起讫地点及其走向，历史文献中记载的也十分清楚。

《水经注》汶水注，载有："汶水出朱虚县泰山。山上有长城，西接岱山，东连琅琊巨海，千有余里，盖田氏之所造也。"

《史记·楚世家》引《太山郡记》云："泰山西北有长城，缘河经泰山千余里，至琅琊台入海"。

又引《括地志》云："长城西北赵济州平阴县，缘河历泰山北冈上，经济州淄州，即西南兖州博城县北，东至密州琅琊台入海。"

齐长城西起于今山东省平阴县北，向东经泰安市西北至莱芜市北。

《泰安县志》载："长城钜防俗呼大横岭，县西北六十里即泰山岗阜，古长城所经。"

《莱芜县志》载："莱芜处万山之中，而直北有长城岭者，城基犹隐隐可见，意即古者齐鲁之界。"

另外，《章邱县志》、《临朐县志》、《莒州志》、《诸城县志》、《胶州志》等地方志中也都留有较为详细的记载。

齐长城，齐长城蜿蜒起伏于1518座山峰之上，主要分布在山东省济南、泰安、莱芜、淄博、临沂、潍坊、日照和青岛8地市的长清、肥城、泰山、岱岳、历城、章丘、莱城、博山、淄川、沂源、临朐、沂水、安丘、莒县、五莲、诸城、黄岛共17个县市区的94个乡镇，长达620余千米。其起点位于东经116°34.5′，北纬36°21.6′，在今济南市长清区“岭子头”；终点位于东经120°11′，北纬35°59.5′，在今青岛市黄岛区东于家河村东北。[2]

（二）齐长城的建置缘起

在《孙子·地形》中有这样一句名言：“夫地形者，兵之助也。”长城就是古人利用地形地势建成的一种防御工程。在冷兵器作战的时代，它在军事上的重要作用是不言而喻的。因此，修筑长城是当时不少诸侯国国防建设的主要内容，且随着兼并战争的日趋激烈而受到越来越多的重视。

齐长城的修建有多方面原因，国内许多专家学者都进行了专题研究和系统考证。著名历史学家张维华先生分析春秋战国的军事形势和军事制度后指出，长城的修筑与战争的范围和作战方式的改变直接相关，即战争规模扩大、作战方式由简单的车战转变为车步骑兵综合作战，长城的修筑既可以作为领土象征的国界，又可以作为国家的重要军事防御系统。[3]

罗勋章先生认为齐长城的修筑是起因于“防”的启示，他指出在春秋战国之时齐国的巨防在战争中发挥了阻敌和防御的作用，齐人于是得到启示，萌发了在平地建造长城的联想。其目的已不是防水，而是为了军事防御。[4]

张维华先生在《中国长城建置考》一书中认为“齐长城之建，其先乃因于济水之防”。以防为障水，史籍中亦多有记载。《说文》：“防，隄也。”《尔雅》：“坟，大防。”《周礼·冬官考工记》：“凡沟必因水势，防必因地势，善沟者水漱之，善防者水淫之。”而且“防固可以障水，亦可以障外患”，“依川起防，尤可增形势之险要。”张维华先生又从地理角度作了一番考证，认为：“春秋之初，齐人必于临济之地，有筑防用以障水之事矣”，“此防既成，因居形势之要冲，其后则渐增修而成为军事上防守之地，则又为必然之事”。《战国策·齐策》中尚把齐长城西段称为“大防”[5]。由此，先生认为“防为齐城之别名”，系“一物之异名”。[6]

齐长城西端头之建，起因为济水之防，是由此地段极为特殊的地理形势所决定的。齐长城源头西起之地西紧邻黄河（济水），再往西是广阔无垠的鲁西北黄河冲积平原，东岸则有一条南北向狭长的山前冲积地带，若生水患，后果严重，建障水之防，实为必要。同时，此地正处在三市四县六乡镇的交界之处。[7]居“西通中原之要卫”，卡在“南北交通的喉结之处”，左凭泰山之险，右据济水、渭湖之障，实为一天然要塞，修缮增固障水之防也是一件顺理成章的事情。

齐国特殊的地理环境和春秋战国时期列国的军事形势（图5–1–1）及军事制度是齐长城修筑的环境条件和主因。从地理环境分析，齐国疆域主要在泰沂山脉以北，东面和北面背靠黄海和渤海，不需要设防。西方和西北方是邻国燕国。由于燕国当时国势较弱，又有济水、黄河为自然屏障，故无修筑

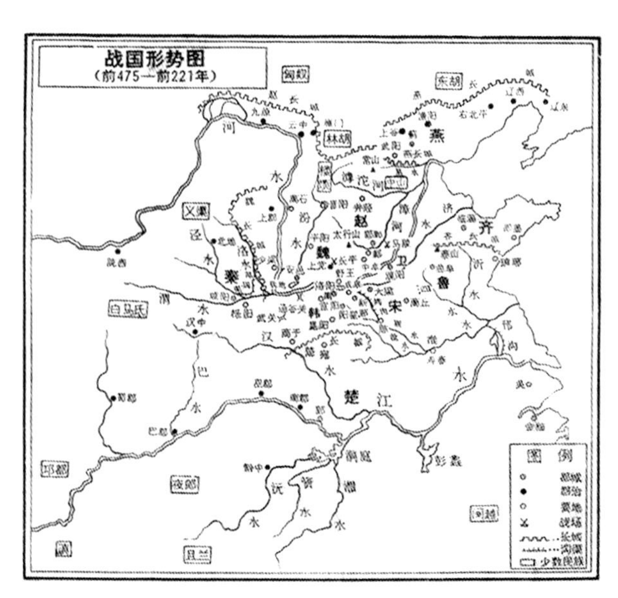

图5–1–1　战国形势图（资料来源：《中国古代史教学参考地图》）[8]

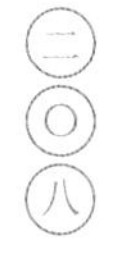

长城的必要。而南方的鲁国和西南方的晋国、卫国当时的经济和军事实力都较强，所以春秋时齐国的主要防御对象是鲁国和晋国、卫国、宋国诸国。

虽然泰沂山区能够起到一定的阻敌作用，但由于群山之间分布有许多南内走向的山间谷地，因地势开阔，成为中原诸国进攻齐国的重要通道，所以齐国必须在此重点设防。春秋末至战国初，各国主要的作战方式是车战，因此只要在交通咽喉要地修筑城邑、设置关塞，即可起到防御效果。可是，到了战国时期，步兵和骑兵开始参与作战，因其机动灵活可以翻山越岭，所以原来简单的关塞形成的点的防御已经不能满足军事防御的需要，这就迫使齐国在原来修建关隘的基础上，开始修筑线性防御阵线——长城。

公元前771年，周平王东迁，历史进入春秋战国时期。随着东周王室的逐渐衰落，齐、鲁、晋等诸侯国则日渐强盛。各诸侯国之间为了争夺军事霸权，纷纷发动战争。齐国作为东方的军事大国首当其冲，必须加强军事防御。

齐国发达的工商文化和经济社会因素使得齐国的兵家文化独领风骚，以孙武和孙膑为代表的齐国兵家，其兵法思想的核心是不战而屈人之兵的全胜战略，他们强调的首先是防御，然后通过“伐谋”、“伐交”等手段而制敌取胜。

齐长城正是在这一军事理论原则的指导下兴建的。谈到齐长城兴建的原因和背景，当然还要考虑到物质技术保障这一层面的文化。齐国因为经济改革很快成为诸国中最富庶的国家，所以具备了修建齐长城的经济基础。还有一点比较重要，就是齐国具备修建齐长城的各种知识和科学技术，如《周礼·考工记》和《管子》等。由传世的文献资料和出土的考古资料看，齐国拥有修建长城所需的各种知识和技术，并且遥遥领先于其他国家。比如齐长城跨山涉水，行经千余里，没有足够的地理地形知识和勘查测绘技术是很难完成的。而齐国在这一方面恰恰特别发达，《管子》“度地”、“地员”、“地图”诸篇，《孙子》“地形”、“行军”、“九变”、“九地”诸篇就是明证。此外，如兴建夯土长城（巨防），需要筑防（堤坝）的知识和技术，兴建石砌长城，需要冶铁技术和采石技术。这一切，齐国在列国中也是最为发达的。[9]

总之，春秋战国时期列国争雄的军事形势，齐国和周边晋、卫、鲁、宋、莒、楚诸国军事上的对峙，是齐国修筑长城的外部动因；春秋战国时期齐国社会工商业和经济的发展和繁荣以及特殊的历史地理条件，使齐国在春秋战国时期修筑齐长城具备了充分的条件。可以说，齐鲁地区特殊的地理环境和军事形势是齐长城修筑的前提和动因，齐国的政治经济制度和科学技术知识是齐长城修筑的物质基础和技术支持，齐国特殊的地域文化和思想意识是齐长城修筑最后能够顺利实现的精神力量。

（三）齐长城的建筑年代

许多专家学者对齐长城的建筑年代都进行过考证和专题研究。我国著名历史学家张维华先生引证查阅历史文献后总结齐长城的建筑年代有四种观点：其一说齐长城已存在于齐桓公（公元前716～前643年）之时代，此是根据《管子》之言；其二为战国（公元前475年～前221年）初年和春秋（公元前770年～前476年）中叶说，是从洛阳城东三十五里许之太仓古墓出土之羼氏编钟铭文推测而出；其三认为齐长城建于齐威王（公元前378年～前320年）初年，此依据《竹书纪年》记载；其四为齐长城建于齐宣王（公元前350年～前301年）之时，此系依据《齐记》记载。

近年洛阳城东约35里的太仓古墓曾出土羼氏编钟一套，其上有铭文：“征齐，入长城，先会于平阴”的记载。中外学者对铭文考释颇多，释文不一，但一致认为“入长城”是指齐国的长城。至于铭文所记年代“唯廿又再祀”也均肯定是周的纪年，具体指周威烈王二十二年，因为有《竹书纪年》可印证。《竹书纪年》云：晋烈公“十二年，王命韩景子、赵烈子、翟员伐齐，入长城”。晋烈公十二年，即周威烈王十八年，齐宣公四十八年，公元前408年。两者的记录比较符合。故不论那一家的考订，齐长

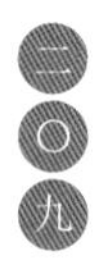

城的存在都应该在三晋入侵事件发生之前，也就是说，在姜齐之时。《吕氏春秋·下贤篇》亦云：魏“文侯可谓好礼士矣，好礼士，故南胜荆于连堤，东胜齐于长城。”魏文侯在位时间为公元前424～前387年，“东胜齐于长城”所指应即上述三晋入侵长城之事。文侯在位期间也当姜氏执政齐国之时。概言之，在姜齐之时，齐国已经建有长城了。[10]

王献唐先生认为：“齐长城从春秋期开始修筑西段，在鲁襄公十八年早已完成……战国时期齐威王又向东展修一段……又后齐宣王时复向东修至海滨，全部完工，使一千多里的长城衔接起来，作为齐国南境的国防线……但在这里，无法指定某一段从何处起，到何处止，也不能肯定各段中间，绝无其他齐君曾继续展修。”[11]张维华先生认为：“齐之长城，既非一时代所完成，若以全部论之，则当以其西部之建筑为最先……至于建置年代，则无定准，大体言之，其前则因济水之防，其后则迭有增置；及至战国初年，已确然成为一条长城，西依济水，东达泰山，而为一方之锁钥重镇矣。”“其南界之长城，当建筑于齐威王之时，有《竹书》为证。至于其东南境长城之建筑，似在楚人灭莒之后，然竟在此后若干年，是否与南界长城同建于威王之时，则尚未敢定。”[12]罗勋章先生认为：“齐长城始建当在公元前555年至公元前641年之间……齐长城大规模之修筑当在楚灭莒（公元前431年）之后。时间当在威、宣之世。其时，齐西南境长城业已建成。莒之灭国在鲁之前，且齐与鲁之间又有泰山为屏，故东南境形势尤为急迫，齐城之建，继西南境后当以东南境为先，此长城当建于威王之世。宣王所筑则齐南境之长城。”

上述意见的共同看法是，齐长城“非一个时代所完成，若以全部论之，则当以其西部之建筑为最先”。

学者们认为齐长城最先完成于西部应是十分正确的，这不仅因为齐长城起于防，而且也是当时的战争形势使然。齐国东南地滨大海，南有泰山之险。莒、杞、鲁诸国分布其间，然均为弱国，不足为齐患。齐与鲁虽互相时有攻伐，但鲁也不能对齐国构成威胁。唯西南之地面向中原，其南有曹、宋、滕、郲、鲁、楚，西有卫、晋、郑、周，逐鹿兵争多出其地。诸国攻打齐国，该地往往首当其冲。因此齐国在这里首先建长城是必然的。

历史步入了战国，齐国的东南方也逐渐吃紧。《史记·越王勾践世家》云：勾践已平吴，“北渡兵于淮以临齐、晋，号令中国，以尊周室，勾践以霸”。勾践灭吴为公元前473年。翌年越竟徙都琅开琊，威逼齐境。

《水经注·潍水》（卷二十六）亦云：“潍水出琅琊箕县。琅琊，山名也，越王勾践之故国也。勾践并吴，欲霸中国，徙都琅琊。”楚国亦雄心勃勃，向东、向北扩张。《史记·楚世家》：惠王“四十四年（公元前445年），楚灭杞……楚东侵，广地至泗上。简王元年（公元前431年），北伐灭莒。”而越、楚所侵之地正迫近田氏封地。《史记·田敬仲完世家》载：平公即位（公元前480年），田常为相，“齐国之政皆归田常”。田常“割齐自安平以东至琅琊，自为封邑。封邑大于平公之所食”。执齐政的田氏为保卫自己的利益，考虑筑长城防御也是情理中事。故推测齐长城的东部可能筑于战国初年的姜齐时或齐威王时代。它既是抵越亦是抗楚。[13]

总之，齐长城是分区段修筑于不同时间年代，大约在春秋齐桓公时期开始修筑西段，然后由西向东修筑中段，至春秋中叶大约修至博山附近。前后共耗时100余年（公元前685～公元前555年）。战国初期齐威王和齐宣王时开始修筑东段，最后完成整条齐长城。东段长城共修筑了70余年（公元前356～公元前284年）。从春秋到战国，齐长城共修筑了170余年。关于齐长城的修筑时间论证可参照张华松所著《齐长城》一书。[14]

（四）齐长城的走向

齐长城的走向，古代文献有记载。胡渭《禹贡锥指》载：“今按齐长城横绝泰山，绵地千里，自平阴至东历肥城、长清、泰安、莱芜、淄川、沂水、临朐、莒州，以迄诸城，皆有故址”；《泰山道里记》载：“按长城岭俗称大岭，古长城所经……城因山为之，起

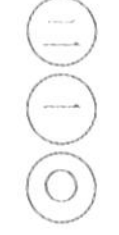

平阴之防门，缘泰山北岗，而东经莱芜、博山、临朐、沂水、莒县、五莲、诸城、胶南”;《山东风物志》载:“经泰安、历城、莱芜、章丘、博山、沂源、临朐、沂水、莒州、日照、诸城，蜿蜒几两千里，至胶州海中大朱山止焉[15]”；张维华先生考证其为：“平阴、长清、泰安、历城、莱芜、章丘、博山、淄川、临朐、沂水、安丘、莒县、诸城、胶州[16]”，共计 14 区县。

经考证，齐长城从今黄河东岸的长清区西南孝里镇广里村北，向东沿泰沂山脉分水岭，直达今青岛市黄岛区东于家河村东北入海，蜿蜒 600 多公里，史称千里长城。

关于齐长城的具体走向，路宗元在《齐长城》一书有具体描述。[17]

1. 长清肥城

长清是齐长城首起之地。张维华先生于《中国长城建置考》中记述：“城自长清西南境东行，经五道岭，其地适当肥城长清两县交界之地。”“又自五道岭东行入长清县之东南境”。[18]道光《长清县志》(卷二):“长清邑东南九十里有长城，且有孟姜女庙。其城西自广里，东至于海;然在长清境内，业已倾颓，仅存遗址。[19]”

齐长城西起孝里镇广里村，向东走出岭头，经长山岭、陡岭子、岚峪北山、梯子山转向东北行，过陈沟湾东山、杜庄西山至漩庄转向东南延伸，穿越帽山，过地楼，至三岔沟。长城再东南，行走于长清与肥城的交界线上，历夹子山，抵莲花盆山，续东走，沿长清与泰安岱岳区的交界线，跨过五花岩山，再转向东北入长清，经桃尖山抵长城铺，越 104 国道东行,过曹庄、京沪铁路,抵大寨山、北顶山，转向东，至钉头崖。长城又沿长清区与泰山区的交界线走向东北。历老挂尖山、摩天岭，至牛山口出长清境（图 5-1-2、图 5-1-3）。

图 5-1-2 济南长清大峰山齐长城（资料来源：自摄）

图 5-1-3　肥城与长清交界齐长城（资料来源：路宗元《齐长城》）

2. 泰山历城

长城自长清继续向东入泰山区、岱岳区与历城区的交界线后改趋东北行，蜿蜒于泰山北麓，经青阳台、罗圈、花果峪、天马顶、簸箕掌、梯子山，抵大高尖山后东折，至历城、泰安、章丘交界的四界首。自四界首长城出历城境，越长城岭，沿岱岳区与章丘界东南行至蒿滩东山，出泰安岱岳区。

"齐城自长清之东南境，东北行入泰安县界，绕泰山西北麓之长城岭东行。[20]"道光《泰安县志》（卷三）云："长城岭俗呼大横岭，县西北六十里，即泰山冈阜，古长城所经。[21]"《泰山道里记》载："西北为猛虎沟……为青天岭，北至长城岭……按长城岭俗呼大岭，古长城所经。"张维华先生考证为"按大岭即《县志》之大横岭，通指长城岭言，因齐城所经，故以长城名也。[22]"道光《长清县志》（卷二）载："至泰山之阴历城境内，则崇高连亘，言言仡仡，依然坚城。至梯子山历城与莱芜接界处，为长城岭。[23]"《山东通志》："（泰安县境长城）在县北泰山之阴，与历城接界。[24]"《括地志》："（长城）历太山北冈上，是齐城沿泰山之阴，傍历城县之南界东行，其所经之地，则均谓之长城岭也。"（图 5-1-4、图 5-1-5）

3. 莱芜章丘

长城复东，行进于章丘市、莱芜市的交界线上，经三平山、鸡爪顶，略折向东北，经天门关、安子山、铜顶山、北门关、黄栌垛山、曹曹峪顶、锦阳关、秋水峪顶、九顶山，折向东南，过北寨山、黄石关，又东抵章丘、莱芜与博山交界的霹雳尖山。霹雳尖山，当地称"长春岭"。"长春岭"应该是"长城岭"之讹传。长城自章丘霹雳尖山东南走，出章丘市界，复沿莱芜、博山界续行，越摩云山、双堆山，出莱芜市界。

"齐城自历城东南界之梯子山，沿莱芜章丘两县之交界，迤逦而东。"

《莱芜县志》（卷二）引旧《通志》："西瞻岱岳，北枕长城……长春岭在县北九十里……一名长城岭，岭上有古长城遗址。"

《山东通志》载："（莱芜境内长城）在县北

图 5-1-4　泰安市泰山区齐长城（资料来源：路宗元《齐长城》、自摄）

图 5-1-5　济南历城齐长城（资料来源：路宗元《齐长城》）

九十里，与章丘接界。”

关于章丘境内齐长城的文献记载，道光《章丘县志》（卷三）:“长城岭在县治南百余里，南连泰安、莱芜界，东至劈林（雳）尖山接淄川界，西至天罗顶连历城界，林木郁茂，四时如春……俗云长林岭，上有古长城遗迹，相传齐所筑以御楚，莱芜土人又谓长春岭，旧有孟姜庙。”（长春岭为长城岭之伪）（图 5–1–6、图 5–1–7）。

4. 博山淄川

长城自夹山进入博山境内。长城东走穿北大岭、老虎头山、太平山、昃家庄、凤凰山、峨岭、秋谷、荆山、长城岭、博山城区、两坪村、福山、黑山，抵围屏山。长城进入博山与淄川交界线上，越大崖顶、崮山、岳阳山、四座山，至拐峪人淄川境，逾淄水，至樵峪南山再次行进于博山与淄川交界处。折东南走，经三台山（又名三泰山）、蟠龙山、雁门寨，抵博山、淄川、沂源交界处的太平山上。长城走出淄川区，沿博山、沂源交界线西南行，经云蒙山至大峪顶出博山区。

此段见于文献和地方史志的记载主要有以下几条：《博山县志》（卷一）载：“长城岭，自峨岭之脊，东踰秋谷，接荆山，迤逦岳阳山以东，踰淄水，接临朐沂水界之东泰山。”同是《博山县志》还记有：“自脊西行，跨凤凰山、连原山、王大岭，出青石关之西，接莱芜境，山皆长城岭山。”[25]《水经注·济水注》（卷八）载：“陇水南出长城中，北流至般阳县故城西南，与般水会。”

“般阳故址，在今淄川县治，陇水即今孝妇河。[26]”《方舆纪要》（卷三十一）淄川县条下：“县南有古长城，战国时齐所置云。”《通典》（卷一百八十）淄州淄川县条下：“有‘古齐长城’”。对此记载，张维华先生考证分析认为：“盖博山县地，于清时析益都、淄川、莱芜等县之地而置，今博山县境长城所经，适居淄川县境之南部，故言淄川有长城也。[27]”

“齐城自章丘东南界之劈林（雳）尖山东南行，沿莱芜、博山两县交界处，入博山县之西南境。复自博山县之西南境东北行，经县治南，复东南行。[28]”（图 5–1–8、图 5–1–9）。

图 5–1–6　莱芜齐长城（资料来源：路宗元《齐长城》）

图 5-1-7　济南章丘齐长城（资料来源：自摄）

图 5-1-8　博山齐长城（资料来源：自摄）

图 5-1-9　淄川齐长城（资料来源：路宗元《齐长城》）

5. 沂源临朐

长城自沂源大峪顶，再东走经大崮、无路岭、红崮堆，行至沂源、临朐交界的龙王崮入长城岭，沿两县界延伸，过芦家泉、小辛庄、高嘴子山，至驴皮崮出沂源县境。

长城自驴皮崮入临朐县境后，东南走向穿双雀山(大崮)、皇粮崮，逾弥河，经响水崖、高山、北蜂子窝，抵临朐、沂水交界的泰薄顶，东行于临朐与沂水的交界线上，抵脖根腿山顶长城分为南北两线。

北线走向东北入临朐境内马鞍山，沿山脊行至大关南的草山亭折向东，渡汶河，过大官庄，越太平山出临朐县境，再沿安丘与沂水交界线前行，经石门顶、二郎峪北山，出沂水县界入安丘县境。

而后“齐城自博山县之东南境，入沂水、临朐两县交界地，曲折东行[29]”入沂水境。《临朐县志》(卷四）载:“长城在大岘山上,今犹宛宛山际,沿沟壑伏，沿崖阜起，西接博山之岳阳山凤凰岭，东随大弁山入安丘界。”（卷三）载：“大岘山在县治东南百五里，即《齐乘》穆陵关也……山岭长脊一线，宛宛不绝。登沂山南眺，东西横带，如防如垣……岭上有长城，故关侧一名长城岭。[30]”《水经》汶水注（卷二十六）:“汶水出朱虚县泰山。山上有长城，西接岱山，东连琅琊巨海，千有余里，盖田氏之所造也。”据张维华先生考证“朱虚县故址，在今临朐县治东六十里；其境之泰山，即今之沂山……郦氏称之为东小泰山（见巨洋水注)。今临朐县南境界沂水县处，有沂山，又有大岘山，一脉相连，则《郦注》所言长城，殆即《县志》所言大岘山之长城欤？[31]”(图 5-1-10、图 5-1-11)。

6. 沂水安丘

关于沂水境内的齐长城，也见于县志记载：(道光)《沂水县志》(卷二):“长城在邑北一百里太平社，东西横亘数百里。”又大岘山条（卷一）:“县北偏东百五里，上有穆陵关，关之南北为沂、朐分界处。齐宣王筑长城于此，西起齐州，东抵海，犹有遗址。”《太平寰宇记》（卷二十二）沂州沂水县下载：“古长城在县北九十五里，东南起自密州莒县界，话北二百五十五里，临淄州淄川县界。[32]”

齐长城经过穆陵关后，东行至安丘境内。万历《安丘县志》（卷三）载：“八十里（县治西南）曰太平山，上有长城岭。”又（卷四）载：“古长城，一名长城岭，在太平山上。[33]”

长城在安丘县经徐家沟转向东北，经大磨山、小磨山、柘山、大车山、紫草山、石山子、马时沟、

图 5-1-10　沂源齐长城（资料来源：路宗元《齐长城》）

图 5-1-11　临朐齐长城（资料来源：路宗元《齐长城》）

悬崮山、峰山，折向南，越城顶山、邰家崖、摘药山，逾浯河，长城出安丘县进入沂水境。继续南行经卧牛城、双山，至沂水、莒县界的光光山，沿两县界南行，经杨廷官庄，达三楞山上。

南线从脖根腿南山沿临朐、沂水界东南行，经围屏山、大岘山，抵穆陵关。

长城过穆陵关，奔邵家峪出临朐县界而入沂水县境。长城继续往东南走，越黄墩山、大旗山、龙山、簸箕山、凤鸣峪、鸡叫山、大山、黑墩山、牛山、团山、丁丁山，达杨廷山、三楞山上。杨廷山、三楞山今在沂水与莒县的交界处，长城至三楞山与北线汇合。南、北两线长城相距最宽处20余公里。南线长城长近30公里。（图5-1-12、图5-1-13）。

7. 莒县五莲诸城

长城继续东南行，离沂水县走向莒县的长城岭，越发牛山、达后峪河入五莲县黑涧沟。长城以东，至墙夼折向东南，过长城岭、东云门、高泽、滕家庄，从山王庄转向东北，经大瓮山、长城岭、马耳山，长城行于五莲与诸城县界上，至石人山人诸城县，续走在玉带村北再次走于五莲与诸城交界线上，过茁山，直至三界石出五莲县境。

长城自三界石入诸城县境内，继续奔向东北，穿越黑龙湾、黑溜顶、响水崖南山、黄牛山、马山、长城岭、磊石山、石沟头、大洼西岭、竹园东岭、长城岭、邰家沟，至史家夼出诸城境入黄岛区。

“齐城又自安丘之太平山东行，入莒县之东北部。”（嘉庆）《莒州志》（卷五）：“长城在州东北

图 5-1-12　沂水齐长城（资料来源：自摄）

图 5-1-13　安丘齐长城（资料来源：路宗元《齐长城》）

图 5-1-14　莒县齐长城（资料来源：路宗元《齐长城》）

一百二十里，俗名长城岭……城之入莒者，自穆陵东历太平山，四十里接高柘之岭。转而南，绝浯水，过卧牛城。又南傍高华岭入诸城界。”张维华先生从文献角度考证莒县齐长城的走向为“西自太平山起，东行逾浯山而至高柘，复自高柘南转，斜跨莒县之东北部，南绝浯水，逾卧牛城，傍高华岭而入日照境也。[34]”（图 5-1-14、图 5-1-15）。

（光绪）《日照县志》（卷一）载：“长城……在今县境者二十里，洪陵河西入莒州，昆山以东入诸城。”又（乾隆）《诸城县志》（卷八）：“长城俗名长城岭……城因山为之，起平阴之防门，缘太山北冈而东，蜿蜒千里，至日照滕家庄后入县境。又东南二里，则分流山也。历马耳山、寿芝山、茁山、拔地盘、黑溜顶，为南北大路，大路西计六十余里。由此而东，更历摘星楼山、马山、雷石山、台家沟，至亭子澜后，计七十余里，入胶州界。共一百三十七里。”（图 5-1-16）。

8. 黄岛区长城

长城自李家前夼入青岛市黄岛区，续向东北，经长城岭、丰台山、山周北岭、月季山、铁山、葫芦山、后石沟、背儿山、张仓北山，逾风河，越曹城山、苗家南山、黄山、报屋顶、石寨山、陡楼、

图 5-1-15　五莲齐长城（资料来源：路宗元《齐长城》）

图 5-1-16　诸城齐长城（资料来源：路宗元《齐长城》）

长城村、扎营山，过大黑涧山、小珠山、鹞鹰窝、鹁鸽山，至瞅侯山，又越大顶山、徐山，在徐山之北的东于家河庄东北入海，入海地东经 120° 11″，北纬 35° 59.5″。

"齐城又自诸城之雷石山入胶州之西南境[35]"，（道光）《胶州志》（卷三）载："长城在治南八十里齐城等山。[36]城因山为之，培高堑下，各有门阙邸阁，今不可见。春生草长，鬖缨分垂，如马鬣然。西起平阴之防门，迳泰山北麓，而东至诸城亭子夼后入州境。十五里至六汪庄南，铁镢山阴。东历杨家山、白猊山、齐城山，至黄山顶十余里。又东历小珠山阴、鹁鸽山，至徐山之北于家河庄，东入海三十里。城之历州境者百五十余里。"（图 5-1-17、图 5-1-18）

除上述以外，齐长城尚有两道复线，其一在长清区与肥城市的边界上、主线之南。它西起马山之南，往东南越老牛沟北山、双山、五道岭、杨家山、张家峪山，至三岔沟与长城主线相接，长约 9.9 公里。其二在莱芜与博山边界及莱芜境内、主线之南。它西起望鲁山北峰，向南偏东行，经梯子山、青石关，转而南走至炮台顶止，长约 6.7 公里。

齐长城的具体走向张华松在《齐长城》[37]一书中也有详细描述。齐长城西起济水（今黄河）之畔，沿泰沂山地南北分水岭蜿蜒东去，然后向东北斜跨胶南高地，终止于黄海之滨，沿途行经济南、泰安、莱芜、淄博、临沂、潍坊、日照、青岛 8 个地市以及它们所辖属的 17 个市县区。

（五）齐长城的建筑结构和构筑特点

齐长城大多修筑在山岭和山峰顶部附近，故有"长城岭"之称。但齐长城沿线除山岭外也有平坦之地，所以它的整体设计和城墙结构亦各有异。

总长度 620 余千米，各处厚度、高度等不一：

《长城》："现存长城厚度约四、五米，残高一、二米至三、四米不等。"[38]

《淄博风物志》："当时的高度今不可知，其厚度约有七米。"[39]

《潍坊风物》："它依山而筑，凡悬崖陡壁难以攀登之处，仅用石块砌起宽二米左右的矮石墙。每遇沟壑，则用巨石构筑，宽近七米。一般地段……

图 5-1-17　黄岛齐长城 1（资料来源：自摄）

图 5-1-18　黄岛齐长城 2（资料来源：路宗元《齐长城》）

基础……宽达八米至十二米。”[40]

齐长城城墙的构筑是根据齐长城沿线特殊的地形地势特点，因地制宜，就地取材。既节省了构筑材料，又不需要耗费大量的人力物力。

《长城》：“主要有土筑和石砌两种。在平地多用黄土夯筑，在山岭或产石地点多用石块垒砌。石块多系毛石，未加工成条石或方石。”[41]

《淄博风物志》：“齐长城的建筑依山为势，多用大小石砌成，未用灰浆凝固，结构十分讲究。”“齐长城多在山岭低处，高山处借助山势不设城。”[42]

《潍坊风物》：“一般地段，则为土石结合。其基础由粗经加工的大小石块砌成，宽达八米至十二米。上面夯土起筑，每层厚约十至十五厘米，整齐划一，层次分明，夯窝均匀，清晰可辨。为更坚固耐久，土里掺有盐水。有些地段的城墙，有腐朽木头的痕迹，可能当年在墙中间有圆木，以加大拉力，保持平衡。整个长城，南面陡峭，北面平缓。北坡每隔五米到十米置乱石一堆，大者如磨盘，小者若米碓，是当年为守城御敌所备之擂石。”[43]

“因地形，用险制塞”，现今所见齐长城遗迹一般在山峰险要处不见，说明此处没有修筑城墙，而是以山代城。就是在悬崖峭壁处，因为人马根本无法攀登，所以利用山势代替长城根本不需再筑城墙。这种情况在齐长城沿线发现多处，依据山势形势，有的地方长数十米，有的可达千余米。

山岭地段因取石方便，城墙即用石砌。有少数城墙砌筑在山脊处，双面，墙宽 5 ~ 7 米。大多数城墙不是建在山脊顶部，而是选在山脊向阳侧稍靠下 10 米左右的陡坡处，一般砌筑成宽 1 ~ 2 米的单面石墙，只有外墙，无内墙，墙内侧填以土石，这样便阳面高阴侧低，内外相差 3 ~ 5 米，从而形成了居高临下的态势，起到了较好的防护作用，易守难攻。材料一般就地取材，有块石、条石和片石等（图 5-1-19）。

平原低谷地带，因无石可取，多用土或土石混合夯筑而成。一般采用版筑技术夯制而成，宽度 10 ~ 15 米（最宽也有 20 米左右的），高度 6 ~ 8 米。如岭子头遗址虽然仅存一半底宽，仍达 5.2 米，高 2.5

图 5-1-19　山岭地段石筑长城（资料来源：自摄）

米。穆陵关西侧的遗址虽然坍塌损毁，但底宽仍然达 15 米，高 5 米。或许是为了防冻、防虫蛇侵害和加强整体结构等需要，土筑城墙采用黄黏土、砂土、砂砾石填充夯筑时均加入盐水，这也成为齐长城的一大特点。版筑时夯层 10 ～ 25 厘米不等，现裸露处夯层明显（图 5-1-20）。

二、齐长城沿线主要军事聚落

齐长城是春秋战国时期齐国修筑的军事巨防。它西起黄河东岸的“岭子头”，沿齐鲁地区的南北分水岭泰沂山脉一路东去，至黄岛区胶州湾畔，全长 620 余千米。出于军事防御功能的需要，除了城体本身以外，还在城体上和沿线城体两侧设置关隘要塞，修筑城堡兵营，构筑烽燧等一系列军事设施，与齐长城本身共同构成一套完整的军事防御工程体系。

（一）类型

1. 堡寨

专门用以屯兵防守的建筑。城堡是建在关隘两侧高山顶上的石围墙寨，用以屯兵和观察敌情；多数建筑在地处要冲的山峰上，少数筑于重要关隘山口处，也有较大规模的兵营设在便于机动调配的重要之地。

齐长城沿线共发现堡寨聚落 58 处。依据内部功能和规模大小及防御类型可分为四类：障城、城堡、兵营和山寨。其中障城有 14 座，兵营 8 座，城堡有 25 座，山寨 11 座。

（1）障城

根据古籍记载和实地踏勘调研，齐长城沿线现有障城遗址 14 处，具体描述见表 5-1-1。

（2）兵营

齐长城沿线共发现 8 处兵营遗址。大峰山屯兵营位于金明关城墙的内侧，是过去戍守边关的士兵们住的地方，由二百多座石砌方屋组成。每个方屋大约 3 米见方，无窗，四周的墙壁以及上方的尖顶，同样全部由山上的碎石垒砌而成。兵营有的已经坍塌，有的虽然主体尚存，但已经没有了顶，突兀地立在那里，还有一部分兵营则保存得非常完整，墙壁及尖顶都完好如初。这些方屋或单独或连成一排，

图 5-1-20　平原低谷地段土筑长城（资料来源：自摄）

齐长城沿线障城明细表　　表 5–1–1

序号	城堡名称	地理位置	城堡规模	历史遗存
1	石小子山障城	济南市长清区孝里镇与双泉乡交界的石小子山上。位于山顶西崖，齐长城遗址石小子山段西南侧	面积 100 米 ×120 米	遗址基本为方形，沿山顶崖边围筑，东西方向共开两门；内有较完整的石屋 70 余间，形状有方有圆，面积一般约 10 平方米，片石迭涩结构。坍塌的房基内生长着碗口粗的槐树、榆树、柿树等
2	瓦岗寨顶障城	济南市章丘市阎家峪乡中白秋村南 1500 米，与莱芜市莱城区交界，在齐长城北侧	平面呈椭圆形，南北径 12 米，东西径 12 米	瓦岗寨遗址，墙体为毛块石、条石垒砌，外墙高 2 米，内墙高 0.6 ~ 0.9 米，墙厚 1.5 米。其南辟有门道，宽 1 米，高 1.4 米（图 5–1–21）
3	大铜顶障城	济南市章丘市垛庄镇桥子村南约 1000 米，与莱芜市莱城区交界，建于东周	平面呈圆形，面积约 6000 平方米	墙体双重石砌垒，残高 1.3 米，宽 1 米左右。城内残存有坍塌的石房址、水井等
4	抬头山障城	济南市章丘市垛庄镇下秋林村东约 1000 米，与莱芜市莱城区交界，齐长城西侧，建于东周	城内南北宽 38 米，东西长 70 米，其中勺把长 30 米	依峰巅地形而建，平面呈勺形，沿崖以块石、条石垒砌成双重墙体。墙宽 1 ~ 2 米，残高 2 ~ 5 米。东西两面各辟一门，东门宽 1.5 米，墙厚 1.3 米，西门位于西墙偏南，勺把把端。城内有多处石筑房屋遗迹
5	石子口障城	济南市章丘市垛庄镇石子口村西 1000 米，与莱芜市莱城区交界，建于东周	南北长 50 米，东西宽 25 ~ 30 米	遗址分布于半岛状的石灰岩险崮上，齐长城北侧（图 5–1–22）。险崮前崖宽 18 米，后崖突起，墙体为块石和条石垒砌，沿崖边而建，南门敞开。墙高 4 ~ 6 米，宽 2 米。西南的高墙上设两个瞭望孔。城内依墙处建有石屋，呈方形，多已坍塌
6	九顶山障城	济南市章丘市阎家峪乡石匣村西 1200 米，与莱芜市莱城区交界，齐长城北侧，建于东周	占地面积约 1000 平方米	石砌墙体已塌毁，仅存残迹数间，另有平面呈圆形的平顶石屋，内径 1.8 ~ 2 米，高 1.6 米
7	布谷顶障城	济南市章丘市阎家峪乡中白秋村南 1500 米的王大安山布谷顶，与莱芜市莱城区交界，齐长城北侧	平面呈椭圆形，东西径 25 米，南北径 10 米	墙体为毛块石、条石垒砌，高 1 ~ 1.5 米，厚 1 米
8	霹雳尖山障城	济南市章丘市阎家峪乡中白秋村东南 2200 米的霹雳尖山上，与莱芜市莱城区和淄博市博山区交界，齐长城北侧	平面呈椭圆形，东西径 26 米，南北径 20 米	墙体为毛块石垒砌，高 2 米左右。东辟门道，高 1.5 米，宽 1 米，设有石阶
9	紫草山障城	潍坊市安丘市温泉乡窝落村西南 600 米的紫草山主峰顶，齐长城北侧，建于东周	遗址环山而建，直径约 100 米	墙体毛块石垒砌，高 1.5 米，厚 0.8 米。东面辟门道
10	峰山障城	潍坊市安丘市辉渠乡董家宅南 1000 米的峰山顶，齐长城东北侧，建于东周	平面呈半圆形，直径 60 米	墙体毛块石垒砌，高 1.5 米，厚 0.8 米
11	峰子门障城	潍坊市诸城市桃园乡峰子门村北 500 米的峰子门北山上，齐长城北侧，建于东周	环山顶而建，直径约 100 米	墙体毛块石垒砌，残高 1.2 米，厚 1 米
12	岚峪嶂城	济南市长清区孝里镇岚峪村北山顶上，建于东周	面积约 1600 平方米，齐长城环绕其东、南、西三面	内有大片坍塌的房屋基址，多呈方形，皆为块石砌筑。其中较完整者高 2.5 米，宽 3 米，内设石凳、石桌、石床等。山巅东部墙体外侧有突出部分，为烽燧遗址
13	大顶子山嶂城	济南市章丘市垛庄镇南邵庄东南约 2000 米的大顶子山顶部，与莱芜市莱城区交界，齐长城北侧，建于东周	东西长 28 米，东部南北宽 15 米，西部南北宽 8 米，总面积约 340 平方米	墙体为片石、块石垒砌，残高 1.3 米，宽 0.8 米左右
14	西岭嶂城	济南市章丘市垛庄镇石子口村南约 750 米的石子口西岭上，与莱芜市莱城区交界，齐长城东北侧，建于东周	环绕山巅而建，平面呈圆形，直径 55 米	墙体为块石、条石垒砌，顶部外侧垒砌女墙。墙宽 2.1 ~ 2.5 米，外墙高 5.2 米，内墙高 3 米，女墙高 3 米。女墙内侧设站台，台高 1 米左右。东南墙辟一门，高 1.6 米，宽 1 米，进深 2.1 米。门外有曲尺形护墙，高 3.1 米，内长 5 米，宽 1.3 米，墙厚 1 米

（资料来源：根据《中国文物地图集山东分册》[44]、《齐长城》和各地方史志等相关资料整理）

随着山势，高高低低，不拘一格，随性而建，星星点点地散落在离城墙不远的松树林中（图 5-1-23）。

无路岭兵营，位于淄博市沂源县无路岭，圆形，直径 13 米，墙高 1 米，宽 0.6 米，中间筑隔墙，使其一分为二。长山岭北兵营，位于济南市长清区万德镇东南，岭北坡有兵营遗址 15 处，今大部分坍为石堆，最大遗址横阔 60 米，进深 30 米，内有环筑石房十余间，较完整者顶为片石叠涩，复加沙土掩盖，间有排水沟和排烟孔。[45]西黑山兵营，位于淄博市博山区东西黑山之间，半穴式圆形。岳庄北山兵营，位于淄博市博山区的岳庄北山。郝家旺南山兵营，位于临沂市沂水县与潍坊市安丘交界的郝家旺南山上。铁山兵营，位于青岛胶南市铁山上有兵营遗址。炮台顶兵营位于青石关东，青石关，又名杨家关，位于莱芜市和庄乡青石关村，海拔 632 米。炮台顶上有单薄而不

图 5-1-21　瓦岗寨顶障城（资料来源：路宗元《齐长城》）

图 5-1-22　石子口鄣城（资料来源：路宗元《齐长城》）

图 5-1-23　大峰山屯兵营（资料来源：自摄）

规整的双重墙体：高约1米左右，北墙宽1.1米，南墙宽0.8米，两墙间距50～120米不等，内有多处营房残墙。炮台顶三峰相连，遍地营房遗址，有方有圆，有大有小，有毗连者，有独立者，有完整者，有尽毁者：小方屋面阔6.1米，进深2.8米，山墙高2.5米，内设窗台、隙望孔；套房面阔11.8米，进深3.5米，高2米，内设5个窗台、1个隙望孔。山膀上面对深谷有新月形山寨及十多间较完整的石屋。寨内径10米，墙高1.5米，宽0.6米；大者石屋3.6米×3.4米，高1.7米，顶为片石叠压。其建筑当为后世重修。[46]

（3）古城堡

齐长城沿线还发现古城堡25处，其中最具代表性的有杜庄城堡和盘古城，下文将作重点分析。其他城堡具体名称、地理位置、结构规模和历史遗存详见表5-1-2。

齐长城沿线古城堡统计表　　表5-1-2

序号	城堡名称	地理位置	城堡规模	历史遗存
1	邵家峪古城堡	临沂市沂水县马站镇	东西长300米，南北宽80米	石墙环围，内有众多的房基。石垒砌墙体已坍塌，仅存残迹
2	光光山古城堡	临沂市沂水县富官庄乡东得水村东南光光山顶	平面呈椭圆形，南北径约200米，东西径150米，总面积约2.5万平方米	建于东周，寨墙毛石块垒砌，墙厚2米，残高2.5米。寨墙顶部外侧设女儿墙，内侧为站台[47]
3	东风山城堡	莱芜市和庄乡青石关的东风山顶	房屋有圆形、方形两种。圆形一般外径1.7米，状似碉堡。长方形的一般长6～7米，宽4米，门宽0.8米，高1.7米	西面为长城，北面和东面有石墙。墙内向阳背风处，有多处房屋
4	北寨山古城堡	遗址位于黄石关西的北寨山上，绕山顶而建	南北长100米，宽30米	外墙高2.5米，站墙高1.5米，厚1米左右。东北门，门宽1米。东面对着黄石关有6个瞭望孔，瞭望孔宽0.28米，高0.2米。房墙基长15米，宽4米
5	西尖山古城堡	章丘市阎家峪乡西周峪村西南1500米，与莱城区交界，齐长城北侧	平面呈长方形，东西长15米，南北宽4米，墙高1.5～2.5米，厚0.7米	建于东周，整体依山势而建，块石和片石垒砌。南墙上设四个瞭望孔，西墙上有两个，孔径0.28米×0.2米[48]
6	三股峪古城堡	济南市长清区三股峪东北阳干山上	面积40米×40米，墙高1.5米；内径30米	位于阳干山第二座崮顶和第五座崮顶上，内有营房遗址，南开门，南北两端有石屋相对，制高点的残墙外有烽隧遗址
7	十字岭西山古城堡	章丘境内的十字岭西山上，锦阳关西北	内径55米，外墙高5.2米，内墙高3米，宽2.5米，站台高1米左右	东南向有城门，高1.6米、宽1米，进深2.1米；山膀上有石屋及烽隧遗址
8	围屏山北峰古城堡	博山与淄川交界线的围屏山北峰	内径16米×8米	有城堡及营房遗址，今已改建为牛栏；顶东南山凹处，在城址内外均有较完整的起脊石屋，有方有圆
9	簸箕山古城堡	临沂市沂水县簸箕山	东西长1900米，南北宽200米	城墙沿崖环筑、中间有众多的兵营遗址。这一带的长城也是就地取材，全是浑圆形蜂窝状黑色玄武岩，当地人称之为蛤蟆子石
10	牛山古城堡	临沂市沂水县牛山顶	长120米，宽80米，墙宽1.3米，高1.5米	城堡遗址为泥质灰岩片砌筑
11	鸡叫山古城堡	临沂市沂水县鸡叫山上	圆形，直径约90米，墙宽2.5米，高1～1.5米	有长数百米的土垄，基础为花岗岩石块垒砌，底宽13米，高2.5米[49]
12	黄墩山古城堡	临沂市沂水县黄墩山上	圆形，直径9米，墙宽2.5米，高1米	有城堡及房基
13	小珠山西峰古城堡	青岛市黄岛区小珠山西峰	面积40米×20米	西峰关遗址东侧有长方形城堡遗址

续表

序号	城堡名称	地理位置	城堡规模	历史遗存
14	双腰子北山古建筑	章丘与泰安郊区交界岳滋与双腰子村之间	—	—
15	胡家庄北山古城堡	莱芜市与章丘市交界	—	—
16	北栾宫山古城堡	莱芜与章丘交界的北栾宫山上	圆形	—
17	一犁地古城堡	淄博市博山区一犁地上	圆形，直径 100 米	—
18	三台山古城堡	博山区与淄川区交界处	—	—
19	七箭村北山古城堡	沂水县与安丘市交界	圆形	—
20	青石胡同西山古城堡	沂水县与安丘市交界	—	—
21	摘药山古建筑群	潍坊市安丘的摘药山上	—	—
22	磊石山古城堡	潍坊市诸城的磊石山上	—	—
23	城顶山古城堡	潍坊市安丘西南城顶山	—	—

（资料来源：根据《中国文物地图集山东分册》、《齐长城》和各地方史志等相关资料整理）

(4) 山寨

齐长城沿线共发现山寨 11 处，主要为土匪或农民起义军利用春秋战国时期修筑古城堡的原址改建而成，其修筑年代大部建于东周。刘黑七山寨因民国时，土匪刘黑七据此，并进行重修，故名。原山寨是清咸丰十一年（1861 年）二月，近村豪绅为抵御太平军、捻军而在原禹王庙院墙的基础上进行扩建（表 5–1–3）。

2. 关隘

也称关塞、关口、关门，是长城防守的重点。关隘全部建在山口要道上；凡出入长城的重要通衢之处以及容易受到敌人入侵的险要地带，都要筑城、

齐长城沿线山寨统计表 **表 5–1–3**

序号	山寨名称	地理位置	山寨规模	历史遗存
1	狼顶寨	长清与肥城交界的孙楼村东北方向狼顶山顶部	石寨方圆约 100 平方米	寨墙全由石头围砌而成，南面的寨墙现仍有 2 米多高，东面和北面皆为悬崖峭壁。寨内存有在石头上开凿的石舀 2 眼，陶器碎片随处可见
2	陈沟湾北山寨	济南市长清区双泉乡陈沟湾村东山顶	寨址呈环形，长 1000 余米，面积 300 米 ×300 米，坍塌的房址连绵 500 余米	齐长城城体左侧，寨墙为毛块石砌筑，其顶有完整石屋一座，为两开间。寨之北为绝壁，以山代坡
3	桃尖山寨	济南市长清区万德镇长城铺村西南	寨墙环绕山巅一周，周长约 1000 米，块石垒砌，部分已倒塌	齐长城北侧，现存较完整的寨墙，高约 2 米，宽 1 米左右。寨墙前后各辟有双重寨门
4	刘黑七寨	济南市长清区孝里镇梯子山顶部	寨址平面呈圆形，内径 200 米，不规则形块石垒砌墙体，墙高 5 米，厚 2 米，西辟门道	齐长城遗址北侧，寨内有石砌房屋 200 余间，平面呈圆形或方形，石板屋顶（图 5–1–24）
5	黄巢寨	在今岱岳区、肥城市和济南市所辖的长清区的交界处	黄巢寨山顶东西长 100 米，宽 15 米，西设双重山门，间距 40 米。东北向寨门处有高 3.5 米、宽 2 米、长约 50 米的残墙	黄巢寨现有旗杆孔、元帅府、屯兵房、大石臼、点将台、跑马场、一座龙头无字碑等遗迹，黄巢寨北侧还有上营、下营（原兵营称呼）两个村庄。还有纪念“天补平均大将军”王仙芝的村庄——王仙庄
6	原山寨	莱芜市莱城区和庄乡北平州村西北原山顶	清东西长 100 米，南北宽 30 米，墙宽 1 米，残高 0.5 ~ 1 米。毛石砌筑	现存寨门上有横匾阴刻楷书“原山”二字。匾长 1.5 米，宽 0.5 米。寨内现存清雍正、乾隆、嘉庆间重修禹王庙碑六通及清咸丰十一年二月立“流芳百世”碑一座[50]

续表

序号	山寨名称	地理位置	山寨规模	历史遗存
7	雁门寨	淄博市博山区李家村东北 2.5 千米	寨址为不规则形，占地面积约 3 万平方米。西与油娄寨相对，南望福山，北达蟠龙山，东为紫峪岭。东、北两面与淄川区接连，西、南邻山下公路[51]	寨墙沿山顶围建，山寨四面开门，西寨墙长 10 米，宽 2 米，高 3.5 米；东墙，长 30 米，宽 1.5 米，高 3 米；南门临绝涧，北门通后峰。今存断续的寨墙，内有三十多间石屋，较完整者十余间。山寨南门下原有一块石碑，记载的是晚清捻军和刘德培起义的情况。碑高 100 厘米，宽 48 厘米，阳刻，楷书，立于清同治五年七月[52]
8	岳阳山古建筑	博山区与淄川区的交界处	岳阳山，海拔 811 米	山上有大型山寨遗址、古建筑群等[53]
9	曹曹峪顶寨	济南章丘锦阳关西侧曹曹峪山顶	—	—
10	西车辐南寨	莱芜市和庄乡西车辐村北	—	—

（资料来源：根据《中国文物地图集山东分册》、《齐长城》和各地方史志等相关资料整理）

图 5-1-24　刘黑七寨
（资料来源：路宗元《齐长城》）

设关扼守要冲，在关内驻兵或在关旁筑兵营守卫，以保卫国家安全。

从设置时间分析，齐长城沿线关隘的建造可分为三个大的阶段。第一阶段为春秋战国之前，其中以穆陵关为代表；第二阶段为春秋战国时期，齐长城沿线大部分关隘均在这一时期完成，这也是齐长城关隘建设的主要历史阶段；第三阶段为春秋战国以后所建或重修，主要以明清时期为主，以青石关、锦阳关为代表。

从建设规模和形态以及内部构成来分析，可分为关城和关隘。关城是在隘口位置设置防御性城堡，城内一般既有驻军又有当地居民，设多个城门，其中以青石关为代表；关隘又分为两类，一类规模较大，建有关楼或禅楼，以穆陵关、锦阳关为代表；另一类规模较小，可称关卡，为一般关口，仅设关门和关口，如天门关、北门关等。

齐长城重要关隘遗址有 30 余处。具体见表 5-1-4 所示。

齐长城沿线关隘聚落统计表　　**表 5-1-4**

序号	关隘名称	地理位置	规模结构	历史遗存
1	金明关	位于长清区孝里镇广里村北面的大峰山上，是齐长城起始后的第一个关隘	有保存相对完好的城墙、垛口、瓮城、藏兵洞以及屯兵营等。门洞高 3 米的，门外一侧竖着一块石头，上书：金明门（图 5-1-25）	金明关，延着山脊稍靠下面一点的山坡修建，城墙外侧地势坡度较大，城墙内侧地势相对平缓，便于行走。整个城墙高度约 6 ~ 7 米，厚度底部约 3 米，上部约 1 米，用山上天然形成的条石或片石堆砌而成，石缝之间没有任何黏合物，完全靠自然的契合。石头都不大，或长或短，或厚或薄，形状各异，大小不一
2	大石关	位于长清与肥城交界处的五道岭上，西侧为海拔 280.8 米突兀的双山，东侧为 212 米的庄科南山，地势险要	大石关关楼的规模和建制，据肥城大石铺村袁书记等人回忆，关门城楼以条石青砖砌成，分上下二层，门洞拱形发碹，高 6 米，面阔 5 米，进深 10 米	此处自古以来为南北驿道，关北 1.7 千米为长清境的北站村，即系因历史上的驿站而得名。关南 1.5 千米为肥城境内大石铺村，2.5 千米处有因齐长城大石关而得名大石关村。[54]门洞上方镶嵌三块条石，上书“大石铺”三个大字。再上面就是飞檐斗栱的玉皇殿。城门楼毁于“文革”期间，而钟楼上的大铁钟早在“大跃进”期间就被砸碎了

续表

序号	关隘名称	地理位置	规模结构	历史遗存
3	南天门	位于济南市历城区西营乡与泰安市下港乡交界处。东西两座海拔830余米的山峰，中间有三十余米宽的山垭，南天门遗址坐落在南北峡谷的险要山垭处	原貌不详。但南天门建筑遗址尚存，东西长13.5米，南北进深14米，墙基在地面以上高60厘米。遗址南侧墙基高2.8米	原称天门关，最早建在碧霞祠西南方的老盘道上端。唐朝大诗人李白诗中“朝饮王母泉，暮投天门关”，指的就是原来的天门关，后来被大水冲走。元朝中统五年（1264年），开辟新盘道，布山道士张志纯创建了南天门，又称三天门，位于泰山十八盘的尽头，海拔1460米。它建在飞龙岩与翔凤岭之间的低坳处，双峰夹峙，仿佛天门自开。门为阁楼式建筑，石砌拱形门洞，额题“南天门”。红墙点缀，黄色琉璃瓦盖顶，气势雄伟。门侧有楹联曰:“门辟九霄仰步三天胜迹；阶崇万级俯临千埠奇观”[55]
4	天门关	章丘垛庄乡与莱芜大槐树乡交界处。东西两座山峰中间的山口处，关址所在地海拔高度610米	门洞宽4米，高3米，进深5米，石砌，关门上方刻有“天门关”匾额，80厘米×40厘米	而今关隘已成废墟，成堆的碎砖破瓦皆是明清遗物，而关址东西山梁上残高一二米的石砌关墙却是先秦建筑。407国道开辟前，关门尚存，门阔3米，上嵌石匾，匾题“天门关”三字。门侧尝立有碑碣，文云“齐起长城以御楚，战国后更无修者”，署名“领修路人，南麦腰石坤”。惜碑碣毁弃已久，不得其详。旧时关门东侧有一庙，每年时值4月18日例行庙会，进行关市贸易[56]
5	北门关	章丘垛庄乡与莱芜市鹿野乡的边界上，东西两侧阎王鼻子和大铜顶间的山口处	门洞宽3米，高2.5米，进深5米，关顶有平台，台上有城墙和垛口	东有曹曹峪顶，西有桥子南山头，有公路自北向南穿关而过。[57]关东150米阎王鼻子山坡城墙上有一便门，虽不完整，但遗址清楚，门宽5.5米，两侧石墙残高2米
6	黄石关	章丘阎家峪乡北王庄南、莱芜市茶业口镇上王庄北，左右都是陡峭山岭	因关西有黄石崖而得名。又名王陵关，是齐长城莱芜段自西入境的第四个关口	清光绪《山东通志》卷四十九说：莱芜“黄石、青石二关，不容车马”。黄石关建筑在东西两山间之谷地，关址已无存。关址两侧各有1000余米石砌城墙保存较好，残高1.5～2.5米
7	天井关	位于临朐五井镇西北天井岭的隘口处	关东200余米的石墙直达阁老崮险崖。关西石筑墙体约近千米，宽2～3米，高1～2米不等，沿岭脊南西行，达虎山东坡	关城早已坍塌。天井岭与虎山之间有一谷口，中间有一方形小城堡扼守要冲。岭上中段时有双墙体出现，千米长城之间有烽火台一座，大小城堡两座。大型青石砌筑的墙体全为干打垒式，城顶多已破坏，城墙无垛口，有些段落早已坍塌，成为残垣断壁
8	城子要塞	位于淄川区口头乡城子村	方形，长宽为1000米左右，开设南北两座城门，城墙为夯土构筑。淄水环绕南、西、北三面	早在齐灵公的时候，齐国就在今城子村因借山水地势，建立关隘要塞，并将莱人迁徙于此，充实边防。城子村南北分别有镇前村和镇后村，当初属于要塞的两个据点
9	铜陵关	春秋战国齐长城重要关隘，位于沂源县张家坡乡	铜陵关古为齐鲁交界关隘，地处沂山西侧、临朐南的九山镇境内，山口纵深30米，南北分别连接沂水与弥河，是鲁山与沂山之间的重要通道，现为东安至九山公路，为沂源通往临朐的交通要道之一	铜陵关古遗址，在20世纪30年代的《山东省地图》以及《山东省考古录》均有标列。关右原有一碣石，后移关南，碣石若半人形，上窄下宽，顶宽20多厘米，两肩以下宽40多厘米，统高50多厘米，厚16厘米，正面有“齐鲁分界”四字。关左崖上原有山祠一间，早已圮废，现仅存重修石碑一幢，已被人移至关北临朐晋家沟村，镶筑于塘坝闸门上，碑高1.4米，宽0.70米，厚0.12米。碑名“重修山祠牌记”[58]
10	大关	春秋战国齐长城重要关隘，位于临朐大关镇	穆陵关北10余千米，建造二道防线，名“大关”	关北2千米处为乡驻地大关村，再北3.5千米有小关村。此处南距穆陵关5.5千米，区区十里之遥两条长城、两座关口据守，可谓重点防御，固若金汤
11	城顶关	位于潍坊市安丘西南城顶山	关口连接柘山镇所在的于家河谷地与山东的渠河谷地，故而齐国在此设置关隘	城顶山，古名峿山，又名巨平山，山顶宽平数百亩，海拔429米。山顶还有古城遗址，应该是齐国设置的一处要塞，与长城和关隘共同组成这一带的长城防御体系

续表

序号	关隘名称	地理位置	规模结构	历史遗存
12	东莞长城	位于莒县东莞镇九顶莲花山上	长约8千米，宽近10米，高约2米左右	东莞故城在长城的西南，自西晋始设东莞郡，故城为镇治，南北朝至隋唐多为东莞县治
13	黄草关	位于山东省五莲县松柏镇前长城岭村	春秋战国齐长城关隘，为“蒙山四关”之一，因关隘附近黄草茂密而得名	黄草关山峦重叠，地处要道卡口，左右祟山高垣，地势险峻，极难逾越，军事上利于扼守和伏击，历为兵家所重。旧志记载，黄草关山岭旷野，中通一径，相传唐文宗东征为兵卒驻屯之处，营寨遗址尚存。今费县通蒙阴公路经此
14	绕紫窝长城	位于诸城市桃园乡台家沟南岭上	墙体部分存高5米，基宽约15米	该关筑于平地和小山丘上，因地制宜就地取材，蜿蜒曲折，隘口处极具特殊的一段城体
15	左关	位于小珠山以东的长城入海口附近		小珠山以东齐长城上可以设关置寨的地方有好几处，但从地理位置、交通形势上分析，则最有可能在瞅侯山与徐山之间
16	桃林关	位于黄岛区黑溜顶北侧	春秋战国齐长城重要关隘	与黄草关互为倚峙，今为诸城等地通往沿海地区的交通要道
17	齐长城入海处	位于黄岛区小珠山东北的于家河	春秋战国齐长城重要关隘	此处与著名风景区崂山隔海相望，其景甚美，称“少海连墙”。今仅在小珠山附近的六汪镇存有部分长城遗址
18	鲁地关（东关）	自锦阳关东翻一小山即为鲁地关（东关）。该关为锦阳关之辅关，南通莱芜鲁地村，西北通章丘的大寨村	今该关存有一完好无损的石筑关门，进深3.20米，外径宽2.60米，高2.45米（不含拱石高）	相传春秋时齐鲁两国在这一带交战，齐国将中军大寨设在关北，故后世有大寨村之名；而关南地属鲁国，故有鲁地之称。鲁地关东西也有数百米长的石砌长城，最高处为2.10米，外层为块石，里层为碎石，外墙北又附以沙土，然经年累月风雨的侵蚀冲刷，而今所存已不多了。关门以及左右城墙应是晚清御捻建筑
19	西峰关	位于黄岛区小珠山西峰脚下。东依小珠山西峰，西为大黑涧山，两峰并峙间的山谷中为西峰关遗址	关门已无存，但两侧与关门连接的城墙遗址尚好，关门西坍塌后的城墙遗迹底宽20米，顶宽8.5米，高3米。关门东城墙遗迹宽10米，石墙残高2米，直至西峰峭崖下	西峰关门内东侧有兵营遗址，南靠城墙而建，呈长方形，南北宽20米，东西长40米，墙体虽毁，基础尚存。阳侧石砌，阴侧土石混筑。 西峰关现在是珠山国家森林公园景区中的一部分，有路直达。新修的关门和墙体并未建在长城原址上，因此游客登城后并不踩踏原长城残墙即可浏览新旧长城的风貌（图5-1-26）
20	五道岭	位于今长清与肥城两县交界处	由五道南北向的山岭组成，山岭之间有通道，为咽喉要地，所以齐人于此也筑关设防	清初肥城人李廷桂有诗道：“连峰开五岭，绵亘绕重关，曲径随流水，长城锁乱山”（[嘉庆]《肥城县新志》卷十八）。曲径重关，形势险要。又[光绪]《肥城县志》卷一云，“（五道）岭为南北孔道，而山路崎岖，行旅往来，摧轮拆轴”，故而地方官绅先后于道光、同治和光绪年间三次“倡捐重修”。如此经数代人的努力，五道岭始曲径变通途，现有国防公路由岭间穿过[59]
21	后关	位于莱芜市大槐树乡后关村	原关东西长约10米，厚4米，高6米。石发碹门洞，高3米，宽4米	1961年修泰明路时拆毁。关前原有孟姜女庙和建庙石碑
22	马头崖关	位于莱芜市上游镇胡多萝村东北的山垭上	宽3米，进深5米，残高2米	小关形制相似，建在山垭路上，石发碹门洞顶建着女儿墙式的敌台[60]
23	北栾宫关	莱芜上游镇北栾宫村北的山垭上	关门宽2米，进深2米，残高2米	关门西有两个石围墙寨，寨内东侧有三间石屋，围墙西有一攒尖石屋
24	霹雳尖关	位于莱芜茶业口乡卧铺村北的霹雳尖山东山垭上	门宽1.5米，进深3米，残高2米	有两道山门，其一建在长城墙南石崖处
25	风门道关	位于莱芜市茶业口乡逯家庄北	原关高7米，厚7米	又名黑风口，因风大而名。石发碹门洞，高约3米，宽约4米
26	车辐关	位于莱芜市和庄乡东车辐村	关门宽2米，进深3米，残高4米	关北、南两面各为炮台山和禹王山，中有淄河源头的车辐河。在东车辐村东、和庄村中各有一道从炮台山修向原山的城墙。在东车辐村北山根城墙上，有一关门。西车辐村北有两石寨。关内有多处汉墓

（资料来源：根据《中国文物地图集山东分册》、《齐长城》和各地方史志等相关资料整理）

图 5-1-25　金明关现状图（资料来源：作者自摄）

图 5-1-26　西峰关关口（新修）（资料来源：作者自摄）

3. 烽燧

烽燧是古代的报警系统，又称烽火台，俗称烽堠、烟墩。古时遇敌人来犯，边防人员用于点燃烟火传递重要消息的高台，夜里点的火叫烽，白天放的烟叫燧。烽火台的建筑早于长城，但自长城出现后，长城沿线的烽火台便成为长城防御体系的一个重要组成部分。烽火台一般相距 5 公里左右，明代也有距离 2.5 公里左右的。烽火台的形状大体为方、圆两种。[61]齐长城沿线共发现烽燧遗址 13 处，一般建在齐长城经过的山峰顶部或高岗上，也有的在齐长城外侧 500 米范围的丘阜上，还有设在齐长城内侧的。[62]（图 5-1-27）

（二）杜庄城堡

1. 地理环境

杜庄城堡，又名杜庄山寨，地处长清区双泉乡杜庄村西南小山顶上，距济南市约 70 千米，山寨依山就势，建于陡峭的山脊之上，占地约 15000 平方米，是齐长城沿线保存较完整、规模较大的山寨之一。2002 年被国家列为第五批全国重点文物保护单位。

杜庄城堡东临小河，河东有道教名山马山，又名隔马山，海拔 512 米，南北走向。马山与杜庄城堡之间为峡谷，杜庄城堡正是扼在这条峡谷中的南北重要通道上。

2. 建置背景

关于杜庄城堡的建置起始年代现还存在一些争议。有人认为建于战国时期，是齐长城整体防御的一部分；有人认为是后期占山为王的绿林英雄修建的山寨，也有人认为是明清时期附近群众为躲避匪患而自行修筑的临时避难建筑。张华松先生认为，从古城堡的结构规模和建筑材料来分析，它应该是明清时期的，至于是绿林山寨还是群众避难所尚有待研究。[63]据在山寨上发现的陶片考证，应为战国时之遗迹。城墙上建有堞墙和站台，是在清代重修并使用过。

综合分析周围环境地形地势和诸多专家意见，杜庄城堡位置特别重要，在春秋战国之际应该有军事设施，现有城堡是清代在原基础上重修的。至于当时是否有城堡或兵营还需要借助考古资料留待将来考证。

杜庄城堡地形似一半岛，南北两侧皆为数十米高的悬崖峭壁，根本不需要设防。东西两侧，从东

图 5-1-27　齐长城沿线烽燧（资料来源：路宗元《齐长城》、自摄）

至西筑有五道城墙，东端山顶呈圆形，山坡较缓。为防东来入侵之敌，共建三道城墙。中间较平缓处为整个城堡的中心。西侧筑有两道城墙。这座城堡地形险要，设防严密。

3. 城址平面形态

杜庄城堡地形似一半岛，总面积15000平方米左右，从东至西筑有五道城墙（图5-1-28）。在东山坡稍陡处筑有南北长约80米城墙是为第一道防线，厚1米，残高1.5米，中辟一门；在圆形山顶上筑有一圈城墙是为第二道防线，第二道墙呈环形，沿东山顶筑一圈，残高1.5米，块石砌筑，墙宽1米，东端留进出口，门口内筑石屋四间，西端与城堡中心连接。圆形城墙西端与城堡中心连接处，南北都是悬崖，中间为12.4米宽的山梁，最为险要，在此处筑有第三道城墙，高4.4米，上有垛口，西侧设站台，靠南端留门，门高2.3米，宽0.95米，进深2.3米，门西建有大型石屋四间。

第三道与第四道城墙之间，是东西长90米，南北宽30米的鼓形地带，是城堡的中心，城墙东侧建石屋22间，分别筑于南北悬崖之上。大面积石坪上凿有插旗杆的洞孔2个。

第四道城墙同样筑于南北悬崖之间，长14.6米，墙高6米，厚2.1米，为防西来之敌，因此站台设在墙东侧。城墙中间留门洞，门宽1.2米，高2.2米，进深2.1米。

第五道城墙筑于第四道墙西146米处的南北悬崖间，长100米，高6米，厚2.6米，尚存19个垛口，垛口长1米，高0.5米，垛中间瞭望孔30厘米 ×30厘米（图5-1-29）。

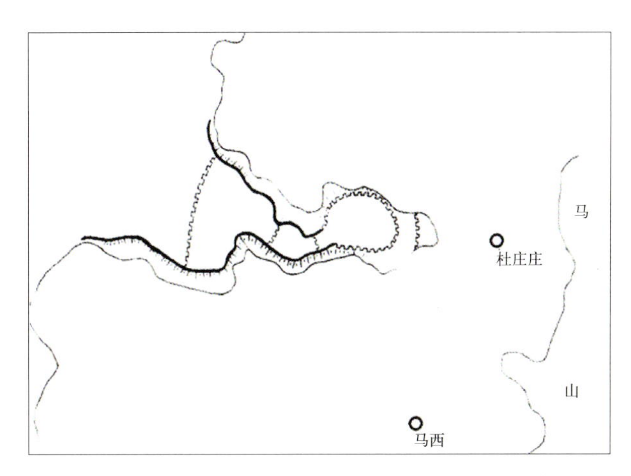

图5-1-28　杜庄城堡平面示意图（资料来源：路宗元《齐长城》）

图5-1-29　杜庄城堡示意图（资料来源：作者自摄）

距城墙北端8米处有城门,门宽1.2米,高1.75米，进深2.6米。城墙东侧站台下筑石屋毗连31间，石屋呈方形，面积2.5米×2.5米，高1.6米(图5-1-30)。

整座建筑群规模宏大，城墙保存较为完整，设有垛口、马道等。石屋破坏较严重。在城堡内地表采集的有龙山与西周的细绳纹灰陶片，商周至战国的豆柄、罐、板瓦，春秋晚期的灰陶瓮口、盆底、盆口等。杜庄村民房泽明、杜九山放羊时在寨内拾得绿铜色箭头各一只；杜九洪拾得铁茅库一只。这些证明该地自古以来均系军事要地。

4. 其他

公元前555年晋齐平阴之役，齐灵公中了晋联军诡计，于10月30日率领少数侍臣连夜向临淄逃窜。第二天晋军破防门进入平阴并紧追齐侯，太监夙沙卫殿后，齐将殖绰、郭最对夙沙卫说："由阁下殿军是我齐国的耻辱，你应该走在前面！"于是由殖绰、郭最殿后，夙沙卫要加害殖、郭二将，杀马堵塞在马山下的峡谷隘道中，致使殖绰、郭最二人被俘，绑缚在中军战鼓下。

冬十月，会于鲁济，寻湨（ju）梁之言，同伐齐。齐侯御诸平阴，堑防门而守之，广里……十一月丁卯朔，入平阴，遂从齐师。夙沙卫连大车以塞隧而殿。殖绰、郭最曰："子殿国师，齐之辱也。子姑先乎！"乃代之殿。卫杀马于隘以塞道。晋州绰及之，射殖绰，中肩，两矢夹脰（dou），曰："止，将为三军获；不止，将取其衷"顾曰："为私誓。"州绰曰："有如日！"乃弛弓而自后缚之。其右具丙亦舍兵而缚郭最，皆衿甲而缚，坐于中军之鼓下。[64]

这就是发生在杜庄城堡之下的历史故事，马山也由此得名隔马山。

（三）马鞍山兵营

1. 地理环境

位于淄川区淄河镇正面南略偏东的马鞍山上。马鞍山,顾名思义,形似马鞍因而得名,海拔618米,峰顶兀立，悬崖如削，易守难攻。而在马鞍山西侧发现的大面积石砌的残墙断壁就散落在西峰下长约1000余米的山脊上。

马鞍山自古有齐国边陲之说。据考证，山下南1000余米的淄河镇城子村就是莱芜故城，《山东通志》、《博山县志》均有记载。马鞍山、岳阳山隔淄河东西对峙。

在对马鞍山西侧大片的残墙断壁实地考察后，山东大学考古系任相宏教授，山东齐文化研究院的宣兆齐教授都提出了相同的观点：马鞍山的古兵营遗址的城垣和房基垒砌的石头年代久远并与齐长城建筑结构相同，此为屯兵营，离齐国边城——城子要塞（今城子村）仅1000米之遥，既可支援，又可退守，符合军事布防常规。[65]

图5-1-30　杜庄城堡石屋（资料来源：作者自摄）

2. 形态及结构

马鞍山兵营，由烽火台、营房组成，全部为青石砌成，呈“一”字形排开。营房共有100余间，房屋前后各有通道，通道外面是城墙（图5-1-31）。该遗址是战国时期齐国抵御鲁国进犯的重要隘口。

山东大学和莒县博物馆的有关工作人员于2001年夏秋之交对遗址进行了较为详细的调查。马鞍山齐长城共分A、B、C、D四区，A、B、C三区位于主峰西侧，D区位于主峰东侧，总体走势沿山势呈一弧形。A区位于主峰最西侧，总面积850平方米，长90米。南围墙宽120厘米，残高85厘米（内），215厘米（外）；北围墙宽45厘米，残高65厘米，南北围墙之间间距为西端11.4米、中段7米、东端10米。南北围墙之间分布有房址14间，均系由石灰岩石块垒砌而成，压缝式结构。B区位于A区东，相对高出其3～5米，面积309平方米。南围墙宽55～75厘米，内墙残高70厘米、外墙残高540～570厘米；北围墙宽55厘米，残高55～95厘米。南北围墙之间间距3～12米不等，内分布有房址14间，均由石灰岩石叠压而成。C区位于主峰西北位置，相对高度高于B区11～12米，破坏情况较其他区要严重，面积390平方米，围墙宽70厘米，残高20厘米，有几处仅见碎石，南北围墙之间分布有房址14间。D区位于主峰东侧，面积300平方米左右，分为上下两层，第二层内分布有房址8间（图5-1-32）。

图5-1-31　马鞍山兵营平面示意图（资料源自网络）

图5-1-32　马鞍山兵营现状图（资料来源：作者自摄）

（四）青石关

1. 地理环境

青石关，位于莱芜和庄乡青石关村，又名杨家关，与博山搭界，关北 2.5 公里为白杨河。博山旧名颜神镇，《颜神镇志》卷三说："青石关，镇南二十里，叠峰峻崖，深谷纡折，车不容轨，骑不并辔，诚哉天险，虽井陉、剑阁不过是也。莱芜分界，青州至泰安，通必由之。"[66]《博山县志》卷三也有描述："青石关在县南二十里，两山夹立，而中通一道。山皆青石，峭壁奇险。关立山巅隘处，高及三丈，行旅上下，毛骨竦栗，一夫当之，千人莫敢度也。昔周世宗曾憩于此，今南来商贾散于岱北诸境者必经之。"[67]

青石关位于泰山山脉与沂山山脉之间，古为齐鲁交通咽喉要道。《莱芜县志》载："遥连泰岱盘坤轴，横锁青齐到海门"[68]，可见该关形势险要，战略地位非同一般，自古为南北交通之咽喉，兵家必争之要地，故而古齐国于此筑城设塞。齐人依托关塞，既可御敌于国门之外，又可向外扩张。现有 205 国道和博莱高速公路从此穿过。

明嘉靖《青州府志》载："青石关，在颜神镇西南。俗名杨家关，关形两山壁立、险峻，连亘数里，石蹬有椎凿痕。齐闵王出师伐鲁开通焉。"[69]公元前 684 年发生的齐鲁长勺之战，其主战场长勺北距青石关仅十五里之遥。据《左传》文推知，此战齐军正是出青石关进入鲁境的；齐军败绩后撤，鲁师乘胜逐之，至青石关而止。当时，青石关上可能还没有关塞城防设施，但其险要的形势已使鲁师望而却步了（图 5-1-33）。

图 5-1-33　青石关北门外古道形势（资料来源：作者自摄）

2. 城址平面布局与形态

（1）城址平面布局

青石关原有围城，现为青石关村。

该关是齐长城上发现的唯一的一座独特的关城，凭据天险，内可屯兵，外可御敌，有"一夫当关，万夫莫开"之势，门上均有阁楼，今唯存北门门洞和残碑。

（2）关墙、关门

青石关原筑有东、南、西、北四个关门。南关门距北关门 100 米，仅存石基。据当地老百姓介绍，南关门形制与北关门类似，为石砌半圆拱门，门上有城楼，门洞宽 2.5 米，高 6 米，进深 6 米。关门上方"青石关"青石阴刻匾额现镶嵌在该村学校山墙上（图 5-1-34、图 5-1-35）。南关门上原建有炮台，方向直指鲁国。现存有"奕石流芳"碑一座，记述铺筑南北通衢青石关石路面的功德。[70]

东、西关门已毁，原址已被当地村民建成民宅。据调查，西关门形制与其他三门相似，尺寸为宽 3 米，高 5 米，进深 5 米，门上筑有城楼。[71]

北关门保存相对完整（图 5-1-36）。门侧立有齐长城遗址青石关碑一座。该关门洞宽 2.5 米，高 4 米，进深 8.5 米。北门洞顶原建有玄帝阁，阁基东西长 10.5 米，尚存柱石，平台上原有玄帝庙，现已毁。

南、北门为通街路。路西有店铺，是曾国藩过此到博山镇压起义军的住所，有 2 间大门，2 间北屋，3 间西屋，均为石墙瓦屋，建筑古朴。街北端立着两块石碑。其一为明万历四十年《重修玄帝庙记》碑。碑身高 1.7 米，宽 0.76 米，厚 0.2 米，明万历年间立。碑文风化严重，难以辨认。路旁生长着两棵粗壮宋槐，其一树桩内空，但枝叶茂盛。南门外石铺路，用长条石纵向铺成，长约 500 米。边有"奕世流芳"和"曾国藩所其处"碑。西门通博山区的

图 5-1-34　青石关南关门位置示意图（资料来源：作者自摄）

图 5-1-35　青石关南关门示意图（资料来源：作者自摄）

图 5-1-36　青石关北关门图（资料来源：作者自摄）

樵岭关。北门下的长山沟是有名的瓮口道，古时称南北九省直道。门外下斜石板路长百米，中间用车轮压出了一道石槽，两旁凿着石阶。路两边即山根，路窄难行（图 5-1-37）。

（五）锦阳关

锦阳关，原名近阳关，以地近阳关（今山东泰安市东南约 30 千米）而得名。锦阳关也叫通齐关，位于雪野镇长城岭村，是齐长城上三大重要关隘之一。

1. 地理环境

锦阳关位于今章丘正南，莱芜正北，海拔 689 米的磨池岭与 603 米的曹曹峪顶雄峙东西，南北各有一条谷地，宽广坦荡，北通章丘，南达莱芜。因此，锦阳关自古就是南北交通的咽喉，兵家必争的雄关要隘。

锦阳关为军事要塞，同时也是齐对外贸易的门户。锦阳关东侧有一座小山丘，因上面有烽火台，故名“烟火台”。烟火台东面的谷地中，也有一个关口，叫“东关”，是锦阳关的辅关。

2. 建置背景

春秋中期开始，齐国就在此修筑关城，置重兵把守。

《左传》记载，襄公十七年，“秋，齐侯伐我北鄙，围桃。高厚围臧纥于防。师自阳关逆臧孙，至于旅松……齐师去之”；定公七年，“齐人归郓、阳关，阳虎居之以为政”，八年，“阳虎入于灌、阳关以叛”。由是而知，阳关春秋前期属鲁，中后期齐鲁屡相易手，战国则专属齐矣。故晋张华《博物志》卷一云，“齐，南有长城、巨防、阳关之险……坂固之国也”。[72]因阳关为要塞，阳关之北的另一要塞也就得名“近阳关”了。

虽然阳关在春秋后期即时或属齐，但那时齐国南部的国境线基本稳定在今章莱交界的长城岭一线。由于长城岭山高势险，横亘东西，锦阳关雄居岭上，控扼南北，所以它们很自然地成为齐国天然的屏障和门户了。春秋中叶以来，齐一方面极力向南开拓，近取汶北瀛博之地，远制泗上邹鲁诸侯；另一方面，还需遏制吴楚的北上，御敌于国门之外。于是，从进攻战略的角度讲，锦阳关是齐对外扩张的支撑点和策应地，所以早在景公时就修筑了纵贯于锦阳关南北的“长途”，以达邹国，控制泗上[73]；从防御战略的角度看，锦阳关又是齐国的门户和咽喉，齐必然进一步加强其防御性能，因此于两侧山冈上起建长城，置重兵把守。今关北四里的大寨村，古老相传即因齐军扎寨屯戍于此而得名[74]。

3. 隘口结构

锦阳关原为石发券拱形门（图 5-1-38），宽 4 米，高 6 米，进深 8 米。门上方刻 40 厘米 ×35 厘米的“锦阳关”三个大字。关上平台有关帝庙，四周筑有垛口。关门为铁箍木制，用直径 15 厘米门杠横锁（图 5-1-39）。

锦阳关作为军事要塞控扼交通要道，故在周围的山峰或制高点上修筑城堡、烽燧等其他军事设施，进行整体防御。其西南及西北方有三座古城堡，其中抬头山城堡，平面呈勺形，东西长 70 米，南北宽 38 米，勺把长 30 米。整座城堡沿崖而建，城墙宽 1 ~ 2 米，高 2 ~ 5 米，东西开有两门，有双重

图 5-1-37　青石关北关门外车辙（资料来源：作者自摄）

图 5-1-38　锦阳关形态 1（资料来源：作者自摄）

图 5-1-39　锦阳关形态 2（资料来源：作者自摄）

城墙加护，东门宽 1.5 米，墙厚 1.3 米，西南门在勺把把端，城内有多处房屋遗址。

第二节　沿海军事城堡

一、蓬莱水城

蓬莱水城位于蓬莱市城北丹崖山东麓，始建于北宋庆历二年（1042 年）。宋朝在此建刀鱼寨，明朝在刀鱼寨的基础上修筑水城，总面积为 27 万平方米，南宽北窄，呈不规则长方形，负山控海，形势险懋峻，设有水门、防浪堤、平浪台、码头、灯塔、城墙、敌台、炮台、护城河等海港建筑和防御性建筑，是国内现存最完整的古代水军基地。民族英雄戚继光曾在此训练水军，抗击倭寇，蓬莱水城由此而扬名海内外（图 5-2-1）。

水城为土、石、砖混合结构，沿丹崖绝壁向南构筑，蓬莱阁即坐落在水城西北角城垣之内。水城呈长方形，周长 2.2 千米，出于军事需要，水城仅开2米，南为振阳门，与陆路相连；北为水门，由此出海。小海居水城正中，呈窄长形，南北长655米，用于停泊舰船、操练水师。整个水城由小海、水门、城墙、炮台、空心台、码头、灯楼、平浪台、防浪坝等部分组成，战略位置十分重要，进可攻退可守，是我国现存古代海军基地之一。

蓬莱水城又名备倭城，北面临海，南接府城，负山控海，形势险要，是一座典型的海防要塞。明洪武九年（1376年），将登州升格为府，并在宋代“刀鱼寨”旧址修筑水城，立水军帅府于此，经明清先后5次修整，成为停泊战舰、驻扎水师、出海巡哨的军事要塞。

水城由两大部分组成，一是以小海为中心包括水门、防波堤、平浪台及灯楼等海港建筑，二是以水城为主体包括敌台、炮台及水闸等军事防御设施。水城依地势环绕小海而筑，呈不规则长方形，周长约2200米，城墙初为土筑，明万历二十四年（1596年）以砖石包砌。城墙的高度依地势相差较大，西、北地处山崖，天险自成，城墙较低矮；东南是平地，城墙较高峻，平均约为7米，墙厚在8～10米间，墙顶做女儿墙雉碟。设2门，北为水门，与大海相通；南是通向州城之城门，上建城楼。在北西东3面城墙均建有敌台，现存西城1座敌台，伸出城外5.5米，高与城齐。炮台有2座，分设于水门的东北、西北方向，东炮台高于城墙2.5米，西炮台位在山崖上，两座炮台与水门呈犄角之势，控制进出海路，构成严密的防御体系。水门又名关门口，东西有高大门垛与城墙相接，底宽9.4米，深入水下达11米余，全部用砖石砌筑，非常坚固。小海为水城内的主要部分，居城正中，呈南北狭长形，面积达7万平方米，是停靠船舰、操练水师的场所。小海北端不直接面海，而是转折东向，形成一个东西长100米、南北宽50米的迂回缓冲地段，再北折入海。小海深度在退潮时也能保持3米以上，往来船舰无须候潮，可任意出入。正对水门设的缓冲地段，南岸设平浪台，与东城墙相接，全部以块石包砌，台上是水师驻防地。自水门外沿东城墙向北延伸，构成防波堤，全系块石堆积而成，形成一道屏障，这也是海港必备的防止海浪侵击的设施。

图5–2–1　水城及蓬莱阁鸟瞰

（一）地理环境

蓬莱水城又名备倭城，在今山东省蓬莱市海滨，是我国明清两代的军事要塞。水城东连画河，西靠丹崖山，北对庙岛群岛，负山控海，形势险要。闻名的游览胜地蓬莱阁，屹立丹崖山巅，雉堞殿阁，错落掩映，构成一幅美丽的图画（图5–2–2）。

（二）历史沿革

明代后期建成的沿海军事要塞。位于登州卫治所在地（今山东蓬莱）的西北，此地在北宋是“刀鱼寨”。明洪武九年（1376年），明军在此夯土筑城，建成水军基地。明万历二十四年（1596年），用砖石包砌墙体，扩建成一座水城，由城墙、水门、小海、炮台、敌台、平浪台、码头、灯楼、防浪坝和蓬莱阁等军事设施构成，成为一座坚固的海岸防御阵地和山东沿海驻军的指挥中心。

水城的兴建和盛衰是与明清两代登州地区的政治、经济和军事形势密切相关的。

登州（即今蓬莱、长岛两县），地踞胶东半岛北部海滨，庙岛群岛屏障于前，北与旅顺口遥遥相对，地势险要，“东扼岛夷、北控辽左、南通吴会，西翼燕云，艘运之所达，可以济济咽喉，备倭之所据，可崇保障”[75]。“外捍朝辽，则为藩篱，内障中原，又为门户”[76]。可见登州一地，不仅是海上交通的要冲，而且也是军事战略要地。从明朝初年起，倭寇就不断侵扰山东沿海州县，登州亦常遭劫掠。明政府为了增强防卫，于明洪武九年（1376 年），将登州升格为府，并且修筑水城，以抵御倭寇的侵扰。此后，明、清两朝都在水城驻扎水师，拥有船舰，巡防着东至荣成县城山头，西至武定营大沽河，北至北隍城东北九十里的一千七百七十里的辽阔洋面[77]，以保卫祖国海疆的安全，保障海运的畅通。

1858 年第二次鸦片战争以后，登州被辟为通商口岸，后因登州水浅，转辟烟台，登州地区的政治、经济和军事中心随之东移，水城遂失去其原有军事上的意义。但它作为海运港口，却一直沿用到新中国成立后开辟蓬莱新港为止。

（三）**平面布局**（图 5-2-3）

城墙依丹崖山势而建，北部城墙长 300 米，雄踞山上，下临珠玑岩，陡壁悬崖，自成天险。山顶上的城墙，构成蓬莱阁的外墙。城墙周长 2240 米，平均高 7 米，底墙壁厚 12 米，顶墙壁厚 8 米，基部用石块砌 1.7 米高，以上用砖包砌，城顶建女墙、垛口，开望眼、射孔，城角内侧有登城梯道。南北两面开有城门。小海为城内水域，南宽北窄，约 7 万平方米，占水城面积的一半，平时操练水军，战时由此入海歼敌、水门外东西两侧各建炮台一座，比城墙高 2.5 米，距门百米，既能控制海面，又能扼守水门。西城墙上骑墙建筑了一座敌台，前面向外侧突出 5.5 米，后面向内侧突出 7.4 米，上筑女墙、垛口，控制水门两侧。平浪台筑于水门内侧南面 50 多米处，高与城等，可消减进入水门的风势，使小海内风平浪静。防浪坝又称码头尖，南北长 80 米，东西宽 15 米，一端连东炮台，一端人海 100 米，涨潮时坝顶不没水，坝体用长 2 米、宽 1 ~ 1.3 米、厚 0.8 米的石块砌筑。石块采自珠玑岩，落潮时用铁链将其缚固于木排上，待涨潮时运到坝址，等再

图 5-2-2　蓬莱水城全景

落潮时安放到位，逐一垒筑成坝。灯楼建在丹崖山巅的东北角上，平时用于导航，战时用于瞭望。码头建于小海的东北西三面，供官兵上下战船。扩建后的水城，成为当时构筑坚固设防齐全而先进的沿海军事要塞。

水城的建筑可以分为两大部分：一是海港建筑，包括以小海为中心的水门、防波堤、平浪台、码头、灯楼；二是防御性建筑，有城墙、敌台（炮楼）、水闸、护城河以及有关的地面设施。这两部分构成了一个严密的海上军事防御体系，成为当时驻扎水师、停泊船舰、操演水师、出哨巡洋的军事基地。

港址的选择，对海港建筑有极为重要的意义。蓬莱的海岸线，虽然长达一百二十余里，但多沙岸，滩头宽，间有岩岸，亦少弯曲。少数适于建港的海湾，因面积大，非当时的物资技术条件所能办到。唯有丹崖山下的刀鱼寨一处小海湾最为合适。一是这里的岸形较好，又系岩岸，退潮时仍能保持一定的水深，不影响船舰的出人；二是周围地形较好，有三面的风不会对海港造成损害，所以海港的使用率较高；三是由于西北有丹崖山阻隔，海流到此产生回旋，能使港内免于泥沙淤塞；四是紧靠府城，陆路交通比较便利，作为商港，货物易于集散吞吐量较大，作为军港，则无后顾之忧而又便于支援；五是丹崖山是水城一带的制高点，既便于船只隐蔽，又能控制海面情况，有利于防守；六是港湾跨度较小，易于兴建（图 5–2–4）。

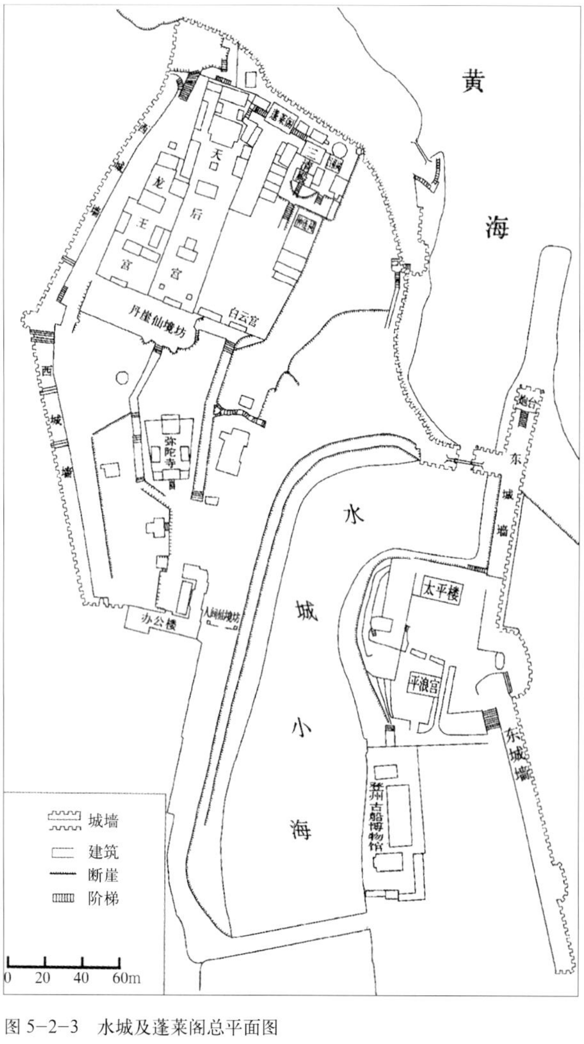

图 5–2–3　水城及蓬莱阁总平面图

水城的小海位于画河的入海处，发源于黑石山，密神山的黑水、密水、密分水、流经登州府城后，汇流为画河，沿丹崖山脚注入大海。宋庆历二年（1042 年），曾在此设置刀鱼巡检，备御契丹以防不虞，画河入海处，系当时停泊刀鱼战棹之所，故有刀鱼寨之称[78]。未筑水城之前，船舶多停泊在画河入海口的天然港湾内。明初修筑水城时，一方面巧妙地利用了这个小小的天然港湾，并将画河河道扩大挖深，扩建成停泊船舰的港湾——小海；另一方面，沿南城、东城开凿新河道，引画河水东流，作护城河，绕城半周，而后流入海中，为水城增加了一道防线（图 5–2–5）。

小海是水城的主要建筑，居于水城正中，用于停泊船舰和操演水师。小海呈窄长形，南北长 655 米，将水城分为东西两半。南端距南墙 25 米左右；北端折转向东，经水门通向大海。小海南宽北窄，南端最宽，为 175 米，北部弯曲部分较窄，仅有 35 米，一般宽度约 100 米，周长约 1000 米左右，约占水城总面积的十分之一。为方便东西两岸往来，在小海北半部筑有一条路，路中留有水道，上架活动桥板，便于船舰通行。

小海北端并不直通水门，而是折转向东，形成一个几乎与小海垂直的东西长 100 米，南北宽 50 米的弯曲迂回缓冲地带。滚滚而来的海浪进入水门后，受到南岸码头的阻挡，被迫折转西流，从而减弱了冲击力，减缓了流速，然后又折转南流，徐徐进入小海。这样，尽管水门外波涛汹涌，小海海面却是水平如镜。由于海水的回旋，流速的减缓，随流进入水门的泥沙便沉积在水门西侧，便于疏通排除。

小海的原来深度，县府志无记载。由于多年泥沙淤积，又缺乏疏浚，今小海在退潮时已经无水，涨潮时水深也不过 0.7 米，仅能容小船进出。据有关部门推算，当初小海在退潮时水深仍能保持在 3 米以上，载重 300 吨左右的船只也无须候潮出入。

水门，又名天桥口（因门垛上架设巨板，以通往来，名天桥），俗称“关门口”，位于水城东北隅，距东城垣仅 13 米，系小海通往大海的唯一通道，东西两侧筑有高大的门垛与城垣衔接。水门朝北，敞口，底宽 9.4 米，顶宽 11.4 米，深 11.4 米，东、西门垛长分别为 13 米、15 米，底厚 11.4 米，顶宽 10.4 米，能见高度 9.4 米，下部砌石，上部砌砖。门垛的建筑，先清除基部的淤沙，直至岩层，而后用条形巨石块在岩层上开始垒砌，石缝用白沙灰填塞、黏结。门垛下窄上宽，以 10 ：1 的坡度向上砌筑。水门门垛至今得以完整保存，是与清基和砌石构成分不开的（图 5–2–6）。

防波堤俗称码头尖，在水门口外，沿东炮台向北伸出，南北长约 80 米，东西宽 15 米，高约 2 米，系由天然巨石堆积而成，涨潮时为海水淹没，退潮时部分露出海面。防波堤是一般海港建设必具的设施，其宽度、高度和安设位置，系根据浪高、波长及所需防范风向而定。水城东北缺乏天然屏障，建筑防波堤，是为了减弱来自东北方向海浪袭击的强度，达到消波目的，并且阻挡泥沙进入港内。

平浪台，在小海北端缓冲弯的南岸 2 米处，迎水门而立，北距水门 51 米，东与城垣衔接。平浪台系用挖掘小海所得泥沙堆成，顶平，外皮安砌石块，西北角呈弧形，南北长 100 米，东西宽 50 米，高与城齐，东北紧靠城垣外有一宽 5 米的斜波道路通向码头。东侧有敌台一个。平浪台系用小海北端的迂回缓冲地带南岸空地砌筑的建筑台基。上面原有建筑物，是水师的驻地，以便加强水门一带的设防。平浪台的作用在于阻挡北风对小海袭击，它和水门垛、防波堤一起，彻底地解决了水城受北风影响的缺陷，而遮挡来自水门的视线，保守港内秘密，则是平浪台的另一重要作用。

图 5–2–4　蓬莱水城振阳门

图 5–2–5　蓬莱水城关口门

图 5–2–6　水城之水门

码头，是沿小海岸用石块砌起的平台，供船只停靠，小海码头宽 5 ~ 10 米不等，码头上设有缆绳石柱和通向小海的砌石台阶通道。这种通道，宽达 3 米，仅北小海就有四处，用于退潮时货物的装卸和人员的上下。确定码头的标高，是建造码头的关键，一般说来，码头的标高必须超过最大的潮位线，使其在最大潮位时也不致影响使用。新中国成立后在水城附近修的海港码头的标高均在 3.2 ~ 3.4 米之间，而水城码头的标高则为 3.2 米左右，这绝不是偶然的巧合，而是我国古代劳动人民在与大自然的斗争实践中所得出的科学数据（图 5-2-7）。

灯楼，在丹崖山巅，临崖修建，六角形，高达十数米，中建扶梯，可曲折盘旋而上。楼上有灯亭，作用与灯塔同，灯楼的设置始于清同治七年（1868 年），今灯楼为新中国成立后重修。

水城城墙是为了保护海港的安全而修筑的。城墙环绕小海，充分利用了自然地形。北临悬崖、西沿丹崖山脊，仅东、南两面修筑在平地上。水城城墙南宽北窄，呈不规则长方形，各边长度不一，东城 720 米，西城 850 米，南城 370 米，北城 300 米，周长约 2000 余米，比府志所载长约三分之一。城墙底厚 12 米，顶宽 8 米，高度因地势相差悬殊。北城临崖修建，城外便是数十米高的峭壁，可据险以守，无须高大城墙，甚至只建矮小的城垛墙。西城虽较东南两城为矮，因建在山脊，同样显得峻险。仅东、南两城较高，平均高度 7 米左右。城墙用土分层夯打，夯层厚 0.3 ~ 4 米不等，内外皮均用砖石包砌，由于后世修补等原因，砖石砌得很不规律。一般是下部砌石，上部砌砖，砌石高度约在 1.7 米左右，砖为长身砌。城顶上有外垛墙，垛墙厚 0.56 米，下端每隔 1.35 米有一方孔，孔宽 0.2 米，高 0.15 米，上端每隔 1.55 米有凹形垛口，口宽 0.55 米，高 0.6 米，垛口下方每隔 1.47 米也有方孔一个，孔宽 0.15 米，高 0.2 米。城顶近垛墙处有宽 2 米的用砖铺砌的所谓“海墁”。所用明砖长 0.4 米，宽 0.2 米，厚 0.09 米。

水城仅有两座城门。北门为水门，南门为土门（振阳门），一通海上，一通陆地，用途不一。土门系用砖石筑成，距城东南角仅 50 米，拱券顶、立砖券顶，两券两伏。门洞宽 3 米、进深 13.75 米、高 5.3 米。城门少，是水城的特点之一，这是因为水城主要是作为军事要地存在，无须多设城门。城内道路稀少，仅有从城门直通平浪台的一条南北干道和横贯小海通蓬莱阁的一条小路。

敌台，明万历二十四年（1596 年）增筑，除南城一面不设敌台外，东、西、北三面各有一座，

图 5-2-7　清代阅水操碑

图 5-2-8　水城出土的明代舰船

现仅存三座，形制不尽相同，西城一座，伸出城外5.5米，宽6.2米，高与城齐，台顶仅有垛墙而无敌楼。敌台后侧有伸向城内6.2米、宽7.4米，与城同高的建筑台基，其建筑就用途而言，应与敌楼同。

炮台（应为敌台），共两座，分别在水门的东北和西北面。东炮台沿东墙向北伸出36.2米，呈长方形，东西长11米，南北宽10米，高出城墙2.5米，上筑垛墙，南面有宽1.5米、长9米的台阶以供上下，酷似一只打向海面的拳头。炮台的砌筑和用料同于门垛。西炮台位于水门西北100米处，建于城外丹崖山东侧的陡壁上，伸出城外12米，宽12米，城墙开有小门道，以供进出。东西两炮台相距85米，呈掎角之势，封锁着海面，是护卫水门的两座重要设施，它和水门门垛一起，构成了一个严密的防御体系。

水闸，建于清顺治年间，今已不存。从徐可光《增置天桥铁栅记》中可以知道，它是一种“外包铁叶的栅栏式水闸”，徐可光说这种栅闸“疏其罅”，潮汐可以往还如常，“密其棂”又能“杜奸宄之窥窃”。水闸安设在水道两侧门垛的凹槽中，并能沿槽升降，“无事则悬之，有事则下之”，达到“舟航不阻”，“保卫克宄”的目的[79]。今水门仍遗有当时开凿的宽0.33米、深0.25米的凹槽。

水城内的地面建筑，除了水师营地和部分市井外，尚有大量的庙宇，它的占地面积约为水城陆面的五分之一。蓬莱阁是主要建筑，此外，还有上清宫、天后宫、龙王宫、关帝庙、海潮庵、平浪宫等。其中以蓬莱阁规模最大，左右有飞桥式的梯路，状如两翼，颇为壮观，全局布在山顶，大有仙山琼阁的样子。水城的修筑，迄今已有六百余年，它是我国建筑较早，保存较好的海港。水城在港址的选择，港湾的开辟，或是海上建筑结构和技术等方面所取得的成绩，充分显示出我国古代劳动人民高度的智慧和才能，反映了我国古代在海港建筑方面所取得的卓越成就，在我国海港建筑史上占有重要的地位（图5-2-8）。

二、蓬莱解宋营百户所

解宋营明朝古城堡位于蓬莱市五十堡解西村内，是明朝洪武年间为防御倭寇入侵而修建的军事百户所。明朝在蓬莱设有解宋营、芦洋、栾家口、刘家旺四个百户所。百户所是明朝卫、所制中军事编制，每个百户所设士兵120人，长官为百户，武官品级正六品。据清朝《登州府志》记载：“洪武九年置百户于……解宋营四员，具为百户所。”解宋营古城为“石城周二百四十丈，高二丈，阔一丈二尺，南一门，楼铺五，池阔一丈，深五尺”（图5-2-9）。同时，在解宋营东、西、西北三面建三座烟墩，曰：“解宋、木基、墟里”。该城“守城军馀四十名，守墩军馀九名，俱登州卫中右千户所分设”。解宋营百户所是唯一保存至今的古代城堡，城堡依山面海，青石砌筑，由城门、城墙、烟墩三部分构成，形成一个完整的军事防御体系。古城东、西约三华里高岗上，分建烟墩“墟里”、“解宋”，毛石砌筑，上圆下方，现残高11.5米，周长25米。古城东西长200米，南北宽197米，基本呈四方形，四周均有残墙存在，长8～33米，高1～3米不等，城东、南角尚存宽约6.7米的护城河道。城门设在南墙，门洞上有三开间硬山式门楼，城门上东南角原建有钟楼，已毁，城门东侧设台阶供上下城楼。蓬莱市文物局于1999年投资13万元，对解宋营古城城门进行抢救性维修，并恢复了钟楼。

图5-2-9　解宋营古城南门

解宋营古城堡是山东半岛唯一保留下来的明代百户所城堡，是我们研究明代海防设施的布局、城池设计及建筑技术的宝贵资料，具有重要的历史价值和旅游价值。1996年7月被烟台市人民政府公布为烟台市文物保护单位。

第三节　军事专属建筑群

一、威海刘公岛北洋海军提督署

北洋海军提督署位于威海刘公岛中部偏西处，又称“水师衙门”，是北洋海军的指挥中心，海军提督驻节之地。清光绪十二年（1887年），清廷建立北洋水师，设督署于刘公岛，“傍海修筑，高踞危岩，下临无地，长垣环围”，占地17000平方米，是目前国内唯一保存完好的清代军事衙门（图5-3-1）。

提督署高大的朱漆大门上方，悬挂着李鸿章题写的“海军公所”门匾（图5-3-2），大门门扇分别绘有秦琼、尉迟敬德门神像两帧。大门东西两侧各置乐亭，飞檐翘角，漆柱支顶，为北洋海军庆祝大典和迎送宾客时鸣金奏乐的处所。乐亭两侧，建东西辕门，（图5-3-3、图5-3-4）两个威武的石狮把守着大门。门前两旁竖旗杆两支，悬青龙牙旗。正西乐亭前，设一瞭望台，用以观察港湾内外舰船活动情况（图5-3-5）。

提督署为砖木结构古建筑群，布瓦硬山，中轴对称。沿中轴线有三进院落，分前、中、后三进院落。每进有中厅、东西侧厅和东西厢房。前为议事厅，中是宴会厅，后为祭祀厅。各厅厢均有廊庑连接，整座建筑浑然一体（图5-3-6）。院内东南角有演武厅一座，建筑风格中西合璧，屋宇高敞，厅内宽阔，内有挑檐式舞台一座。1891年直隶总督兼北洋大臣李鸿章到威海巡阅北洋

图5-3-1　提督署外广场

图5-3-2　提督署大门

图5-3-3　西侧辕门

图5-3-4　东侧辕门

海军，曾在此厅观礼，并在厅前校阅舰队操演（图 5–3–7）。提督衙门外西南 200 米处是水师提督丁汝昌的府邸。

甲午中日战争后，提督署被日军占据三年之久，英租威海卫及续租刘公岛期间，为英国皇军海军远东舰队俱乐部，抗日战争期间，日军在此设华北要港司令部。新中国成立后，我国海军进驻，1985 年 3 月，经中央军委批准，提督署由驻军移交地方政府管理。1992 年，设立中国甲午战争博物馆。

二、威海卫水师学堂

威海卫水师学堂位于威海刘公岛西部，又名刘公岛水师学堂。清光绪十五年（1889 年），北洋海军提督丁汝昌因海军需要大量专业人才，而现仅有天津水师学堂一处，因此奏请再设立一学堂于刘公岛，故又称刘公岛水师学堂。威海卫水师学堂是清政府继福州船政学堂、天津水师学堂、广东水陆学堂之后创办的第四所培训海军军官的学堂（图 5–3–8 ～图 5–3–10）。

学堂于 1889 年动工，共建房屋近 70 间，占地面积近 2 万平方米，花费购地银、工料银近万两。

威海卫水师学堂是我国唯一一处有迹可循的近代水师学堂，是研究北洋海军早期教育及海军发展不可多得的实物教材。

三、威海海军铁码头

铁码头是北洋海军舰艇的停泊之所，1891 年竣工。铁码头墩桩用厚铁板钉成方柱，中间灌入水泥，凝结如石，直入海底，涨潮时可停靠万吨轮船。甲午战争后，码头虽然几经维修改造，但基本维持原貌。1971 年，在原来的基础上又增建了突堤“丁”字形引桥。至今仍为人民海军所使用（图 5–3–11）。

图 5–3–5　提督署外戏台

图 5–3–6　提督署议事厅

图 5–3–7　提督署演武厅

图 5–3–8　威海水师学堂正门

图 5-3-9　威海水师学堂八字照壁砖雕

图 5-3-10　水师学堂宿舍复原陈列

图 5-3-11　铁码头

注释

① 《史记 · 楚世家》引自《齐记》。

② 路宗元主编．齐长城．济南：山东友谊出版社，1999。

③ 张维华．中国长城建置考　上编　内部发行．北京：中华书局，1979．书中小序："春秋间，列国诸侯，竞相争伐，或因河为堤防，或沿山置障守，其所谋以自卫之术，愈工且密。至于战国，车战之制渐息，徒骑之用渐广，战争范围，益为扩大，于是有长城之兴筑矣。原夫长城之设，既可以为界，亦可以为防，对于当时各国疆域分合之形势，甚有关系。"

④ 罗勋章．齐长城考略．城子崖发掘六十周年纪念会论文集，1991．文中指出："在长期频繁的战争实践中，齐人或从防的御敌功能得到启示，萌发了建筑不是周圈封闭式的城墙联想，在平地筑起与障水毫不相干的高大夯筑土墙。其动机已不是为了障水，而是为了御敌。长城于是产生。"

⑤ 《战国策 · 齐策》孙子曰："……一左济，右天唐，军重踵高莛，使轻车锐骑冲雍门，若是则齐君可正，而成侯可走，不然。则将军不得入于齐矣。"一张维华先生对此解释为："天，大也，唐，防也。"

⑥ 张维华．中国长城建置考　上编（内部发行）．北京：中华书局，1979：21-22．

⑦ 任相宏．齐长城源头建置考．齐长城学术研讨会论文，1999．

⑧ 中国古代史教研室编．中国古代史教学参考地图附：中国古今地名对照表（上册）．北京大学历史系中国古代史教研室，1979．

⑨ 张华松．齐长城．济南：山东文艺出版社，2004：2-10．

⑩ 瓯燕．略论东周齐长城//中国社会科学院考古研究所．二十一世纪的中国考古学：庆祝佟柱臣先生八十五华诞学术文集第1版．北京：文物出版社，2006：607．

⑪ 《史记 · 封禅书》。

⑫ 据《史记》，晚于齐长城的战国长城有：燕长城：公元前334～公元前301年之间；赵长城：公元前333年；秦昭王长城：公元前306～公元前251年之间；魏长城：前361年；中山长城：公元前369年。早于齐长城的是楚"方城"，应筑于前656年之前。前656年，齐桓公统八国之师伐楚，楚王遣大夫屈完与诸侯之师议合，桓公与屈完同乘而观诸侯之师，曰："以此众战，谁能御之？以此攻城，何城不克？"对曰："君若以德绥诸侯，谁敢不服？君若以力，楚国方城以为城，汉水以为池，虽众无所用之。"诸侯乃与屈完盟而还。

⑬ 瓯燕．略论东周齐长城//中国社会科学院考古研

究所．二十一世纪的中国考古学：庆祝佟柱臣先生八十五华诞学术文集第1版．北京：文物出版社，2006：607-609.

⑭ 张华松．齐长城．济南：山东文艺出版社，2004：11-23.

(一) 齐灵公修筑泰山西侧夯土长城；(二) 泰沂山区关隘夯土长城兴建于春秋后期；(三) 东段夯土长城兴建子齐宣公中叶以前的春秋战国之际；(四) 齐威王“筑防以为长城”；(五)“齐宣王乘山岭之上筑长城”。

⑮ 山东美术出版社．山东风物志．济南：山东美术出版社，1984.

⑯ 张维华．中国长城建置考　上编　内部发行．北京：中华书局，1979：12-13.

⑰ 路宗元．齐长城．济南：山东友谊出版社，1999.

⑱ 张维华．中国长城建置考．北京：中华书局，1979.

⑲《长清县志》十六卷，首四卷末二卷，附东灵岩志略二卷，(清) 舒化民修，徐德成纂，道光十五年 (1835) 刻本。

⑳ 张维华．中国长城建置考．北京：中华书局，1979.

㉑《泰安县志》：(道光) 十二卷本，首一卷末一卷，(清) 徐宗干修，蒋大庆纂，道光八年 (1829) 刻，同治六年 (1867) 补刻本。

㉒ 张维华．中国长城建置考．北京：中华书局，1979.

㉓《长清县志》：十六卷，首四卷末二卷，附东灵岩志略二卷，(清) 舒化民售，徐德成纂，道光十五年 (1835) 刻本。

㉔《山东通志》：清光绪年间张动果、杨文敬修，孙佩南纂，共四十四卷。

㉕《博山县志》：(乾隆) 十卷本，(清) 富申修，田士麟纂，乾隆十八年 (1753) 刻本。

㉖ 张维华．中国长城建置考．北京：中华书局，1979.

㉗ 1915年《山东通志》卷十二《疆域志》第三青州府博山县下载：“本淄川县之颜神镇地，元初尝置行淄川县于此，至元二年，县废，以镇隶益都，明嘉靖十七年，设通判驻此，本朝雍正十二年，始以益都之孝妇怀德二乡三十四社及淄川之大峪等二十一庄、莱芜之乐疃等七庄，置县，属青州”。

㉘ 张维华．中国长城建置考．北京：中华书局，1979.

㉙ 张维华．中国长城建置考．北京：中华书局，1979.

㉚《临朐县志》：4卷本，(清) 屠寿征修，尹所遴纂，康熙十一年 (1672) 刻本。

㉛ 张维华．中国长城建置考．北京：中华书局，1979.

㉜ 文中所言之淄川县界，在今天属于博山县地界，古代属淄川管辖，见张维华．中国长城建置考．北京：中华书局，1979.

㉝《安丘县志》：(万历) 二十八卷本。(明) 熊元修，马文炜纂，明万历十七年 (1589) 刻本，民国三年萃华石印局石印本。

㉞ 张维华．中国长城建置考．北京：中华书局，1979.

㉟ 张维华．中国长城建置考．北京：中华书局，1979.

㊱《胶州志》卷十：“山在州南七十五里，俗亦名黄山，西南末北，屹然两峰，古齐城联之”。

㊲ 张华松．齐长城．济南：山东文艺出版社，2004：24-48.

㊳ 罗哲文．长城．北京：北京出版社，1982：14-15.

㊴ 山东省出版总社淄博办事处．淄博风物志．济南：山东人民出版社，1985：38-39.

㊵ 潍坊地区出版办公室．潍坊风物．济南：山东人民出版社，1983：40-41.

㊶ 罗哲文．长城．北京：北京出版社，1982：14-15.

㊷ 山东省出版总社淄博办事处．淄博风物志．济南：山东人民出版社，1985：38-39.

㊸ 潍坊地区出版办公室．潍坊风物．济南：山东人民出版社，1983：40-41.

㊹ 国家文物局．中国文物地图集　山东分册　上下．北京：中国地图出版社，2007.

㊺ 路宗元．齐长城．济南：山东友谊出版社，1999：17.

㊻ 路宗元．齐长城．济南：山东友谊出版社，1999：22.

㊼ 国家文物局．中国文物地图集　山东分册　上下．北京：中国地图出版社，2007：726.

㊽ 国家文物局．中国文物地图集　山东分册　上下．北京：中国地图出版社，2007：47.

㊾ 路宗元．齐长城．济南：山东友谊出版社，1999：17-26.

㊿ 国家文物局．中国文物地图集 山东分册 上下．北

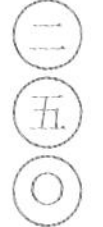

京：中国地图出版社，2007：667.
“流芳百世碑”为青石质，方座。碑高 1.7 米，宽 0.71 米，厚 0.2 米。碑文记述修建石寨抵抗太平军。捻军的经过。
⑤1 山东省淄博市地名委员会办公室．淄博市地名志．济南：山东省地图出版社，1989：364.
⑤2 王承典．淄博文物与考古．济南：山东友谊出版社，1989:141.
⑤3 路宗元．齐长城．济南：山东友谊出版社，1999：23-24.
⑤4《解丌齐长城千古之谜》，孙立华 2004 年 7 月发表于长城小站．
⑤5 李乡状．世界文化遗产．长春：吉林文史出版社；长春：吉林大学出版社，2005：37.
⑤6 张华松．齐文化与齐长城．北京：中国戏剧出版社，2000：216-217.
⑤7 张华松．齐文化与齐长城．北京：中国戏剧出版社，2000：217.
⑤8 张文明．齐鲁古隘—铜陵关//政协沂源县文史资料委员会编．沂源文史资料第 5 辑钟灵毓秀沂河源，1991.
⑤9 张华松．齐文化与齐长城．北京：中国戏剧出版社，2000：213.
⑥0 宋继荣，赵亮．齐长城莱芜段遗址。
⑥1 参见搜搜百科 http://baike.soso.com/v10537.htm
⑥2 路宗元，齐长城．济南：山东友谊出版社．1999.
⑥3 老残．长清杜庄有个神秘古城堡：http://blog.sina.com.cn/s/blog_53fe7c38010003um.html
⑥4 中山大学中文系；李南晖编注．左传精萃．广州：花城出版社，2006:125.
⑥5 邹青山，史德建，翟海．马鞍山探秘齐兵营．人民网，2001 年 7 月 22 日。
⑥6（清）叶先登修；（清）冯文显纂．颜神镇志．南京：江苏古籍出版社，1992.
⑥7 乾隆《博山县志》卷三，本社编选．中国地方志集成 山东府县志辑 7. 南京：凤凰出版社，2004.
⑥8（清）张梅亭，王希曾纂修．（光绪）莱芜县志四十二卷。
⑥9（明）杜思，冯惟讷纂修．（嘉靖）青州府志十八卷．
⑦0 青石关 http://blog.sina.com.cn/s/blog_49081f130102dv05.html.
⑦1 资料来源于网络。
⑦2（西晋）张华编纂．博物志 中国古代第一博物学奇书．重庆：重庆出版社，2007.
⑦3（战国）晏婴著．王思平注释．晏子春秋 全文注释本．北京：华夏出版社，2002.
⑦4 章丘市地名志编纂委员会编．章丘市地名志．济南：黄河出版社，1999.
⑦5 宋应吕．重修蓬莱阁记．蓬莱县续志・卷十二：艺文志．
⑦6 陈钟盛．建豫济仓记．蓬莱县续志·卷十二:艺文志．
⑦7《蓬莱县续志》卷四，武备志。
⑦8《登州府志》卷二，山川。
⑦9《重修蓬莱县志》卷十，艺文。

山东古建筑

第六章　住宅建筑

山东府第、庄园、故居分布图

1. 曲阜孔府
2. 邹城孟府
3. 栖霞牟氏庄园
4. 惠民魏氏庄园
5. 滨州杜受田故居
6. 龙口丁氏故宅
7. 淄川蒲松龄故居
8. 刘公岛丁汝昌故居
9. 桓台新城王渔洋故居
10. 济宁潘家大楼

（地图引自：中华人民共和国民政部编．中华人民共和国行政区划简册 2014. 北京：中国地图出版社，2014.）

山东地区独具特色的齐鲁文化，在中国传统文化中占有重要地位。齐鲁先民在创造古代灿烂文明的同时，也形成丰厚的传统住宅建筑文化积淀。从6000年前大汶口文化时期的半地穴住宅、龙山文化时期的地面土坯建筑，到战国时期齐国都城临淄大规模的宫殿、住宅群，从兴建于明代兖州鲁王府、济南德王府、青州衡王府、曲阜孔府、邹城孟府等王公府邸，到牟氏庄园、魏氏庄园等地方豪绅的庄园宅邸，再到全省各地丰富多样的乡间民居，山东传统住宅建筑在自然因素、社会文化因素的错综影响下，形成府邸、庄园和民居三大类别。影响山东传统住宅建筑演变的自然因素主要包括地形地貌、气候条件、自然材料；社会文化因素主要包括礼制、防御因素和传统民俗。

一、自然因素

自然生态环境是人类借以生存和发展的背景与舞台，与人们形影相随，共时共存。自古以来，人类依靠自然维持生计，择地建家也讲究适应地方自然地理条件的限制。住宅建筑作为人类在自然中的栖居所，它在庇护先民肉体与精神的同时，也反映出地域自然环境的条件、特征和限制。在人类社会的历史进程中，世界各地的人们为了获得理想的栖居环境，以朴素的自然观、适宜的技术和地域性建筑材料创造出千姿百态的建筑形式。顺应地形地貌、选择易于调节气候的场所，就地取材构筑居所抵御自然环境的威胁，成为世界各地民居营建所遵循的基本原则。

由于山东省不同地域环境的地理区隔与自然环境条件的地理差异，在不同的地域历史、社会文化、风土人情等人文因素的作用下，齐鲁先民顺应地形地貌、结合气候条件、因地制宜、就地取材，运用朴素的建造技术，在聚落形态、院落布局、结构构造和细部装饰等方面形成了特色鲜明的地域民居系统。

（一）地形地貌特征

地形地貌特征对传统地域住宅建筑的聚落形态、选址和布局形态具有决定性的作用。自古以来，人们就在各种复杂的自然环境中进行着营造活动，地形地貌是民居建构必须面对的自然因素，一个地域突出的地形地貌特征潜移默化地影响人们的空间形态认知，各个地域人们的理想空间图式很大程度上也与当地自然地理的地形地貌特征息息相关。

山东省地形复杂，山区、丘陵、平原、盆地等地形地貌类型多种多样，受自给自足的自然经济的长期制约，山东民居不论在村落聚居形态、聚落选址还是院落布局等方面，均体现出丰富多彩的自然地形地貌因素影响。如山地型村落形态“筑台为基，随坡就势”，通过挖填将山坡整理成不同高度的台地。民居院落顺应地形、灵活布局，道路顺坡就势、蜿蜒曲折，形成层层叠叠、多姿多彩的山地聚落特征。

例如，济南朱家峪古村属于山地型村落，由于地势的起伏，村落民居、公共空间、交通空间均呈现出明显的三维特征。古村依山而建，东、西、南三面环山，村外的石铺古道一直延续到村内，依山势而行，顺溪谷而修，曲折蜿蜒，上下错落。一个个山地院落依崖就坎而建，院落形状、大小不一，为了防止雨水的冲刷，民居建筑坐落在山石砌筑的高台基上（图6-0-1）。山地交通组织是古村的一大特点，古村有大小石桥30余座，以2座建于清初的单孔立交石桥最古，距今已有300余年。两桥相距10余米，上下行人、车马通行各行其道，十分方便。古村还巧妙利用地形，建桥修渠筑涵，利用道路作为过水渠道，修筑地下沟渠涵洞排泄山水，组成了一套完善的排水系统（图6-0-2～图6-0-5）。

山东省各地的传统民居虽然都以合院式民居为主，但并不简单套用传统四合院模式，而是根据地形地貌条件，因地制宜、灵活变通。如鲁西北平原地区，与胶东沿海和鲁中南山区相比，平原地域开阔，耕地面积、宅基地面积也较大，因此，滨州、惠民等地的村落，民居院落尺度较大，南北进深一般都在20米以上，以22～25米为多，东西面阔18米左右，正房多为五间，厢房三间，且多见四合院。

图 6-0-1　朱家峪民居入口

图 6-0-2　朱家峪山地交通组织 1

图 6-0-3　朱家峪山地交通组织 2

图 6-0-4　朱家峪立交石桥 1

图 6-0-5　朱家峪立交石桥 2

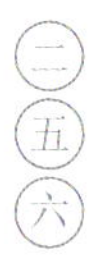

而胶东半岛以山地和丘陵为主，海草房村落多选址于阳坡、面海、地形较为平缓的地方，村落沿山坡横向展开，呈条状布局。由于建设用地逼仄，村落房屋密度较大，院落狭小，街道狭窄。海草房布局虽多为合院式，但是一般以小三合院、小四合院为主，一进的小三合院或小四合院是海草民居中最常见的形制（图 6-0-6）。三合院由北侧的正房、东西两侧的厢房和南侧的院墙组成，四合院其他部分和三合院相同，只是改院墙为倒座。

（二）气候条件

在影响和决定地域建筑形态的诸多自然因素中，气候条件堪称最基本、也是最具普遍意义的因素之一，它决定了建筑形态中最为根本和恒定的部分。面对自然界千变万化的气候条件，人类机体自身的调节适应功能极为有限，需要通过衣物增减、建造"遮风雨、避严寒"的庇护住所，屏蔽恶劣的气候条件、创造宜人的居住环境，其所涉及的气候因子包括：温度、湿度、日照、通风、气压、降水等，而地域民居在聚落形态、选址、院落形态、构造形态等方面的鲜明特色，则是地域民居在长期历史岁月中形成的对气候条件的应对策略。

鲁西北地区地处平原，当地的村落布局形式以平原型的梳式布局为主。为了调节局部气候，村落常建造在前有河流或池塘的地点，村落西北则种植层层树木，以抵挡冬季凛冽的西北风。如滨州市阳信县的牛王堂庄（图 6-0-7）村落布局具有鲜明平原地区梳式布局特征，与山东省胶东沿海和鲁中南山区的村落布局相比，更为松散、舒展。为了防御和抵制海风的侵袭，加上沿海岸线可供选择的居住用地段较少，威海、烟台一带的海草房民居以"团"为主的聚落形式。为节省有限的土地、减少热量损耗，一般都采用"借山"布局，即毗邻两家东西山墙共用，不留间距。沿街望去，一排排海草房连绵有伏、有曲有直，形成统一多变的聚落街道景观。荣成地处山东半岛最东端，伸入黄海，雨频风多，冬季积雪较厚，为便于雨水的排除，减少屋面的雪荷，海带草屋的进深都较小，屋面起坡大，屋顶又厚又高（图 6-0-8、图 6-0-9）。

（三）天然材料与营造技艺

住宅建筑鲜明的地域特色是由多方面因素形成的，这些因素中地域性建筑材料的作用尤为鲜明突出。山东传统住宅尤其是广大的乡村民居建筑，就地取材、因材设计、就料施工，并根据材料特性创造出适宜的建筑构造与建造工艺，体现了齐鲁先民

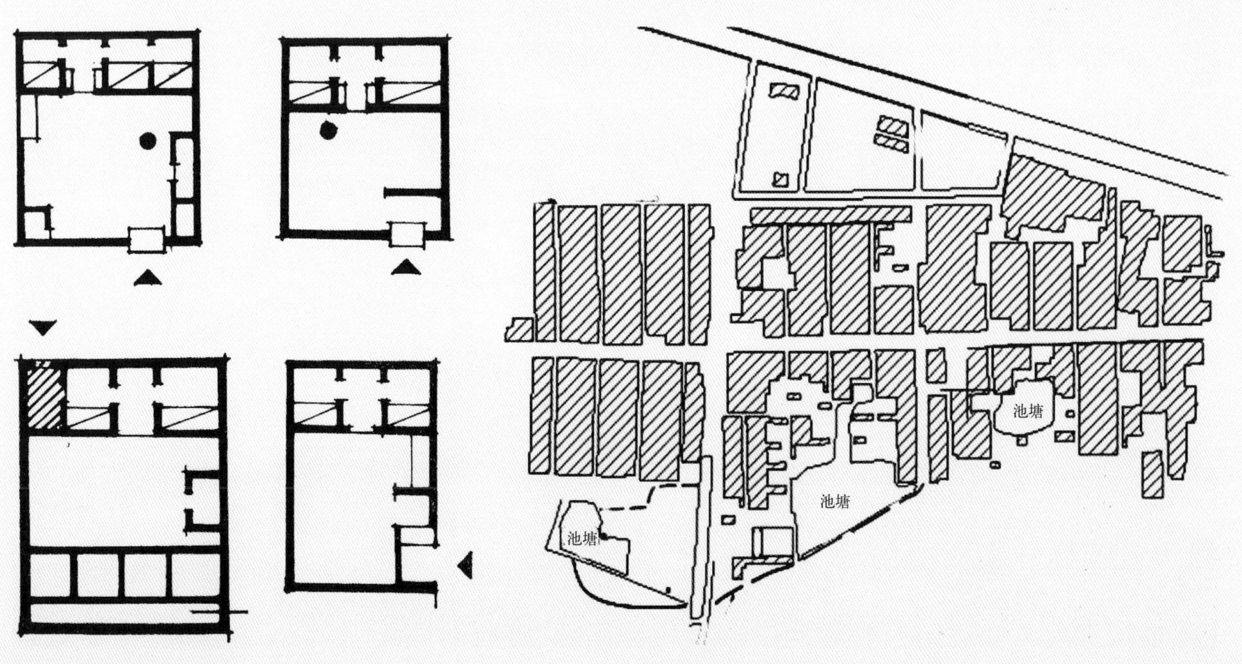

图 6-0-6　海草房院落类型

图 6-0-7　牛王堂庄村落布局

高超的营造智慧与技艺。在经济并不发达的广大农村地区，不仅有效地降低民居建造成本，同时也形成了山东各地独特的乡土建筑特色。

例如，济南朱家峪古村民居承重外墙用材非常广泛，包括乱茬石、黏土砖、煤灰砖、土坯等，墙体按照建造工艺可以分为三类，第一类做工比较考究，用加工精湛的条石做外墙的基座，基座上砌筑清水砖墙，覆以黏土小瓦两坡屋面；第二类用山石块或乱山石砌筑高外墙基座，基座上砌煤灰砖墙，煤灰砖色彩灰黄，是朱家峪的本地特产，它由烧成灰烬的煤灰掺合少量的石灰而成，煤灰砖尺寸与土坯相同，强度高于土坯而逊于青砖，是一种物美价廉的建筑材料；第三类用乱山石做外墙基础，基础上砌外抹石灰的土坯墙，屋顶为山草或麦秆，该种民居建筑造价最为低廉。煤灰砖多用于外墙的外侧砌体，而外墙的内侧仍用土坯，出于墙体整体性要求，通常夹砌条石将煤灰砖和内层的土坯拉结起来，因条石与墙体成丁字形，故称“丁石”。朱家峪古村民居墙体用土坯砖、煤灰砖和丁石混搭砌筑，丁石在外山墙上露出一端，形成了朱家峪独特的乡土建筑风貌，在山东其他地域极为罕见（图 6-0-10）。

鲁西北地区位于黄河冲积平原，区域内缺山少石，面积广阔的黄土成为本地区主要的建筑原材料，由于该地区土质呈碱性，不适合烧砖，建房所需的砖瓦需要到较远的地方购买。所以本区一般农家所建房屋中，砖石十分少见，除建筑基础外，从墙体到屋顶的维护结构，几乎都由生土建造。而山东省鲁西北地区雨量少，囤顶房因屋顶形式而命名，墙壁、屋顶厚实，冬暖夏凉，是当地劳动人民就地取材、因地制宜的生态智慧结晶。海带草是生长在胶东沿海浅海的一种天然建筑材料，威海、荣城一带沿海渔民喜用海带草作屋面材料，别具一格的建筑材料和施工方法，紫灰色海草顶、斑驳的暗红色石墙以

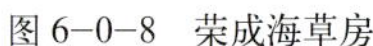
图 6-0-8　荣成海草房

及参差错落的石墙勾缝，形成了独特的建筑风格与最有特色的人文景观。

二、社会文化因素

中国传统建筑文化可以分为官式建筑文化和地域性建筑文化两大体系，前者反映了传统礼制文化的秩序统一性，后者体现了自然地域因素造就的丰富多样性。传统住宅建筑既是地域先民适应自然环境的生存智慧结晶，又是纲常伦理、宗法礼制度等社会文化的载体。关于社会文化因素与地域自然因素对于传统住宅建筑的影响，彭一刚先生曾指出："一般来讲，生产力低下，经济和文化比较落后的地区，自然因素对民居及聚落形态所起的制约作用往往难以逾越，而在经济和文化比较发达地区，社会及文化因素所起的作用则更为显著。"在山东传统住宅建筑的不同类型中，对于城市府邸的形制，从总体布局、规模、单体建筑到室内陈设、细部装饰，礼制文化是决定性因素。庄园宅邸虽然也受传统礼制文化的制约，但更体现了聚族而居、军事防御等因素的需要，而城乡民居无论是建筑布局还是建筑材料、工艺，随形就势、因地制宜，更多地反映了地域民俗和自然因素的影响。

（一）礼制文化

产生于齐鲁大地的儒家哲学在中国两千多年的封建社会中占有统治地位，儒家学派创始人孔子强调维护社会等级秩序的安定和谐，主张以礼制教化维系社会道德的稳定，对中国传统建筑文化产生了巨大的影响。

"夫宅者，阴阳之枢纽，人伦之轨模。非夫博物明贤，未能悟斯道也"（《黄帝宅经》）。受儒家文化的影响，建筑被纳入等级秩序、人伦道德的轨道，传统住宅建筑文化中包含了严密的等级制度、丰富的礼制内容。"礼义立，则贵贱等矣"（《乐记 · 乐礼篇》），"贵贱有等，长幼有序，贫富轻重皆有称者也"（《荀子》）。在"尊卑有序"的礼法制度下，包括建筑在内的生活资料除了具有满足人使用需要的物质功能外，还具有标示不同人等社会地位的精神功能。"人伦"是指中国古代社会所注重的"君臣、父子、兄弟、朋友、夫妇"五伦，"人伦之轨模"，要求建筑布局以人伦关系为准则，主要体现为"尊卑有序"、"男女有别"、"内外有分"的宗法伦理秩序。这些因素构成了影响住宅建筑形态的基本社会文化力量，对于住宅建筑群体布局、建筑单体形态乃至细部装饰，都具有决定性的作用。

1. 尊卑有序

中国古人在社会生活中逐渐形成了一整套建筑等级制度，对包括建筑的体量、方位、色彩、装饰、材料、工艺乃至特殊地位的象征性构件的使用，

图 6-0-9　胶东半岛村落宅院之间公共空地

图 6-0-10　朱家峪丁石山墙

进行了严格的系统控制，以达到“辨等示威”的作用，这样系统的控制就是“礼”的基本内容之一。孔子言谈中体现出对建筑等级制度的严格要求。《礼记·哀公问》记载，孔子曾明确强调“宫室得其度”：“以之居处有礼，故乡幼辨也；以之闺门之内有礼，故三族和也；以之朝廷有礼，故官爵序也。”唐代孔颖达解释“宫室得其度者”为：“‘度’谓制度，高下、大小，得其依礼之度数。”“邦君树塞门，管氏亦树塞门；邦君为两君之好，有反坫，管氏亦有反坫。管氏而知礼，孰不知礼？”（《论语·八佾第三》）体现了孔子对“僭越”礼制的批判。

自汉代“独尊儒术”之后，儒学成为历代王朝赖以维系统治秩序的思想理论支柱。孔子是儒家学说的创始人，作为“天下第一家”的衍圣公府的建筑必然受到儒家礼仪的制约，孔府的布局源于古代的“前堂后寝”之制，宫殿、衙署和王公贵族的宅第均采用此制。衍圣公府建筑群布局遵循礼教与宗法原则，将复杂的单体建筑主次有序的排列。首先总体布局的中轴严格对称，三路轴线中强调中路，居中为尊，从大门到后堂楼共九进建筑，是孔氏宗子所居，体现了宗子在家族中的尊贵地位。次子所居住的一贯堂及其内宅从属于中路的府衙与内宅，反映出宗子与非宗子的等级与地位的差别。同一中轴线上，正房与厢房、中门与边门的区分，东路形制简陋、尺度低矮的家丁房，无不体现出宗子家内主人与下人的尊卑之别。其次，建筑规制严守明、清百官宅第营造制度。衍圣公府礼制等级同公爵府邸，建筑九进，大堂五间九架，一律不用歇山转角及重檐重拱。孔府大门三间，开六扇门，五檩悬山，檐下采用一斗二升云栱。建筑规制对应明代公侯、一二品府邸规制。二门，门三间，五檩悬山，檐下一斗二升交麻叶。重光门三间四柱，门有匾曰“恩赐重光”故又名重光门。按明朝住宅规制，唯公侯、一二品官员之上方可使用。大堂五间，九檩悬山顶。大堂与二堂之间以穿堂连接，形成“工”字形平面，明代官署的规制大体为：中央官署的正厅、后堂面阔五间；地方官署的正厅、后堂面阔多为三间，少数重要的州府也有面阔五间之例。由此可见，孔府品级同一、二品。

如果说孔府、孟府作为山东传统住宅建筑中形制最高的王公府邸，集中体现了传统社会森严的等级秩序；那么，从地方豪绅的庄园宅邸到广大城乡的普通民居，从总体布局到细部装饰，也无不渗透着礼制文化的精神。如魏氏庄园、牟氏庄园等庄园宅邸和较大型城乡民居，也均采用院落式布局，带有偏院或跨院，纵横拼接形成多重院落。虽然大门不居中而设，但是各单体建筑主从有序、错落有致，体现了儒家以“礼”为中心、“长尊幼卑，男尊女卑，嫡尊庶卑”的等级制度观念，在四合院中则体现为“北屋为尊，两厢次之，倒座为宾”的序列关系。门楼作为济南传统民居的重要特征，形成了从金柱大门、蛮子门、如意门、到随墙门的等级序列，金柱大门门扇立于金柱位置，蛮子门门扇立于外檐柱处，如意门在檐下两侧砌砖，形成窄小的洞口，随墙门不设独立屋宇，直接在住宅院墙上开门（图6-0-11 ～图6-0-13）。

2. 男女有别

“男女有别”的礼俗要求“为宫室，辨内外”。（《礼记·内则》）以“男子居外，女子居内”（《礼记·内则》）为功能分区原则，将建筑划分为“内”与“外”两个居住空间领域；而这里的“内”与“外”不是指建筑的室内外空间，而是在一系列既分隔又联系的建筑空间中，不同的分区。因而，不同的内部空间不仅要满足使用者的生活需要，它还代表了使用者在家庭中的身份地位。以“男女授受不亲”等观念为背景，建筑特别是住宅利用空间的分割与限定来对人等进行区分，对人的活动范围加以控制的要求，就显得十分迫切和明确，形成了独特的建筑室内空间分割方式，满足“凡为宫室，必辨内外，深宫固门。内外不共井，不共浴室，不共厕”的要求。在孔府建筑中，“内外有别，男女授受不亲”的封建礼仪限制极为严格，不允许有任何逾越。孔府中路的内宅门作为一道区别“内外”的总关口，内宅是女眷居住的地方，任何外人不得擅自入内，内外的联系

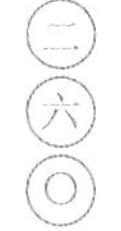

必须通过传事。即使内宅用水，也不准挑水的男佣人直接入内，而是将水倒入内宅门西侧特制的水槽流入内宅，由内宅的女佣人接水备用（图 6-0-14）。

（二）防御因素

安全的生活环境是人们居住的必要条件，在前现代社会中，不安全因素主要是天灾和人祸两方面。前者多见于水患，后者多为盗匪劫掠。为了防御天灾人祸，许多传统聚落都筑有相应的防御保卫设施，通常是沿聚落修筑围埝以防洪水，修筑围墙以御盗匪。如黄河大堤内的滩区村庄，在村落外围另修堤堰，将村庄团团围住，习称作堤圈、围埝、防堰等。为了防御盗匪的抢掠和骚扰，山东许多村庄四周都修筑高大的围墙，称作围子、圩子、寨子、围寨、围堡等。①

图 6-0-11　济南金菊巷 3 号金柱大门

图 6-0-12　济南安平街 13 号如意门

图 6-0-13　济南鞭指巷 11 号蛮子门

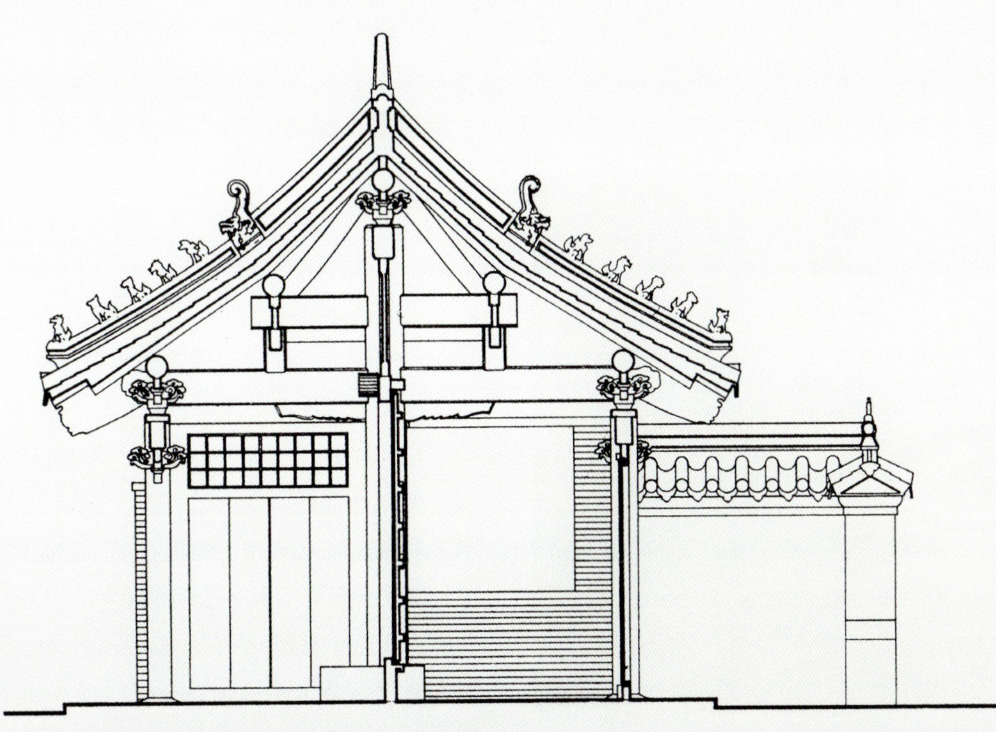

图 6-0-14　孔府内宅门剖面（图片来源：南京工学院建筑系．曲阜孔庙建筑）

例如济南朱家峪就是一座兼具防卫性的山地型村落，圩墙修筑在村北，西起雁落山顶，东到东山极顶，两头连接南部群山崖壁，长约1000余米，全用石块砌成，形成了一道完整的防御体系。圩墙中间辟有西圩门、东圩门，称“礼门”，是两处通村的关口。据史料记载，当时庄长、社首组织庄丁，手持大刀、长矛，日夜轮流站岗放哨，并布下土枪、土炮（图6-0-15）。滨州市惠民县的魏氏庄园，建于风雨飘摇、内忧外患晚清时代，鳞次栉比的住宅房屋与高耸的城垣融为一体，尤其突出了能攻易守、进退自如的军事防御功能，成为中国现存最大、保存最完整的清代城堡式庄园。

（三）传统民俗

传统民俗是与人们的日常生活和行为观念联系极为密切的一种文化因素。一个地区世代传袭、连续稳定的行为和观念形成了这个地方的传统文化习俗，它规定人们的行为、约束人们的思想，影响着日常生活的每一个细节，必然对包括房屋选址、营造在内的建筑活动产生极大的内在影响。自古以来，山东各地民众不仅重视房屋的居住功能和质量，更将住房与家族的兴衰紧密相连，希望通过从选址到营造房屋的各个环节，祈求平安吉祥、家庭兴旺。因此，一般家庭建房选择宅基地都要对宅基地环境进行评判、取舍。即坐北朝南，最好是房前有水、房后有山的规则定局。山东民间传统对房屋朝向极为敏感，正房朝向选择南北向时，有意稍稍偏向东，大约10～15°左右，忌西南朝向。院落必须是规整的正方形或长方形，不能一头大，一头小。房屋需与相邻建筑同一高度，处理好与邻居的关系，与邻居平等、和睦相处。住宅院落的主入口即门楼的位置和朝向也有同样有宜忌，宜开在四合院东南方位，如胶东地区的四合院，五间倒房中一般开在东数第二间；三间、三间半倒房则在东数第一间开门；三合院院落门楼大门宜开在南围墙的东2/5或1/4处，忌在倒房和院落正中或偏西开门。忌讳西南开门。不管正房、倒房还是厢房，均忌山墙开门。正房宜高出倒房和厢房。

图6-0-15 朱家峪礼门、圩墙

第一节 城市府邸

一、曲阜孔府

孔府，亦称“衍圣公府”，是孔子世代嫡系长子、长孙居住的府第。位于曲阜城里，孔庙东邻。自汉代起，孔子受到帝王的一再加封，其后代因而光耀并一再被封赐。“衍圣公”是北宋至和二年（1055年）宋仁宗赐给孔子嫡裔直系子孙的封号，并封地36万亩，成为我国封建社会中享有特权的大贵族。孔府始建于宋仁宗宝元元年（1038年），经过明、清两代大规模修建，成为现今仅次于我国故宫的贵族府第。

孔府占地240多亩，有楼、轩、厅、堂460余间。孔府坐北朝南，横向分东、西、中三路布局：孔府的主体部分在中路，中路的三门、三堂象征衍圣公的官秩和权力，孔府大门朝南，两侧有八字墙，门前一条东西横街，街南为照壁。门前左右是一对2米多高昂然雄立的圆雕雌雄石狮。黑漆红边大门上镶嵌狻猊铺首，正中高悬蓝底金字的“圣府”匾额。孔府大门三间五檩，悬山建筑，三启六扇，黑漆漆就，给人森严沉重之感（图6-1-1、图6-1-2）。二门院内，柏桧参天，灌木繁茂。过大门、二门的第二进院落内的屏门，为有名的“重光门”，周围不接墙垣，四根圆柱石鼓夹抱，前后缀有八个倒垂的木雕莲蕾，称“八角垂花门”。门上悬有“恩赐重光”匾额，故又名“重光门”，平时绝少开启，只是在迎接圣旨和重大庆典时开启。圣旨、贵宾从门穿入以示尊贵，因而又称“仪门”、“塞门”，是衍圣公府高贵地位的建筑等级象征（图 6-1-3、图 6-1-4）。重光门两侧的厢房为司房，仿朝廷吏、户、礼、兵、刑、工六部设立管勾厅、百户厅、典籍厅、司乐厅、司印厅和掌书厅六厅，共同管理孔府事务。重光门后为孔府大堂，是衍圣公接读圣旨、会见政府官员或举行重要仪式的场所。大堂内有八宝暖阁、虎皮太师椅、红漆公案桌，两侧陈列着金瓜、钺斧、朝天镫等象征衍圣公权力与地位的礼器，摆放着衍圣公出行时乘坐的绿呢金顶八抬大轿和都有专人列队执掌的各种仪仗（图 6-1-5 ~ 图 6-1-7）。大堂与二堂之间以穿堂相联，形成“工”字形平面。二堂是衍圣公会见四品以上官员宣示典章、礼仪的地方。三堂亦称退厅，是衍圣公处理家族内部事务的场所（图 6-1-8、图 6-1-9）。

三堂六厅之后为内宅，这种前衙后宅，与各地的官府同一种布局，都是仿照皇宫前殿后寝的布局模式。内宅有前上房、前堂楼、后堂楼、佛堂楼、后五间等。前上房是衍圣公接待至亲和近支族人、举行婚丧寿仪的地方。前堂楼为七间两层楼阁，后堂楼也为七间两层楼阁，东西两侧各有五间二层配楼（图 6-1-10）。孔府最北端为后花园，建于明代，因园内有铁矿石和太湖石假山，也称“铁山园”。

图 6-1-1　孔府大门

图 6-1-2　“圣府”匾额

图 6-1-3　孔府重光门

图 6-1-4　孔府重光门立面图（图片来源：南京工学院建筑系．曲阜孔庙建筑）

图 6-1-5　孔府大堂

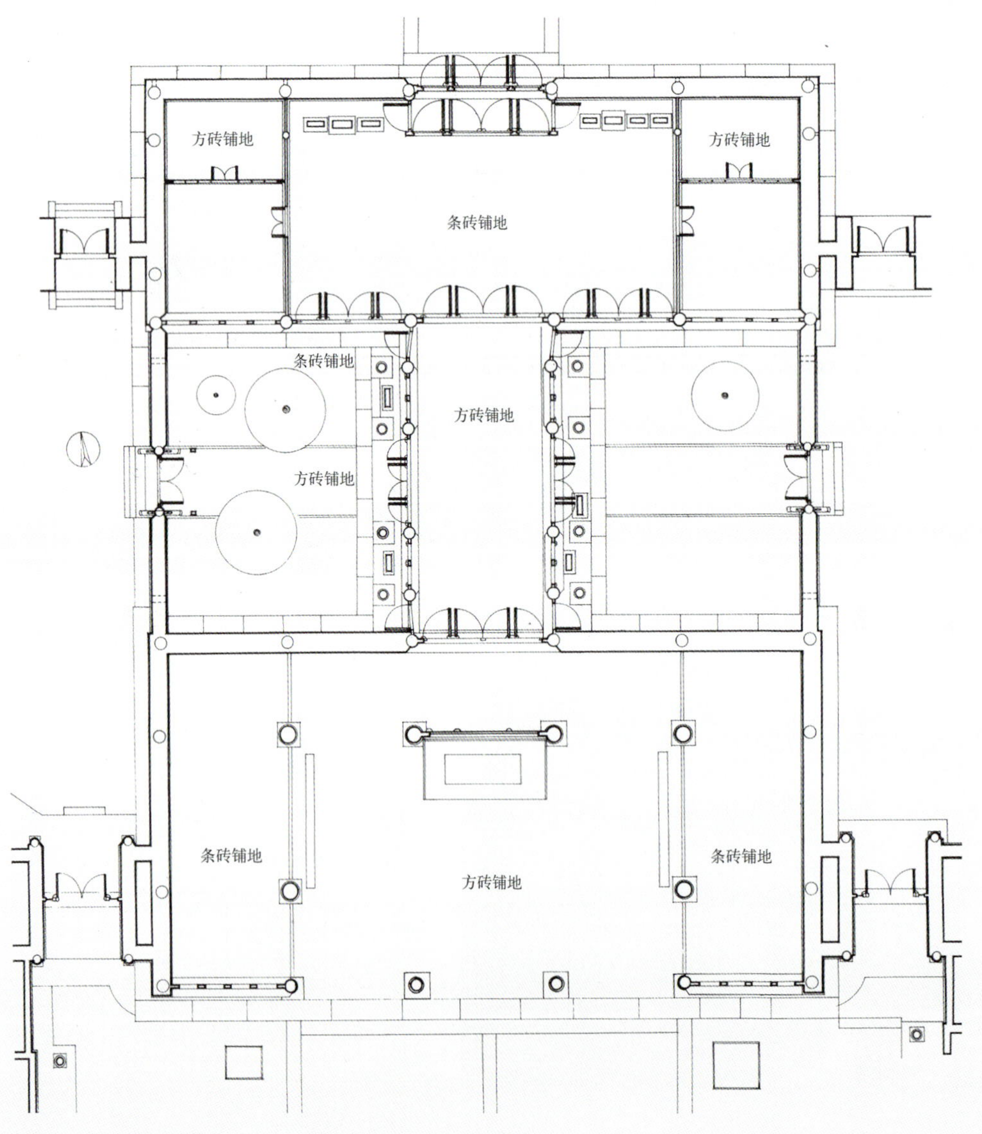

图 6-1-6　孔府大堂及二堂平面图（图片来源：南京工学院建筑系．曲阜孔庙建筑）

图 6-1-7　孔府大堂内仪仗

图 6-1-8　孔府三堂

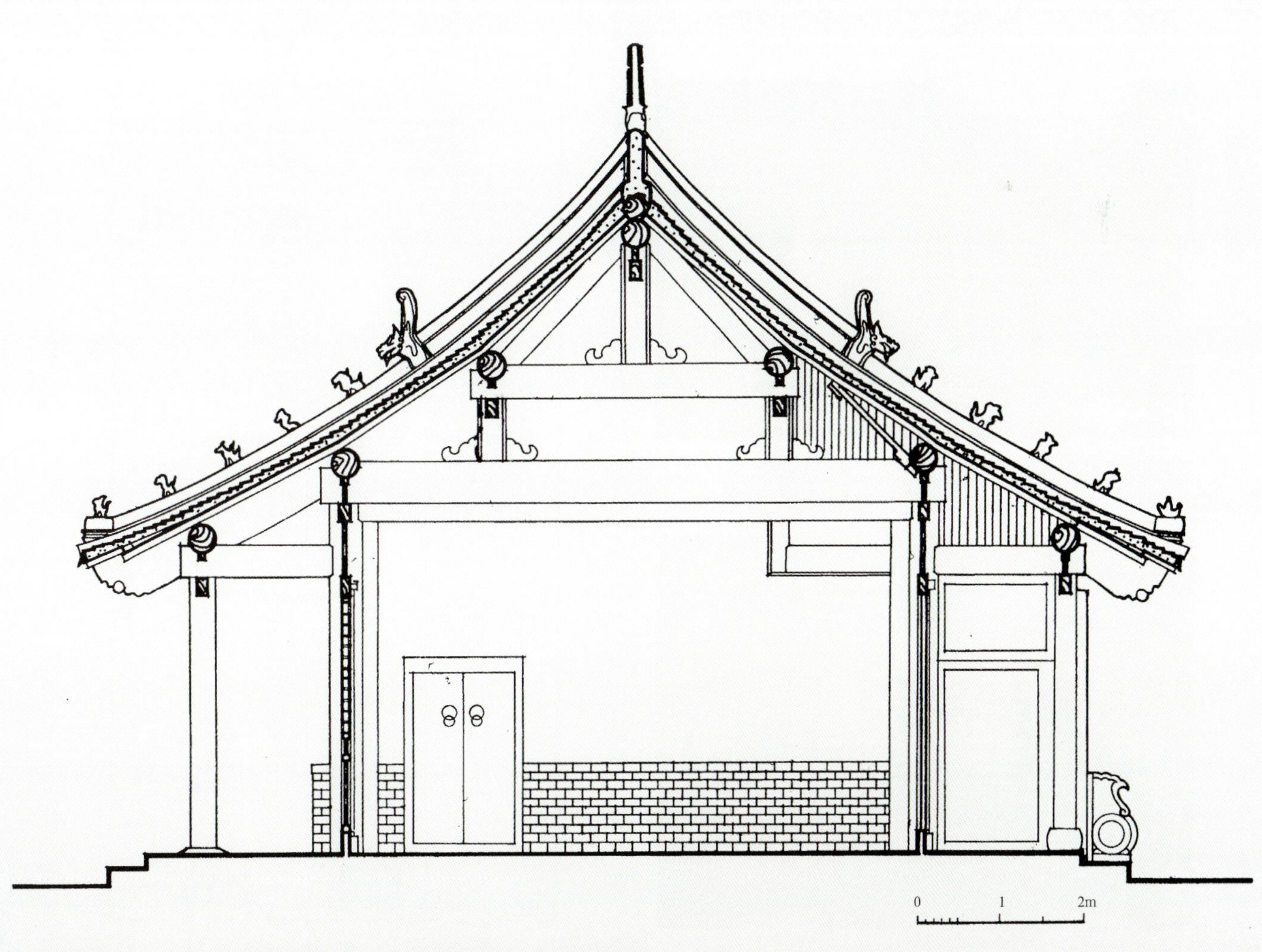

图 6-1-9　孔府三堂剖面图（图片来源：南京工学院建筑系．曲阜孔庙建筑）

孔子作为我国历史上第一个伟大的教育家，在世时创立私学，收徒讲学。孔子的后裔继承了孔子重教育的传统，世代以家学相承。家学成为孔氏后裔府第中的一个组成部分，府、学合一是孔府布局的一个重要特征，现在孔府的东、西二路，习惯都称东学、西学，就来源于重教育、办家学的传统。东路主要建筑有慕恩堂、奎楼、一贯堂、孔氏家庙及作坊等。西路主要建筑有红萼轩、忠恕堂、安怀堂及花厅等（图 6-1-11）。

二、邹城孟府

孟子（约公元前 372 年～前 289 年），名轲，别名子舆，邹国（现山东省邹城市）人，战国时期伟大的思想家、教育家、政治家，儒家最重要的代表人物之一。元至顺元年（1330 年），加封孟子为“亚圣公”，后称为“亚圣”。明景泰二年（1451 年），代宗命礼部召颜回、孟子后代年长而贤者各一人至北京；景泰三年，授二人为翰林院五经博士，孟子后裔始授世职。翰林院五经博士主要职务为掌修国史，而孟氏后裔承袭这一职务的主要职责在于监理林庙、主持祭祀活动、续修族谱、管理祀田。民国 3 年（1914 年），改称奉祀官，民国 24 年（1935 年）改称亚圣奉祀官。

孟府，也称“亚圣府”，是孟子后裔世袭翰林院五经博士的官衙和住宅，也是封建社会重要的儒家府第之一，与孟庙、孟林合称“三孟”，1988 年公布为全国重点文物保护单位。孟府坐落于山东省邹城市南关，位于孟庙西侧。现存孟府院落呈长方形，南北长 226 米，东西宽 99 米，占地 33.6 亩。孟府在布局上遵循“前堂后寝”之制，主路前后院落共七进，楼、堂、阁、室共 148 间，以主体建筑大堂为界，前为官衙，后为内宅，是典型的官衙与内宅合一的建筑群（图 6-1-12）。

图 6-1-10　孔府内宅前堂楼

图 6-1-11　孔府忠恕堂

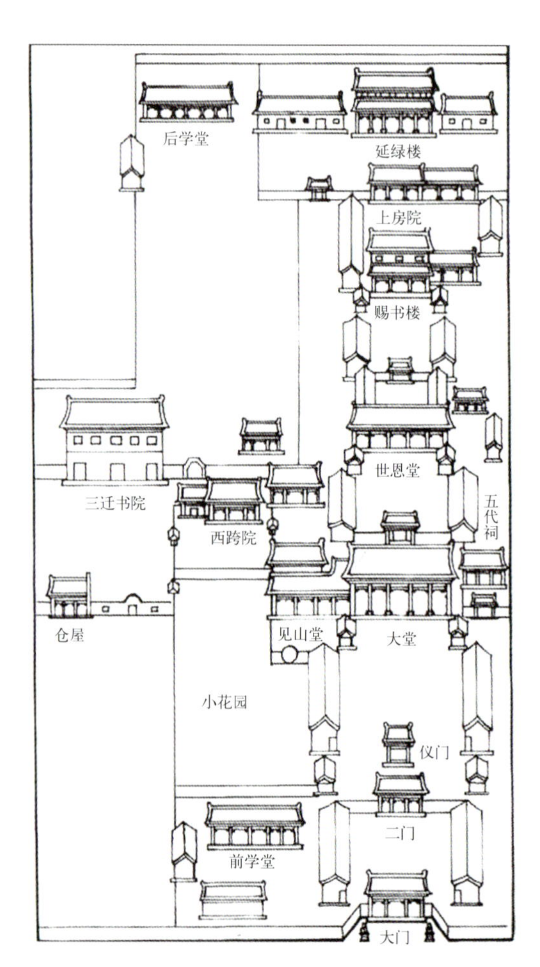

图 6-1-12　孟府示意图

孟府始建地址、年代均不详，据孟庙内现存明洪武六年（1373 年）所立《孟氏宗传祖图碑》记载：“宋仁宗景祐四年，孔道辅守兖州，访亚圣坟于四基山之阳，得其四十五代孙孟宁，用荐于朝，授迪功郎，主邹县簿，奉祀祖庙。迪功新故宅，坏屋壁乃得所藏家谱。”此时的迪功故宅，当为最早的孟府，但地址不详。北宋宣和四年（1122 年），随孟庙迁至今址，后屡次修缮。一般推测孟府的大规模修建与宋代孟子在整个儒家尊崇体系中地位的升高密切相关。明天启二年（1622 年），孟府受到鲁西南地区“闻香教”破坏，被夷为平地，天启三年重修。清康熙七年（1668 年），孟府因地震受到破坏，清康熙十二年（1673 年）进行大规模修缮。雍正三年（1725 年）十一月，赐孟府御书匾额“七篇遗矩”悬挂于孟府大堂。道光年间，孟子七十代孙孟广均奉旨重修孟府，达到今日规模。

孟府大门为面阔三间的硬山建筑，门对面有白色影壁一座，左右有圆雕石狮一对，门阶两侧有上马石一对。屋面中间部分铺灰仰合瓦、两端为灰筒瓦。建筑檐椽为方椽，尽间端处的飞椽两根并用，大门正中悬挂“亚圣府”匾额。据文档记载，孟府大门前原有旌忠坊和节孝坊，现已不存（图 6–1–13、图 6–1–14）。

礼门为孟府的二门，面阔三间，硬山建筑，檐椽采用金平做法，尽间端处的飞椽两根并用，建筑四周无散水。门正中悬挂“礼门义路”四字匾额，取义于《孟子·万章下》：“夫义，路也；礼，门也。惟君子能由是路，出入是门也”。故此门也称礼门。内墙东壁上嵌有《为恳恩照例优免以杜攀扰事》碑，立于明万历三十七年（1609 年），碑文记载了明朝对孟氏家族的封赐以及规定庙户、礼生、佃户、衙役等不得滋事扰民等内容。

二门之南为孟府仪门，面阔一开间，悬山屋顶，檐椽为方椽，仪门两根圆柱石鼓夹抱，两边不接墙垣，四周无散水，为独立垂花门。仪门平时绝少开启，只有遇到重大活动时才会打开，是封建社会官秩与等级地位的象征（图 6–1–15）。

大堂是孟府主体建筑，硬山建筑，大堂面阔五间，是世袭翰林院五经博士宣读圣旨、接待官员、处理公务之所。大堂檐下正中悬挂着“七篇贻矩”金匾，为清雍正皇帝手书。“七篇”指的是《孟子》七篇，即《梁惠王》、《公孙丑》、《滕文公》、《离娄》、《万章》、《告子》、《尽心》；“贻”是赠给的意思，“贻矩”指赠给孟家的规矩，是告诫孟家后代要用孟子的《七篇》作为孟家后代言行的准则和行动的规矩。

图 6–1–13　孟府大门

图 6–1–14　“亚圣府”匾额

图 6–1–15　孟府仪门

堂前檐下悬“继往开来私淑千年承燕翼，居仁由义渊源百代仰先烈”楹联，为当代书法家王学仲手书。大堂建于台基之上，堂前有月台一座，台上置嘉量、日晷各一。大堂左右设鼓乐楼，为孟府举行重大活动时演奏之所（图 6-1-16）。

五代祠位于大堂东侧的独立小院中，硬山建筑，面阔三间，檐椽为方椽。是孟氏宗族家祠，因安置孟氏翰林院五经博士五代先祖牌位而得名。五代祠室内东墙壁中嵌有明代《吏部为欠缺奉祀事札》石碑一块，室内西壁嵌有明代《孟氏大宗祖考妣明远忌日之图》碑一块。见山堂为大堂西侧的曲尺形建筑，面阔五间，进深一间，房北东侧多出 5 米见方的一间，檐椽为方椽。见山堂是孟氏后裔会见和宴请宾客之所，堂前有太湖石一块，取“开门见山”之意。

世恩堂院是孟府的内宅部分，世恩堂院落与大堂之间有一条东西向狭长雨道，并以垂花门作为内外分隔。门内正房为世恩堂，是孟氏后裔翰博的生活之处。世恩堂面阔五间，硬山顶，檐椽为金平做法（图 6-1-17、图 6-1-18）。赐书楼院落为孟府的第四进院落。赐书楼两层，硬山建筑，前后出厦，面阔 3 间，原是存放御赐物品、古籍文献、族谱档案之所，现为孟子事迹陈列室。现存赐书楼为明代遗构（图 6-1-19）。缘绿楼位于赐书楼之北，位于孟府最后一进院落。缘绿楼两层，硬山式建筑，面阔五间，为孟府女眷的居住之所。此楼毁于清末，现为 1983 年原址复建而成。

图 6-1-16　孟府大堂

图 6-1-17　孟府世恩堂 1

图 6-1-18　孟府世恩堂 2

图 6-1-19　孟府赐书楼

第二节　庄园故居

一、牟氏庄园

牟氏庄园坐落在胶东半岛栖霞县城北古镇都村，始建于清雍正元年（1723 年），是目前我国规模最大、保存完整的地主庄园（图 6–2–1）。牟氏庄园自清雍正到民国廿四年，经历 200 多年，方形成现今规模。因牟氏家族最鼎盛时期的庄园主人牟墨林（1789 ~ 1870 年）排行老二，且其皮肤黝黑，而得绰号“牟二黑子”，所以世人也称庄园为牟二黑庄园。

牟氏庄园坐北面南，占地东西长 158 米，南北宽 184 米，占地约 30 亩，厅、堂、楼、房共有 480 间。庄园采用套院布局，即大院套小院，小院内有四合院、三合院或二合院。纵向重重院落相套，横向以更道相通。现存庄园由 3 组相对独立的建筑群、6 个院落组成（图 6–2–2）。东组由左、中、右 3 个

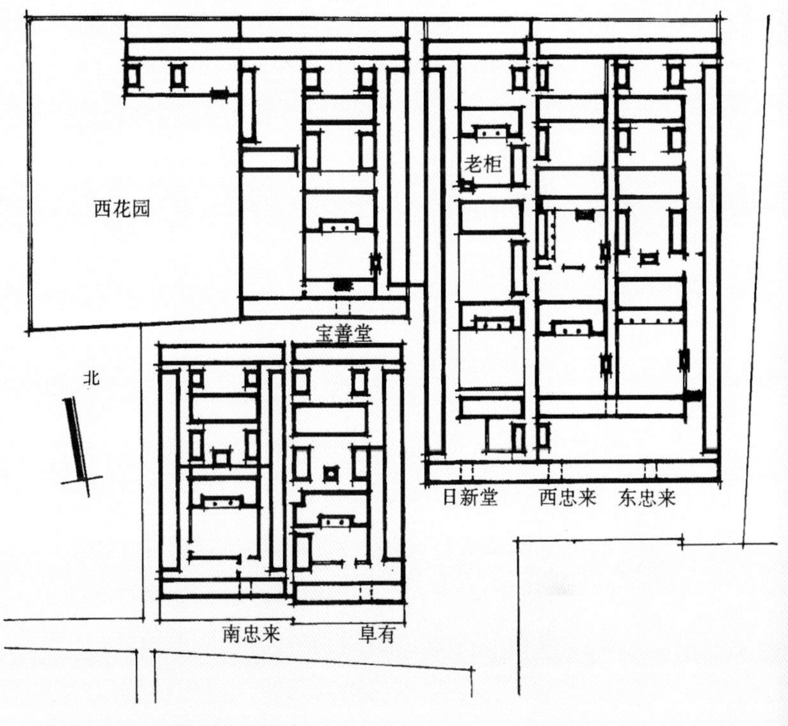

图 6–2–2　牟氏庄园现状总平面图

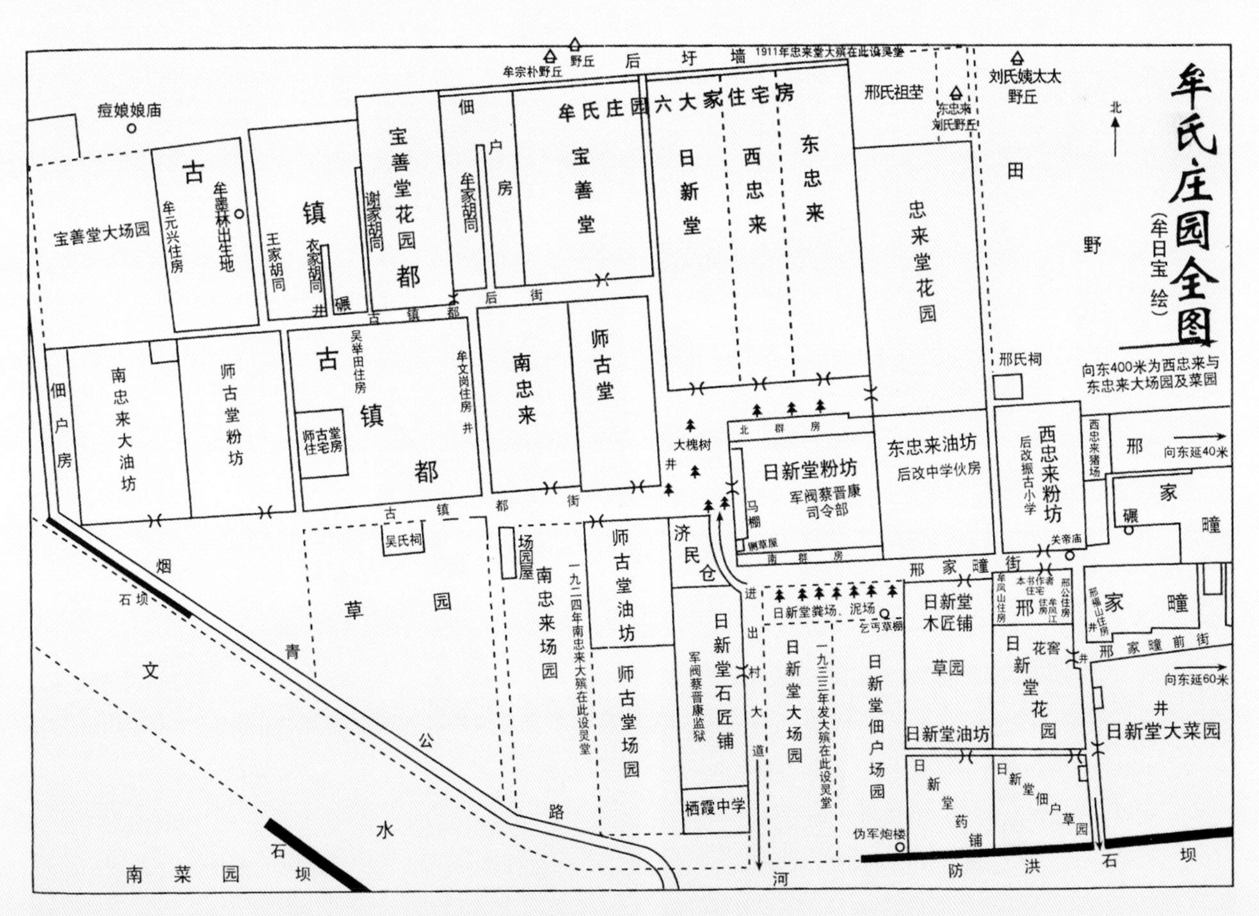

图 6–2–1　牟氏庄园全图（图片来源：牟日宝《牟氏庄园三百年》）

院落组成，自西向东为“日新堂”、“西忠来”、“东忠来”（图 6–2–3）。北组独为一院，为“宝善堂”，其西为西花园。南组由左、右两个院落组成，自西向东为“南忠来”、“阜有”，各院落间有深邃幽静的更道相隔（图 6–2–4）。整个庄园空间层次分明，秩序井然，结构严谨，庄重森严，浑然一体，体现了牟氏家族父尊子孝、男尊女卑的等级关系；6 个院落的外围封闭，利于守卫。

牟氏庄园整个建筑群以单层为主，只有主人楼为两层楼房，做工考究，高耸于整个庄园之中（图 6–2–5）。庄园建筑外墙下砌磨光花岗石块石，上为清水青砖墙和白灰墙相间。青砖用豆汁浸泡，水磨对缝砌筑。台基以锅铁作垫，堑墙石以铜钱作垫，屋面均铺灰瓦，瓦坡衬以柞木炭为保温层。建筑屋顶均为硬山，祭祀祖先、会见贵宾的厅堂，有前出檐廊，厅堂不仅雕龙画栋，屋脊还饰以吻兽（图 6–2–6）。庄园的建构技艺非常高明，“西忠来”主人楼西山墙上的烟囱最为精巧，烟囱立于山墙外，由挑出的条石承托，攒尖屋帽压顶，状如小塔凌空，造型匠心独具、别具一格（图 6–2–7、图 6–2–8）。牟氏庄园内的砖雕、木雕甚多，尤以石刻艺术最为精湛。“西忠来”南大门两侧一对石鼓，高 1.5 米，系青黑色玄武岩刻成，上雕“麒麟送子”、“姜太公钓鱼”、“刘海戏金蟾”和“福、禄、寿、喜”等吉祥图案，刀法娴熟，雕刻细腻，为石雕中的精品（图 6–2–9）。牟氏庄园内地面与墙面的铺装十分讲究，“西忠来”南大门正北有 1 块 20 平方米左右的石毯铺地，四条边线、四角镶嵌的蝙蝠和正中的制钱等均为变质岩凿磨拼对而成，余之空隙以杂色乱石塞砌。石毯色调古朴典雅，吉祥寓意明确（图 6–2–10、图 6–2–11）。

牟氏庄园建筑群布局严谨，井然有序，环境庄重恬静，建筑主次分明、格调统一、浑然一体。单体建筑造型大方，端庄平和，造工精巧，风格稳重

图 6–2–3　牟氏庄园“西忠来”南大门（左上）
图 6–2–4　牟氏庄园更道（右上）
图 6–2–5　牟氏庄园“西忠来”主楼（左下）
图 6–2–6　牟氏庄园硬山脊饰（右下）

图 6-2-7　牟氏庄园烟囱 1

图 6-2-8　牟氏庄园烟囱 2

图 6-2-9　牟氏庄园抱鼓石

图 6-2-10　牟氏庄园石毯 1

图 6-2-11　牟氏庄园石毯 2

与灵巧兼具，是我国北方传统民居尤其是胶东地区民居的典型实例。1988 年，牟氏庄园被国务院公布为全国重点文物保护单位。

二、龙口丁氏故宅

丁氏故宅坐落在山东省龙口市黄城西大街，是名震四海的“丁百万”遗留下来的宅居。清中叶以后，丁氏家族以学入仕，以仕保商，以商养学，长盛不衰。先后 27 人考中举人、进士，五品官衔以上者 148 人。丁家当铺、钱庄遍及我国东部 11 个省市，为山东首富，绰号“丁百万”。丁氏故宅兼具京城府第建筑和胶东民居之神韵，是胶东四合院民居建筑的典型代表。丁氏故宅鼎盛时期达到 3000 多间，占据了旧时大半个黄县城，胶东民间曾有“黄县房，栖霞粮，蓬莱净出好姑娘”的歌谣，其中的黄县房就是指的丁氏故宅。

现存丁氏故宅建筑群占地 1.5 万平方米，建于清代中期，建筑面积 4800 平方米，房屋 55 栋 243 间，由爱福堂、履素堂、保素堂、崇俭堂 4 个大院和清代私家园林漱芳园组成。每个大院由五进四合院组成，中轴对称布局，木构架，硬山屋顶，屋面覆以仰合青瓦（图 6-2-12 ~ 图 6-2-14）。1996 年，丁氏故宅被国务院公布为全国重点文物保护单位。故宅藏有文物 1.4 万件，三级以上文物 160 余件。故宅内有复原陈列、丁佛言纪念馆，设客厅、花厅、卧室、书房、私塾、当铺、车轿房、账房和民俗等

图 6–2–12　丁氏故宅院落

图 6–2–13　丁氏故宅院落神龛（左）
图 6–2–14　丁氏故宅院落更道（右）

20 个展室。主体建筑做工精细，用料考究，饰五脊六兽；隔扇门窗，雕梁画栋，涂色漆金，设前后廊。丁氏故宅每个大院以正厅为主体，上为正厅，两边为厢房，倒厅为宾房。正厅（前厅）内，两侧一般分别设有祖牌和六神位，是祭祖、供神、迎宾和举行喜庆礼仪的地方（图 6–2–15、图 6–2–16）。倒厅为客房，基本是按照正厅至尊，两厢为次，倒厅为宾，杂屋为附的封建礼制而使用的。正厅向后称后厅，为四进四合院，主人书房和太太卧室，称为大住房；儿子、儿媳住房，称为二住房；孙子、孙媳住房，称为三住房；最后是管家和账房先生的住房。丁氏小姐楼为二层，是小姐的闺房，与外界隔离，是小姐出嫁前弹琴、下棋、习书、绘画和绣花的静谧地方。丁氏故宅施工用料考究、工艺精良，为防止沉降变形，每座房屋的地面与基槽均认真夯实。墙基石料规格色泽一致，石缝用糯米汁灌浆饱

图 6-2-15　丁氏故宅履素堂

满。墙体和照壁用砖，选优质陶土烧制，墙体浆砌磨砖对缝，横平竖直。屋面笆板苫背共三层，第一层为 1 厘米厚石灰护板灰；第二层用熬好的糯米汁、优质黄土和白灰三种材料搅拌而成；第三层为草泥，然后覆仰合瓦。丁氏故宅的装饰艺术也独具特色，木构件彩绘融合南北两派之长，兼有点金旋子彩画、苏式彩画花鸟鱼虫特点（图 6-2-17）。丁氏故宅装饰雕刻题材广泛，花卉林木类有岁寒三友松竹梅、梅兰竹菊四君子以及牡丹、芙蓉、海棠、寿桃等；飞禽走兽有丹凤朝阳、喜鹊登梅、二龙戏珠、三羊开泰、鹿鹤同春等。还有四季平安、五福庆寿、锦上添花、“八宝”博古图、万福流云和福禄寿喜文字图案等，饱含祈福、增寿、报喜、瑞吉和道德教化等内容。室内装饰主要集中在梁柱交接处的雀替、瓜柱、柁墩、窗扇、隔扇上，以木雕为主，梁柱上的镂空透雕玲珑剔透、涂色漆金，光彩夺目。窗棂和隔扇，半隐半露，内外交融（图 6-2-18、图 6-2-19）。

图 6-2-16　丁氏故宅履素堂木梁架

图 6-2-17　丁氏故宅彩绘

三、惠民魏氏庄园

魏氏庄园位于滨州市惠民县魏集镇，是中国北方传统民居建筑的典型代表，1996年被国务院公布为全国重点文物保护单位。魏氏庄园原名“树德堂”，又称“协合大院”，建于清光绪十六年至十九年（1890～1893年）。其时，晚清王朝内忧外患、风雨飘摇，整个社会动荡不安，鲁北一带更是匪乱四起、民生凋敝。魏氏族人魏肇庆为免匪盗之患、保家业继世永昌，具有军事防御功能的庄园宅第——魏氏庄园应此而建。庄园占地面积24613平方米，分宅第、祠堂、广场、池塘、花园5大部分，共置三重墙垣，分别为外院墙、城墙和宅第院墙。其中，外院墙现已倾圮，仅存城墙、宅第院墙两重墙垣。祠堂、花园、广场、池塘四部分处于外院墙与城墙之间；城墙之内为宅第，宅第与城墙间留有宽阔巷道，南侧阔巷净宽约21米，东、西、北三侧净宽约5米；内宅为布局紧凑的四合院（图6-2-20）。

作为军事防御型城堡式宅邸，魏氏庄园吸收中国古代筑城思想，庄园外院墙与城墙之间布置祭祀、游玩等附属使用空间，故外院墙采用院墙形式；而宅第作为防御的核心区域，围以厚重的城墙，仅城墙东南部设一处出入口，城门砖石发券，门前置桥，门侧有碉堡，防御设置严密，有“一夫当关、万夫莫开”之势（图6-2-21、图6-2-22）。城墙为青砖砌体，南北长84米，东西宽46米，墙高10条米，基宽3.8米，顶宽1.5米。顶部外侧为垛口，内侧砌筑女儿墙，中间为跑道。墙内四周建有12个壁龛式射击掩体，东南角、西北角建有半突出墙体的碉堡（图6-2-23）。出于防御需要，庄园建造者希求在有限的城墙围合面积内，缩小内庭院落空间，加宽中间巷道尺度，从而增加从城垣攻入内庭的难度。因此，与北方传统民居宽阔的院落空间相比，魏氏庄园的内宅院落空间尺度狭小紧凑。同样出于防御需要，魏氏庄园的宅院之间、院落与建筑之间、建筑与建筑之间，采用金柱大门、垂花门、过墙门、暗门、夹壁、暗道等多种形式，既相互连通又相互间隔，形成进退自如的防御性连通空间。平时这些

图6-2-18　丁氏故宅木雕1

图6-2-19　丁氏故宅木雕2

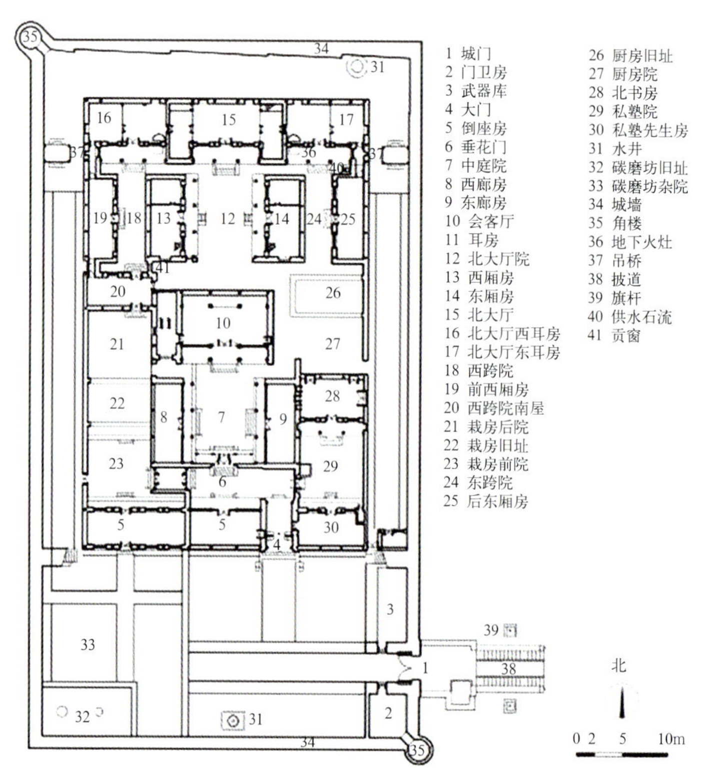

图6-2-20　魏氏庄园总平面图

暗道或夹壁外观或以壁橱形式出现、或以家具遮掩。一旦遇到紧急情况，这些暗道、夹壁根据需要或开或关，发挥很好的逃生作用。魏氏庄园最后一进院落北大厅正房，共连通房屋 17 间，夹道两处，设连通门 11 道。庄园建造者还借鉴古代城池，将吊桥置于外围城墙与宅第之间的巷道上，匪盗来袭时，则拉起吊桥，有效防止匪盗进入内宅，可谓城堡防御设计的神来之笔（图 6–2–24）。

庄园内宅庭院三跨三进，采用四合院落形式，共计 9 座院落。各院落沿中路院落轴线对称布置，布局严谨、规整。庄园由当时北京的匠师设计，其整体格局在因循北京四合院格局的同时，又有所变化：中路院落为其核心部分，第一进院落包括金柱大门及倒座房，为其接待一般客人之所（图 6–2–25）；二进院落包括垂花门、会客厅、东西廊房，为主人接待重要客人之处；三进院落包括正房及东西厢房，为主人魏肇庆及其家人居住之处。东西两路前两进院落均为附属用房，皆不设厢房，其中，东路前两进院落分别为私塾（一进）及厨房（二进）；西路为账房及裁缝院。东西两路最后一进院落与中路最后一进院落相通，为其子女及内宅侍女居住之所，最后一进院落格局异于北京四合院落格局（图 6–2–26）。

魏氏庄园各个单体建筑立面构图严整、风格厚重朴素。二门垂花门为悬山屋顶，正脊有筒瓦叠砌花脊。其余各个单体建筑均为硬山屋顶，其中只有中路两座建筑设正脊，分别是作为宅第入口的金柱大门和二进院落内会客厅，正脊饰筒瓦叠砌花脊，两端置吻，等级略高，其余均为卷棚屋顶，屋面均铺灰板瓦。庄园各单体建筑台基较为低矮，约为 0.6 米，而中路各进院落正房均高于其他建筑，三进院落正房即北大厅为整个宅第最高的建筑（图 6–2–27）。

魏氏庄园各单体建筑装饰朴实洗练，重点在于前檐廊、硬山墀头等部位。前檐廊装饰主要为木质挂落、雀替、砖雕廊心墙等。其中，挂落有两种形

图 6–2–21　城堡大门

图 6–2–22　城墙碉堡

图 6–2–23　城墙

图 6–2–24　吊桥

式，一为木雕花板，见于大门、垂花门；二为心屉做法，题材为步步锦纹样，见于正房及厢房等建筑。墀头、硬山博风板上有二道拔檐砖，戗檐砖下、博风头、山尖等部位有精美的砖雕（图 6-2-28）。就屋面脊饰而言，除大门、垂花门、中路二进院落会客厅有正脊和少量跑兽外，其余均不做装饰，此种处理方式是山东传统地域民居的典型做法。

四、滨州杜受田故居

杜受田（1788 ~ 1852 年），字芝农，山东滨州（今滨州市滨城区）人。为咸丰皇帝之师，官至太子太傅、协办大学士。"相国"是对大学士的尊称，杜受田故居又称"相国第"。杜受田其父杜堮为清嘉庆时期翰林院编修，礼部左侍郎。以杜受田为代表的杜氏家族在明、清时期科甲鼎盛、人才辈出，以"一门十二进士"、"四世六翰林"、"四代为相"而闻名于世。杜受田故居位于滨州市滨城区滨北街道办事处南街，占地 20 余亩，有 28 个院落，381 间房屋（图 6-2-29）。故居前身为杜受田八世祖"方伯公"杜诗的宅第，杜诗为明万历年间进士，江西、湖广布政使，因此，该处宅院有"方伯第"之称。作为杜家大院奠基人的杜诗，位居二品，按照明朝规制，其府邸大门的规制可为三间五檩，而杜家宅门仅为一间；大堂可五间九檩，而杜家正房仅为三间五檩。明、清两朝，滨州杜氏家族虽然出现多位朝廷重臣、众多府州县主官，但是他们的宅第都极为普通，房屋装饰也异常简洁。尤其是杜受田官居一品，为官一生，地未置一亩，房未增一间，为人处事十分低调，

图 6-2-25　魏氏庄园内宅门

图 6-2-26　魏氏庄园院落 1

图 6-2-27　魏氏庄园院落 2

图 6-2-28　精美砖雕

“相国第”的建筑也极为普通，青砖灰瓦，建筑屋顶为有正脊的硬山屋顶或无正脊的硬山卷棚顶，没有亭台楼榭、雕梁画栋，房屋室内外装饰十分简洁，充分体现了杜氏家族低调为官的品质和鲁北传统民居的简单朴实。杜家大院东西南北皆有大门通外，各套院间院院相通户户相连，四通八达，让人感到大家庭和睦共处、共享天伦之乐的温馨。故居历经沧桑，大院内唯一的二层绣楼是故居中保存最为完整的标志性建筑，为两层砖木建筑，是杜家女儿居住生活的场所。2010年杜受田故居保护修复一期工程完成，正式对外开放（图6-2-30、图6-2-31）。

五、淄川蒲松龄故居

蒲松龄（1640～1715年），字留仙，又字剑臣，别号柳泉居士，一生著述甚丰，以《聊斋志异》著称，故世称聊斋先生。蒲松龄故居坐落于淄博市淄川区洪山镇蒲家庄西大街中段路北，故居坐北面南，南大门位于院落东南角，门前几株古槐，绿树成荫。院内月门花墙，错落有致，山石水池，相映成趣。故居门楣匾额“蒲松龄故居”五个大字，为郭沫若手书。院落前后两进，西有侧院，青砖黑瓦，木棂门窗，是典型的民居建筑式样。院内垂柳依依，花木丛丛，老藤绕屋，枝繁叶茂，清静幽雅，古色古香。经前院双重八角门即入小院，迎面为正房三间，两侧各有厢房二间。明崇祯十三年（1640年）四月十六日蒲松龄就诞生在正房里，后又为他的书房，文学名著《聊斋志异》也诞生于此，院内还有松柏、花卉、太湖石等物，均为后人所为。故居两侧厢房，茅檐低矮，进深狭窄，为近年所重修。院内东北隅尚有石碑三块，所刻文字亦为蒲松龄所撰（图6-2-32、图6-2-33）。

蒲家庄东门外有一天然沟壑，沟壑柳荫之下，有一清泉，谓之“柳泉”。据载，早年井中清泉涌流，外溢为溪，大旱不涸，古称满井。泉口为青石砌就，

图6-2-29　杜受田故居

图6-2-30　杜受田故居门楼

图6-2-31　杜受田故居院落

图6-2-32　蒲松龄故居门楼

图 6–2–33　故居院落

图 6–2–34　柳泉

约 0.5 平方米。当年井四周有翠柳百株，故后人又称之为“柳泉”。相传蒲松龄在此设茶款待过往行人，听他们谈狐说鬼，搜集创作素材，蒲松龄生前酷爱柳泉，自号“柳泉居士”（图 6–2–34）。

六、济宁潘家大楼

潘家大楼位于济宁市区古槐路北首西侧，原北门大街路西，山东省省级文物保护单位。潘家大楼为军阀潘鸿钧的私邸，20 世纪 20 年代为济宁规模最大的私人住宅，1927 年，潘鸿钧在北伐战争中毙命，产业殆尽，潘邸为后来的军政要员占驻。

潘家大楼规模庞大，占地面积 3985 平方米，楼堂房舍计 180 余间。建筑布局对称排列，由南面北，计有大门、前厅、群楼三进院落及东西跨院组成。大门面对十分讲究的砖石结构影壁一道，稍南向西，为坐北向南八字粉墙加垂柱的精致门楼。门楼左右分列两个雕凿细致的青石圆雕石狮。前厅为硬山建筑，东西配厅各 5 间，迎门厅为过厅，是通往第二进院落的通道，过厅与腰厅相连可通北楼院。此门平时不开，需绕东便道的二门而行，只有逢重大节日、仪式才可以使用。

楼院为潘家大楼的主体建筑，构造别致，十分讲究，由北、南、东、西四楼组成，按“八卦”序列主次排列。北楼为楼阁式建筑，七开间，分上、中、下三层，长 27 米，宽 9 米，高 14.5 米。东西配楼各 5 间，对称排列，为两层硬山建筑，均长 17 米，宽 6 米，灰瓦覆顶，相连处均有回廊相接，四面楼均设木质护栏。天井中间覆盖木质顶棚藻井，四角各开天窗，将四合楼连成一个整体，雕梁画栋，独具匠心。楼之两端，即四角隅空间，均有耳房组成楼梯间，拾级而上，可达楼上任一房间。三楼亦为 7 间，周设游廊，中间墙壁全木结构，玻璃门窗，顶脊空心砖垒成，两端饰螭吻，灰瓦覆顶，精雕细刻，传统风格突出，通高 14.5 米，为全楼最高。西跨院北堂为硬山建筑，三楹，长 12 米，宽 6 米，高 8 米，前设走廊，灰瓦覆顶，为潘鸿钧的会客室。现潘家大楼楼院建筑，西跨院北堂、腰厅院西配房保存完好，而其他建筑均已损失殆尽(图 6–2–35 ~图 6–2–38)。

七、威海刘公岛丁汝昌故居

19 世纪 60 年代，经历了从鸦片战争到中法战争一系列军事失败，清王朝开始了以维护封建皇权为前提的自上而下的改良运动——洋务运动，面对西方列强的海上入侵和日本的军事威胁，深感海防空虚的清朝统治者，痛下决心着手海防和海军建设，威海卫的军事战略价值日益凸显。1883 年，在威海卫金线顶建鱼雷库，在刘公岛设水师机械厂、鱼雷营料库、雷房等设施。1887 年，威海卫基地防务建设大规模展开，在刘公岛上建有北洋海军提督署、军营、水师学堂、水雷学堂（南岸）、枪炮学堂、医院，还修建了大规模的炮台群、铁码头、船坞、弹药库、机械厂和储水池。丁汝昌（1836 ~ 1895 年），安徽省庐江县人。早年参加太平军，后投湘军，不久改

图 6–2–35　潘家大楼前厅楼

图 6-2-36　潘家大楼群楼外景

图 6-2-37　潘家大楼群楼内景

图 6-2-38　潘家大楼建筑细部

隶李鸿章组建的淮军，参与对太平军和捻军作战。1888年，任北洋海军提督。1895年，甲午战争威海卫之役北洋海军全军覆没，丁汝昌拒降，于北洋海军提督署饮药自尽。

丁汝昌故居位于北洋海军提督署西北约200米，建于1887年。北洋海军成军后，丁汝昌携家眷进居刘公岛。该寓所建筑东西三跨院落，坐北朝南，屋面为仰合瓦屋面，高瓦垄，正脊为花脊，具有鲜明的胶东地域民居特色。该寓所东院为侍从住房，西院前后两进，为丁汝昌家眷住房。中院为丁汝昌办公会客之处，与西院相通，院内有礼门作为官员品阶的标志。大门两侧为门房和书房，屋面与倒坐屋面连为一体，没有高企的门楼。院内西北角有丁汝昌手植紫藤，至今已逾百年，依然枝繁叶茂。英国租占威海卫（1898～1940年）时期，刘公岛成为皇家海军的训练和疗养基地，丁汝昌寓所改为英国军官俱乐部，1997年，辟建丁汝昌纪念馆，寓所前塑有3米高丁汝昌铜像（图6-2-39～图6-2-41）。

图6-2-39 丁汝昌故居入口

图6-2-40 丁汝昌故居礼门

图6-2-41 丁汝昌故居室内

第三节　城乡民居

山东省由于各地自然地理环境的不同，加上历史发展、风俗习惯等人文因素的影响，城乡民居在平面布局、结构体系和外部特征上也都呈现着不同的风格特征。总体而言，以地理条件和自然环境划分，具有代表性的城乡民居类型有，济南传统民居与泉水聚落、鲁中南山地民居、胶东海草房、鲁西北囤顶房等。

一、济南传统民居与泉水聚落

泉城济南以泉水而得名，“齐多甘泉，甲于天下”，“家家泉水，户户垂杨”勾画出泉城济南的神态和风貌。历史上趵突泉、五龙潭和珍珠泉脉系的众多泉位和溢出的泉流，为济南传统民居提供了得天独厚的环境条件。曲折的泉流贯穿老城街区，民居街巷与泉水水系相结合，房舍院落、街巷道路顺应泉水流势而建。很多胡同由于依泉水平行布局而出现弯曲自由的形态，如镰把胡同、葫芦巷、辘护把子街等，大大小小的曲折街巷使济南城有了“九巷十八弯七十二胡同”之说，营造出“柳暗花明”的意境。院落依着青石板铺筑的小巷建造，青石板下流出汩汩的泉水。建筑没有规矩的朝向，多为了争取临水面而定。灰白相间的墙体、灰黑色的瓦屋面、弯曲的石板路、水巷，共同构成了济南特有的泉水聚落街巷景致。旧日济南趵突泉群附近的大板桥、小板桥和剪子巷，宅院凌泉流之上而建，曾是“家家泉水”景色的真实写照。曲水亭街则是一条杨柳垂荫的夹河街，两岸人家平列，珍珠泉与王府池子的泉水汇流于街的南端，溪水潺潺北流，长年不断，与岸上白墙灰瓦的民居相映成趣，成为今天尚能体现泉城特色的历史街区（图 6-3-1 ～图 6-3-4）。

图 6-3-1　济南曲水亭街家家泉水之相

图 6-3-2　济南曲水亭街水中洗涤之景

图 6-3-3　济南曲水亭街的溪流

济南传统民居兼具北方民居的厚重与江南水乡的灵秀，具有南北交融的典型特征，保持了北方四合院民居布局特征；同时形态各异的四合院门楼、与泉水水系紧密结合的泉水聚落，又兼具南方民居的特征。门楼是集中体现济南传统民居风貌特色的主要构成要素，济南传统民居门楼主要有五檩硬山和三檩屏门两种形式，台阶为长方形条石砌成，下碱墙也用条石砌成，门枕石、石柱础、下马石、石鼓等石构件穿插在一起，门楼稳重、大方又不失轻巧精细（图 6–3–5、图 6–3–6）。墀头是硬山山墙檐下主要装饰部位，有挑檐石、精美的石雕、砖雕等，是门楼装饰的点睛之笔（图 6–3–7、图 6–3–8）。济南门楼的脊饰以清秀见长，正脊有的采用小青瓦叠砌花脊，左右对称翘起、斜伸对天，称为朝天笏，俗称蝎子尾，门楼形态轻盈舒展（图 6–3–9）。影壁也是济南民居的重要特征，由于入口多设在四合院东南方位，因此，进入门楼迎面为东厢房山墙附建的影壁，成为进入宅院的空间转折与过渡。影壁一般为三段处理，下部为墙基，中间为粉白墙体，上段是精巧的花脊檐楣，脊的两端自然翘起作法与正脊相同。整个影壁上繁下简，上部轻巧秀美，下部庄重大方，做工精细（图 6–3–10）。

二、鲁中南山地民居

鲁中南地区地形以山地、丘陵为主，村落多依山而建，随坡就弯，民居鳞次栉比，拾级而上，与

图 6–3–4　济南曲水亭街的水系与垂柳

图 6–3–5　济南民居门楼 1

图 6–3–6　济南民居门楼 2

图 6–3–7　硬山墀头

图 6–3–8　墀头砖雕

地形紧密结合，沿等高线布局。选用石材、木材、草等地域性建筑材料，富有纯朴自然的美感。鲁中南地区民居多采用合院式布局，分布自由分散，山地起伏变化，造成院落面积大小不一，院墙不规整，但院落的封闭性依然很强。村舍以三合院布局为多，少有四合院和倒座，且多为一进独门独院。三合院的布局多由北侧的正房、东西两侧的厢房和南侧的院墙组成。正房坐北朝南，三开间，或挂有小耳屋。室内多无隔断，或隔出一间作为卧室。与胶东地区、鲁西北地区相比，鲁中南山区几乎没有睡炕的习惯，堂屋为开敞的起居空间，住户的起居、待客、吃饭都均在堂屋中，堂屋与左右两间一般不用实墙分隔，常用木板或秸秆席子做轻质隔断。受自然条件限制，鲁中南山区民居的墙体做法有石墙和土墙两种，石墙最为多见，或乱石干插，或块石灰砌，间有腰线以上用土坯或夯土、垛草泥垒筑。沂蒙山区巨石嶙峋，山石多为花岗石和变质岩，当地民居善用河沟里的圆石头，未经加工即用来垒墙，不仅造价低而且具有装饰作用。沂蒙山区民居的屋顶做法，往往苫以麦草或山草，有的房檐还压一溜片石，屋顶山尖压则以片石或石条作垂脊，当地称挡风溯，檐口则用薄石承托称挑檐板（图 6-3-11 ～图 6-3-14）。

石板房是鲁南山区的先民们独创的一种民居建筑艺术和文化遗产，鲁南石板房集中于枣庄市山亭区群山深处的兴隆庄和附近村落，这里北依翼云

图 6-3-9 “蝎子尾”花脊

图 6-3-10 济南民居影壁

图 6-3-11 泰山民居

图 6-3-12 蒙山大洼民居 1

山，东临翼云湖，石板房依山而建，最长的建造历史有 260 余年，是鲁南规模最大、保存最完整的古村落石板房建筑群。充满原生气息的石头屋于巨石丛中若隐若现，山体、林木、石板房聚落融合在一起，流溢出粗犷质朴的风韵。这里盛产片岩、石材，山民们就地取材，村落民居的屋顶均以片岩取代瓦片盖顶，铺成菱形或鱼鳞状，民居四壁也用片石或石块砌垒（图 6–3–15）。每家的院墙、牲口棚、猪圈甚至家用的桌、凳、钵、碾、磨、槽、缸、盆等，均用石头凿成。村落道路也用小块的片石铺就，雨天雨水顺缝隙渗流，行走其上咯咯作响，当地人称之为“响石路”。

三、胶东海草房

海草房是胶东沿海地区一种独特的民居类型，海草房施工有泥瓦匠和苫匠之分。泥瓦匠负责砌墙、上梁，后由专门的苫匠负责屋顶大泥找平、铺海草。建造海草房的“海草”是生长在 5 ~ 10 米浅海的大叶海苔等野生藻类，海草生鲜时颜色翠绿，晒干后变为紫褐色，十分轻薄柔韧。由于生长在大海中的海草含有大量卤和胶质，用它苫成厚厚的房顶，除了防虫蛀、不燃烧等特点，还具有抗风耐腐、冬暖夏凉等优点。海草不仅是苫盖屋顶的主要材料，也用来和成草泥做墙体抹灰，当地的土坯砖制作，多填入海草和牡蛎壳粉来增加强度。斑驳浑厚的砖石墙面、层层叠叠、高低错落的海草屋顶，在蓝天大海的映衬下，形成丰富的天际轮廓线（图 6–3–16 ~图 6–3–18）。

（一）墙体砌筑

胶东沿海石材丰富，所以海草房墙体大量使用石材砌筑，整面墙体都采用毛石砌筑而成。墙身的石材不追求整齐方正，而是随圆就方，暖灰色的毛石外墙朴实无华，黄泥和白灰在石墙面上勾勒出清晰的线条、形成微妙的韵律。传统海草房石墙的砌筑方式是从内外两面砌筑的，将质量较好的大石块在外墙砌筑，早期使用黄泥，后期使用 1 ∶ 2 的白灰与砂子勾缝；内侧用中等石材或土坯垒筑，外做草泥抹灰，再用白灰麻刀抹面；中间空隙用小碎石和黄泥浆填实。每隔一层埋置长条石，相当于丁石拉结内外。用长条石或者方木做门窗过梁。梁架上好以后，开始固定檩条。原则是脊檩相连一定要平。海草房屋架檩上一般不做椽子和望板与芦席，直接铺笆席。所以到此屋架部分已经完成，苫匠师傅开始制作屋面了（图 6–3–19）。

图 6–3–13 蒙山大洼民居 2

图 6–3–14 蒙山大洼民居 3

图 6–3–15 枣庄山亭石板房

图 6-3-16　层层叠叠的海草房屋顶

图 6-3-17　东楮岛海草房

图 6-3-18　晒干的海草

图 6-3-19　石材砌筑墙身

（二）屋顶苫铺

其施工程序是在檩条之上铺笆席，或密排高粱秸把子，或铺以薄砖，再将合好的黄泥从檐部向脊部涂抹在笆子上，晾晒 1 ~ 2 天，起到保护木屋架、找平屋面和保温的作用。铺草的程序从檐部开始，横向苫盖，一层麦秸草一层海带草交替铺作，一般约需铺 20 多层。最后用一层高质量的海带草做面层。收工时用竹耙子梳整，除去浮草。一般为 2 个苫匠（或者 4 个苫匠）由房脊一前一后由上而下同步操作，海草苫屋面不需要黏土，只是每行到两山头处抹一掀泥，来固定山墙的海草。有经验的苫匠逐渐加大麦草的用量，每层海草的用量几乎一样，利用麦草在内部填充，海草在外塑形，逐渐形成饱满立体的草顶（图 6-3-20、图 6-3-21）。

封顶又称压脊，是保证屋顶安全牢固的重要步骤。具体做法：两面苫到顶部再向中间合拢着苫，还是一层麦草、一层海草叠合压实，拔到至少 1 米多高的顶，多则 2 米以上，最后用黄泥和着碎海草

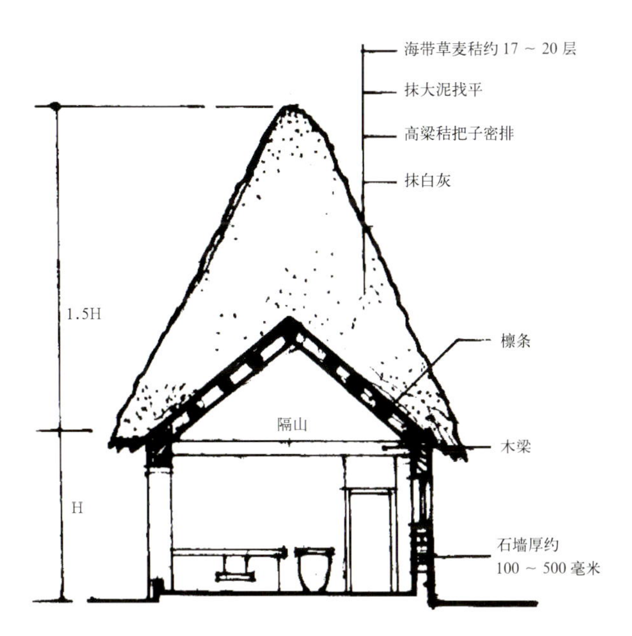

图 6-3-20　海草房剖面图

图 6-3-21　海草房屋顶

抹顶压实，也可用刀割取海边荒滩上的草皮压脊[②]。有的海草房讲究，顶部压脊更厚，两端苫得也更高，形成马鞍形曲面，排水和保护山面的效果也更好。苫到烟囱时，先在烟囱外皮抹 3 厘米厚的黄泥再苫草，烟囱口离屋面 40 厘米左右即可。加上麦秸草、笆席、大泥等，整个海草房屋顶的自重很大。一般苫一明三暗的四间正房需用海带草 6 ～ 7 吨。随着房屋的进深加大，屋顶荷载增加，坡度变陡，屋面面积也随之增大，海草檐部易受雨水等冲击破坏，且屋面的整体性也不易保持。一般海草房民居的正房为三到五个开间，进深在 4 米左右，最多不超过 5 米。

完成这三个主要工序以后，整个海草房的屋面已经成型，有的海草房屋顶就笼罩在渔网之下，既可防止海风侵袭，也可免受鸟儿的叨啄，更增添了海草房的渔家风味。屋顶苫好以后，房屋的主体工程就完成了，其他的后续工程如抹内墙、抹顶、做地面、上门窗、盘炕等，可根据东家的意愿和经济条件分步完成。

四、鲁西北囤顶房

鲁西北地区地处黄河冲积平原，地势平缓，鲁西北地区雨量少，区内缺山少石，在这种自然环境和气候条件下，形成了鲁西北特有的平顶土石房——囤顶屋，依照房子墙体取材不同可分为囤顶土屋、囤顶砖屋、囤顶石屋等几种类型，其特点是墙壁、屋顶厚实，冬暖夏凉，建筑风貌稳重质朴，是当地民众就地取材、因地制宜营造智慧的结晶（图 6-3-22）。囤顶房屋顶不起脊，不挂瓦，前后出檐，房顶用厚泥抹平，中间略高，前后两檐缓缓呈弧形坡度，房屋屋面空间可以用来囤粮、晒晾粮食、防鼠患、还可纳凉歇息，是我国北方常见的传统民居形式。由于鲁西北地区地域差异和建房人经济条件的不同，囤顶屋的建筑布局、墙体、屋顶做法也有所不同（图 6-3-23、图 6-3-24）。

（一）建筑布局

鲁西北民居，多为一正一厢的院落布局。正房一般坐北朝南，三开间。位于中间的叫正间，两侧的叫里间。正间南墙中央开两扇木门，两侧里间南墙各开一窗。有的人家三开间北墙上都有后窗，窗台 1 人多高，既利于通风采光，又可防窥防盗。也有在正房两侧各建一耳房的，高度须低于正房。厢房也常常为三开间，门窗位置与正房相同。大门位置灵活，多见东南向大门，也有因地制宜设在其他朝向位置的。

图 6-3-22 鲁西北囤顶房 1（图片来源：孙运久《山东民居》）

图 6-3-23 鲁西北囤顶房 2

图 6-3-24 鲁西北囤顶房 3

（二）墙体做法

墙体做法有 4 种，土坯墙体，滨州、聊城、德州地区当地不产石头，囤顶屋多以土坯做墙体，穷人家整个墙壁从上到下全部以掺了干草或麦秸的泥土夯实或是土坯垒成，墙体厚度可达 60 厘米左右。土坯、砖混合墙体，鲁西北地区的土坯囤顶房，墙基多以砖砌，这种墙基俗称"碱脚"。根据建房人的经济条件不同，"碱脚"有五行、七行、九行、十一行砌砖之分。砖砌墙基与上面土坯中间常常隔一层麦草，以防碱腐蚀。门窗过梁一般是木材，窗台以砖砌。土坯、石混合墙体，墙基石砌，墙基以上为土坯垒成。石墙体，山东平阴、长清、泰安一带盛产石材，因此囤顶屋多以石材为墙体。整个墙体全部以方毛石垒砌到顶，门窗上部用石板做过梁，窗台也用石板砌。

（三）屋顶做法

囤顶房屋架主要采用"梁柱平檩式构架"，在直梁加短瓜柱做出梁架，呈浅弧形，上置檩条。

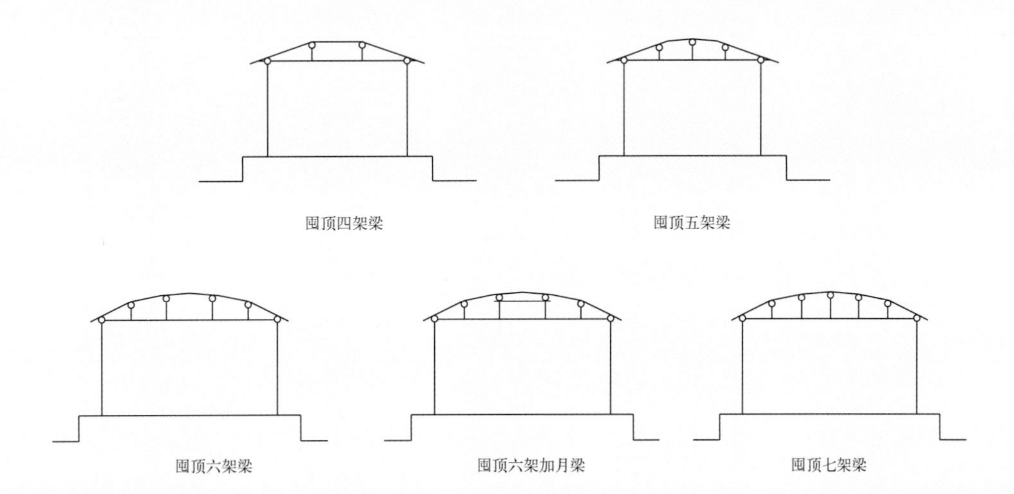

图 6-3-25　梁柱平檩式构架示意图

囤顶房屋面起坡高度小，进深也不能太大，一般在 4 米左右，室内空间相对狭小。因其构造简单，节省材料，在经济比较落后的鲁西北地区，是适应当地情况的合理结构体系（图 6-3-25）。囤顶房檩条上的屋顶做法依建房人的经济条件不同，大致分 3 种。

1. 麦秸泥抹顶

架好的檩条上铺厚厚的秫秸，然后再在铺好的秫秸上面用麦秸泥抹平，屋顶厚度约 50 厘米左右。这种房因陋就简，造价低，贫穷人家多用此种方式建房，但为防雨水渗漏，年年需要用麦秸泥抹一遍房顶。

2. 石灰、炉渣、泥抹顶

架好的檩条上铺数层苇箔（稍讲究些的檩条上钉椽子，椽子上再铺苇箔），苇箔上再铺以成捆的秫秸，秫秸上面铺草。然后用麦秸泥抹一遍，既有全面黏结整个屋顶和填缝的作用，又有承担最后一道工序——混合料抹顶的作用。等头一遍麦秸泥干透，最后用石灰、炉渣、泥土按一定比例加水混合而成的混合料均匀地平铺在整个屋顶上，混合料厚约 10 ～ 20 厘米，很多人手持木板反复地用力捶打，直至表面泛出泥浆，并且到质地坚实平滑为止。这种囤顶房既美观又坚固，经济条件好的人家才会用此种方式建房。

3. 笆砖铺顶

架好的檩条上铺数层苇箔，再用麦秸泥抹平，等头一遍干透后，再用麦秸泥铺笆砖。所谓笆砖，是一种面积比常见黏土砖大约 1 倍的近正方形的砖，其厚度相当于现在砖的 2/3。整个屋顶铺满用泥稳固的笆砖之后，再在砖缝中稀疏均匀地撒入谷粒。谷粒借着铺砖时泥中的水分，慢慢生根发芽，但并不会长太高，因为水分用尽时，小谷苗也就枯萎了，谷苗根系盘根错节、留在砖缝中，使笆砖更稳固，同时也加强了屋顶的防雨效果。

注释

① 李万鹏、姜波．齐鲁民居 [M]. 济南：山东文艺出版社，2004：56 ～ 60.

② 原永敬，张政利．荣成民俗 [M]. 济南：山东书画出版社，1997：154.

山东古建筑

第七章　园林建筑

山东城市公共园林景观、私家园林分布图

1. 济南大明湖
2. 济南趵突泉
3. 济南千佛山
4. 章丘百脉泉
5. 潍坊十笏园
6. 青州偶园
7. 博山因园

（地图引自：中华人民共和国民政部编．中华人民共和国行政区划简册 2014. 北京：中国地图出版社，2014.）

山东，“右有山河之固，左有负海之饶”，地理位置优越，是南北过渡地带，东部沿海省份，兼得山、河、湖、海之势。四季分明，气候宜人。山东是儒家文化发源之地，也是佛教、道教重要传播地区，历代圣人先贤层出不尽，群星荟萃，遍布各个领域。

凭借优越的地理位置、富庶的经济基础和深厚的人文积淀发展起来的山东园林，地域特色鲜明，门类齐全、数量众多，兼具南北园林风格，体现了中国园林文化南北交融的发展特点。

一、山东园林发展概说

（一）前秦时中国传统园林生成期的山东园林雏形

中国古典园林的雏形产生于囿、台和园圃三个源头，其中囿和园圃关涉栽培、圈养，属于生产范畴；而台则关涉通神、望天。台、囿、园圃本身包含的物质因素被视为中国古典园林的原始雏形。

前秦三代是山东园林文化形成期，根据相关文献记载可知，这一时期山东境内建有几处通神望天的著名高台，如淄博的梧台、滨州的秦皇台和寿光的纪台。

（二）秦汉时期神仙思想的山东风景名胜园林

神仙思想乃是原始神灵、山岳崇拜与道家老、庄学说融揉混杂的产物，产生于周末，盛行于秦汉。依托山东蓬莱沿海一带地形地貌衍生出的“东海仙山”成为中国两大神话系统之一的渊源。泰山封禅将泰山神进一步人格化的同时，开创了中国名山大川风景名胜大开发的先河。

——东海仙山 · 蓬莱。《史记 · 封禅书》载：“自（齐）威、宣、燕昭使人入海求蓬莱、方丈、瀛洲。此三神山者，其傅在勃海中，去人不远；患且至，则船风引而去。盖尝有至者，诸仙人及不死之药皆在焉……而黄金白银为宫阙……三神山反居水下……风辄引去，终莫能至云……”由海市蜃楼幻化出虚无缥缈的神仙境界充满了神奇色彩，令人向往，有秦始皇东巡求药、汉武帝御驾访仙的故事流传。《史记 · 秦始皇本纪》亦有秦始皇派遣徐福前往蓬莱、方丈、瀛洲三座海上仙山求长生不老药的记载。《秦记》中记载：“始皇都长安，引渭水为池，筑为蓬、瀛。”汉代时从三山模式发展为五山，《列子 · 汤问》中记载的五山即在上述三山基础上增加岱舆、员峤二山。后来岱舆、员峤二山飘然而去，不知所踪，而“太液池、蓬莱、方丈、瀛洲”衍化为中国仙境中的理想景观模式之一，开创了中国皇家园林“一池三山”的基本山水范式。

——山岳崇拜 · 泰山封禅。远古时代，山是神之居所，是通天之径，自然演化为神的象征。泰山位于山东省中部，主峰海拔1545米，凌驾于齐鲁平原之上，与周围平原和丘陵的相对高差有1300米之多，在视觉上形成“一览众山小”的气势。山脉绵延盘卧426平方公里，风景优美，在形态上具有安稳威仪之感。泰山位于中国东方，而在中国传统文化中东方是日出的地方，被誉为生命的源泉、希望和吉祥的象征。因此泰山被尊为“五岳之首”、“天下第一山”。自古以来，泰山在中国人的心目中有着和“昆仑山”一样的地位，国人崇拜泰山，有“泰山安，四海皆安”的说法。据《史记集解》所载：“天高不可及，于泰山上立封禅而祭之，冀近神灵也。”自先秦七十二君至近代，泰山封禅活动已经成为历代统治者的政治大典，而泰山神也衍化为人格化且具有帝王之尊的神灵。经过历代的发展，泰山文化也反映着中国文化儒、道、释融合的特征。

园林中由神仙思想主导模拟的神仙境界实际就是山岳风景和海岛风景的再现。这种模拟盛行于皇家园林，对于园林向着风景式方向发展具有积极推动作用。

（三）魏晋南北朝时期对山东园林发展奠定了基础

魏晋南北朝是大动乱时期，也是思想十分活跃的时期。就园林内容而言，该时期山东园林发展主要表现在三个方面。首先是风景名胜大开发，尤其城市近郊山清水秀之地为风景名胜开发提供了便利，如《水经注》记载济南泺水源头和古大明湖泉水丰

沛地带均开辟了公共活动空间，东西子城间珍珠泉流域人工凿渠导引历水形成了著名的公共园林——流杯池。其次是山东经济文化相对富足，为私家园林发展奠定了基础，如唐代段成式《酉阳杂俎》一书中记载的济南两处私家园林——使君林和房家园。前者的园主人是地方最高长官齐州刺史郑公悫，后者的园主人是当地门阀士族北齐博陵君房豹，两处名园均建在城北风景优美地带的郊野别墅园，园林规模可观，风格亲近自然、较为野趣，可以看出私园建设"避嚣烦"、"寄情山水"之情结。最后，该时期山东成为佛教、道教的重要弘法之地，寺观园林开始盛行，这些寺观多依托于风景名胜地带建造，如济南的古大明寺不仅建在风景秀丽的古大明湖畔(今五龙潭周边)，还建有招待客人的"客亭"。

（四）唐宋金元时期山东公共园林与寺观园林发展的黄金时期

唐宋元时期，山东在国家中政治地位不显，虽然境内齐州、青州等地在国家政权中占有重要地位，但是经济发展相对滞后。唐宋时期文人地位备受重视，尤其宋代"文人治州"现象的兴起，使得作为边防重镇的山东得以文人青睐，尤其齐州治所——济南，以其秀美的湖、山、林、泉城市特质成为文人抒写的宠儿，与城市环境共同发展的城市公共园林得到全面发展。

山东鲁地尚儒，齐地崇道，佛教传入中土后，始终难以浸润齐鲁腹地。因此齐鲁交界处，两国国君会盟地——济南，便成为三教汇流的洞天福地。据文字记载，早在两晋西域高僧佛图澄到济南宣扬佛法，使济南成为齐鲁大地的佛教中心，寺观园林建设开始兴起，文献记载此历史时期有郎公寺、大明寺、灵岩寺、般若寺、涌泉庵、兴国寺、开元寺、九塔寺、水月禅寺、洪福寺、兴隆寺、甘露寺、华林寺、法云寺、瑞气观、太清观、白云观、林泉观等 30 多处分布在山高、林茂、泉沛地带的著名寺观，其中灵岩寺、兴龙寺、涌泉庵、开元寺等兼具园林之胜。

经济的富庶、文化的繁荣以及山水艺术的高深造诣，直接为私家园林的兴盛奠定了基础，这一时期山东著名的私家园林主要集中在齐州济南，如宋元之际张养浩的云庄、赵孟頫的砚溪村，无论园林经营，还是艺术品位，都是最能反映宋、金、元时期济南山水风貌特征以及私家园林营造特色的优秀作品。

（五）明、清时期私家园林和官署园林全面兴盛时期

明、清时期中国传统园林发展迅速，私家园林因文人画家的参与兴旺一时。明洪武年间（1368 ~ 1398 年）设立山东省，作为山东省省会的济南得到长足发展。明永乐十九年（1421 年）迁都北京以后，京杭大运河沿线的济宁、聊城由于漕运的发展而繁荣。小清河流域的淄博和潍坊手工业、商业逐步发达。经济的繁荣使得济南、济宁、聊城、潍坊、淄博成为明、清时期山东私家园林和官署园林集中之地。

明至清中叶，济南作为山东省省会，既是政治经济中心，又是人文荟萃之地，私家园林更是兴建不辍，进入兴盛阶段。"北地风景似江南者，自齐城之外并无二地。故吴侬客此甚多，风气自南而北，淫靡渐生，淳朴渐离"；"凡客居济南者，每耽山水游宴，或至废政。小淇园、烟雨楼、水面亭、千佛山，排当殆无虚日。"明代诗人王象春在《齐音》中用简短的语言描述了济南当时园林的经营状况。北园以及四大泉群区域的私家园林形成了园林群：亭台楼阁，依泉傍溪，林荫蔽日，鱼鸟共和，可谓风光旖旎、美不胜收。文献记载名园达 40 多处，如德藩王府园、提督学政署园、江园——西花园、通乐园、王氏南园、小淇园、刘氏园、梁园、鲍山山庄、椒园——燕园、北渚园、漪园、贤清园 · 朗园、秋柳园、潭西精舍、贾园、郭园、赤霞山庄别墅、灰泉别业、孙氏别墅、逸老园等。然而可惜的是几百年间风雨沧桑，济南园林荣荣枯枯、兴兴废废，如今众多名园已经烟灭绝迹，昔年胜景只能从后世文人墨客的诗文中领略。

济宁，"运河之都、孔孟之乡、礼仪之邦"，"江北小苏州"，明清时期济宁因运河而兴起，曾是商贾云集之地。这些富绅们曾在济宁营造出多处具有江南风情的园林别墅，如集玉园、避尘园、大隐园、仙园、闲园、雅集园、拙园、王园、潘园、西园、负郭园、怡园、李园、徐园、伴村园、荩园等。其中位居清末济宁38处著名园林之首的荩园和曲阜孔府后花园——铁山园仍能寻得当年韵味。

潍坊在明、清时期私家园林大量涌现，据《潍县志》记载，仅仅潍县古城私家园林就达16处之多，清乾隆年间（1736～1795年），潍县县令郑板桥曾有这样的描述："三更灯火不曾收，玉脍金齑满市楼。云外清歌花外笛，潍州原是小苏州。"因战争动乱，多数园林已经毁损，目前仅存潍坊的十笏园和青州的偶园。

聊城，别称"江北水城，运河古都"，是国家历史文化名城，明、清私家园林著名者，如衙署后花园——依绿园、清大臣任克溥的私园"绮园"均曾引起一时轰动。目前两处古园均已难觅踪迹。

（六）近代时期园林风格和类型的转型

近代，深受齐鲁文化熏陶的山东省，是地处两京之间的最大省府，它的经济结构、政治体制以及社会生活等均有独到之处，滋生于此的山东近代园林有明显的地域特征：东部沿渤海、胶州湾等重要港口城市，如青岛、烟台、威海等城市近代园林西化之风盛行，租界花园和公园成为这些城市新兴园林的代表；中部沿津浦铁路、胶济铁路的潍坊、青州、周村、济南等城市的近代园林则在转型和融汇之间盘桓，既有明显中西合璧特征的案例，如济南的遐园、怡园、督军花园、缪家花园等，又有完全延续中式风格的案例，如亦园、基园、品泉山房、窦家花园等，甚至出现了最早的城市公园之一——中山公园；沿京杭运河的济宁、曲阜等城市的近代园林仅仅是保守融汇近代元素，如戴庄花园（前身为荩园）。

二、山东古园林遗存概括

由于地处南北交通要塞，山东经受了历代战争洗礼，加之现代城市扩展缺乏对传统文化遗存的深刻认识，目前境内能以古园林加以评判的园林案例，除却风景名胜之外所剩寥寥无几。就地域而言，这些园林遗存主要分布在济南、潍坊、曲阜等历史文化名城。就园林隶属关系而言，以泉水主题公共园林、私家园林为主，也有衙署园林和寺观园林以及坛庙园林、风景名胜园林等其他类型的遗存。

三、山东古园林的编撰限定

（一）时间限定

山东古园林为1840年以前建设并延续至今的、以人工建造为主的园林。

（二）城即园林

由于城市发展变化，传统公共园林空间和构筑物发生了巨大变化，难以用古园林的术语加以限定。但是对于济南明、清古城而言，依托山、泉、湖、河建立起的传统公共园林空间虽然发生了变化，但是山、泉、湖、河物质建构还在，而且共同建构起中国传统山水城市"城即园林"的特征。同时"泉水主题园林"是泉城济南的重要特色，从古至今的园林布局和主要构筑物虽然不再如昨，但是泉水依旧喷涌不息。因此本章特从"城即园林"的角度对济南主要传统公共园林进行解读。对于其他公共园林，若有代表性造园要素遗存的列入补遗，如青州范公亭。

（三）其他泉水主题园林

对于其他泉水主题园林，与寺庙共存的归入寺庙建筑环境，本章不再收录，如龙泉寺的洪范池、灵岩寺的袈裟泉。主要泉水还在，但是布局与主要构筑物均为现代建筑的园林列入补遗，如泗水泉林。

（四）私家园林和衙署园林

保存完好的和山水布局完整的，或者部分保存完好的园林列入相关门类，如私家园林中的十笏园、铁山园，衙署园林中的山东巡抚花园。衙署园林中的山东巡抚西花园是珍珠泉泉水主题园林的核心部分，本章结合山东泉水主题园林的特色，将其纳入泉水主题园林，不再另述。

（五）寺观园林与坛庙园林

寺观园林和坛庙园林在"宗教建筑和坛庙建筑"篇章中作为外环境加以阐述，本章仅对已被毁坏但

尚保存部分园林要素的列入补遗，如于林。

（六）村口园林

村口园林是传统聚落环境的重要组成部分，将在“城镇与村落”一章中与历史文化名镇名村的空间布局和外环境共同描述，本章不做赘述。

（七）风景名胜

风景名胜是古代宗教建筑聚集之地，其外环境多为自然之作，少人工之力，因此本章主要以山东境内自然和文化名山为案例，介绍其历史沿革和主要景观风貌，其中涉及的古代宗教建筑本章不再涉猎。如历代封禅重地泰山、海上仙山蓬莱和道教福地崂山。

（八）其他园林及要素

其他园林，如园林雏形、书院园林等列入补遗。

第一节　城即园林

一、“泉城”济南概括

济南以“泉城”著称，泉水不仅是济南赖以生存的物质基础，也是济南古代园林建设的重要依托。济南市域范围内分布着趵突泉（市区）、五龙潭（市区）、黑虎泉（市区）、珍珠泉（市区）、百脉泉、白泉、玉河泉、涌泉、袈裟泉、洪范池共十大泉群，据史料记载，每一泉群历史上均有园林建设，其中市区四大泉群是济南古代园林集中之地。明、清古城 2.8 公里范围内，四大泉群的 100 多处泉水日夜喷涌，曾让旧日济南“家家泉水，户户垂杨”，也令历代文化名士不惜浓墨重彩而交口颂赞，宋代文豪曾巩曰：“齐多甘泉，冠于天下”，元代地理学家于钦称：“济南山水甲齐鲁，泉甲天下。”

二、济南“城即园林”的空间结构

与西方古代城池建设不同，中国古代城池建设并不看重平面构图比例，而是注重所在位置山水格局之“意境”。早在东汉时期，仲长统《乐其志论》中就有“使居有良田广宅，背山临流，沟池环匝，竹木周布”的表述，从侧面反映了中国文人心中向往的理想人居环境，也是中国“山水城市”形成的基础。

济南古代城池的营建一直遵循着这种思想：周边山环水抱，坐落于盆地之中，利用优越的自然山水骨架创造良好的城市景观与居住环境，以实现中国传统山水文化中自然美与人文生态美的和谐统一。从秦汉古城，经魏晋双子城、唐、宋、明、清母子城，至清末民初双子城，济南城池核心地带宛若一座大型传统天然山水园，展现了“城即园林”的山水城市本色特征。

（一）山水交融的城市基址

关于济南古代城市基址状况，元代于钦在《历山》一诗中这样咏赞：“济南山水天下无，晴云晓日开画图。群山尾岱走东河，鹊华落星青照湖”；老舍《吊济南》这样记载：“济南的美丽来自天然，山在城南，湖在城北。湖山而外，还有七十二泉，泉水成溪，穿城绕郭”。济南古代城池的魅力首先来自这山环水绕的城市基址（图 7-1-1）。

城区南眺，烟峦千迭、连绵逶迤：近有千佛山、佛慧山、黄石崖、英雄山等山峦逶迤，清秀婉丽、嶂崖耸翠；远有三川锦绣（锦绣川、锦云川、锦阳川）、两湖澄碧（卧虎山水库、锦绣川水库），蟠龙山、太甲山、青龙山、青铜山、梯子山、云台山、铜壁山、黄花山等拱卫着巍峨的泰山，守卫着沧桑老城。城区北望，点点孤峰依傍黄河，“齐烟九点”诸峰在云雾烟雨的缭绕中若隐若现,似“芙蓉”,如“屏障”。东南章丘的锦屏山、胡山，南部长清的方山、五峰山，西南平阴的翠屏山、云翠山等，千姿百态，雄伟中透着秀媚，幽静中透着玲珑。在万千山壑间，文物古迹众多：石窟造像，阅历千载；洞观幽寺，岿立百代；古树葱茏，栉风沐雨；碑碣林立，可辨龙蛇。

叠嶂青岚与点点孤峰之间是一城泉、湖，是济南的灵魂。100 多处名泉竞相喷涌，泉水汇聚成池、溪、河、湾、湖，并穿城绕郭汇于济水（大、小清河），赋予这座俊朗、豪爽、阳刚的北方城市以江南的灵气与潇洒。“江西诗派”开山大师黄庭坚就曾发出“济南潇洒似江南”的感叹。元代济南籍名士张养浩

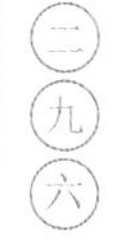

《重修会波楼记》中概述透彻详尽：“吾乡山水之胜，名天下。代之谈佳丽者，多以江左为称首。畴尝游焉。南方之山，大概肖其风土，沉雄浑厚者少，秾鲜清婉、靓装雅服之比，道路相望。惟吾乡兼而有之，其曰历山者，迤峦突翠，虎逐龙从，南健岱宗，东属于海；华、鹊两峰，屹然剑列，峭拔无附丽，众山皆若相率拱秀而君之；大明湖则汇碧城郭间，涵光倒影，物无遁形。自远而视，则鹊、华又若据上游而都其胜者。至于四时之变，与夫阴霁早莫，水行陆走，随遇出奇。凡可以排嚣宣郁，使人蜕凡心近高明，可喜、可愕、可诗、可触、可图者，靡一不具。其基城北水门，翘然而屋者，为会波楼。盖济南形胜，惟登兹楼，可得其全焉。由吾乡多名泉，众流至此而合，故以名之。”山、泉、湖、河、城有机结合，浑然天成，不失为一座构思巧妙的山水城市(图 7–1–2)。依托泉池、泉溪、泉河、泉湖形成的泉水名胜以及各种形式的泉水庭院和街巷院落，共同塑造了济南“城即园林”的特色风貌。

（二）人工与自然的和谐统一

古人在“天人合一”理念影响下，将“人”视为自然一部分，关注人与自然的和谐统一，在对待人与自然关系的态度上更加平和，始终采取“顺应自然”的方式。济南古代城池的历次扩展始终贯彻这一理念，遵循着山水诗画所描绘的理想人居模式。

为尊重城市基址山水特色，济南古城营建始终遵循着“依势构筑”的准则，如同园林营建一般。魏、晋时期由于历城西面为泺水和古大明湖，北面为历水陂，东面为珍珠泉、流杯池，南面山岗横阻，出现东西双子城的城市形态。明、清古城基本上承袭了唐代城垣，但是受地形因素影响，城市形态并非方正，而是有一定偏斜角度。城池虽开四门，却“四门不对，北门不开”。内城布局，明代德藩王府基本坐落在城市中心位置，向南经过王府前街的天地坛街，向北延伸，出后宰门，至大明湖历下亭。但是由于城市地形复杂，受湖泊、泉池和沟渠等制约，建筑物布设因地制宜，没有围绕中轴线做对称

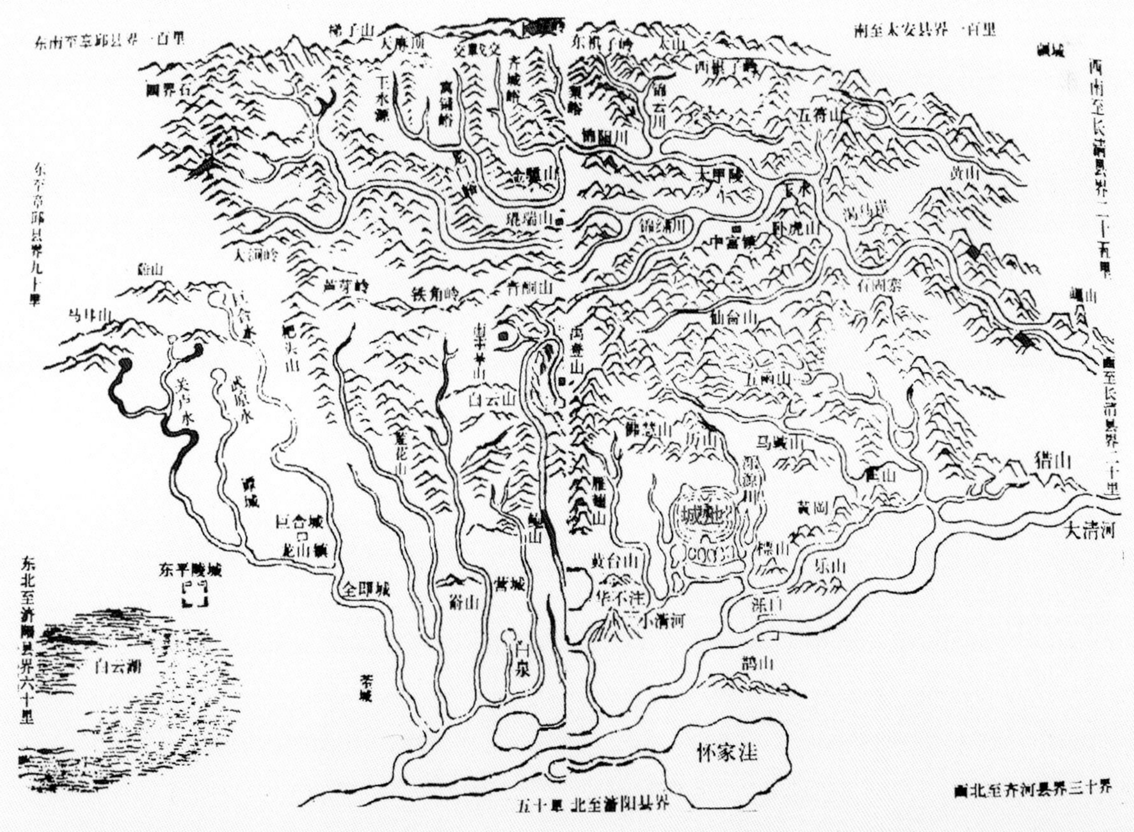

图 7–1–1 清乾隆时期济南疆域图（图片来源：《历城县志》）

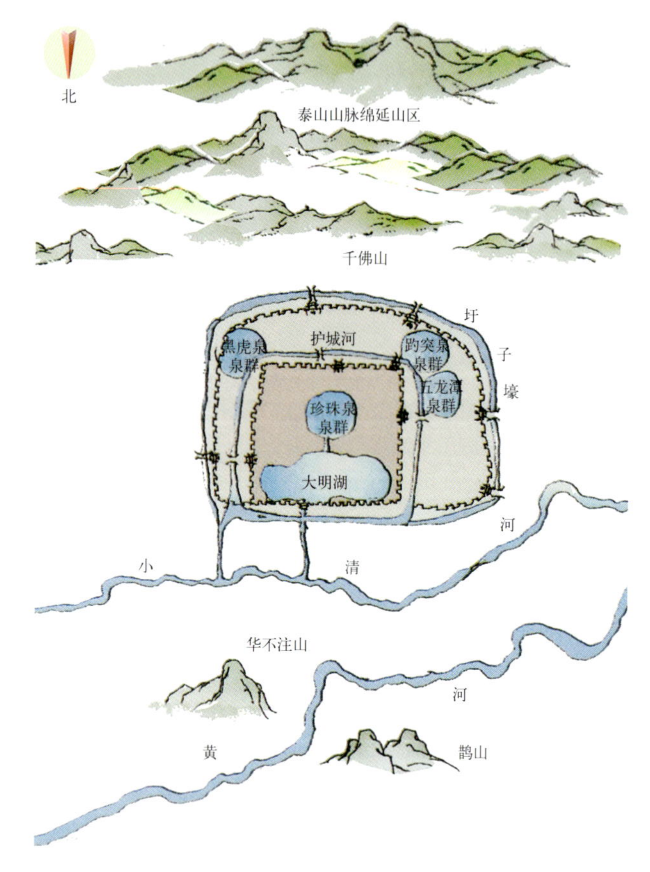

图 7-1-2　济南古城区“山、泉、湖、河、城”特色环境结构示意图

布局，因此城内无明显中轴线。城内交通干线，受城北大明湖的制约，缺失纵贯于古城的街道；同时由于东西二门不对，也无横贯之主干道。这种街道布局使得济南既具备中国古代城市棋盘状的典型特点，又有独特之处。另外，由于地势南高北低，多泉水喷涌，雨季又有山水汇集，为顺因地势排泄洪涝之灾，城内多南北向长街道，东西向街道少且较短（图 7-1-3）。

（三）水利工程与山水文化的巧妙结合

济南古代水利工程的建设始终坚持以山水文化为指导。其中经典案例即是北宋曾巩任齐州知州期间，在整治城内水患之时，结合水利工程修建大明湖、趵突泉等风景名胜区。在大明湖利用清淤时的泥沙修筑湖堤，修建亭、台、楼阁，架设桥梁，栽植花木，成就了中国园林史上传统公共园林的经典案例——大明湖传统公共园林区，分布其间的“曾堤春晓”、“七桥风月”景点享誉当时，并影响至今。新中国成立后利用护城河改造开辟环城公园，该公园是当时全国著名的三大环城公园之一。因此大明湖、五龙潭、

图 7-1-3　1933 年济南古城街巷全图
（图片来源：《济水之南》）

趵突泉、黑虎泉等水源丰沛地带是济南园林文化传承的核心区域。这些举措在满足城市排洪排涝之需时，成就了济南古城的山水环境，美化了城市景观，使得城市兴建与自然山水格局完美结合。

济南古城营建，借助丰富的山水资源，使得城市内外空间相互融合，景观互为因借，“城在山水环抱之中，山、泉、湖、河萦绕点缀于城中”，共同构筑了“山、泉、湖、河、城、林”互为一体的独特山水城市形态与格局。凭借山水形胜，巧妙安排城池格局，使得整座城池尽显园林本色（图7-1-4、图7-1-5）。

三、泉之源——千佛山

“山对济南城，人言帝舜耕。登临记秋晚，几案与云平。曾巩文传久，开皇象凿成。历亭遥望处，寤寐倚栏情。”（清代翁方纲《千佛山》）

千佛山，主峰海拔285米，泰山余脉，山并不雄伟，但因其位于主城区东南侧，东与佛慧山相接，西与马鞍山、四里山相连，隔羊头峪与燕子山相望，众山层峦叠嶂，恰似济南的天然屏障——翠屏如画，与大明湖形成对景，是济南八景之一——“佛山倒影”的主角。千佛山历史悠久，风景秀丽，古迹众多，是济南三大名胜之一——千佛山风景名胜区的核心区域。

（一）历史沿革

千佛山，春秋时称“靡笄山”，汉时多称“靡山”、“历山”，魏、晋时因山上建舜庙又名“舜山”、“舜耕山”，并沿用至今，历史上济南古代称谓，如“历下邑”、“历城”，皆因此山而得名，如北宋曾巩在《齐州二堂记》中记载：“谓齐之南山为历山，舜所耕处，故其城名历城为信然也。”

千佛山之名，始于隋开国皇帝杨坚。崇尚佛教的杨坚为纪念母亲，在舜耕山上凿窟造像千尊，修建“千佛寺”，因此得“千佛山”之名。唐贞观年间（公元627～649年），寺院重新修葺，改名“兴国禅寺”。明、清时，因城池拓展与变迁以及市内寺院大规模南迁，千佛山寺院得以重修，成为“济南三绝胜”之一。从此，千佛山成为香火胜地，并延续至今。民国时期，因战乱等原因山林被伐，土壤流失，盘道被毁，山体残败，庙宇年久失修，毁坏惨重。新中国成立后，该地段因历史文化遗存分布较多，又具自然优势，1959年开辟为千佛山公园，当时面积仅为0.6公顷。

（二）历史古迹

千佛山以山地自然景观为主，采取依势构筑的自然式布局，以宗教（佛教、道教）文化、舜文化及名胜古迹游览为核心内容。历史古迹主要有以下几处。

图7-1-4　济南老城区景色
（图片来源：image.haoso.com）

图7-1-5　济南市区全景图
（图片来源：bbs.iqilu.com）

1. 兴国禅寺 · 佛山造像

兴国禅寺，位于千佛山北坡半山位置一处东西长、南北窄的狭长台地上。佛山造像在寺院内南侧山崖的背阳处。寺院最早建于隋开皇年间（公元581～600年），因开凿崖壁上的石窟造像而得名“千佛寺”，唐贞观年间（公元627～649年）重修，改为“兴国禅寺”。元末明初因战乱寺院被破坏，“无存一砖一瓦”，明成化四年（1468年）德王府捐资重建佛殿、僧房，清又扩观音殿。今存建筑多为明、清时期所建。受地形条件所限，兴国禅寺没有恪守一般寺院坐北朝南的常规布局方式，而是因山就势而建，迤逦于半山（图7-1-6）。

山门坐东面西，为单层双坡硬山顶。沿22级台阶而上，迎面是一半圆形石拱门，门楣上是近代佛学家赵朴初先生所书“兴国禅寺”四个大字，门两侧是清代杨兆庆书写的对联“暮鼓晨钟惊醒世间名利客，经声佛号唤回苦海梦迷人”。

经拱形门进入寺院，迎面左右（南北）是钟、鼓楼，向东为两处院落。西院内南山石崖下分布着极乐洞和龙泉洞，洞上半部的悬崖峭壁上分布着大小几十尊佛像，是济南摩崖造像集中地之一。千佛山佛教造像的雕刻艺术承袭了南北朝风格，但面貌柔和，面庞圆润，衣褶重写实，是唐代石雕的先声之作。主洞极乐洞，洞内正面为3米高的释迦牟尼佛立像，其两侧分别为高约2.5米的大势至菩萨(左)和观世音菩萨（右），合称为“西方三圣”。三尊石像锦衣玉带，神态安然，雕工精细，是佛教石刻艺术珍品，除此之外有20余尊小佛像，“文革”期间遭受不同程度的破坏。龙泉洞紧邻极乐洞西侧，与极乐洞内部相通。洞口崖壁上亦刻有20余尊佛像。洞内泉水旺盛，叮咚作响，富有琴韵，山风入洞回旋有声，似老龙吟鸣，是以得洞名。洞内水深3米

图7-1-6 千佛山兴国禅寺（图片来源：pic.sogou.com）

左右，清澈见底，是寺院僧人饮用水源，有“洞中多清水，为客洗烦愁”之说。东南黔娄洞，以春秋时期齐国道教隐士黔娄命名，为一处道教洞穴。佛、道同寺是兴国禅寺的另一大特点。院内大部分建筑沿北侧一字展开，原有的七座殿堂不分主次，青瓦丹柱与古柏峭壁相映生辉。1987 年原东西跨院间的一座三开间过厅拆建为坐东面西的五开间歇山顶大雄宝殿；沿轴线向东原三开间的大雄宝殿改建为面阔三开间、进深三开间的天王殿。

自黔娄洞拾级而上是一座双柱单檐庑殿顶的石牌楼，额枋上“洞天福地”四字是清乾隆壬子年（1792 年）仲夏山东布政使江兰所书。牌楼石雕瓦垅、螭吻、翼角起翘等各构件均生动逼真。上下石坊上刻有“双龙戏珠”等纹样。四个翼角下方均雕琢凹槽以悬挂风铃。牌楼不大，却做工精细，构筑严谨，是兴国禅寺遗留下的精品古建筑。过牌楼，在寺院的东南峭壁间，原为一座明代三间厅堂建筑——对华亭（又称一览亭），因面对华不注山而得名。这里背山面城，是登高眺望济南山光水色的绝佳位置。盛夏酷暑，藤萝攀缘，静幽清凉，是僧人们坐禅习静、讲经说法的好地方。1994 年，该处建筑拆建为上、下两层各五间的仿清式歇山顶楼房，楼上为兴国禅寺藏经楼，楼下是方丈室和接待室。

兴国禅寺东门外南山石崖上嵌刻着清光绪初年（1875 年）山东巡抚丁宝桢所书写的颜体“十二屏风”碑刻，字体遒劲雄浑，结构匀称严谨。碑文内容极为丰富，是太守石小南感慨人生之作。沿石阶至山顶的望岱亭，于亭倚栏南望，山外青山连绵不断；北眺大明湖如一汪明镜镶嵌于闹市中，黄河如同白练，建筑鳞次栉比，河流逶迤，道路如织，泉城景色尽收眼底。

2．“齐烟九点”坊·“云径禅关”坊·乾隆御碑

“齐烟九点”坊和“云径禅关”坊，是千佛山两处著名牌坊，是千佛山北门西蹬道至兴国禅寺途中两处重要点睛建筑。

“齐烟九点”坊，位于西盘道中段山道拐弯处，是一座红柱灰瓦的木牌坊，清道光二十五年（1845 年）由历城县令叶圭书建，形制为两柱一间一楼：两根丹红木柱和四根斜撑支承着双坡灰瓦屋顶，屋檐为六攒七踩金斗栱，斗栱布局繁密，装饰性强，具备晚清牌坊的典型特征。额枋匾额正面是叶圭书书写的“齐烟九点”墨迹，借用唐代诗人李贺《梦天》中名句：“遥望齐州九点烟，一泓海水杯中泻”来形容该处景观形胜。坊背面匾额为“仰观俯察”，是由书法家王羲之《兰亭集序》：“仰观宇宙之大，俯察品类之盛”佳句头两字借化而成（图 7-1-7）。

“云径禅关”坊，在“齐烟九点”坊上方。坊形制为四柱三间二楼木牌坊，明间为五攒七踩斗栱，次间为三攒七踩斗栱。额枋均绘有华丽的旋子彩画，明间的两个雀替尺寸宏大，有着明显的建筑结构传递荷载功能，夹柱石为古代原物。坊的两面各有“云径禅关”和“峰回路转”阴文镏金字迹。“云径禅关”用以表示佛门的清幽，环境的超凡脱俗，字是济南当代已故书法家黄立孙手笔。坊后“峰回路转”出自北宋文学家欧阳修的《醉翁亭记》：“峰回路转，有亭翼然临于泉上者”，借用寓意此处地势之险峻，并有人生哲理的暗示。牌坊对面石壁前的乾隆御碑，镌刻着清代乾隆皇帝（1748 年）登千佛山所写的《千佛山极目有作》（图 7-1-8）。

图 7-1-7　千佛山齐烟九点（图片来源：《济南城市名园历史渊源与特色研究》）

图 7-1-8　千佛山云径禅关坊（图片来源：《济南城市名园历史渊源与特色研究》）

3. 佛慧山造像 · 开元寺遗址

佛慧山造像 · 开元寺，位于千佛山东南。佛慧山即济南历史文献中记载的八景之一——“佛山赏菊”所在地。秋日，满山丹树黄花，重阳节期间，历代文人常于此登高赏菊远眺。据文献记录，开元寺旧名佛慧山寺，始建于盛唐佛教盛行时期，重建于北宋。后因济南城内古刹开元寺在明初寺址被占为知府衙门，开元寺僧人并入佛慧山寺，从此佛慧山寺改名开元寺。开元寺利用天然地貌依石壁而建，现今仅存殿址、院内双泉和石窟造像、摩崖石刻以及寺南佛慧山主峰大佛头古迹。

寺院原有正殿五间，东西配殿各三间，殿前宋代古丁香数株，每年春暖花开时，满院清香，前来访胜者络绎不绝，清代王德容《佛慧山题壁二首（其一）》：“城南八里路幽深，佛慧山遥缓步寻。十五年前曾住此，丁香花下坐微吟。”即当时胜景写照。目前古丁香树已经不复存在。殿后北壁上，凿有上、下石室多间。石壁西首有镇武洞，凿于清乾隆五十八年（1793 年），邻洞下方依山雕龟像，蛇绕其颈，设计奇特，造型古朴，今其形态清晰可辨。院周岩崖，雕凿唐代造像多尊、摩崖石刻众多，今造像完好无损者寥寥无几，石刻也已模糊不清难以通读。寺院内南北相对的两处泉池位列“济南七十二名泉”。西南崖下是著名的“秋棠池”，泉水澄澈可鉴，池边原有“秋棠亭”，现旧亭已毁，泉池风采依旧。东北崖下“天生自来泉”石洞出露涓涓清泉，并汇为“甘露泉”，泉水清冽甘美，具有“味甘却似饮天浆”的美誉。南山崖下佛寺周边的山崖上有唐代建寺开始时开凿的佛龛、摩崖、造像等，今已无完者（图 7-1-9、图 7-1-10）。

图 7-1-9　千佛山开元寺遗迹（图片来源：《济南城市名园历史渊源与特色研究》，第三张图片来自image.haosou.com）

图 7-1-10　千佛山唐槐（图片来源：image.haosou.com）

佛慧山主峰北侧壁上，有一佛龛，1924 年落成，高约 9 米，中券拱门，额书“大雄宝殿”四字，为清末御史、济南书法家张英麟手笔。龛内正面，有北宋景祐三年（1036 年）镌刻而成的佛像一尊，高 7.8 米，宽 4 米，雄伟壮观，法相庄严。因仅刻胸肩以上，俗称“大佛头”，是济南地区最大的佛头造像。佛像西侧石壁，刻有明万历三十五年（1607 年）三月重修题记。东壁刻有明代题写的“大慈大悲”四个大字。佛龛外东侧石壁上，有北宋景祐三年（1036 年）镌刻的两座方形密檐浮雕塔，体态玲珑，风格典雅，今清晰可辨。佛龛向上达山巅，观景极佳：鳞次栉比的城市楼宇，清澈如镜的大明湖，九曲蜿蜒的黄河，“齐烟九点”的秀姿……尽收眼底。

四、泉之域——四大泉群

济南城市中部，泉水喷涌之地，泉群密布，泉水竞发，吐珠涌翠，碧水环绕。该区域泉水声、形、色、味俱佳，可闻、可观、可鉴、可赏。古人独具匠心，以泉为依托，建楼阁亭榭，栽植花木，凿池穿渠，使泉水潆绕于园内，形成动静结合、千姿百态的泉水特色园林区，在济南古代园林史占据着重要地位。如今，该地段是济南当代泉景名园集中地，古城西有趵突泉公园、五龙潭公园；中心核心地带有以珍珠泉泉群为依托的德藩王府花园；护城河有环城公园，其东南段的泉石园是以黑虎泉泉群为核心营建的泉景名园。这些名园的辟建和修复，使位于城市膨胀地带的泉水景观得以保护和延续，是济南“城即园林”的物质载体。

（一）趵突泉泉群

趵突泉泉群，位于济南明古城外西南角隅的护城河处，以趵突泉和白龙湾泉为中心，囊括 28 处名泉。现依托泉池和古迹辟建为趵突泉风景名胜公园，面积 10.6 公顷。

1. 历史沿革

趵突泉，魏、晋前多以“泺”记载于文献，如周代的《春秋·桓公十八年》、三国时期桑钦的《水经》等。北魏郦道元《水经注》记载，魏晋时趵突泉为娥姜水源头（因周边建有娥英庙得名），初具传统公共园林形态。宋、金、元时期，苏轼将“爆流泉”俗名易为“槛泉”，并开始使用“趵突泉”一名，又因泉水冬亦温暖而得名“温泉”，北宋曾巩《齐州二堂记》、元代于钦《齐乘》等文献均有记载。该时期周边建有著名建筑“历山”、“泺源”二堂。明、清时期，趵突泉因济南文坛的兴起以及清代康、乾二帝的亲临而享誉海内，并得“天下第一泉”称谓，周边建有多处园林建筑，明代李贤等编撰的《明一统志》、清代任宏远的《趵突泉志》、清代王培荀的《乡园忆旧录》、清代乾隆时期（1736 ~ 1795 年）的《历城县志》等古籍文献均有记载。近代，伴随着城市扩张，趵突泉群周边私园以及居住建筑逐渐增多，传统公共园林活动区逐渐消退，乃至最后裹身于集市之中，周边成为如同上海城隍庙、南京夫子庙般的传统商业区，1914 年叶春墀编著的《济南指南》等文献中有详细记载。新中国成立后辟建现代城市公园，是一处以泉水为主题的中国传统山水园（图 7–1–11）。

2. 历史古迹

（1）历史名泉

主泉——趵突泉，现今趵突泉公园核心景点，泉在喷涌盛期气势恢宏，有“趵突腾空”之盛状，属于“古历下八景”、明代“历下十六景”之一的“玉鼎翻云”。“鼎立波心，声若雷吼，势若云沸，其高数尺，晶渺如练。”趵突泉泉池位于趵突泉公园中南部，吕祖庙北。泉池矩形，东西长 30 米左右、南北宽 20 米。池中泉水三窟并发，平地涌出，澄澈清冽，被赋予“寰中绝胜”、“天下第一泉”。清代王鈡霖在《第一泉记》中记载：“济水源自王屋，伏流至济南，随地涌泉，不止七十二也，而趵突为最。……夫泉之著名在甘与清。趵突甘而淳，清而冽，且重而有力，故潜行远，而矗腾高。若水晶三峰，欲冲霄汉，而四时若雷吼也……”趵突泉周围众多小泉，如金线泉、皇华泉、卧牛泉、柳絮泉、望水泉、白云泉、满井泉等，以众星拱月的姿态护卫着趵突泉，蔚为壮观（图 7–1–12、图 7–1–13）。

趵突泉喷涌景象壮观，成为历代文人墨客观赏、赞咏的对象，北魏郦道元的“泉源上奋，水涌若轮”；元代赵孟頫的“云雾润蒸华不注，波涛声震大明湖”，元代张养浩的“三尺不消平地雪，四时尝吼半空雷”；清代康熙皇帝的“激湍”，清代乾隆皇帝的“致我

图 7–1–11　趵突泉公园平面示意图
（图片来源：image.haosou.com）

图 7–1–12　趵突泉公园趵突泉区（图片来源：image.haosou.com）

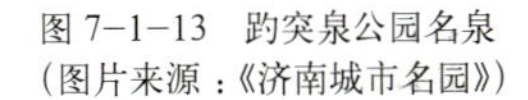
图 7–1–13　趵突泉公园名泉
（图片来源：《济南城市名园》）

清跸两度临，却为突泉三窦美”，清代蒲松龄的“海内之名泉第一，齐门之胜地无双”等均是对趵突泉的由衷赞美。

（2）历史建筑

——吕祖庙

趵突泉北岸，坐北朝南沿南北轴线依次排开的三座纪念性建筑。古代时，此处是纪念舜帝妻子、唐尧女儿——娥皇和女英的娥姜祠；北宋曾巩在此处建“历山”、“泺源”二堂；金、元以后，此处改为吕祖庙以供奉道教吕洞宾；新中国成立后，南殿改为泺源堂，中殿为纪念娥、英二妃的娥英祠，北殿为纪念尧、舜、禹三帝的三圣殿（图 7–1–14）。

南殿泺源堂临水，借用北宋“泺源堂”之名，现存建筑为明时所建，形制为三间两层楼阁式建筑：底层为砖石山墙；二层文昌阁设有柱廊，可以眺望趵突泉周边景色；顶为歇山九脊顶。屋顶原以黄琉璃瓦为主，正中饰有菱形绿色琉璃瓦图案。南面楹柱两旁用落地木隔扇围护，檐柱上的楹联“云雾润蒸华不注，波涛声震大明湖”出自元代赵孟頫的《趵突泉》，由当代书法家金棻先生书写。堂前是面阔三开间、进深一开间的卷棚顶抱厦，与大殿连为一体。屋顶为绿色琉璃瓦。此处是观赏趵突泉的最佳位置。

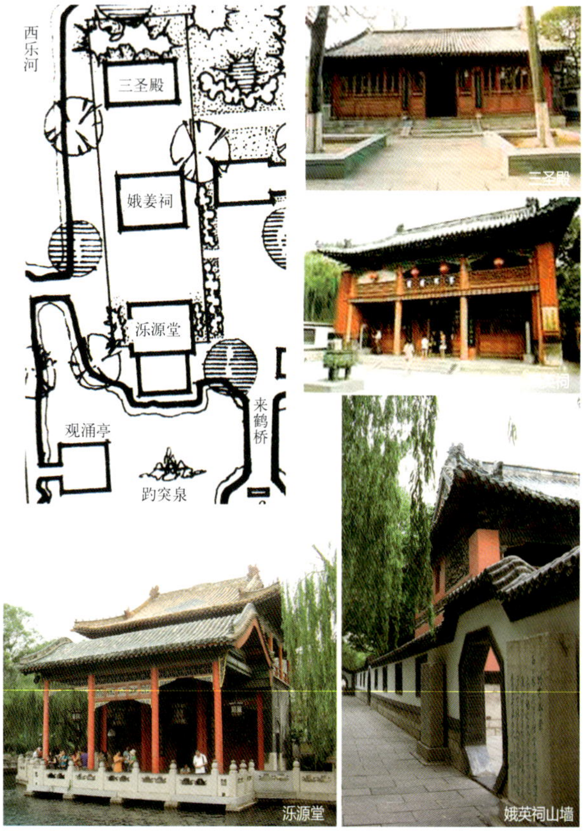

图 7–1–14　趵突泉公园吕祖庙（图片来源：《济南城市名园》）

中殿娥英祠也是两层三开间的楼阁式建筑，与前者屋顶区别大，为形似歇山实为山墙到顶加披檐的独特形式。与一般的歇山一样也有九条脊，但其山花是由砖砌垒而成的山墙上升至屋顶形成的，与一般歇山顶两侧山花内收的收山做法不同。屋顶用绿色琉璃瓦覆面，山花尖采用悬鱼状的琉璃花饰。

北殿三圣殿是三开间的单层建筑，屋顶硬山双坡灰瓦覆面，做法、形制与济南一般民居相似，是三殿中最为朴实的一处殿堂。

——观澜亭 · 来鹤桥 · 蓬山旧迹坊

观澜亭，北宋熙宁年间（1068 ~ 1077 年）是济南著名史学家刘诏宅园的“槛泉亭”，后倾圮。明天顺年间 1461 年（1480 ~ 1560 年）改建为“观澜亭”，取《孟子·尽心》中“观水有术，必观其澜”之意。20 世纪 30 年代曾为茶社，类似水榭的半封闭式四面亭。多次重修，1971 年改为现制。亭为四角攒尖方亭，建在挑入泉池的平台上，三面临水，一面与西侧驳岸相连。台上四根红柱矗立，柱与梁枋间雀替为简洁的三角形，上雕花卉纹样，形式特殊，亭下原为木制美人靠栏杆，新中国成立后改为青石栏杆。

来鹤桥，在趵突泉池东，为南北横跨石桥，是观澜亭最佳对景处。原桥为木桥，明万历年初（1573 年），历城知县张鹤鸣建，清顺治年间（1644 ~ 1661 年）监察御史史程公重修，民国时改为平板石桥，新中国成立后于桥两侧增置雕花石拦板，为游人观泉、赏泉提供了安全保障。在中国传统文化中，鹤因其品行列为鸟族之长，古时常用鹤来比喻贤能之士，在传统观念中，仙鹤为长寿之鸟，常与众神并用。桥取名“来鹤”也有“营造仙境”的附会之意。

蓬山旧迹坊，又名来鹤坊，来鹤桥南，明天启年间（1621 ~ 1627 年）济南知府樊时英建。原坊在泺源堂抱厦西侧，坐东面西，后迁建今址。两柱一间一楼式结构，红柱，五攒五踩斗栱支撑屋顶，屋面灰瓦，屋脊装饰吻兽。额枋上绘旋子彩画。额枋南面正中悬“洞天福地”，北面悬“蓬山旧迹”金字匾额（图 7–1–15）。

（3）曾经的历史名园

——通乐园 · 王氏南园 · 督军花园

明代历城显宦殷士儋在趵突泉西侧建的“通乐园”，又名“川上精舍”，与清康熙年间（1662 ~ 1722 年）济南诗人王苹的“王氏南园”以及晚清张怀芝的“督军花园”，属于同一址不同时期宅园。前两个时期园风偏重文人气息，后者则具有明显的市井气息。

通乐园：明隆庆五年（1571 年），历城显宦、学者殷士儋由北京回济南后，在原来趵突泉畔“万竹园”园址处修建别墅园，取名“通乐园”，意为与民同乐。园中筑亭疏泉、广植花木，收藏有元代文学家张养浩生前喜爱的“龙”石，建有“蒙斋亭”，俗称“阁老亭”。“至其斋阁之靓深，烟水之苍茫，泉石竹树，幽遐瑰诡之观，已无复能言之者矣。……昔人所谓仰而望山，俯而听泉，掇幽芳而荫乔木，风霜冰雪，刻露清秀，四时之景，无不可爱者，已备历之矣。”（《王苹诗文选》）

王氏南园：通乐园明后几经易主，在清康熙三十一年（1692 年）归具有“诗坛怪杰”之称的济南诗人王苹所有。根据园中望水泉在元代于钦《齐乘》“济南七十二名泉中”所列的位次（望水泉排位第二十四名），王苹将在泉畔修建的书斋命名为“二十四泉草堂”，在其《二十四泉草堂图记》一文中有详细记载，所著诗集称为《二十四泉草堂集》。园内泉溪潆绕成为当时的读书吟诗胜地，在当时有王氏“南园”，“王氏南园”、“王秋史读书草堂”等多种称谓。

督军花园：即清末民初北洋军阀山东督军张怀芝的张氏公馆西侧园。公馆及花园，位于趵突泉公园西侧，面积 21 亩。原官邸由东、西、南院和西花园以假山小院为中心呈“品”字形布局，整体结构严谨。今南院已拆，但住宅整体结构紧凑、主次分明、井然有序，是研究济南近代民居建筑的优秀案例。花园分布在公馆西侧，“文革”期间花园被毁，20 世纪 80 年代复建，采用自然式布局（图 7–1–16）。

（4）历史碑碣

趵突泉公园中具有文物价值的碑碣有 24 方，著名者 13 方。娥英祠院内 6 方：名者之冠“双御”

图 7–1–15　观澜亭、来鹤桥、蓬山旧迹坊（图片来源：《济南城市名园》）

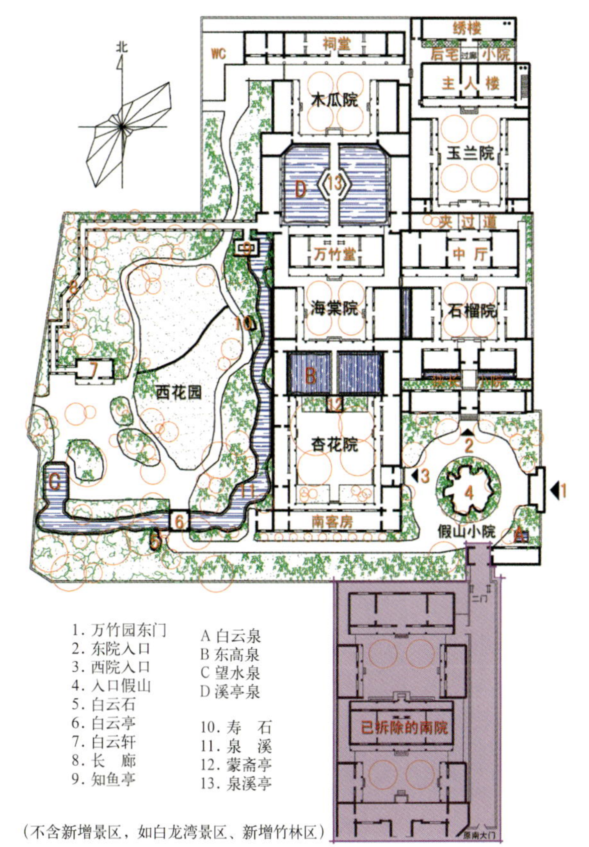

图 7–1–16　万竹园平面图（图片来源：《济南城市名园》）

碑，正面是清康熙皇帝于1684年所书的“激湍”二字，背面是清乾隆皇帝于1748年观赏趵突泉时所作的《再题趵突泉作》；其他5方分别为1629年佛伦书写的“突达时涌”碑刻；1625年吕纯如撰写的《趵突泉观麦畦》碑刻；清代王祖鹏撰写的《趵突泉次赵松雪韵》碑刻；1839年徐宗干撰写的《趵突泉诗》碑刻；1869年王钟霖撰写的《第一泉记》碑刻。趵突泉泉池观澜亭附近有3方：“观澜”碑，在亭正西，为明嘉靖年间（1522～1566年）山东布政使张钦所书，字迹苍劲有力、结构严谨；“第一泉”碑，在亭西北，是清同治年间（1862～1874年）历城王钟霖所书，传为当年乾隆皇帝品尝趵突泉水后所封；“趵突泉”碑，在亭南，碑为明嘉靖年间（1522～1566年）都察院右副都御史、山东巡抚胡缵宗手笔。白雪楼前有2方：其一为清光绪年间（1875～1908年）匡源篆刻的李献方《重修白雪楼记》碑刻；其二为明代王士性撰写的《饮趵突泉有感李于鳞先生白雪楼》碑刻。其他的如元代赵孟頫赋并书的《趵突泉诗》碑刻，在趵突泉东南的仿御碑亭附近；1901年龚宝琛的“鸢飞鱼跃”碑刻位于漱玉泉边（图7-1-17）。

（二）五龙潭泉群

五龙潭泉群位于旧城西门外，以五龙潭、古温泉为中心，有二十几处泉池，泉水汇流入西护城河，现以泉群为依托辟建为五龙潭公园。

1. 历史沿革

据《水经注》等记载，魏晋时期，今五龙潭泉群为古大明湖著名景点——净池的所在地。唐代修建城池，该水域与古历水陂因城墙的阻隔分为东、西两部分，水域畔建有秦琼祠堂和历下亭等著名建筑，其中历下亭因杜甫《陪李北海宴历下亭》而闻名，并世代流传。宋代多用名“四望湖”，周边景色自然野趣，李清照《如梦令·常记溪亭日暮》词中描述的场景即指该处景色。元代水域边建有“凝碧宫”。明、清时期伴随着城市的不断扩展，水面逐渐缩小，周边私园密布，如贤清园、朗园等。近代五龙潭周边街巷纵横、住宅建筑遍布，潭边名泉多分布在民宅、私园中，传统园林公共建筑多有废弃，但是这一带却展现出济南“家家泉水，户户垂杨”伴泉而居的特色。20世纪60年代初，规划五龙潭公园。1985年重新规划建设，占地6.2公顷，容纳了五龙潭泉群中所有的泉池和名胜古迹。2000年后重点从文化、生态角度提升；2007年进一步向北扩建1.1公顷，改建秦琼祠，修建秦府堂等建筑。

图7-1-17　趵突泉公园内主要碑碣（图片来源：《济南城市名园》）

2. 历史古迹

（1）历史名泉

主泉——五龙潭，明代“历下十六景”之“苍山霖雨”即该处景观。据文献记载，五龙潭在魏晋时期为静池，建有大明寺客亭；宋代称“四望湖”；金代称“灰湾泉”；元代在潭边建五龙庙，以祈五方龙神，成为天旱求雨的地方，得“苍山霖雨”景名。古人曾以“水深莫测，以石投潭，漩涡急湍，良久不息，如同汤沸”来描绘该潭的声貌。今日的五龙潭位于公园南部中心位置，潭池南北长70米，宽50米，水深4米多，在市区四大泉群中居第三位。潭水由公园内5处泉水汇流而成，向北经北护城河注入小清河。潭水悠悠，碧波粼粼，绿柳繁花，幽静清雅，是五龙潭公园特色景区（图7-1-18）。

除主泉外，“朴实无华性温闲”的古温泉，“波似珍珠碧水盈”的贤清泉，“液如明镜照清空”的天镜泉，“名泉云石显奇观”的月牙泉，“马蹄落处泉珠盈”的回马泉，“势如瀑布激奔湍”的玉泉，“掷地闻声客醉多”的濂泉以及西蜜脂泉、官家池、虬溪泉、醴泉、七十三泉、潭西泉、聪耳泉、东蜜脂泉、青泉、北洗钵泉、净池泉等28处名泉中，11处泉

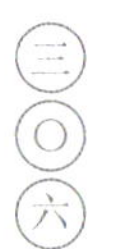

为济南新“七十二名泉”所记载，分列第三十位至第四十位（图 7-1-19）。池、潭、溪、港、湾等水景元素，于潭池相间、曲溪清流的野逸质朴格调中凸现了五龙潭泉群“质朴自然、轻巧雅致”的个性。

（2）曾经的历史名园

——古大明寺客亭

属于寺观附属园林，魏晋时期《水经注》记载：“其水北为大明湖，西即大明寺，寺东、北两面临湖，此水便成净池也。池上有客亭，左右楸桐，负日俯仰，目对鱼鸟，水木明瑟，可谓濠梁之性，物我无违矣。”虽然文字简短，却刻画出古代大明寺客亭“水木明瑟，尽显自然之美”的园林景致。济南民国时期地方志有该亭即唐代杜甫《陪李北海宴历下亭》诗中所提及古代历下亭的记载。目前该处景点已经泯灭。

——贤清园·朗园

为贤清泉处同一园址的两代名园，前者是明朝御史罗国士后裔罗渊碧宅园，原名逯园，后因取园中“贤清泉”易名为“贤清园”。清代沈廷芳《贤清园记略》记载：“……泉本名‘悬清’，一名今名，……园可十亩余，缭以周垣，荫以乔木。其南一池，方可三寻，如贯珠濇濇不息，澄澈逾镜，净不可唾。东西凿沟，西从垣出，穿柳根，根浸久皆红色，清藻相映，殊可爱。东沟注而北穿篠道，二十步许，又稍北，自地中行道石窦间，窦拱大水喷尺余，与趵突三泉等第。趵突用锡筒束以出，兹自石溢，天工人为不较然与。窦泄为北池。视南池浅，而广其半焉。菱叶荷花，轻鲦白沙，景致亦佳。池西南有沟，差小于南池者。南池阳屋三楹，颜曰：‘贤清草堂’，东西俱篠。北池北屋如之，屋左设石几，可饮可奕。其花木有黄梅、桃、杏、李、合欢、紫薇、海棠，杂以修竹、蒲桃，而栝柏数株，高柳十章，青入天半，俱数百年物……”后者则是清代著名学者周永年之子周震甲辞官归里后，于清嘉庆年间（1796 ~ 1820 年）在其址建造的别墅，因园主自号朗谷而称“朗园”。该园较前者更具书卷气，布置更为疏朗：“……园有联云：‘田家况味，只寻长流水当门；远山在目，林下光阴岂寂寞。’藏书万卷，种竹千竿，入门巨竹拂云。清泉汹涌过亭下，飒飒如风雨声，汇为方塘，周五六十步，名‘贤清泉’。水最清冽，好事者汲以煮茗，云味冠诸泉。北堂临水，栏外无寸土，前面尽敞，月下听泉，阶上垂钓，如白乐天庐山草堂，洵足涤尘虑、消烦暑也。楹联云：‘舍南舍北皆春水，微雨微风隔画帘。’又于堂后凿池，宽大如前，蓄金色红鱼百尾，皆长二三尺。园旧名罗家园，明陈文学伊人馆也；逯坦得之，名贤清园；东木得之罗氏，自号朗谷，因改名朗园云。”（清代王培荀《乡园忆旧录》）今日，两代名园已不复存在，贤清泉在五龙潭公园内，但泉池已改为犬牙交错的自然驳岸。

图 7-1-18　五龙潭公园五龙潭与潭西精舍（图片来源：image.baidu.com）

图 7-1-19　五龙潭公园名泉（图片来源：《济南城市名园》）

——漪园

在西门外五龙潭附近的古温泉处，是清初张秀的私家别墅园，当地人称其“张家园”。该园以水景取胜，园内厅堂、池、山的布置，花木的栽植皆是以泉溪为线索。“济南发地皆泉，……温泉者，七十二泉之一也。……稍折而东，是为漪园。跨水为亭，为堂，为楼阁，为长廊，皆因水为胜。然始入门，不知其为水也。门北向，甃石为路，路尽复为门，两垂柳夹之，婀娜可爱。有堂亦北向，颜曰‘漱玉’。堂之后为池，白石为栏槛，水清碧可鉴毛发。下视石子纵横，如樗蒲，中多龟鱼。金鲫被水，大有径尺者，游泳萍藻间，见人殊不畏。池上有杨柳合抱，长条下垂披拂，与萍藻相乱。荫可一亩许，炎景却避，凉风洒然，游者徙倚不能去。池之东，循廊而南，为清皓之阁。级石而上，南山如画屏，萦青缭碧，争效于栏楯之下。下俯清流，曲折而东，泺源之水自南下汇之，同入于西城之壕，北流以会明湖之水。阁上或书唐人诗，一联云：‘泉声到池尽，山色上楼多。’风景宛然。石蹬北下，复长廊，廊西即大溪阁。跨溪水登阁者不知水，至是乃知之，则阁如海市蜃楼矣。廊北皆巨竹，廊尽有亭，颜曰‘云根雪瀑’。亭前有栝桐数株，可荫可憩。西出，得二垂柳，与来径合……”（清代王士祯《游漪园记》，选自《带经堂集》）今园无，泉在五龙潭公园中共山东省领导机关旧址东北侧。

——潭西精舍

在西门外五龙潭上，传说前文提到的古代大明湖中古历下亭（客亭）遗址即在此处，由当时在山东的书法家桂馥与陈明轩等人集资，为文人墨客以及科举士人下榻而建造的（清嘉庆十一年，1806 年）庭园型馆驿附属园林。它以五龙潭水为依托，建水榭、谈助亭、杖影阁、曲廊、石画壁等，建筑多临于水面；临水植有浓荫蔽日的青桐；舍周以长廊相通；旁侧水系萦绕园内，布局紧凑，精巧玲珑，有著名的《五龙潭八咏》流传，原园已毁。

（三）珍珠泉泉群

珍珠泉泉群位于济南老城区中心，以该泉群中的珍珠泉、濯缨泉等 10 处泉池为依托构建的宅园，是济南泉水主题园林保存相对完整的一处名园。

1. 历史沿革

魏晋时期，珍珠泉水域位于济南东西两子城之间，泉水丰沛、景色秀丽，来往两子城之间便捷，是当时骚人墨客游山玩水聚集之地，有“工凿渠导引‘历水’以成‘流杯池’”的记载。隋唐时期，珍珠泉水域为城池核心地带，得益于“曲水流觞”底蕴，以泉水充沛、竹树丰茂的景致成为达官贵客的云集之处。

金末元初时期，山东尚书省兼兵马都元帅、济南府知事张荣以珍珠泉泉群为核心建立了一处大型人工山水宅园，时人称“张舍人园亭”，又名“张氏宅园”。园林部分在府邸西侧，在张荣祖孙三代经营下，园内修建了不少楼、台、亭、阁，著名者当数“白云楼”。据史书记载，当年白云楼建在濯缨湖以南的珍珠泉北岸。楼雄伟宽敞，仅楼基具有丈余高。站在白云楼极目四望，北可观明湖碧波、黄河帆影，南可望梵宇簇立、群山青葱。尤其是雪后初霁之时，凭栏远望：晴光四野；白云缭绕；绮丽景色；宛然如画，是著名的“历下八景”之一——“白云雪霁”。

明后改建为德王府花园，是明英宗朱祁镇次子朱见潾在济南的王府花园。该园以珍珠泉泉群为核心，在原都指挥司署张荣府宅基础上改、扩建而成。据考证，王府规模宏大：东至县西巷，西至芙蓉街，南至今泉城路，北至后宰门街，四周有高大院墙，极其豪华。园在府西，为侧园型宅园，时称“西苑”，包含珍珠泉水系和其北濯缨湖。珍珠泉上建有渊澄阁，阁西是“白云”、“观月”两亭，阁后为孝友堂和燕居斋，白云楼废基上修建有濯缨轩，濯缨湖北岸堆有假山。濯缨湖，即北魏著名的流杯池所在地，汇聚珍珠、散水、溪亭诸泉而成。湖水自南而北，绕过假山，经北墙下的水道汇入大明湖。

清康熙二年（1663 年），周有德出任山东巡抚时将王府改为巡抚衙门，原王府面积缩小，但仍有“110 亩之广”（15 亩 =1 公顷）。巡抚衙署修建后，康熙皇帝、乾隆皇帝几次南巡经过济南都以珍珠泉巡抚衙署作为行宫，并有诗赋流传，如康熙皇帝的《观珍珠泉诗》、乾隆皇帝的《戊辰上巳后一日题珍珠泉》。清道光六年（1826年），山东巡抚武隆阿在珍珠泉边修建澄虚榭。清光绪年间(1875～1908年)，周�皆又进行改建，并取名“退园”。清代赵国华《退园记》中详细记载了园内胜景：“兹泉之侧，缘溪上下，复坡曲蹬，丛篁修木，幽室明宇，如空林绝壑间。……有桥，有堤，有石，有榭，有长轩，有亭，有栏，有蓠，有荷，有蔬，有鱼，焕然新矣……”

民国时期，山东巡抚改为山东都督，都督府仍设在此处，期间张宗昌和韩复榘对该园破坏较重，尤其后者的“焦土抗战”策略，使得珍珠泉大部分建筑被毁，仅存原巡抚大堂、腊园等建筑。新中国成立后，珍珠泉得以修复，以后多次改建，成为山东省委驻地。20世纪80年代的修复奠定了当前格局，园内有清巡抚大堂、御碑、假山等名胜古迹；唐槐、宋腊、宋海棠等古树新木。园内泉溪清澈，小桥流水，鸟语花香，清幽宜人，是当前济南珍贵的历史名园（图7-1-20）。

2. 历史古迹

（1）历史名泉

主泉——珍珠泉，在济南诸泉中，珍珠泉名气与趵突泉不相上下，清代乾隆皇帝甚至认为珍珠泉要优于趵突泉：“济南多名泉，岳阴水所潴。其中孰巨擘？趵突与珍珠。趵突固已佳，稍藉人工夫。珍珠擅天然，创见讶仙区。卓冠七十二，分汇大明湖。”珍珠泉以“平地涌泉，水泡升腾，如泻万斛珍珠”而得名，又因城东南护城河中有南珍珠泉而称为“北珍珠泉”。魏晋时期附近有“曲水流觞”景点。金《名泉碑》、明《七十二泉诗》、清《七十二泉记》均有收录。明代济南诗人边贡“百尺珠帘水面铺”的诗句，清代王昶的《游珍珠泉记》，清代郝植恭的《珍珠泉观雨》等诗文均形象描述了珍珠泉在喷涌时的胜状。今珍珠泉位于珍珠泉大院内西北侧。泉池略呈长方形，四周有雪花玉石栏杆，面积约1240平方米。池北岸六角攒尖御碑亭内立清乾隆皇帝的御碑，碑上镌刻着其题咏珍珠泉的诗。池南岸建有三开间歇山顶的水榭，翼角飞翘异于济南传统园林建筑翼角的处理。池岸白杨挺拔，垂柳依依。主泉外的濋泉、溪亭泉、散水泉、太乙泉、九角泉等9处泉池各有特色，其中珍珠泉、散水泉、溪亭泉、濋泉四泉身在济南新“七十二名泉”之位，名列第十五位至第十八位（图7-1-21、图7-1-22）。

图7-1-20　20世纪20年代的济南珍珠泉大院（图片来源：picturechina.com）

图7-1-21　珍珠泉大院珍珠泉（图片来源：image.haosou.com）

图7-1-22　珍珠泉大院名泉（图片来源：《济南城市名园》）

（2）其他历史遗迹

玉带河，明代德王朱见潾成化年间（1465～1487年）建造王府时挖掘。迂回曲折，状若玉带，将园中珍珠、溪亭、散水等主泉和主要建筑串联起来，是园内维系泉水景观、调节小气候环境的纽带。

宋海棠，位于珍珠泉泉池北侧的海棠院树池中。传为北宋曾巩任齐州知州时栽植，据资料记载：1954年整理珍珠泉大院园容时，发现一株底径在10厘米左右，根部与一腐朽树墩相连的海棠，树墩直径1米多，后相关部门根据传说以及树墩的状态将其认定为"宋海棠"，并镌刻碑记。老树得以复壮，老桩周边丛生11株幼树，1954年发现的植株干径近35厘米，呈苍老状态，每至海棠花盛开时，场景非常壮观。

乾隆御碑，位于珍珠泉泉池北侧碑亭内。碑高近3米，正面朝南。清乾隆十三年（1748年）农历三月四日，清高祖弘历驻跸珍珠泉，御笔亲书《乾隆戊辰上巳后一日题珍珠泉》，即今天著名的《珍珠泉》诗，后刻碑立于泉池北岸，至今留存（图7-1-23）。

（四）黑虎泉泉群

黑虎泉泉群位于环城公园南护城河老城东南隅的泉石园，东西排列着黑虎泉泉群的16处清泉：黑虎泉、琵琶泉、玛瑙泉、白石泉、九女泉、南珍珠泉、豆芽泉、任泉、金虎泉、胤嗣泉、一虎泉、五莲泉、古鉴泉、寿康泉、汇波泉、对波泉，其中黑虎泉、琵琶泉、玛瑙泉、白石泉、九女泉收入济南新"七十二名泉"名录，分列第二十五位至第二十九位（图7-1-24）。园内险峰耸立，瀑飞泉涌，清流涓涓，亭、台、楼、阁、榭因地就势，与花丛绿树相映，"洞前飞瀑"为济南近代名园品泉山房之遗存。泉石园东北隅是济南解放战争标志性建筑——解放阁。

图7-1-23　珍珠泉大院乾隆御碑亭
（图片来源：《济南城市名园》）（左）（图片来源：image.haosou.com）（右）

主泉——黑虎泉，是金代《名泉碑》、明代晏璧《七十二泉诗》和清代郝植恭《七十二泉记》所著录的济南"七十二名泉"之一，居于"黑虎泉泉群"之首。黑虎泉得名有两种说法：一说是因为泉水出露处曾建有"黑虎庙"而得名，另一说则是根据泉水出露所在的位置和泉水喷涌时的声势和形态而命名。泉水出露口在一个天然洞穴内，洞穴中有一块盘曲伏卧的巨石，石上附有青苔，在昏暗的环境中显得黑黢黢的，状如深藏其中的猛虎，泉水从巨石下涌出，激湍撞击，"水击柱石，声如虎啸"。洞内水潭深、宽各2米，清澈见底，寒气逼人。泉水出洞时借助三个虎头形喷口形成三股柱状瀑布倾泻汇聚于宽约15米、深约4米的方池内，气势汹涌，水声喧腾。然后向北以水帘瀑布形式泄入护城河内。明代晏璧《七十二泉诗》："石蟠水府色苍苍，深处浑如黑虎藏。半夜朔风吹石裂，一声清啸月无光"是黑虎泉的生动写照（图7-1-24、图7-1-25）。

五、泉之末——大明湖

由泉水汇聚而成的大明湖，现位居济南城市中心位置，不仅有着丰厚的历史底蕴和众多的名胜古迹，而且以清雅、秀丽的景色赢得了"泉城明珠"的美誉。

图7-1-24　环城公园名泉（图片来源：《济南城市名园》）

（一）历史沿革与水域变迁

魏晋时期，大明湖所在水域位于城池外的西北方向，即《水经注》中的“历水陂”。水域北与莲子湖以水道相通，西与古大明湖相连。唐元和十五年（公元 820 年），济南城墙的修建使地势低洼、常年积聚洪涝的历水陂形成湖面。北宋曾巩任知州期间，水面东、北、西三面与城垣相接，正南面与百花洲、濯缨湖相连，西南的文庙、布政司署，东南的县学等地均与湖面衔接，水面尽占府城面积一半。该时期曾巩对大明湖的综合整治，使得大明湖成为济南城内最为出色的传统公共园林区，在中国古代园林史上占有重要地位。金、元时期，曾堤以西的湖面始称大明湖，虽然此时湖周边的公共园林区逐渐衰败，但水域面积仍占内城面积的三分之一，金代元好问《济南行记》中有详细记载：“其大占府城三分之一。秋荷方盛，红绿如绣，令人渺然有吴儿洲渚之想。”（《遗山集》）明代时期，“填湖成陆，拓展新区”的举措使大明湖至嘉靖年间（1522 ~ 1566 年）“湖多为居民填塞治圃，夹芦为沼，小舟仅通曲巷”，明末城内已经是“官民社居什九，湖居什一”（刘敕《历乘》）。清代中叶近乎一半的湖面被填塞砌垒房舍，《乡园忆旧录》：“昔明湖周数十里，泺水、舜井皆流入湖，烟波弥漫，望华不注如浸水中。后泺水不入湖，舜井不流，惟灉濯缨泉、珍珠泉、朱砂泉入湖，仅周五六里。”

清末民初，大明湖周边多为荷塘、芦荡，舟行其间，已无烟波浩渺之趣。著名作家老舍在《大明湖之春》中这样描述：“一听到‘大明湖’这三个字，便联想到春光明媚和湖光山水等等，而心中浮现出一幅美景来。……它既不大，又不明，也不湖。……‘地’外留着几条沟，游艇沿沟而行，即是逛湖。……东一块莲，西一块蒲，土坝挡住了水，……只见高高低低的‘庄稼’。……如穿高粱地然，热气腾腾，碰巧了还臭气烘烘。夏天总算还好，假若水不太臭，多少总能闻到一点荷香，而且必能看到些绿叶儿。春天，则下有黑汤，旁有破烂的土坝；风又那么野，绿柳新蒲东倒西歪，恰似挣命。所以，它既不大，

图 7-1-25　环城公园黑虎泉（图片来源：《济南城市名园》）

图 7-1-26　民国时期大明湖景色（图片来源：image.haosou.com）

图 7-1-27　民国时期大明湖景色（图片来源：image.haosou.com）

又不明，也不湖。”（《老舍散文选》）新中国成立后，东湖被居民区包裹，南湖不见踪迹，与百花洲、濯缨湖的关系也因密密排列的房舍而相去甚远。但是，大明湖对于济南来说具有重要意义：一方面它是承载地方文化的风景名胜，不仅历史遗存丰富，而且传承了地方文脉；另一方面它是济南泉城景观特色的重要组成部分。因此近代在面对大明湖的境遇时，国民政府采取了一系列措施，虽然终未形成公园格局，但这一举措为日后大明湖公园的辟建奠定了基础（图 7-1-26、图 7-1-27）。

新中国成立后，大明湖公园建设全面展开。经过历代整治扩建，至 2007 年在建设“城中湖”理念指导下，公园向东、向西扩建，并复建已经消失的历史景观，如“七桥风月”、秋柳园、小淇园、超然楼等（图 7-1-28、图 7-1-29）。

（二）历史古迹

1. 历史名园

——山东省图书馆 · 遐园

遐园，位于大明湖南门西南，面积 0.96 公顷，山东省图书馆附属园林，建成于清宣统元年（1909

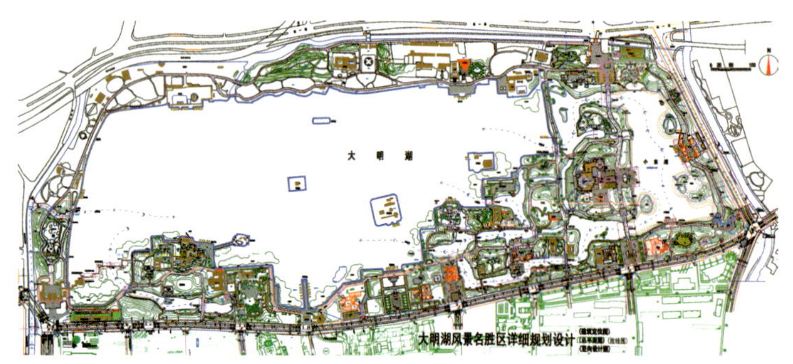

图 7-1-28　大明湖公园平面图（图片来源：济南园林设计院）

图 7-1-29　大明湖公园鸟瞰（图片来源：image.haosou.com）

年），是清末新政之产物。时任山东提学使罗正钧出国考察回国后，效仿西方文化教育，于清宣统元年（1909 年）3 月在大明湖西南隅仿浙江宁波著名藏书楼“天一阁”形制建造了省图书馆，取《诗·小雅·白驹》中“毋金玉尔音，而有遐心”命名为“遐园”，年底建成。

遐园在创建初期具有“南阁北园”之称，被誉为“济南第一标准庭院”。据文献记载，遐园 1928 年遭日军攻击被毁；1929 年在当时图书馆馆长王献唐先生的主持下重建；1937 年在韩复榘“焦土抗战”行径下，多数建筑再次被焚。对于当时园中景象，在民国时期叶春墀的《济南指南》中是这样记载的：“图书馆在大明湖西南隅，东西长二十八丈，南北长三十丈。为从前贡院旧址，估有七分之一，墙垣一仍其旧，背湖面山，颇饶形胜，建筑亦含公园性质。进门为买票房，正中曰海岳楼，上下六十间，为储藏图书之所，前为宏雅阁，有十六间，以储藏谷物暨教育用品，……阁前有圆室，为阅书室抄书之处。楼西建碑龛五间，循廊而南，为金丝榭，……榭西北曰碧琳琅馆，……迤南曰明漪舫，为阅书游息之地。海岳楼之东曰虹月轩，为事务室，迤东六间为员司所居，东北濒湖。于上山建浩然亭，其南建朝爽台，用以眺远，迤南有假山一带，下临池沼，颇极曲折幽胜之致。引湖水自东南入园，迤西而北，绕楼前、傍假山，北入于湖，长七十有五丈。凡喷水池一，荷池一，屿一，浒一，桥四，储水厨一。平日为男客游览期，星期六为女客游览期，……”

遐园的山水格局、园林元素以传统中式手法为主：园内土山逶迤、石山崔嵬挺拔；引湖水为溪穿绕于建筑之间，不仅解决了图书馆防火之需，而且以水系组织院落空间与布置功能建筑，虚实结合、刚柔相济，尽显灵秀之气。遐园建筑采取中西合璧手法：遐园主入口大门，是欧式半圆券门洞结合中国传统七花山墙的混合做法；1935 年由德国工程师设计完成的“奎虚书藏”（奎星主齐，虚星主鲁，奎虚者，齐鲁之分野也），是典型的欧式建筑；其他建筑虽以中式为主，但门窗等装饰多见西式风格，这是近代济南城市名园中西合璧的主要做法。

今遐园内布局已变，园内曲廊环周，廊门面东。园内山石嶙峋，溪水环绕，池塘如镜，石桥横卧，景色秀丽。园北临湖坐北面南的读书堂，是 1937 年建的“抱壁堂”。2009 年前为山东省图书馆的报刊阅览室，灰砖、单檐花脊歇山顶覆青瓦、石墙基。读书堂东的假山，山势不高，但险峻峭拔，山上浩然亭，单檐六角攒尖，青瓦红柱，是园内欣赏明湖美景的好地方。“奎虚书藏”楼在读书堂西侧院落东（图 7-1-30）。

2. 历史名祠

——铁公祠 · 小沧浪

位于大明湖西北岸的园中园，今日格局较民国时期变化不大，但园景有所变迁。东门是一歇山卷棚灰瓦顶的垂花门，迎面屹立太湖石。门内以北是半壁曲廊，廊墙上有形形色色的漏窗，墙外景色透过漏窗纳入园中，置身其中，步移景异。廊北佛公祠、铁公祠坐北面南一字排开：佛公祠居东，为清代山东巡抚佛伦后人为纪念其而建，形制为三开间前柱廊，硬山灰瓦屋面；铁公祠位西，为纪念明代抗金名将铁铉而建，是一座五开间二层楼——“湖山一览”楼（建于 1929 年），可远眺明湖全景和城南群山；两祠之间立有石碑。铁公祠南邻的小沧浪水榭所在的“凹”字形水池内栽植荷花，小沧浪三面荷池环绕，一面濒临大明湖，是苏州沧浪亭组景之浓缩。水池东为得月亭，小沧浪南沿湖长廊为空廊，借湖景入园，构成一幅绝妙的山水图画，是著名的“佛山倒影”观景处。小沧浪西曲廊墙上、月洞门两侧有清乾隆时期（1736 ~ 1795 年）进士刘凤诰所作、山东巡抚铁保执笔的“四面荷花三面柳，一城山色半城湖”石刻对联（图 7-1-31）。

——南丰祠

该祠位于大明湖东北岸，为纪念北宋著名文学家、齐州知州曾巩而建，是一组由东西两进院落组成、风格淡雅朴素的庭院式建筑群，由原晏公祠和张公祠以及曾公祠于 1987 年整修而成。明末，在今晏公台上建立了祭祀水神晏戌子的晏公祠，清道光九年（1829 年），历城知县汤世培捐资在晏公台东建堂三间，立曾巩牌位供奉，是为曾公祠。至清光绪二十年（1894 年），经巡抚福顺奏准，在晏公台西建大殿三楹，作为山东巡抚张曜的祠堂，俗称张公祠。在新中国成立之初，济南市政府根据群众的意愿，将曾公祠、晏公祠、张公祠划为一体，改为专门纪念曾巩的南丰祠。

大门坐东面西，三开间，单层硬山卷棚灰瓦屋顶。西院，南厅是一座高大宽阔的悬山卷棚式建筑，平面呈长方形，屋内戏台是济南保存较为完整的老式戏台。南厅通过南北走向的游廊与北厅相接。北厅共有 12 间：西侧 3 间是曾公堂，门左右抱柱楹联摹写原曾公祠的门联“北宋一灯传作者，南丰两字属先生”，内置曾巩木雕像；东侧 9 间是书画家孙墨佛（1884 ~ 1987 年）的“剑门书画馆”。东院，南侧濒临湖岸的是单檐卷棚歇山顶三开间水榭——雨荷亭，丹红柱廊环列四周，东、西、北三面为水池，内植荷花，南临大明湖。祠东北是明代晏公祠的遗存晏公台，台基土夯石砌，台面方形，台高 4.2 米。

图 7-1-30　大明湖公园遐园（图片来源：《济南城市名园》）

图 7-1-31　大明湖公园铁公祠小沧浪（图片来源：《济南城市名园》）

1993年在台上新建钟亭，亭内所悬明昌古钟为金明昌年间(1190～1196年)铁铸，钟高2.4米，径1.8米，重约8吨。院内东北方向还有一个小型附院，院内有藕神祠（图7–1–32）。

——李公祠 · 稼轩祠

原大明湖西南岸的李鸿章纪念祠建成于清光绪三十年（1904年），1961年改为稼轩祠，以纪念济南著名爱国诗人辛弃疾。该组建筑群坐北朝南，主体部分由南北三进院落组成。其别致之处在第三进院落的空间处理上：主厅临湖阁，二层是休憩赏景佳处，楼上可凭栏远眺明湖美景，楼下可近观湖面轻舟伐波、碧波荡漾；院东、西均为单坡屋面墙廊，墙上砌有扇面、秋叶等形状漏窗，实现了院内外景色互借互融。东廊是向北数叠渐次而上的爬山廊，直达临湖阁，中段台上设小亭，可供停憩、观景；阁北湖中为六角攒尖藕亭，由七曲石桥和临湖阁相连。融建筑群于明湖风景之中，借明湖之景于建筑空间之内，又处处注重自身构图与组合，是该历史古迹的营建特色。门前两尊石狮造型生动夸张，雕工粗狂有力，有学者考证其为明代遗物（图7–1–33）。

3. 历史建筑

——南门牌坊 · 汇波楼 · 湖波桥

南门牌坊被视为大明湖标志性建筑，1952年原学府学文庙前的牌楼棂星门移至此处。原牌坊建于明成化十三年（1477年），清同治八年（1869年）山东巡抚丁宝桢拨款整修文庙时，重新修建。原牌坊为木结构，风吹日晒后木质朽腐，1984年改为钢筋混凝土与木、石混合结构。其形制为五间六柱五楼牌楼，楼高8.38米，面阔五间14.7米。五个屋顶均为单檐庑殿式屋顶，金色琉璃瓦覆面。檐下为七踩重昂斗栱，昂嘴为云头样式。额枋枋心皆绘有彩画，枋下雀替为如意券草，均为点金彩绘，色彩艳丽、富丽堂皇。柱础由汉白玉鼓夹抱。正中匾额圆润浑厚的“大明湖”镏金字是复制清代于书佃所书的“大明湖”碑刻上的字。大明湖的“明”字多了一点，传为“趵突泉”碑刻“突”字上的一点被喷涌的泉水冲至此处。书法家有意无意的墨迹将大明湖与趵突泉联系起来（图7–1–34）。

汇波楼，在北宋熙宁年间（1068～1077年）曾巩建筑的北水门上。元代初年建楼，因城内诸泉的水

图7–1–32　大明湖公园南丰祠（图片来源：《济南城市名园》）

图7–1–33　大明湖公园稼轩祠（图片来源：《济南城市名园》）

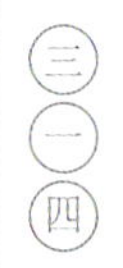

图 7-1-34　大明湖公园南门牌坊（图片来源：《济南城市名园》）

图 7-1-35　大明湖公园汇波楼（图片来源：《济南城市名园》，雪景来自 Image.haosou.com）

都要汇到大明湖，再由这里的北水门流出城外，所以称之为汇波楼，又名会波楼。明洪武年间（1371 年）重修城墙时，建汇波桥并修汇波楼。根据张润武先生《图说济南老建筑古代卷》中记载，原楼为重檐歇山顶砖木结构，正脊为琉璃花脊，两端鸱吻为龙尾，尾部卷起向外高起，形制具金元时期风格。楼底层外围柱列由中心到四角柱有明显的“升起”。檐下斗栱每间两朵，比较疏朗，是宋、金、元时期建筑的主要特征。汇波桥在南，为坡度较缓的单拱石桥。楼于 20 世纪 40 年代末伴随着济南城墙的拆除而毁，现为 1982 年在旧址上所建，形制有所改变。这里地势比北极阁高，视野也开阔，“晏公台外夕阳明，潋滟水波照半城”，是原大明湖登高望远的重要景点，也是“汇波晚照”历史景观的所在之地（图 7-1-35）。

——湖心岛 · 历下亭

大明湖最大的岛屿——湖心岛，因岛上遐迩闻名的标志性建筑历下亭而闻名。历下亭之名最早见于唐代，当时是五龙潭一带的客亭，因唐天宝年间（745 年）杜甫《陪李北海宴历下亭》一诗中“海右此亭古，济南名士多”而闻名。北宋曾巩移建该处，后几经兴废，现为清康熙三十二年（1693 年）重建，包括蔚蓝轩、御碑亭、名士轩以及廊庑等，因清康、乾两帝多次亲临，岛上园林建筑群具有皇家园林风范。中心建筑历下亭，平面八角，重檐攒尖顶。下层檐用一斗二升交麻叶斗栱支承，颇具装饰性；上层八角攒尖顶，无斗栱承托，攒尖宝珠。亭脊上均装饰有仙人走兽。梁枋施彩绘，灰瓦覆面。亭正南下层檐中悬挂清乾隆皇帝手书的“历下亭”红底金字匾额。内柱间木制坐栏，形式简洁。

亭南游廊上的双坡悬山垂花门两侧的楹联“海右此亭古，济南名士多”是由清代书法家何绍基书写的。垂花门南东侧横卧的“历下亭”阴文石刻是清乾隆皇帝手笔。门南西侧单檐歇山卷棚顶的御碑亭内立有清乾隆皇帝撰写的《大明湖题》诗碑。垂花门东南临湖的古柳是大明湖奇观。游廊向西尽头是天镜亭（轩），面阔三开间，进深一间，单檐歇山卷棚顶，灰瓦覆面。历下亭北面是五开间大厅——“名士轩”，沿用了齐州知州曾巩在州衙斋中的相同题名，形制为硬山花脊灰瓦屋顶，单层设外廊，东西设耳房，内有杜甫、李邕以及 13 位济南籍名士的线刻石画像。历下亭西的蔚蓝轩，长方形，开间、进深皆三间，四周环以柱廊，单檐歇山卷棚顶，曾为清乾隆皇帝游历大明湖休息之地。

岛上，亭、轩、廊、庑布局均衡，错落有致，修竹、芳卉点缀其间，春天柳芽嫩绿，柔枝拂水；夏天翠柳笼烟，荷花飘香；秋天金风送爽，碧波荡漾；冬无水雾云蒸，烟雨蒙蒙，景色秀丽，令人陶醉（图 7-1-36）。

——北极阁

北极阁，又称北极庙、真武庙，是济南老城区内现存最大的道教庙宇。北极阁筑于高 7 米的石镶土筑高台上，台收分明显，坚实稳固。庙坐北面南，虽然规模不大，但地势显赫，高峻崔嵬，气势非凡。

图 7-1-36 大明湖公园历下岛建筑群（图片来源：《济南城市名园》）

图 7-1-37 大明湖公园北极阁（图片来源：《济南城市名园》）

图 7-1-38 大明湖公园碑碣

图 7-1-39 大明湖公园历下岛古槐

图 7-1-40 大明湖公园晏公台古柏

北极阁始建于元代，明永乐年间（1403 ~ 1424 年）、成化年间（1465 ~ 1487 年）两次重修，清代多次整修，至今已有 700 多年的历史。现存建筑 1980 年重修，是由庙门、钟鼓楼、东西配房和前后两个大殿组成的建筑群（图 7-1-37）。

4. 历史碑碣

大明湖公园内石刻数量较多，具有文物价值的碑碣达 44 方，其中明、清时期共计 30 余方，著名的如位于大明湖正南门清嘉庆年间（1796 ~ 1820 年）于书佃书写的“大明湖”石刻（图 7-1-38）；历下岛上清乾隆年间（1748 年）乾隆皇帝的《大明湖题》碑刻及“历下亭”石刻；遐园内清宣统元（1909 年）年山东提学使罗正钧“遐园”石刻；铁公祠小沧浪亭南的“蒙山雨润”石刻；稼轩祠内的清光绪二十七年（1901 年）修建李公祠碑记以及刻有“龙飞”及“康熙御览之宝”方印的碑刻等。

5. 园中古树

——旱柳

速生树种，寿命多为 50 ~ 70 年，鲜见百年古树。济南大明湖公园内有树龄在百年以上的旱柳，20 世纪末，公园内百年以上的旱柳有 3 株，1 株在铁公祠内，另 2 株在历下岛上，长势均呈现明显衰退之势。今仅存历下岛上的旱柳 1 株，树干高达 8.5 米，老干径 1.2 米，大部分已经枯残，萌蘖新株与老干绞缠于一体，新株长势较为旺盛，其周侧以景石支撑，是济南城市名园中古树复壮较成功的案例（图 7-1-39）。

——宋柏

大明湖公园南丰祠晏公台上的侧柏，干高 6 米多，胸径近 60 厘米，目前虽然枝干已经干枯，但其势依旧挺拔，仿佛斑驳钟台的忠实守卫者，在悠悠古钟的宏音中引人遐想无限（图 7-1-40）。

第二节 私家园林

一、十笏园

山东潍坊地处鲁中平原腹地，气候温和，物产丰富，自古就有“通工商之业，便渔盐之利”的赞誉。受齐鲁文化的哺育，文化事业比较发达，尤明、清以来经济繁荣，富商、地主、官僚经营宅园成风，私家园林中著名的有16座，其中十笏园最负盛名。

（一）历史沿革

十笏园位于潍城区胡家牌坊街49号，原为明代刑部郎中胡邦佐故宅，清初相继归陈姓、郭姓，属缙绅邸宅。清末乡绅——咸丰年间（1851～1861年）捐举人和内阁中书丁善宝购得此宅。丁善宝博览各类造园著作、名园游记和诗词绘画，同时邀集一批饱学之士，遍游南北园林佳作，汲取精华，在此基础上，结合山东地区明、清建筑、庭园特色及汉阙独特结构，巧妙糅合在一起，进行构思设计，并于清光绪乙酉年（1885年）建成。根据丁善宝《十笏园记》："以其小而易就也，署其名曰'十笏园'"可知园名之来历。"笏"是古代朝臣上朝用的记事板，长约尺余，"十笏"命名则寓意着园子精小。命名风格亦受《园冶》中郑元勋题词的影响。郑元勋为明崇祯年间（1628～1644年）进士，1634年计成为其造影园，1635年《园冶》成书，郑元勋题词："即予卜筑城南，芦汀柳岸之间，仅广十笏，经无否略为区画，别现灵幽。"郑称赞计成仅用十笏之地即可造出名园。丁善宝自诩深得造园之真谛，亦以"十笏"命名其园。

十笏园继承了我国传统园林风格，又兼容南北园林特点。如南方园林的小巧玲珑、布局灵活和北方园林的雄浑大气、布局严谨。精在体宜，妙在含蓄，小中见大，巧于因借，轴线独特。"清水一池，山廊围之，轩榭浮波，极轻灵有致。……北国小园，能饶水石之胜者，以此为最。"清代王麒麟《沁园春》："三弓隙地拓开尽，子久云林费剪裁。有方塘半亩，镜湖潋滟，奇峰十笏，灵壁崔嵬，曲榭留云，清泉戛至，野草闲花自栽。萧闲甚，是看山已足，五岳归来。"均给予十笏园极高的评价和赞美。

十笏园百余年来，历经沧桑，不断被侵占、破坏，所幸整体布局、山水骨架基本保存完整，1978年整理修建后向市民开放，1988年被国务院公布为全国重点文物保护单位。2006年又全面进行维修，同时逐步收回和改造丁氏其他宅院，整体保护附近明、清历史文化格局，真实还原历史文化风貌。

（二）空间布局

经2006年贾祥云等人实测确定，十笏园邸宅占地总面积为3536平方米，主院落2652平方米，山水园林面积723平方米，在北方四合院的基础上加以改造，形成了三轴三进三跨院东西并行的跨式布局，空间相对局促。各空间通过方、圆等不同形式的异形门有机联系在一起，自由活泼，步移景异。西院为主人读书待客场所；东院为主人家居居所；中院的三进院落中的南北院落为庭院，中心为山水园林空间，是十笏园园林景观核心（图7-2-1）

（三）园林要素

1. 掇山理水

据《十笏园记》："前有厅事，……俱颓败不可收拾。""因汰其废厅为池，置厅其上，曰'四照'，曰'漪岚'，曰'小沧浪'，曰'稳如舟'，更筑小西楼，题曰春雨。楼下绕以回廊，驾平桥通其曲折。""于池之东，叠而为山，立蔚香亭于最高处，西望程符、孤山之秀，扑人眉宇。山迤南为十笏草堂，前有隙地，杂莳花竹。"

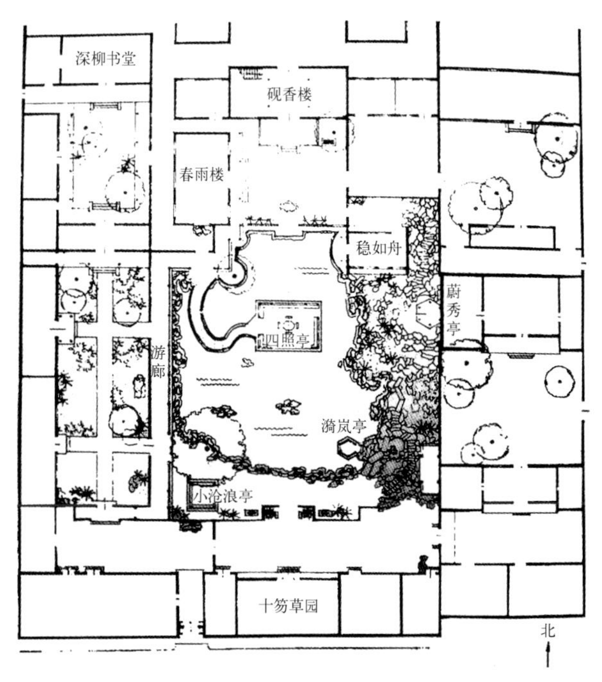

图7-2-1　十笏园平面图（图片来源：《中国古典园林》）

掇山理水是全园的灵魂。水池呈矩形曲岸形式，水体 282 平方米，约占园子一半面积，池岸为自然驳岸。水中设立 3 块湖石，寓意方丈、蓬莱、瀛洲三座仙岛。位于水池中部偏北的三开间四照亭是全园构图中心。水池东借用院落东部的园墙掇叠成半壁假山，材质为湖石，山高 6.64 米，南北长 26.3 米，东西宽 7.5 米，平面 198 平方米。假山的峰峦构形优劣不等，应为后来修补，而非原貌。但就假山的总体布局而言，山体以溪谷形成若干层次，从而凸显出山势的雄浑，临水石矶交错、曲岸回环，亦有韵致。拾级而上，山径崎岖，怪石嶙峋，路随峰转。登山远眺，巧妙借景，将城外山景收入园内。山的顶部亦有玄机，水池（天池）、曲桥、山洞、溪流、瀑布、山门的布置错落有致，山间杂植的松、柏、竹、木，四时常青。水池西为曲尺形游廊，水池南为十笏草堂，水池北岸有透花云墙，通过“鸢飞鱼跃”洞门，即北半部的砚香楼、春雨楼庭院，南北互为借景（图 7–2–2）。

图 7–2–2　十笏园全景（图片来源：《山东近代园林》）

图 7–2–3　十笏草堂北望四照亭（图片来源：image.haosou.com）

图 7–2–4　自小沧浪望四照亭（图片来源：image.haosou.com）

2. 主体建筑

四照亭：位于池中，凌波而筑，飞动灵秀，波光云影，有曲赞曰：“涓涓流水细侵阶，凿个池儿，唤个月来。画栋频摇动，芙蕖尽倒开。”四照亭赏四时之景，得日、月、星、云之光，故名之。亭四周有坐凳围栏，中设石桌凳，是邀集亲朋、品茶赏月、挥毫泼墨的理想场所，也是全园的主景和构图中心。四照亭是在原胡宅厅堂基础上建成的。屋顶为青瓦仿三重檐歇山顶，继承了山东平邑汉阙风格，这样既增加了屋顶的层次感，丰富了立面，又避免了增加高度，同时打破了大屋面的单调，一坡变三折，朴素雅致，独具匠心。四照亭西由曲桥与回廊相连，桥为三孔拱桥，立墩起拱，平面宽仅 1 米，长 5.7 米，活泼轻盈，自然分割水面（图 7–2–3、图 7–2–4）。

砚香楼院落：池北为镂空云墙，中间开八角洞门，并临水月台。门为硬山檐压顶，上书“鸢飞鱼跃”，墙由青砖拼砌成漏窗图案。云墙北是以砚香楼和春雨楼为主的院落，气氛安静悠闲，与南区自然开朗的园林空间既相互对比，又彼此通透。春雨楼为三开间七檩建筑，楼门抱厦出廊，铺以坐凳栏杆，借南宋诗人陆游诗《临安春雨初霁》中的名句“小楼一夜听春雨，深巷明朝卖杏花”而得名。砚香楼为十笏园主体建筑，建于明代，结构为二层三开间五檩硬山顶。楼前有月台，南北辟门，直通北厅（北厅呈五开间凹字形，明间、次间外出廊，目前为郑板桥书画展示馆），楼上的门窗外有前廊。砚香楼为园主人藏书和读书之所，书画家常聚会于此进行交流。登楼远眺，“崖壁假山，飞瀑流泉，亭台回廊”，十笏园全貌尽收眼底。院落正对门处孤置一座名为“镂云峰”的太湖石，作为对景，透过洞门，四照亭与砚香楼互为因借，形成优美的框景。云墙东端结束于构思巧妙的建筑——“稳如舟”，建筑为六檩卷棚顶，外形如船，恰似抛锚水中，引人遐想（图 7-2-5 ~图 7-2-8）。

十笏草堂：池南正厅十笏草堂为主人会友宴客的场所，为倒座主厅，结构为三开间无廊七檩硬山顶，左右出耳房，采用拟对称，大小间数不一。门上悬有清代金石家陈介祺手书“无数青山拜草庐”匾额。从堂中向北眺望，远山近水，亭、台、楼、阁尽收眼底，是一幅绝佳的自然山水图画。堂前有山石、竹篱、花木散点。草堂西有洞门与入口相通，东亦由洞门通向东院，东门处叠石是东假山的余脉，顺自然之理，宛若天成（图 7-2-9）。

蔚秀亭·落霞亭·漪岚亭：蔚秀亭位于假山北峰，高 3.97 米，是六角攒尖形制，檐柱上有对联曰“小亭山绝顶，独得夕阳多”，亭内嵌有“扬州八怪”之一金农手绘的白描罗汉刻石一块，画面姿态妩媚，创意新奇。落霞亭（20 世纪 50 年代建）位于假山南岭，枕山而立，高 3.43 米，是四檩卷棚扇面形制，因郑燮手书“聊避风雨”匾额，又名聊避风雨亭。漪岚亭，六角攒尖顶形制，位于假山南脚下的小岛上，周边石矶参错、曲岸回环，与山北端的“稳如舟”遥相呼应，成为四照亭的配景。漪岚亭高 3.03 米，内部空间极小，仅 2.3 平方米，柱间距仅 0.75 米，到横楣高 1.78 米，整体比例缩小，成为十笏园整个院落的比例尺，是全园尺度核心。以依山傍水建筑的小尺度衬托山之宏伟，水之壮阔，是十笏园造园的特色，是园林以小衬大的典型案例（图 7-2-10）。

曲尺廊 · 小沧浪亭：池西与假山隔水相望的是曲尺形单面廊，临水设栏杆，岸脚为自然驳岸，错

图 7-2-5 稳如舟（图片来源：image.haosou.com）

图 7-2-6 砚香楼院落入口（图片来源：image.haosou.com）

图 7-2-7 春雨楼（图片来源：image.haosou.com）

图 7-2-8 砚香楼（图片来源：image.haosou.com）

落有致。西墙设二门，通西跨院。迂回曲折，高下虚实，欲扬先抑，隔而不绝，相互借景，巧妙而有机地将花园和西院空间联系在一起。回廊南端建小沧浪亭，亭攒尖式草顶，方形基面，亭柱木质不经斧斫，亭内布置一座圆形石几，四周以栏杆为座，古朴雅致，融于自然山水之中（图 7-2-11）。

二、偶园

山东青州偶园，位于青州市偶园街，是清康熙年间（1662 ~ 1722 年）文华殿大学士冯溥致仕还乡所建私园，俗称“冯家花园”。目前园林已多处毁损，但园中叠山理水格局与形制保存尚好，阜麓绵延近百米，与古柏奇石交相呼应，堪称杰作。

（一）历史沿革

明末清初时，该地段属于明代衡藩东园一角的奇松园。清康熙二十二年（1683 年）李焕章在《织斋文集 · 卷五 · 奇松园记》中有详细记载：“奇松园，明衡藩东园之一角也。宪王时以其府东北隙地，结屋数楹，如士大夫家，青琐绿窗，竹篱板扉，绝不类王公规制，盖如宋之艮岳，元之西苑也。中有松十围，荫可数亩，尽园皆松也，故园以松名，效普兰亭流觞曲水，管弦丝竹，吴歈越鸟，……亦吾郡之繁华地。追府第毁后，兹园赖其地处偏隘，因亭池沼，颇有烟霞致。又老松虬枝霜干，日长龙鳞，故国乔木，人所羡仰。郡丞朱公以其值，买之，以饷四方之宾客。后朱公去转，售之今相府，深锁重关，

图 7-2-9　十笏草堂（图片来源：image.haosou.com）

图 7-2-11　小沧浪（图片来源：image.haosou.com）

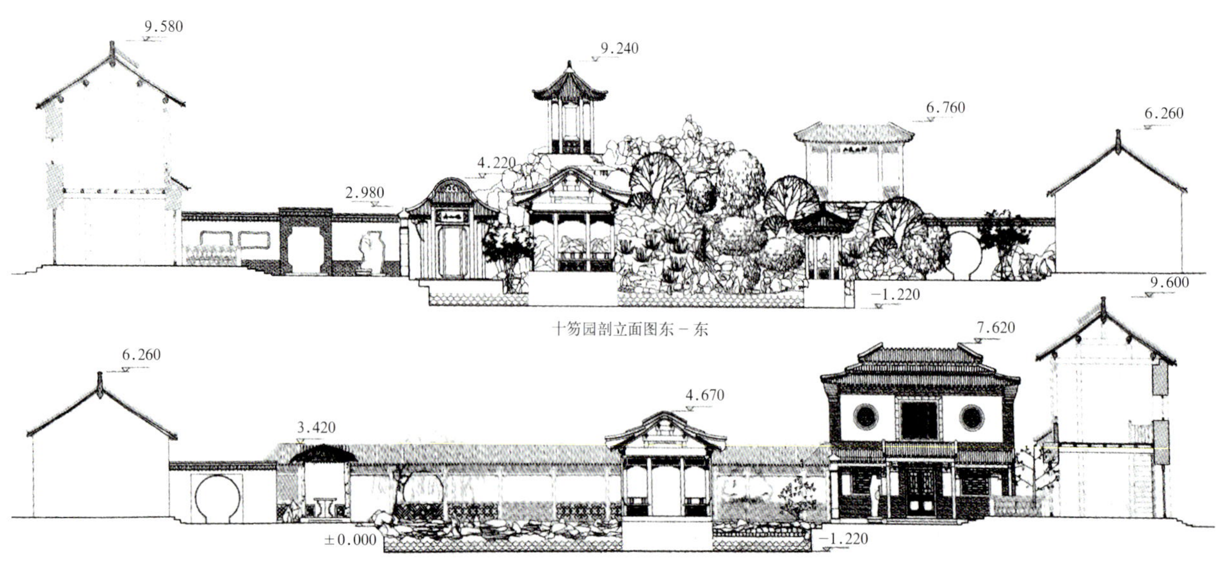

图 7-2-10　十笏园南北纵深剖立面示意图（图片来源：《山东近代园林》）

游人罕至矣。念斯园自旧朝来，隶帝子家，辱于阉竖、舞女、歌儿，其后胥徒啬夫，阜圉夏畦，皆过焉。”

清康熙二十一年（1682 年），康熙皇帝将明王府花园赐予告老还乡的青州名士冯溥作为私园。回到青州，冯溥即辟园“筑假山，树奇石，环以竹树”，“辇石为山，佐以亭池林木之观”。偶园部分因循奇松园旧筑，但叠石假山及“卧云”、“近樵”二亭和山茶房则应建于该时期。园名“偶园”取“无独有偶”之意，清代咸丰年间（1851 ～ 1861 年）《青州府志》载：“冯溥既归，劈园于居地之南，曰‘偶园’”，而冯溥等人的诗文中多以园中主要建筑“佳山堂”之名，称之为“佳山堂”、“佳山堂园”或“佳山园”。

清康熙三十年（1691 年），冯溥去世后，直至清乾隆初年（1736 年），偶园变化不大。清康熙五十六年（1717 年），时为台湾知府的冯协一卸任回乡，至清乾隆二年（1737 年）去世，一直居于偶园。据《偶园记略》记载，盛时的偶园为宅第、宗祠和园林结合起来的建筑群，主要建筑设施可以概括为一山（假山）、一堂（佳山堂）、二水（洞泉水、瀑布水）、二门（偶园门、耆绿门）、三桥（大石桥、横石桥、瀑水桥）、三阁（云镜阁、绿格阁、松风阁）、四池（鱼池、蓄水池、方池、瀑水池）、五亭（友石亭、问山亭、一草亭、近樵亭、卧云亭）。

清末，偶园已见日渐萧条。清道光元年（1821 年），李廷枢（1769 ～ 1831 年）游览偶园后写过的《记游冯文毅公假山园》（后文简称《记游》）一文显示，当时偶园已经呈现出惨败景象：松风阁“其上如平台，……盖倾圮之余，非复旧观也”，卧云亭“有亭址”，山茶房“废坞，仅存一壁”，可谓“遗址仿佛耳；花卉竹树，略无留根荄；只湖石十余与石几磴，石屏障，石栏楯耳”，一草亭及其南侧幽室不见记述。《记游》中有“下舀酒帘飏门侧，始知即园中设茶坊，酤酒肆也”的记载，有学者推测，清嘉庆年间（1796 ～ 1820 年）冯氏可能将偶园南半部分开放为公共园林，其间置茶坊、酒肆作为收入来源。清光绪年间（1875 ～ 1908 年）《益都县图志》记载，此时的偶园已“山石树木，大概虽存，而荒芜殊甚”，仅存一山、一堂、一阁。民国时期，园中建筑遗址名称也有错失，且早已被人称为“冯家花园”，不过园内数十株古柏依然留存。

1949 年后，偶园改为青州人民公园，宅院设青州博物馆。假山中峰东坡 1949 年前已坍塌，石室尚存，但通道仅孩童可入。20 世纪 80 年代博物馆搬走；1985 年经陈从周先生指点，对假山下小溪进行清理，偶园“一丘一壑”的风貌初显。园内尚有明代圆柏 3 株，及清代侧柏 19 株、圆柏 2 株。

（二）布局与主要建筑

目前，偶园由住宅、馆舍、花园三部分组成，相互之间以甬道联系。其中位居东部的花园是核心部位。花园相对独立，以“偶园”门和友石亭间的竹树柏丛为界，分南北两区：向北是以亭、台、楼、阁和池沼为主的一般园林区，南部以佳山堂为中心的假山园林区是偶园主要遗存，即文物保护区（图 7-2-12）。

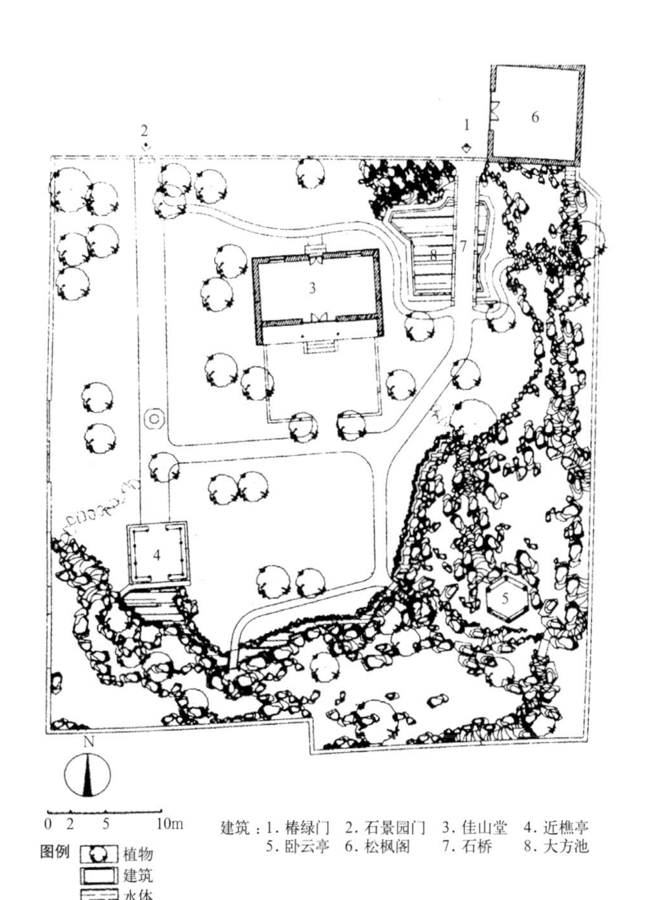

图 7-2-12 偶园部分园址平面图（图片来源：《山东近代园林》）

偶园宅第大门位于大街东侧，三开间硬山顶屋宇式，南北两侧备接有两间耳房，门前有旗杆石和石狮各一对；进门正对一座独立影壁，两侧各有两开间厢房一座，北厢北侧为现仍留存的一座三开间北厅；影壁南侧开小门进入主院落，正堂即“存诚堂”，五开间，东西各有北厅三间，类似耳房，院内设东、西厢房各五间。倒座东西两侧开有通向宅院南侧甬道的便门，东便门北向额题“一丘一壑”，入门东转为问山亭，再东即园门（图 7−2−13）。

甬道西端现为公园大门，此处原为冯府南便门，是马车、扈从等出入通道，也是《记游》文中提到的沿街“春酒帘飏”门。甬道东首园门面西的额题是由吕宫所书的“偶园”二字。甬道东段南侧，现为一较宽敞的空地。据《记游》记载，甬道上曾有“二奇石卓立”，行至问山亭有“拜石问山”之寓意（图 7−2−14）。

入“偶园”门，是偶园的北半部。《偶园纪略》中记载：“径东行，达友石亭，亭前太湖石奇巧，……石南鱼沼，沼南竹柏森森，……北出，为云镜阁。阁西而北，有幽室，曰‘绿格’。阁北而东，楼台参差，别为院落。阁后，太湖石横卧，……为园之极北处。友石亭西，一小斋，西有池，蓄鱼”。友石亭位于松风阁西北不远，所谓“亭东南，石台陡起，有阁曰‘松风’，……下石阶十余级，为友石亭之左”。小斋题名“容膝”，斋北鱼池面积约半亩（15 亩 =1 公顷）左右，北至“绿格”幽室庭前，斋东北的云镜阁曾为冯家书屋。

偶园南半部以佳山堂为中心，其北为牡丹园，其南为坪地，坪地边缘为溪壑，假山环抱，总面积 2800 平方米。该部分空间中假山、泉瀑、溪流与亭、堂、阁、桥以及林木共同构成一个完整的园林空间。佳山堂，砖木结构，是冯溥晚年休息会客和写作的地方，坐北面南，正对假山中峰。堂前古柏傲然挺立。《偶园纪略》记载佳山堂：“西十余武，幽室向北，有茅屋数椽，曰‘一草堂’，亭前金川石十有三，游赏者目为十三贤室。”以石比拟曾在青州任职的十三位宋代名宦，充分体现了主人崇尚自然、以石会友、以樵夫为伴的超然情怀（图 7−2−15、图 7−2−16）。

（三）掇山理水

佳山堂南侧的假山分为三峰：西峰平缓，下有近樵亭；中峰为主峰，岩石层叠峭拔，东西均有洞室上下贯通，西洞窟垒石筑成，东石室青砖砌就，屋顶发券，方丈许（3 丈 =10 米），南墙向外开有采光小窗；东峰南侧山腰有卧云亭，北侧“山半有斗室，曰山茶山房，房前缘石为径”，向北渐次升

图 7−2−13　偶园残存 − 大齐碑

图 7−2−14　入口甬道与迎宾石

图 7−2−15　石景园入口

图 7−2−16　石景园入口置石

高呈岭岗状绵延至松风阁，松风阁下石台暖室未设北窗，其北侧登台石阶亦由假山土石堆砌而成，既似假山余脉，又利暖室保温。假山整体为石包土形式，石材为龟纹石，虽为太湖石的玲玲剔透，却与当地自然风貌相匹配。假山阜麓峰岭杂植松怕，有截取真山一角的风貌。叠石手法，乍看似粗石垒墙，随意层叠，“近视之几不类物象，远观则景物粲然”(北宋沈括《梦溪笔谈》评董源画作皴法)，而且与青州当地石灰岩山体的岩石层叠特征十分相像。著名园林专家考证，该假山是全国存世假山中唯一秉承“康熙风格”的假山，经贾祥云等人考证，其出自清代叠石世家“山子张”张南垣之子张然之手(图 7–2–17 ~ 图 7–2–19)。

假山中峰东侧石室通道和磴道洞泉今已坍塌，形似乱石，东峰亦被杂木撑毁，非复旧观，但西峰、东峰岭岗，中峰西麓及峰巅和东北临水处还保持原貌，仍可看出原掇山叠石处理手法。各峰临溪均以山石层层叠砌而上。西峰、东峰岭岗绵延近 20 米，其上小径土中缀石，似真山之平岗小阪。中峰山巅由五六块山石相错叠成，较为灵动。中峰东北，山石土坡层叠而下，几株古柏点缀，阜麓意味浓，阜麓上方，临水有数块大石层叠，古柏掩映似高台，附近有小路上下和通向方丈石室的石洞残迹。中峰西麓山隈石洞，中间块石层层摞起中柱，顶部石块勾连搭起，形成洞窟通道。中锋山上现存几处石阶磴道，与东峰、西峰岭岗的上山石台阶均用不规则山石随意叠起，宛若自然蹬道（图 7 2 20 ~ 图 7–2–22)。

假山下设溪壑，始于近樵亭下的瀑水池，流至佳山堂东北，汇成大方池，池上跨大石桥。大方池西北角堆叠山石为池岸，与池东的假山相呼应。假山缺水，因此山脚溪流、山中谷涧、山巅、飞瀑均

图 7–2–17　假山、溪流、近樵亭

图 7–2–18　假山、溪流、小桥、蹬道、古树

图 7–2–19　假山、溪流、小桥、古树

图 7–2–20　假山中部

图 7–2–21　假山卧云亭与蹬道

图 7–2–22　假山与古柏

以意象取胜。溪流仅在首尾设池渊，溪床岸边为坪坡石矶，辅以跨溪谷瀑布的石梁小桥连缀贯通，即便无水亦有水流之意。溪岸靠山一侧的假山脚基用不规则山石干砌成耸立的岩壁状态，底层石块间留缝隙。上部略微出挑，形成岩脚山溪冲刷的自然意象。接续坪地的一侧则随山形蜿蜒布置山石，形成一条若有似无的溪床。瀑水池处岩壁有叠石进出相错，形成瀑布跌落意象，其池岸及大方池池岸均用不规则矶石和平石围砌，局部略有叠压，形似渔矶；溪水与东、中峰间的涧水汇合处，呈溪谷状，谷内溪涧回环曲折，谷口处涧岸矶石对砌，清流出谷（图7–2–23、图 7–2–24）。

假山上下现存的三座石梁小桥，也是偶园营造溪涧特征最见匠心之处，是假山、溪水、谷涧、飞瀑意象的重要组成部分。西峰山脚小溪上叠石为桥，石下中空，与溪岸岩脚石矶浑然一体，可谓清泉漱石。山半石梁为平板桥，略拱，横跨东峰北侧山涧上游，虽因中峰东坡叠石坍塌，桥下涧壑几要填平，从山下看，仍有“下临绝涧”的涧谷风貌。临近松风阁山岭上的小石梁和跨方池的大石桥，高低错落相映成趣；小石梁长不过半米，桥板微拱成弧形，从大石桥向上看，石梁下似有水顺岩壁直下而流入大方池，有“石梁飞瀑，素练坠潭”的画意。

假山上下的“近樵”、“卧云”二亭与山茶房和松风阁的位置经营独具匠心，彰显出整体的空间意象：西峰山脚的近樵亭临渊面瀑，有“鱼钓于一壑”的意境；中峰及其两侧，峰峦耸立，古木繁盛，悬岩峭壁，洞室隐约，有亭台傍壑临涧，可供高士卧云、枕流；背倚东峰的山茶房旁设古井，显出“栖迟于一丘”的山居意趣；房前一条高冈长岭，跨岭巅石梁，通向高远处松柏掩映的松风阁，具有仙境之景致（图 7–2–25 ～图 7–2–27）。

（四）古树与置石

假山上的树木栽植与溪涧瀑水、岭岗阜麓的配置相得益彰。东峰小石梁附近与西峰瀑水池上分别植有 3 株和 4 株古柏，以为瀑水之意象源头；中崎东麓溪旁阜坡和涧谷处亦植有古柏 6 株，以补溪水不足之缺憾；东、西峰岭岗上小径，旁植古柏是为

图 7–2–23 佳山堂东大方沼与石桥（左）
图 7–2–24 佳山堂东南假山（右）

图 7–2–25 近樵亭与假山

松径。24株古柏遒劲挺拔，点缀于假山上下，加上近年补植的柏树和野生枣树及刺槐，整个园林充满了山林气象，一定程度上弥补了假山峰头崖壁坍塌的凌乱景象。

据说偶园以"福、寿、康、宁"四石为镇园之宝，有"一两石头一两银"之誉，可见偶园太湖石地位之高，亦见园主澄心静虑、大雅脱俗、寓志于物之隐士修为。偶园之石不雕琢粉砌，返璞自然，应和文人淡雅高洁之志趣（图7–2–28）。

三、荩园

荩园位于济宁市北郊4公里处的戴庄村，原为清中叶后期著名画家戴鉴（号石坪）的别墅，村名亦由此而来。荩园现为济宁历史名园，1992年被公布为省级文物保护单位。

（一）历史沿革

荩园，始建于清嘉庆二十二年（1817年）左右的戴园"椒花村舍"，清道光十八年（1838年）归

图7–2–26 佳山堂

图7–2–27 松风阁

图7–2–28 "福、寿、康、宁"四石

于李澍，命名为“萇园”。据民国《济宁直隶州续志·卷九·名胜志·园亭》记载：“萇园，在城北八里戴家庄，郎中李澍别墅，子孙守之四世，光绪时，亭轩花木犹擅一时之盛，今归德国天主教会”，萇园历史沿革清晰呈现：先为清中叶济宁富绅李钟沂第五子李澍的私家园林，清光绪（1875 ~ 1908 年）之后归天主教会。

清光绪十三年（1887 年），德国天主教圣言会传教士福若瑟从李澍四世孙李善虎手里买下萇园。1897 年“巨野教案”后，安致泰、福若瑟利用清政府赔款开始营建戴庄教会，先后建有大教堂、学校、修院、医院、圣林等，占地 200 余亩（13.3 公顷）。至此萇园融入西化要素。济宁人夏联钰清宣统元年（1909 年）所写《三月初七日偕刘寿人太守戴庄看牡丹归途饮于酒肆有感》七律中的“树来异国新名译，竹记当年旧主栽”、“水槽珠溅将成两，楼牓金题已化烟（拥寻楼牓无存）”等句表明，清末民初之际，萇园牡丹是州人春游名胜，园中竹木尚存，并从外国引进新树种，即今园北林地中有众多树龄在 110 年的糠椴。

戴庄教堂作为德国“圣言会”和“圣神会”中国总会所在地，使其避免了历次战争的破坏。1946 年，济宁在新中国成立后，又曾作为济北县人民政府驻所、山东省精神病康复医院、济宁市精神病防治院等，因而干扰破坏较少，萇园基本保持了民国初年的风貌：除东北角水面被填没外，方池及其台榭桥亭依旧；假山虽叠石有所松动脱落、方亭复建，但山形未改，且六角亭基址犹存；宅院小花厅及其西侧的两处房屋基址尚存。

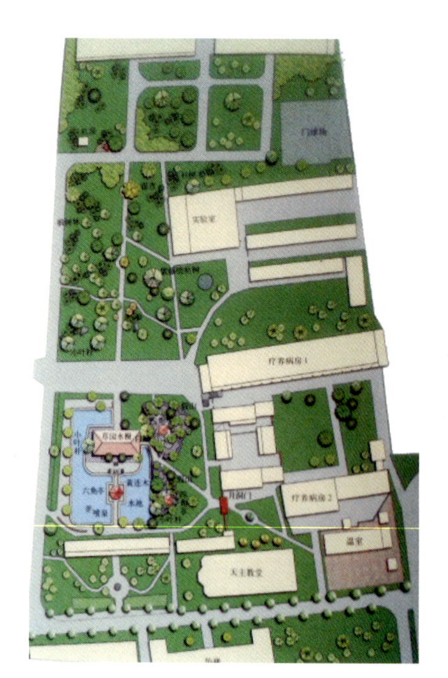
图 7-2-29　萇园平面图（图片来源：《山东近代园林》）

（二）空间布局

萇园总体上为东宅西园并列的空间布局。宅园南侧占地约 6500 平方米，其间现存假山、方池、台榭、桥亭、厅室、园门各一处；园林北侧另有约 3500 平方米的林地一处，银杏、黄连、菩提、糠椴等百年以上的古树名木众多（图 7-2-29）。

住宅与花园之间以筥砖砌垒的镂空透墙为界，墙中偏北开长拱形园门，上覆歇山屋顶，内外各有两方柱支撑檐角，即“游目骋怀”门。园墙镂空部分高约 1.5 米，总长约 7 米，几乎占据了整面墙体，通透轻灵。园门内为“椒花村舍”的舍旁小圃，后为萇园的牡丹花圃；圃西为假山，分南、北两峰，中辟山谷小道，可至西侧的方池、台榭。园门北原厅堂西山墙下有一近似方形的小型建筑基础，四边砌镶白石条，中间方砖铺地，山墙上开门，可由厅堂直接进入其中，是园中观赏牡丹和假山的亭轩类园林建筑遗址（图 7-2-30 ~图 7-2-32）。

南、北假山总长约 50 米，绵延呈岭峦状，峰岭坡麓皆土芯，外砌青砖，再外包湖石，两峰山巅周侧及登山小径旁竖立高大的太湖石，类似峰丛；假山上下林木繁茂蓊郁，有柏、榆、朴、槐等古树 10 余株，特别是南峰西侧山腰一棵青檀古树，一干三枝向西俯身方池之上，荫蔽几半塘；北峰上建方亭，亭侧为主峰，青砖砌磴道可至峰顶，西北下为假山北麓；南峰最高处筑有六角亭（图 7-2-33）。

方池占地约 1300 平方米，东岸为假山，由林之鹓《游萇园，即城北李氏园》诗中“更怜亭榭外，绕岸柳依依”之句推知其余三侧傍岸植柳。池中北半部偏东筑有砖砌高台，方约 20 米，高出水面 3 米左右，东、南、北三面各有桥与池岸相通，形似城台；台上筑歇山厅榭一座，面阔五间、进深一间，南北开门、四面设窗，绕以回廊。北桥为石砌圆拱桥，桥面与城台相齐。城台与东岸假山相距甚近，水狭似涧。东桥呈长拱形，桥面与厅榭回廊地面相平。南桥长约 15 米，形似堤桥，桥中段设小台，4 米见方，离水面仅约 1 米，上筑六角凉亭，翼然水上，可观荷赏鱼，桥北端，台分三重，逐级而上可至厅榭廊下。方池西岸即萃园西界。南岸现有一栋原南北均设木柱外廊的近代建筑，青砖砌成，可赏假山、方池、台榭景致，或为萃园旧筑基址（图 7–2–34 ～图 7–2–37）。

萃园目前已不甚完整，但总体布局未变，其屏山一列、方池台榭、尘世蓬瀛的营筑手法和意匠特征具有重要的历史和艺术价值，园主的生平经历及园中的镂空花墙更反映了南北园林文化的交融，是一处不可多得的北方私家园林杰作。

（三）掇山理水

萃园假山虽外观为众多细小湖石堆砌包裹，如"乱堆煤渣"（《浮生六记》），山上又竖立排列湖石山峰，是传统叠山技艺中"排如炉烛花瓶，列似刀山剑树"（《园冶》）的常见低劣手法，但这一列假山横亘园门前方，构成园中主景方池、台榭的屏障，山分两处，中辟幽谷小径，点缀小亭、杂以林木，是明、清之际园林假山常用的屏山类型，现私家园林中已较为少见。萃园假山通体用青砖砌构形态，在私家园林的假山堆筑中也极为罕见，是湖石难致的一种变通做法。但是，如果假山不包砌湖石，这些青砖砌成的峰峦岭麓与方池西侧的青砖驳岸池壁上下形成一个整体，应当逾显假山高峻、池涧深邃，园林山池风貌更完整统一（图 7–2–38）。

萃园方形水池中，筑高台，台上建冷淘轩敞厅，这种方池台榭的处理手法可以视为园林手法的孑遗，与《礼 · 月令》中"仲夏之月，可以处台榭"的礼制相合。萃园方池中设台榭、亭台的空间布局，还具有秦始皇"引渭水为池，筑为蓬、瀛"所开创的传统园囿仙山意象特征，亦是园主避世情怀的写照。由外而内，世俗生活的花椒小圃与幽僻隐逸的冷淘轩仅一山之隔，可谓"谁知尘世有蓬瀛"。方池台榭手法与尘世蓬瀛意象是萃园园林艺术的重要特征和价值所在。

（四）古树与花墙

园内的珍稀树种很多，以糠椴为主，还有银杏、黄连、桧柏、青檀、菩提、榔榆、古槐等数十种古树异草，不少树龄都在 200 年以上。最奇异的为 2 株"六月雪"——流苏树。每到 4 月底 5 月初，满树白花如同披拂白雪一般，被誉为山东最奇异美丽花树（图 7–2–39、图 7–2–40）。

图 7–2–30　萃园花园入口（图片来源：image.haosou.com）

图 7–2–31　入口望水榭（图片来源：image.haosou.com）

图 7–2–32　水榭回望入口（图片来源：image.haosou.com）

图 7–2–33　自花园入口处看假山全貌

图 7–2–34　萃园方池、小桥、六角亭（图片来源：image.haosou.com）

图 7–2–35　萃园水榭（图片来源：image.haosou.com）

图 7–2–36　亭榭雪景（图片来源：image.haosou.com）

图 7–2–37　自水池西看六角亭（图片来源：image.haosou.com）

荩园中分隔宅园的大面积漏空花墙，与个园、汪氏小苑等扬州园林常见的大漏窗风格相仿，或与戴鉴曾长期在江南及镇江、扬州一带生活相关。据《泼墨轩集》中的李垒序及《戴君石坪小传》，戴鉴少时随其从叔们"遨游吴越晋豫间"，"在常镇时，纵游江山，遍览金焦诸胜，与吴酿雪先生，往还觞咏，故其诗在邗上所著为多"；《沁园春·扬州》、《满庭芳·倚虹园》、《踏莎行·经倚虹园》等词也表明了戴鉴与扬州园林的渊源。这是明、清时徽商众多的济宁私家园林常见的园林墙体营筑手法，但《减字木兰花·清江浦舟中》、《惜秋华·高邮舟中》等记载了园主戴鉴由运河前往江南游历的诗词，使得这一反映南北园林风格融会的镂空花墙成为江南造园技术沿大运河向北传播的重要见证，亦是荩园历史文化价值之所在。

四、铁山园

（一）历史沿革

铁山园号称"天下第一家后花园"，仿照皇宫的御花园所建，是孔府主人娱乐休闲的地方。据《孔氏祖庭广记》附图，宋、金两代是"族人所居之处"。明初，朱元璋规定"功臣宅舍之后，留空地十丈，左右皆五丈。不许挪移军民居址，更不许于宅前后左右多占地，构亭馆，开池塘，以资游眺"。宅后虽有空地，但孔门之后以尊礼见称，当不致越轨建造园林。花园始建于明弘治十六年（1503年），扩建孔府是同时修建，由明礼部尚书兼文渊阁大学士李东阳监工设计。

李东阳是太子太傅、吏部尚书、华盖殿大学士、国史总裁，李东阳的女儿嫁给了孔子六十二代孙、衍圣公孔闻韶为一品夫人。在修建完孔府和孔庙后，李东阳曾四次作诗写赋，勒碑刻铭，记此盛举。明嘉靖年间（1522～1566年），严嵩取代了李东阳的地位，成为当时首相。其孙女嫁给了孔子六十四代孙、衍圣公孔尚贤为一品夫人。严嵩又帮衍圣公扩建重修孔府、整修花园。到清乾隆年间(1736～1795年)，乾隆皇帝把女儿下嫁给孔子七十二代孙、衍圣公孔宪培为一品夫人。于是孔府又重修府第，扩建花园，把各地能工巧匠召集到曲阜，又从各地运来奇石怪岩，移植名花奇草，使花园焕然一新。花园从李东阳到清乾隆年间（1736～1795年），共经三次大的扩建重修，形成现在的规模。清嘉庆年间（1796～1820年）孔子七十三代孙、衍圣公孔庆镕重修时，有人送来古铁矿石，其中大石长3米，宽2米，类似陨石，园主认为是"天降神石"，孔府从此会时来运转，兴旺发达，将花园命名为"铁山园"，

图7-2-38　园中假山细部（图片来源：image.haosou.com）

图7-2-39　园中流苏树（图片来源：image.haosou.com）

图7-2-40　园中随处可见参天古树

从此以“铁山园主人”自称。孔庆镕在重修花园后曾赋诗：“园林亭榭好，岁岁客凭栏。九月寻篱菊，三春就牡丹。”

（二）空间布局

花园采用混合式布局，其轴线仿紫禁城御花园格局按照宫廷模式安排，即主次相辅、左右对称格局。园中一条南北小路将花园分为两区，各区均有弯曲小路，间或点缀奇石、盆景、石凳、石几等。

花园的山水、绿化、建筑物都因地制宜，灵活安排，规矩中又显露出自由活泼的意趣。花园西侧为规整式，东侧为山水式。因西部种植园为几何图案，故园路布设亦为纵横规整的几何式，格调严禁庄重；东部山水位置偏离中心，在铁山园的东南方位，水系布局独特，所有景物均有秩序地组织在一起，统一成为一个有机的整体，为拟对称格局（图 7-2-41）。

（三）主要建筑

与山水相比，花木占有很大部分比例，而建筑，如新旧花厅、扇面亭、六角重檐亭则仅作为花木的陪衬和庭院的点缀，以此来烘托、反衬衙宅部分之宏伟。

园内建筑主要有花厅、翠柏树屋等。轴线的最北端是民国时期建成的新花厅，北依孔府后墙。此厅平面呈“T”字形，前类似抱厦，呈攒尖亭式，抱厦亭与后正厅相接，亭开敞无墙，青砖厚砌，这种组合既左右对称，又通透开敞。抱厦亭两柱题联：“寻梅觅竹骚人来，赏兰观菊贤者至”。花厅前面绕抱厦亭设观景台，台四周为青砖砌矮墙，与轴线之南的柏台一致，形成南北呼应。花厅为孔府主人平时赏花、赏月、设宴和会见重要客人的地方（图 7-2-42）。

厅西是一六角重檐亭，宝顶较小，立于细柱上，立面构图高挑，显得轻盈。枋间板只作菱形图案，没有彩画，全涂朱红，柱间设单板坐凳（图 7-2-43）。

中轴的新花厅之东为旧花厅，面阔三间，上覆龙瓦，梁枋皆彩画花卉，梁上二梅作云状，显得古雅而华丽，此处曾叫坛屋。房前有丁字形葡萄架。依路南行，来到小荷花池，池中荷花盛开，凸显清雅（图 7-2-44）。

（四）掇山理水

花园东南角，有一东西长约 40 米、南北宽约 25 米、高近 10 米的假山。此假山是明、清以来从

图 7-2-41　孔府铁山园平面图（图片来源：山东近代园林）

图 7-2-42　孔府铁山园后花厅

图 7-2-43　孔府铁山园六角亭（图片来源：image.haosou.com）

各地移来石料人工建成的。假山分高山、低山、远山、近山、山脉、山峪等，起伏的山脉山水相连，假山用玲珑石砌造，有山岭、悬崖、峭壁、山洞、沟壑、石窟、顶峰、凉台、棋石、自然桌凳、题字摩崖、观景台及钓鱼台等，峰峦间的曲径连通，石级弯曲，山路婉转。山下小路皆用鹅卵石铺成，山上种植松柏及各种灌木，山壁布满绿色攀缘植物。山顶上原有八角凉亭一座，现已毁，亭基及亭内石桌、石凳仍存（图 7-2-45）。此假山继承了明代《园冶》的理论，假山平处见高低，直中求曲折，布局简单，主峰突兀，层次分明，不以小巧，而以拙重取胜，糅合了江南石匠张涟的“平冈小坡，曲岸回沙”技法和假山技师戈裕良的钩带法，虽为北京皇亲园林，但在技法上摒弃了北京“山子张”“压、挑、飘”的叠山法，由结构合理的小石拼合掇叠为大山。但后期由于社会动乱，经济衰落，技艺逐渐下降。叠石者不深入“源石之生，辨石之灵，识石之态”，更不懂石性、纹理、脉络、石形、石态，在历次维修中，作法低劣，有失原有纹理。

铁山园因缺水，采用旱园水作之法，充分利用假山之起伏，仅降低地形，在山前人工蓄池，占地为 160 平方米，面积不到整个后花园的 1/25。水池偏于东南侧，水景和山景共同形成“咫尺山林”的气氛。山得水而活，水得山而媚。留出的大空间种植各种树木烘托山林野趣。西面有五曲桥与池北岸的扇面亭连接。桥面两侧有木栏杆，横栏竖杆，每个竖杆上雕刻着莲花头。池中有三座作为孤赏石的湖石，曲桥将三座湖石分为西一山、东二山的格局，仿造了中国古典园林中“一池三山”的布局。扇面亭东、南、西三面为青砖砌筑的栏杆（图 7-2-46）。

图 7-2-44　孔府铁山园旧花厅与周边环境

图 7-2-45　孔府铁山园假山

图 7-2-46　孔府铁山园水池与扇面亭（图片来源：image.haosou.com）

（五）古树

孔府大门两侧有 2 株 700 多年的古槐树，遮天蔽日，给人以幽深感。后花园内有 1 株 400 多年的“五君子柏”，一树五枝，中生 1 株槐树，又名“五柏抱槐”，有诗赞曰：“五干同枝叶，凌凌可耐冬。声疑喧虎豹，形欲化虬龙。曲径阴遮暑，高槐翠减浓。”铁山园内还有数百年的侧柏、圆柏、国槐、西府海棠、紫丁香、紫藤、皂荚、酸枣、石榴、朴树、白皮松、黄荆、郁香忍冬、木瓜海棠、柽柳、黄杨以及千年的何首乌等数十株古树名木（图 7-2-47）。

第三节 风景名胜

一、封禅圣地泰山

（一）泰山风景名胜区概括

泰山，绵亘于山东省中部，前临孔子故里曲阜，背依山东省府济南，主峰海拔 1545 米，气势磅礴，拔地通天。泰山自古以来与中国的其他四座名山——南岳衡山、西岳华山、北岳恒山、中岳嵩山合称“五岳”，泰山有“五岳之首”、“天下第一山”之誉。泰山，古称“岱山”，又名“岱宗”，故

图 7-2-47 孔府铁山园古树

称“岳山”，春秋时改称“泰山”，主峰玉皇顶在泰安市北。泰山风景名胜以泰山主峰为中心，呈放射状分布，包括南麓传统意义上的泰山风景区和北麓灵岩寺景区两部分，由自然景观与人文景观融合而成。泰山，自然景观雄伟绝奇，是中国山岳公园之一。泰山有数千年精神文化的渗透渲染和人文景观的烘托，被誉为中华民族精神文化的缩影。自古以来，中国人就崇拜泰山，有“泰山安，四海皆安”之说，从秦皇汉武，到清代帝王，或封禅，或祭祀，绵延不断，并且在泰山上下建庙塑神，刻石题字。文人雅士更对泰山仰慕备至，千百年来，纷纷前来游历，作诗记文。泰山宏大的山体上留下了20余处古建筑群，2200余处碑碣石刻。当代文化名人郭沫若游泰山后把泰山比做是中国文化史的一个局部缩影。可以说，泰山是一座天然的历史、艺术博物馆，仅在泰山南麓的中轴线上就存有各种石刻1800余处。在北山麓的灵岩寺还有40尊宋代彩塑罗汉塑像，造型突出个性，充分显示了中国古代精湛的雕塑技艺和艺术表现力。1987年，联合国教科文组织世界遗产委员会将泰山列为世界文化与自然双重遗产（图7-3-1）。

（二）景区建筑

——升仙坊

紧十八盘的起始处，为两柱单门式石坊，额题楷书“升仙坊”。此处山势陡峻，悬崖峭壁，上临岱顶天庭，咫尺仙境，似有飘然升仙的意境，故名“升仙坊”。游人至此小憩，每每浮想联翩。回视山下，常有腾身云霄之感，举首仰望，南天门近在眼前，奋力攀登，岱顶在望（图7-3-2）。

——回马岭

位于壶天阁西北侧，是一座跨盘道而建的双柱单门式石坊。坊始建时代无考，1937年重修。回马岭之名，初见于唐大历十四年（公元779年）《双束碑》中。坊后盘路陡绝，梯云御风，行使险要。“回马岭”三字，意即骑马上山，至此岭路陡绝，马不能再上，只好回马，足见这里重峦叠嶂，峰回路转，陡峭难行之状（图7-3-3）。

——斗母宫

位于万仙楼北，古名“龙泉观”。创建时间无考，明嘉靖二十一年（1542年）重建后更今名。原为道教宫观，至清康熙初年（1662年）改为尼姑住持。宫内殿阁亭廊几十间，分别坐落在三进院落之

图7-3-1 泰山全景（图片来源：image.haosou.com）（左）
图7-3-2 泰山升仙坊（图片来源：image.haosou.com）（右上）
图7-3-3 泰山回马岭（图片来源：image.haosou.com）（右下）

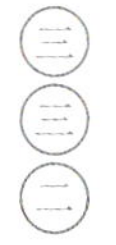

中，布局疏密得宜，建筑深秀庄严。东有“听泉山房”三间，可观赏中溪的“三潭叠瀑”。这里，重峦深涧，风景如画，红墙碧瓦，古朴典雅，山能醉人，泉以涤心，古刹钟声，幽雅动人，自古便是听泉、观瀑、品茗、赏景的胜地。

——万仙楼

位于红门宫北，为跨道阁楼式建筑，明万历四十八年（1620 年）始建，旧称“望仙楼”。原祀王母，配以列仙，后改祀碧霞元君。北向门洞额题“谢恩处”，相传旧时帝王登泰山，地方官员送驾于此，帝令回府，群官谢恩。又传朝山香客返回至此，叩谢泰山老母保佑平安。楼四周镶有明、清善男信女朝山的题名碑 63 块，楼东南侧有“隐真洞”。

——红门宫

位于“孔子登临处”石坊北。其地东临中溪，西依大藏岭，因岭上有丹壁如门而得名。红门宫创建无考，明天启六年（1626 年）重修。它以盘路为界，分为东西两院，并以飞云阁跨路相连，拱形门洞上题“红门”两大字。西院为道观，宫门额题“红门宫”，祀泰山女神，为碧霞元君中庙。东院为“弥勒院”，供奉弥勒佛。

——一天门

位于泰山中路盘路起始处，是一座跨道而建的双柱单门式石坊。创建于明代，参政龙光题额，清康熙五十六年（1717 年）山东巡抚李树德重建。坊两侧分立明隆庆年间（1567 ~ 1572 年）钦差监兑户部员外郎杨可大题“天下奇观”碑、嘉靖年间（1522 ~ 1566 年）登州府通判孙价书“盘路起工处”碑（图 7−3−4）。

——云步桥

位于“斩云剑”北侧，是跨中溪而建的一座单孔拱形石桥。桥畔常有云气弥漫，人行桥上，宛在天际，故名“云步桥”。桥北有大片陡峭的石崖，题刻遍布，飞瀑直下，景色绝佳，是游人驻足小憩的天然所在。东有清代建的“酌泉亭”一座，亭为石作，内外镌满楹联和诗文，游人可从这些石刻中领略伟大的中华精神，升华心灵世界（图 7−3−5）。

——中天门

位于黄岘岭脊之上，海拔 847 米，是登泰山东西两路的交会处。清建两柱单门式石坊跨路而立，额题“中天门”。北为黑虎庙，东为仿古茶楼，西南为中溪宾馆，西北为中天门索道站。中天门岭峻谷幽、景色壮美，游人至此已升“中天”，无不心旷神怡（图 7−3−6）。

——孔子登临处

位于一天门北，为四柱三门式跨道石坊。古藤掩映，文雅端庄，额题“孔子登临处”五大字。明嘉靖三十九年（1560 年）始建。柱联曰：“素王独步传千古，圣主遥临庆万年。”坊两侧分立两碑，东为明嘉靖年间（1522 ~ 1561 年）济南府同治翟涛题“登高必自”碑；西为巡抚山东监察御史李复初题“第一山”碑。北侧为两柱单门的“天阶”坊（图 7−3−7）。

——壶天阁

位于斗母宫北，是一座跨路阁楼式建筑，始建于明代，原名升仙阁，清乾隆十二年（1747 年）拓建后更今名，盖因道家称仙境为“壶天”而得名。

图 7−3−4　泰山一天门（图片来源：image.haosou.com）

图 7−3−5　泰山云步桥（图片来源：image.haosou.com）

图 7−3−6　泰山中天门（图片来源：image.haosou.com）

图 7−3−7　泰山孔子登临处（图片来源：image.haosou.com）

清嘉庆年间（1796 ~ 1820 年）泰安知府廷璐于阁上题联：“登此山一半已是壶天，造极顶千重尚多福地。”门洞上双柏横生，盘结向上，奇伟壮观。

——岱宗坊

位于岱宗大街北侧的红门路南首，为登泰山的起点。明隆庆年间（1567 ~ 1572 年）始建，清雍正八年（1730 年）重建。为四柱三门式石坊，造型粗犷、简洁，额题篆书“岱宗坊”三个金色大字，

图 7-3-8 泰山天街（图片来源：image.haosou.com）

图 7-3-9 泰山玉皇顶（图片来源：image.haosou.com）

图 7-3-10 泰山南天门（图片来源：image.haosou.com）

有标志导向作用。坊前分立《重修岱宗坊记》和《重修泰山记》碑。

——天街

位于岱顶，西起南天门，东止碧霞祠，全长 0.6 公里。是一条神韵天成的天上街市，路面宽阔、平坦，依岩而建的仿古店铺流光溢彩，这是任何一座名山所无法比拟的。游人漫步天街，飘然若在仙境。天街附近，有“象鼻峰”、“白云洞”、“青云洞”、“孔子崖”“孔子庙”、“北斗台”、“斯碑岩”等景点（图 7-3-8）。

——玉皇顶

泰山主峰之巅，因峰顶有玉皇庙而得名。玉皇庙始建年代无考，明成化年间(1465 ~ 1487 年)重修。主要建筑有玉皇殿、迎旭亭、望河亭、东西配殿等，殿内祀玉皇大帝铜像。神龛上匾额“柴望遗风”，说明远古帝王曾于此燔柴祭天，望祀山川诸神。殿前有“极顶石”，标志着泰山的最高点。极顶石西北有“古登封台”碑刻，说明这里是历代帝王登封泰山时的设坛祭天之处（图 7-3-9）。

——碧霞祠

位于岱顶天街东端的高崖之上，是泰山女神碧霞元君的祠宇，它是一组高山建筑的杰作，始建于北宋大中祥符二年(1009 年),清乾隆三十五年(1770 年）重修后改今名。整组建筑巍峨严整，气势恢宏。远处眺望，白云缭绕，金碧辉煌，宛若天上宫阙。祠以山门为界，分内外两院，内院正殿供奉碧霞元君铜像，铜瓦覆顶；东西配殿分别祀眼光奶奶和送子娘娘，铁瓦覆盖。殿前有香亭、铜铸千斤鼎、万岁楼和乾隆御碑亭，错落有致，熠熠生辉，香烟袅袅，游人如织。

——南天门

位于泰山十八盘的尽头，海拔 1460 米，古称“天门关”。它建在飞龙岩与翔凤岭之间的低坳处，双峰夹峙，仿佛天门自开。元中统五年（1264 年）由布山道士张志纯创建。门为阁楼式建筑，石砌拱形门洞，额题“南天门”。红墙点缀，黄色琉璃瓦盖顶，气势雄伟。门侧有楹联曰：“门辟九霄仰步三天胜迹，阶崇万级俯临千嶂奇观”（图 7-3-10）。

二、道教福地崂山

（一）崂山风景名胜区概括

素有“海上名山第一”的青岛崂山位于黄海之滨，主峰1133米，它拔海而立，山海相连，雄山险峡，水秀云奇，自古被称为“神仙窟宅”、“灵异之府”。《齐记》中亦有“泰山虽云高，不如东海崂”的记载。昔日秦皇汉武帝登临此山寻仙，唐明皇也曾派人进山炼药，历代文人名士都在此留下游踪，佛、道共用一山，其中道教乃为发源之地，号称“道教全真天下第二丛林”，盛时有九宫、八观、七十二庵，崂山道士更是闻名遐迩。山上奇石怪洞，清泉流瀑，峰回路转。人文景观和自然景观交相辉映的崂山，1982年被国务院确定为首批国家级风景名胜区。崂山古为东夷之地，历史悠久，许多古文化遗址和古庙宇建筑遍布山区。在旧中国的漫长岁月中，崂山文物任其破坏、湮没，新中国成立后遗存文物得到保护。如今，崂山山区共有27处文物保护单位，其中省级文物保护单位3处，另外崂山还分布着236株古树，270余处石刻，40余处碑记（图7-3-11）。

（二）主要建筑

华严寺，在崂山东麓那罗延山半腰，面山环海，是清初建的一座寺院。殿宇楼阁壮丽，苍松掩映，秀竹临风，周围遍布刻石。寺西涧底路旁巨石斜亦万状。有一斜卧如鱼形者，上面有一小洞，探之不尽，用手拍击洞口，琅琅作响，似渔鼓声，名“渔鼓石”。其西南山巅有一广阔数亩（15亩=1公顷）的大石坡，坡中有一洼，满贮池水，旱天不涸，名“天池”。附近有“华阳洞”，东向大海，可观日出，洞前有平地，相传是华严寺的旧址（图7-3-12）。

太平宫，在崂山东部海岸，仰口湾以西，是宋初敕建的道场（图7-3-13）。宫内有“龙涎井”、“眠龙石”。

上清宫，是宋初敕建的一处道观。宫南有丘长春的衣冠冢，旧称“丘祖坟”。宫西和宫前各有一座小石桥，一座名为“朝真桥”；一座名为“迎仙桥”。

明霞洞，位于昆仑山下，海拔650多米，是一天然石洞。洞额镌“明霞洞”三字，传为丘长春金大安三年（1211）书。洞原来高大宽敞，清康熙年间（1662～1722年），雷雨时大半陷于地下。明霞洞外岩壁上，历代修道者不乏其人，后有一洞称“玄

图7-3-11　崂山风景（图片来源：image.haosou.com）

图 7-3-12　崂山华严寺（图片来源：image.haosou.com）

图 7-3-13　崂山太平宫（图片来源：image.haosou.com）

图 7-3-14　崂山明霞洞（图片来源：image.haosou.com）

图 7-3-15　崂山太清宫与外环境（图片来源：image.haosou.com）

图 7-3-16　太清宫旁的糙叶树“龙头榆”（图片来源：image.haosou.com）

真洞”，传为明代风尘侠道张三丰修道处。其东有“天半朱霞”题刻。昆仑山麓巍峨巉峻，松柏挺拔苍郁，左右奇峰环峙，南望远山外，海天如镜。洞后巨松蟠绕洞顶，洞前平崖突出，高筑成台，台下沟壑纵横，流水清澈，景色清新。洞右是一道观，明时更名“明霞洞”。春夏雨天，水珠明丽，似珠帘，是明霞洞一景观（图 7-3-14）。

太清宫，位于崂山东南端，始建于西汉建元元年（公元前 140 年）。太清宫由三官殿、三清殿、三皇殿三组宫殿组成（图 7-3-15、图 7-3-16）。

三、海上仙山蓬莱

（一）蓬莱风景名胜区概括

蓬莱阁在蓬莱市区西北的丹崖山上，全国首批 AAAAA 级景区，1982 年与蓬莱水城同被国务院公布为全国重点文物保护单位，蓬莱阁虎踞丹崖山巅，它是由蓬莱阁、天后宫、龙五宫、吕祖殿、三清殿、弥陀寺六大单体及其附属建筑组成的规模宏大的古建筑群，面积 1.89 万平方公里。自北宋嘉祐年间（1056 ~ 1063 年）起，历代都进行了扩建重修。

（二）景区建筑

1. 蓬莱阁

主体建筑蓬莱阁同湖北武汉黄鹤楼、湖南岳阳岳阳楼、江西南昌滕王阁齐名，被誉为我国古代四大名楼，建于北宋嘉祐六年（1061 年），坐落于丹崖极顶，阁楼高 15 米，坐北面南，系双层木结构建筑，阁上四周环以明廊，可供游人登临远眺，是观赏“海市蜃楼”奇异景观的最佳处所。阁中高悬一块金字模匾，上有清代书法家铁保手书的“蓬莱阁”三个苍劲大字，东西两壁挂有名人学者的题诗。阁东有苏公祠，东南建观澜亭，为观赏东海日出之所，西侧海市亭，因为观望海市蜃楼之境而名，又因其三面无窗，亭北临海处筑有短垣遮护，亭外海风狂啸，亭内却燃烛不灭，故又名避风亭。整个建筑陡峭险峻，气势雄伟，朱碧辉映，风光壮丽。千百年来，慕名而至的文人墨客络绎不绝，阁内各亭、殿、廊、墙之间，留存观海述景的题刻二百余石，楹联亦是比比皆是，翰墨流芳，为仙阁增色不少。位于蓬莱阁下的仙人桥，结构精美，造型奇特，传说为“八仙”过海的地方。明万历十七年（1589 年）巡抚李戴于其旁增建了一批建筑，清嘉庆二十四年（1819

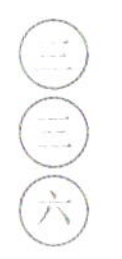

年）知府杨丰昌和总兵刘清和主持进行扩建，使其大具规模，后又得以多次修缮，目前为全国重点文物保护单位（图 7–3–18）。

2. 蓬莱水城

水城沿着丹崖绝壁向南筑起，为我国现存古代海军基地之一，又名“备倭城”，原为宋代边防水寨“刁鱼寨”旧址。明洪武九年（1376 年），依山势构筑城墙，引海水入内，以停泊船舰，操练水师。蓬莱水城周长约 1.8 公里，面积 25 平方公里，整个城池只有南北两门，北门叫水门，门上建有栅闸，以控制船只出入；南门为振阳门，与陆地相连，供车马行人出入。北门设有两座炮台，分列东西，控制附近海面。水城进可攻，退可守，实为一严密的海上防护体系，在我国海港建筑史上占有重要地位，具有极高的历史文物价值（图 7–3–19）。

第四节　泉台祠院

一、园林雏形——台

（一）淄博梧台

《水经注 · 淄水》记载：“……昔楚使聘齐，齐王飨之梧宫”，李白《古风》诗曰：“宋国梧台东，野人得燕石。夸作天下珍，却哂赵王璧”，民国 9 年（1920 年）《临淄县志》载，台西旧有汉灵帝熹平五年（公元 176 年）立的石碑，镌刻“梧台”二字。梧台位于齐故城西北 10 公里处，即山东省淄博市梧台乡梧台村北，台高 28 米，周长 220 米，是一处宫室建筑的夯土台基。据说当年是齐景公的宫苑，因四周广植梧桐树而得名。目前台上建有一座玄武祠（图 7–4–1）。

（二）滨州秦皇台

据《齐乘》载：“秦台，滨州东十三里，高八丈。”相传，该处是当年秦始皇东游萦蒲系马的地方，曾用名“蒲台”。据传，徐福率童男童女求长生不老药久不曾归来，秦始皇命令士兵用米浆、泥土筑起高台，以望高丽，祈盼徐福归来。如今秦皇台遗址位于滨州市滨城区单寺乡西石村，台高 19 米，底部周长 188 米，面积 2826 平方米；顶部周长 63 米，面积 314 平方米，滨州市政府借其开辟了秦皇台风景旅游区（图 7–4–2）。

二、泉水主题园林

（一）济南其他泉群

济南市域范围其他六大泉群中的白泉、涌泉、玉河泉等四大泉群，从分布地段和功能而言，主要是为了满足周边居民生活汲水所需，历史上以其为

图 7–3–17　蓬莱风景名胜区（图片来源：image.haosou.com）

图 7–3–18　蓬莱阁（图片来源：image.haosou.com）

图 7–3–19　蓬莱水城（图片来源：image.haosou.com）

图 7–4–1　淄博 · 梧台

图 7–4–2　滨州 · 秦皇台（图片来源：image.haosou.com）

依托建设园林并具有一定影响力的泉群则以百脉泉泉群、洪范池泉群和袈裟泉泉群为代表。

1. 百脉泉泉群

百脉泉泉群位于济南章丘市府所在地明水镇东北隅龙泉寺内。章丘驻地明水，因多泉涌、泉水清澈明净而得名。群泉绕城穿巷，泉涌遍地，清溪萦绕，水明如镜。北魏地理学家郦道元《水经注·卷八》称："水出土鼓县故城西，水源方百步，百泉俱出，故谓之百脉水。"唐代《元和郡县图志·卷十》称："百脉水，出县东北平地，水源方百余步，百泉俱出合流，故名之。"众泉中，百脉泉因"百泉俱出"得名，是明水诸泉之冠，绣江河源头，与济南趵突泉齐名，在原"济南七十二名泉"中，名列第二。元代地理学家于钦在《齐乘·卷二·水》中记载："盖历下众泉，皆岱阴伏流所发，西则趵突为魁，东则百脉为冠。"历代《章丘县志》均把"百脉寒泉珍珠滚"列为"章丘八景"之一。古代的百脉泉为一方圆半亩（15亩=1公顷）多的大方池，四周石砌，竖有雕工精致的石栏，泉周石墙上镌有名人题句，清乾隆年间（1736～1795年）章丘知县张万青倡修百脉泉，又在大池之南修砌东西对称的两个小池，号"张公池"。自1958年后，相关部门依托百脉泉陆续开辟建设公共园林，1986年开辟为百脉泉公园，2006年该公园被评定为国家AAAA级景区。

——百脉泉

龙泉寺山门迎面呈"品"字形布置三个泉池，泉池上"丁"字形石平桥跨水而过。泉水从池底壁间的无数脉孔溢涌而出，数百条涓涓水脉旋带着汽飘摇而上，似串串彩练，如粒粒珍珠。水底翠绿的水草随水摇曳。北池的石砌池壁上有九方石刻壁龛，皆为历史遗迹，中三方壁龛书有"百脉泉"字样，两旁楹联："空明通地脉，活泼见天机。"其余的六方壁龛有诗词、花、鸟等内容。百脉泉泉北有龙泉寺梵王宫大殿，泉东还有龙王庙、古亭、书院、僧房等建筑，龙泉寺门在泉西南，泉畔古柏森郁，竹影婆娑，花木扶疏，垂柳依地，鸟语蝉鸣，如入潇湘胜境。历代文人墨客于百脉泉流连忘返，留下了许多佳词丽句。如明初章丘名宦洪汉诗句："到处名泉看欲尽，孰知此地泄天真"赋予百脉泉极高的赞誉；明嘉靖年间后七子领袖王世贞则赞百脉泉"嘉泉灵沼向奇称，百道清综地底腾"；中麓先生李开先有"颗颗为珠碎，沄沄比镜平，不可容小艇，但可濯长缨"的诗句，他把百脉泉看做自己理想避世隐身之处；生在百脉泉畔的清代诗人韩尚夏，则向百脉泉发出了"水从海底透鸿蒙？迸出蛟珠万窍通"的疑问；蒲松龄老先生《过明水八首》中这样写道："百脉泉生白山阳，野田早发青莲香。长杨浮动龙蛇影，丛苇横遮雁鹜乡。"诗中描述了百脉泉水哺育出的青莲飘香、长杨浮动、芦苇丛丛、雁鹜成行的水乡美景（图7-4-3）。

——其他泉水

如"五峰直上，中心花蕊涌动"的梅花泉；"声如雷鸣，雪涛飞溅"的墨泉；"水花四散，蔚为壮观"的眼明泉；"水花色白如玉"的白玉泉；"声若雷鸣，金辉闪烁"的金镜泉；"清澈净明，拖练柔蓝"的龙泉；"泉眼如筛底般密密麻麻"的筛子泉；"烟波荡漾，清澈如镜"的明水湖（今万泉湖）等，为百脉泉泉群景观锦上添花（图7-4-4～图7-4-8）。

图7-4-3　百脉泉（图片来源：image.haosou.com）

图7-4-4　梅花泉（图片来源：image.haosou.com）

图7-4-5　墨泉

——梵王宫大殿

龙泉寺是缘百脉泉而建，百脉泉也因龙泉寺而著名。龙泉寺雄踞在百脉泉北，为济南地区著名佛寺，主殿梵王宫大殿始建于明景泰元年（1450 年），自修建以来，大殿历经明嘉靖（1522 ~ 1566 年）、万历（1573 ~ 1619 年），清乾隆（1736 ~ 1795 年），民国 24 年（1935 年）四次重修，虽遭破坏，但仍有保存。今梵王宫大殿面阔五开间，硬山双坡青瓦顶，据传殿中对联"台榭屯荫翡翠半涵兜率殿，池涛漾玉水云深锁梵王宫"是明嘉靖年间（1522 ~ 1566 年）苏州雪襄道人遗作。

2. 洪范池泉群

洪范池泉群位于济南平阴县西南部洪范池镇狼溪河上游右侧，分布面积约 9 平方公里。主要有洪范池、书院泉、丁泉、白雁泉、扈泉、拔箭泉、日月泉等 10 余处。由于特殊地质原因，该泉群分布分散，多是位于沟谷或沟坡的下降泉。其中以洪范池为代表（图 7-4-9）。

——洪范池

位于洪范池镇政府驻地洪范村南端院内，村子因泉得名。"洪范"一名来自《尚书 · 洪范》篇，取天地大法之意。洪范池，又名"龙池"，根据清道光十八年（1838 年）《重修洪范池碑记》载："金完颜时，村人因祷雨辄应，建龙祠于池北，故又号龙池。"泉池呈四方形，以青石砌垒，边长 7 米，深 6 米余。池水长年不断，澄澈清莹。池内锦鲤戏游，由于水的密度较大，投掷的硬币可漂浮多时，形成"洪范浮金"的景观，在古代被列为"东阿八景"之一。池岸围以石栏，栏柱上方雕刻着蹲狮，围栏外是供游人观泉用的回台。泉池南侧的外壁上，镌刻着清代贡生秦维翰书写的行书"龙池"二字，旁安置着一尊由青石雕刻的龙头，水从龙嘴中涌出，喷珠泄玉，跌进 2 米见方的石砌水池中。水池两侧，有半蹲石狮雕像。水池西侧立着清康熙十年（1671 年）杨士元诗刻。泉水绕池一周，流出小院，注入狼溪河。

——龙祠

位于龙池北，即"龙王庙"，是由金末尚书右丞、行山东省事、东平路兵马都总管侯挚创建。现今龙祠，单层，坐北朝南，面阔三间，硬山起脊，棕红柱，小青瓦，卷棚式抱厦，饰以吻兽。前硬山卷棚灰砖山墙，灰瓦屋面，檐下彩画梁枋，与棕红柱、石柱础搭配得体。柱上悬挂楹联："彩云溪声自今古，山色天光共徘徊"；"溥博渊泉流长源远，洪范休徵物阜民康"；横批"风调雨顺"。后硬山大殿花砖拼砌的正脊高起，游龙祥云，姿态优美，制作精致。

（二）泗水泉林与建筑

1. 古石舫遗址

古石舫，始建于 1757 年，是乾隆皇帝行宫水上建筑物，位于陪尾山，长 20 米，宽 5 米，今石舫上部木质构件已毁，仅存石舫底座。该处石舫遗址是国内著名的三处石舫遗址之一，与北京大学燕园石舫遗址、圆明园别有洞天石舫遗址齐名（图 7-4-10）。

2. 灵泉

灵泉又名"孝妇泉"，位于博山区西南凤凰山南麓的颜文姜祠内，为孝妇河之源。由此泉演绎出的古老传说"孝妇颜文姜远汲山泉"的故事在淄博世代相传，妇孺皆知。孝妇泉、大洪泉、雪浪泉、柳林泉等组成了神头泉群，灵泉为神头泉群之冠，

图 7-4-6　眼明泉

图 7-4-7　金镜泉

图 7-4-8　明水湖

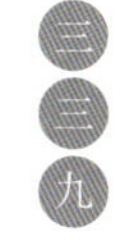

位于颜文姜祠香亭与正殿之间，长宽均为7.5米，深3米。四周有雕栏围绕，栏上狮、兽、莲等，雕工精细。泉水自正殿殿基下涵洞流出，水藻郁茂。

3. 范泉

范泉，位于范公祠的中心，为秋谷泉群之冠，范泉池长6.7米，宽5.4米，深2.6米。每至雨季，泉水自底涌出，甘洌清澈，累累若贯珠，忽大忽小，忽聚忽散，满池珠玑，晶莹夺目，与济南的珍珠泉有异地同景之感。范泉中的泉水，涌出后分为三路，一路流入范公祠以南的因园；一路流入范公祠以北的怡园；一路经过后乐桥流入博山城区沿街。300多年来，“后乐桥”上清水长流，清澈的泉水从桥上流过，“桥上流水，桥下走人”成为博山区的一大景观，来这里观光的外地游客络绎不绝，博山也由此名扬天下（图7-4-11）。

（三）范公亭

范公亭位于山东省青州城西门外的范公亭公园东南隅。据传北宋皇祐三年（1051年），范仲淹以户部侍郎知青州，兼淄、潍等州的安抚使时，青州一带流行疾病，他亲自汲水熬药发放民间，瘟疫制止后百姓心怀感激，将范仲淹汲水的泉水命名为“醴泉”，并在泉上建了亭。北宋皇祐四年（1052年），范仲淹在赴颍州的途中病逝，青州人民感念范仲淹，就把“醴泉”改叫“范公井”，把亭命名为“范公亭”。以后数百年间，每当亭倾毁时总有人重新修葺，现在范公亭大致为清代末年重修后的规制。亭为六角飞檐，顶开圆孔，与井泉上下相对，天光水光交相辉映。亭的檐柱为上木下石结构，正面柱镌刻着“井养无穷兆民允赖，泉源不竭奕世流芳”对联；背面柱对联：“四境著闻行若无事，千年遗址因其自然。”展示了后人对范仲淹品格的慕念（图7-4-12）。

三、其他园林

（一）于林

于林，位于山东省东阿县洪范池北1.5公里处，是明代万历皇帝赐给恩师——明资政大夫、太子少保、礼部尚书兼东阁大学士于慎行的墓地。于林坐北朝南，占地面积4公顷。据明史书记载，于林入口有万历皇帝御书的“帝赐玄卢”和“责难陈善”两座牌坊，正门外有1对高大的石狮子，林中有2座华表。牌坊和华表上雕刻着人物、花卉以及虬龙等飞禽走兽，巧夺天工，惟妙惟肖。于林甬道两侧有石虎、石羊、石马，翁仲相对。陵墓中心是落棺亭。亭前有祭奠用的石案和记载政绩文章及人品的10座石碑。落棺亭周围栽植着苍松翠柏，尚存40株植于明万历年间（1573～1619年）的白皮松，树干挺直，通体银白，历400余年仍生机盎然，是省内著名的白皮松古树群（图7-4-13）。

图7-4-9　洪范池

图7-4-10　泉林古石舫遗址

图7-4-11　范公祠与范泉（图片来源：image.haosou.com）

图7-4-12　青州范公亭公园

图7-4-13　于林白皮松（图片来源：image.haosou.com）

（二）尼山书院

1. 书院概括

尼山书院为曲阜四大书院之首。尼山中峰东麓，《曲阜县志》记载："周显德（公元 954 ~ 960 年）中，兖州赵某以尼山为孔子发祥地，始创庙祀"。北宋庆历三年（1043 年），受范仲淹"庙学合一"体制影响，孔子四十六代孙孔宗愿对尼山孔庙进行扩建："宋庆历癸未，四十六代孙袭文宣公，知仙源县，宗愿作新宫庙，有殿，有寝，有讲堂，有学舍，有祭田"（元代虞集《重修尼山书院记》），使当时的尼山孔庙基本具备了祭祀和教育的双重功能。元初，书院列入了全国官办系统，元（后）至元二年（1336 年），中书左丞王懋德奏请在尼山创建书院，并保举彭璠为山长，创建尼山书院。此时的尼山孔庙对外称为尼山书院，完全具备了祭祀和教育两种功能，成为真正意义上的"庙学合一"。山长的主要职责是祭祀、教学等行政管理工作。元代末年，尼山书院败落，至明永乐十五年（1417 年）由五十九代衍圣公孔彦缙发起重修，明弘治七年（1494 年）六十一代衍圣公孔弘绪、四氏学学录孔公璜又再次修建。如今保存的建筑则为清道光年间（1821 ~ 1850 年）所建。新中国成立后又多次拨款维修。独立的尼山书院建于尼山孔庙东北的百余米处，独为一院。书院内有正房三间，东西厢房各三间，系当年讲学授业和纪念孔子的处所。1925 年，孔子七十七代孙孔德成再度重修，除修尼山孔庙外，又修尼山书院及颜母祠（颜母祠位于尼山东峰，祭祀孔母颜徵在）等。今尼山建筑群正门——棂星门前立有"大明尼山书院"的石碑。传说为孔子出生地的夫子洞，位于尼山孔庙东南处智源溪北岸的石壁中（图 7–4–14）。

2. 书院古迹

——主建筑群

今日庙围垣缭绕，环植松柏，现存庙堂、书院、山神殿、亭等大小建筑 27 座，面积 1700 平方米，占地约 1.6 万平方米，布局呈坐北面南，前为庙堂，后为书院，皆自成院落，正门为棂星门，二门名大成门。庙主体建筑为中间的大成殿，殿前有两庑各五间，殿之东、西各有掖门。过掖门，殿后有寝殿三间，祀至圣夫人木主，两庑各三间，祀孔子之子伯鱼及孙子思，但塑像及木主今皆不存。东、西两侧门连接两旁跨院。东院前为讲堂，后为土地祠，西院东侧连接毓圣侯祠，且单成一院。西侧为启圣王殿和寝殿，系供奉孔子父母处。庙内外有元、明、清以及民国时期的石碑十余方，是了解孔子出生地尼山及其建筑群历史沿革的重要资料（图 7–4–15）。

——夫子洞 · 观川亭

沿智源溪北行，约里（1 里 =500 米）许，溪西岸便是坤灵洞，亦名"夫子洞"。据《邹县续志·方域志 · 古迹》记载："夫子洞在城北尼山东麓，下临沂水。久为沙壅，不见洞口。干宝《搜神记》称，孔子所生，今名孔窦是也。……邹尹司居敬因刻孔子像于中即此也。"相传孔子的母亲颜征在曾祈祷于尼山而生孔子，其父叔梁纥嫌其相貌丑陋，便弃于山下，一只雌虎将其衔入洞内养了起来，故名"坤灵"，洞中原有邹县令司居敬雕刻的孔子像，并有石桌、石凳等。金人陈国瑞曾有诗记述："云开虎洞清溪绕，雨卧龙碑碧藓封"。后因流沙所淹没。1979 年维修其洞时，清除掉淤沙，才复现出洞口。由坤灵洞拾级西上，便是"观川亭"，名出自《论语 · 子罕》："子在川上曰：逝者如斯夫，不舍昼夜。"据元代虞集《尼山书院记》："相传以为夫子之在川上，盖在此云。"相传孔子站在河边，感叹岁月如同流水一样逝去，激励人们惜时发奋，后人为纪念孔子在其观川处建亭。亭始建于元（后）至元四年（1338 年），后经历代多次建修至现在形制：矗立于高台之上，12 根粗细相间的红圆柱体撑顶，飞檐、斗栱饰彩绘，风格华美秀雅。

图 7–4–14 尼山书院（图片来源：image.haosou.com）

图 7–4–15 尼山书院主庙堂与古树

山东古建筑

第八章 陵墓建筑

山东陵墓、汉代墓祠与汉画像石分布图

1. 曲阜孔林
2. 邹城孟林
3. 曲阜少昊陵
4. 济南汉墓
5. 临沂沂南汉墓
6. 邹城鲁荒王墓
7. 德州苏禄东王墓
8. 长清孝堂山汉墓祠
9. 嘉祥汉代武氏石祠
10. 滕州汉画像石

（地图引自：中华人民共和国民政部编．中华人民共和国行政区划简册 2014. 北京：中国地图出版社，2014.）

第一节　陵墓

一、曲阜孔林

（一）地理位置

孔林（图 8–1–1）位于山东省曲阜市，是孔子及其后裔的家族墓地，它是世界上延续时间最长的家族墓地。

（二）历史沿革

经过考证，孔林已经延续了 2340 多年。据记载，孔子死后葬于此地，最初的墓地约有 1 顷，后经过历代帝王的不断赐田，到清代时已达 3000 多亩，孔林的围墙周长达 7 公里，有墓葬 1 万多座。林内墓冢遍地皆是，碑碣林立，石仪成群。又有万古长春坊、至圣林坊、享殿、楷亭、驻跸亭等胜迹（图 8–1–2）。

（三）规制格局

孔林神道（图 8–1–3）长达 1266 米，苍桧翠柏，夹道侍立，龙干虬枝，多为宋、元时代所植。林道尽头为“至圣林”木构牌坊，这是孔林的大门。由此往北是二林门，为一座城堡式的建筑，亦称“观楼”。四周筑墙，墙高 4 米，周长达 7000 余米。林墙内有一河，即著名的圣水——洙水河。洙水桥北不远处为享殿，是祭孔时摆香坛的地方。殿前有翁仲、望柱、文豹和角端等石兽。孔子墓（图 8–1–4）在东周墓区的西北部，墓前有明正统八年（1443 年）所立“大成至圣文宣王墓”碑一通。东边是孔子之子孔鲤的墓葬，南为孔子之孙孔伋墓，这种墓地格局在古代称为“携子抱孙”。附近还有“子贡庐墓处”。《史记》记载，孔子殁后，弟子皆建庐守墓，服丧 3 年，只有子贡思慕情深，又独自守墓 3 年。明代重建三室，立碑以志纪念。楷亭前还有 1 株楷树，相传是子贡亲手种植的。

此外，清代著名的文学家孔尚任墓、历代衍圣公墓、乾隆帝之女于氏墓等，也都是孔林的胜迹。林中古木参天，浓荫蔽日，四时不凋。根据统计，孔林内有楷、柏、桧、柞、榆等名贵古木数十种、共两万余株。

图 8–1–1　孔林总平面图

图 8–1–2　明代孔林

图 8–1–3　孔林神道

图 8–1–4　孔子墓

二、邹城孟林

（一）地理位置

孟林（图 8–1–5）亦称亚圣林，位于邹城市东北 12.5 公里处的四基山西麓，是孟子及其后裔的墓地。

（二）历史沿革

孟林始建于 1037 年，经元、明、清历代扩建增修，至清康熙（1662 ~ 1722 年）时，祭田墓地已达 1 万余亩。林内现存柏、桧、柞、杨、榆、楸、槐、枫、楷等 1 万余株，多为金、元、明、清各代所植。每年的四月初二至初五，都要在这里举行盛大的孟林古会，一年一度，延续至今。孟林内建有御桥、神道、享殿。享殿五间、殿后孟子墓，墓前立有巨型石碑，上书："亚圣孟子墓"（图 8–1–6）。孟林四面环山近水、古柏参天、蔚然深秀，是仅次于孔林的又一处人造森林。

（三）规制格局

孟林前有 1.5 公里的神道，神道两旁有两行高大古老的杨树，杨树外面是柏树。神道中段有一条小溪，溪上架一座拱形单孔石桥，桥的名字叫御桥。桥的左边立有一块石碑，碑上刻着"亚圣林"三个大字，为欧阳中石先生所书。过桥往北有 500 米长的石砌甬道直到享殿大门（图 8–1–7），享殿为孟林主体建筑，现在是五间，朱漆彩绘，单檐斗栱，造型古朴。据文物专家考证，最早宋代建造的享殿仅有三间，明代扩为五间，现在的是清代建筑，但却承袭了明代的规模与风格。林内部分珍贵的碑刻现已移入享殿内保存，存石碑 8 方，记载了孟庙、孟林的创建和扩置情况。其中的《新建孟子庙记》碑是北宋儒学泰山学派的著名人物孙复撰文，已有 900 多年的历史，是研究孟庙、孟府最早的实物资料。

享殿后为孟子墓，墓前有清道光年间（1821 ~ 1850 年）立"亚圣孟子墓"碑，碑前有石供案和石香炉。孟子墓西北有古冢三座，相传为鲁国孟孙、季孙、叔孙之墓。

三、曲阜少昊陵

（一）地理位置

中国古代"三皇五帝"之一少昊的墓葬（图 8–1–8），位于曲阜城东 4 公里的旧县村东北。陵阔 28.5 米，高 8.73 米，顶立 12 米，状如金字塔，故有"中国金字塔"之称。陵占地 25 亩，桧柏森森，芳草如茵，并建有围墙、享殿、宫门、石坊等。

（二）历史沿革

少昊是中国古史传说中五帝之一，黄帝的儿子，名"玄嚣"，因修太昊（一说即黄帝）之法，故名"少昊"。他在穷桑称帝，以金德王，所以又称"金天氏"。后来迁都曲阜，在位 84 年，寿百岁崩，葬云

图 8–1–5　孟林主入口

图 8–1–6　亚圣孟子墓

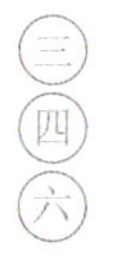

阳（后世称皇帝死曰“崩”，皇帝坟墓曰“陵”；少昊驾崩，安葬于此），于是就有了这座少昊陵。据《典阜县志》记载，宋代即“垒石为坟”，随着后世对少昊祭典的升级，少昊陵几经扩建、重修。北宋大中祥符五年（1012 年）大修，叠石固之；北宋政和元年（1111 年）用 1 万块石块修砌。陵前石坊建于清乾隆三年（1738 年），坟后有殿五间，两旁各有配殿三间。殿后的陵墓（图 8-1-9）底大口小，呈陵台形，状如金字塔，陵阔 28.5 米，坡高 15 米，宝顶方 11 米，上有小室供汉白玉石雕少昊像，立于北宋宣和年间（1119 ~ 1125 年）。1977 年被公布为省级文物保护单位。

与少昊陵比邻的寿丘，传说为中华民族始祖黄帝的诞生地。北宋溯源追始，建景灵宫，奉祀黄帝及皇室祖先，规模宏大，有殿、堂、亭、庑等 1320 楹，并在宫前立巨碑 2 方。元末明初皆毁。1992 年

图 8-1-7　享殿大门

图 8-1-8　少昊陵入口

图 8-1-9　少昊陵陵墓

在少昊陵前修建碑院，将修复的2方巨碑置于院中碧水畔。西为“庆寿”碑，上刻“庆寿”两字，字高1米多，为元代燕山老人补刻。东“万人愁”碑，上无字，通高16.45米，为中国石碑之最。

（三）规制格局

少昊陵现占地24700平方米。内存古建筑17间，碑22方，古树391株。陵园内有重修陵墓和历代祭祀的纪事碑石刻多座。陵园占地125亩（15亩＝1公顷），坐北向南，沿南面神道而入，依次为石坊、陵门、享殿及东西配房，三进而后即“中国的金字塔”，像一尊上古的宝鼎，倒扣在地上，饱经烈日风霜的面貌透露着神秘的气氛。周围古柏参天，荒草没膝。如或落日衔山，夕阳返照，金字塔又给人以荒草铜驼般的苍凉。晴朗的日子，更便于以沉静的心境欣赏这座几乎是一览无余的建筑。它的造型似苟简而实工巧，有一种整一写实的韵致。质地坚硬而细美的石料，砌筑精整，四面棱角如舒缓下行的流线，拂动着宋代艺术优雅纤细的风格。

（四）关于少昊

《曲阜县志》记载：“少昊金天氏。姓己，名挚，黄帝之子玄嚣也。”少昊金天氏，因“能修太昊之法”，“以金德王天下”而得名。登帝于穷桑，迁都于曲阜。当登帝位时，凤鸟适至，故以鸟纪官。少昊施政，“民无淫，天下大治，诸福之物毕至”，“实为五帝之冠”。

1. 历史功绩

少昊在位期间，因修太昊之法，故称少昊。设工正、农正，分别管理手工业和农业，以发展生产。同时还“正度量”，即订立度量标准，并观测天象，制定历法，发明乐器，创作乐曲，以鸟命官（其实是用不同的鸟作各少昊部落的图腾），少昊的图腾可能是燕子（嬴）。同时，还与炎黄集团建立了密切的交流关系，比如他收留、养育了黄帝的孙子颛顼接任自己东夷部族联盟首领的职务。《春秋命历序》认为少昊传8世，500年（《易纬稽览图》认为是400年），后期“绩阳强力四征，重丘遗之美女，绩阳之君悦之，荧惑不治，大臣争权，远近不相听，国分为二”（《逸周书·史记解》）。周代时，熊盈诸族、徐、群舒、赵、秦贵族多是其后代。

2. 传说故事

在少昊诞生的时候，天空有五只凤凰，颜色各异，是按五方的颜色——红、黄、青、白、玄而生成的，飞落在少昊氏的院里，因此他又称为凤鸟氏。少昊开始以玄鸟（即燕子）作为本部的图腾，后在穷桑即大联盟首领位时，有凤鸟飞来，大喜，于是改以凤鸟为族神，崇拜凤鸟图腾。不久迁都曲阜，并以所辖部族以鸟为名，有凤鸟氏、玄鸟氏、青鸟氏等共24个氏族，形成一个庞大的以凤鸟为图腾的完整的氏族部落社会。

少昊在父母的精心培育下，表现出神奇的禀赋和超凡的本领。少昊长大后，成为本氏族的首领，后又成为整个东夷部落的首领。他先在东海之滨建立一个国家，并且建立了一套奇异的制度：以各种各样的鸟作为文武百官。具体的分工则是根据不同鸟类的特点进行。凤鸟总管百鸟，然后再由燕子掌管春天，伯劳掌管夏天，鹦雀掌管秋天，锦鸡掌管冬天。除此之外，他又派了5种鸟管理日常事务。孝顺的鹁鸪掌管教育，凶猛的鸷鸟掌管军事，公平的布谷掌管建筑，威严的雄鹰掌管法律，善辩的斑鸠掌管言论。另外有9种扈鸟掌管农业，使人民不至于淫泆放荡。5种野鸡分别掌管木工、漆工、陶工、染工、皮工等5个工种，一句话，各种各样的鸟都“鸟尽其材”，物尽其用，各司其职，协调活动。因此，一到开会时间，百鸟齐鸣，一时间，莺歌燕语，嘈嘈杂杂，有轻盈灵巧的麻雀；有五彩斑斓的凤凰；有普普通通的喜鹊；也有引人注目的孔雀。而一国之君少昊就根据诸鸟的汇报来论功行赏、论过行罚，一切都显得那么井井有条。百鸟们无不感激少昊的慈爱和德政，无不佩服少昊的智能和才华。

少昊见百鸟之国到处呈现繁荣向上的景象，十分欣慰。他为了百鸟之国更加兴旺发达，便请来年幼聪敏、很有才干的侄儿颛顼帮助料理朝政。颛顼不负众望，干得很出色，深得叔父的赏识。少昊见侄子常常累得嫩脸上挂着汗珠，于心不忍，就将父亲传下来的那张琴搬出来，手把手教颛顼弹奏，以便使侄子提神和娱乐。颛顼聪慧好学，很快就成为抚琴高手。他精湛的琴艺，赢得了百鸟的齐声喝彩，自然而然地超过了叔父少昊。几年后，颛顼长大成人，便要回到自己的国家，最后他成为北方的天帝。颛顼一离开，少昊便觉得空荡荡的，心里别提有多寂寞。每当看到那琴，只能给他增添思念和烦恼。他觉得物在人已去，离愁难消。于是，他便拿起琴扔进东海。从此，每当更深夜静、月朗星稀的时候，那平静的海面上便飘荡着婉转悠扬、凄凄切切的琴声，让人流连忘返，惊叹不已。

（五）主要景点

1. 少昊陵坊

少昊陵坊（图 8-1-10）位于陵院大门及古柏夹抱的神道之间。建于五级石阶上，四楹三间，石质结构。四根八棱石柱为石鼓夹抱，柱上分别雕以华表、宝瓶。石坊枋额正书“少昊陵”三字。此坊为清乾隆六年（1741 年）十月初一奉敕重建，曲阜知县孔毓琚监立。

2. 少昊陵享殿

少昊陵前主体建筑（图 8-1-11），为奉祀少昊的殿堂。共五间，绿瓦覆顶，殿顶四脊上，鸱吻、神兽形态各异。格棂门窗及廊下明柱皆朱漆到顶，梁椽彩饰蓝地云龙花纹。殿内有神龛，置“少昊金天氏”木主。龛上部悬清乾隆皇帝手书“金德贻祥”匾额。享殿前两侧建东、西配殿各三间，均为清乾隆三年（1738 年）建成。

3.“张孟男祭少昊”碑

位于少昊陵西庑南头靠东。高 1.55 米，宽 0.88 米，龙纹碑头正书“大明”二字。此碑立于明万历元年（1573 年），内容为对少昊的赞颂，“张孟男祭少昊”碑为少昊陵中几十块祭祀碑的代表之一。

4.“万石山”——少昊陵

黄帝生地、少昊葬地等等，当然只是传说，然而传说是事实的影子。史前无史，古人只能从传说提炼信史。“百少昊陵家言黄帝”、“长老皆各往往称黄帝”，所以一部《史记》从黄帝写起，后世中国人认黄帝为华夏之祖。少昊也名列“三皇五帝”之一，自然备受尊崇。中国传统崇敬死者的办法是修坟立碑，岁时祭祀。所以不知从何朝何代开始，少昊陵就不断被重修和扩建，至宋代，修成为这座“万石山”。

“万石山”底大上小，呈陵台形，底阔 28.5 米，坡高 15 米，宝顶方 11 米。上有小室，清乾隆年间（1736 ~ 1795 年）改建为黄琉璃瓦庙堂，内供汉白玉石雕少昊像。石像为北宋宣和年间（1119 ~ 1125 年）所造，当时石像造成立就，其他工程方兴未艾，

图 8-1-10　少昊陵坊

图 8-1-11　少昊陵享殿

金兵南下，北宋就和这里工地上千锤万錾的叮当声一起消亡了，徽宗皇帝也做了金国的俘虏。后来景灵宫、太极殿毁于战火，“万石山”在“烈火中永生”似的仅存下来，成为今日曲阜一大名胜——“中国的金字塔”。

5. 守山神庙

建于“万石山”上。高约2.6米，为一黄琉璃瓦覆顶的四方形小庙。四角以方石柱撑石质板梁，砖墙到顶，券门。室内有精雕汉白玉石质坐像1尊，像高1.2米，头戴七梁冠，身着对披合氅，脚登云勾鞋，右手扶膝，左手按玉带，安坐于石墩上。小庙原为石室，系宋时修建，供奉石像1尊。清乾隆三年（1738年），把石室改建成黄琉璃瓦庙，但后来不知所终。现在所见者，是近年仿石室新建而成。宋代皇帝崇尚道教，自认为是黄帝子孙，对寿丘极为重视，于是，“万石山”之神像便依道家形象雕成。

6. 云阳山

据传为少昊陵寝。《帝王世纪》记载：“少昊自穷桑以登帝位，徙都曲阜，崩葬云阳山。”颜师古说：“云阳山在曲阜，邑人谓今陵后一丘为云阳山。”元人杨奂《东游记》又说：“东北至亵丘，少昊葬所。”此处所言“东北”，如依县城位置看，实指一地。今之云阳山仍为一土丘，略低于“万石山”。方圆1124平方米，坡高约24米。少昊属传说中的人物，是否确有其人，史学界尚聚讼不已。1978年在少昊陵院西约80米、深1.5米处，发掘出石斧、石铲、红陶鼎、钵等文物，均属新石器时期的大汶口文化。据此可知，传说中的“三皇五帝”时代，确已有人在此劳动生息。

7. “万人愁”碑

指少昊陵前1公里处的残碑（图8–1–12）。北宋大中祥符年间（1008～1016年）建成景灵宫，宋徽宗时期又进行整修，“万人愁”碑便是在北宋宣和年间（1119～1125年）整修时建造。碑的位置似在景灵宫门外，共有石碑4方。据传说因为石料沉重难运，人称之为“万人愁”。当时，碑帽蛟龙已经刻成，西碑也已磨光。但工程未竣而金兵至，后人有诗慨叹“丰碑不书字，遗恨宣和年”。据《曲阜县志记》记载：“清圣祖（康熙皇帝）东巡，山东大吏因碑无字，恐触圣怒，击碑埋土中”。多年来，碎为140多块。1991年政府拨款修复。修成后碑高16.95米，宽3.74米，厚1.14米。碑额浮雕六条盘龙，昂首向天，雄壮生动，两侧各雕一尊护神力士，实属罕见。碑额与碑身虽为1 ∶ 1.4，但矗立之石，显得十分协调。

8. “庆寿”碑

位于少昊陵前约1公里处的水塘西岸（图8–1–13）。碑长约7米，宽3.6米，厚0.6米，现残为3块，刻有“庆寿”二字，劈巢大字，书法遒劲。碑上原有小篆题跋十六字，惜已漫灭无存，“庆”字右旁刻“燕山任�时七十五岁……”，“寿”字左边刻字一行：“至圣五十五代孙世袭曲阜县尹”监刻。《山左金石志》记载：“以《志》考之，五十五代孙孔克坚袭封衍圣公，其同时昆弟行袭曲阜县尹者，至元四年（1338年）则孔克钦任，至正十四年（1354年）则孔克昌任，皆五十代孙也。”刻字年代为元末。

9. 景灵宫遗址

位于少昊陵前的一片高地上（图8–1–14）。《重修景灵宫碑记》载：“鲁为《禹贡》兖州之境，有冈隆于曲阜县城之东北曰‘寿丘’者，相传为黄帝所生之地”。宋代开国后，认为轩辕黄帝为其始祖，于是北宋大中祥符五年（1012年）闰十月，“诏曲阜县更名曰仙源县，徙治于寿丘”，开始兴修著名的景灵宫，“祠轩辕曰‘圣祖’。又建太极宫祠其配，曰‘圣祖母’。越四年而宫成，总千三百二十楹”，并且“琢玉为象，龛于中殿，以表尊严。岁时朝献，如太庙仪”。后又多次重修。可惜此建筑毁于元代一场火灾。新中国成立初期，景灵宫碑仍在，现在所能见到的，仅有遗址前的“万人愁”碑。

（六）历史意义

少昊是黄帝的儿子，除黄陵、炎陵之外，少昊陵应是炎黄文化最伟大的象征。加之它与黄帝的出生地同在寿丘，就更具有华夏文明的象征意义，后世慎终追远，敬礼供奉，理所当然。但是，宋代皇

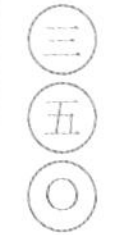

图 8-1-12　少昊陵“万人愁”碑

图 8-1-13　少昊陵“庆寿”碑

图 8-1-14　少昊陵景灵宫遗址

帝当作自己一家的祖坟修太昊陵，与广大炎黄子孙并无多少关系。例如用一万块石砌陵，大约就是为了"皇帝万岁"。这就很可笑。东晋孝武帝尚且能说："自古何时有万岁天子"，宋徽宗就显得不够明白，或者不够豁达。不过许多情况下，正是权势者的愚妄和百姓的勤劳和智慧，造就了今天的古迹名胜。埃及的金字塔如此，中国的"万石山"——少昊陵也是如此。所以，虽然"万石山"的规模气魄远不如埃及法老的陵墓（金字塔），但就形貌性状而言，称作"中国的金字塔"，确实是一种形神兼备的比喻。

图 8–1–15　沂南汉墓博物馆

图 8–1–16　沂南汉墓一号墓仓颉造字画像拓片

四、临沂沂南汉墓

（一）地理位置

沂南汉墓博物馆（图 8–1–15）位于沂南县城西 3 公里的北寨村，是在沂南北寨墓群基础上修建的一座专题性博物馆，主要向人们展示北寨墓群墓葬文化及沂南县各地的汉画像石等出土遗物，传播汉代民族文化。北寨汉墓是我国现已发现、保存较为完整、为中外学者高度关注的汉画像石墓。该馆 1994 年筹资建设，1996 年 4 月 1 日正式对社会开放。该馆所藏汉画像石及其他文物，涉及政治、经济、文化、军事等多方面内容，具有极高的观赏价值和研究价值。

（二）规制格局

沂南汉墓博物馆南北长 66.4 米，东西宽 67.5 米，占地面积 4017.2 平方米。馆内设墓室保护房、文物陈列室等。所有建筑外形，集仿古与园林风格于一体，均仿照东汉时期建筑，给人们一种身处其时、身临其境的体验。博物馆内正中偏北位置，是原址完整保护、闻名遐迩的北寨汉画像石墓（一号墓），该墓规模宏大，墓室结构复杂，画像雕刻精美，内容极其丰富。大门东邻拓片陈列室，展有一号墓画像拓片（图 8–1–16），图像清晰、资料丰富。院内东侧陈列着从沂南各地收集的 34 块汉画像石，内容有车马出行、大禹治水等，为研究当地历史及汉画石墓分布情况提供大量的实物资料。

1. 一号墓

一号墓（图 8–1–17）坐北向南，用 280 块预制石材筑成，其中画像石 42 块，画像 73 幅，画像面积 44.2 平方米。墓南北长 8.7 米，东西宽 7.55 米，由前、中、后三个主室，东三个侧室，西两个侧室组成，总计为八室。室与室之间都有门直通。整个墓室的构筑是由地面、台、支柱、墙壁、横额、中柱、过梁、横枋、拦角石、盖顶石等先后顺序垒筑起来的，建筑技术相当先进。

墓门高 2.74 米，由门楣、横额和东、中、西三个立柱组成。门的横额和立柱上均刻有画像。立柱分别刻有伏羲、女娲、东王公、西王母及羽人、玉兔捣药等祥瑞图像。门楣横额则表现出一战争场面。

前室面阔两间，进深两间，从地面到墓顶高 2.8 米，室中有八角形擎天石柱。顶部是用石条构成几个方形重叠而上的抹角结构藻井，既美观又大方。前室画像内容不少，但主题是祭祀，主要表现了墓主人死后的衷荣，分布于东、南、西三壁横额上。肃穆虔诚的致祭者或躬立，或跪伏于地，足见墓主人的官位之高。前室四壁、北壁上横额及八角擎天柱上，则刻有大傩驱鬼、伐鼓、拥彗和神灵、祥瑞图像。

中室高 3.12 米，面阔两间，进深两间，亦有八角形擎天柱。中室画像内容更为丰富，有车马出行、丰收宴享、乐舞百戏等，主要表现了墓主人的高贵身份和富足逸乐的生活。中室的四壁，刻有仓颉造字、卫姬请罪、尧舜禅让、荆轲刺秦王、孔子见老子等历史故事和历史人物，并有榜题“仓颉、齐桓公、卫姬、苏武”等 12 处 28 个汉字，这些画像生动细腻，令人惊叹。

后室由一个斗栱分隔成两间，仅有一个侧室，很显然是一个带便池的厕所。栱的式样同中室一样，梁拱也是由整块石头雕成。分布于后室隔墙上的画像，主要描写了墓主人闺房内的生活，有侍女持奁图、仆人洗涤图等。

沂南汉墓博物馆一号画像石墓以气魄雄伟、结构谨严见长，表现出汉代建筑艺术达到了相当高的水准。它是汉代民间艺术家集体创造的作品，是将两汉建筑艺术、雕刻艺术、绘画艺术综合起来而去粗存精、推陈出新的作品。一号墓早年被盗，仅存有少量残破的陶器和铜镞，墓主姓名无考。

2. 二号墓

二号墓在一号墓的南面偏东，两墓相距 20 米。是东汉晚期较大的砖石墓。除两个耳室和一个后室的券顶完整外，其余各室的券顶均不同程度的损坏。由于墓早期被盗，墓券顶砖的丢落，使墓室内积满淤泥，经精细清理，出土完整和可复原的陶器、石器、铜器、银器等 80 余件及 100 多枚铜钱，另有铁刀和漆器腐朽的痕迹。

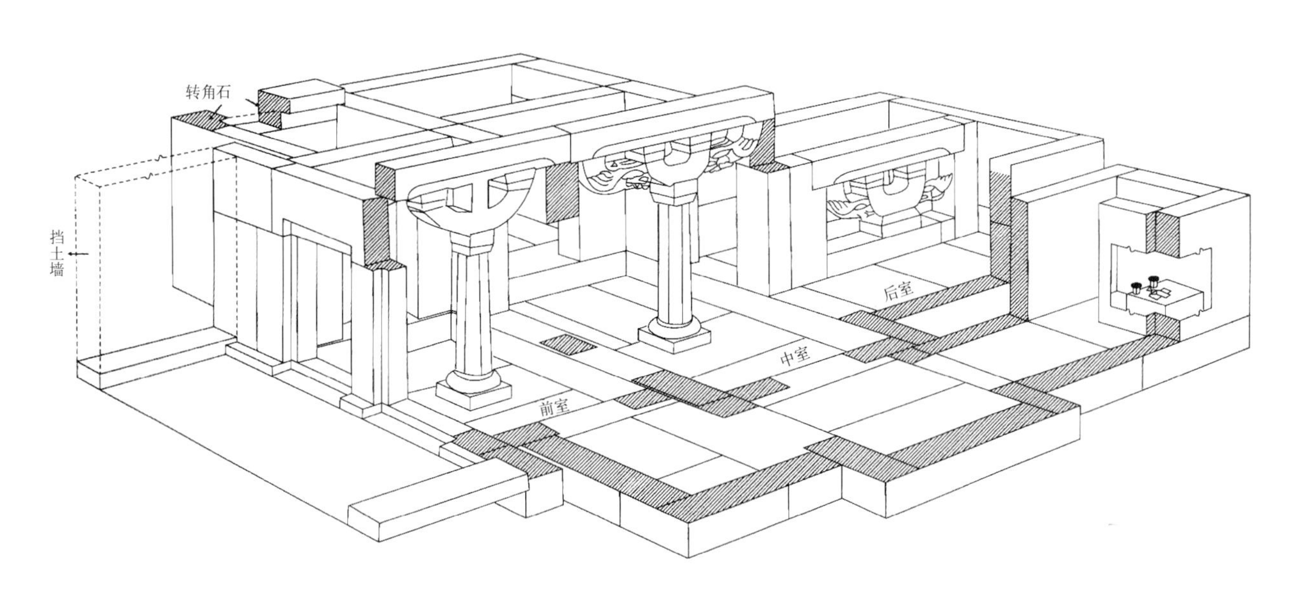

图 8-1-17 沂南汉墓一号墓鸟瞰图

（三）文化价值

1. 文物出土

1954 年出土《百戏图》。此图从左至右可分为四部分，杂技演出为主要内容：第一部分是“跳丸弄剑”和“载竿”表演，载竿技巧高超，一人额顶十字长竿，上有三人倒悬翻转表演，顶竿者脚下尚有七个圆盘，表演者要瞻上顾下，力量灵巧均达极高水平。第二部分是乐队，有磬、钟、建鼓、琴、埙、排箫等多种乐器，共十五人演奏，可见当时之盛况。第三部分是“刀山走索”和“鱼龙曼衍”之戏，前者惊险，一人在地下立着刀尖朝上的索上拿顶倒立，两端还各有两人在索上相对表演，一似手挥流星，一似双手执戟；后者气魄雄伟，既有鱼龙之巨型，又有人扮之大鸟。第四部分是“马戏”和“鼓车”表演，马上或倒立，或耍流星，人欢马跃，技巧高超；鼓车更是隆隆如闻其声。

图 8-1-18　沂南汉墓二号墓出土的五龙戏珠石砚

图 8-1-19　沂南汉墓一号墓前室中立柱及龙首斗栱

2007 年 4 月 2 日，沂南阳都故城汉墓的清理工作基本完成，考古专家初步断定，这是一座东汉时期的砖石混合汉画像石墓。汉墓前室里保存着较为完整的汉画像石，同时出土的还有铁鸳鸯席镇、陶耳杯、五铢钱、五龙戏珠石砚等文物（图 8-1-18）。

2. 文化价值

该墓价值极高，博物馆出于保护目的，将所有地面均铺上地毯，防止灰尘。墓室前庭，高可站人，面积不到 10 平方米，全石质。中心立柱倒龙造型斗栱（图 8-1-19），十分奇特。整个前庭虽然不大，但却由于制作精美而气势雍容。最令人震惊的是整个墓室的石刻装饰，形式是浮雕加线刻，内容则涉及当时墓葬文化中所流行的一些图景，如“阴阳两界”、“车骑出行”、“庖厨宴饮”、“乐舞百戏”等。石刻保存极好，观之越发显得精美。那些浅浮雕加线刻，其处理手法轻盈洗练，显示当时作者找到手法语言后所获得的自由酣畅的感觉。墓室东北有一小室，内有一个长约 20 厘米的微型茅坑，是死者在阴间的厕所。茅坑制作精巧，一丝不苟，令整个墓穴一下有了人间的烟火味。

3. 拓片

石刻《击建鼓》，击鼓人的体态活跃生动，仿佛可以听到他所击打的滚滚鼓声。

石刻《七盘舞》，石刻匠人（艺术家）以夸张的但却不失衡的动作造型，让形象有了飞舞的动感，造型勾勒出的线条充满弹性，其结构精致，美轮美奂。

石刻《绳技》，古代的走钢丝，场面戏谐幽默，尤其是绳子下倒竖的四把钢刀给这场杂耍平添了几分惊险。更为精彩的是，四把钢刀各具细节，绝不雷同，说明作者忠实于生活和一丝不苟的创作态度。

石刻《马戏》，作者的艺术能力惊人，他对画面的整体控制和动作的处理可以令今人望而却步。

他似乎受过极好的速写训练（实际不可能），对马匹的动作把握具有照相般准确的瞬间感，甚至骑马人跃身捕抓的部位重心不但符合生活的科学，也准确地将这幅画的重心镶定，在构图上让人无懈可击。那匹马的情绪甚至有些暴烈，给这幅画注入了紧张的情绪。

石刻《顶杆》，这是古老的杂耍“顶幡”。作者在处理这一场景时聪明地将原本很长的“幡”缩短，艺术地解决了空间问题。对细节的刻画则更是让人惊叹，艺人健壮的臂膀，裸露的双乳，以及微凸的肚腩，甚至腿上的汗毛，都没有遗漏。

五、邹城鲁荒王墓

（一）地理位置

鲁荒王墓（图 8-1-20）坐落于孟子故里邹城市东北的九龙山南麓。九龙山有连峰九座，由南而北入曲阜境，其状蜿蜒曲折，逶迤如龙，故名九龙山，南面一片沃野，与朱山遥遥相对；东有卧虎山，西有玉皇山，陵园前面为白马二泉，为白马河源头。整个陵区居高临下，向阳濒水，藏风聚气，庄严肃穆，四望山川拱卫，碧色参天，一派王家气派。

（二）历史典故

鲁王朱檀是明太祖朱元璋的第十个儿子。朱檀的生母为郭宁妃，深为朱元璋宠爱。也许是因为其母的缘故，朱檀出生两个月就被封为鲁国君主鲁王，王府所在地为兖州。兖州为古九州之一，北有至圣孔子圣迹，南为亚圣孟子故里，少昊陵位曲阜之东，伏羲庙于邹城西南，是“孔孟桑梓之邦，文化发祥之地”。朱元璋重视文化，尊孔崇儒，儒家思想被定为明朝的统治思想，他非常看重鲁国的地位，因此把自己最宠爱的儿子封在这里。

朱檀初封鲁王时，因为年幼，不能就藩，朱元璋就遣使去鲁国祭告山川，文曰：“第十子建国于鲁国，内山川之祀，王实主之。因其年幼，未能往祭，欲令作词以奉神。”朱元璋将朱檀封在重要地位的鲁国，继而派遣使者代祭，又亲撰祭文，对朱檀的宠爱之情昭然若揭。

朱檀 15 岁就藩兖州后，朱元璋立即将兖州升州为府，辖四州二十三县。朱檀到任以后，聪慧好学、礼贤下士，身边渐渐团结起不少人才，其中也不乏一些道家术士。涉世未深的朱檀很轻易地相信了那些道家术士的巫术，终日焚香诵经，烧炼仙丹，求长生不老之药，结果“饵金石药，毒发伤目”，仅活到 19 岁就中毒身亡（1389 年）。朱元璋得知后又疼又气，认为他的行为荒唐，谥封“荒王”。

朱元璋并没有因为朱檀的荒唐而降低陵墓的规格，诏令各部花费大量人力物力为其修建了豪华的陵墓。选墓时踏遍了鲁藩的山山水水，最后选择了这块“风水宝地”。墓区完全按照风水学的“前朱雀、后玄武、左青龙、右白虎”的四神方位选址建造，荒王墓由此而来。

鲁荒王墓地面建筑历经 500 多个春秋，毁于清代战乱；地下部分一直处于密封状态从未被盗。1969 年冬，在毛主席“深挖洞，广积粮，不称霸”的号召下，当地群众在九龙山开挖防空洞时发现了墓道，文物部门于 1970 年春至 1971 年初，对朱檀墓进行了有计划的发掘，使埋藏在地下 570 多年的文物重见天日。

（三）王陵规制

鲁荒王墓区共有 3 个墓冢（图 8-1-21），中为朱檀墓，西侧 60 余米处为次妃戈妃墓，这两处已发掘并对外开放。朱檀正妃为汤氏，其墓址应在朱檀墓东侧，但具体位置不详，尚未挖掘。

鲁荒王墓原筑有内外城墙，现外城已毁，陵门处即为内城。外城墙南北长 1200 米，东西宽 800 米，占地总面积 96 万平方米；内城南北长 206 米，东

图 8-1-20　九龙山鲁荒王墓墓群全景

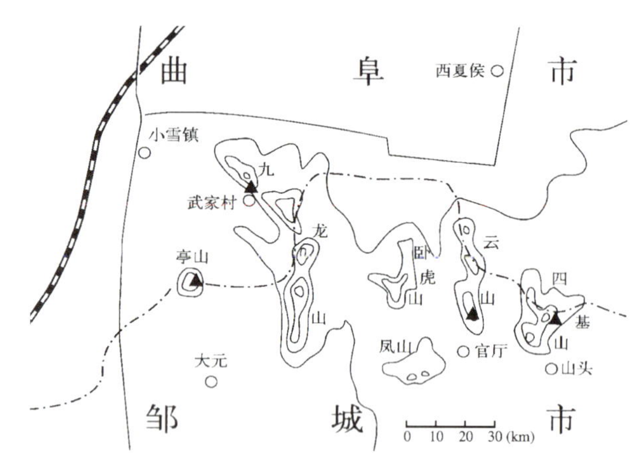

图 8-1-21　鲁荒王墓墓群分布图

西宽 80 米，面积 1.65 万平方米。鲁王朱檀是明代皇族中第一个薨逝的亲王，陵寝于明洪武二十六年（1393 年）第一个建造完成，早于朱元璋在南京的明孝陵（1405 年建成）。荒王陵的建制和礼制为其他明代帝王陵，尤其是北京的十三陵所沿用。荒王陵在明帝王陵中占地面积也是最大的，所以说荒王陵为明代王陵之首。

（四）地面建筑格局

陵区地面建筑（图 8-1-22）以牌坊为起点，依次往北修神道、列石像生、建棂星门、筑内外城墙，棂星门往北 150 米处东西两侧分别为宰牲亭、具服殿。由于明末清初毁于战火，其形状规格无考。但棂星门遗址外，现有一条东西河沟，当地群众仍呼之为“午门沟”，当为外御桥遗址；且口碑相传，仍能指出宰牲亭及具服殿位置。

从棂星门往北 200 米处有白马二泉，为白马河源头，中间架单拱石桥，名曰“御桥”。桥上以青石铺面，桥两侧精雕石莲柱栏杆，柱头为二十四节气雕刻，栏板上饰有透雕宝瓶图案。桥宽 8.5 米，南北长 16.2 米。

过御桥 40 米便进入内城，修复前尚存原址的残垣断壁。南墙有三门，称陵门。中门道宽约 3.6 米，左、右侧门道宽约 3.2 米，中门独高，侧门较矮，翼然并列，系门洞式斗栱建筑。四周建有高 3.7 米、宽 0.7 米、基厚 1.4 米的围墙，为冰盘檐式砖石结构，墙体均用 40 厘米长的青砖砌成，异常坚固。早年内城墙的四角建有角楼，为守陵人员护陵之用，布局严谨，各具格局。内城中间设一隔墙，分前后两进院落，前院稍大于后院，呈后高前低状。

第二道门，亦称祾恩门，与陵门在一条中轴线上，为四楹三门式木结构歇山飞檐建筑，墙壁外侧为青砖建成。

后院中部的享殿，又称祾恩殿。台基东西宽 33 米，南北长 20.4 米，殿前有长 10 米、宽 15 米的月台，周围镶有玉石栏杆。享殿为陵区主体建筑，清代倾倒后，改为三间关帝庙，“文革”期间损坏，1987 年按原规格恢复基础，现有 26 根柱础尚为明代遗物。从台基的高大宽广和柱础的规模，可以推知当年享殿的巍峨宏大。内城前部为长方形陵园，后部为圆形墓冢，象征天圆地方。

沿陵园三门而出，到达陵区的第三部分，迎面而立的是方城明楼（图 8-1-23），通高 13 米，方城高 7.5 米，砖石结构，下为线条雕刻粗犷有力的

图 8-1-22　鲁荒王墓鸟瞰

图 8-1-23　鲁荒王墓方城明楼

须弥座，顶部是正方形平台，东、南、西三面建有女儿墙，北面则修建矮垣一道，东、西、北三面设石阶以通上下。明楼为歇山飞檐斗栱建筑，建在方城之上，四面辟门，原明楼中立石碑一座，碑额前后刻有二龙戏珠，正面篆刻“大明”二字，碑身正面刻楷书“鲁藩荒王之陵”，字体端庄有力。登明楼四望，陵区风光一览无余。

荒王陵的整体形制与北京定陵相似，但早于定陵230年。陵址选定后，整整花了4年时间进行修建，而后才将遗体迁葬于此，可见当时明代的国力十分雄厚。

（五）地宫格局

地宫（图8-1-24）距地表深26米，墓道全长50余米，墓室全长20.6米，分前后两室，平面呈“T”字形，封土面积约1.3万平方米。发掘前保存完整。这座工程浩大的陵墓，系在山上凿石开圹，然后用砖砌垒，动用土石方约20万立方米。据专家估计，按当时情况，以200个劳动力计算，需二三年时间才能建成。

墓道(图8-1-25)正直向南，外口宽，向里渐窄，呈外高里低斜坡状，里口宽3.9米，北距金刚墙1.5米。墓道内筑有用石灰、糯米汁、豆汁混合浇筑的三道挡土墙，其中第三道墙亦称封门墙，高8.86米，上部厚1.6米，向下渐宽作砥墙状，墙基向外伸入墓道中。墙用大砖砌成，封堵牢固，至今痕迹可见。

封门墙后为红色金刚墙，通高8.2米，宽5.35米，上部是用绿色琉璃砖、瓦筑起的门楼，墙面敷一层坚硬的红灰泥。门楼的上部、左、右、后三面附有砖砌的挡土墙，与前面的挡土墙接齐。在门楼上又筑起一道东西长条形的护槽，顶上覆盖两层石条，用以负担上面的夯层封土，防止损坏门楼建筑。

墓门在金刚墙下部的正中，门洞高2.4米，宽2.25米。上部用1米厚的石条横担，已有裂痕，洞口以砖封门。

墓室通长20.6米，共有两重门，分前后两室，两室之间有甬道相连，除门部为石料制成外，余为砖砌券顶，方砖铺地，四壁及顶部敷以白灰，壁上饰双条墨线。两道门形制相同，第一道门缩入洞口

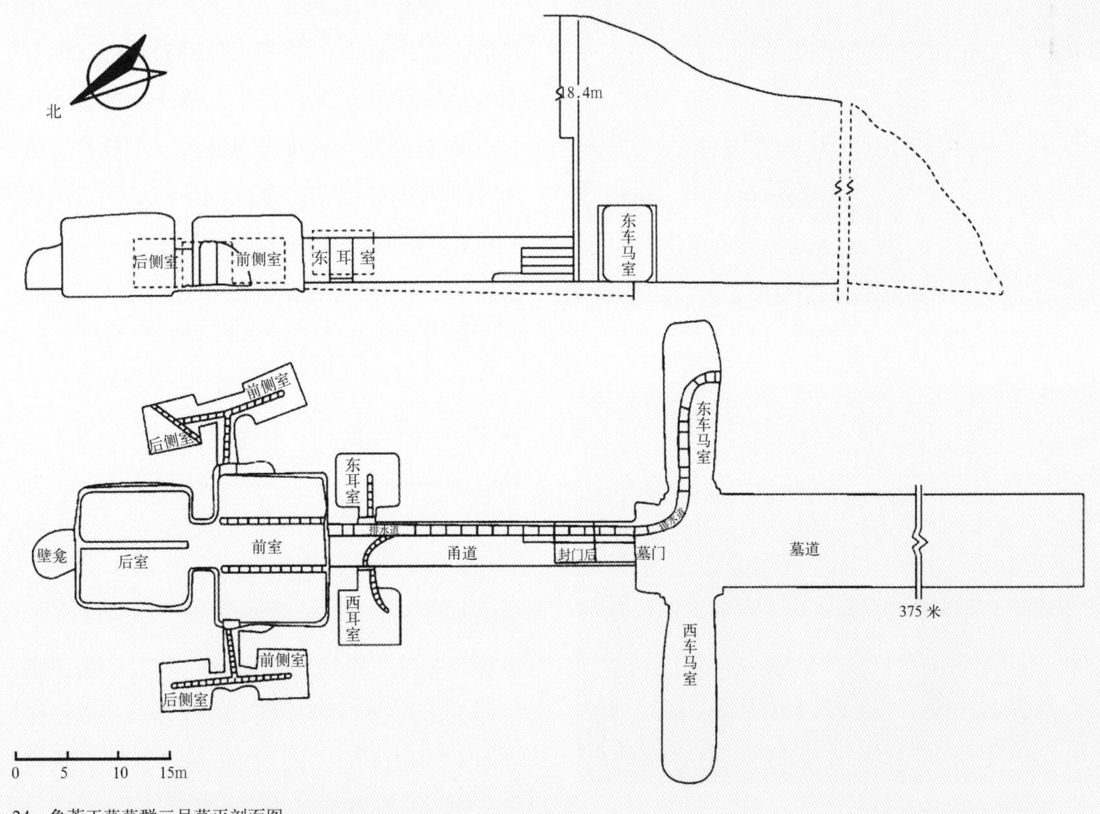

图8-1-24　鲁荒王墓墓群三号墓平剖面图

1.5 米处，双扉枢轴式。墓门以整块巨石做成，高 2.4 米，宽 1.3 米，厚 0.2 米，每扇重约 1500 公斤。正面雕有纵横九排乳状门钉，门涂朱漆，门钉贴金，镶有铁质涂金铺首衔环，色泽鲜艳。门环以长 57 厘米的插簧式铁锁锁住。

地宫前室（图 8-1-26），南北长 8.05 米，东西宽 5.25 米，高 4 米，顶部为东西起券。甬道的

图 8-1-25　鲁荒王墓地宫墓道

图 8-1-26　鲁荒王墓地宫前室

图 8-1-27　鲁荒王墓地宫后室

券顶较矮，高 1.9 米，长 1.95 米。前室正中布置一大缸，直径 1.1 米，高 1.5 米，缸内有铁芯灯座，即万年灯。中部随葬品有庞大的木雕彩绘俑群，共 432 个，分别为仪仗俑、车、马等。比例相称，刀法简练，神态各异，形象逼真。有手持金瓜、钺斧、朝天镫、刀、枪、剑、戟的武俑；有手持各种乐器的乐俑；有拱手而立的文官和身材魁梧的侍卫。后部中央设御案 1 张，案上放盝顶宝匣 3 只，内置木制贴金的“鲁王之宝”印。

地宫后室（图 8-1-27）为棺室。南北长 5.45 米，东西宽 8.2 米，较前室高大宽敞。后室中部砌有南北长 3.85 米、东西宽 3.1 米、高 0.5 米的砖质须弥座，朱漆金丝楠木棺椁，置于棺床之上。棺床两边有桌 8 张，其中 4 张为镶砾石桌心。东侧放有 2 个戗金漆箱，内装冠、冕、袍、靴和玉圭、玉带等，两边桌上放文房四宝和琴棋书画等物。其他随葬品为木、竹、铜、锡做的小冥器。随葬品的摆放，体现了古代帝王“事死如事生”、“厚葬以明孝”的思想。

（六）其他墓葬

朱檀墓西 60 余米处，有王妃戈氏墓，地面有何建筑，史无记载。墓室较鲁王墓浅，距地表约 8 米，墓室为砖砌券顶，分前后两室，通长 15.2 米，宽 4.3 米，高 4.13 米，前后室两侧及后壁各有一龛室，当为放置随葬品之用。墓门高 2.3 米，宽 1.3 米，厚 0.2 米，为双扉枢轴式，共 2 道石门，以自来石支顶。从建筑工艺上看，做工远不如朱檀墓精细。

据《鲁王妃圹志》载：“妃戈氏乃良家子入侍亲藩，洪武二十三年（1390 年）封为鲁王妃。子一人肇辉，嗣封鲁王。正统五年（1440 年）十月初九日以疾薨，享年七十二岁，以薨之次年四月十九日葬于九龙山之原。”

据史料可知，朱檀共有两个妃子，正妃汤氏是信国公汤和的次女，没有生育。戈妃死时朱檀早已下葬，因鲁王是第一个薨逝，未定合葬丧制，所以衬葬于此。戈妃墓于 1975 年被当地农民耕地时发现，墓中文物被盗窃一空。1993 年 3 月，戈妃墓恢复重建，使之与朱檀墓成为一个整体。

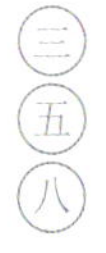

朱檀墓出土各类珍贵文物1300余件，是新中国成立后山东省发掘最完整、出土文物最丰富的明代亲王墓葬。它充分显示明代劳动人民的聪明才智，是劳动人民智慧的结晶。它是明代王族生活的缩影，为研究明代亲王生活提供了丰富的资料。

鲁荒王墓独占这方圆百里的“风水”,陵区之外，四周是一望无际的平原旷野。不仅鲁荒王埋在这里，其他12位世袭鲁王也都长眠在九龙山附近。鲁王一支的子孙被封为郡王70位、将军387位、中尉376位，这些后裔的陵墓基本也在这附近，只是目前大多尚未发掘。一旦整体发掘，将展现一个罕见的、规模庞大的明代贵族墓葬群，但是目前没有这种可能性。

六、德州苏禄东王墓

（一）地理位置

苏禄国东王墓（图8-1-28）亦称苏禄王墓，位于德州市城北1公里处的北营村，是外国君主在中国的大型古墓葬，是中菲友好历史的见证。

（二）历史沿革

古苏禄国在今加里曼丹岛和菲律宾群岛之间的苏禄群岛上。

早在东汉、三国时期，中菲两国人民就有贸易往来。明代的第三位皇帝——明成祖即位后，为宣扬国威，扩大在海外的影响，与各国进行贸易和加强友谊，他登位的第三年（即1405年），就派著名的航海家郑和率领庞大的船队七次下西洋，曾三次访问菲律宾的苏禄等地，苏禄国也曾先后十六次派使节来中国。

明永乐十五年（1417年）七月，苏禄国东王巴都葛·叭哈剌与西王、峒王率眷属、随从340余人，前来中国访问。在北京受到明成祖朱棣的隆重接待，并封王赐印。

当年九月，苏禄东王在返回菲岛的途中不幸于德州“遭疾殒殁”。永乐皇帝闻讣，不胜痛悼，派礼部郎中陈士启赴德州为其举行隆重的葬礼，并赐谥“恭定”，勒石以志。东王长子督马含率众归国继位，王妃葛木宁、次子温哈剌、三子安都鲁及侍从十余人留居中国守墓，俱受朝廷俸禄。明代皇帝对守墓的东王后裔非常照顾，不仅赐田免税，还从山东历城县拨来3户居民供东王守墓的后人役使。明永乐二十一年（1423年），政府派人护送王妃葛木宁回国，由于对东王的眷恋，次年她再次返回德州，从此再未离开，与两位王子长期留居德州，直到去世，附葬于王墓东南隅。明宣德年间（1426 ~ 1435年），在墓旁修建了清直寺。

图8-1-28　苏禄东王陵园

清代取代明代后，对苏禄东王的后裔仍然给予了特殊照顾。清雍正九年（1731年），当时的苏禄国王苏老丹来中国访问，途经德州时瞻拜东王墓，东王第八代孙温崇凯、安汝奇向其提出加入中国国籍的请求。苏禄王苏老丹到京后立即摺奏清廷，很快得到了批准，并取两位王子名字的第一个字“温”、“安”为姓，入籍中国山东德州。现在苏禄东王墓附近温、安二姓的居民均为其后裔，约有30余户，120多人，已到第二十代孙。

1980年6月菲律宾驻华大使纳西索·雷耶斯博士专程前来瞻仰东王墓，并会见东王后裔。同年，中央新闻纪录电影制片厂来此拍摄东王墓纪录片。1986年，中菲两国合拍大型历史传奇故事片《苏禄国王与中国皇帝》，东王墓逐渐成为中外知名的旅游观光点。

1977年12月苏禄国东王墓被公布为省级文物保护单位，1988年又被公布为全国重点文物保护单位。

（三）规制格局

苏禄东王陵园肃穆壮观，周围松柏常青，颇具规模。其前有灵殿，建筑阔大，雕龙飞凤，彩绘辉煌极有艺术。而殿后为苏禄东王墓（图8-1-29），墓高6米，直径17米，墓基圆形，砌石作护，四周松柏苍翠，墓碑题“故苏禄国恭定王墓”。墓前是祭庙，正殿内供奉有东王画像，东西为配殿、回廊。祭庙前矗立着一座高大的仪门。庙殿仪门是陵园甬道，两侧对称排列翁仲、石狮、石虎、石豹、石羊和华表等石仪，石刻雕琢精致，形象生动。王墓东南侧的永乐帝御碑亭内，有永乐皇帝亲撰的《御制苏禄国东王碑》碑文，额雕蟠龙，驮碑龟趺。碑亭旁边是偏妃墓和两个王子墓（图8-1-30）。

在东王墓南隅的神路西侧，有明代修建的清真寺，可以让留居者按伊斯兰教礼仪举行礼拜。

图8-1-29　苏禄东王陵园东王墓

图8-1-30　苏禄东王陵园王子墓

第二节　汉代墓祠

一、长清孝堂山汉墓祠

孝堂山汉墓祠位于济南市长清区西南 22 公里的孝里铺村南孝堂山上（图 8–2–1）。旧传为汉代孝子郭巨墓祠。根据祠内东汉永建四年（公元 129 年）题记和画像风格判断，建筑年代约为公元 1 世纪间，是我国现存最早的地面房屋建筑。孝堂山原名龟山，春秋战国时期称巫山，海拔 62 米。北魏郦道元《水经注·济水》载：“今巫山之上有石室，世谓之孝子堂”。

祠堂（图 8–2–2）坐北面南，全部石筑，平面为横长方形，面阔 4.14 米，高 2.64 米。室内东西宽 3.8 米，进深 2.18 米，地面后半部横列祭祀用通室宽的低矮石台。屋顶为两面坡单檐悬山式，两坡均由两石板构成，刻出脊背、瓦陇、勾头、椽头、连檐等形状，东西两端横刻瓦垄作“排山”形式，西半部顶石为后代更换。东壁上下 2 石，西壁 1 石，两侧山墙前面竖立条石，上托挑檐枋石，后壁横列 2 石。前面正中置八角形石柱，高 0.86 米，上下端刻成斗形，与后墙间置跨度 2.03 米的三角石梁，负载屋顶，并将祠分为两间。前檐东西角各有一承重八角形石柱，上面刻有唐宋时期的题记，也有认为两石柱系后代所立。山墙、檐柱大斗和瓦当上均刻蕨纹、垂帐纹、菱纹等简朴装饰。祠内石壁和三角石梁上雕刻有精美的图画，反映神话传说、天文星象、历史故事和当时上层生活的朝会、出行、迎宾、征战、献俘、狩猎、庖厨、百戏等场面。雕刻多为平地线刻，风格劲力，在汉画像中独具一格。祠内外有大量刻字和墨书题记，最早的有东汉永建四年（公元 129 年）和永康元年（公元 167 年）两则。西山墙外壁刻有北齐武平元年（公元 570 年）的《陇东王感孝颂》。此祠自北宋赵明诚的《金石录》以来累见著录，具有重要的历史、学术和艺术价值。

二、嘉祥汉代武氏石祠

嘉祥汉代武氏石祠位于济宁市嘉祥县纸坊镇武宅山村北（图 8–2–3）。俗称“武梁祠”或“武氏祠”。东汉晚期武氏家族的祠堂和墓地设施。始建于东汉桓、灵时期（公元 147 ~ 189 年）。现存石阙、石狮各 1 对，石碑 2 方，祠堂石构件 4 组 40 余块。

石阙和石狮系墓地神道设施。双阙对称，间距 4.15 米，由基座、阙身、栌斗、阙顶组成。重檐平伸，顶刻四坡瓦垄，傍依单檐子阙，通高 4.3 米，通体

图 8–2–1　孝堂山汉墓祠

图 8–2–2　考堂山汉墓祠祠堂

图 8–2–3　嘉祥武氏石祠

刻画像及花纹边饰。西阙身正面有东汉建和元年(公元147年)题铭90余字,记立阙人武始公暨弟绥宗、景兴、开明及营造工匠姓名。石狮一对,巨口瞠目,昂首回顾,足下有条石基座,相向立于阙前两侧,高1.24米,长1.45米。

武氏碑刻原有4方,“武梁”碑、“武开明”碑均早佚,现仅存“武斑”、“武荣”二碑。武斑字宣张,开明长子,官敦煌长史,东汉永憙元年(公元145年)卒,年仅25岁,故铭记有“秀苗不遂”之说。碑作圭形,额有圆穿,碑文镌573字。武荣字含和,开明次子,卒年约公元186年。碑亦圭形,碑额题有“汉故执金吾丞武君之碑”,碑身镌文274字。“武梁”、“武开明”二碑,只能见诸前人著录。《金石录》、《隶释》等载,武梁字绥宗,曾任州从事,卒于东汉元嘉元年(公元151年),终年74岁。武开明,武梁之弟,官吴郡府丞,东汉建和元年(公元147年)卒,终年57岁。武氏父兄均居官位显,亦均为通经明谶的儒生。

图8-2-4 嘉祥武氏石祠武梁祠现存石构件

“武梁祠”为单间歇山顶。现存6石,即“武梁祠画像”3石(清代黄易认定的祠堂编号,“前石室”、“后石室”、“左石室”之石编号亦为黄氏所为)、“祥瑞图”2石、“武家林”断石柱1石(图8-2-4)。祠内遍刻画像,东、中、西三壁上部,罗列40余则历史故事,有从伏羲至夏桀的古代帝王;蔺相如、专诸、荆轲等忠臣义士;闵子骞、老莱子、丁兰、梁高行等孝子贤妇。三壁下部为祠主的车骑出行、家居庖厨等画像。东、西壁山尖刻东王公、西王母等神话故事。内顶刻神鼎、黄龙、比翼鸟、比肩兽等各种祥瑞图像。画像旁均有隶属榜题标赞画像内容。

“前石室”为双开间悬山顶,后壁正中有龛。现存16石,即原“前石室画像”12石、“后石室画像”2石、“孔子见老子”1石、供案1石。祠内亦满刻画像,且有西王母、东王公等神话故事。壁画刻有孔子见老子、孔门弟子和祠主的车骑出行、宴饮歌舞,以及文王与十子、赵宣子、荆轲、邢渠等古贤良卿。西壁下部刻有大幅攻战图。小龛后壁刻祠主楼阁家具图像。室内顶刻仙人出行、雷公、北斗星君、伏羲、女娲等灵仙神话。车骑画像有大量榜题,与“武荣”碑所载经历多相吻合,一般认为祠主为武荣。

“左石室”形制与“前石室”相同,现存17石,即原“左石室画像”2~9石,共8石;“后石室画像”1~3石,6~9石,共7石;残基1石,花纹条1石。画像内容与布局亦类“前石室”,其中如周公辅成王、二桃杀三士、管仲射小白以及顶部的海灵出行、升仙图等,均为前两祠所不见。该室画像无榜题,祠主尚待进一步考证。

石刻的雕镌技法(图8-2-5),主要采用减地平面线刻,物象外面留有整齐细密的竖行凿纹,画像与建筑装饰结合贴切,既保持了建筑壁画的平整,又使画像跃然而出。构图采用分格组合的章法,布局严谨,层次分明,是汉代画像石艺术鼎盛时期成熟且有代表性的作品。

武氏祠的文字记载,最早见于北宋欧阳修的《集古录》和赵明诚的《金石录》,南宋洪适又将其部分榜题文字与图像集于《隶释》、《隶续》中,并始以“武梁祠画像”命名。后因水患漫淤，石祠遂倾圮湮没于地下。清乾隆年间（1736 ~ 1795 年），黄易等人进行发掘清理，认为祠有 4 座，即“武梁祠”和“前石室”、“后石室”、“左石室”。除将其中“孔子见老子”一石移置济宁学宫外，其余皆就地建屋，将画像石砌于壁间，外绕石垣，围双阙于内，题门额曰“武氏祠堂”。这批石刻艺术的重新面世，以其鲜有的历史与艺术价值，引起世人瞩目，名家学者争相拓墨，中外书刊广为著录，但多集中于画像榜题文字的考证与内容相互间的关系，而忽视了这批画像石原始建筑的组合配置及相互间的关系。1941 年，美国学者费尉梅来此考察后，根据画像石拓片，对祠堂进行了复原，但由于当时不能了解原石以及对新发现资料的全面考察，而未能完全解决。1981 年，蒋英炬、吴文祺通过对原石以及新发现资料的全面考察，参照孝堂山石祠结构特点，重新对武氏祠堂进行配置复原，验证了费氏复原的成功与失误之处，并论证有“武梁祠”、“前石室”、“左石室”3 座祠堂，所谓“后石室”并不存在。

图 8-2-5　嘉祥武氏石祠雕镌技法

山东古建筑

第九章　其他建筑

山东衙署建筑、会馆楼阁分布图

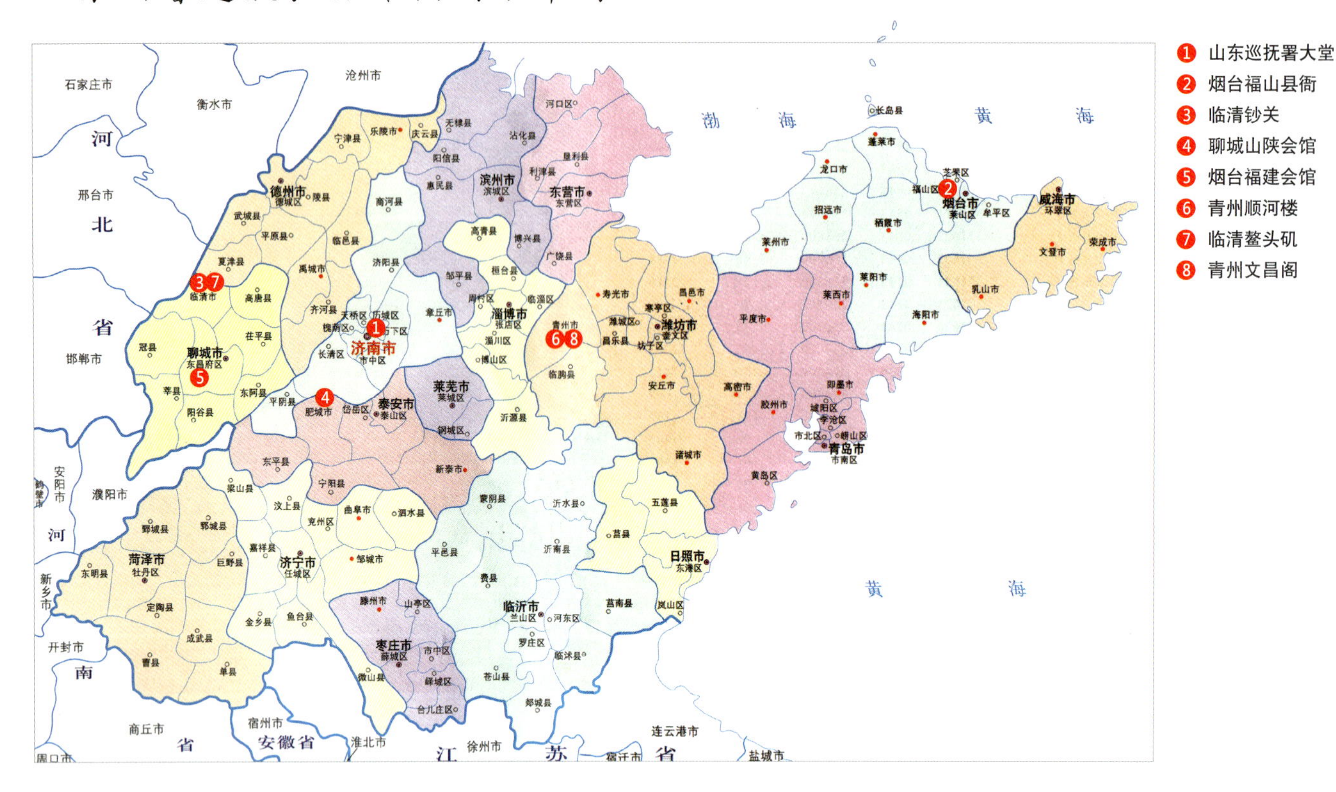

山东牌坊、古桥分布图

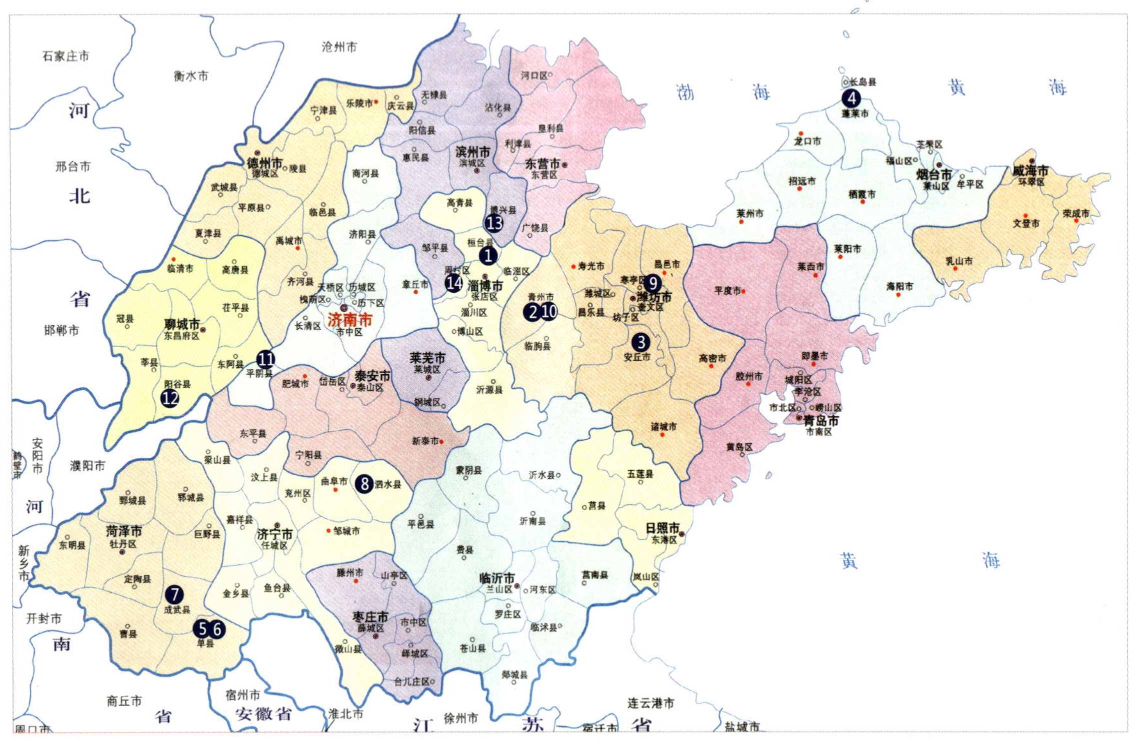

（地图引自：中华人民共和国民政部编 . 中华人民共和国行政区划简册 2014. 北京：中国地图出版社，2014.）

该章主要包括山东现存古代衙署、会馆楼阁、牌坊、桥坝等建筑。其中，山东古代衙署现存较少，案例主要有山东巡抚大堂、烟台福山县衙、临清钞关、临清县治等，院落今已不在，多以单体建筑呈现。最著名者当为临清钞关，是全国仅存的一处钞关旧址，它始建于明宣德四年（1429年），居全国明清两大八大钞关之首，在运河漕运史上占有极其重要的历史地位。

山东现存的楼阁主要有蓬莱阁、聊城光岳楼、济宁声远楼、临清鳌头矶、泰安壶天阁、高青文昌阁。蓬莱阁位于蓬莱丹崖山巅，座下悬崖壁立，隔海与长山岛相望，该建筑肇建于唐，明清时不断重修扩建，成现在坐北朝南、三路轴线之宏大规模。

山东现存牌坊著名者均为砖石之作，主要有青州衡王府石坊、泰安岱宗坊和一天门石坊群、蓬莱戚继光坊、桓台四世宫保坊、单县百狮坊和百寿坊、安丘庵上石坊等。四世宫保坊建于明万历四十七年（1619年），为褒奖兵部尚书王象乾及其父祖敕建，为山东砖雕艺术精品。百狮坊为清代节孝石坊，因雕有百只大小不一的群狮而得名，为山东古代石雕精品。

山东现存古桥较少，主要有金代的泗水卞桥和寒亭一孔桥；明代的青州万年桥、博兴凤阳桥、阳谷博济桥和周村江龙桥等。其中卞桥据考为中唐所建，单券三孔石拱桥，位于泗河上游，券面刻有金大定二十二年（1182年）重修题记，为山东现存最早的古代桥梁。

山东重要的水利设施均集中于京杭运河山东段，山东段运河由德州市二屯镇进入省域，从枣庄市台儿庄镇出境，全长约560公里，途径德州、武城、夏津、临清、聊城、阳谷、东平、梁山、汶上、任城、济宁、微山、鱼台、峄城、台儿庄等16县市。运河山东段历经数百年，保留了许多重要遗存。如临清钞关、汶上南旺分水龙王庙、东平戴村坝和兖州金口坝等。

第一节　衙署建筑

一、山东巡抚院署大堂

山东巡抚院署大堂（图9-1-1）位于济南市珍珠泉东侧，是清山东巡抚及民国山东军政首脑施政、断狱的场所。建筑面阔五间，进深16米，歇山九脊，皆饰吻兽，翘角飞檐，甚为壮观；建筑前接卷棚（图9-1-2），檐柱6根，柱顶有云头斗栱，柱间均有隔扇门（图9-1-3）。

二、烟台福山县衙

烟台福山县衙（图9-1-4）位于烟台市福山区城内。据明代万历《福山县志》载：福山县衙署治所在城东北隅。金明昌二年（1191年）建，元代延祐四年重建，后历代扩修沿用之。现建筑是1938年遭受日军飞机轰炸后重新改建，撤下原小瓦，换成水泥瓦（图9-1-5）。

图9-1-1　山东巡抚院署大堂

图9-1-2　建筑前接卷棚

图 9-1-3　云头斗栱

图 9-1-4　烟台福山县衙

图 9-1-5　改建后的县衙

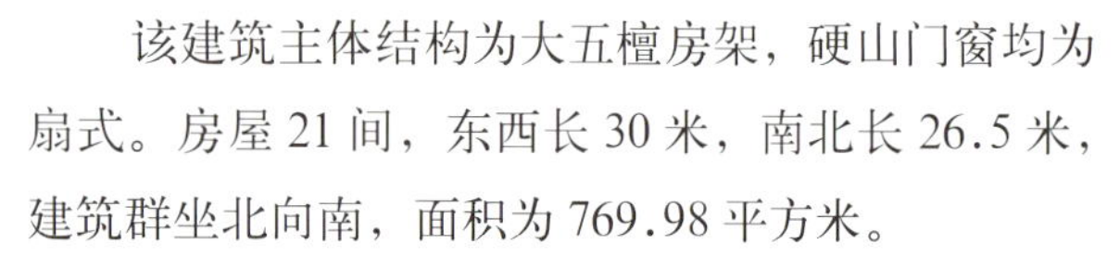

该建筑主体结构为大五檩房架，硬山门窗均为扇式。房屋 21 间，东西长 30 米，南北长 26.5 米，建筑群坐北向南，面积为 769.98 平方米。

原三堂于 20 世纪 60 年代拆毁，现存“亲民堂”（大堂）、正宅（二堂）各 9 间，大堂正中 3 间，中间辟后门与二堂相通，前后各设明柱，其东西两侧的 3 间配房（图 9-1-6）均矮于正中约 1 米左右，形似平房。二堂和大堂有所不同，正中高出的房屋为 7 间，两边耳房各 1 间，并存东厢 3 间。

福山县衙旧址是山东省现存反映封建社会的县衙古建筑群之一，对研究明清时代的政治、经济、官制具有重要的历史价值。

三、临清钞关

临清钞关（图 9-1-7）位于临清旧城中区古运河西岸，是全国仅存的一处钞关旧址；其西侧即是卫运河（古称清河），顺运河向南便是运河入卫处的头闸口旧迹。

钞关为明清两代中央政府设在运河上的督理漕运贷税的直属机构，它始建于明宣德四年（1429 年），宣德十年（1435 年）升为户部榷税分司，下设 5 处分关，直控督理关税，正统二年（1437 年）以来，屡以文武重臣主政，“督理船料商税，分季解京”，万历年间（1568 年），年征收税银八万三千余两，居全国八大钞关之首，占运河课税额四分之一，在运河漕远史上占有极其重要的历史地位。

钞送署建筑规模宏大，自运河而西依次为河口正关、阅贷厅、关堞、仪门、正堂等（图 9-1-8）。主体建筑南北三进院落（图 9-1-9），占地约 4 万多平方米，房舍 400 余间，历经沧桑，至今已 570 年历史。清光绪二十七年（1901 年）运河罢漕，钞关署遂废，现仍存仪门、正堂、南北穿厅、舍房 30

图 9-1-6　福山县衙院内格局

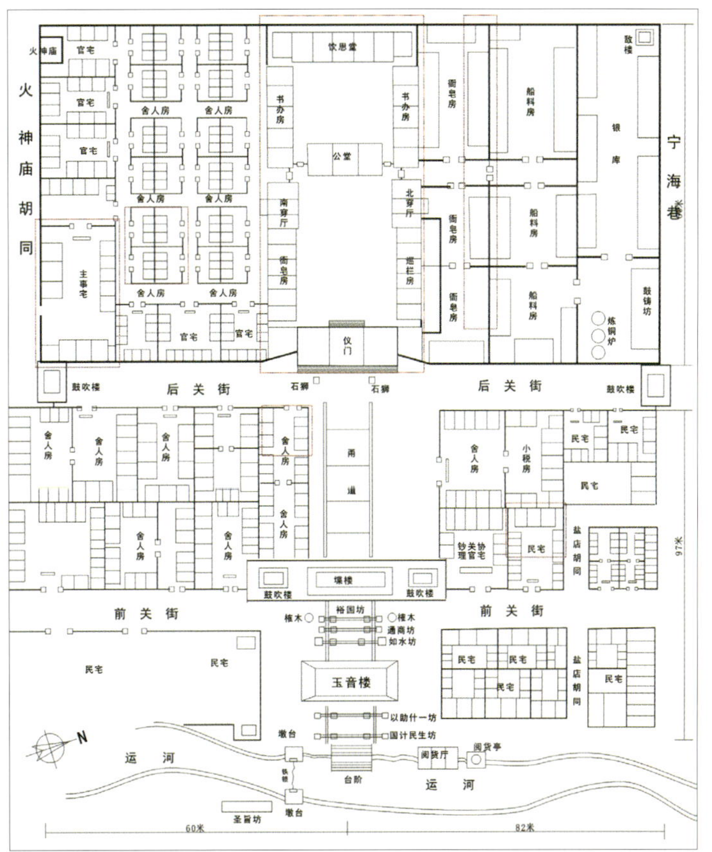

图 9-1-7　临清钞关

图 9-1-8　钞送署平面布局图

图 9-1-9　钞送署院落

余间，面积6000多平方米。院内存有明正德十五年（1521年）《重修户部分司公堂记碑》、明万历三十五年（1598年）《大夫养宇李公俭政序碑》、清康熙二十年（1682年）《豁免上税碑记》、清乾隆十一年（1747年）《重修榷关公署记碑》、清道光三十年（1850年）《王朝佐烈士神道碑》、清道光二十二年（1843年）《晓喻告示碑》、清光绪二十二年（1897年）《谕通知碑》。这些碑刻，分别记叙了钞关税收情况，王朝佐起义情况等。

明清两代，临清作为漕运盛埠，已发展成为一大都会，"临清傍运河，富庶甲齐郡"（乾隆句），时临清商贾云集，舟船川行，尤钞关突显；同时它还是明代万历年间王朝佐反监税斗争，火烧马堂署的历史见证，是清代乾隆年间著名农民起义——王伦起义的历史见证；是运河文化的重要载体，并且是全国仅存的一处钞关遗址。钞送署对于研究运河文化、漕运历史、封建视佳经济关系、社会形态、运河城市发展是不可多得的实物资料；同时，它还是明代著名小说《金瓶梅》一书中多次描写的一处重要史迹。

图9-1-10　临清县治现存文昌阁

图9-1-11　临清县治门洞发券

图9-1-12　临清县治基座结构

四、临清县治

临清县治位于临清市会通河右岸，考棚街纸马巷，为明初临清县治所。宋元时临清县治所在今城南旧县村，史称曹仁镇。元代开通会通河后，此处为会通镇，明初借运河之利迅速发展进来，临清县治所遂由曹仁镇迁至此地。至明景泰元年(1450年)，临清砖城告竣，县治所由此迁出。此处是临清市治所沿革的重要纪念建筑物。

临街阁楼又称"文昌阁"（图9-1-10），始建于明洪武二年（1369年）。阁楼用临清大城砖垒砌基座，高3米，占地42.3平方米，基座南北向有门洞贯通街巷，门楣上镌刻《县治遗址》4字（图9-1-11）。基座之上建有阁楼，面阔三间，进深二间，歇山卷棚顶，抬梁式木构梁架，筒瓦覆顶，飞檐挑角，阁楼整体结构巧妙，和谐得体，体现了明代北方建筑特点（图9-1-12）。

第二节　会馆楼阁

一、聊城山陕会馆

聊城山陕会馆位于聊城市东关古运河西岸，北约里许，便是集散货物的大码头。1912年，津浦铁路通车之前，运河曾为南北漕运的主要通道；明清两代，聊城交通便利，商业发达，成为商贾云集、车樯如织的水、陆码头，各省会馆林立，但只有山陕会馆保留下来。1988年公布为全国重点文物保护单位。

山陕会馆（图9-2-1）始建于清乾隆八年（1743年），历经4年，主体工程竣工。这是一处神庙与会馆相结合的古建筑群；建筑群坐西面东，南北宽43米，东西长77米，占地总面积为3311平方米，保留至今的有山门（图9-2-2）、戏楼、南殿、正殿、飨亭、左右夹楼、钟鼓二楼、南北看楼、关帝大殿（图9-2-3）、春秋阁、游廊望楼、南北跨院配房等160

图 9-2-1　聊城山陕会馆全景

图 9-2-2　聊城山陕会馆山门

图 9-2-3　聊城山陕会馆关帝殿

间。戏楼为三层3间建筑，南北两侧各有对称夹楼，为二层3间单檐建筑，夹楼之外是南北对称的三层单间歇山顶式的钟鼓楼（图9-2-4）。正殿南北殿及南北看楼为单檐硬山建筑，春秋阁则为二层3间单檐歇山顶式建筑，大小房间屋脊及挑角正檐处均饰以龙兽鸱吻。整组建筑布局紧凑设计合理，大小间错，疏密得体，特别是连接夹楼与看楼的月圆门，其设计别具匠心，独有情趣，就单体而论，则是雕梁画栋，精工细作。其中戏楼（图9-2-5）的建筑更是别具一格，且不说其可与颐和园大戏相媲美的复台结构，也不说其近于苏州园林的精工雕刻的装饰艺术，只说其顶部的建筑形制，堪称国内罕见；一般古建筑，顶部多为四个挑角，而该楼顶部向东北，东南各伸出两个挑角，向西北、西南各伸出三个挑角，有的说如凤凰展翅，有的说如俊鸟争飞，总之，犬牙交错，争奇斗胜，表现了古代建筑大师们的高超技艺。

在这处民族风格的古建筑群里，还保存有历年重修大小碑刻19通，石雕方形檐柱30根，浮雕、透雕的精密木质额坊42方，作为柱础的石雕狮子、大象、麒麟等12座，照壁折壁人物、花鸟、山水等石刻画12幅，三座大殿中116方柱础，都刻有各种花草、鸟兽等装饰，两尊高约3.25米的石狮，不仅比例准确，造型雄伟，而且刀法娴熟、刻工精良，生动地再现了狮子的威武凶猛，是难得的艺术珍品；另外木柱上刻有楹联两幅、石柱上刻有楹联八幅，正楷行书兼备，字迹浑厚大方，遒劲有力，为书法家所称颂。因此，山陕公馆在建筑、雕刻、绘画、书法等方面都有具有较高的艺术鉴赏价值。

山陕会馆为山陕众商集资所建。馆内许多石碑都载有捐银商号及捐银数目，为研究清代社会经济发展提供了很好的文字资料，戏楼与夹楼内壁，还记有来此演出的许多剧团及上百个剧目，是研究戏曲发展史的重要史料。

新中国成立后山陕会馆曾进行两次较大的维修。一次是20世纪70年代末至80年代初，这是一次抢救性的维修，把濒临倒塌的房屋全部抢修了一遍。在会馆保护史上，占有非常重要的位置。但是，因为当时古建材料奇缺，多用自己烧制的瓦件，因技术不过关，屋面瓦件很快出现裂缝，致使屋顶漏水。1994年，山陕会馆又进行了一次细致的全面维修。这次维修不仅更换了破裂的瓦件、腐朽的木构件，而且还纠正了过去设计不太合理的部位，并进行了油漆彩绘。这次维修使这处以精工细作为特色的古建筑群又恢复了本来面目。

图9-2-4　聊城山陕会馆钟楼

图9-2-5　聊城山陕会馆戏楼

二、烟台福建会馆

烟台福建会馆（图9–2–6）位于烟台市区毓岚街，又称“天后行宫”。清光绪十年（1884年）始建，光绪三十二年（1906年）建成，自1862年烟台开埠以来，福建船帮与烟台海上贸易往来日趋频繁，故兴建福建会馆以为贸易和祭神庇佑。往时每逢中元节期，必举盂兰盛会，是福建籍商人集会联谊的场所。会馆由闽地船商集资，在当地设计并预制构件，后海运于此组装而成。据传其中运载戏楼的船只遇险沉海，遂由北方工匠依样补建。会馆坐南朝北，原三进院，现存两进。大门、戏楼、山门、大殿、后殿及左右廊庑，沿中轴线对称布局；建筑皆砖石木结构，为闽南风格封闭式建筑群体，占地3500平方米，时称“鲁东第一工程”。

大门5间，中3间略高，迎面原设木雕花隔扇门，可与戏楼相通。东西侧各一门与耳房连贯。戏楼面南，平面呈方形，内侧即大门之木制隔扇。戏台（图9–2–7）高1.3米，台面封以活动木坂，台体内空，打开隔扇和台板，可径直入院。

山门（图9–2–8）3间，明间高起，单檐悬山，顶覆绿瓦，垂柱悬吊，出檐深远，檐下悬“天后行宫”木雕竖匾。基础部分均为石作，梁架部分则系木构。构件多雕饰，浮、透、圆雕技艺精致。龙凤为主体纹样，另有四季花卉及三国故事、八仙、苏武牧羊、米芾拜石、文王访贤及吉祥如意等图像。前檐石柱（图9–2–9）上的透雕蟠龙，体态大起大落，尤富神韵。

大殿（图9–2–10）3间，起于须弥座台基之上，是会馆中的主体建筑。面阔18.3米，进深18.1米，歇山重檐，大木举架，绿琉璃瓦覆顶，脊有花饰。四周环列明柱22根，内槽金柱4排，各4根。上檐柱出华栱承托挑檐，用悬吊式垂珠连接额枋承下檐檩。悬垂、斗栱、枋木及雀替多通体透雕，纹样以龙凤为主，间以花卉、人物、走兽和博古等。20世纪80年代初维修时将翘角缩小，并加龙饰于正脊两端。大殿原为供奉“护国庇民天后圣母之神位”

图9–2–6　会馆全景

图9–2–7　戏台

图9–2–8　山门

图 9-2-9　盘龙石柱

图 9-2-10　大殿

处，1988 年改设天后及侍女蜡像三尊，殿内陈列会馆原存的金瓜、钺斧等锡制仪仗 18 件。

后殿为两层楼阁，原为待客议事处。1958 年因拓宽马路而拆毁。左右廊庑分列于山门、大殿两侧，仅存二进院东西各 15 间。

三、青州顺河楼

顺河楼（图 9-2-11）建于清咸丰年间，是一座亮窗出厦、三楹单层的古代建筑。因顺河而建，踞于石砌高台之上，远观似楼而得名。

顺河楼与古青州西门隔河相对，中连永济桥，彩窗临水，垂柳斜掩，景色俏美。我国宋代著名女词人李清照和她的丈夫金石学家赵明诚，住在青州时常到顺河楼游赏。他们常常在归来堂前的花月之下，对酒赏花，唱和诗词。李清照的创作，独成婉约一派，还有如“生当作人杰，死亦为鬼雄”饱含铮铮铁骨气魄的诗词，在中国文学史上享有崇高的威望。

四、临清鳌头矶

鳌头矶位于临清市中区运河分叉处，建于明嘉靖年间。运河自城东歇马厅，三里铺闸进入市区，至鳌头矶转而向南，经二闸口至头闸口与卫河交汇。

明初，临清治所由旧县村迁至今市中区考棚街，周围方圆数里，称为“中洲”。鳌头矶在中洲翘首之地，如熬头突出。据《临清县志》载，在鳌背桥西南数十步中洲东起处，砌以石，如鳌足突出，筑观音阁于其上，旧闸新闸各二，分左右如鳌足，而广济桥尾其后。明正德年间，知洲马纶因见石坝系鳌形，故题名曰“鳌头矶”，沿用至今。

鳌头矶（图 9-2-12）是一座古色古香，玲珑纤巧的木结构建筑群，周围楼阁环合。内有北殿 3 间，称“甘堂祠”（俗称“李公祠”）；南楼 3 间，名“登瀛楼”（俗称望河楼）；西殿 3 间，曰“吕祖堂”（图 9-2-13）；东楼 3 间，谓“观音阁”（图 9-2-14）。

观音阁是这组古建筑群的主楼，建于灰砖砌成的四围台上。台高 5 米，9 米见方，中有券门贯通前后。门楣刻有州人方元焕书“独占”2 字，隽永飘逸。台上南筑女墙堞雉，高 70 厘米。阁为歇山卷顶式建筑。四梁八柱，高达 6 米，前出抱厦，后落一垒（图 9-2-15）。方砖铺地，灰瓦覆顶。四个挑角处饰以陶质仙人脊兽。前为木格棂门，左右山墙各开一八角窗。木构架为抬梁式，不施斗栱。整个建筑结构 严谨，布局灵巧，庄重秀美，突出体现了明代北方地区木结构建筑的特点，故有“鳌矶凝秀”之美誉。

图 9-2-11　顺河楼

图 9-2-12　鳌头矶

图 9-2-13　吕祖堂

明清时期，临清地处南北运河要冲，“舟车毕集，货财萃止”，商业经济得到空前的发展。明代大学士李东阳有诗曰：“十里人家两岸分，层楼高栋入青云。官船贾舶纷纷过，击鼓鸣锣处处闻。”由此可见当时临清漕运及商业经济的繁荣景象。“鳌矶凝秀”作为临清十六景之一，是城内最繁华最热闹的地方，也是“商贾云集，文人荟萃”的去处，登临其上，可望“粮艘麇集，帆樯如林”，碧波荡漾，景色绮丽。“高阁门环鲁水滨，中流分派接天津。仰瞻云外飞红日，俯瞰波高跃锦鳞”的诗句，就是鳌头矶附近美丽风光的生动写照。清末，津浦铁路通车，河运停航，鳌头矶渐失当年风采。

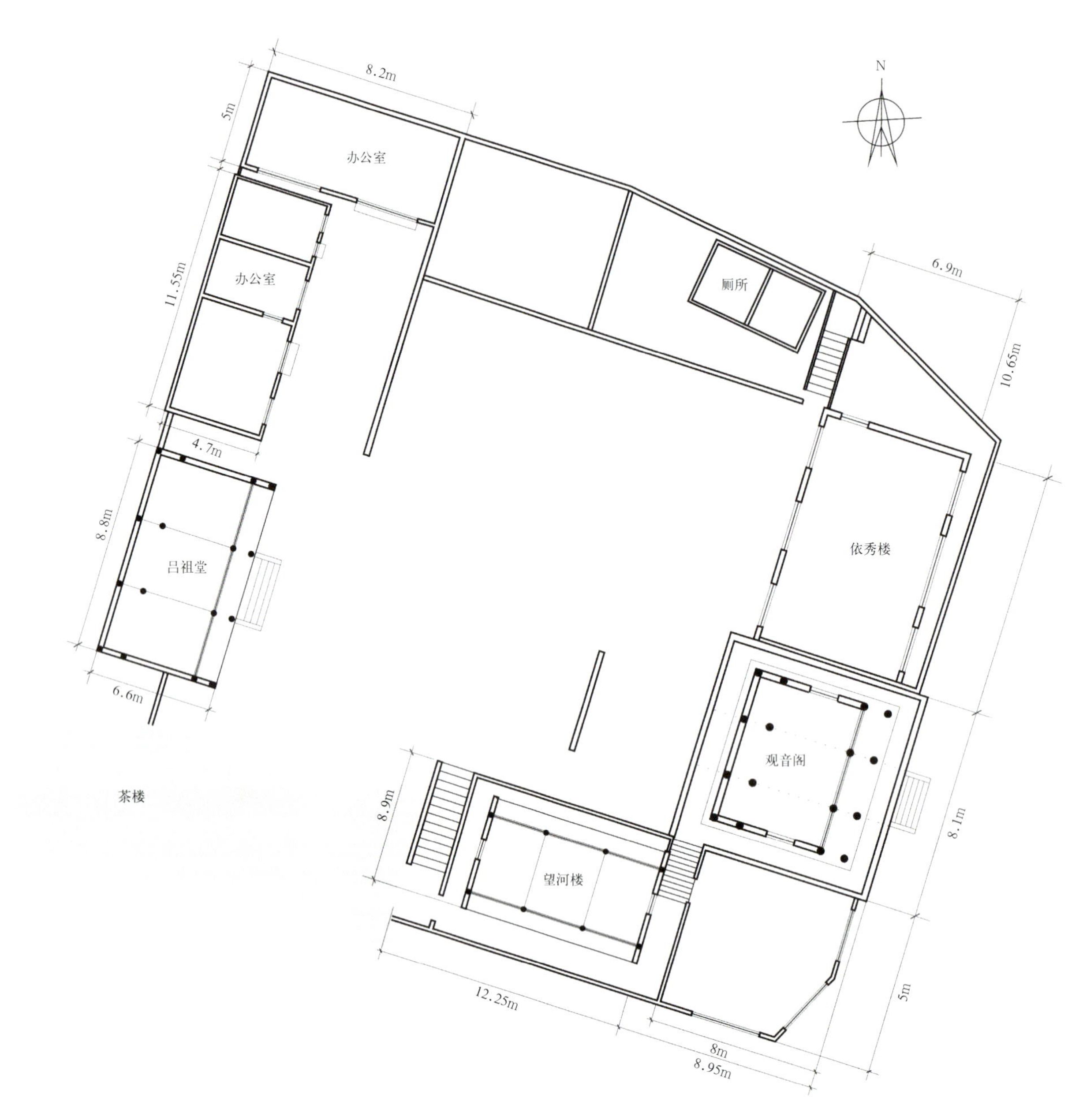

图 9-2-14　鳌头矶吕祖堂平面图

图 9-2-15　观音阁梁架

五、高青县青城文昌阁

文昌阁位于高青县青城镇旧城大街中央，又称“魁星楼”。清代乾隆元年（1736 年）建造。据 1935 年重修青城县志第五册“重修文昌阁”记载：……青邑旧建高阁于城之正中，祀帝君及魁星像……道光辛丑（1841 年）四月重修，七月完工。用钱一千缗奇……1946 年再次大修；1980 年至 1998 年之间，又进行了三次较大的维修（图 9-2-16）。

青城文昌阁（图 9-2-17）是一座过街楼式建筑，通体高 20 米。楼基为砖石结构，呈正方形

（图 9-2-18）；四面拱券门，东西南北两条大道在楼底垂直交叉通过；楼基以上之主体为三层木构重檐楼阁，第一层以圆柱支撑飞檐，二层为暗层，中间以砖砌四壁直达三层；四周以直径 30 厘米的圆柱支撑飞檐；楼顶绿瓦覆顶，四个高高翘首空中的檐角（图 9-2-19），皆系有铜铃，微风吹动，“叮咚”悦耳，十里之外可闻。建筑整体造型风格雄伟，门窗、护栏雕刻精湛（图 9-2-20），充分显示了清代早期楼塔建筑的高超技艺，具有很高的科学、观赏价值。

六、聊城光岳楼

光岳楼位于聊城旧城中央，是目前全国屈指可数的雄伟的木结构古楼之一，可与现在北京的鼓楼、西安的钟楼相媲美。就其规模、形制、建筑结构来看，与全国久负盛名的黄鹤、岳阳二楼也无甚轩轾，

图 9-2-16　碑文（左）
图 9-2-17　青城文昌阁全景（右）

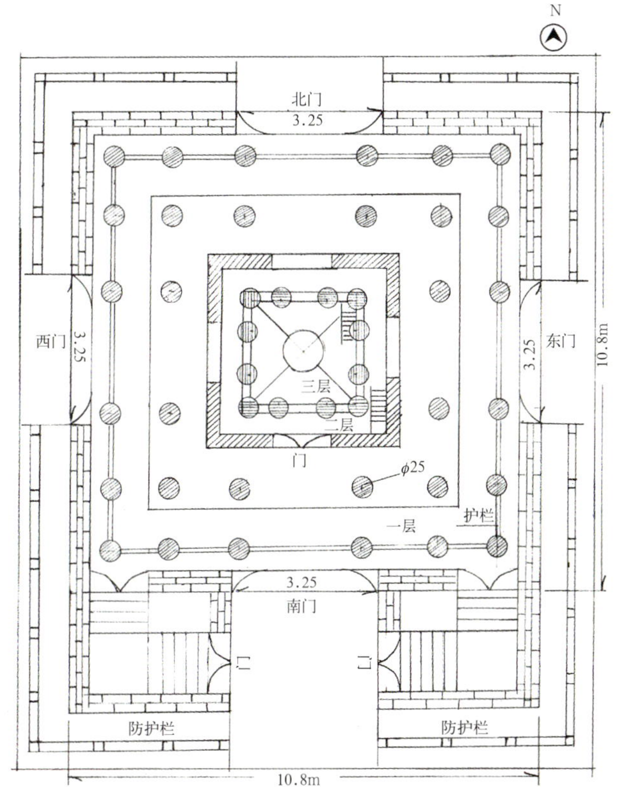

图 9-2-18　青城文昌阁平面图（左）
图 9-2-19　精美檐角（右上）
图 9-2-20　雕梁画栋（右下）

难分上下，故享有“虽黄鹤、岳阳亦当拜望”之誉。今黄鹤楼已圮，后虽重建，但已不是古之原貌，新楼无法与光岳楼相比。岳阳楼规模犹逊于光岳楼，而光岳楼宏伟高大，仍屹立在鲁西平原，其主体结构仍为明初遗物，这就更增加了光岳楼的文物价值。

明清两朝，聊地乃为东昌府治所，濒临京杭运河，古称“漕挽之咽喉，天府之肘腋”。光岳楼是明初东昌守御指挥佥事陈镛出于军事防御需要，为“严更漏，窥敌望远”，用修城余木，于明洪武七年（1374年）所建。初名“余木楼”，后称“东昌楼”。明弘治九年（1496年），吏部考功员外朗李赞在《题光岳楼诗序》中说：“余过东昌，访太守金天锡先生。城中一楼，高壮极目。天锡携余登之，直至绝阁，仰视俯临，毛发欲竖。因叹斯楼，天下无所……与天锡评命曰‘光岳楼’，取其近鲁有光于岱岳也。”光岳楼之名由此而来，沿用至今。

光岳楼（图9-2-21）是一座由宋向明清过渡的代表建筑，它在形式上承袭了宋元楼阁遗制，在结构上继承了唐宋传统，且与明初建筑又有若干相似之处，堪为我国建筑史上的佳例。整个楼阁由楼基和主楼两部分组成，通高33米。楼基系砖石砌成的方形高台，底边长34.43米，占地1236平方米，向上渐有收分，垂高9.38米，由交叉相通的4个半圆拱门和一个直通主楼的55级台阶通道组成。四层主楼筑于高台之上，第一层楼有4门、8窗、64柱。面阔与进深皆七间，北门上龛巧设“鲁班庙”；第二层楼内外有柱64根，面阔进深均七间，楼外设回廊及木栏杆，四方明间辟门；第三层系暗层，实为结构层（图9-2-22），属楼之主要框架；第四层面阔进深皆三间，共有柱28根，平面正方形，明间设窗，中间为空井，四周设栏杆。楼顶为十字顶，顶下垂覆莲（图9-2-23），四角有木刻浮雕的人物及花鸟装饰。楼脊为歇山十字脊，脊顶装有直径1.5米的透花铁葫芦。四层楼全系木构，结构严谨得体，四面斗栱（图9-2-24）托檐，且有四廊相通。椽檀纵横交错，宛似龙游蛇行，然环环紧扣，井井有条。全楼有112个台阶，192根金柱，200斗栱（图9-2-25）。整个建筑布局紧凑，气势雄伟，风

图9-2-21　光岳楼（左）
图9-2-22　内部梁结构局部（右上）
图9-2-23　顶部藻井（右中）
图9-2-24　斗栱局部（右下）

貌巍峨。所以，清初诗人施闰章有诗赞曰："巍楼百尺瞰沧溟，泰岱东来作翠屏。"

瞻顾楼内，竖立、悬挂的历代文人骚客、帝王达官登楼留下的题刻、匾联，琳琅满目，犹如甲鳞翠羽，流光生辉。其中，清康熙帝御笔"神光钟瑛"匾额，乾隆帝九过东昌，五次登楼而刻下的御诗碑、清状元傅以渐、邓钟岳手迹等较为珍贵。1974年为纪念建成楼600周年，郭沫若亲书"光岳楼"匾额悬于楼上。1975年著名画家丰子恺为此楼撰写了"光前垂后军劳动人民智能无极，岳峻楼高强大祖国文物永昌"的楹联。

600多年来，光岳楼曾先后进行过16次维修与重修，保持了明代建筑原貌。

七、商业建筑

（一）西杨家埠村木版年画作坊

西杨家埠村木版年画作坊位于潍坊市寒亭区镇西杨家埠村。该村至今还保留着两座木版年画旧作坊：一座是"吉兴号"（图9–2–26），画店主人为杨子强，建筑明门向北，北屋5间（大门过道两旁是望屋），腰屋3间，南屋3间，砖木石结构，大门前有明代大槐1株，至今生长旺盛；另一座是"德盛恒号"（图9–2–27），原为明代恒顺号画店，清代乾隆年间画店主人杨美改建，位于西杨家埠村前街，筑土为台建院，大门向南，门前十五级石制台阶，俗称"高大门"，院落占地面积390.5平方米，北屋5间，南屋5间（大门过道两旁是望屋），东西厢房各3间，砖木石结构。上述两座作坊，是杨家埠木版年画发展中的历史见证，至今保存完好。

西杨家埠木版年画起源于明代，兴盛于清代，西杨家埠村位于寒亭区政府驻地以南0.5公里处。村内多杨姓，先祖于明洪武年间由四川省梓潼县迁此，定居潍县后（潍坊市寒亭区），按照山东民俗，创造了自己的艺术——木版年画，颇受农民欢迎。明末清初因战乱，年画生产遭到极大破坏。清康乾年间，木版年画得以恢复和发展。当时西杨家埠画店达八十余家，号称"画店百家，年画千种，画版数万"。当时年画题材内容丰富多彩，可分为：祈

图9–2–25　剖面图

图9–2–26　吉兴号

图9–2–27　德胜恒号

福迎祥，除邪保安的神像画。代表作品有：门神、灶王、财神、菩萨等。喜庆欢乐、吉祥如意代表作有：金玉满堂、年年有余、喜报三元、欢乐新年、麒麟送子等。反映劳动生活、风俗习惯的作品有：蚕姑、男十忙、大春牛、过新年等。取材于小说戏曲、神话传说作品有：空城计、打渔杀家、拿九花娘等，形式多种多样。凡属中国农民家中的房屋宇、庭院、门户、畜舍，各处都有相应的年画装饰打扮。按照杨家埠传统习惯分类主要形式有：门画、炕头画、窗饰、中堂、神像。门画，有贴于临街大门的武门神，将军型；贴于堂屋门上的文门神，朝官式；贴于房门上的金童子，美人条；贴于场园屋、仓库单扇门上的文座与武座；贴于猪栏门上的栏门判等。神像画，有灶王、财神、家堂、菩萨等。灶王形式分三层灶、二层灶两种，大小分大灶、二灶、三灶、四灶、小灶等；财神，有木版套印与半印半画两种；家堂，分家庭用与家庙用两种；菩萨，有木版套印、半印半画两种。

清末及民国期间，由于军阀混战，盗贼蜂起，杨家埠年画一度萧条。抗日战争时期，杨家埠画店遭日伪军抄抢，相继关闭停业，“吉兴号”和“德盛恒号”店也无幸免。直到新中国建立以后，杨家埠木版年画业又获得了新生，并且有了长足发展。

（二）济南广智院

广智院位于济南市历下区趵突泉南侧广智院街，属英国浸礼会传教士怀恩光创办的青州博古堂，1904年由青州迁来济南，1905年12月首期工程告竣，命名为“广智院”，是外国教会在中国兴办陈列室使用。广智院内建筑按中轴线对称布局，由北面业务区和南面生活区组成，现业务区保存完好，由中央展厅、休息厅、后展厅、东西展厅组成，平面呈“出”字形，形成庭院式格局。整个展厅以休息厅为中心，东、西、南、北四个方位以建筑连通，便于参观和人员疏散，是早期博物馆建筑类型的典型代表。

广智院坐南面北，南北长185米，现长84米，东西宽70米，占地约5900平方米，由北向南依次布局有：大门、中央展厅、东西展厅、南展厅、东、西后展厅及中间休息厅组成，建筑面积1741.26平方米。

中央展厅是整个陈列厅的主体建筑，面阔七间，进深三间，其明间大门是陈列大厅的主要入口，进大门内是一很敞亮高大的中央展厅，面积468平方米，可以展出恐龙等巨型动物标本。中央展厅内东墙和西墙辟宽2.4米的门洞，可以进入东展厅和西展厅。东、西展厅均为面阔四间，进深一大间的建筑。中央展厅南墙中间辟宽1.9米的门洞，以进入休息厅。休息厅位置在整个陈列大厅的中心，厅为面阔三间，进深三间，其内柱是六角形上下须弥座式石柱。从休息厅往南可以进入南展厅，南展厅长55.86米，深5.5米，呈长条形的空间，出休息厅东、西两侧门，是两个园林式庭院。东展厅和西展厅往南的过道，原是陈列大厅的东、西边门，现已封闭。过边门道往南是东、西后侧展厅，此两个后侧展厅面阔六间，进深一间，也是呈长条形空间，其南面与南展厅互相通连。各厅的外墙围绕封闭成东、西两个院落，院落沿外周墙筑一可以环绕的外廊，院落内种植果树和花卉，人们可以在此休息和观赏。总的来看，其平面布局合理，对称中有变化，展厅有大、有中、有小，形态有长方形、方形、条形，各展厅之间都可以互相贯通，方便人们参观。

陈列大厅以中央展厅为主，以东展厅和西展厅为辅来处理整个正（北）立面。中央展厅为重檐硬山顶，高14.4米，上挂青色板瓦，在外观看似二层，实际是一层。为解决展厅采光问题，其单檐上南和北面各辟一排拱形高窗，故展厅内光线很明亮。其明见入口处筑成一卷棚式拱形小门楼，门两旁筑2根八角形经幢式石柱，即上下为须弥座式，中为柱幢身，以突出大厅入口。展厅东西两梢间突出处，同样筑窗楼和筑两根八角石柱，只是此间楼略小和低些，从外观看似3个门楼。在侧立面上，一层檐用砖筑成卷棚式，二层筑成硬山尖顶式，山墙辟圆形窗，窗周圈用砖刻成精美的花卉图案。中央展厅的东、西两侧是四开间的单檐硬山顶，也是挂青色板瓦。从正面看中间高两侧低。东、西后展厅、南展厅及休息厅均为单檐硬山顶，上覆盖板瓦。各展厅除南展厅为高窗外其余朝外的门和窗均做成拱形，门和窗的砖拱券都用砖雕刻成各种形式的卷草纹和花卉，各种砖雕形式多变，雕工精美。各展厅主要由砖墙、木柱和石柱、三角形木房架、木檀条、木椽子、木望板、木门窗及青色板瓦构筑而成。中央展厅窗下为方整石砌筑的石墙，其上为砖砌墙，下层檐至内金柱为抬梁式房架，二层檐内前后金柱上承受三角形人字房架，房架中弦筑下垂柱，从垂柱至下檐枋处筑卷草式木罩，厅内各金柱间均筑拱形木罩，这些木罩既加强了柱间的刚度，又起到了装饰美观的作用。在三角形房架上置木檀条，木椽子、木望板，望板上是苫背、苫背上挂板瓦，屋顶用砖和瓦筑正脊和垂脊。休息厅内金柱为六角形石柱，柱上置三角形木房架，东、西侧展厅及南展厅均为在砖墙上置三角形木房架，木房架上面的构造与中央展厅相同。门和窗的构造除南展厅高窗为平璇外，其他正门、边门、外窗，均为砖券拱，天窗为木制拱形式，门和窗皆木制。地面除东、西侧展厅为木地板外，其他各厅为水泥分格地面。陈列厅平面布局紧凑合理，立面高低错落，主次分明，屋顶纵横交错，互相连接，又集构造、砖雕之精华，是清代末年民国初年博物馆陈列厅建筑代表作。

在中央展厅和东、西侧厅下面构筑有地下室，地下室的入口设在休息厅的东、西外墙处，从此拾级而下可以到地下一个拐弯过道。过道宽 90 厘米，通过此道到一条东西方向小道，小道宽 70 厘米，高 178 厘米，小道两墙为红砖砌筑，可能是以后为了加固地下室和安全问题而加筑的。通过这小道的东面和西面各为一近似方形的小室，小室面积 45.10 平方米，高 3.18 米，室内有 2 根 20 厘米径木柱，木柱承托上面木阁栅及木地板。

第三节 牌坊

一、桓台新城四世宫保坊

四世宫保坊位于桓台新城镇，建于明万历四十七年（1619 年），为表彰当时新城人兵部尚书王象乾而立。因王象乾功绩卓著，诰赠“光禄大柱国太子太保兵部尚书”，同时追封他的曾祖父王麟、祖父王重光、父王之垣分别为“柱国光禄大夫兵部尚书”，“太仆寺少卿”，“户部尚书”，坊因称“四世宫保”。宫保多为大官加衔太子太保者的通称，虽无实职但表明当时圣上的恩宠，可以世代光宗耀祖。

“四世宫保”坊（图 9-3-1）是石坊中的珍品，它融建筑、雕塑、书法、绘画等艺术于一体，整座建筑雄浑中透着庄严，庄严中又见出潇洒，可以说达到了此类建筑的高境界。该坊底层为对称的大方形石基坊座，上刻龙驹、奔狮等走兽，姿态各异，形态逼真（图 9-3-2）。基座上开拱门 3 洞，中间大两边小，对称和谐；拱门的门楣（图 9-3-3）、

图 9-3-1 四世宫保坊南立面

图 9-3-2 四世宫保坊西立面

图 9-3-3 四世宫保坊砖雕

图 9-3-4　四世宫保坊石狮

图 9-3-5　四世宫保坊匾额

楹柱雕刻着人物及飞禽、走兽、花卉，有的浮雕、有的圆雕、有的透雕，皆精工细镂，技艺精湛，最动人的是拱门两侧的八尊石狮（图 9-3-4），四尊怀抱绣球，回首张望，嬉戏之状呼之欲出，另有四尊怀抱幼狮，极尽亲昵之态。天伦之乐母子之情跃然石上。大拱门上是叙功匾，两侧是楹联，再上为坊额，书“四世宫保”4 个斗方大字（图 9-3-5），布局严谨，天衣无缝，用笔老成持重遒劲稳健，传为大书法家董其昌手笔。坊顶部仿木斗栱出挑檐椽。配兽吻、风铃等饰物，脊上八跑，每跑二兽，高居脊顶、自在安然。正中饰“麒麟驮宝瓶”再加上赫然高悬的圣恩匾，使整个牌坊富丽堂皇，气相威严。

二、青州衡王府石坊

衡王府石坊位于青州城里玲珑山南路南段西侧，当地又俗称“午朝门”。衡王，乃是明朝第八位皇帝宪宗朱见深于成化二十三年（1487 年）封他的第七个儿子朱祐楎的封号，弘治十二年（1499 年）到青州就藩，嘉靖十七年（1538 年）薨，谥曰“恭”。埋在青州南部的三阳山前，王坟就是衡恭王的墓，现已被公布为省级文物保护单位。

衡恭王在青州传六世、七王。石坊原是衡王府正门前的大牌坊，以此为中轴线，左右平分（图 9-3-6）。过去的东华门即是衡王府的东门，后宰门便是王府的北门。石坊造型阔，刻工精细，为珍贵的历史遗物。1987 年，青州市人民政府拨款，在石坊旧址建街头花园。据最近在青州中药厂出土的一块与石坊石雕完全相同的刻石上“嘉靖四十三年闰三月十一月监造”的字样推断，石坊的建造年代应为明嘉靖四十三年（1564 年），为衡庄王在位时所建。

石坊（图 9-3-7）共两座，坐北向南，皆为四柱三楼式牌坊结构（图 9-3-8）。每坊东西宽 11.5 米（图 9-3-9），南北进深 2.72 米，高 7 米余。两坊相距 43.5 米，建筑风格相同，尺寸一样，均为 28 块巨石组成。底座高 1.2 米，分三层，底层高出地面 20 厘米，刻云头花边，中层内收 10 厘米，雕荷花、牡丹等花卉图案；上层与底层齐，镌狮子、麒麟图案，每块巨石上有狮子 12 只，麒麟 2 只，形态奇伟（图 9-3-10）。石柱方形，分立底座上，中间 2 柱，各高 5.82 米；两侧 2 柱，各高 3.95 米。每柱南北两面各立透雕麒麟（图 9-3-11）一只，高 1.95 米，昂首蹲立，每坊八只。四柱上方各嵌巨石横匾，匾上浮雕皆为二龙戏珠图。中门 2 横匾，上刻大字，南坊为“乐善遗风”（图 9-3-12）、“象贤永誉”（图 9-3-13），北坊为“孝友宽仁”、“大雅不群”，皆为剔地阳文。

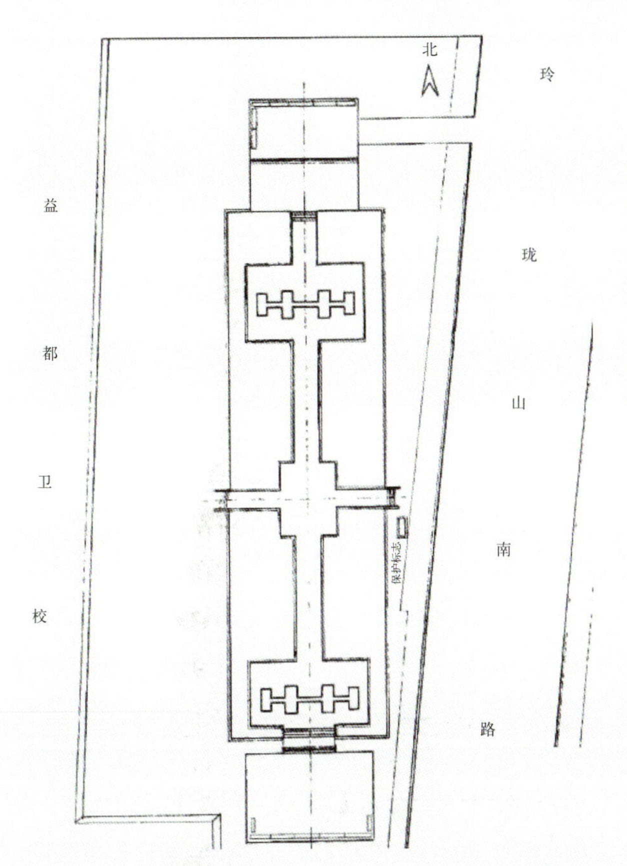

图 9-3-6　衡王府石坊平面图

图 9-3-7　衡王府石坊全景（北 / 南）

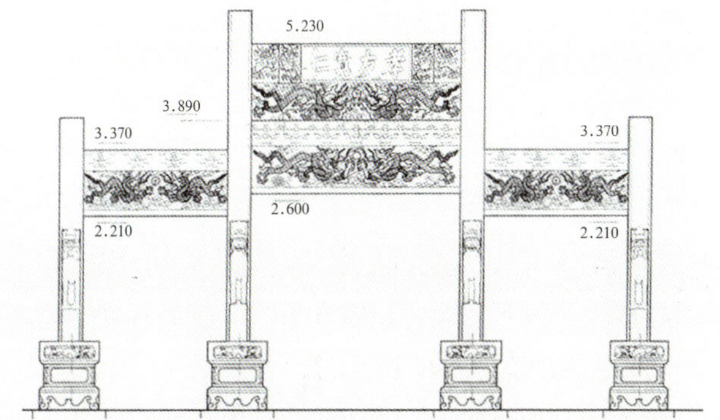

图 9-3-8　衡王府北石坊立面图

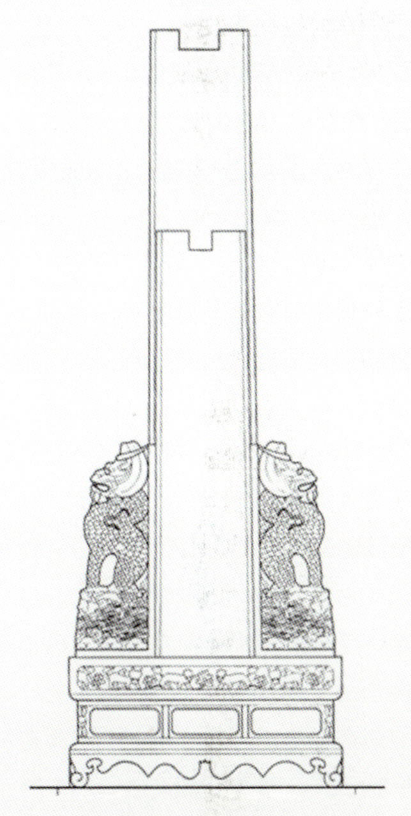

图 9-3-9　衡王府南石坊立面图

图 9-3-10　须弥座浮雕群狮

图 9-3-11　圆雕蹲龙

图 9-3-12　南坊“乐善遗风”匾额

图 9-3-13　南坊“象贤永誉”匾额

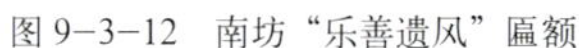

三、安丘庵上石牌坊

安丘庵上石牌坊位于安丘市西南 35 公里的庵上镇区内，以其优美的艺术造型，精湛的雕刻技艺，闻名遐迩，素有“山东无二坊，除了兖州是庵上”之美誉。

庵上石牌坊建于清道光九年（1829 年），是庵上村马若拙为其嫂王氏所建的节孝坊。据《马氏家谱》记载，马若拙（1788 ~ 1849 年），字子朴，号慧斋，为太学生，例授修职郎，候补县丞，是当时拥有 2500 亩土地的大户。其兄马若愚(1784 ~ 1804 年)，字智斋，例赠登仕郎，候选州吏目。马若愚娶诸城大北兴翰林之女王氏为妻，婚后不久病故，王氏“奉亲守志，节孝两全”，因过分悲痛抑郁，29 岁时得病而死，王家遂将王氏事迹奏报道光皇帝，得到了建坊的御批。于是马家奉旨建坊。相传石牌坊由扬州艺人李克勤、李克俭兄弟及八名弟子修建，历经 14 年告竣。

石牌坊（图 9-3-14）坐东朝西，建筑形式为四柱三间柱不出头式，通高 9.13 米，南北宽 12.3 米（图 9-3-15），用石灰石垒架而成。坊座由四块条状基石和四组圆雕石狮组成，坊身由四根立柱，组成了正门和两个边门，坊顶为单檐庑殿式结构。正面居中镌刻“圣旨”二字，中部横匾刻“节动天褒”四字，题跋为“旌表愚童马若愚妻王氏节孝坊”，横匾之下两侧刻“大清道光已丑岁建”八字，背面横匾为“贞顺留芳”四字，题跋与正面匾额相同。字体端庄遒劲，功力非凡，为高密翰林单兰亭所书。

石牌坊上的雕刻采用浅浮雕、高浮雕、透雕、圆雕等多种技法，雕刻内容丰富多彩，既有神话传说中的仙人异兽，又有体现社会风土人情的画面，在不同部位刻有车马人物、飞禽走兽、花鸟虫鱼、风云水月等 10 种景物。两根中柱的东西两面刻有飘然潇洒、眉目传情、呼之欲出的八仙。中柱底座两侧雕刻有反映耕、读、渔、樵体现风俗的画面，画面上有午间小憩的耕田者；有暮归的打柴人；有奔读的学童；有月夜对饮的渔夫，人物形象生动，生活情趣浓厚。“樵夫暮归”一图极为生动。坊上走兽种类繁多，主要有青龙、雄狮、麒麟、牛、马、鹿、羊象等十几种，以龙为多，狮的面积为最大。坊顶有 12 条垂脊，每条垂脊的上中下部都有一只昂首翘望的龙头，3 条正脊的两端各有 1 只尾巴上翘的龙，“圣旨”二字和正匾四周，刻出无数条腾飞于云间的青龙。两中柱的东西两面各有 1 只圆雕的雄狮，高跨于底座基石上，背上有数只幼狮嬉戏，有的足按绣球，有的口含石珠，形态各异且逼真。次楼匾额下方有谐音寓意画，如“六（鹿）合（鹤）同春（图 9-3-16）”、“父子拜相（象）”、“挂印（音）封（蜂）侯（猴）”、“太师（狮）少保（图 9-3-17）”等，画面中的兽类刻画得惟妙惟肖，生动传神，其中“挂印封侯”一图，最为精彩，一只猿猴攀援山岩，昂首举杆，捅向蜂窝，受惊的黄蜂绕巢乱飞，几只小猴在躲避黄蜂，藏于山石林木之间，大树枝头上挂一鸟笼，笼中画眉似迎风鸣叫。坊上雕刻的花鸟有明显的季节、气候特点，次楼的匾额上方，刻有四季花鸟图，即春牡丹、夏荷花（图 9-3-18）、秋菊

图 9-3-14　庵上石坊西侧正面照片

图 9-3-15　庵上石坊南侧立面照片（左）
图 9-3-16　庵上石坊西面南次间下额枋“鹿鹤同春”图（右上）
图 9-3-17　庵上石坊东面北次间下额枋“太师少保”图（右中）
图 9-3-18　庵上石坊东面南次间上额枋“一路连科”图（右下）

花、冬梅花。两边柱东西两面刻有牡丹、玉兰、芭蕉、绣球等花卉，两边柱外侧雕刻凤竹、雨竹。坊座基石上刻出变形的莲花、牡丹、蝙蝠等。这些画面结构严谨，富有诗意；小鸟或动或静，各具形态，观之如闻其声，如临其境。

抗日战争期间，驻扎在庵上村的日军用炮轰掉了石坊的南上角，20世纪60年代石坊遭受一定破坏，现以石坊为中心建成一定规模的石坊公园。

四、蓬莱戚家牌坊

戚家牌坊位于蓬莱市武霖村内，坐落在牌坊街东、西两端，北距戚继光祠堂110米。两坊间距140米，东为“母子节孝”坊，西为“父子总督”坊。1996年，戚家牌坊被国务院公布为全国重点文物保护单位。

戚家牌坊建于明嘉靖四十四年（1565年），系四柱三间五楼云檐多脊花岗岩石雕坊，通高9.5米，宽8.3米，进深2.7米。两座牌坊以浮雕为主，圆雕为辅，雕刻人物、鱼龙（图9−3−19）、鸟兽、花木等。

“母子节孝”坊（图9−3−20）是为戚继光的祖母和父亲戚景通敕建的。牌坊上下共分三层雕刻，东面上一层是“丹凤朝阳”（图9−3−21），二层已毁，三层是“麒麟与凤凰”。西面上一层是“二龙戏珠”，二层是“南海大士与八仙”，三层是“狮子滚绣球”。牌坊顶端为硬山飞檐式屋顶，东、西两檐下正中各嵌一额，阴刻“圣旨”二字，牌坊中间额书“旌表赠特进荣禄大夫右都督戚宁妻一品夫人贞节阎氏”、“诰赠特进荣禄大夫中军都督荐举孝廉戚景通”。

“父子总督”坊（图9−3−22）是为戚继光和他的父亲戚景通敕建的。牌坊分上下共三层，东面上一层是“二龙戏珠”（图9−3−23），二层是“一出武戏”，三层是“狮子滚绣球”。西面上一层是“凤凰穿牡丹”，二层是“鱼龙变化”，三层是“麒麟与凤凰”。牌坊顶端为硬山飞檐式屋顶，东、西两面檐下正中各嵌一额，阴刻“恩光”二字。牌坊中间额书“诰赠骠骑将军护国都指挥使前总督山东备倭戚景通”、“镇守浙福江广郴桂总兵都督同知前总督备倭戚继光”。

戚家牌坊巍峨挺拔，气势雄伟，构图丰满，雕镂精细，具有很高的历史价值和艺术价值，是我国少见的明代大型石雕珍品（图9−3−24）。

图9−3−20　蓬莱“母子节孝”坊

图9−3−19　蓬莱戚家牌坊

图9−3−21　蓬莱“母子节孝”坊细部

图 9-3-22 蓬莱“父子总督”坊

图 9-3-23 蓬莱“父子总督”坊细部

图 9-3-24 蓬莱“父子总督”坊侧面

五、单县百狮坊

百狮坊位于单县城内牌坊街东端。百狮坊原名“节孝坊”，又称“张家牌坊”，因夹柱上精雕百个石狮得名。清乾隆四十三年（1778 年）为赠文林郎张蒲妻朱氏而建。

该坊（图 9-3-25）用青石仿木结构建造。通体雕刻。宽 10.92 米，高 12.04 米，四柱三间五楼式，歇山顶（图 9-3-26）。正间楼檐下雕有斗栱，次间

上下檐下各3栱。全坊上下间架有致，搭配均衡匀称，工匠巧妙地运用圆雕、透雕、浮雕、线雕的技法，使所雕狮、龙、牡丹、吻兽、象尊等惟妙惟肖，栩栩如生。八根夹柱精雕八组群狮，大狮子巨头卷毛突目，隆鼻阔口利齿，巍然蹲踞，矫捷威猛。每个大狮子身上攀附五个小狮子，姿态各异，生动传神。狮坐的前、左、右三面浮雕圆形，方形松狮图，狮子三两不一，蹦跳翻滚，争戏绣球（图9–3–27）。每根立柱浮雕四条蛟龙在柔美飘逸的祥云间卷舒出没，盘旋回舞（图9–3–28）。正间上下额枋，次间额枋及正檐下“圣旨”匾（图9–3–29）的四周均镂空透雕“二龙戏珠”，右龙突目奋爪，摇头弄尾，如腾似飞。正间中额枋分三层镂空透雕“串支牡丹”，花蕊半吐，枝叶扶疏，雍容华贵，给人以五彩缤纷，香沁肺腑之感。牡丹间以变形的“卍”字云纹，寓意“富贵万年”。楼檐下兽斗花栱，如意板承托。脊和檐角上雕配的吻兽、象尊、狮、鱼、海马等跑兽皆造型优美，意到神全，吻尾外卷，张口吞脊，象驮宝瓶，憨态可掬。正脊中间雕塑二龙朝天（图9–3–30），共托一珠，像塔刹一样，高峙空中，引人仰望，觉其精美而雄伟。其他部位，如脊枋心沿、雀替板、松狮图周围也均浮雕，线雕有龙、牡丹、菊花、团鹤、字等吉祥图案。据传，原来正间下雀替板的孔鼻上还悬挂一石雕鸟笼，架上石鸟，神态活现。统观整座牌坊，结构精巧，壮观恢宏，雕刻精细，剔透玲珑，堪称全国罕见的清代石雕建筑。

图9–3–25　百狮坊正立面

图9–3–26　百狮坊侧立面

该坊（图 9-3-31）的雕建艺术是无与伦比的，不知耗费了多少人力和物力，凝聚了我们祖先的多少心血。据传说，仅雕下来的一斤碎石就等于一两白银的价格。牌坊落成后，在祝贺酒宴上，坊主亲为石匠把盏，说：“建此坊劳苦功高，其技艺可谓登峰造极矣。”这位老师傅面含微笑说：“艺海无边！”坊主趁机问道：“若多费银两，还可超过此坊否？”老者笑而不答。这个阴险狡猾的坟主心已明白，恐再有超过该坊者，就在杯中暗下毒药。可惜这位闻名当时的神工巧匠刚离酒宴，便暴病身亡。

图 9-3-27　百狮坊石狮

图 9-3-28　百狮坊次间外侧龙柱

图 9-3-29　百狮坊圣旨匾

图 9-3-30　百狮坊正间上坊心

图 9-3-31　百狮坊全景

他的徒弟们极端愤怒，没法报复，就把已刻好的百个石狮暗暗作了改动，都成为了母狮，借以诅咒凶狠残暴的坊主，子孙不昌。

该坊设计宏伟，内容丰富、制作精致，且史料价值甚高。不仅是封建礼教的某种形式的体现和研究封建社会制度的代表性实物，也是不可多得的研究我国工艺美术的重要资料。特别值得重视的是该坊构图严谨、题材丰富、寓意深邃、工艺精湛、技法娴熟，作者采用了高浮雕、浅浮雕、透雕、圆雕等多种手法使整坊和谐，极具美感。图案纹饰疏密有致，主次分明，形成和谐的视觉效果。花鸟、动物在作者高超的技艺下表现得淋漓尽致，惟妙惟肖，是清代不多见的石刻建筑艺术品。

六、单县百寿坊

百寿坊（图 9-3-32），位于单县城牌坊街百狮坊西南约一百米处，胜利北街南端百寿坊原名“褒节孝坊”，俗称朱家牌坊。清乾隆三十年（1765 年），为翰林院孔目赠儒林郎朱叔琪妾孔氏建。因前后正间枋心间浮雕百个书体不同的“寿”字得名。1977 年公布为省级文物保护单位。

朱家是单县一大官僚地主，朱叔琪的独生子朱易任湖北安陆府沔阳州同，祖父朱廷焕任明代大名府兵备道副使。崇祯十七年（1644 年）三月六日因抵抗李自成起义军被刘宗敏杀掉。《单县志》载，孔氏 26 岁夫亡，扶孤成立，教子甚严，守节 30 年，奉旨建坊旌表。南次间枋心，由乾隆皇帝的第四子履郡王永诚为之赠诗，诗曰：“布衣蔬食度生平。喜看庭芝渐次成。月冷黄昏霜满地，惠帷遥出读书声。数十年来铁骨古，养生送死总无疵。冰操劲节光天地，千古常教奉母师。”

坊通高 12 米，宽 9 米（图 9-3-33），四柱三间五楼歇山顶（图 9-3-34），正檐下刻有“圣旨”匾（图 9-3-35），其建筑规模、构筑形式、雕刻技法与百狮坊异曲同工，建造精巧宏伟，雕刻精细生动可与百狮坊媲美，不单说矫健神通的雄狮（图 9-3-36），绕柱回舞的蛟龙，或饰满额枋的牡丹（图 9-3-37），只说那明间上枋透雕的祥云飞鹤和次间上额枋浮雕的对翔鸾凤，就足以使人流连忘返，遐思不已。仙鹤自古是幸福长寿的象征，和变形的“卍”字纹连在一起，寓意“福寿万年”，凤和龙一样，是人们神化的艺术形象，龙威武严肃象

图 9-3-32　百寿坊全景

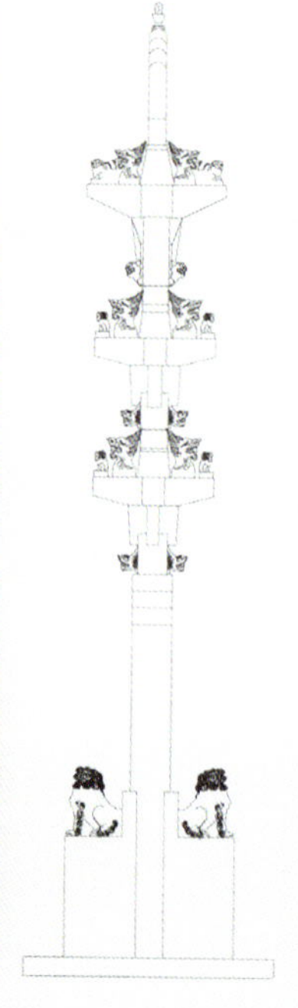

图 9-3-33　百寿坊侧立面　图 9-3-34　百寿坊正立面

征男性的坚毅刚强；凤艳丽优美，象征女性的美貌温柔。狮座（图 9–3–38），左右两面浮雕的圆形、方形蟠螭、鹤、凤图案，刀法流利简洁，造型古朴优美，狮座夹柱板上浮雕四幅花鸟画，如牡丹舞蝶、牡丹芙蓉、梅花喜鹊、梅竹绶带、桃花春燕、山茶锦鸡、水仙、海棠、秋葵、玉兰等，构图新颖，雕刻精致，花卉争奇斗艳，虫鱼生动逼真，看到这些艺术雕刻，无不令人为我国古代匠心独具的艺术构思和巧夺天工的雕刻技巧而赞叹。

七、成武申氏节孝坊

申氏节孝坊位于成武县张楼乡徐老家村，清乾隆五十二年（1787 年）为旌表徐思迈妻申氏所建。

申氏节孝坊（图 9–3–39）为全石结构，气势雄伟，造型古朴典雅，雕工考究，书法俊美，属典型的清代石坊建筑，具有较高的观赏价值和艺术价值。坊两面雕刻相同，四柱三门，中门宽 3 米，两侧小门各宽 1 米，底部柱基南北总长 9 米。四柱将整个牌坊撑起，每个柱石的东西两侧各有石桩加固，用铁箍相连，形成一体。石柱上部均有圆雕的石狮（图 9–3–40）作门卫，分别为一大一小或一大多小，共 8 组。大狮子张口奋鬃，怒目相对，威武雄壮，狰狞可怖，小狮子有的爬在大狮子背上，有的钻到大狮子肚下，嬉戏斗闹，姿态各异，情趣横生。立柱和加固的石桩壁上除精刻着各种几何图案外，还浮雕有各种花鸟，人物故事（图 9–3–41），如阎王审泼妇、张果老倒骑驴（图 9–3–42）、孙悟空乱捅马蜂窝等，也颇令人寻味。中间高大的立柱上正背两侧镌刻着楷书对联，内容是：雪满瑶池，数十年清操炳耀；鸾回凤扉，几千载制敕辉煌。外侧石柱正背两侧镌刻对联是：翼翼青编标苦志；煌煌紫诰铸贞珉。

此坊中门上共有三道横梁，两侧小门上有两道横梁，均有浮雕的云龙、舞凤、花卉等图案。中门的下两道横梁上均浮雕和透雕着二龙戏珠、凤凰戏牡丹和狮子滚绣球图案，尤其是二龙戏珠以深浮雕

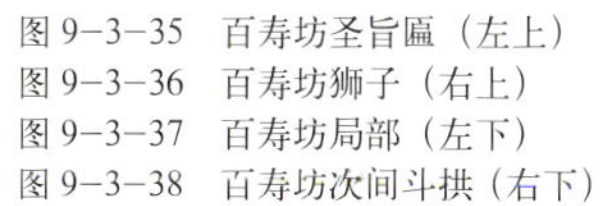
图 9–3–35　百寿坊圣旨匾（左上）
图 9–3–36　百寿坊狮子（右上）
图 9–3–37　百寿坊局部（左下）
图 9–3–38　百寿坊次间斗拱（右下）

图 9-3-39　申氏节孝坊

图 9-3-40　申氏节孝坊石狮

图 9-3-41　申氏节孝坊细部 1

图 9-3-42　申氏节孝坊细部 2

和透雕结合雕凿而成，二龙摇头摆尾，腾跃如飞，造型生动，甚是精美。三道横梁中间夹有两块长 3 米、宽 0.5 米的石匾，上匾刻有“敕褒节孝”四个遒劲的大字，下匾刻有“旌表太学生徐思迈妻申氏节孝坊”的坊名。坊檐为石刻仿木结构。中门坊檐高，两侧小门坊檐低，层次分明，扣合巧妙，翘角飞檐，勾心斗角，显得古朴典雅，气势雄伟，体现了较高的建筑水平。坊檐下正中斜挂着高 50 厘米、宽 30 厘米的圣旨牌匾，周围镂刻着透花滚钱和跃龙舞凤的浮雕，玲珑剔透，工艺十分精细。坊脊中间有一石狮，头北尾南，腰部饰件上竖有钢叉。据当地群众讲，20 世纪 60 年代前其上还有云雁、风铃等诸多饰物，惜今已无存。

第四节　桥、坝

一、泗水卞桥

卞桥（图 9-4-1）位于泗水县城东 25 公里泗河之上。因古卞城而得名，始建于晚唐。金大定二十一年（1181 年）重修，明万历九年（1581 年）

曾对部分栏板、望柱进行过补配，是山东境内现存较早的古代桥梁。

卞桥为三孔联拱青石券砌（图 9-4-2）。东西向，引桥西高东低。全长 55.95 米，其中桥身长 25.05 米，东引桥长 23 米，西引桥长 7.9 米，宽 7 米。中部略高，呈漫弧形。水面至桥面高度为 4.95 米，孔内积水深 70 厘米。桥面用不规则块石铺砌。桥面两侧各有 14 根望柱和 13 块栏板。栏板和望柱下面均砌有条石。南面条石内侧雕刻有两层对称莲花（图 9-4-3）图案。望柱两侧有镶石，外侧为长方形，内侧上刻旋涡纹，下刻莲花图案。望柱柱体方形，边长 24 厘米，高 1.26 米。分为两种，其一为莲花顶，下为穿鼻形，其二为僧帽形，下刻莲花图案。前一种为金大定时，后一种为明万历时补配。原 24 块栏板，现存 19 块，其中金大定时 10 块，上有题刻，但模糊不清，上刻资助人姓氏、年代，隐约可辨认“大定二十一年”、“卞桥镇”、“郭仙妻”等。主体部分雕刻莲花、牡丹、缠枝花、飞马（图 9-4-4）、人物、山石等。可考者为“卞庄刺虎”。明万历九年栏板现存 9 块，上有题刻多为资助人姓氏及年代。主体部位雕刻有山石、鱼虫、花鸟、鹿、虎、蛟及人物图案。可考者有“太公钓鱼”、“周处除三害”、“松下问童子”和“孔子见老子”等。栏板上这些雕刻组成了一条石刻艺术画廊。

该桥三个孔洞，中孔大、两边小。中孔高 3.8 米，宽 4.05 米。东西两孔均高 3.27 米、宽 3.48

图 9-4-1　泗水卞桥桥面

图 9-4-2　泗水卞桥桥身

米，拱墙下面砌有梭形迎水。拱脚处均有仰莲托座，高 30 厘米，直径 76 厘米，花瓣圆润肥胖。券孔外缘为竖条石纵向镶砌，里面为横向联砌。镶券宽 45 厘米。外壁用块石垒砌，平整光洁，券上桥缘下各镶雕刻兽头（图 9-4-5），张口眦目，耳后旋发，神态威猛。桥下长年清波荡漾，碧水长流，相传每到中秋之夜，水中月映双影，故又名为双月桥。

西引桥南面向西南伸出桥翅，南北长 13 米，最宽处 5 米，呈三角形。东南角护坡长 39 米，桥西北护坡长 77 米，高 2.3 米，均为石砌。

桥身东西两端各有一对石狮（图 9-4-6），相向蹲坐于须弥座上，其一腰部刻有莲花图案。狮高 1.5 米，作张嘴状，神态威猛逼真。

该桥结构严谨，造型美观，工艺复杂，雕刻精细，是国内现存为数不多的古代早期重要桥梁之一。

二、潍坊寒亭孔桥

寒亭孔桥位于潍坊市寒亭区高里镇一空桥南约二百米处，横跨在大于河故道上。金明昌三年（1192 年）所建。桥面宽 4.7 米，桥高 5 米，孔跨 5 米，利用楔型带卯榫石块嵌砌而成。结构坚固。因桥为拱型，只有一孔，故俗称“一孔桥”，后衍称“一空桥”。历年久，河道已改，桥主体已被泥土淤没，现只露桥拱面。桥面上车辙印痕至今还清晰可见。桥面北侧，镶有高浮雕龙头，南侧镶有浅雕龙尾，象征河流如巨龙一般直奔北海。桥洞壁上有碑文刻石两

图 9-4-3　泗水卞桥栏板雕刻 1

图 9-4-4　泗水卞桥栏板雕刻 2

图 9-4-5　泗水卞桥兽头

图 9-4-6　寒亭一孔桥

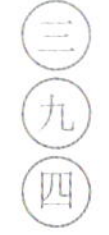

块；其一：武节将军行潍州北海县乌古论承事郎充潍州北海县主簿夹谷。定远大将军行潍州北海县令上轻车都尉广平郡食邑七百户阿勒根。其二：大金国山东东路潍州北海县儒教乡第十都大刘家庄创修石桥。都纠首安固村董法佺。副纠首本州烟脂王全。社官：张同……（以下略社官姓名31人）明昌三年九月十五日永记。

山东东路潍州，始于1167年，州领北海、昌邑、昌乐三县，一镇固底。北海县下有斟城、儒教、鄌陵三乡，乡下有都、都下有社。州、县治所在潍城附近，大刘家庄就是现在的一空桥村。

三、青州万年桥

万年桥（图9–4–7）位于青州北门大街与玲珑山南路交接处的南阳河上，旧名南阳桥。据北宋青州人王辟之的《渑水燕谈录》记载："青州城西南皆山，中贯阳水，限为二城。先是跨水植柱为桥，每至六七月间，山水暴涨，水与柱斗，率常坏桥，州以为患。明道中（1032–1033）夏英公（即夏竦）守青，思有以捍之。会得牢城废卒有智思，垒巨石固其岸，取大木数十相贯，架为飞桥，无柱。至今五十余年，桥不坏。"这件牢城的废卒造就了我国第一座木结构的虹桥。

桥修好后曾肇（一说曾巩）撰《修桥记》，宋四大书法家之一的米芾书丹立碑。元代郝经曾有"饮马南阳桥，摩玩米芾书"的诗句来描述此桥。明永乐十二年（1414年）曾重修过此桥。到了明弘治七年（1494年），洪水泛滥，碑桥全毁。万历二十二年（1594年），青州知府卫一凤、益都知县刘养浩又增修此桥后，改名叫万年桥。据志书记载，刘养浩在督修万年桥时，"苦心经画，赤足立水中，冬月不辍。"桥修成后，明青州人杨应奎在《重修北门南阳桥疏》中盛赞此桥："实青齐之襟带，乃海岱之纪纲。南通淮沂，北接燕冀，万里无滞，百丈何拘。"

后来，清康熙三十五年（1696年）、嘉庆六年（1801年）又进行过两次重修。规模最大的一次重修是在1935年，这次维修后的万年桥为桥墩6个，拱券7个，桥墩顶端刻龙首长鬣水兽，桥栏浮雕刻《二十四孝图》、《松鹤同春》、《张良圯下遇黄石公》

图9–4–7　青州万年桥桥身

等图画。栏杆雕石柱，柱端饰宝瓶、狮子。宝瓶的式样不一，狮子的体态各殊，堪称奇观。在此次维修中，沂水民工李魁五因塌方而捐躯，青州人民为此在桥旁立“魁五纪念台”以示纪念。

新中国成立后，修补桥体损毁的部分。20世纪60年代，桥上的宝瓶、狮子、《二十四孝图》等均遭破坏。1986年6月，青州市人民政府筹资30万元，从墩座以上重修。垒雕石、灌水泥，复制栏柱，镌刻样板共雕宝瓶18对，狮子19对。桥两端增雕大石狮子四只，工程于同年十月一日竣工。重修后的万年桥，长86米，宽9.4米，高9米，巍然横跨于南阳河上。

四、平阴永济桥

永济桥位于平阴县东阿镇中部，横跨于狼溪河上，为东阿古城唯一的东西向通道。据《东阿县志》载：“永济桥，原名狼溪桥，在城中跨狼溪上。明弘治十三年（1500年），知县董锦改建，以木为空，高四丈，更名永济。隆庆二年（1568年），知县田乐重修，稍减其高。万历四十年（1612年）又坏，知县李时馥乃迭石为一空，平坦如地。国朝道光三年（1823年），邑人闫廷槐、孟尚泰、刘平鳌、于万英等募修”。

永济桥（图9-4-8）为单孔拱券形石桥，宽5米，长40米（包括两边的引桥），高3.5米。桥洞由青石拱券砌成，孔径水上最大跨度为8米，两侧桥洞上端各砌一浮雕龙头（图9-4-9），桥面铺石桥板，中部高，两端低，成弧形。桥两侧由方体望柱和栏板构成桥栏（图9-4-10），栏板30块，上刻花卉图案。在桥栏两端引桥部砌石墙，与桥栏相连接。

五、阳谷博济桥

博济桥位于阳谷旧城东门外，是过去北通东昌、南达寿张，东去张秋的必经之路，为交通要道。1999年，阳谷县在桥周围开辟广场时，将桥保留下来，并对其妥善保护和维修，成了人们游览观光、谈古论今、乘凉娱乐的场所。

石桥建筑由桥基和桥身两部分组成。上有两排浮雕石栏杆。下有石砌拱券式桥洞3个。桥身东西长8.3米，南北宽5.12米。该桥栏杆有望柱12根，顶端雕有形态各异的狮子，望柱间镶嵌石栏板，共10块，现存9块，栏板上嵌石条扶手，下亦对应镶一石条，共20根，上均镌有浮雕图案，甚为可观。石栏板上的浮雕，全为神话故事，经辨认，为八仙过海图、寿星下棋图、天马行空图、柴王推车过桥图、牛车出行图、鹿鹤图、蝙蝠寿字图和铁杵磨针图。望柱亦雕有竹梅鸟兽以及山水人物。石桥的雕刻，刀法苍劲有力，古拙素朴。浮雕画面主题突出，情节生动，人物造型惟妙惟肖，形态逼真，对研究

图9-4-8 平阴永济桥桥身

图 9-4-9　永济桥桥北侧龙头

图 9-4-10　永济桥桥栏

明代雕刻艺术具有一定价值。石桥在结构上也别具特点，桥础多用石圆碌碡组成，3 块弧形石砌成券顶，桥面各部件之间，卯榫相接，严密无间，结构严谨，浑然一体。整体石砌做工细致，手法精巧，造型美观，古朴大方。南桥洞顶端雕龙首 3 个，北雕龙尾 3 个，蜿蜒透迤，上下曲回，形态活灵活现。桥的四角各雕一镇水兽，伏爪静卧，气势威严。由于桥身跨度小，帮桥面平铺，不用拱形，以便于通行。

博济桥始建于明代。旧县志“桥梁志”记载：“博济桥在东门其关厢之半，乃寿张抵东昌南北通衢，岁久洼下。每雨后注水，或致没顶，致令东去张秋之路不通，其关之居民隔若两泮然。明万历二十五年（1597 年），知县傅通重命义民董宪章架石桥三空，旁设栏杆以翼之，勒其碣曰博济，改故道于东偏之高阜焉。”据此，可知桥已有四百余年历史。虽然长年风雨剥蚀，但桥体并无陷落与断裂现象，仍坚固如故。

博济桥俗称“石牛拉石车桥”。因桥上雕有牛车出行的图画而得名。据《阳谷县志》记载：“邑有县丞笪公居官清廉，莅任之时，惟一牝牛架车而来吧及解任日，牝生一犊，公谕令仆人留犊于邑，仍驾一牝牛去。后人思其德，因刻其象于博济桥上，至今犹存。”笪公系指明代万历年间阳谷县承笪一顺。后人将此石称为“石牛流芳”，誉为阳谷县城一景，并题诗赞曰“已架车牛子母分，犊鸣悲切不堪闻，石桥遗迹今犹在，耆老指谈如见君。”寄托了人民对清官的赞颂和思念，更提高了博济桥的文化内涵。

六、博兴凤阳桥

凤阳桥位于博兴县城东南 30 公里，曹王镇王海村正中东西大街上。桥顺街为东西向，横跨自南向北流过的卧龙河上。

凤阳桥身长 6.5 米，宽 4.4 米，通高 3.7 米。桥为三孔拱形，全石结构，从分水石至孔顶 1.2 米，分水石以下尚露桥墩 40 厘米，孔宽 1.5 米，起拱 40 厘米。孔楣浮雕卷草纹图案，图案舒展豪放，线条流畅。中间一孔孔楣顶部正中刻一水兽头，其形牙獠目眦，威不可近。桥面用大青石铺成，桥面两边设有石栏板，每边 5 块，中间各间隔 6 根栏柱。栏板高 60 厘米，宽 80 厘米，厚 12 厘米，均浮雕石刻画。北面栏板中间一块刻“凤丹桥”3 字，在旁边 1 根栏柱上阴刻楷书“明嘉靖岁在癸亥建志”题记。“明嘉靖癸亥”系明嘉靖四十二年，即 1563 年。桥之始建当于此时。北边其他 4 块栏板刻“八仙过海”故事画，每块栏板上刻两个人物，八个人物神态各异，造型生动，显示出明代雕刻的豪放、大气风格。南边中间栏板刻“龙吸珠”图案，上部边沿刻阳文楷书“青龙街”3 字。旁边一根栏柱上阴刻楷书“清道光岁在戊申重修”题记。“清道光岁在戊申”系清道光二十八年，即 1848 年。余 4 栏板分别刻四季花牡丹、荷花、菊花、梅花图案。雕刻风格与明

代迥异，所镌作品繁复细腻，注重写实，不失为清代晚期石刻画之佳作。栏板间栏柱高 90 厘米，宽 22 厘米，厚 20 厘米。柱头原雕有兽头、方灯之类，现尚存有几个方灯，其他雕刻残缺。

凤阳桥全为方石、条石、石板建造而成，结构严谨、造型玲珑秀美。1563 年建造至今，仅 1848 年对桥面部分栏板和南边栏板进行过修整，虽历经四百多年风雨沧桑，却安然无恙。

七、周村汇龙桥

汇龙桥位于周村区政府后约二百米处。东通原周村长庚门，西联原周村永安镇通济门（两门今已废），横跨于淦河（亦称逐河）之上，桥曰“汇龙”，源于桥之南布有扬州、普渡、镇西、卧龙、舒龙、盘龙、对龙等桥汇而得名。此桥始建于明万历，重修于清道光十年（1830 年）。桥体为沙石、石灰石砌成。桥为平面七孔拱式，东西长 35.7 米，宽 6.3 米。中孔最大跨径为 4 米，高为 3.5 米。两侧桥孔次递缩小。桥南侧面正中阳刻桥名“汇龙桥”3 字，字径约 0.5 米，北侧桥名为阴刻。桥面两边刻有石望柱 21 根，内各镶栏板 20 方，每方内侧阳刻松鹿、梅兰、修竹、花卉、人物宝书、兽形等各种画面共 80 幅。望柱顶端原有狮子、神象等形态各异的石刻造型，连同桥两头两座石刻水兽共 44 只。后虽遭毁，栏板画面亦有损坏，但原貌可辨。整个桥体尚好，现仍照常使用。

八、戴村坝

戴村坝（图 9-4-11）位于东平县东部大汶河与大清河交接处，是我国著名的明代水利工程之一。

图 9-4-11　戴村坝主坝

戴村坝始建于明永乐九年（1411 年），当时主要的作用是引汶济运。明成祖继位后，为解决迁都北京需要大批江南物资北运问题，决定治理大运河。元代曾在罡城（今宁阳县境内）筑坝，迫汶水南流至济宁再分水南北，以济运道，但济宁向北至南旺一段，水爬坡上行，终因水势不足，时常干涸。受朝廷派遣治理运河的工部尚书宋礼等采纳了汶上民间治水专家白英提出的“引汶绝济”的建议，破元代罡城坝，使汶水西行，至汶水下游的戴村附近拦河筑坝，遏汶水入小汶河南流，“使趋南旺，以济运道”。无数能工巧匠克服重重难关，终于在水流湍急的河面上修成了一条长 2.5 公里的全桩型土坝，取名戴村坝。大坝修成之后，拦汶水顺小汶河南下，流至南旺运河最高处分水南北，则妥善解决了丘陵地段运河断流的现象，使船只畅通无阻。明成祖迁都北京后，每年经运河从南方漕运米粮等物资数百万石，接济京师。

戴村坝自建成后，经过多次增修，形成了总长度达 1655.5 米，由主石坝、窦公堤、三合土坝组成的三位一体的水利调节工程。由于土坝经不住大水冲刷，明万历元年（1573 年）把主洪道一段土坝加固成规模较小的石坝。万历二十二年（1594 年）尚书舒应龙奉命扩大主洪道长度，增至 433.5 米，并全部用大型石灰石砌垒。巨大的石料之间采取束腰扣隼结合法，一个个铁扣把大坝锁成一体，十分坚固。清道光二年（1822 年）中丞琦善奉命于主体坝北增筑三合土坝，长 262 米，比主石坝高两米。石坝漫水水位超过两米，三合土坝即行漫水，成为汶水泛滥时的溢洪道，起到缓洪保坝的作用。石坝与三合土坝之间有一段长约 960 米的堤防，呈东北西南向，名叫太皇堤，汶水东来，太皇堤下面相迎，使水势缓速而南折再靠近石坝，既能保护主坝，又能助三合坝泄洪。清光绪三十年（1904 年），堤的迎水面改为石砌，增加了对洪水的抵抗力。

主石坝建筑（图 9-4-12）形状略为弧形，弓背向着迎水面，增加了坝的预应力。另据记载，主坝虽为一体，但分三段，高度、名称都不同：北边一段叫玲珑坝，中间一段叫乱石坝，南边一段叫滚水坝。滚水坝在3坝中最低，作用是在小汶河水位接近安全界限时它首先开始向西漫水，北边的玲珑坝比滚水坝高10厘米，中间的乱石坝比玲珑坝高出20厘米。随着汶水水位的变化，3坝先后漫水和停止漫水，调节汶水水量，既起到向小汶河持续平稳供水的作用，又防止小汶河决口。大坝迎水面坝体砌垒厚度增大，增强坝基牢固性，坝的跌水面有一横槛，名曰缓冲槛，水经缓冲槛减速，起到保护大坝的作用。

戴村坝三位一体、相互配套的水利工程的建设，是我国水利史上的一大壮举，在无任何精密仪器的时代是非常惊人的，充分表明了我国劳动人民对治水有着巨大的力量和无穷的智能。大坝虽经数百年，仍铁扣贤锁，岿然不动，在大清河的防洪中发挥着巨大作用，被称为“中国第二个都江堰”。

九、兖州金口坝

金口坝位于兖州城东泗河上。金口坝原名“石门”、“泗津桥堰”，是一处集防洪、灌溉、交通三种功用为一体的水利工程设施。

金口坝为东西走向，拦住从北而来的泗河水，使之经黑风口向西流。坝全长130米，上部宽10米，上有5个泄洪闸门，一到汛期，闸门喷珠溅玉，蔚为壮观。坝上可供人车通行，是古代驿道上重要的交通咽喉。坝全身以巨石砌成，石间以铁扣相联，因名金扣坝，后通称金口坝（图9–4–13）。

一般志书皆认为坝为隋代兖州刺史薛胄所建。《隋书·薛胄传》：“兖州城东沂泗，水合而南流，泛滥大泽中。胄遂积石堰之，陂泽尽为良田，又通转运，利尽淮海，百姓赖之，号位薛公丰兖渠。”近年从附近出土的石人，铭文有“大魏延昌三年（公元514年）”，“兖州刺史元匡……起石门于泗津之下……此石人令守桥堰，人蛟不得毁坏……”等语，说明北魏时已有此坝。而《水经注》上有“瑕丘石门”的记载，

说“古结石为门，跨于水上也”。瑕丘即古兖州，说明北魏石门也是在古代的基础上重建的。联系到该处大量的汉代残石，则坝的始建可追溯到汉代。除上述记载外，五代时候后周慕容彦超据兖州叛乱，以此坝堰水入城做为兵防；元至元二十年（1283年）为通漕运而修会通河，将坝建成滚水石坝以引泗济运；延祐四年（1317年）装置闸口，视季节水势启闭；明成化七年（1471年），都水主事张克谦督修此坝，历时九个月，坝身固之以铁扣，嵌缝拌之以糯米。成为鲁地著名的金口玉坝，明嘉靖三十七年（1558年）、清乾隆三年（1738年）、三十六年（1771年）等都曾有过较大规模的重修，使这座古坝至今巍然存在，发挥着作用。

金口坝附近有著名的尧祠遗址，尧祠为汉代建筑，典籍中多有记载。唐代著名诗人李白曾居兖州多年，金口坝北不远现有青莲阁，是后人建之以纪念李白的。李白诗中有多首写过尧祠和石门。他和伟大诗人杜甫在石门分别写有《鲁郡东石门送杜甫》诗。石门即金口坝。这一切，都使金口坝充满了浓厚的人文历史色彩。近年，兖州有关部门又重新维修加固了金口坝，使这一历尽沧桑的著名古迹，焕发了青春。

图9–4–12　戴村坝之三合土坝

图9–4–13　金口坝全景

山东古建筑

第十章 建筑雕刻艺术

雕刻艺术在古代建筑装饰中占据重要的地位，雕刻几乎分布在建筑的任何部位。雕刻艺术巧妙的构思、精湛的雕工、生动的形象和传神的意趣，赋予建筑以鲜活的灵蕴和令人遐思的妙处，使得建筑多姿多彩。建筑雕刻的材质主要有石材、砖和木材等。建筑雕刻的手法有线刻、浮雕、透雕、圆雕等。建筑雕刻的主题有祈福纳吉、驱邪禳灾、伦理教化等。建筑雕刻的内容有神话传说、民间故事、戏曲人物、动物植物、博古器物、文字图案等。雕刻艺术丰富的表现形式反映了建筑深厚的社会文化底蕴和多彩的民俗意象。

山东传统建筑的雕刻艺术深受齐鲁文化的浸染和熏陶，呈现出朴实大方、浑厚精美的面貌。建筑雕饰充分利用当地材料和工艺，因地制宜，因材施雕。山东古代建筑雕饰不同于我国南方地区如江浙、闽粤、徽州等地雕饰的繁缛与细密，也不同于北方京畿地区雕饰的雍容华贵，山东雕刻艺术重点突出，详略得当，节制合理，尊卑有序，疏密有致，端庄大方，浑厚精美。

中国古建筑雕刻分为石雕、砖雕和木雕，合称建筑“三雕”。“三雕”共处于一栋建筑、一个院落和一片建筑组群中，巧妙融合，相得益彰，是体现建筑独特风格的重要因素。“三雕”因材质、地域、使用部位、雕刻手法和题材内容的不同，呈现出迥异的风格和特色。

图 10-1-1　山东嘉祥武氏祠画像石拓片（上为《荆轲刺秦王》，下为《伏羲女娲》）（图片来源：《嘉祥汉画像石选》）

第一节　石雕

石雕是以自然界开采的大理石、花岗石、青石、砂石等为材料，用专门工具雕刻物象的一种工艺，是人类最古老的艺术形式之一。石雕有建筑石雕、实用与陈设石雕、观赏类石雕等。建筑石雕是以建筑为石雕载体的雕刻艺术，表现形式多样，既用于石塔、石桥、石坊、石亭、石墓、石阙、石经幢、石窟等石造建筑物和石像生、石碑、石狮等建筑附属物，也广泛用于台基、柱础、门楣、梁枋、栏杆等建筑石质构件和石香炉、石五供、石几、石凳、石灯等建筑陈设。建筑石雕是我国传统建筑装饰艺术的重要组成部分。

一、建筑石雕的历史

石雕艺术历史悠久，最早可追溯到史前人类的打制石器。汉代用于装饰地下墓室、享堂、墓阙等的画像石雕刻已然达到了很高的艺术水准，山东汉画像石艺术在全国具有很高的地位，其雕刻技法纯熟精湛，题材内容广博丰富，既有神话传说、历史故事，也有现实生活，反映了汉代社会的政治、经济、文化、军事、伦理、道德等多方面状况，是石刻百科全书，也是雕刻艺术史中的奇葩。山东沂水鲍宅山凤凰刻石、山东金乡朱鲔祠堂、汶上县路公祠堂画像石、济南长清孝堂山汉墓石刻、嘉祥宋山祠堂、嘉祥武氏祠石刻（图 10-1-1）、滕州汉画像石等都是蜚声海内外的汉画像石。其中嘉祥武氏祠画像石主要采用减地平面线刻的雕刻技法，物象外面留有整齐细密的竖行凿纹，这种压地隆起的技法，既保持了壁面的平齐，又使画像跃然而出，凝重醒目，细腻生动。整个祠堂画像布局严谨，构图均衡饱满，层次井然，气势宏大。不愧是汉代画像石艺术鼎盛时期最有代表性的冠冕作品。

魏晋南北朝时期，随着佛教的广泛传播，凿窟建寺大兴，石窟、佛像、佛塔、经幢等佛教石雕大量出现，造型精美生动，体现出高超的石雕技艺，石雕艺术有了新的发展方向。山东留存多处该时期的佛教石刻造像。如泰安东平司里山北齐佛造像、济南历山黄石崖北魏至东魏时期的佛造像、济南龙洞山东魏时期的佛造像、济南历城神通寺四门塔塔心室内东魏武定二年的圆雕佛像（图 10-1-2）和青州陀山北周佛造像等均体现了北朝时期的石雕风格。山东青州著名佛教寺院龙兴寺遗址出土的石雕造像群（图 10-1-3），绝大部分制作于南北朝时期，种量庞大、雕凿精美、贴金彩绘，华丽庄重而仪态万千。每一尊佛像都面含微笑，令人如沐春风，感悟到佛祖慈悲向善的内心喜悦之情。这种颇具人性化的造像风格，兼具优美的外形与人物内心的自然表现，反映了当时佛像造型艺术开始走向中国化与生活化的特点，是山东乃至全国南北朝时期的石雕杰作。

隋唐时期的石雕规模大、数量多、工艺成熟、形式多样，宗教佛像和陵墓石雕依然保持着旺盛的生命力，大型石雕刚健雄伟，气势宏大，丝绸之路带来的外来文化影响和社会生活内容在该时期的石雕艺术作品中得到一定反映。山东留存有多处隋唐时期的佛教石刻造像和石塔、经幢等佛教建筑石雕。例如，济南千佛山佛造像、济南玉函山西佛峪隋代佛造像、济南历城神通寺千佛崖唐代佛造像（图 10-1-4）、陀山石窟佛造像、泰安东平白佛山佛造像（图 10-1-5）、东平司里山唐代造像、东平理明窝唐代造像以及济南历城神通寺四门塔、济南历城神通寺龙虎塔、历城神通寺皇姑庵塔、长清灵岩寺慧崇塔以及长清灵岩寺般若殿遗址处的唐代经幢等，其中不乏石雕艺术的精品杰作。

宋代石雕继承了隋唐遗韵，大型石雕成就很高，相较唐代，造型趋于端庄温顺，创作手法更趋生活化、世俗化，豪宅前安放石狮已经非常普遍。元朝时喇嘛教寺庙、佛塔、佛雕盛行，石雕受游牧民族文化影响，造型较粗犷、饱满、厚重。山东宋元时期的佛教石刻造像遗存有泰安东平司里山宋代佛造像等，建筑石雕艺术以现存的石塔、经幢为代表，如济南长清灵岩寺辟支塔的石砌塔基、济南历城神通寺定光禅师塔和寂照塔、历城神通寺敬公寿石塔以及济南长清灵岩寺内的北宋经幢等，从中可以窥见宋元时期石雕艺术的风采。

宋元以后，宗教石雕和陵墓石雕日趋衰弱，石雕艺术继续向世俗化、多样化发展。明清时期，大型石雕佛像几乎绝迹，寺庙佛像逐渐发达，且趋于程式化。民间建筑石雕和工艺品石雕逐渐成为石雕艺术的主流，石雕继承唐宋遗韵，技法纯熟，造型比例适宜，趋向细腻精致，气势减弱。石雕开始广泛用于祠庙、会馆与民居建筑中。山东明清时期的建筑石雕精品以石坊为最，例如青州衡王府石坊戚家牌坊、孔庙金声玉振坊、泰山岱庙坊、嘉祥惠济公庙泰山行宫坊、单县百兽坊和百狮坊、成武申氏节孝坊、安丘庵上石坊等都是我国石坊中的珍品，

图 10-1-2　济南历城神通寺四门塔塔心室内东魏西方无量寿佛石刻雕像（图片来源：网络）

图 10-1-3　山东青州南北朝时期贴金彩绘石雕佛像（图片来源：网络）

图 10-1-4　济南历城神通寺千佛崖唐代佛造像（图片来源：网络）

图 10-1-5　泰安东平白佛山隋代佛造像（图片来源：网络）

其雕技精湛，巧夺天工。明清时期石塔仍在建设，例如长清灵岩寺和历城神通寺墓塔林中的多幢石塔，还有明代重修的济南平阴多佛塔等。这时期的山东传统木构建筑中亦存在众多石雕杰作，例如孔庙、孟庙、颜庙等先贤祠庙和聊城山陕会馆中留存大量石刻精品。

二、建筑石雕的技法

石雕的雕刻手法有平雕、浮雕（分浅浮雕和高浮雕）、透雕、圆雕等。建筑石雕所用石材首先是满足使用要求，要充分考虑它在建筑中的使用位置和功能，在此基础上因材施雕。常见的石雕材质有汉白玉、青白石、花岗石等。常用的石雕工具有錾子、扁子、锤子、剁斧、剁子、刀子、哈子、墨斗、直尺、拐尺、线坠、画签等。雕刻手法不同，加工程序也有所不同。

平雕，先用“谱子”画出纹样后，用簪子和锤子沿图像线凿出浅沟，这道工序叫“穿”。若是阴文雕刻，要用錾子顺“穿”出的纹样进一步把图像雕刻清晰、美观。若是阳雕，要把“穿”出的线条以外的部分（即“地儿”）落下去，并用扁子把“地儿”扁光,最后把“活儿”（即图像）的边缘修整好。

浮雕，也是先“起谱子”，即将图像画在较厚的纸上。然后“扎谱子”，即用针顺着图像线条在纸上扎出许多针眼。最后是“拍谱子”，就是将纸贴在石面上，用棉花团等沾红土粉在针眼位置不断拍打，这样，漏下去的粉粒形成的图像轮廓和线条就留在石材表面了。然后用錾子沿线条“穿”一遍，就可以进行第二步工序“打糙”，即根据“穿”出的图像要把雕刻的雏形雕凿出来。在“打糙”基础上，继续局部和细部的勾刻和雕凿,最后一步是“修活”，即修整整个图像，用扁子把雕刻形象边缘扁光修平。

图 10–1–6　济南历城神通寺四门塔塔刹（图片来源：网络）

图 10–1–7　济南历城神通寺龙虎塔塔身石雕（图片来源：网络）

图 10–1–8　济南历城神通寺皇姑庵塔塔身石雕（图片来源：网络）

透雕，与平雕相似，只是雕刻更深，即“活儿”的凹凸起伏大,“地儿”落得更深,有的部位要掏空、挖透。由于透雕层次多，每道工序都要分层进行，反复操作，因此细部雕刻要非常深入细致。

圆雕，大体有几个步骤：先出坯子，即根据圆雕的体量将多余部分凿去；再“凿荒”，就是根据雕像各部位的比例和轮廓，将轮廓线以外的多余部分凿去;然后是“打糙”，沿轮廓线把外形凿打出来，将需要挖空的地方勾刻并掏挖出来；下一步是“打细”，在打糙基础上勾刻细部，进一步将雕刻形象处理清晰、细致；最后是“修光”，用磨头、扁子等将需要修整的地方磨光修净。

三、建筑石雕的部位与题材

石塔、石桥、石坊、石亭、石墓、石经幢、石阙、石像生、石碑等都是建筑石雕艺术的重要载体，山东各地留存大量石雕精品，时间跨度从西汉到清末，历时久远。石雕的形象布局、雕刻技法、内容题材和材质类型丰富多样，精巧绝伦，体现了齐鲁地域文化的博大精深。

石塔，山东地区有多处古代石塔遗存，其雕刻多为国内石塔中的杰作。例如，济南历城神通寺四门塔，是我国现存年代最早的石塔，造型洗练，质朴无华（图 10–1–6）。济南历城神通寺唐代龙虎塔，塔基的伎乐人物、飞天、力士以及塔身的龙、虎、四大天王等雕刻（图 10–1–7）,布局合理,主次分明，生动流畅。济南历城神通寺皇姑庵塔（又称小龙虎塔、小唐塔），造型玲珑华丽，塔门两侧刻天王守护，上方拱券中央各刻龙、虎浮雕，塔基四隅刻龙柱，皆为高浮雕，刚劲有力（图 10–1–8）。济南长清灵岩寺般舟殿遗址处一座唐开元二十三年（公元 735 年）建造的密檐式龙虎纹饰石塔（图 10–1–9），整个塔身雕刻图案布局严谨，刻工精道。火焰式拱门两侧各立一力士，门拱上方正中是一虎首，瞠目獠牙，双爪欲扑，其上双龙交结盘旋；两上角还有翱翔双鹤，虎首两侧是手托宝珠的飞天。济南长清灵岩寺慧崇塔为单层重檐亭阁式石塔，塔身东、西两侧的假门均雕一妇人半身露于门外，东为进入状，西为外出状，形象极为生动逼真。妇人的一进一出象征人的生死，寓意颇深（图 10–1–10）。门券脸雕有狮头、伎乐、飞天、武士等浮雕图像，雕刻手法刚劲有力。

济南长清灵岩寺辟支塔的石砌塔基八个角各刻一托扛金刚，壁面上以连环画形式刻画了古印度阿育土从暴君到学佛后的心路历程，浮雕图像有佛、菩萨、龙、凤、武士、花卉图案以及功德题记等，构图灵活，线条流畅，形象生动（图 10–1–11）。济南历城神通寺定光禅师塔和寂照塔，皆鼓形石塔，雕刻精美，为国内鼓式墓塔中年代最久、最具代表性的精品。历城神通寺敬公寿石塔，三层檐下皆雕斗栱，基座圭脚雕云纹，下枭雕覆莲，束腰和上枋皆雕花卉（图 10–1–12）。长清崮山镇衔草寺元代浩公禅师寿塔，仰莲基座，塔体覆钟形，上雕四方形和六边形连续几何图案，塔顶部分缺失，造型厚重，雕饰粗犷简练（图 10–1–13）。

济南平阴多佛塔（图 10–1–14）塔形雄伟，简洁古朴，四面佛龛内嵌佛像正襟危坐，雕工精良。历城神通寺成公无为大师塔（图 10–1–15），是建于明嘉靖年间的阙形塔，形制与敬公寿石塔十分相似，塔身尺度稍短，基座雕饰纹样不同。

石桥。山东现存古代石桥多为明清时期建造，桥上许多石刻精品现状残损严重，仅能依稀辨出当年的风采。例如，泗水卞桥桥券顶部中央的石刻龙首，张口眦目，神态威猛（图 10–1–16）。石坊。山东地区现存石坊皆为明清时期建造，其中数座都是国内精品，坊上石雕美轮美奂。例如，青州衡王府石坊是花岗石石坊，以浮雕为主，圆雕为辅，雕刻人物、鱼龙、鸟兽、花木等（图 10–1–17）。南

图 10–1–9　济南长清灵岩寺般舟殿遗址处唐塔雕刻（图片来源：网络）

图 10–1–10　济南长清灵岩寺慧崇塔东侧假门雕刻（图片来源：网络）

图 10–1–11　济南长清灵岩寺辟支塔塔基壁刻（图片来源：网络）

图 10–1–12　济南历城神通寺敬公寿塔石雕（图片来源：网络）

图 10–1–13　济南长清崮山镇衔草寺元代浩公禅师寿塔（图片来源：网络）

图 10–1–14　济南平阴多佛塔（图片来源：网络）

图 10–1–15　济南历城神通寺成公无为大师塔（图片来源：网络）

坊题额“乐善遗风、象贤永誉”与北坊题额“孝友宽仁、大雅不群”，均剔地阳文。字体与其他雕刻图案相得益彰，精美大方。

戚家牌坊采用透雕、浮雕和圆雕多种技法，阴刻文字，刻镂精细，雄伟气势中蕴含着精巧灵动（图10–1–18）。

嘉祥惠济公庙泰山行宫坊（图10–1–19）坊柱前后4个石狮造型生动；浮龙、麒麟等图像。仿木斗栱、鸱吻、瓦垄等惟妙惟肖。中门门额上“明鲁王进见焦王”的浮雕，主、宾、仆各具情态，栩栩如生。

岱庙坊（图10–1–20）是泰山现存最大的一座石坊，坊柱前后8个圆雕石狮，姿态各异；坊体几乎满布雕刻，有“丹凤朝阳”、“二龙戏珠”、“群鹤闹莲”、“天马行空”等20余组形象逼真的祥禽瑞兽和各式花卉纹样，刀法雄健有力，风格浑厚大方。岱庙坊的造型与风格与泰山及岱庙的宏大背景十分相称。

单县百寿坊（图10–1–21）和单县百狮坊（图10–1–22），皆青石结构，通体雕刻，主次分明，疏密有致；雕刻题材丰富、寓意深邃；结构精巧，壮观恢宏。二坊设计匠心独具，精妙绝伦，石雕工艺巧夺天工。

成武申氏节孝坊（图10–1–23）造型古朴典雅，雕工考究，书法俊美。

安丘庵上石坊（图10–1–24）采用浅浮雕、高浮雕、透雕、圆雕等多种石雕技法，雕刻内容丰富多彩，既有神话传说中的仙人异兽，又有体现社会风土人情的画面，在不同部位刻有车马人物、飞禽走兽、花鸟虫鱼、风云水月等10余种景物。雕刻布局巧妙，主次分明，形象生动，饶有意趣，雕刻技法纯熟精湛。

孔庙的金声玉振坊（图10–1–25），阴刻“金声玉振”四字，书体刚健雄浑。瓦陇与屋脊由整石刻成，柱头石兽造型古拙。

孔林的万古长春坊（图10–1–26），明间匾额两面皆正书刻“万古长春”四字。柱、枋高浮雕，花板浅浮雕。明间双柱各雕盘龙一，龙体卷曲，云纹缭绕，形态生动。明间额枋南雕二龙戏珠，北雕双狮滚绣球，次间雕双凤，梢间雕行龙，均采用剔

图10–1–16　济宁泗水卞桥龙首石雕（图片来源：网络）

图10–1–17　潍坊青州衡王府石坊雕刻（图片来源：网络）

图10–1–18　蓬莱戚家牌坊石雕

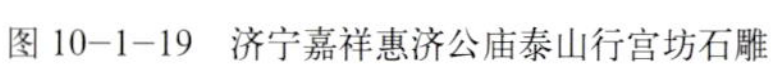

图10–1–19　济宁嘉祥惠济公庙泰山行宫坊石雕

图10–1–20　泰安岱庙坊石雕（图片来源：网络）

图 10-1-21　菏泽单县百寿坊石雕（图片来源：网络）

图 10-1-22　菏泽单县百狮坊石雕（图片来源：网络）

图 10-1-23　菏泽成武申氏节孝坊（图片来源：网络）

图 10-1-24　潍坊安丘庵上石坊石雕（图片来源：网络）

图 10-1-25　曲阜孔庙金声玉振坊石雕

地起突。枋柱立于须弥座上，前后以石鼓夹抱，抱鼓石上各立一石狮。雕刻风格粗犷雄健，详略得宜。

石墓，山东古代石墓已发掘多处，墓中画像石是石刻艺术的重要载体，本书第八章第二节对陵墓建筑中的画像石有专门论述。

石像生，是陵寝建筑组群的一部分，有石兽、石人，一般置于帝王、人臣陵墓前，有驱邪、镇墓的作用，更有显示墓主身份等级地位之用。例如，嘉祥武氏祠的现存石像生为一对雌雄石狮，造型拙朴，雕刻手法洗练浑厚（图 10-1-27）。孔林孔子墓甬道石像生（图 10-1-28）显示了孔子家族的显赫地位。有望柱 1 对，简洁质朴；文豹 1 对、用端

图 10-1-26　曲阜孔林万古长春坊石雕

图 10-1-27　济宁嘉祥武氏祠石像生

图 10-1-28　曲阜孔林孔子墓甬道石像生

1 对、情态生动；翁仲 1 对，细腻端庄。

石经幢，山东留存唐代、宋代经幢数座。例如，长清灵岩寺般舟殿遗址处的 2 座唐代石质八棱经幢，一座建于唐天宝十二年（公元 754 年），另一座建于唐大中十四年（公元 873 年），造型优美，比例适度。唐天宝十二年经幢（图 10-1-29），华盖上方各面开小佛龛，龛内各有坐佛一尊，刻画细致，眉目传神。基座下层四方体，各面雕虎首；上层鼓形，雕人面，喜乐苦悲，各自表情不同。唐大中十四年经幢（图 10-1-30），上部华盖为虎首衔绶带，华盖上部幢体各面浮雕佛像坐于莲台之上，幢顶已失。基座为双层须弥座，上层束腰为圆鼓状，开出几个壶门，里面浮雕妙音鸟、乐伎以及雌雄双龙；下层束腰八面体，各面分雕托塔力士与人像，稚拙可爱；下枭覆莲瓣，四角有角兽。长清灵岩寺般舟殿遗址处一座北宋雍熙二年经幢（图 10-1-31），灵岩寺大雄宝殿前一座北宋皇祐三年经幢（图 10-1-32），皆造型纤秀，雕工精良。

棂星门，也是石刻艺术的常见载体，山东孔庙、孟庙、颜庙和各地府学文庙中的棂星门石雕都非常精美。例如，孔庙棂星门（图 10-1-33）圆柱柱头刻云罐，其上分别圆雕四天王。额枋明间阳刻“棂星门”三字，书体娟秀，二龙戏珠、云鹤、卷草图案等均为浅浮雕，大方得体。

曲阜颜庙棂星门（图 10-1-34）三间四柱，中间两柱头雕石兽，两侧柱头刻云罐，中央刻火焰宝珠，雕饰十分简洁朴素，符合颜子一生“一箪食、一瓢饮”的简朴气节。

石狮，既有放置于大门前，做镇宅之用，也有置于院落内或石桥桥头、栏板望柱柱头以及牌坊

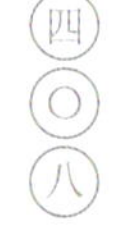

图 10-1-29　济南长清灵岩寺般舟殿遗址处唐天宝十二年经幢雕刻（图片来源：网络）

图 10-1-30　济南长清灵岩寺般舟殿遗址处唐大中十四年经幢雕刻（图片来源：网络）

图 10-1-31　济南长清灵岩寺般舟殿遗址处北宋雍熙二年经幢（图片来源：网络）

图 10-1-32　济南长清灵岩寺大雄宝殿前北宋皇祐三年经幢（图片来源：网络）

图 10-1-33　曲阜孔庙棂星门石雕

图 10-1-34　曲阜颜庙棂星门

图 10-1-35　聊城山陕会馆内石狮

夹柱石处。例如，聊城山陕会馆二进院内两尊高约3米有余米的雌雄石狮（图 10-1-35），比例准确，造型雄伟，刀法娴熟、刻工精良，生动地体现了狮子的威武凶猛。石狮托座四面雕刻佛八宝，下面须弥座上枋四面刻花瓶、鹿、香瓜、石榴，取其平平安安、福禄绵绵、甜甜美美、多子多孙之意；束腰正面雕刻圆形寿字；下枋四面刻牡丹、荷花、梅花和菊花，意为四季吉祥。曲阜孔府大门前街镇守街口的两尊石狮（图 10-1-36），造型粗犷雄健，古朴壮观。孔府大门前的雌雄两尊镇宅石狮，动感强，半直立姿势，神态夸张（图 10-1-37）。烟台福建会馆山门石狮尺度适宜于其所在位置，前爪下的石环处理很有特点（图 10-1-38）。聊城山陕会馆山门前石狮立于石柱上（图 10-1-39），与旁边旗杆石一起成为入口标示。桓台四世宫保坊夹柱石八尊石狮姿态各异，其白色石材质感与坊上部灰色砖肌理互相衬托，使得此坊越发雄浑庄严（图 10-1-40）。阳谷博济桥望柱柱头石狮（图 10-1-41）形态各异，玲珑稚趣。孔庙德侔天地坊夹柱石和道冠古今坊夹柱石均雕刻石兽，居中的是天禄，两端是石狮，造型怪异，风格简洁，须弥座所刻莲瓣、卷草线条粗放（图 10-1-42）。

石碑，山东地区的古代石碑留存众多，其中一个重要原因是齐鲁大地拥有众多先贤名士，因而各

朝代帝王所赐御碑精品，实例不胜枚举。例如，曲阜颜庙内大元加封兖国复圣公制词碑碑首云龙几近圆雕，龙首上昂，形态生动，碑座赑屃神态威严，雕刻手法粗犷，雄健刚劲（图 10-1-43）。孔庙内明成化碑（图 10-1-44）是孔庙里最大的一座碑刻，立于明成化四年（1408 年），明宪宗朱见深御制碑文，极力赞颂孔子及其思想，是曲阜诸碑刻中对孔子推崇最高的一座。其方形碑首上方抹角，雕站姿云龙，中为火焰宝珠，碑座赑屃神态安然，碑文书法浑厚庄严，收放得体，是楷书临摹之范本。孔庙十三碑亭内鲁孔夫子庙碑（图 10-1-45）为唐玄宗开元七年制，碑首弧形，仅篆刻“鲁孔夫子庙碑”六字，其碑文隶书体镌刻，系书法艺术之瑰宝。孔庙十三碑亭内还有镌刻八思巴文的元代石碑（图 10-1-46），八思巴文字已废弃不用，因而其碑刻十分珍贵。孔庙杏坛内乾隆皇帝御题碑（图 10-1-47）镌刻杏

图 10-1-36　曲阜孔府前街石狮

图 10-1-37　曲阜孔府大门前石狮

图 10-1-38　烟台福建会馆山门石狮

图 10-1-39　聊城山陕会馆山门前石狮与旗杆石

图 10-1-40　桓台四世宫保坊石狮

图 10-1-41　聊城阳谷博济桥柱头石狮

图 10-1-42　曲阜孔庙德侔天地坊夹柱石雕刻

图 10-1-43　曲阜颜庙大元加封兖国复圣公制词碑

图 10-1-44　曲阜孔庙内明成化碑

图 10-1-45　曲阜孔庙十三碑亭内鲁孔夫子庙碑隶书体镌刻（图片来源：网络）

图 10-1-46　曲阜孔庙十三碑亭内镌刻元代八思巴文的石碑（图片来源：网络）

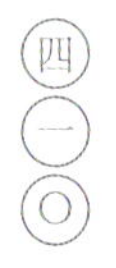

坛赞，碑身楷体文字以浅刻龙纹宝珠作框，与碑首云龙呼应。聊城山陕会馆碑亭内存放的几个石碑碑座形式各异，很有特色（图 10-1-48）。

石刻艺术表现的重要载体除石塔、石桥、石坊、石亭、石墓、石像生、石经幢、棂星门、石狮、石碑等之外，中国传统木构建筑的台阶、台基、栏板、望柱、抱鼓石等建筑外部空间构件，石柱、槛墙、门枕石等建筑承重部分以及石陈设等也是石雕装饰的常见部位。

孔庙大成殿殿基须弥座设两层栏板，上层为火焰宝珠柱顶，下层为重层覆莲瓣柱顶，柱下有螭首外探，雕刻古拙，连同踏道云龙山水御道，精美壮观（图 10-1-49）。孔庙圣时门前的丹陛石刻（图 10-1-50）浮雕双龙戏珠，以山水云朵相衬，是明初不可多得的石刻佳品。聊城山陕会馆献殿台阶栏板正面使用浅浮雕，背面采用减地平鈒技法，刻画人物故事；垂带栏板雕刻文字，笔划连续不断，构思独特（图 10-1-51）。

曲阜孔庙大成殿檐柱均以整石刻成，前檐 10 根为高浮雕（图 10-1-52），刻二龙戏珠，一为升龙，一为降龙，上下对翔，盘绕升腾。龙周遍刻云朵，柱下端刻山石波涛，雕刻极深，几成圆雕，二龙宛如腾海升空，穿云飞翔。10 根龙柱图案各具变化，两两相对，无一雷同，雕刻玲珑剔透，刀法刚劲有力，气势磅礴。大成殿两侧及后檐 18 根石柱为减地平鈒，刻小幅围龙，石柱八面，每面 9 条，每柱 72 条，并衬以云朵。这些檐柱石雕造型优美生动，龙姿栩栩如生。孔庙大成门龙柱亦为高浮雕盘龙（图 10-1-53），与大成殿龙柱雕刻技法相似，都是我国罕见的石刻艺术品。曲阜颜庙复圣殿明次间檐柱 4 根深浮雕降龙，衬以云珠，底端缀以山石（图 10-1-54），其他檐柱减地平鈒雕龙凤、花卉（图 10-1-55），刀法精湛。烟台福建会馆山门明间檐柱采用高浮雕、透雕技法，盘龙几近奔腾而出（图 10-1-56）。聊城山陕会馆献殿檐柱，柱身采用减地平鈒雕刻技法，刻画升龙、飞凤、蝙蝠、花卉等图案（图 10-1-57），线条精致，气韵流畅。柱础采用平雕、线雕、浅浮雕、高浮雕等多种技法，雕成大象、狮子等形象（图 10-1-58），趣味横生。

木柱的石柱础雕刻题材和内容也非常丰富。例如，聊城山陕会馆内石柱础（图 10-1-59）形式多样，雕工精美；山门楹柱下方有麒麟和狮子柱础，石兽头在外，兽尾在门内，很有趣味；碑亭内檐柱柱础为南瓜形，上下有如意头纹饰；献殿北配殿老

图 10-1-47　曲阜孔庙杏坛内杏坛赞碑

图 10-1-48　聊城山陕会馆内石碑碑座

图 10-1-49　曲阜孔庙大成殿台基石刻

图 10-1-50　曲阜孔庙圣时门丹陛石刻

图 10-1-51　聊城山陕会馆献殿台基雕刻

图 10-1-52 曲阜孔庙大成殿龙柱

图 10-1-53 曲阜孔庙大成门龙柱

图 10-1-54 曲阜颜庙复圣殿前檐龙柱

图 10-1-55 曲阜颜庙复圣殿后檐柱

图 10-1-56 烟台福建会馆山门檐柱石雕

图 10-1-57 聊城山陕会馆前檐柱石雕

图 10-1-58 聊城山陕会馆前檐柱柱础石雕

檐柱柱础为几座上的六面体，正面雕四蝠捧寿，侧面雕花卉图案。献殿南配殿内金柱柱础分上下两层，下为须弥座，四角高浮雕小狮子和人像，上为几座承托仰钵，四面浮雕兽首衔环，线刻暗八仙图案；会馆内有一金柱柱础为花瓶形，四面浮雕兽首衔环，线刻花卉枝叶。烟台福建会馆山门檐柱的鼓形石柱础（图 10-1-60），雕以植物图案，符合会馆的整体基调。孔庙大成殿内金柱柱础线雕，祥云图案分为大中小 3 种层次，相互穿插，大方得体；大中门内檐柱柱础，覆莲瓣 2 个 1 组，大气厚重；同文门内檐柱柱础为鼓形，下方磉墩凸起承托鼓座（图 10-1-61）。曲阜阙里枋戗柱下的石狮憨态可掬，背负石钵以承柱脚（图 10-1-62）。

门枕石雕刻内容多是镇宅辟邪、祈福纳祥的美好寓意。例如，山东惠民魏氏庄园福寿堂正房门枕石雕刻内容是双狮戏如意（图 10-1-63），寓意事事如意。惠民魏氏庄园大门门枕石上刻辟邪以镇宅（图 10-1-64）。山东栖霞牟氏庄园大门枕石前面、侧面均施雕刻，有高浮雕狮子、人物，浅浮雕寿字、香花等，抱鼓石荷叶托座之上雕仙人骑麒麟图，与对称放置的另一侧仙人骑驴石雕图案相映成趣（图 10-1-65）。山东烟台李氏庄园门枕石雕荷花，抱鼓石莲座以上雕麒麟送子图（图 10-1-66）。曲阜孔府三堂建筑后门抱鼓石位于门洞外侧，式样平易大方（图 10-1-67）。

上马石、拴马石也是石雕的常见部位。曲阜孔府大门前的上马石雕以兽首、祥云和花卉，有趋吉镇邪之意（图 10-1-68）。济南上新街景园门楼附近的拴马石如意头样式，平易质朴（图 10-1-69）。烟台栖霞李氏庄园拴马石上雕倒悬的蝙蝠，口中衔环，下坠双鸡组成的鱼尾样图案，寓意福到运到，吉庆有余（图 10-1-70）。

图 10-1-60 烟台福建会馆山门柱础石雕

图 10-1-59 聊城山陕会馆木柱石柱础雕刻

图 10-1-61 曲阜孔庙大成殿、大中门、同文门石柱础

图 10-1-62 曲阜阙里枋戗柱下的石狮子（图片来源：网络）

图 10-1-63 滨州惠民魏氏庄园福寿堂正房门枕石雕

图 10-1-64 滨州惠民魏氏庄园门枕石雕刻

图 10-1-65 烟台栖霞牟氏庄园大门抱鼓石雕刻（图片来源：网络）

图 10-1-66 烟台栖霞李氏庄园大门前抱鼓石（图片来源：网络）

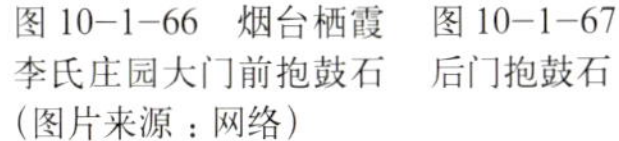

图 10-1-67 曲阜孔府三堂建筑后门抱鼓石

图 10-1-68 曲阜孔府大门前上马石

图 10-1-69 济南上新街景园门楼附近的拴马石

图 10-1-70 烟台栖霞李氏庄园拴马石（图片来源：网络）

石刻匾额和楹联是中国古代书法艺术与石雕艺术的结合。山东地区的石刻匾额多见于寺庙道观、庄园会馆和村落街巷的入口门额，石刻楹联多见于寺庙道观和会馆建筑。例如，曲阜孔庙仰圣门石额所刻“万仞宫墙”四个大字，字体饱满优雅，由乾隆帝御笔题写，以寓孔子思想之高深（图 10-1-71）。聊城山陕会馆山门嵌雕“山陕会馆”石匾，边框浅雕回纹，中央凸刻隶书字体，严整平和（图 10-1-72）；二进门楼石匾凸刻隶书“岑楼凝霞”四字（图 10-1-73），字体饱满有力，边框浅雕万字纹和牡丹花，背面圆形寿字和岔角拐子纹砖雕图案进一步突出烘托石匾。惠民魏氏庄园城门门额上的“树德”二字为

石刻隶书（图 10–1–74），字形端庄，笔法遒劲，镌刻有力，刀工精细，呈现出秀逸潇洒的艺术风格。此为当地贤望、咸丰辛酉年（1861 年）科举人张会一于“光绪庚寅仲秋”，即光绪十六年（1890 年）题写。“树德”，昭示了庄园主人对树立高尚品德的追求，反映了魏氏族人受儒学思想所浸染的价值观。其中“树”字将“木”移到了上方，“寸”字变成了人才的“才”字，寓意了魏氏家族百年树人、读书成才的治家理念。聊城山陕会馆献殿正殿檐柱正面凸刻行书楹联“至诚参天地英文雄武晋国千秋大丈夫”和“伟烈壮古今浩气丹心汉代一时真君子”，与上方中央匾额题字“大义参天”一起，颂扬了殿内供奉关帝的品格（图 10–1–75）；南、北配殿檐柱均置石刻楹联，与正殿楹联一字排开，十分壮观。

石陈设也是石雕艺术的重要载体。曲阜孔府大堂前石刻嘉量（图 10–1–76）和石刻日晷（图 10–1–77）皆浅浮雕，前者须弥座上还有仰覆莲托座，四面雕牡丹花枝，后者刻云纹和海棠纹框，很简洁。曲阜孔庙杏坛前和家庙前都有雕龙石香炉一个（图 10–1–78），高浮雕龙体盘绕，龙口大张，神态威猛。孔庙崇圣祠院内家谱祠石雕瓦垄下设栏板，仅净瓶处浅雕纹饰，形式质朴，形制特别（图 10–1–79）。曲阜颜庙复圣殿前香炉造型清秀，雕饰十分简素（图 10–1–80）。曲阜孔林内的石陈设造型厚重（图 10–1–81），雕工精良。

山东古代建筑石雕是中国石雕艺术的杰出代表之一，是山东建筑“三雕”中的奇葩。它既有北方石雕艺术的粗犷雄健，又不失绮丽和精细，具有浓郁的山东地域特色。山东历朝历代所涌现出的建筑石雕精品，数量众多，形式多样，丰富了我国石雕艺术的宝库。

图 10–1–71　曲阜孔庙仰圣门石额

图 10–1–72　聊城山陕会馆山门石额

图 10–1–73　聊城山陕会馆二进门石匾

图 10–1–74　滨州惠民魏氏庄园门额石雕

图 10–1–75　聊城山陕会馆献殿正殿檐柱石刻楹联

图 10–1–76　曲阜孔府大堂前石刻嘉量

图 10–1–77　曲阜孔府大堂前石刻日晷

图 10–1–78　曲阜孔庙内石香炉

图 10–1–79　曲阜孔庙崇圣祠院内家谱祠（图片来源：网络）

图 10–1–80　曲阜颜庙复圣殿前香炉

图 10–1–81　曲阜孔林内石陈设

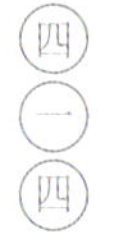

第二节　木雕

木雕是雕刻艺术的一种表现形式，以木材为雕刻对象，按用途可分为建筑木雕、家具陈设木雕、观赏品木雕等。中国古代建筑采用木构架为结构体系，建筑木雕依附于建筑木质构件，紧密结合建筑规制和木构件特点，量材施雕，是建筑装饰的重要手段。

一、建筑木雕的历史

木雕历史悠久，距今6000年前的浙江余姚河姆渡遗址出土的一件木雕鱼是迄今为止我国发现最早的木雕作品之一。之后夏商遗址和战国墓葬中亦出土过大量木雕遗物。已出土的秦汉时期的木俑表明秦汉时期木雕艺术已达到很高的水准。从有关这时期帝王宫苑的文献记载中可以一窥建筑木雕的风采。经魏晋南北朝至唐代，木雕艺术不断发展，技艺日趋精湛，题材也日趋广泛。宋代，木雕已广泛用于建筑装饰。明清时期，木雕艺术发展到高峰，这时期的建筑木雕不仅用于宫殿、庙观、王侯府邸、衙署园囿和楼阁会馆，也在地方民居中大量应用，留存至今的建筑木雕精品多为明清时期的杰作。这时期形成木雕艺术的不同流派，涌现出一批著名的木雕艺人。山东古代建筑木雕保存完好的几乎都是明清时期的作品。曲阜楷木雕是山东木雕的特色产品，它以曲阜本地的楷木为材，传统木雕产品是手杖和如意，历来是孔府向皇帝进贡的贡品。楷木质地坚韧，纹理细密，建筑如孔府、孔庙和孔林中的大成殿、杏坛、奎文阁、十三碑亭等的悬梁飞檐，都是楷木雕刻。

二、建筑木雕的技法

木雕技法分为混雕、线雕、浮雕、透雕、采地雕、贴雕和嵌雕。混雕，即圆雕，是完全立体的雕刻，体积完整，可从各个角度欣赏。线雕，是一种线刻技术，以线条形式刻画图像，清淡雅静，接近于绘画中的白描效果，分为阴线刻与阳线刻。浮雕，即在平面上雕刻出凹凸起伏形象，分浅浮雕与深浮雕。透雕，也称镂空雕，是将纹饰图案以外的部分去掉，塑造出通透性的效果。采地雕，又称落地雕刻，它所呈现的不是平雕刻，而是高低跌落、层次分明，有很强的立体感。优秀的采地雕作品，在一块板上可雕出亭台楼阁、人物树木等多种层次。贴雕，是把雕刻图案用薄板镀制出来，经细致加工后再用胶贴在平板上。贴雕可以使用不同种类的木材，体现不同的材料质感。嵌雕有两种方式，一是在凸起的画面上镶嵌更加突出的雕饰，如龙凤图案中另外镶嵌龙头、凤头等；二是事先雕出图像的凹槽，再在槽内镶嵌不同质地的材料，如木质凹槽里镶嵌象牙、珊瑚、玉石等，使雕刻显得富丽华贵。

传统建筑木雕有严格的工艺流程。先是选材取料，这一步受建筑结构用料的制约；接着进行木料脱水处理，随后进行粗坯雕、细坯雕和修光等加工，整个过程有放样、打轮廓线、脱地、分层、分块、细雕、打磨、上色或上漆等十几道工序。

三、建筑木雕的部位与题材

建筑木雕广泛用于梁枋、斗栱、柱檩、门窗、雀替、栏杆、天花藻井、匾额、楹联等建筑木质构件和屏风、太师壁、落地罩、像龛、家具等木质陈设。建筑木雕因雕刻构件的位置、功能和形状的差异，雕刻技法和题材内容也有所不同。

梁架是建筑中的主要承重部件，梁身、瓜柱、柁墩、角背都是雕饰的常见部位，其雕饰有线雕、浮雕和采地雕等，题材常见的有花草、纹饰、人物、动物等。例如，聊城山陕会馆献殿梁架（图10–2–1），异形瓜柱皆浮雕花卉，檩与檩枋之间有雕花柁墩，梁下装饰盛开的牡丹花雕。山东滕州王氏宗祠大门楼梁架为叠梁式结构，脊瓜柱两侧透雕花角背尺度夸大，梁身施以浅浮雕平扇形图案漆黑色，梁头亦有雕花；三架梁随梁枋下有透雕花雀替，底梁随梁枋下有前龙后凤的透雕雀替，其上单步梁随梁枋附有雕花骑马雀替，此梁架内木雕形态不一，做法不拘一格（图10–2–2）。滕州王氏宗祠过厅梁架做法

很特殊，脊瓜柱两侧角背下端翘起，形似鱼尾，脊瓜柱柱头两侧也有三角形雕板，下端亦翘起；三架梁上凸刻倒梯形，梁头浅雕卷草饰彩绘；三架梁与五架梁之间的空当四角填有三角形雕板，下方2个三角板相对翘起鱼尾状一角，两架梁之间的镂空部分状似蝙蝠，十分奇妙（图10–2–3）。烟台龙口丁氏故居的大厅梁架瓜柱雕以南瓜形，其下皆有木雕荷叶柁墩，两侧有雀替样支托；三条木檩下方以及横梁两端下方皆有雕花雀替；脊角背雕花，两端梁头亦雕花草。整个梁架十分富丽（图10–2–4）。滕州王氏宗祠过厅檐廊内抱头梁做成月梁形式，浅浮雕扇形图案，梁头雕卷云，其下穿插枋枋身四棱抹角，枋头雕龙首（图10–2–5）。烟台龙口丁氏故居内一抱头梁与穿插枋皆浅雕扇形图案，端头雕以回纹与卷草（图10–2–6）。孔府内一木檩下荷叶墩线刻叶脉，很逼真（图10–2–7）。烟台福建会馆山门梁架与天后圣母殿前廊梁架，斗栱、随梁枋等雕以人物故事与动植物图案，透雕与高浮雕结合采用，精巧富丽（图10–2–8）。

枋在建筑中起联结、稳定作用，也有承重作用，其雕饰手法有线雕、浮雕和透雕等多种，常饰彩绘。雕刻题材比较广泛，除花草纹样外，有人物、祥禽瑞兽、博古器物等。枋分平板枋、大小额枋、穿插枋、脊枋、金枋、天花枋等，额枋因位置显著而成为建筑木雕的重点。例如，聊城山陕会馆山门额枋以采地雕刻画了托塔天王、济公、关羽等历史人物和祥瑞动物等，正中央雕大象驮宝瓶，寓意万象太平，两侧的狮子绣球和骆驼寓意富贵吉祥，

图10–2–1　聊城山陕会馆献殿梁架木雕（图片来源：网络）

图10–2–2　枣庄滕州王家宗祠大门梁架木雕

图10–2–3　枣庄滕州王氏宗祠过厅梁架木雕

图10–2–4　烟台龙口丁氏故宅梁架木雕

图10–2–5　枣庄滕州王家宗祠过厅抱头梁与穿插枋

图10–2–6　烟台龙口丁氏故居内抱头梁与穿插枋

图10–2–7　曲阜孔府内一建筑的檩下荷叶墩

图10–2–8　烟台福建会馆山门梁架与天后圣母殿前廊梁架

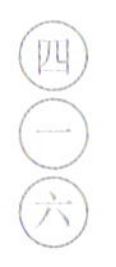

众多历史人物形态各异，雕刻手法纯熟精湛。上面平板枋浮雕如意、卷轴、花草等，与斗栱花雕、穿插枋头、花雀替、垂花等木雕相互呼应，精丽华美（图 10–2–9）。聊城山陕会馆献殿正殿额枋采用采地雕的方式，明间额枋刻有彩云、山石、树林间的老子和八仙人物，两侧梢间分别刻有“神仙传”故事和“行孝图”，考虑到人的仰视视线，额枋底部接续正面的雕饰内容，浑然一体，手法独特（图 10–2–10）。聊城山陕会馆戏楼额枋明间雕刻“福禄寿”三星故事，梢间额枋刻人物、飞龙、牡丹花卉等，十分精美（图 10–2–11）。聊城山陕会馆春秋阁前廊额枋以采地雕技法，雕刻牡丹、云鹤等图案（图 10–2–12），与下方挂檐板雕饰相得益彰。滕州王氏宗祠大门檐枋明间浮雕云蝠图案，梢间雕草龙草凤，檐垫板方形雕花间柱之间雕卷草，雕工精细，和谐流畅（图 10–2–13）。聊城山陕会馆正殿前廊穿插枋，浅浮雕祥龙瑞凤的身干和尾部，伸出檐柱外的龙首和凤头施圆雕，形象逼真，雕工精细，与抱头梁梁头形态和色彩呼应，也与整个会馆建筑色彩富丽的氛围相和谐（图 10–2–14）。济

图 10–2–9　聊城山陕会馆山门额枋与斗栱木雕

图 10–2–10　聊城山陕会馆献殿正殿额枋与斗栱木雕

图 10–2–11　聊城山陕会馆戏楼斗栱与额枋木雕

图 10–2–12　聊城山陕会馆春秋阁额枋与挂檐板木雕（图片来源：网络）

图 10–2–13　枣庄滕州王氏宗祠大门正面额枋与雀替

图 10–2–14　聊城山陕会馆穿插枋木雕

南寿康楼街 2 号题壁堂戏楼穿插枋头雕云鹤，很淡雅（图 10–2–15）。滨州无棣吴式芬故居宝砚堂穿插枋枋头雕以凤首，深栗色点缀金色，有地方特点（图 10–2–16）。烟台福建会馆戏楼角部斜插枋雕以回纹与花草，两层短枋雕以松、鹿、喜鹊，寓意长寿、福禄与喜事连连（图 10–2–17）。

斗栱具有支承、出挑和装饰作用，其雕饰多为圆雕、浮雕，常饰彩绘。雕饰题材有花草纹样、龙头、凤首和象鼻等。例如，聊城山陕会馆门楼斗栱层层相叠，象鼻昂嘴卷曲上翘作卷云形，角昂昂头雕龙首与凤头，勾勒群栱外廓，细密纤巧，美不胜收（图 10–2–18）。聊城山陕会馆戏楼斗拱（图 10–2–11）华栱雕成龙首、象鼻形状，瓜栱浅刻卷云，与山门斗栱形态相和。聊城山陕会馆献殿正殿斗栱（图 10–2–10）坐斗雕刻人物、动物等，瓜栱雕刻牡丹花卉，柱头科华栱雕龙首，龙口大张，平身科华栱雕卷云，施彩绘，十分艳丽。烟台福建会馆山门明间斗栱（图 10–2–19）坐斗雕兽，华栱雕人物，昂为凤头，次间斗栱雕花，栱间壁满布彩雕，十分华丽。潍坊十笏园内四照亭斗栱雕象鼻饰云纹，施绿色勾白边，很有特色（图 10–2–20）。孔府内一柱头斗栱构件尺度大，麻叶头华栱，平身科斗栱出一挑，尺度小，麻叶头华栱两侧有 3 幅云栱，与下方穿插枋 3 幅云枋头呼应（图 10–2–21）。垂花柱雕饰多为莲花、风摆柳、四季花等花草纹饰，柱头一般有圆形和方形，多采用深浮雕和圆雕。例如，

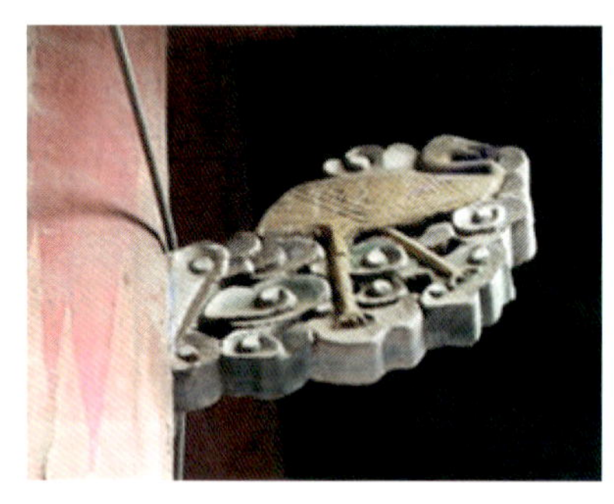

图 10–2–15　济南寿康楼街 2 号题壁堂戏楼穿插枋头木雕（图片来源：网络）

图 10–2–16　滨州无棣吴式芬故居宝砚堂穿插枋枋头木雕

图 10–2–17　烟台福建会馆戏楼角枋、垂花

图 10–2–18　聊城山陕会馆山门斗栱

魏氏庄园内垂花柱有几种形式（图 10–2–22），如大门垂柱为花篮形，柱头四面雕仰、覆莲叶包裹的寿桃、石榴，寓意长寿与多子，上有仰莲托梅花，下雕覆莲与莲蓬，十分精致；倒座垂花四面仅雕海棠花纹样轮廓，底面雕寿字图案；二进院垂花门垂柱四面雕花，上有蝙蝠和卷草，下方底部仿绳箧编结图案，垂花形状与近旁倒挂楣子的托墩有异曲同工之妙。聊城山陕会馆山门垂花雕卷草，底面是菊花，饰彩绘，与周围木雕很和谐（图 10–2–23）。潍坊十笏园内以垂花为倒垂的莲蓬头，饰彩绘；另一以垂花为风摆柳式，都很别致（图 10–2–24）。淄川蒲松龄故居大门垂柱柱头是简单的立方体，正面线雕菱形图案，施红、金两色，十分简洁（图 10–2–25）。烟台福建会馆内垂花柱形态多样，繁绮富丽（图 10–2–26）。

檩条和木椽因雕刻面积狭小，雕刻多在檩下方和椽头，以线雕和浅浮雕为主，题材几乎都是纹样花饰。

图 10–2–19　烟台福建会馆山门斗栱

图 10–2–20　潍坊十笏园四照亭斗栱、倒挂楣子与靠背栏杆

图 10–2–21　曲阜孔府内一斗栱、雀替

图 10–2–22　滨州惠民魏氏庄园内垂花柱

图 10–2–23　聊城山陕会馆大门垂花柱

图 10–2–24　潍坊十笏园内垂花柱

图 10–2–25　淄川蒲松龄故居大门垂花柱

牖雕饰集中在隔心、绦环板、裙板部位，采用线雕、浮雕、透雕等多种技法，题材有人物故事、动植物、山石房舍、祥瑞宝器和符号化的装饰纹样等。曲阜孔庙大成殿六抹头三交六椀菱花隔扇门，规格等级高，体现了孔子的尊崇地位（图 10–2–27）。济南清真南大寺礼拜大殿内有 12 个巨大硬木隔扇、4 个巨型圆窗，均为透雕，为阿拉伯文库法体的《古兰经》经文间以中国传统万字纹、回纹、梅花、莲瓣图案，和谐雅致，别具一格（图 10–2–28）。济宁嘉祥岳家祠堂正房南面六抹头隔扇明间、梢间各四扇，明间中央两扇隔心图案为龟背锦，两侧为三交六椀菱花；裙板浅雕寿字图案。梢间 4 个隔扇中两扇隔心为步步锦，两扇隔心为一马三箭，裙板浅雕如意头。隔扇隔心为蓝色，雕饰图案为金色，其他为深栗色，与上方椽头、倒挂楣子和雀替的色彩很和谐，具有浓郁的地方特色（图 10–2–29）。济宁滕州王家宗祠二进院西厢房明间设隔扇四樘，装饰既有透雕、浅浮雕，也有线雕。中央两樘门扇裙板饰线雕暗八仙图案横笛和宝剑，上、下绦环板是浅浮雕方胜加卷草图案，寓意幸福绵长，隔心是井字卧蚕棂子，上亮是三交六椀菱花棂子；两侧隔扇裙板浅浮雕图案上方是鹿驮花瓶，瓶中插石榴枝叶，寓意厚禄与多子，下方是双鱼和雄鸡图案，寓意吉庆有余，绦环板是方胜纹，隔心棂子井字纹，

图 10–2–26　烟台福建会馆垂花柱

图 10–2–27　曲阜孔庙大成殿大门隔扇

图 10–2–28　济南清真南大寺礼拜大殿巨型圆窗木雕（图片来源：网络）

图 10–2–29　济宁嘉祥岳家祠堂正房隔扇门

类似门扇；横批为海棠花纹间以步步锦卧蚕图案，寓意丰衣足食，步步高升（图 10-2-30）。滨州无棣吴式芬故居隔扇隔心为拐子锦图案，绦环板饰卷草，裙板饰以菊花为中心的卷草团簇形成的菱花图案，浅浮雕皆施金色，点缀于深栗色隔扇底色中，简洁雅致，符合吴式芬家族书香门第的儒雅门风（图 10-2-31）。烟台龙口丁氏故宅内一门隔扇隔心为井字团花图案，裙板雕以人物故事，上下绦环板饰花草（图 10-2-32），雕饰精良。烟台福建会馆天后圣母殿门隔扇（图 10-2-33）主次分明，和谐又有变化。明间门隔扇中央四扇隔心为龟背纹与十字纹穿插的图案，两侧为变化了的一马三箭图案，三箭重复中央图案的构图，与之呼应；梢间门隔扇隔心为轱辘钱套十字花。明间与梢间的横批皆为席纹图案，上方绦环板浮雕人物故事，下方绦环板浮雕花卉，皆饰彩绘。烟台栖霞牟氏庄园大门门簪雕花有托叶，饰彩绘 ，很别致（图 10-2-34）。曲阜孔府内宅大门门簪浅雕花卉饰彩绘（图 10-2-35），济宁嘉祥曾庙宗圣门门簪亦浅雕花卉（图 10-2-36），质朴大方。烟台龙口丁氏故宅一门簪浅雕寿字纹饰淡金色，承于花托之上，十分雅致（图 10-2-37）。

雀替由结构作用发展为装饰构件，雕刻手法多样，有深浮雕、浅浮雕、透雕等，题材也非常丰富。例如，济宁滕州王氏宗祠二进院厅堂骑马雀替“玉蝠腾云图”，透雕饰彩绘，气韵流畅，其上方檐垫板以雕花荷叶墩做间柱，间板透雕卷草和寿字，别致精美（图 10-2-38）。滕州王氏宗祠大门楼五架梁随梁枋下凤雀替凤头伸出柱外，施红绿黄彩绘，式样

图 10-2-30　枣庄滕州王家宗祠二进院西厢门

图 10-2-31　滨州无棣吴式芬故居双虞壶斋隔扇

图 10-2-32　烟台龙口丁氏故宅门隔扇

图 10-2-33　烟台福建会馆天后圣母殿大门隔扇

图 10-2-34　烟台栖霞牟氏庄园大门门簪（图片来源：网络）

图 10-2-35　曲阜孔府内宅大门门簪

很特别（图 10-2-39）。滕州王氏宗祠大门楼檐枋下透雕草龙雀替，与檐枋和檐垫板上的浮雕草龙草凤形式、颜色相似，很和谐（图 10-2-40）。孔府重光门雀替浅雕云草，栱头托座两侧三幅云与其垂直相交（图 10-2-41）。孔府内宅一雀替与穿插枋相交，浮雕卷草图案，蝉肚曲线多波折，水平向较狭长（图 10-2-21）。邹城孟庙亚圣殿、曲阜颜庙复圣殿的蝉肚雀替，由栱头承托的浮雕卷草图案，饰蓝绿彩绘，温和大方（图 10-2-42、图 10-2-43）。聊城山陕会馆春秋阁正面龙门雀替雕牡丹花卉，与额枋浑然一体（图 10-2-12）。滨州无棣吴式芬故居双虞壶斋檐廊雀替为草龙，靠近檐枋和檐柱处的直角条框与草龙轮廓皆饰金色，勾勒出深栗色草龙形象，简洁雅致（图 10-2-44）。聊城山陕会馆戏楼内梁下设雀替雕兰花，柱头处有一荷花墩，荷叶两侧展开，与花雀替垂直（图 10-2-45）。烟台龙口丁氏故宅室内雀替因支承梁檩而较室外雀替厚重（图 10-2-46）。烟台福建会馆雀替做法不拘一格，天后圣母殿明间雀替雕龙，梢间雀替雕花卉与鸰鹉；山门雀替呈斗栱状，坐斗亦雕花卉（图 10-2-47）。

图 10-2-36　济宁嘉祥曾庙宗圣门门簪

图 10-2-37　烟台龙口丁氏故宅大门门簪

图 10-2-38　枣庄滕州王家宗祠二进院厅堂正面骑马雀替

图 10-2-39　枣庄滕州王家宗祠大门凤雀替

图 10-2-40　枣庄滕州王家宗祠门楼梢间雀替

图 10-2-41　曲阜孔府重光门雀替

图 10-2-42　曲阜颜庙复圣殿檐廊明间雀替

图 10-2-43　邹城孟庙亚圣殿雀替

图 10-2-44　滨州无棣吴式芬故居双虞壶斋檐廊雀替

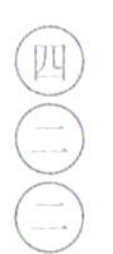

倒挂楣子一般用于游廊柱间和带廊的建筑外檐，也是木雕的常见部位，多为透雕。滕州王家宗祠过厅倒挂楣子透雕葡萄枝叶与果实的图案（图 10–2–48），饰彩绘，构图丰满，雕工流畅，寓意家庭兴旺，多子多孙。山东潍坊十笏园四照亭内的倒挂楣子为万字纹、卧棂图案，花牙子雀替为“回”字纹透雕，简洁清秀。潍坊十笏园内一倒挂楣子雕柿蒂纹和海棠纹，下方骑马雀替透雕双钱纹和回纹，明快淡雅（图 10–2–49）。惠民魏氏庄园大门倒挂楣子较为华丽，上为五方连续透雕花板，内容是暗八仙图案团扇、横笛、花篮、宝剑和葫芦；下为三方连续透雕花板，内容是石榴花果枝叶、狮子滚绣球和荷花莲叶；雀替为草龙花雕（图 10–2–50）。惠民魏氏庄园福寿堂倒座倒挂楣子明间、梢间各三方连续木雕花板，9 个雕刻图案各不相同，有“鸳鸯戏荷”、“福寿双全”、“喜鹊登梅”和“福在眼前”等，表达了魏氏主人寄望夫妻和美、幸福长寿、喜事常临和福运常在的愿望（图 10–2–51）。惠民魏氏庄

图 10–2–45　聊城山陕会馆戏楼内雀替与荷花墩

图 10–2–46　烟台龙口丁氏故宅内雀替

图 10–2–47　烟台福建会馆内雀替

图 10–2–48　滕州王家宗祠过厅倒挂楣子

图 10–2–49　潍坊十笏园内一倒挂楣子与骑马雀替

图 10–2–50　惠民魏氏庄园大门倒挂楣子与雀替

图 10–2–51　惠民魏氏庄园福寿堂倒座倒挂楣子与雀替

园二进院厢房倒挂楣子是卧蚕和直棂组成的几何图案，下方花牙子雀替是“万”字纹，以卷草纹收边（图 10–2–52）。临淄蒲松龄故居大门倒挂楣子是四方连续透雕图案，黑框红仔边绿心，与下方雀替和两侧墀头及檐椽十分协调（图 10–2–53）。济宁嘉祥岳家祠堂大门倒挂楣子为三方连续透雕图案，中间是花叶中的盘长纹与寿字，两侧是花丛中的喜鹊，施红黄绿蓝土色彩绘；下方花牙子雀替为云龙透雕图案，一个龙首在下，口中伸出栱头，另一龙首口吐长舌，与龙身叠绕；挂檐板雕刻如意头，间以黄色小花，形式很特别（图 10–2–54）。聊城山陕会馆碑亭的倒挂楣子尺度大，花板为透空的花棂格图案，下方骑马雀替浅浮雕卷草纹样，与上方穿插枋枋头的轻灵雕饰很和谐（图 10–2–55）。烟台龙口丁氏故宅内倒挂楣子两端雕卷云图案，整体风格轻巧淡雅，用在宅门上，很有闲庭信步之感（图 10–2–56）。

撑栱是由檐柱向外斜向支撑挑檐檩的构件，雕饰手法多为圆雕、浮雕。山东潍坊十笏园内一配房的撑栱雕为青竹式样，清新雅致，符合园林建筑的性格（图 10–2–57）。

栏杆分寻杖栏杆和花栏杆，其木雕多透雕、浮雕等。济南题壁堂戏楼二层回廊置内外两层栏杆，外栏杆为冰裂纹图案，内栏杆为直棂栏杆，上方直棂为净瓶形，饰红绿两色，与下方挂檐板雕饰相互衬托，很和谐（图 10–2–58）。聊城山陕会馆春秋阁栏杆上方是五方连续浅浮雕卷草图案，下方透雕万字纹、海棠纹、方格纹等组成的几何图案，望柱头为火焰形，简洁的栏杆与下方繁复的花雕挂檐板形成有趣的对比。潍坊十笏园四照亭内靠背栏杆为简单的灯笼拐子锦图案，与上方倒挂楣子与雀替很和谐。曲阜孔府前堂楼二层栏杆为透瓶栏板式（图 10–2–59），面枋浅雕如意纹，与下面挂檐板的如意纹相互应和。潍坊十笏园长廊内的花栏杆，各廊柱之间的栏杆图案各异，有风车纹、盘长纹、席

图 10–2–52　惠民魏氏庄园二进院西厢倒挂楣子与雀替

图 10–2–53　临淄蒲松龄故居大门倒挂楣子与雀替

图 10–2–54　济宁嘉祥岳家祠堂正房倒挂楣子、雀替与挂檐板

图 10–2–55　聊城山陕会馆碑亭倒挂楣子

图 10–2–56　烟台龙口丁氏故宅倒挂楣子

纹等，娴雅有趣（图 10–2–60）。曲阜孔庙杏坛碑亭的栏板净瓶狭长，几乎与面枋等高，面枋有上下两层，由间柱分为两部分，中央部分透空为扁长的圆抹角长方形和三角形，施彩绘。孔庙内另一碑亭的栏板风格与之大致相仿，也是红绿色调，净瓶下方的面枋上层浮雕云龙，下层浮雕卷云（图 10–2–61）。

天花藻井是建筑室内装饰的重要部位。井口天花和藻井一般见于宫殿坛庙等规格等级较高的建筑中，是木雕艺术精彩之笔。例如，曲阜孔庙大成殿藻井（图 10–2–62），方井通过套叠逐层缩进，斗八角井中央雕龙首，龙身藏其后若隐若现，龙口大张，口悬龙珠。济宁嘉祥曾庙宗圣殿内藻井，方井四角雕凤，斗八角井浅浮雕祥云，内架斗栱，中央龙口含珠，其势欲腾（图 10–2–63）。曲阜颜庙复圣殿内斗八雕龙藻井，圆雕与采地雕结合，饰以彩绘，形态生动，面目狰狞，呼之欲出。

图 10–2–57　潍坊十笏园内青竹样撑栱

图 10–2–58　济南寿康楼街 2 号题壁堂戏楼栏杆与挂檐板（图片来源：网络）

图 10–2–59　孔府前堂楼透瓶栏板和挂檐板

图 10–2–60　潍坊十笏园长廊栏杆

图 10–2–61　曲阜孔庙内碑亭栏板

匾额挂于门屏上，既反映建筑物名称和性质，也表达礼义意愿，是古建筑画龙点睛之处。楹联常悬于楹柱，既有教化伦理、修身铭志之用，也有祈福纳吉的作用。二者多配套使用，提升建筑艺术价值的同时，也赋予建筑独特的个性。木刻匾联镌刻文字和边框装饰多为浮雕，是木雕艺术和文学、书法艺术的结合。曲阜孔庙内的匾额与楹联代表着中国古代建筑中匾额楹联的最高范式，多为皇帝所题，体现了历朝历代统治者对孔子至尊地位的尊崇。自清康熙延至清末，曲阜孔庙内聚集了多位皇帝的御笔题刻。例如，大成门竖匾（图 10–2–64）下方两侧楹柱所悬楹联“先觉先知为万古伦常立极”与“至诚至圣与两间功化同流”（图 10–2–65），为雍正七年清世宗胤禛题书，字体畅朗娴熟、文雅遒劲，气脉贯通。匾联皆蓝底凸刻，木雕贴金，边框饰高浮雕云龙。大成殿门额“生民未有”（图 10–2–66）是雍正皇帝于雍正三年御笔题书；殿内匾额“万世师表”为康熙帝于康熙二十三年御书；“斯文在兹”是光绪元年光绪皇帝御书（图 10–2–67）。这些匾额边框皆浮雕云龙饰金，蓝底金字。曲阜孔府大门

图 10–2–62　曲阜孔庙大成殿盘龙藻井

图 10–2–63　济宁嘉祥曾庙宗圣殿盘龙藻井

图 10–2–64　曲阜孔庙大成门竖匾

图 10–2–65　曲阜孔庙大成门楹联

图 10–2–66　曲阜孔庙大成殿门额

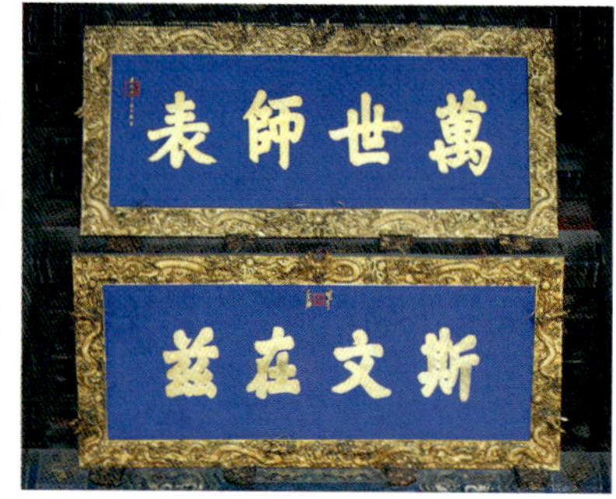

图 10–2–67　曲阜孔庙大成殿内匾额

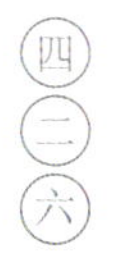

“圣府”匾额（图 10-2-68）金边云纹红框内凸刻蓝底金字，两侧楹联“与国咸休安富尊荣公府第”与“同天并老文章道德圣人家”（图 10-2-69），上联中的“富”字少上面一点，宝盖头成了秃宝盖，寓意“富”不出头；“章”字下面的一竖一直通到上面，则表示“文章通天”。这幅门联有意利用错字之妙彰显主人的价值观，体现了文人雅趣。曲阜孔府二堂正厅内的匾额皆为雕龙金匾，上匾为康熙皇帝御笔“节并松筠”，黑底金字，下匾为乾隆帝御笔“诗书礼乐”，蓝底金字，都颂扬了孔子的高风亮节（图 10-2-70）。济宁嘉祥曾庙宗圣殿匾额为雕龙金匾，上方匾框正中央的龙首形态与殿内盘龙藻井的龙首有异曲同工之妙（图 10-2-71）。邹城孟庙大殿横匾凸刻“道阐尼山”四个金色大字是乾隆帝于清乾隆二十一年题书，匾框上的云龙、宝珠皆高浮雕饰金，上方龙首与下方宝珠垂直正对，框心为蓝底（图 10-2-72）。孟庙第三道大门上悬匾额凸刻楷书“泰山气象门”，蓝底金字，下边框浅刻云海纹，其他三边以高浮雕与透雕刻云龙，正上方盘龙踞中，龙体漆金，卷云饰红蓝两色，气势华丽。“泰山气象”取自南宋理学家程颢“泰山岩岩之气象也”，以之形容亚圣孟子的气度和风范（图 10-2-73）。聊城山陕会馆山门中间楹柱凸刻楹联 1 对（图 10-2-74），金字黑底，金色拐子纹饰边框，上端雕兽头，下端雕牡丹花，皆饰彩绘。上联“本是豪杰作为只此心无愧圣贤洵足东国夫子”，下联“何必仙佛功德惟其气充塞天地早已成西方至圣”，表明了山陕商人诚信经商，互相扶持，共谋福利的志向。

木质陈设也是木雕艺术广泛施展的领域。例如，曲阜孔庙大成殿内的孔子像龛，采用浮

图 10-2-68　曲阜孔府门额

图 10-2-69　曲阜孔府大门楹联

图 10-2-70　曲阜孔府二堂正厅内

图 10-2-71　济宁嘉祥曾庙宗圣殿匾额（左）
图 10-2-72　邹城孟庙大殿匾额（中）
图 10-2-73　邹城孟庙泰山气象门匾额（右）

雕、透雕与圆雕多种技法，彩绘饰金，非常华丽（图 10-2-75）。孔庙大成殿内至圣先师孔子神位，基座以上有须弥座，上设两层栏杆，神主位于中央，三面环绕云龙宝珠雕饰，十分精巧（图 10-2-76）。孔庙寝殿内供奉至圣先师夫人神主像龛前的木质雕花供案，支腿雕龙首鱼尾；前方供桌上层栏板望柱柱头雕以瑞兽，精细巧妙（图 10-2-77）。济宁嘉祥曾庙宗圣殿内曾子像龛石基座，龛楣中央雕二龙戏珠，下面雕以精巧的斗栱和垂柱、横枋和隔扇，隔扇槅心饰三交六椀菱花图案浅浮雕，绦环板雕金色卷草，裙板雕腾云草龙（图 10-2-78）。曲阜孔府三堂东次间内落地罩两侧隔扇槅心雕青竹，上方横

图 10-2-74　聊城山陕会馆山门楹联

图 10-2-75　曲阜孔庙大成殿孔子像龛

图 10-2-76　曲阜孔庙大成殿至圣先师孔子神主

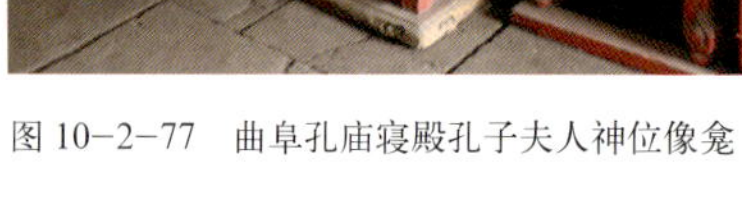

图 10-2-77　曲阜孔庙寝殿孔子夫人神位像龛

图 10-2-78　济宁嘉祥曾庙宗圣殿内曾子像龛

批雕灯笼锦和卧蚕图案，雕工精美（图 10-2-79）。烟台龙口丁氏故宅室内落地罩仅在两侧木柱设隔扇，槅心四角雕花，中间几何图案疏朗，裙板、绦环板雕以松、鹿，简洁大方（图 10-2-80）。惠民魏氏庄园入口处高耸的旗杆上悬挂着形状像“升”（一种古代量具）的吊斗（图 10-2-81），上面透雕古币和蝙蝠图案，寓意福在眼前，步步高升。惠民魏氏庄园书房内的“鱼”凳，采用线雕与浅浮雕，造型拙朴（图 10-2-82）。栖霞牟氏庄园内一木雕观音菩萨像龛（图 10-2-83），层层斗栱出挑龛檐，收以卷草压顶，基座、台基栏板雕“万”字纹与斜向“井”字纹，倒挂楣子中央饰金色寿字纹图案，通体黑色，衬托着红色塑像很醒目。烟台龙口丁氏故宅神主（图 10-2-84）仿卷棚顶三开间民居建筑，檐椽、垂花、雀替等一应俱全，前檐木柱盘龙缠绕，门额、楹联、镇宅狮子惟妙惟肖。基座雕以蝙蝠，寓意福分已到；门额“慎终追远”与楹联“祖德宗功启后昆，水源木本承先泽”，都反映了中国古人视死如生的世界观。

山东古代建筑木雕整体上质朴大方，部分木雕精品非常精美绮丽，与南方苏浙、闽粤和徽州等地以及北方京畿、晋中地区的特色木雕相比，山东建筑木雕具有浓厚的地域特色，拥有在全国较高影响的建筑实例。

图 10-2-79　曲阜孔府三堂东次间内落地罩（图片来源：网络）

图 10-2-80　烟台龙口丁氏故宅室内落地罩

图 10-2-81　惠民魏氏庄园入口升

图 10-2-82　滨州惠民魏氏庄园“鱼”凳

图 10-2-83　烟台栖霞牟氏庄园内观音菩萨像龛（图片来源：网络）

图 10-2-84　烟台龙口丁氏故宅神主

第三节　砖雕

中国传统砖雕是在特制的质地细密的黏土砖上以一定方式形成物象和图案的一种工艺。它是随着砖的生产与应用而萌生并发展起来的雕刻艺术，是建筑装饰艺术的重要组成部分。

一、建筑砖雕的历史

建筑砖雕的产生与发展依附于建筑的演变，从西周至今，经历了漫长的过程。

陕西扶风西周遗址出土的一块残砖，表面有绳纹图案，说明西周已有了砖，并有砖饰图案。春秋战国遗址中出土的模印花砖，纹样有“米”字纹、绳纹和回纹等，砖雕工艺初露端倪。山东砖雕实物目前已知的最早见于春秋战国时期。例如，青州凤凰台出土的战国时期方砖，密排圆形图案内均布四个卷曲纹纹饰（图 10–3–1）。临淄出土的战国时期方砖，菱形中间套五层“亚”字形图案纹饰（图 10–3–2）。

秦代已有画像砖，即模印或刻划有书画、画像或花纹的砖，当时多用于装饰宫殿府舍的阶基。汉代兴起以画像砖、画像石装饰墓室之风，尤以东汉为盛。这些画像砖沿袭前人的模压印花工艺，雕工更胜前朝，题材既有很强的现实性，也有仙幻性。内容有神话传说、生活和劳动场景、建筑物、自然风景、人物故事和祥瑞图案等。山东已发现的汉画像砖与山东的汉画像石相比，数量稍逊一筹，但非常有特色。例如，山东烟台牟平汉墓出土的画像砖，雕刻线条流畅，质朴古拙，其中画像“解除图”的雕刻内容与题材国内罕见（图 10–3–3）。山东金乡汉墓出土的画像砖“降龙图”和“伏虎图”，刻画形象生动，构思奇异（图 10–3–4）。蓬莱东汉墓出土的画像砖印有菱形花纹和螃蟹图案，对研究古代海洋文化具有一定价值。山东菏泽定陶汉墓出土的2.3 万块汉砖，是汉代墓葬考古史上最大数量的文字砖，90% 带字，文字有朱书、墨书、刻写、戳印四种形式，还有刻划符号等。这些文字绝大部分是人名，另有少量地名和数字。定陶文字类画像砖的出土为国内画像砖研究和汉代历史文化研究提供了重要素材。

魏晋及南北朝时期，随着佛教建筑的兴起，砖塔盛行，砖雕有了新的应用领域。山东青州博物馆所藏西晋时期的两块长砖，在砖侧面竖向凸刻制砖年代和工匠姓名，可一窥西晋制砖状况（图 10–3–5）。

唐代砖产量有很大提高，砖雕仍以模印制作为主，模印之后再稍作加工雕刻，因此雕刻图像更精细，更具立体感。山东留存至今的唐代建筑砖雕仅见于砖塔，有济南历城九顶塔、汶上宝相寺太子灵踪塔、长清灵岩寺墓塔林中的祖师塔（推测建造年代为五代时期）等，浑厚大气，有唐代泱泱气象。

宋朝出现了在烧制好的砖面上直接雕刻图像的做法。宋《营造法式》中对砖雕工艺的规范做法进行了明确描述。山东宋代建筑砖雕以砖塔最有代表性。山东宋代砖塔有济南历城神通寺的龙虎塔砖砌塔顶、济南长清灵岩寺辟支塔、邹城重兴塔、兖州兴隆塔、巨野梵塔，滕州龙泉塔、德州高唐兴国寺塔等，砖砌工艺精湛，局部略雕浅刻，质朴大方。元代砖雕因循宋朝工艺并在此基础上有所发展。山

图 10–3–1　青州凤凰台出土的战国方砖（图片来源：网络）

图 10–3–2　临淄出土的战国方砖（残缺）（图片来源：网络）

图 10–3–3　烟台牟平汉墓出土画像砖《解除图》（图片来源：《考古与文物》，2010 年第 6 期）

图 10-3-4　济宁金乡汉画像砖拓片（图片来源：山东省济宁市文物局）

图 10-3-5　青州博物馆所藏西晋长砖（图片来源．网络）

东元代建筑砖雕见于济南历城神通寺墓塔林中的清公塔和云公塔以及潍坊青州真教寺门楼。

明代砖雕工艺趋于成熟。明早期，砖雕盛行于王府、庙宇等大式建筑。明中期，社会稳定，经济繁荣，更费工时的石雕和琉璃成为高级建筑的新宠，砖雕则降低身份广泛应用于民间小式建筑。至清代，砖雕制作精益求精，表现形式花样翻新，纹饰题材包罗万象，迎来了砖雕的黄金时代，形成各具特色的砖雕流派。山东现存的建筑砖雕以明清时期为最多，临清舍利宝塔是代表性实例，其砖雕较唐宋时期的塔更繁丽。除砖塔外，明清时期的砖雕更多存于各地民居中。明清时期的潍县砖雕使山东砖雕跻身于国内几大砖雕艺术流派之林。潍县砖雕指山东潍坊一带的砖雕，工艺上较注重层次感，构图饱满，造型洗练夸张，风格粗犷质朴，题材以祥瑞动植物为主，但随着近年来的城镇化改造和拆迁，已留存不多。

二、建筑砖雕的工艺

砖由黏土坯料经高温烧制而成，耐磨、耐湿，易于雕琢。由于原料和烧制方法不同，主要分为青砖、红砖和花砖三大类。砖雕用材一般采用青砖。砖雕的工艺有烧活、搕烧、凿活等。

烧活是最古老的一种工艺。先用泥塑或模压法使砖坯成型，然后入窑烧制而成。其特点是易于加工，成本低，但造型层次少，精细不足。

搕烧是在烧活的基础上进一步加工雕刻的工艺。相较烧活，费工费时，但层次清晰，线条挺括，刚柔相济。

凿活是直接在成品砖上打凿、雕刻的工艺，有线雕、浮雕、透雕和圆雕等做法，技法多样，表现力最丰富。

砖雕工序大致有制料、磨砖、打坯、出细、修补、拼排、做榫等。砖雕用砖要经过特别加工，其原料是精选的无沙砾的泥土，加清水和成稀泥，待泥渣沉淀后，把上面的泥浆移到另处过滤，经再次沉淀后，排掉泥浆上面的清水。一两天后等泥浆略干，进行反复踩压，直到踩成柔韧适度的泥筋，才可以做成砖坯。待砖坯晾干后，入窑烧制。烧制过程中要注意观察砖色，以青灰色为佳，砖烧制成型后，要对砖面进行细致打磨，将青灰砖磨成表面平整光洁的水磨砖。磨平后的砖要质地细腻纯净，软硬适度，色泽一致，砂眼少，敲击声音清脆，无劈裂声，才能用来雕刻。

打坯，即从雕刻选题、构思到布局的过程。先用笔在砖上画出雕刻形象的大体轮廓，再用小细錾子沿画出的线条刻画一遍，之后用小錾将图案以外的部分剔空到需要的深度，显出雕刻图案的立体轮廓。

出细，即进行细致雕刻。用錾子对已雕出的图像轮廓进行细致雕琢，将人物表情、花草纹脉等细节雕刻清晰，之后再用磨石或砂纸将雕像内外粗糙

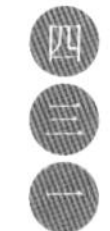

部分磨平。

修补，即对出细后的作品进一步修整粘补。对局部断裂和改动处用“药”进行补合并填平砂眼。“药”指砖灰黏合剂，通常白灰七成、砖面三成，并加少许青灰调制成与雕砖相同颜色的糊状。上“药”后，等“药”干透，再用砖面水擦净图案。

排拼，即将在几块砖上分开雕刻的图像局部组合成一个整体图案。

做榫就是将砖雕镶嵌到建筑上。至此，建筑砖雕算是全部完成。

三、建筑砖雕的部位与题材

砖塔是建筑砖雕艺术的重要载体，山东古代砖塔数处保存完好，各地现存砖塔建塔时间跨度大，从中唐至明末。塔的类型多样，既有单层亭阁式和多层楼阁式，也有单层重檐式和多层密檐式，既有方形塔，也有六角形和八角形塔。塔的造型或精巧秀丽或大气雄浑，设计构思严谨巧妙，装饰大多简洁朴实。

济南历城九顶塔为唐代砖筑八角形单层亭阁式塔（图 10–3–6），顶部筑有九座小塔，构思奇诡，在国内古建筑中所罕见。九顶塔下方塔檐叠涩形成优美的曲线，上面九塔中央高，周边低，皆方形三重檐，朴实无华，造型独特。济宁汶上宝相寺塔为砖砌八角形十三层楼阁式建筑（图 10–3–7），出檐与椽栱皆仿木构，斗栱仅雕坐斗、华栱和升，瓜栱以浅浮雕莲花瓣示意，制作精细考究。长清灵岩寺墓塔林中的祖师塔是一座单层亭阁式重檐砖塔，石台基，塔身砖砌，塔檐叠涩十五层，其上方形莲座和仰莲托座皆浅浮雕，古朴素雅（图 10–3–8），位于该塔上部的覆钵形窣堵波，反映了印度塔传入中国后，佛教文化和汉文化的初期融合。

济南历城神通寺的龙虎塔砖砌塔顶，砖刻檐椽和出挑砖栱皆仿木构，砖雕仰莲托座，浅浮雕莲瓣饰顶部方形托盘，上置相轮宝盖（图 10–3–9）。历城神通寺墓塔林中的清公塔（图 10–3–10）和云公塔都是六角形密檐式砖塔（图 10–3–11），塔的

图 10–3–6　济南历城九顶塔（图片来源：网络）

图 10–3–7　济宁汶上宝相寺太子灵踪塔砖雕

图 10–3–8　济南长清灵岩寺墓塔林祖师塔（图片来源：网络）

图 10–3–9　济南历城神通寺龙虎塔塔顶（图片来源：网络）

图 10–3–10　济南历城神通寺墓塔林清公塔砖雕（图片来源：网络）

图 10–3–11　济南历城神通寺墓塔林云公塔砖雕（图片来源：网络）

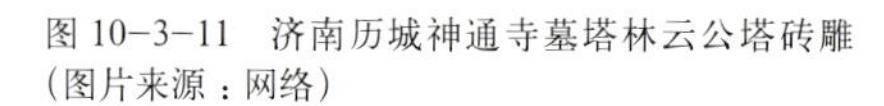

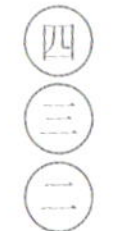

形制十分相似。清公塔身正面雕以歇山顶建筑立面，相邻一面雕瓶花，歇山立面的脊瓦、檐椽、斗栱、檐柱、门扇和山花、悬鱼刻画得惟妙惟肖，斗栱雕刻几近圆雕，坐斗、华栱、瓜栱、升等一应俱全，有趣的是歇山山面朝前，大概缘于其位置雕刻面积有限。济南长清灵岩寺辟支塔为八角九层楼阁式砖塔（图 10–3–12），檐椽、斗栱皆仿木构，雕工精细。邹城重兴塔为九层十檐八角型楼阁式砖塔（图 10–3–13），下面两层檐椽和斗栱仿木，上面七层仰莲托座砖雕很有特色。兖州兴隆塔为八角形楼阁式十三层砖塔（图 10–3–14），下面七层粗壮浑厚，上部六层小巧玲珑，形制甚为独特。其檐部仅一层砖椽，不施砖脊与砖栱，简洁朴素，塔身盲窗施以砖雕图案。滕州龙泉塔（图 10–3–15）和巨野梵塔（图 10–3–16）的砖雕装饰皆简洁洗练。

临清舍利塔的檐椽、脊瓦、斗栱仿木，十分逼真。砖栱两出跳，坐斗、华栱、瓜栱和升惟妙惟肖。底层砖雕卷草额枋、垂莲柱、抱头梁，盝顶八条垂脊雕花草，塔身八个面上均雕嵌“阿弥陀佛”四字，全塔多达 72 道“阿弥陀佛”刻字，形制独特（图 10–3–17）。

除砖塔外，砖坊也是砖雕艺术的重要载体。山东现存砖坊数量较少，淄博桓台新城四世宫保坊是砖雕艺术的杰作。除下部石砌基座、石狮与匾额题字外，其余构件雕刻皆为砖雕。采用浮雕、圆雕、透雕等多种技法，砖雕人物、飞禽、走兽、花卉以及楹联，精工细镂，技艺精湛。坊顶部仿木斗栱出挑檐椽，正脊两端鱼龙吻，尾部上翘，脊面雕双龙戏珠，中央麒麟驮宝瓶砖雕，两边立泥人，垂脊兽竖立两角，整个脊饰寓意祥瑞，生动有趣（图 10–3–18）。

建筑砖雕除砖塔、砖坊外，在传统木构建筑中一般用于照壁、门楼、墀头、廊心墙、山墙、檐墙、屋顶等部位，因雕刻构件的位置、功能和形状的差异，雕刻技法和题材内容也有所不同。砖雕以浮雕为最常见，内容有生活起居、人物故事、仙灵鸟兽、山水花木、几何图案、吉祥文字等。

照壁又称影壁，影壁砖雕，主要施与壁顶、檐下、壁心、壁座等部位，多以壁心为装饰重点。照壁砖

图 10–3–12　济南长清灵岩寺辟支塔砖雕（图片来源：网络）

图 10–3–13　邹城重兴塔砖雕

图 10–3–14　兖州兴隆塔砖雕（图片来源：网络）

图 10–3–15　滕州龙泉塔塔身砖雕

图 10–3–16　巨野梵塔砖雕斗栱（图片来源：网络）

图 10–3–17　临清舍利塔砖雕（图片来源：网络）

雕题材有福、禄、寿、喜等吉祥文字，也有人物与祥瑞动植物等。照壁砖雕有规则式与自由式两种基本构图。规则式构图，常以线脚或纹样围合成长方形“池子”，以方砖铺砌底面，内设四角岔花和中心花。自由式构图，构图不拘一格，与绘画构图相仿。例如，惠民魏氏庄园座山影壁，壁顶为单檐蝎子尾花脊，小灰瓦覆顶，三层砖拔檐，两侧墀头雕万字锦图案，以山墙下碱为壁座，壁心为水磨方砖对缝斜砌，条砖立砌围成内外两层池子框，中间夹以球形图案，寓意做人处事要“外圆内方”，即内心有原则，对外则处事圆融（图10–3–19）。淄川蒲松龄故居一进院影壁为“一”字形，壁顶双坡灰瓦，壁座粗石砌筑，壁心由水磨方砖对缝斜砌，中央雕一福字，四角岔花是蝙蝠图案，方池两侧以四格矩形梯框收边（图10–3–20）。威海水师学堂“八”字形照壁，尺度巨大，中央高两端低，中间壁顶是小板瓦组成的花脊，两侧壁顶清水脊，壁座皆石砌，两侧壁心抹白灰，中间壁心后期修缮时抹灰泥砂浆，掩盖了壁心原状（图10–3–21）。济南府学文庙影壁，黄琉璃庑殿顶，红色抹灰壁心，中央为一巨大圆形砖雕，图案中心是古钱币，周围雕以菊花、卷草图案，壁座石砌（图10–3–22）。济南将军庙街圣母无染罪教堂前的“八”字形影壁，为中间高两侧低的山字形，双坡灰瓦卷棚顶，檐椽、横枋、雀替、垂柱皆仿木构，雕以鹿、香炉、花篮、双钱纹、回纹等图案，壁心为磨砖对缝斜砌，壁座方石砌筑（图10–3–23）。聊城山陕会馆大门两侧各设一砖雕影壁（图10–3–24），壁座是虎腿几和上方的栏板，虎腿几雕以莲叶和回纹，栏板以间柱分为三部分，中间各雕一菊花，以回纹镶四边。壁心池子框雕以回纹，中央石雕四个大字“大义参天”，与另一侧影壁上的“精忠贯日”相和。壁顶是单坡筒瓦，脊吻是狮

图10–3–18　淄博桓台新城四世宫保坊砖雕

图10–3–19　惠民魏氏庄园砖雕影壁“外圆内方”

图10–3–20　淄川蒲松龄故居一进院影壁

图10–3–21　威海水师学堂“八”字形照壁砖雕

子，脊面雕饰花草。檐椽、斗栱、横枋、垂柱仿木构。横枋中心雕以兽头，回纹环绕，与其上方回纹形式的瓜栱相映成趣。三个斗栱的翘与抱头梁头的形式一致，很像兽头，与枋心兽面呼应。整面雕饰以变形的回纹为母题，上下呼应，独具匠心。二进门两侧影壁形制与大门两侧的影壁相似（图10-3-25），瓜栱和横枋的雕刻内容换成了花草鸟兽，池子上方两个岔角为三角形，浅浮雕草龙、草凤和圆形寿字图案，下方两个岔角是S形，紧贴壁心石板两侧的短柱，短柱柱头分置雌雄两狮，整个设计很有特色。

门楼砖雕一般仿木构檐椽、斗栱、额枋、垂柱、雀替等，屋顶形态有单面坡和人字坡等。例如，潍坊青州真教寺砖雕门楼，檐下斗栱、额枋、垂柱与雀替等皆仿木构，华丽壮观，气势威严（图10-3-26）。按伊斯兰教在装饰画面上禁止采用人物或动物，只能用经文和花卉作装饰图案的教规，真教寺大门楼上呈现的龙凤等吉祥物的砖雕，皆用花卉图案凑成，素有“似兽非兽、有眼无珠，远看是兽，近看是花”之说，另外横枋上还雕有伊斯兰教焚香用的炉瓶及经卷等图案。淄川蒲家庄街巷入口的券拱门洞沿外圈饰皱褶状砖雕花边，两侧墀头饰万字锦图案，立面灰砖靠立砌与平砌分出肌理层次，券脚落于方石基座，质朴亲切（图10-3-27）。

墀头由下碱、上身、盘头组成，盘头因其位置显著而成为砖雕的重点装饰部位，雕饰内容有人物故事、祥瑞动物、花草图案等。例如，惠民魏氏庄园一进大门两侧墀头砖雕都是博古图案（图10-3-28），表现了庄主儒雅高洁的境界和诗书传家的寄望。

图10-3-22　济南府学文庙影壁砖雕

图10-3-23　(a) 济南将军庙街圣母无染原罪教堂影壁
（图片来源：网络）

图10-3-23　(b) 济南将军庙街圣母无染原罪教堂砖雕

魏氏庄园福寿堂正房墀头垫花中央雕寿字，以牡丹花和拐子锦图案团簇，上下雕蝙蝠，最下方垫砖雕回纹，寓意福寿绵长（图 10–3–29）；福寿堂厢房墀头雕花草、蝙蝠和寿字，寓意福寿双全（图 10–3–30）。邹城孟府赐书楼墀头砖雕二龙戏珠，宝珠即寿字图案，寓意辟水火和长寿吉瑞（图 10–3–31）。淄川蒲松龄故居大门墀头雕（图 10–3–32）宝剑、笛子、宝葫芦等暗八仙图案，施以彩绘，下方垫石夸张突出，形式很特别。淄川蒲家庄一民居墀头砖雕步步锦图案，施红绿两色彩绘，下垫坐斗样小砖，两端墀头架横木枋，枋上浮雕亦施彩绘，朴素中洋溢着一种温情（图 10–3–33）。蒲家庄另一民宅大门两端墀头分别雕以花篮和宝葫芦，是八仙中的韩湘子和李铁拐的宝器，施以红绿两色彩绘，尽管简易，

图 10–3–24 聊城山陕会馆门楼一侧影壁

图 10–3–25 聊城山陕会馆二进门一侧影壁

图 10–3–26 潍坊青州真教寺门楼砖雕（图片来源：网络）

图 10–3–27 淄川蒲家庄街巷入口券拱门洞砖雕

图 10–3–28 惠民魏氏庄园大门墀头砖雕

图 10–3–29 惠民魏氏庄园福寿堂正房墀头砖雕

图 10–3–30 惠民魏氏庄园福寿堂厢房墀头砖雕

图 10–3–31 邹城孟府赐书楼墀头砖雕

图 10–3–32 淄川蒲松龄故居大门墀头砖雕

图 10–3–33 淄川蒲家庄民居墀头砖雕

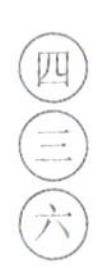

却也寄予了主人对美好生活的热望（图10—3—34）。砖雕施彩绘是山东淄川地区民居中的常见做法。潍坊市寒亭区双庙村祠堂墀头雕有小狮子趴在母狮背上，与绣球和彩带齐舞，既有驱邪镇宅的寓意，也有子孙繁衍、家族昌盛的象征（图10—3—35）。潍坊十笏园一墀头戗檐砖雕二龙戏珠，珠为团寿图案，下方垫花雕枝叶饰云纹，中间混枭线脚层次较多（图10—3—36）。滕州王家宗祠过厅的墀头雕以月色下的松树、梅花鹿和白鹤，构图巧妙，寓意松鹤延年与厚禄富贵（图10—3—37）。烟台栖霞李氏庄园大门墀头人物砖雕，一为两小儿嬉戏，一为夫唱妇随，题材特殊（图10—3—38）。

廊心墙砖雕常以线脚围砌成竖向的矩形图框，中间雕以图案纹饰。廊心墙砖雕注重平面效果，常采用阳刻、阴刻、平雕和镶嵌等手法。构图既有规则样式，也有自由的绘画式构图。雕饰内容有人物、动植物、文字题跋和寓意吉祥的几何纹样等。例如，惠民魏氏庄园一进门廊心墙砖雕为龟背锦图案，寓意长寿延年（图10—3—39）。惠民魏氏庄园二进院正房廊心墙砖雕亦为龟背纹，外饰球形纹边框，除长寿寓意外，还有圆和通融之意（图10—3—40）。

山墙砖雕常用于山尖、博风、透风等部位。山尖砖雕类似于木悬鱼雕饰，起装饰作用的同时，有防火驱灾之意。山东民居中也有山墙中央因开窗洞而设的窗罩砖雕。例如，淄博齐都王氏庄园后厅堂山墙砖雕，山尖是菱形菊花砖雕，窗罩屋脊、檐椽、额枋、垂花柱等皆仿木构（图10—3—41）。聊城山陕会馆内一山尖砖雕菊花，精致华美，寓意高洁清雅。济南广智院中央展厅建筑侧面山尖砖雕如意头，下方圆窗洞口套雕以牡丹花图案，外圈饰半圆形卷草浮雕带，其间以龟背纹做底衬，很有特色（图10—3—42）。惠民魏氏庄园三进院东厢房透风砖雕，图案为寿字上的蝙蝠，寓意福寿，十分精致。惠民魏氏庄园内砖雕博风头形式多样，有鸟鱼花草

图10—3—34 淄川蒲家庄民居墀头砖雕

图10—3—35 潍坊市寒亭区双庙村祠堂墀头砖雕（图片来源：网络）

图10—3—36 潍坊十笏园内一砖雕墀头

图10—3—37 滕州王家宗祠过厅墀头砖雕

图10—3—38 烟台栖霞李氏庄园墀头砖雕

图10—3—39 惠民魏氏庄园一进门廊心墙龟背纹砖雕

图10—3—40 惠民魏氏庄园二进院正房廊心墙砖雕

图 10-3-41　淄博齐都王氏庄园山墙砖雕

图 10-3-42　济南广智院山墙砖雕

图 10-3-43　惠民魏氏庄园博风头砖雕

图 10-3-44　惠民魏氏庄园檐口砖雕

也有几何图案（图 10-3-43），都是祈福纳祥的美好寓意。

檐墙砖雕一般位于檐口和槛墙部位，前者以砖叠涩出檐，砖雕仿木构斗栱和檐椽。后者一般雕饰花草纹样等。例如，滕州王氏宗祠正房檐口异型砖椽间以如意头图案的砖雕，很有特色。滨州杜受田故居菱角檐下叠斗状砖饰以及惠民魏氏庄园异型砖椽与菱角檐（图 10-3-44），简洁质朴，体现了鲁北民居的特点。潍坊青州五里镇井塘村一民宅正房南面檐下仿木构垫板、额枋、垂柱、雀替砖雕，垫板上间柱隔成三部分，中间雕刻荷花、梅花、万字纹等图案，门楣、窗楣下均垫以雀替样方砖，雕饰花草图案，很有特色。济南广智院内一檐下砖雕仿木构额枋、垂柱与雀替，装饰在门洞上方，突出入口，门上方半圆形券脸雕万字锦图案，窗上方半圆形券脸雕以牡丹花图案，很别致。

院墙砖雕一般用于墙帽和墙心。例如，聊城山陕会馆钟楼处一墙体上方花砖砌筑，间以花雕栏板，雕有飞鹤、宝相花、喜鹊花枝等图案，与鼓楼处花式墙相对应。烟台龙口丁氏故宅院墙上砖雕神龛，屋脊、吻兽、瓦垄、檐椽等惟妙惟肖，椽头浮雕十字花与寿字纹，门额凸刻“大哉天地”，槅扇槅心透雕菱格，绦环板与裙板浮雕古钱、如意图案，净瓶栏板，莲花望柱头。神龛所座墙面青砖砌面，上设屋罩。

门窗上方的门窗罩和券脸部位是砖雕的常见部位，例如，栖霞牟氏庄园一门罩是单坡披檐清水脊，两端墀头砖雕饰彩绘，与下方门楣石雕与门披木雕很和谐。什锦窗砖雕常见于园林建筑中，既透光又装饰美化墙面，一般有圆形、六角形、八角形、扇形等多种样式。例如，潍坊十笏园内什锦窗形式多样，花枝绿叶团簇中央的几何图案，构图不拘一格。

屋顶砖雕主要用于屋脊和吻兽等部位，正脊因位置显著而成雕饰重点。例如，山东滕州王氏宗祠正房正脊浮雕凤栖牡丹，寓意多育多子和富贵吉祥，两端鸱吻有降雨防火、辟邪镇宅之用；垂脊砖雕草凤，寓意生机勃发，垂脊兽龙口大张，露出利齿，形象生动。

砖雕匾额比起木雕和石雕匾额来说，数量要少得多，一般用于民居和园林建筑中，也有用于寺庙道观中。例如，青州真教寺门楼背面砖雕门额，凸刻阿拉伯文“麦斯吉德”，意为“礼拜真主的地方”，两侧竖刻汉字题记，边框饰云纹，施以彩绘，蓝底金字，十分醒目。潍坊十笏园内一月亮门上方扇形匾额凸刻“留余”，意味深长，字体饰绿色，与园内整体基调十分吻合。

山东古代建筑砖雕工艺基本属于北方流派，风格质朴，浑厚精美。与南方苏浙、闽粤和徽州等地以及北方京畿、晋中地区的特色砖雕相比，山东建筑砖雕艺术在砖塔上体现出色，传统木构建筑中的砖雕精品数量留存较少，但仍在全国有较高影响的部分实例。

第四节　泰山石敢当

泰山石敢当，是立于桥道要冲或砌于房屋墙壁上用于辟邪的石碑，是民俗文化的一种表现形式。2006 年 5 月，“泰山石敢当习俗”列入国务院公布的我国首批非物质文化遗产保护名录。

一、泰山石敢当的由来

西汉史游《急就篇》中“师猛虎，石敢当，所不侵，龙未央”是关于石敢当最早的文字记载。宋王象之《舆地纪胜》中记述了宋代庆历年间福建省莆田县出土唐代大历五年石敢当一事，说明唐代时“石敢当”三字已经写在石头上，埋于宅基下，作镇宅之用。“泰山石敢当”一词出现于宋金时期，晚于石敢当，与海岱文化区的泰山信仰密切相关。作为山岳崇拜的泰山信仰，是在漫长的历史文化发展过程中形成的，它所具有的通天告地、求仙不死、治鬼医病、祈福纳吉等功能内容，与灵石崇拜的石敢当驱邪镇鬼压殃的文化内涵相结合，使泰山石敢当习俗在民间广泛传播，影响不断增大。明清时期，在村落和住宅周边设置“石敢当”或“泰山石敢当”的习俗已经遍布国内各地，并传播到海外。山东地区因是泰山信仰的发源地而成为“泰山石敢当”习俗的中心区域，影响至华北、东北一带，成为北方民间信仰习俗中最为普遍的一种，至今仍保持着旺盛的生命力。

二、泰山石敢当的形态

泰山石敢当的表现形式有三种，一种是仅刻写文字；另一种是刻写文字与雕刻图像相结合；还有一种是直接以人格化的石敢当人物形象代替文字表述。一般刻写文字有“泰山石敢当”、“石敢当”、“镇宅泰山石敢当”、“泰山镇宅石敢当”、“镇宅大吉泰山石敢当”、“镇宅之宝泰山石敢当”、“泰山石”、“泰山石敢当”、“姜太公在此”、“镇宅太公在此”、“山海镇”等，字体多用楷书、隶书、行书等易辨易懂的竖写正体字。与文字相配的雕刻图像一般是虎头、狮头和人格化了的石敢当人物形象（图 10-4-1 ~ 图 10-4-3）。

泰山石敢当的材质最常见的是石材，也有砖、木材和水泥。石质的泰山石敢当有天然石块形态和加工规整的石碑两种，前者一般立于地面，后者立于地面的尺度大，砌于墙壁的尺度小。砖刻泰山石敢当、水泥薄板上刻的泰山石敢当和木刻的一般全是竖向长方形，尺度小，前两者一般砌于墙壁中，后者钉挂于墙壁上。山东地区现存泰山石敢当最早的是明清时期的，以五个竖向石刻字的“泰山石敢当”最为常见。

泰山石敢当信仰习俗历经千余年的发展，形成独立的文化品格，是齐鲁大地最有特色的民俗事象之一，在山东各地的传统村落中留有数不清的印记，至今在普通民众的生活中仍发挥着影响力。

图 10-4-1　石刻泰山石敢当 1

图 10-4-2　石刻泰山石敢当 2

图 10-4-3　石刻泰山石敢当 3

山东古建筑地点及年代索引

名称	类型	地点	建造年代	备注
孝堂山郭氏墓石祠	祠庙	长清县	东汉初年	中国现存最早的石筑石刻房屋建筑
四门塔	佛塔	济南市历城区	隋	是中国现存唯一的隋代石塔，也是中国现存最早的单层庭阁式石塔
曲阜孔府及孔庙	府邸	山东省曲阜市	金至清	祠庙
曲阜孔林	陵墓建筑	山东省曲阜市	东周	
灵岩寺	宗教建筑	长清县	东晋	
蓬莱水城及蓬莱阁	楼阁	山东省蓬莱县	明	包括戚继光牌坊
光岳楼	楼阁	山东省聊城市	明	光岳楼为中国既古老又雄伟的木构楼阁，是宋元建筑向明清建筑过渡的代表
聊城山陕西会馆	会馆建筑	山东省聊城市	清	
孟庙及孟府	祠庙、府邸	山东省邹县	明、清	
牟氏庄园	民居建筑	山东省栖霞县	清、民国	
十笏园	民居建筑	山东省潍坊市	明、清	“鲁东明珠”
崇觉寺铁塔	佛塔	山东济宁市	北宋	
广饶关帝庙大殿	祠庙建筑	山东省广饶县	南宋	关帝庙大殿是山东省迄今发现的年代最久、保存最完整的一座全木结构建筑，是研究宋代建筑的珍贵实物资料
魏氏庄园	民居建筑	山东省惠民县	清	魏氏庄园以其显著的军事建筑特点闻名远近内外
丁氏故宅	民居建筑	山东省龙口	清	
烟台福建会馆	会馆建筑	山东省烟台市	清	
青岛德国建筑		山东省青岛市	清	
颜庙	祠庙建筑	山东省曲阜市	元—清	
临清运河钞关	衙署	山东省临清市	明	目前仅存的一处运河钞关
卞桥	桥梁	山东省泗水县	唐至金	山东省现存最古老的桥梁
隆兴寺铁塔	佛塔	山东省聊城市	宋	隆兴寺铁塔是聊城市现存最早的古代建筑
颜文姜祠	祠庙	山东省淄博市	元至清	颜文姜祠是仅存的 3 座唐代木质建筑物之一
泰山古建筑群	综合	山东省泰安市	明至清	
曾庙	祠庙	山东省嘉祥县	明至清	
尼山孔庙和书院	文庙学宫	山东省曲阜市	明至清	
济宁东大寺	宗教建筑	山东省济宁市	明至清	
蒲松龄故宅	民居建筑	山东省淄博市	清	
崂山道教建筑群	宗教建筑	山东省青岛市崂山区	元至清	
龙泉塔	佛塔	山东省枣庄市滕州市	明	
光善寺塔	佛塔	山东省济宁市金乡县	明	

续表

名称	类型	地点	建造年代	备注
兴隆塔	佛塔	山东省济宁市兖州市	宋至清	
永丰塔	佛塔	山东省菏泽市巨野县	宋	
重兴塔	佛塔	山东省济宁市邹城市	宋	
兴国寺塔	佛塔	山东省聊城市高唐县	宋	
太子灵踪塔	佛塔	山东省济宁市汶上县	宋	
青山寺	宗教建筑	山东省济宁市嘉祥县	清至民国	
宁阳颜子庙和颜林	祠庙建筑	山东省泰安市宁阳县	元	
平阴永济桥	桥梁	山东省济南市平阴县	明	明代石雕中的精品
四世宫保坊	砖坊	山东省淄博市桓台县	明	整个牌坊是集古代建筑、雕刻、书法艺术于一体的杰作
戚继光祠堂及戚继光墓	祠庙建筑	山东省烟台市蓬莱市	明至清	
大汶口古石桥	桥梁及水利建筑	山东省泰安市岱岳区	明至清	
衡王府石坊	坊	山东省潍坊市青州市	明	
金口坝	水利建筑	山东省济宁市兖州市	南北朝至明	誉为“金口秋波”
伏羲庙	祠庙建筑	山东省济宁市微山县	宋至清	
巨野文庙大成殿	文庙建筑	山东省菏泽市巨野县	明至清	
翠屏山多佛塔	佛塔	山东省济南市平阴县	明至清	
周公庙	祠庙建筑	山东省济宁市曲阜市	明至清	
青城文昌阁	楼阁	山东省淄博市高青县	清	
青州真教寺	宗教建筑	山东省潍坊市青州市	清	
慈孝兼完坊	坊	山东省济宁市市中区	清	
百寿坊及百狮坊	坊	山东省菏泽市单县	清	

参考文献

著作

[1] 中国营造学社．中国营造学社汇刊．

[2] 罗哲文．长城．北京：北京出版社，1982．

[3] 南京工学院建筑系．曲阜孔庙建筑．北京，中国建筑工业出版社，1987．

[4] 国家文物局．中国文物地图集 山东分册．北京：中国地图出版社，2007．

[5] 北京大学历史系中国古代史教研室编．中国古代史教学参考地图，1979．

[6] 山东省地方史志编纂委员会．山东省志·文物志．山东人民出版社，1996．

[7] 由少平 常兴照等．山东文物丛书.建筑．济南：山东友谊出版社，2002．

[8] 滕新乐，张润武．山东古建筑．山东科学技术出版社，1993．

[9] 张润武．图说济南老建筑．济南:济南出版社，2007．

[10] 王思平注释．晏子春秋 全文注释本．北京：华夏出版社，2002．

[11] 张道一．中国古代建筑砖雕．南京：江苏美术出版社．

[12] 张维华．中国长城建置考．北京：中华书局，1979．

[13] 张华松．齐文化与齐长城．北京：中国戏剧出版社，2000．

[14] 蓝先琳．民间木雕．北京:中国轻工业出版社，2005．

[15] 孙青松，贺福顺．嘉祥汉代武氏墓群石刻，香港：香港唯美出版公司，2004．

[16] 孙运久．山东民居，济南：山东文化音像出版社，1999．

[17] 牟日宝．牟氏庄园三百年．北京：中国文联出版社，2005．

[18] 王承典．淄博文物与考古．济南：山东友谊出版社，1989．

[19] 路宗元．齐长城．济南：山东友谊出版社，1999．

[20] 张华松．齐长城．济南：山东文艺出版社，2004．

[21] 李乡状．世界文化遗产．长春：吉林大学出版社，2005．

[22] 孔德平．曲阜古迹通览．北京：文物出版社，2010．

[23] 济宁市文物管理局．济宁文物古迹．北京：文物出版社，2012．

[24] 叶涛．泰山石敢当．杭州：浙江人民出版社，2007．

[25] 王志民．山东区域文化通览．济南：山东人民出版社，2012．

地方志书

[1] 中国地方志集成 山东府县志辑．南京市：凤凰出版社，2004．

[2] (清)张动果，杨文敬修．孙佩南纂．山东通志．

[3] （清）舒化民修．徐德成纂．长清县志．道光十五年（1835 年）刻本．

[4] （清）徐宗干修．蒋大庆纂．泰安县志．道光八年（1829 年）刻,同治六年（1867 年）补刻本．

[5] （清）富申修．田士麟纂．博山县志．乾隆十八年（1753 年）刻本．

[6] （清）屠寿征修．尹所遴纂．临朐县志．康熙十一年（1672 年）刻本．

[7] （明）熊元修．马文炜纂．安丘县志．明万历十七年（1589 年）刻本，民国三年萃华石印局石印本．

[8] 山东省出版总社淄博办事处．淄博风物志．济南：山东人民出版社：1985．

[9] 潍坊地区出版办公室．潍坊风物．济南：山东人民出版社：1983．

[10] 淄博市地名委员会办公室．淄博市地名志．山东省地图出版社，济南：1989．

[11] 政协沂源县文史资料委员会编．齐鲁古隘—铜陵关．沂源文史资料第 5 辑，1991.

[12] 章丘市地名志编纂委员会编．章丘市地名志．济南：黄河出版社，1999.

学术论文

[1] 任相宏．齐长城源头建置考．齐长城学术研讨会论文，1999.

[2] 罗勋章．齐长城考略．城子崖发掘六十周年纪念会论文集，1991.

[3] 瓯燕．略论东周齐长城 // 中国社会科学院考古研究所编．二十一世纪的中国考古学：庆祝佟柱臣先生八十五华诞学术文集．北京：文物出版社，2006.

[4] 张凌波．山东烟台牟平汉墓出土画像砖．考古与文物，2010，(6)．

[5] 苏畅，周玄星．《管子》营国思想于齐临淄之体现．华南理工大学学报（社会科学版），2005.

[6] 曲英杰．春秋时期鲁都城复原试探．孔子研究，1988，(3)．

[7] 李噶．青州城市历史地理初步研究．历史地理第二十四辑．

[8] 业祖润．传统聚落环境空间结构探析．建筑学报，2001.

[9] 王健．山东民居因应自然因素的聚居形式及建筑型制研究．山东建筑大学硕士学位论文，2007.

后记

作为古建筑历史悠久、资源丰厚、特色鲜明的省份，山东古建筑的研究历来备受各界的关注。近代王献唐等前辈学者对山东文化遗产多有著述，梁思成、刘敦桢等诸先生亦多次赴山东曲阜、泰山等地调研、考察，《中国营造学社汇刊》及诸先生著作对山东古建筑多有论述，其后，东南大学潘谷西、同济大学陈从周等先生先后撰著了《曲阜孔庙建筑》、《泰山岱庙古建筑》等学术著作，其后，山东古建筑相关著作不断推出，山东省文物系统编写了《山东省文物志 · 建筑》、山东建筑大学张润武先生编写了《山东古建筑》简本，近年来，山东省文物局不断加大山东省文化遗产研究，先后出版了《中国历史地图集 · 山东卷》、《山东文化遗产》、《山东文化遗产第三次全国文物普查重要新发现》等著作。这些前辈的潜心研究及相关著作形成了详实丰厚的成果与资料，泽被后人，但综合来看，山东省尚未形成一本完整的基于建筑学专业视野的研究山东古建筑的图书。

2010 年，山东建筑大学承办第十八届中国民居学术会议期间，受中国建筑工业出版社委托，承担了作为“十二五”国家重点图书《山东古建筑》一书的编写工作。该部图书的编写工作，至今已历五年。期间不敢懈怠，就编写人员的组成而言，该书汇集了山东省文物局、山东建筑大学等高校的专家学者，应该说该书的呈现是山东省文物部门、住房和城乡建设部门、各高校集体努力的结果。就写作过程而言，坚持了实地调研、测绘、勘校的原则，2011 年至今，共计 300 余人次的师生参加了我省 17 地市百余县区的实地调研测绘工作，掌握了大量第一手资料，这期间备受山东省及各市县文物部、住房和城乡建设部等部门的帮助，至为感念，本书编写过程中，山东省文物局各个部门提供了很多帮助与指导，山东建筑大学建筑城规学院硕士研究生袁军、张云、王旭、马运凤、关赵森、焦铭谦、刘宏垛，建筑文化遗产保护研究所王瑷瑷等后起之秀做了大量工作在此一并谢过。

第一章 山东建筑大学刘甦、王月涛、高宜生编写

第二章 烟台大学于英编写

第三章、第四章 山东建筑大学高宜生、刘甦编写

第五章 山东科技大学吕京庆编写

第六章 山东建筑大学邓庆坦、陶斌编写

第七章 山东建筑大学宋风编写

第八章 山东建筑大学吕俊杰、高宜生编写

第九章 山东省文物局王攀、烟台大学郝曙光编写

第十章 山东建筑大学陶斌、高宜生编写

本书的编写是站在前辈学者研究的基础上的基于山东古建筑研究的阶段性成果，由于编者水平所限及时间、条件的关系，本书的编写亦多有遗憾，如在调研过程中，收集的大量古建筑纸质测绘图及作者自行测汇手稿，由于电子版绘图工作量较大，并未完全呈现于书中，期待该书修订出版时加入。总之，该书的编写尚有很多不足，敬请各位专家、读者斧正、指导。

刘甦　高宜生

2015 年 12 月于山东建筑大学

作者简介

刘甦，男，汉族，1961年12月出生，淄博市博山人。1983年毕业于山东建筑大学城市规划专业。现为山东建筑大学副校长，教授，博士生导师。无党派人士，山东省第十一届政协常委，全国优秀教师、山东省有突出贡献中青年专家、山东省教学名师、山东省城市规划大师。全国高等学校建筑学专业评估委员会委员、中国建筑学会资深会员，山东省勘察设计协会副理事长。国家一级注册建筑师、注册规划师。2008年主持的《面向区域的建筑学专业创新性应用型人才培养模式研究与实践》项目获得第六届国家教学成果二等奖，多项设计作品获得全国优秀勘察设计和城市规划设计二等奖。

高宜生，男，汉族，1974年4月出生，山东临清人。1998年毕业于山东建筑工程学院工业与民用建筑专业，2007年获东南大学建筑历史及其理论硕士学位。现为山东建筑大学建筑城规学院建筑理论教研室副主任，山东建筑大学建筑文化遗产保护研究所所长，国家文物局乡土文化遗产保护重点科研基地秘书长，副教授，硕士生导师。中国民族建筑研究会民居建筑专业委员会学术委员，中国勘察设计协会传统建筑分会理事，山东省文物保护评审专家委员会委员。1998年至2006年在文物部门从事文物保护工作，2006年起任教于山东建筑大学。先后编著学术著作5部，发表学术论文12篇，参与完成国家级重大科技支撑项目2项，自然科学基金1项，主持完成省部级课题4项，省级文物保护行业技术标准1项。主持完成国家级重点文物保护单位实践项目32项，省市级70余项。